한국교회를 위한
교회·전례력 설교 자료집
Year A

한국교회를 위한
교회·전례력 설교 자료집 Year A

2025년 10월 2일 처음 찍음

지은이 | 조헌정
펴낸이 | 김영호
펴낸곳 | 도서출판 동연
등 록 | 제1-1383호(1992. 6. 12.)
주 소 | 서울시 마포구 월드컵로 163-3
전 화 | (02)335-2630
전 송 | (02)335-2640
이메일 | yh4321@gmail.com

ISBN 978-89-6447-721-2 04230
ISBN 978-89-6447-720-5 04230 (교회·전례력 설교 자료집 시리즈)

한국교회를 위한

교회전례력
설교 자료집
Year A
(가해)

조헌정 지음

동연

왜 교회·전례력(Lectionary) 설교인가?

목회자가 하늘뜻펴기(설교, 강론)를 위해 본문을 선택하는 방식은 대체로 교회력 설교, 하나의 책을 연속하여 다루는 강해식 설교 그리고 그때그때 임의로 선택하는 주제별 설교가 있다.

필자는 80년대 중반 미국장로교(PCUSA)에서 목사 안수를 받고 얼마 되지 않아 담임목사로 가게 되었는데, 이때 가장 힘든 일은 설교였다. 우선 신학교에서 배운 대로 교회력에 따른 설교를 시작했다. 당시 미국 목회자들을 위한 교회력 설교 자료가 있긴 했지만 예화 모음집에 불과했고, 이 또한 백인 목사들을 위한 예화이다 보니 한인 이민자들과는 상황이 맞지 않았다. 한인 목사들이 펴낸 설교집이 있긴 했지만 교회력에 따른 설교도 아니었고, 진보신학을 공부한 필자로서는 성서 해석에 있어 보수적이고 문자적인 방식을 따를 수는 없었다. 보조 자료 없이는 교회력 설교를 계속하는 것이 쉽지 않았다.

강해식 설교도 해보았는데, 이는 신학적으로 옳은 방식이 아니라는 것을 곧 깨닫게 되었다. 본문 선택에 일관성이 없을뿐더러 설교자 개인에 따라 전혀 다른 결론에 도달할 수밖에 없는, 좀 심하게 말하면 코에 걸면 코걸이 귀에 걸면 귀걸이 해석 방식이었다. 나무 하나하나는 잘 보게 되지만, 성서의 전체 숲을 보지 못하는 결과를 초래하게 됨을 깨달았다. 주제별 설교는 필요에 따라 간간이 진행할 수는 있겠지만, 설교자의 주관이 강하게 작용한다. 가장 좋은 것은 교회·전례력에 따른 설교다. 이는 설교자가 성서를 바라보는 것이 아니라 성서가 설교자 자신을 바라보도록 이끌기 때문이다.

그러다가 미국장로교 한인목회 구역 공과 교재인『말씀과 함께』저자로 참여하게 되면서 성서 이해에 큰 도움이 되었다. 교회력에 따른 본문은 아니었지만, 이 교재가 단순히 지식이나 정보를 제공하는 전통 방식이 아닌 그룹 *Lectio Divina* 방식을 도입하여 본문 말씀에 대한 깊은 이해와 토론 그리고 기도와 실천을 함께 하도록 이끌었기 때문이다. 예배 한 시간 전 그룹별 모임을 갖고 같은 본문으로 설교를 하니 깊이 있는 말씀을 전할 수 있었다.

2003년에는 향린교회로 부임지를 옮겼다. 당시 한국교회에는 교회력 본문에 따른 보조 자료는 없었고 대신 매해 한 본문만을 다룬 교회력 설교집이 출간되었는데, 이는 설교 모음집에 불과했다. 필자는 그간 미국에서 행했던 설교를 기반으로 여러 방식으로 설교하면서 첫 임기 6년을 마쳤다. "이 땅의 작은 예수들"이라는 제목으로 초기 조선교회 인물 중심의 설교를 하기도 했고, 16주 연속으로 예언서를 진행하기도 했다. 이는 후에 책으로 출간했다(『양심을 습격한 사람들: 예언자와 오늘의 시대정신』, 한울, 2009).

그러다가 *Feasting on the Word: Preaching the Revised Common Lectionary* (David L. Barlett and Barbara Brown Taylor edited, Westminster John Knox Press, 2009. 이하 *Feasting*)가 출간되자마자 바로 본격적인 교회·전례력 설교를 시작하였다.

Feasting on the Word 소개

이 책은 the Revised Common Lectionary(RCL)에 기반한 설교 보조용 책이다. RCL은 세계 개신교의 the Common Lectionary와 로마가톨릭의 Ordo Lectionum Missae를 통합하여 1993년에 완성하였다. 현재 로마 교황청을 비롯한 세계 개신교 주류 교단이 사용하고 있는 가장 권위 있는 3년 주기의 교회·전례력이다. 이 교회·전례력에 기초하여 약 15년간 미국과 캐나다의 주요 개신교단과 가톨릭 주교단의 수백 명의 신학자가 함께 참여하여 만들었으며, 책의 기본 구조는 다음과 같다. 매주 네 개의 본문이 선택되는데, 구약성서(이하 제1성서), 시편,

서신서, 복음서에서 각각 한 본문이 선택되고, 각각의 본문에 대해 각기 다른 네 명의 학자가 네 가지 관점(신학/목회/주석/설교)에서 각각 한 편의 설교 분량의 글을 썼다. 이 중 동연출판사에서 복음서 편만 번역 출판하였다. 필자는 이 책의 기본 구조를 따랐지만, 내용에 있어서는 큰 차이가 있다.

성서 이해와 한국인의 특권

성서의 핵심 주제는 역사적으로 보면 자유와 해방이다. 제1성서는 애굽제국으로부터의 해방, 바빌론제국에 의한 유배와 페르시아제국에 의한 해방 사건이 중심 주제이고, 제2성서는 로마제국의 식민지 통치 아래에서 갈릴리 예수의 하느님 나라 운동으로서의 십자가 구원과 인간의 자유와 해방을 얘기한다. 그런데 *Feasting*을 쓴 대부분의 백인 저자들은 식민지 통치를 당해 본 경험이 없다 보니 소수의 흑인과 여성신학자들을 제외하곤 성서가 본래 말하는 의도와는 맞지 않는 해석을 하는 경우가 많다.

한(조선)민족은 지정학적 위치로 인해 유대 민족과 비슷한 역사적 경험을 갖고 있다. 오랜 기간 주변 강대국들에 의해 계속해서 침략을 당해 왔고 피식민지 역사가 있다. 출애굽 해방에 맞먹는 8.15해방과 바빌론 유배에 맞먹는 한의 사건(환향녀, 징용, 위안부)이 있다. 열왕기서와 역대기서의 남북 왕국 분열과 대립의 역사는 오늘 우리에게 있어서는 과거가 아닌 현재 진행형이며, 복음서 태동에 결정적 사건이 되는 유대 독립 투쟁의 역사는 곧 우리 자신의 역사다. 곧, 성서적 사건을 오늘의 사건으로 재현하는 일에 우리 민족만큼 분명하고 온전하게 이해할 수 있는 민족은 없다고 해도 지나치지 않다.

신학에 있어 필자는 제3세계 신학자로서 정의, 평화, 생명의 관점에서 역사적 예수 연구에 깊은 관심을 기울여 왔으며, 목회 또한 이민자로서의 주변부 경험과 사회 바닥 민중들의 아픔의 현장과 민족 분단이라는 현실 상황을 중시한다. 주석에 있어서 히브리어와 헬라어를 중시하여 해석하지만, 여기에는 주의할 점이 있다. 원어는 통상 몇 개의 서로 다른 의미를 지니고 있는데, 해석자 개인에 따라 그 선택이 달라지기 때문이다. 가장 공정하고 객관적이어야 할 주석에서 전혀 다른 해석이 가능하다는 점에서 성서신학의 모순이 있다.

네 개의 본문 중 시편은 다루지 않았다. 그 이유는 본래 시편은 하나의 시요, 하나의 찬양이요, 노래로 하는 신앙 고백이기에 이성보다는 감성이 더 중요하다고 보았기 때문이다. 물론 논리에 따른 분석이 시편의 뜻을 더 명확하게 밝히기는 하겠지만, 잘못하면 시편 본래의 감성적 성격을 잃어버릴 위험성이 있다. 향린교회는 40여 년 전부터 국악 찬송가를 발간하여 국악 예배를 드려 왔으며, 본래 시편의 목적대로 4 · 3 혹은 4 · 4조로 변형한 우리말 가사에 전통 가락을 붙여 예배 부름송으로 사용하고 있다.

필자의 세 가지 바람

1. K-Pop, K-Culture, K-Food와 같이 K-설교가 나와 지금까지의 서구 백인 신학의 틀을 깨고 성서를 새롭게 이해하는 결과물이 나오길 바란다. 요즘 K-신학이 조직신학자들에 의해 논의 중이지만, 이는 성서신학 분야에서 먼저 나와야 할 것이다. 성서 원어 연구 자체가 서구 백인 신학자들에 의해 만들어진 책(렉시콘, 원어 사전)에 의존하여야 하기에 결코 쉬운 과제는 아니지만, 성서 자체가 서구인들의 그리스적 사고와는 대비되는 히브리적 사고에 기반하고 있기에(참조 토를라이프 보만, 『히브리적 사고와 그리스적 사고의 비교』), 히브리적 사고에 견줄 만한 종말론적 개벽 사상의 틀을 갖고 있는 한국 신학자들만의 장점이 있다. 광주5.18항쟁과 제주4.3항쟁을 다룬 한강 작가의 작품들이 노벨문학상을 수상하면서 K-문학이라는 단어가 조명받게 되었다. 이는 K-설교가 우리의 역사적 사건과 성서의 사건을 함께 다룸으로 세계 기독교에 참신한 영향을 끼칠 수 있음을 암시한다.

2. 필자는 RCL 구성 자체에 약간의 불만이 있다. 왜냐하면 제1성서에서 가장 부피가 큰 예언서가 축소된 반면 이사야서는 지나치게 강조되어 있고, 서신서에 있어서도 로마서와 히브리서에 치중되어 있을뿐더러, 창세기 1장

26절("하느님께서는 우리의 모습을 닮은 사람을 만들자")이나 마가복음 11장 16절("또 물건들을 나르느라고 성전 뜰을 질러다니는 것도 금하셨다")과 같이 해석의 논란이 있지만 신학적으로 매우 중요한 구절들이 여럿 빠져 있기 때문이다. 더욱이 고린도전서 15장인 부활장을 다섯 주간(Year C)에 걸쳐 연속하여 다루면서 세상 권력(로마제국)과의 관계성을 다룬 21절부터 28절까지를 쏙 빼고 그 앞뒤 구절만 다룸으로 부활 사건을 (개인) 육체 부활로만 이해하도록 만들고 말았다. 바라기는 한국교회의 주요 교단들이 함께하여 우리 민족과 교회의 고유한 절기를 반영한 새로운 교회력을 만드는 일을 시작하였으면 한다. 모든 교회가 매 주일 같은 본문을 사용하게 된다면, 비록 여러 교단으로 갈라져 있다 하더라도, 교회가 하나임을 고백하는 일이 된다.

3. 그리하여 한국 목회자를 위한 설교 자료집이 나오기를 바란다. 그때에는 네 가지 관점 외에 다종교 사회로서의 "종교적 관점", 지구환경위기 속에서의 "생태적 관점" 그리고 민족의 숙원인 "남북 화해와 평화 통일의 관점"이 첨가될 필요가 있다. 제1성서는 여러 예언자를 통해 남북 통일 왕국의 실현을 하느님의 뜻으로 강조하고 있고, 복음서에서 예수 그리스도는 계속하여 사마리아를 언급하고 있으며, 바울 또한 예수 십자가 사건을 인종과 계급, 성별의 벽을 허무는 화해 사건으로 해석하고 있다. 필자는 이 관점에서 성서적 사건과 한민족 사건을 병렬하여 재해석한 책을 출간하였다(『갈라진 땅에 선 예수』, 동연, 2021).

끝으로 지난 삼 년 매주 줌 모임에 함께 하여 조언을 주신 동료 목회자들과 한국교회 갱신을 위해 애쓰시는 동연출판사의 김영호 대표와 박현주 편집장에게 깊은 감사를 드린다.

2024년 10월 10일(Year C 발간 날)
교회·전례력 설교 자료집 시리즈를 시작하며
조헌정

성찰 글

성서에 기록된 문자는 '닫힌 말씀'(Text 1)이다. 이 '닫힌 말씀'을 기록된 당시의 정치, 문화, 사회 전반을 아우르는 역사적 상황(context 1)에 비추어 주석(exegesis)할 때, '열린 말씀'(text 2)이 된다. 설교는 이 '열린 말씀'(Text 2)을 오늘의 상황(context 2)에 비추어 해석(eisegesis)하는 작업이다. 이때 비로소 성서는 오늘의 청중을 향해 "살아 있는 하느님의 말씀"(Text 3, the contextualized living Words)이 된다.

_ 조헌정

인간은 역사적 존재로서 전통이라는 요람에 내맡겨진다. 그는 그 안에서 자라고 자리를 형성한다. 그렇기 때문에 이 전통을 빼고 자기를 생각할 수 없다. 그는 이 전통에 대항할는지 모른다. 그러나 그 저항의 무기는 언제나 그 전통에서 주어진다. 그는 이 전통을 하나의 도약대로 하여 앞으로 나아간다. 그렇기 때문에 뚜렷한 전통이 있으면 있는 것만큼 그 저항은 강하고, 그 저항은 앞으로 나아가는 힘이 된다. 반면에 강한 전통이 없는 민족에게는 저항도 있을 수 없다. 그러므로 이러한 확고한 전통을 형성하기 위해서는 한 고전을 자기 것으로 하고 그것을 계속 재해석하는 것 이상의 길은 없는 것이다.

_ 안병무

복음은 원래 가난한 자들의 복음이었던 것이 부자들의 복음으로 변해버렸다. 부자와 가난한 사람, 주인과 종을 같은 죄인이라고 균등화하는 것은 하느님 앞에서 죄를 범하는 것이고 현실의 잔혹한 불평등과 비참한 가난에 대한 외면과 무관심을 낳고 부자들의 자기 의인을 다져주게 된다. 부를 같이 나누려 하지 않고 죄만을 같이 나누는 것이다.

_ 서남동

신학은 상징의 언어이며, 상상력에 관한 언어로, 언어 너머 저편의 무언가를 알아차리기를 추구한다. 신학은 반이성적이지 않지만, 비이성적으로 이성적 담론의 세계를 초월하고, 상상력의 도구로만 포착할 수 있는 실재의 영역을 가리킨다.

_ 제임스 콘

주일은 매일매일에 대한 반역이다(Sunday is a rebellion against everyday).

_ 도로테 죌레

예수가 "하느님의 백성" 혹은 "하느님의 공동체"라고 하지 않고 "하느님의 나라(왕
국)"(basileia tou theou)라고 부른 것은 그의 운동이 그저 윤리적, 종교적, 신학적인
것이 아니라, 로마제국이 문명의 정상(normalcy of civilization)이라는 주장에 대항하
여 사회적, 경제적, 정치적으로 전면적인 대안을 의도한 것이었다.

_ 존 도미닉 크로산

부활은 깨어진 세계를 지금껏 해석하고 움직여 온 거짓 이론과 폭력적 권위에 대한
'하느님의 반역'이다. 그리스도인은 그리스도와 함께 죽고 함께 살아난 존재이기에,
"부활은 우리 모두를 반역자로 만든다." 부활과 함께 새로이 창조된 세계 속에서 그리스
도인의 사명은 고통당하는 자에게 값싼 위로를 전하는 것이 아니라, 빈 무덤이라는
부조리를 증언함으로써 현실의 부조리를 부숴내는 것이다.

_ 데이비드 벤틀리 하트

지구민주주의는 생태학적 관점에서 인간은 지구 가족의 한 일원으로서, 우리가 (다른
생물들의 먹이가 되는) 동물이라는 것을 자각하도록 한다.

_ 반다나 시바

"동물은 신학할 수 없다. 그리고 신은 신학할 필요가 없다. 신이 신학한다면
그 신은 신이 아닐 것이다. 왜냐하면 신학의 본질은 유한한 존재자의 유한한
가능성이기 때문이다. 인간 존재는 이미 신학함을 의미한다. 인간 현존재 자체는
그 본질상 우연이든 아니든 신학 안에 들어서 있다." 이는 하이데거의 『철학

입문』에 나오는 글로 '철학'이란 단어 대신 필자가 '신학'이란 단어로 치환한 문장이다. 그런데 "나의 철학은 신을 기다리는 것이다"라는 말을 했으니 하이데 거 또한 어느 정도는 동의할 것이다.

하이데거의 영향을 받은 불트만은 "신학은 인간학이다"라는 말을 하면서도 그 반대는 성립되지 않는다고 했다. 그러나 이는 20세기 독일 신학자의 발언이고 21세기 한국 땅에서 살아가는 필자에게는 그 반대 또한 성립한다. 물음 속에 대답이 있고, 대답 속에 물음이 있다. 철학과 신학은 인간의 가능성이란 지평 안에서 하나다. 성서 연구란 대답이 아닌 나은 세상을 향한 오늘의 질문을 찾아내는 작업이다.

일러두기

1. 하느님

필자가 '하느님'을 선호하는 이유는 다음과 같다. 첫째, '하나'는 '무한히 크다'라는 뜻의 '훈'에 뿌리를 두고 있지만, 현재 대부분 개신교인에게 이는 숫자 '하나'를 강조하는 유일신 신앙을 뜻한다. 둘째, 훈민정음에 따르면 아래·의 발음은 모음 중 단전을 울리는 가장 깊은 소리다. 아래· 소리가 사라진 것은 참으로 불행한 일이다. 기호음성학의 관점에서 볼 때 'ㅏ' 소리보다는 'ㅡ' 소리가 아래 '·' 소리에 가깝다. 셋째, 세계평화의 관점에서 볼 때 기독교, 이슬람교, 유대교는 같은 뿌리를 갖고 있지만, 상대를 인정하지 않는 유일신 신앙으로 인해 십자군 이래 종교 간의 전쟁과 폭력이 그치지 않고 있다. 한국 개신교회도 1960년대 초까지는 '하느님'을 주로 쓰다가 유일신 신앙 강조와 토착 민속신앙과의 차별화를 위해 '하나님'을 선택하게 되었는데, 대화와 소통, 화해와 상생의 시대를 맞아 독단과 배타성이 내재한 '하나님'이라는 칭호 대신 '하느님'을 사용하는 것이 바람직하다. 넷째, 국문학 문법으로 보더라도 '하나' 혹은 '둘'이라는 숫자에 '님' 자를 붙이는 것 또한 이치에 맞지 않다. 그리고 현재 세계교회에서 '야훼'(YHWH) 혹은 '야웨'(YHVH) 대신 옛 호칭인 '여호와'(Jehovah)를 고집하는 나라는 한국 개신교가 거의 유일하다. '야훼' 혹은 '여호와'는 단지 이스라엘 민족이 믿었던 신의 기호(記號)일 따름이지, 신의 이름이 아니다. '나는 스스로 존재하는 자' 혹은 '나는 나다'(출 3:14)의 뜻을 갖는 YHWH는 인간의 언어로 신을 규정하지 말라는 곧 '나는 이름이 없다'라는 의미이다. 따라서 필자는 성서에 등장하는 신을 기호의 의미에서 YHWH로 표기한다. *Feasting on the Word: Preaching the Revised Common Lectionary* (이하 *Feasting*)에서도 YHWH로 표기하고 있다.

2. 제1, 2성서

서구 성서학계에서는 오래전부터 구약성서(舊約聖書, the Old Testament)와 신약성서(新約聖書, the New Testament) 대신 제1성서(the First Testament)와 제2성서(the Second Testament) 혹은 히브리어 성서(the Hebrew Bible)와 그리스어 성서(the Greek Bible)로 불러왔다. 오늘날 한국교회는 그 효력이 상실되었다는 의미를 뜻하는 '구약(옛 언약)'이라고 부르면서도, 여전히 자의(自意)로 선택한 몇 개의 구절을 지켜야 할 '하느님의 말씀'이라고 주장하는 모순을 드러내고 있다. 구약성서 안에는 우리가 지켜야 할 신약(새로운 약속, new promises)의 말씀이 있는가 하면, 신약성서 안에도 우리가 버려야 할 구약(오래된 약속, old promises)의 말씀이 있다.

3. 연도 표기

연도는 세계 학계 표준을 따라 BCE(Before Common Era, 공통년 전)와 CE(Common Era, 공통년)로 표기한다. 예수의 출생 연도를 0년으로 잡은 것은 6세기 수도승 디오니수스 엑시구스의 계산 때문이었는데, 그는 BC(Before Christ)와 AD(Anno Domini)라는 기독교 중심 역사 개념을 만들었다. 그에 따르면 예수는 헤롯대왕의 사망 연도인 BCE 4년경에 태어났을 것이다.

4. 본문에 사용 성서 버전

*Feasting*의 기본 정신인 에큐메니칼 정신을 따라 성서 본문은 세계 최초이자 유일한 한국 천주교와 개신교가 함께 번역한 공동번역성서 개정판을 따랐다. 다만 인물과 지명 명칭에 있어 공동번역성서는 천주교의 라틴어 불가타성서를 기본으로 하는데, 필자는 원어에 가까운 발음인 개신교의 명칭을 따른다.

5. 명칭 표기

성서의 이스라엘과 오늘의 국가 이스라엘 이름이 같아 신앙에 혼선이 생기고 있다. 그래서 일부 보수 기독교인들은 집회에 이스라엘 국기를 들고 나온다.

그런데 성서의 이스라엘은 약자의 상징이고 YHWH는 자유와 해방의 주님이시다. 지금의 국가 이스라엘과는 정반대이다. 오늘날 핍박을 당하고 있는 팔레스타인이 성서의 이스라엘이다. 그래서 이 둘을 구별하기 위해 오늘의 국가 이스라엘을 '제노사이드'의 첫 글자를 따서 '제스라엘'로 부르면 좋겠다는 생각도 든다.

오래전 이집트 청년을 만났는데, 기독교 성서 때문에 자기들은 억울하다고 하는 얘기를 들었다. 그때 이후로 필자는 설교나 책에서 이집트 대신에 '애굽'을, 그리스 대신에 '헬라'를, 로마는 '로마제국'으로 쓰고 있다. 성서에 나오는 국가나 지명을 모두 현재 명칭으로 번역하는 것이 과연 바람직할까 의문이 든다. 왜냐하면 역사책과는 달리 종교 서적에는 선악의 판단이 따르기 때문이다.

6

*Feasting*에서 절기는 대림절, 성탄절, 주현절, 사순절, 부활절, 성령강림절 그리고 성령강림절 이후는 날짜별로 구분하여 특정절(Proper)로 부른다. 이외 변모주일(Transfiguration Sunday), 승천주일(Ascension of the Lord), 삼위일체주일(Trinity Sunday)이 있으며 10월 마지막 주는 만민 성인의 날(All Saints)로 불리는데, 개신교에서는 교회(종교)개혁주일로 지킨다. *Feasting*에서는 Reformation Sunday란 용어를 사용하지 않는다. 마지막 주는 그리스도통치주일(Reign of Christ)로 부른다. 한국교회는 절기 구분이나 명칭에 있어 교단에 따라 조금씩 차이가 있기에 *Feasting*을 따른다.

7

*Feasting*은 연도별로 각각 네 권의 책(volume 1-4), 모두 12권으로, Vol. 1은 대림절부터 재의 수요일 직전까지, Vol. 2는 재의 수요일부터 부활절기까지, Vol. 3은 성령강림절부터 특정절 16까지, Vol. 4는 특정절 17부터 그리스도통치주일까지로 구성되어 있다. 필자는 직접 인용의 경우 쪽수는 표기하였지만, volume(권)은 표기하지 않았다.

차 례

대림절과
성탄절

대림절 첫째 주일

사 2:1-5; 시 122; 롬 13:11-14; 마 24:36-44

이사야 2:1-5

1 이것은 아모스의 아들 이사야가 유다와 예루살렘이 어찌 될 것인지를 내다보고 한 말이다.

2 장차 어느 날엔가 야훼의 집이 서 있는 산이 모든 멧부리 위에 우뚝 서고 모든 언덕 위에 드높이 솟아 만국이 그리로 물밀듯이 밀려들리라.

3 그때 수많은 민족이 모여와서 말하리라. "자, 올라가자, 야훼의 산으로, 야곱의 하느님께서 계신 전으로! 사는 길을 그에게 배우고 그 길을 따라가자. 법은 시온에서 나오고, 야훼의 말씀은 예루살렘에서 나오느니."

4 그가 민족 간의 분쟁을 심판하시고 나라 사이의 분규를 조정하시리니, 나라마다 칼을 쳐서 보습을 만들고 창을 쳐서 낫을 만들리라. 민족들은 칼을 들고 서로 싸우지 않을 것이며 다시는 군사 훈련도 하지 아니하리라.

5 오, 야곱의 가문이여, 야훼의 빛을 받으며 걸어가자.

신학적 관점

이사야는 유다 백성들이 하느님 말씀에 기초한 행동을 함으로써 자신들의 구원을 이룰 뿐만 아니라 모든 민족 사이의 분쟁과 갈등을 해결하고 전쟁이 그치는 진정한 세계 평화를 말하고 있다. 이는 예나 지금이나 모든 사람이 꿈꾸는 이 땅의 하느님 나라다. 그런데 이 꿈은 제국들의 폭압으로 인해 하나의 유토피아로 머물고 만다.

여기서 우리는 하느님의 약속(혹은 계시)에 근거한 희망에 무엇이 문제인가 하는 질문을 던지지 않을 수 없다. 본문에서 이사야가 갖는 미래에 대한 희망의 근거는 무엇인가? 먼저 '주의 산, 곧 성전으로 올라가는 일'이고, 그다음 주의 길을 따르는, 곧 백성들의 도덕과 윤리적 삶이다(3절). 이사야 신학은 예루살렘 성전에 기반한다(Temple theology). 그는 다른 예언자들과는 달리 제사장 집안 출신으로 성전에서 기도하던 중에 부름을 받는다. 물론 성전에서 드리는 예배는 하느님 신앙의 기본이기도 하다. 그런데 제1성서의 예루살렘 성전과 오늘날의 교회 혹은 교단은 동급인가 하는 질문을 던지지 않을 수 없다. 교회절대신앙 혹은 교회지상주의는 중세 가톨릭이 저지른 잘못이고 오늘날 개신교회들이 저지르고 있는 잘못이다. 이천 년 전 예수는 이미 성전 숙청(혹은 성전 파괴/요한복음)을 통해 성전 중개 신앙(the broker faith)을 비판했다. 대림절 신앙은 무엇에 기초해야 하는가? 본문은 교회가 아닌 전쟁 없는 세상 평화를 노래하고 있다. 성전은 평화 · 정의 · 생명의 하느님 나라 대망의 출발지이지 목적지가 아니다.

목회적 관점

목사는 개교회 중심으로 사고하고 행동한다. 여기에 목회의 위험이 있다. 교회중심주의는 잘못하면 교회지상주의의 유혹으로 빠져들기 쉽다. 현실에 있어 교회는 세상 밖에 존재하는 것이 아니라 세상 안에 있고, 세상 안에서 살아가는 교인들을 상대한다. 엄격한 의미에서 하느님의 말씀을 붙들고 살아가는 목사 또한 세상 안에 있다. 우리는 '세상 넘어'가 아닌 '세상의' 소금과 빛으로 부름을 받았다. 소금과 빛은 자신의 몸을 녹여 제 역할을 감당한다. 교회는 세상 변혁(=하느님 나라)을 위한 하나의 썩어지는 누룩에 불과하다.

주석적 관점

이사야는 "YHWH께서 구원하신다"라는 뜻이다. 이 구원은 이스라엘 민족에게만 해당하는 약속이 아닌 전 인류를 향한 약속이다. 유대왕국은 역사적으로 북이스라엘왕국과 시리아연합군(the Syro-Ephraimitic war) 그리고 아시리아제국의 침략 위협에 직면해 있었다. 이에 아하즈왕은 이사야에게 조언을 구했다. 본문은 이에 대한 응답의 일부이다. 3절은 핵심 구절로 하느님과 세상과의 대칭 단어가 나온다. 곧, 주의 길(Way) 대 주께서 가르치시는 길(ways, path), 율법(Law) 대 주의 말씀(word), 시온 대 예루살렘이다.

설교적 관점

인류 역사는 전쟁의 역사라고 해도 과언이 아니다. 지금도 팔레스타인과 이스라엘 그리고 우크라이나와 러시아 사이에 전쟁이 계속되고 있고, 우리나라 또한 언제 전쟁이 다시 시작하여도 전혀 이상하지 않은 휴전 국가다. 전쟁은 일상의 삶을 앗아갈 뿐만 아니라 모든 것을 잿더미로 만들고 우리 모두의 생명을 일순간에 빼앗아 간다. 오늘 우리는 전쟁 위기에서 벗어나는 일이 그 무엇보다도 더 중요하다. 아기 예수의 오심을 기다림으로 한 해를 시작하는 오늘 본문은 전쟁이 없는 평화로운 세계 건설을 선포하고 있다. 우리가 살아가는 세상은 단순히 인과율이나 숙명론으로 종결되는 폐쇄적인 구조로 되어 있지 않다. 거기에는 생각할 수 없는 많은 해결의 길이 숨겨져 있고 또한 우리에게는 해결의 길을 만들어 낼 능력도 있다. 다만 상대방을 생각하지 않고 자기 안위만을 지키려고 하는 '국가안전'은 결국 전쟁을 불러오고야 만다는 자아 성찰을 먼저 확립해야 한다. 올바른 안전보장은 적대 관계에 있는 쌍방의 평화적 생존권이 동시에 보장되어야 한다. 이를 위해서는 신뢰 구축이 우선이다. 가장 바람직한 일은 전쟁 무기 감축이다. 뉴욕 UN 본부 정원에는 한 건장한 남자가 웃통을 벗은 채 커다란 망치를 들고 칼을 쳐서 보습을 만드는 큰 조형물이 서 있으며 그 아래에는 본문 4절 말씀이 새겨져 있다. 아기 예수의 오심을 기다린다는 말은 세상 평화에 대한 비전을 바라보는 일이며, 우리의 일상적인 사고와 행동을 넘어서서 미지의 땅에 첫발을 내딛는 일이다. 불가능을 가능으로 치환하는 일은 뼈를 깎는 고통을 수반한다.

시편 122

1 야훼 집에 가자 할 때, 나는 몹시도 기뻤다.

2 우리는 벌써 왔다, 예루살렘아, 네 문 앞에 발걸음을 멈추었다.

3 예루살렘아, 과연 수도답게 잘도 지어졌구나. 모든 것이 한몸같이 잘도 짜여졌구나.

4 그 지파들이, 야훼의 지파들이 이스라엘의 법도에 따라 야훼 이름 기리러 그리로 올라가는구나.

5 재판석이 거기에 있고 다윗 가문이 앉을 자리 또한 거기에 있구나.

6 예루살렘을 위하여 평화의 소리 외쳐라. "네 집안에 평화!"
7 "네 성안에 평화!" "궁궐 안에 평화!"
8 내 겨레, 내 벗들을 나 사랑하거늘 "너에게 평화!" 외치게 해다오.
9 우리 하느님 야훼의 집을 나 사랑하거늘, 너에게 복이 있으라.

로마서 13:11-14

11 이렇게 살아야 하는 여러분은 지금이 어느 때인지를 알아야 합니다. 여러분이 잠에서 깨어나야 할 때가 왔습니다. 지금은 우리가 처음 믿던 때보다 우리의 구원이 더 가까이 다가왔습니다.
12 밤이 거의 새어 낮이 가까웠습니다. 그러니 어둠의 행실을 벗어버리고 빛의 갑옷을 입읍시다.
13 진탕 먹고 마시고 취하거나 음행과 방종에 빠지거나 분쟁과 시기를 일삼거나 하지 말고 언제나 대낮으로 생각하고 단정하게 살아갑시다.
14 주 예수 그리스도로 온몸을 무장하십시오. 그리고 육체의 정욕을 만족시키려는 생각은 아예 하지 마십시오.

신학적 관점

바울은 로마서에서 인간에 대한 변화를 두 가지 모습으로 영상화한다. 하나는 잠에서 깨는 일이고, 다른 하나는 옷을 입는 일이다. 세례에 관한 말씀에서 이에 대해 말한 바 있다(6:4-8). 전자는 인간 내면의 변화를 말한다면, 후자는 외면의 변화를 말하고 있다. 이는 지금이 바로 구시대가 끝나고 새 시대가 도래하는 변곡점이라고 하는 현재 종말론, 곧 현존 인식이다. 예수 또한 부활을 잠에서 깨는 일로 그리고 하느님 나라 잔치 자리에는 그에 맞는 옷을 입어야 한다는 비유 말씀을 하셨다(마 22:12). 그리고 또 하나의 중요한 신학적 관점은 본문이 모두 복수형으로 쓰여 있다는 사실이다. 곧, 개인의 변화를 넘어 사회(로마제국)의 변혁을 불러오는 공동체의 변화여야 한다는 말씀이다. 여기서 우리는 본문 바로 앞에 있는 세상 통치자의 권위에 복종하라는 말씀이 단순히 세상 권력에 대한 무조건적 복종이 아니라 세상 권력의 변혁을 위한 일시적인 복종임을 알 수 있다. "바울의 복음은 로마 제국주의 이데올로기에 대항하여 분명히 반대의 입장을 표명한다"(리차드 홀스리 편/홍성철 옮김, 『바울과 로마제국: 로마 제국주의 사회의 종교와 권력』, CLC, 2011, 224).

목회적 관점

삶에는 시간을 다투는 긴급한 일들이 있고, 시간을 다투지는 않지만 미래를 결정짓는 중요한 일들이 있다. 열심히 산다고 하는 것(busy-ness)이 곧 성공적인 삶을 뜻하는 것은 아니다. 목회 또한 마찬가지다. 급하게 처리해야 할 일과 중요하게 다루어야 할 (영적) 일을 균형 있게 맞추며 우선하는 일이 무엇인지를 알아채는 것이 중요하다. 왜냐하면 시간은 미루거나 절약한다고 하여 저축할 수 있는 성질의 것이 아니기 때문이다. 때를 알고 잠에서 깨어난다는 말은 우선순위가 무엇인지를 알아채는 순간을 말한다.

주석적 관점

그리스도인의 삶에서 항상 고려해야 할 세 가지 측면을 말하고 있다. 첫째는 세상(로마제국)에 대해서(13:1-8), 둘째는 이웃, 곧 신앙 공동체 밖의 사회에 대해서 (13:9-10) 그리고 마지막으로 공동체 구성원 서로를 향한 본문의 말씀이다.

설교적 관점

13절의 술 취함과 성 문란에 관한 말씀은 당시 유행했던 술의 신 Baccus 축제를 가리킨다. 로마의 축제와 (올림픽) 경기장의 특징은 벌거벗음이다. '빛의 갑옷'은 어둠의 창과 유혹의 칼이 뚫을 수 없는 진리의 말씀으로 무장한 강력함의 상징이다. 칼 바르트는 종말의 때란 "가능성에 대한 강력한 긍정이다. 왜냐하면 하느님의 사랑이 이미 세상을 정복했기 때문이다"라고 말했다(*Feasting*, 17).

마태복음 24:36-44

36 "그러나 그날과 그 시간은 아무도 모른다. 하늘의 천사들도 모르고 아들도 모르고 오직 아버지만이 아신다.

37 노아 때의 일을 생각해 보아라. 사람의 아들이 올 때에도 바로 그럴 것이다.

38 홍수 이전의 사람들은 노아가 방주에 들어가던 날까지도 먹고 마시고 장가들고 시집가고 하다가

39 홍수를 만나 모두 휩쓸려 갔다. 그들은 이렇게 아무것도 모르고 있다가 홍수를 만났는데, 사람의 아들이 올 때에도 그러할 것이다.

40 그 때에 두 사람이 밭에 있다면 하나는 데려가고 하나는 버려둘 것이다.

41 또 두 여자가 맷돌을 갈고 있다면 하나는 데려가고 하나는 버려둘 것이다.

42 이렇게 너희의 주인이 언제 올지 모르니 깨어 있어라.

43 만일 도둑이 밤 몇 시에 올지 집주인이 알고 있다면 그는 깨어 있으면서 도둑이 뚫고 들어오지 못하게 할 것이다.

44 사람의 아들도 너희가 생각지도 않은 때에 올 것이다. 그러니 너희는 늘 준비하고 있어라."

신학적 관점

마지막 때, 곧 종말에 관한 비유 말씀이다. 신학적으로 중요한 관점은 첫째, 종말은 인간의 시간 속에 있지 않다는 것과 둘째, 삶의 모습은 똑같지만 내면의 자기 성찰에 따라 구원받는 자와 버림받는 자가 구별된다는 것 그리고 셋째, 인자(人子), 곧 사람의 아들이란 우선 예수 자신을 말하지만, 동시에 이는 예수가 누구인지를 알고 그를 믿고 따르는 깨어 있는 모든 사람을 의미하기도 한다는 점이다. 따라서 종말은 (아기 예수 탄생의) 기다림을 넘어 새로운 시대를 준비하며 살아가는 일상이 된다.

목회적 관점

흔히 교회는 방주에 비유된다. 따라서 목회자는 방주를 짓는 제2의 노아가 되어야 한다. 성서에서 노아는 의인의 상징으로 자주 언급되지만, 본문에서의 노아는 홍수를 대비한 인물로 묘사된다. 밭일과 맷돌질은 일상의 평범한 삶을 의미한다. 구원을 위해 특별한 일이 요구되는 것은 아니다. 오늘날 한국에는 가나안 성도가 이백만을 넘어 삼백만에 육박하고 있다. 새 포도주(가나안 성도)에는 새 주머니(방주)가 필요하다. 어떤 방주를 지어야 할까?

주석적 관점

본문의 '깨어 있음'의 실례는 다음 장에 나타나는 세 개의 비유에서 구체적으로 설명된다. 신랑을 기다리는 기름을 넉넉하게 준비한 처녀와 그렇지 못한 처녀의 열 처녀의 비유, 주인이 맡긴 달란트를 활용한 충성스런 두 종과 이를 땅에 묻어둔 불충한 종의 달란트 비유, 양과 염소로 대변되는 의인과 죄인이 마지막 때에 뒤바뀜이 일어난다. 곧, 세상에서는 죄인이라 손가락질을 받았지만 보잘것없는 사회적 약자들을 돌본 사람들은 하늘나라에서 의인으로 인정받은 반면, 세상에서 의인으로 인정받고 행세하지만 보잘것없는 자들을 돌보지 않아 하늘나라에서는 죄인으로 심판을 받는다는 최후의 심판 비유다.

설교적 관점

어둠이 물러가는 새벽을 어떻게 알 수 있는가?

제자가 답했다. "포도나무와 무화과나무를 구별할 수 있을 때입니다." "아니다!"
"그러면 개와 양을 구별할 수 있을 때입니까?" "아니다!"
스승이 말했다. "네 이웃을 너의 형제자매로 받아들일 때이다"(비교. 롬 13:8-10).

하느님의 나라는 눈으로 볼 수 있는 미래의 시간에 나타나는 공간적인 것이 아니라 이미 우리 가운데 존재하는 시간적인 것이다(눅 17:20-21). 이는 윤리와 도덕의 세세한 항목을 넘어 '빛의 갑옷'을 입는 새로운 창조물로서의 현존 사건이다.

대림(待臨)의 문자적 의미는 아기 예수를 기다린다는 말이지만, 실제는 우리 안에 이미 도착해 있다. 절대 시간은 없다. 한자어 인간(人間)과 시간(時間)은 관계적 존재로서 두 개의 시(時), 과거와 미래 사이에 놓여 있는 불안의 현존성을 말한다. 대림절은 새로운 때가 오고 있음을 알아채고 희망 속에서 이를 행동으로 준비하는 절기다.

대림절 둘째 주일

사 11:1-10; 시 72:1-7, 18-19; 롬 15:4-13; 마 3:1-12

이사야 11:1-10

1 이새의 그루터기에서 햇순이 나오고 그 뿌리에서 새싹이 돋아난다.

2 야훼의 영이 그 위에 내린다. 지혜와 슬기를 주는 영, 경륜과 용기를 주는 영, 야훼를 알게 하고 그를 두려워하게 하는 영이 내린다.

3 그는 야훼를 두려워하는 것으로 기쁨을 삼아 겉만 보고 재판하지 아니하고 말만 듣고 시비를 가리지 아니하리라.

4 가난한 자들의 재판을 정당하게 해주고 흙에 묻혀 사는 천민의 시비를 바로 가려주리라. 그의 말은 몽치가 되어 잔인한 자를 치고 그의 입김은 무도한 자를 죽이리라.

5 그는 정의로 허리를 동이고 성실로 띠를 띠리라.

6 늑대가 새끼 양과 어울리고 표범이 숫염소와 함께 뒹굴며 새끼 사자와 송아지가 함께 풀을 뜯으리니 어린아이가 그들을 몰고 다니리라.

7 암소와 곰이 친구가 되어 그 새끼들이 함께 뒹굴고 사자가 소처럼 여물을 먹으리라.

8 젖먹이가 살무사의 굴에서 장난하고 젖뗀 어린아기가 독사의 굴에 겁 없이 손을 넣으리라.

9 나의 거룩한 산 어디를 가나 서로 해치거나 죽이는 일이 다시는 없으리라. 바다에 물이 넘실거리듯 땅에는 야훼를 아는 지식이 차고 넘치리라.

10 그날 이새의 뿌리에서 돋아난 새싹은 만민이 쳐다볼 깃발이 되리라. 모든 민족이 그에게 찾아들고 그가 있는 곳에서 영광이 빛나리라.

신학적 관점

본문은 이사야의 세 개의 메시아 신탁 중 하나로서, 남왕국 다윗 왕가의 정당성을 주장하는 신명기 역사가들이 후대에 편집한 왕권 정치신학(Royal theology)을 세계사적으로 확장하고 있다(삼하 7:16). 메시아는 '기름 부음을 받은 종'이란 뜻으로 다윗과 그를 잇는 후대의 왕들에게 붙은 명칭이다. 앞의 두 신탁의 말씀(7:24-16; 9:2-7)과 달리 이사야는 자기 죽음 후에 이러한 메시아 왕국이 이루어질 것을 기대했다.

시간상으로 하느님 나라에 대해 제1성서의 예언자들은 미래 시제로 표현하지만(2, 6절), 제2성서 복음서 저자들은 이를 현재 완료형(눅 4:18; 막 1:15)으로 표현한다. 물론 복음서에도 미래 시제로 표현하는 구절이 있다(막 14:25; 눅 22:30). 미래 시제와 현재 완료형 표현의 차이는 신학적으로 종말에 대한 인식의 차이를 불러오고, 이는 하느님 나라 운동에 대한 현실 참여 유무로 확실하게 구별된다.

세례자 요한을 포함에서 그에 이르기까지 이스라엘에게는, 하느님의 통치가 도래하는 것이 (하느님의) 초월적 침입을 뜻해서, 인간으로서는 단지 침입을 바라고, 기도하고, 준비할 수는 있지만, 그것을 받아들일 뿐 참여할 수가 없었다. 그러나 예수에게는 하느님의 통치가 도래하는 것인 신과 인간 모두의 참여, 쌍방향 계약의 헌신과 관련되었다. 그 차이는 하느님의 통치가 임박했다(imminent)는 요한의 묵시적 종말론(Apocalyptic eschatology)과 이미 와 있다(present)는 예수의 협력적 종말론(Collaborative eschatology)의 차이다(존 도미닉 크로산/한성수 옮김,『카이사르에게 돌려주라: 신약성서의 문명 전환 전략들』, 한국기독교연구소, 2024, 56).

목회적 관점

늑대/표범/곰/사자/살무사/독사와 양/염소/송아지/젖뗀 아이는 모두 강대국과 약소국을 뜻하는 상징 언어들이다. 그런데 이 무리를 하나의 떼로 엮어 앞장서는 이는 '작은 아이'다(6절). 대형 교회의 예배는 어린이 예배와 어른 예배가 분리되어 있다. 그러나 작은 교회에서는 어린이와 어른이 함께 예배드리는 경우가 많다. 어린아이의 마음을 품는 일은 하늘나라를 들어가기 위한 전제 조건이다(마 18:2-3). 어른들은 어디에서 어린아이의 마음을 배울 수 있을까? 교회가 구원을 지향하는 신앙 공동체라면, 이는 마땅히 해야 할 일이 아닐까? 최근 기독교 밖에서 K-사상의 중심 사상으로 회자되고 있는 동학의 인내천(人乃

天) 사상은 남녀노소의 구별이 없다. 어린아이를 똑같은 한울님을 품은 한 인간으로 대할 것을 강조한다.

주석적 관점

이 신탁은 남왕국 유대가 가장 위태로웠던 시로-에브라임(the Syro-Ephraimitic) 전쟁 시기인 BCE 733년경 이루어졌다. 이때는 북왕국 이스라엘과 아람의 다마스커스왕국이 연합하여 아시리아에 대항하면서 연대할 것을 강권할 때였다. 아하즈는 이사야의 조언에 따라 이를 거절했다. 오히려 그는 이 두 왕국에 연합하는 대신 아시리아제국에 도움을 요청했다. 이사야는 이러한 아하즈왕의 행동을 위험하다고 반대하면서, 이어지는 히스기야왕에 이르러 다윗의 의로운 통치가 이루어질 것을 희망했다. 결국 북왕국은 아시리아제국에 의해 BCE 721년에 멸망한다.

이새의 뿌리는 유대왕국이 가장 강성했던 시기의 다윗왕을 지시하지 않는다. 왜냐하면 이는 군사 강국으로서 주변의 약소민족들을 지배했던 아시리아나 바빌론제국과 근본적인 차이가 없기 때문이다. 본문은 이새의 나무가 아닌 이새의 그루터기 혹은 뿌리라고 말한다. 나무의 본줄기가 아닌 (잘려 나가고 남은) 뿌리나 그루터기를 말하는 것은, 힘 있는 자로서의 폭력과 전쟁이 아닌 힘없는 자로서의 YHWH 하느님을 대변하거나 혹은 두려워하는(2절) 정의와 평화의 상징을 말하고자 함이다.

'안다'는 것은 지적인 의미가 아니다(9절). 물이 바다를 덮칠 때, 물과 바다를 구분하는 시도는 어리석은 일이다. 이는 분리될 수 없는 밀접한 관계성을 의미한다.

설교적 관점

대림절은 아기 예수를 기다리는 절기다. 아기 예수는 전쟁과 폭력으로 얼룩진 로마제국이 아우구스투스황제가 영원한 *Pax Romana*를 외칠 때 태어났다. 이는 세상 나라를 하느님 나라로 대체하기 위한 하늘 역사의 시작이었다. 곧, 대림절은 지금까지의 기존의 사고방식을 깨트리는 변혁의 시간임을 의미한다.

포식동물과 이들의 먹이가 되는 피식동물이 함께 어울리는 세상을 꿈꾸는 일, 이것이 대림절에 우리 모두 꿈꾸어야 할 세상이다.

지금도 그러하지만, 과거에는 더욱 그러했다. 어린이는 약자의 상징이다. 그러나 이사야는 하느님 나라를 향한 인간 역사 변혁의 길을 '작은 아이'가 인도한다고 말한다. 예수는 어른들에 의해 주변으로 쫓겨난 아이들을 역사 중심에 세워야 한다고 가르쳤다. 왜 그러한가? 어른들은 '안보'라는 미명 안에서 상대(적)에 대한 공포로 인해 무장을 추구하지만, 아이들은 선입견이 없기에 피아에 대한 구별이 없어 서로를 신뢰하고 협동하는 일이 극히 자연적이다. 놀이터에서 처음 만난 아이들끼리 노는 모습을 보라! "아이들은 자기 욕망을 만족시키기 위해 과학기술을 악용하지도 않고, 종교 사상을 오용하지도 않는다. 아이들은 세계 가난한 사람들로부터 부를 독점해서 초호화 저택에 사는 '아메리칸드림'을 꿈꾸지도 않는다. 아이들은 핵폭탄을 보여주면서 타국을 위협하거나 투하하지도 않는다"(기무라 고이치/전기호 역, 『비폭력으로 평화창조』, 생명의말씀사(일본), 2025 출간 예정).

하느님 나라의 실체가 무엇인가? 이는 신학이 추구하는 궁극적 관심이다. 이사야는 명쾌하게 답변한다. 이는 세상에 더 이상의 전쟁이 없는 완전한 평화라고. 어떻게 해야 완전한 평화가 이루어지는가? 그건 세계의 제국으로 대변되는 사자가 소처럼 짚(풀)을 먹게 되는 때다. 이는 지난주 이사야 2장에서의 칼을 쳐서 보습을 만들고 창을 쳐서 낫을 만드는 때다. 말하자면 군수 공장들이 탱크와 미사일 대신 농기구와 햇볕발전소 기구들을 만드는 공장으로 변화되는 때다. 이를 기무라 고이치 목사는 일본 국민을 대상으로 이렇게 서술한다: "미사일과 전투기와 폭탄을 해체하고, 군함을 난민수용선으로, 구축함을 병원선으로, 전차를 불도저로, 군사기지를 주민을 위한 삼림스포츠공원으로, 방위대학을 세계평화대학으로, 방위성을 평화재해구조성으로, 자위대 훈련학교를 구조대 훈련학교로 개조해서 세계 청년들을 모아 구조 전문가들을 양성한다. 그리고 분쟁 중인 동아시아 바다를 명실공히 '공동해'(Co-Pacific Ocean)로 한다. 이를 위해 우리는 일본 정부에 대해서 전쟁의 위법과 동시에, UN과 관련 6개국(미국,

중국, 러시아, 대만, 한국, 조선) 사이에 몇 년이 걸리더라도 구체적 내용이 담긴 신평화조약을 체결하는 외교 노력을 하도록 설득해야 한다"(위의 책).

시편 72:1-7, 18-19

1 하느님, 임금에게 올바른 통치력을 주시고, 임금의 아들에게 정직한 마음을 주소서.
2 당신의 백성에게 공정한 판결을 내리고 약한 자의 권리를 세워 주게 하소서.
3 높은 산들아, 너희 언덕들아, 백성에게 평화와 정의를 안겨 주어라.
4 백성을 억압하는 자들을 쳐부수고 약한 자들의 권리를 세워 주며 빈민들을 구하게 하소서.
5 해와 달이 다 닳도록 그의 왕조 오래오래 만세를 누리게 하소서.
6 풀밭에 내리는 단비처럼 땅에 쏟아지는 소나기처럼 그의 은덕 만인에게 내리리니
7 정의가 꽃피는 그의 날에 저 달이 다 닳도록 평화 넘치리라.
18 당신 홀로 놀라운 일 행하셨으니 이스라엘의 하느님, 야훼는 찬미받으소서.
19 영광스런 그 이름, 길이길이 찬미받으소서. 그 영광 온 땅에 가득히. 아멘, 아멘.

로마서 15:4-13

4 성서 말씀은 모두 우리에게 교훈을 주려고 기록된 것입니다. 그래서 우리는 성서에서 인내를 배우고 격려를 받아서 희망을 가지게 됩니다.
5 아무쪼록 인내와 격려를 주시는 하느님께서 여러분이 그리스도 예수의 뜻을 따라 모두 한마음이 되어
6 다같이 한목소리로 우리 주 예수 그리스도의 아버지 하느님을 찬미하도록 하여주시기를 빕니다.
7 그러므로 그리스도께서 여러분을 받아들이신 것같이 여러분도 서로 받아들여서 하느님의 영광을 드러내십시오.
8 그리스도께서는 하느님의 진실성을 드러내시기 위하여 할례받은 사람들의 종이 되셨습니다. 이리하여 하느님께서 그들의 조상에게 약속하신 것을 이루셨고
9 이방인들은 자비로우신 하느님을 찬양하게 되었습니다. 성서에도, "그러므로 내가 이방인들 가운데서 주께 찬양을 드리며 주님의 이름을 찬미하리라." 하였고 또,
10 "이방인들이여, 주님의 백성과 함께 기뻐하여라." 하였으며 또,
11 "모든 이방인들이여, 주를 찬양하여라. 모든 민족들도 주를 찬양하여라." 하였습니다.
12 그리고 이사야도, "이새의 줄기에서 싹이 돋아 이방인들을 다스릴 분이 나타나리니 이방인들은 그분에게 희망을 걸리라." 하였습니다.
13 아무쪼록 희망을 주시는 하느님께서 믿음에서 오는 온갖 즐거움과 평화를 여러분에게 가

득히 안겨주시고 성령의 힘으로 희망이 여러분에게 넘쳐흐르게 하여주시기를 빕니다.

신학적 관점

본문은 희망으로 시작해서 희망으로 끝을 맺는다(4, 12, 13절). 곧, 바울의 희망의 신학이다. "의인은 믿음으로 살 것이다"라고 외쳤던 바울은 로마서 마지막에 이르러 유대인과 이방인이 하나가 되는, 곧 인류가 하나의 가족임을 이상으로 제시한다. 의인됨의 믿음은 단지 개인 영혼 구원을 위한 신앙이 아닌 모든 민족이 하나의 가족이 되는, 곧 세계 구원을 위한 희망의 신앙임을 강조한다.

목회적 관점

구원의 확신이란 내가 하느님의 자녀임을 확신하는 일로서, 이는 다른 사람들을 기꺼이 받아들이는 사랑의 행위이다(7절). 곧, 차별을 두지 않는 믿음이다. 중세의 수도사 Bernard of Clairvaux는 그리스도인의 성숙을 네 단계로 말했다. 1. 자신을 위해 자기를 사랑하기, 2. 자신을 위해 하느님을 사랑하기, 3. 하느님을 위해 하느님을 사랑하기, 4. 하느님을 위해 자신을 사랑하기(*Feasting*, 42).

주석적 관점

4절의 '인내와 용기'가 우리의 인내와 용기를 말하는 것인지 아니면 예수 그리스도의 인내와 용기를 말하는 것인지는 확실치 않다. 아마도 후자일 가능성이 높다. 예수의 인내와 용기는 다른 이들을 위한 것이기 때문이다.

9b-12절은 제1성서의 율법서(토라, 신 32:43)와 예언서(느비임, 사 11:10) 그리고 시문학(케투빔, 시 47:1) 각각에서 '다른 민족'(이방인)이라는 단어가 포함된 말씀들을 인용하고 있다. 말하자면 바울은 유대인과 이방인 공이 모두 하느님으로부터 선택된 민족임을 설파하고 있다.

설교적 관점

대림절 둘째 주일의 주제는 희망이다. 이 희망은 모든 인류가 하나가 되는 일이다. 하느님께 영광을 돌리는 신앙이란 모든 백성을 차별 없이 받아들이는 일이다(9절). 바울은 우리 모두 예수 그리스도, 하느님, 성령님의 하나 된 능력 안에서 기쁨과 평화와 희망으로 가득 찬 삶을 누리기를 축복하고 있다(13절).

마태복음 3:1-12

1 그 무렵에 세례자 요한이 나타나 유다 광야에서

2 "회개하여라. 하늘나라가 다가왔다!" 하고 선포하였다. 이 사람을 두고 예언자 이사야는 이렇게 말하였다.

3 "광야에서 외치는 이의 소리가 들린다. '너희는 주의 길을 닦고 그의 길을 고르게 하여라.'"

4 요한은 낙타털 옷을 입고 허리에 가죽띠를 두르고 메뚜기와 들꿀을 먹으며 살았다.

5 그 때에 예루살렘을 비롯하여 유다 각 지방과 요르단강 부근의 사람들이 다 요르단강으로 요한을 찾아가서

6 자기 죄를 고백하며 세례를 받았다.

7 그러나 많은 바리사이파 사람들과 사두가이파 사람들이 세례를 받으러 오는 것을 보고 요한은 이렇게 말하였다. "이 독사의 족속들아! 닥쳐올 그 징벌을 피하라고 누가 일러주더냐?

8 너희는 회개했다는 증거를 행실로써 보여라.

9 그리고 '아브라함이 우리 조상이다.' 하는 말은 아예 할 생각도 마라. 사실 하느님은 이 돌들로도 아브라함의 자녀를 만드실 수 있다.

10 도끼가 이미 나무뿌리에 닿았으니 좋은 열매를 맺지 않은 나무는 다 찍혀 불 속에 던져질 것이다.

11 나는 너희를 회개시키려고 물로 세례를 베풀거니와 내 뒤에 오시는 분은 성령과 불로 세례를 베푸실 것이다. 그분은 나보다 훌륭한 분이어서 나는 그분의 신발을 들고 다닐 자격조차 없는 사람이다.

12 그분은 손에 키를 드시고 타작마당의 곡식을 깨끗이 가려 알곡은 모아 곳간에 들이시고 쭉정이는 꺼지지 않는 불에 태우실 것이다."

신학적 관점

마태는 1장에서 제1성서 전 역사를 통해 예수가 아브라함의 후손임을 천명한다. 이어 2장에서 아기 예수 탄생은 제1성서의 예언의 성취임을 밝히면서 아브라함과 모세가 그러했듯이 애굽으로 피신하고, 헤롯은 바로왕이 그러했듯이 남아를 학살하고, 살아남은 예수는 갈릴리 나사렛에 정착한다. 이어 본문은 이

예수가 어떤 분인가를 세례 요한을 통해 증언한다. 그런데 광야에서 살아가는 세례 요한은 당대 민중이 메시아로 기다리던 선지자 엘리야(낙타 털가죽, 가죽띠, 왕하 1:8)를 떠올리게 한다. 세례 요한과 엘리야는 모두 민중의 편에 서서 세상 권력에 저항했던 인물들이다. 예수가 직면하게 될 로마제국과의 투쟁을 암시하고 있다. 동시에 예수는 성령과 불로 불의한 세력을 무찌르고 승리할 것이라는 종말론적 예언이 선포된다.

목회적 관점

죄로부터 회개는 어떤 것인가? 양심의 찔림과 회개는 어떻게 다른 것인가? 참다운 회개는 주님의 길을 닦는 일이다. 길을 닦는 행동은 길을 넓히는 양적인 행동이 아니라 굽은 것을 곧게 펴는 질적 행동이다. 그 길은 여전히 사람들이 가지 않는 좁은 길이다. 목회자는 먼저 자신이 광야의 좁은 길을 걷고 있는지를 성찰하는 훈련을 해야 한다.

주석적 관점

세례 요한은 메시아를 대망하며 엄격한 규율과 율법 준수를 통해 공동체 생활을 하던 쿰란 에세네파의 한 일원으로 이해된다. 성서에서 예수와 에세네파의 관계는 분명치 않지만, 최후의 만찬 장소를 제공했던 (당시 여성들의 몫이었던 물동이를 메고 가는) 남자(눅 22:10)를 독신주의(?) 에세네파의 한 일원으로 볼 때, 예수와도 어떤 관계가 있었다고 상정할 수 있다.

'다가왔다' 혹은 '가까이 와 있다'는 현재 완료형이다. '가까이'는 어느 정도를 말하는가? 영어 표현으로는 'near'보다는 'at hand'가 보다 적절하다. 이는 손을 뻗으면 닿을 수 있는 거리를 말한다. 그러나 손을 뻗지 않으면 아무런 의미가 없다. 곧, 하느님 나라의 성취는 손을 뻗는 실존적 결단에 달려 있다.

세례 요한은 광야(변방)에서 외친다. 그러자 당시 중심으로 인식되던 예루살렘을 비롯한 도시의 사람들이 세례 요한에게로 나아온다. 바리새파와 사두개파는 성전 제사와 세상 권력의 중심에 서 있던 무리다. 세례 요한은 낙타 털가죽과

가죽띠를 두르고 메뚜기와 들꿀을 먹었다. 反성전, 反권력으로서의 예언자 모습이다. 반면 바리새파와 사두개파는 자신의 신분을 드러내는 번쩍이는 옷을 입었다. 바리새파와 사두개파 사람들이 요한으로부터 세례를 받기 위해(7절) 나왔을까? 매우 의심스럽다. 세례 앞에 붙은 헬라어 전치사 'epi'는 (세례를 받기) '위하여'(for) 혹은 (세례를) '반대하여'(against)라는 두 가지 해석이 다 가능하다. 마태복음서 전체 맥락에 따라 후자로 해석하는 것이 타당하다(*Feasting*, 49).

설교적 관점

대림은 단순한 기다림이 아니다. 세상 권력과의 투쟁을 준비하는 기다림이다. 그러기 위해 광야로 나아가야 한다. 광야는 단순한 벌판이 아니다. 이는 하느님의 말씀이 선포되고 이루어지는 현장이다. 광야를 뜻하는 히브리어 '므드바르'의 문자적 뜻은 창조적 사건을 일으키는 하느님의 말씀(다바르)이 선포되는 장소이다.

광야로 나아가는 것은 물질 욕망과 편리함에 찌든 도시의 거짓 자아를 내려놓고, 보호장치가 없는 시간과 공간으로 나아가 신 앞에 단독자로 서고, 이 경험을 통해 참 자아를 발견하기 위함이다. 따라서 회개에 합당한 열매란 굳이 눈에 보이는 어떤 가시적인 선한 행동을 의미한다기보다 하느님 나라에 합당한 가치관의 변화를 의미한다. 우리가 익히 알고 있는 것을 기다리는(크로노스) 것은 참 기다림이 아니다. 참 기다림은 나의 기대 너머 나의 기존(旣存)이 깨어지는, 파아(破我)의 때를 기다리는(카이로스) 것이다. 전혀 예상하지 못했던 새로운 삶의 시작을 의미한다. 마치 도끼가 삶의 뿌리를 내리침으로 인해 다시는 옛길로 돌아갈 수 없는 탈출(엑소더스)을 말한다.

어떻게 해야 오늘의 도시 문화에 찌든 청중들에게 도전적인 '광야'(빈들) 경험으로 인도할 수 있을까?

대림절 셋째 주일

사 35:1-10; 시 146:5-10; 약 5:7-10; 마 11:2-11

이사야 35:1-10

1 메마른 땅과 사막아, 기뻐하여라. 황무지야, 내 기쁨을 꽃피워라.

2 아네모네처럼 활짝 피워라. 기뻐 뛰며 환성을 올려라. 황무지도 레바논의 영광으로 빛나고 가르멜과 사론처럼 아름다워져 사람들이 야훼의 영광을 보리라. 우리 하느님의 영광을 보리라.

3 늘어진 두 팔에 힘을 주어라. 휘청거리는 두 무릎을 꼿꼿이 세워라.

4 겁에 질린 자들을 격려하여라. "용기를 내어라. 무서워하지 마라. 너희의 하느님께서 원수 갚으러 오신다. 하느님께서 오시어 보복하시고 너희를 구원하신다."

5 그때에 소경은 눈을 뜨고 귀머거리는 귀가 열리리라.

6 그때에 절름발이는 사슴처럼 기뻐 뛰며 벙어리도 혀가 풀려 노래하리라. 사막에 샘이 터지고 황무지에 냇물이 흐르리라.

7 뜨겁게 타오르던 땅은 늪이 되고 메마른 곳은 샘터가 되며 승냥이가 살던 곳에 갈대와 왕골이 무성하리라.

8 그곳에 크고 정결한 길이 훤하게 트여 '거룩한 길'이라 불리리라. 부정한 사람은 그리로 지나가지 못하고 어리석은 자들은 서성거리지도 못하리라.

9 사자가 얼씬도 못하고 맹수가 돌아다니지 못하는 길, 건짐받은 사람만이 거닐 수 있는 길,

10 야훼께서 되찾으신 사람이 이 길을 걸어 시온산으로 돌아오며 흥겨운 노래를 부르리라. 그들의 머리 위에선 끝없는 행복이 활짝 피어나고 온몸은 기쁨과 즐거움에 젖어 들어 아픔과 한숨은 간데없이 스러지리라.

신학적 관점

이사야는 제국의 침략으로 얼룩진 시온 땅이 회복될 것이라는 메시아 도래(4절)를 선포한다. 대지뿐만이 아니라 여러 가지 질병으로 시달린 사람들 또한 온전히 회복될 것임을 약속하고 있다. 이는 '하느님 보시기에 아름다웠던' 창조 세계를 회복하는 창조 회복으로서 구원 신학이다.

목회적 관점

육체 장애인들이 고침을 받는 성서의 말씀들은 메시아 도래에 대한 고대 사람들의 인식 이해를 보여주는 구절로, 문자에 매이지 않아야 한다. 장애(障礙)라는 단어 또한 정상(正常)과 비정상이라는 비교 관점에서 말해지는데, 그렇다면 생명 단계의 자연 현상으로서의 노인은 모두 비정상인이 되고 만다. 필자는 80년대 미국에서 공부할 때 'disabled' 혹은 'handicapped'라는 용어 대신에 'otherly-abled'라는 용어를 사용하도록 가르침을 받았다. 상당히 충격적인 경험이었다. 본문의 장애인들이 고침을 받는다는 메시아 도래로 인한 변화된 세계에 관한 말씀 또한 현대인의 사고에 맞는 해석을 해야 한다. 곧, 전쟁 없는 세계를 넘어 모든 인간 차별이 금지되고 지구상의 모든 생물이 한 가족으로서 생명권이 존중받는 세계이다.

주석적 관점

이사야 36-39장에는 히스기야왕 때 산헤립 치하의 아시리아가 예루살렘을 공격하는 일에 관한 여러 보도가 나온다. 그러나 대부분의 학자들은 본문을 포함한 34-35장이 본래는 바빌론 유배를 배경으로 하는 제2이사야(40-55장)의 일부였다가 제1이사야로 편입되었다고 본다. 이는 BCE 8세기경 유대왕국의 회개를 촉구하는 제1이사야의 말씀과는 동떨어진 말씀이다. 10절은 51장 11절의 복사다.

설교적 관점

이제 광야는 메마른 땅과 거친 땅이 아닌 물이 흐르고 수선화가 피는 땅으로 변화한다. 이는 시련과 고난의 때가 끝났음을 의미한다. 대림절은 아기 예수로 오시는 메시아를 기다리는 절기다. 메시아의 도래는 세상 변혁을 전제한다. 곧, 바빌론 유배를 당하고 있던 유대 백성들에게는 시온 땅으로의 복귀를, 로마제국 지배 아래에서의 갈릴리와 유대 사람들에게는 자주와 해방을 의미했다. 희망을 잃은 백성에게 희망을 솟게 하는 절기다. 우리 민족의 희망은 무엇인가?

인류의 궁극적 희망은 무엇인가? 희망에 실천이 함께 하지 않는다면 이는 한낱의 환영(幻影)에 불과하다.

신학적 관점

야고보서는 '행위 없는 믿음은 죽은 믿음'이라는 대명제를 붙들고 있다. 마틴 루터는 '은혜만의 구원'을 강조하여 이를 '지푸라기 문서'로 치부했다. 그러나 이는 중세 가톨릭의 면죄부 판매, 곧 행위(돈)만으로의 구원 교리에 대응하는 차원에서 말한 시대적 한계 언어였다. 신앙 행위가 구원의 조건이 되지는 않지만, 행위는 하느님 은혜로 구원받은 자의 당연한 책무다. 만약 행위가 뒤따르지 않고 은혜의 기쁨에만 머문다면 그 구원은 하느님으로부터 온 참 구원이라 할 수 없다. 왜냐하면 하느님이 우리를 구원하시는 이유는 이 땅에 하느님 나라를 세우기 위함이고, 보시기에 좋았던 처음 창조를 계속 유지하여 주기를 원하시기 때문이다. 예수 그리스도 또한 말씀하셨다. "좋은 열매를 맺지 못하는 나무는 모두 찍혀 불에 던져진다. 그러므로 너희는 그 행위를 보아 그들이 어떤 사람인지 알게 된다"(마 7:19-20).

그러기 위해 야고보서 저자는 제일 중요한 신앙 행위의 덕목을 '참음'이라고 말한다. '참음'이라는 단어가 매절마다 반복된다. 하느님의 새로운 역사가 시작하는 종말의 때가 조금 더디더라도 조급하지 말라는 뜻이다. 야고보서의 신학은 '참음(인내)의 신학'이다. 그러나 이는 권력의 불의함이나 사회적 부정의에 대한 무저항을 의미하는 것은 아니다. 왜냐하면 야고보는 참음의 상징으로 아합왕과 이세벨왕비에 저항했던 엘리야를 언급하고 있기 때문이다(17절).

목회적 관점

개신교 목사들 가운데는 가톨릭교회를 행위 구원만을 가르치는 교회로 여겨 비난하는 사람들이 종종 있다. 오늘날 가톨릭교회는 웬만한 개신교 교단보다 사회적 책임을 더 강조하고 있으며 프란체스코교황 이후 더욱 강화되고 있다. 그러다 보니 오늘날 우리 사회에서 개신교회가 신뢰도가 가장 떨어지는 종교 집단이 되고 말았는데, 이는 '은혜만의 구원'만을 강조한 결과다. 500년 전 개신교의 출발 교리를 아무 생각 없이 반복하여 가르쳐 온 결과다. 이제라도 기독교인은 우리 사회의 빛과 소금이 되는 사회적 존재임을 자각하여 보이지 않는 가운데 세상을 섬기는 역할을 잘 감당하여야 할 것이다. 왜냐하면 빛은 자기 몸을 태워서, 소금은 자기 몸을 녹여서 자기 역할을 감당하기 때문이다.

주석적 관점

신앙인은 열매를 기다리는 농부와 같다. 비는 원하는 때에 오지 않는다. 농부에게 필요한 덕목은 참음이다. 그러나 이 참음에는 고통이 따른다. 참음과 고통은 동전의 양면과 같이 하나다(10절). 하느님의 예언자들은 모두 고통을

겨었다. 한자어 참을 인(忍) 자는 심장(心)에 칼(刀)이 꽂혀 피를 흘리는(ヽ)
모습이다.

설교적 관점

대림절 세 번째 주일은 전통적으로 Gaudete Sunday('기쁨의 주일')라 불린다.
농부가 자신의 할 바를 다한 후에 열매를 기다리듯이, 우리가 신앙 안에서
예수의 다시 오심, 곧 하느님 나라의 완성을 기다린다면 그 기다림은 자체로
기쁨이 된다.

마태복음 11:2-11

2 그런데 요한은 그리스도께서 하신 일을 감옥에서 전해 듣고 제자들을 예수께 보내어
3 "오시기로 되어 있는 분이 바로 선생님이십니까? 그렇지 않으면 우리가 다른 분을 기다려
야 하겠습니까?" 하고 묻게 하였다.
4 예수께서는 그들에게 이렇게 대답하셨다. "너희가 듣고 본 대로 요한에게 가서 알려라.
5 소경이 보고 절름발이가 제대로 걸으며 나병환자가 깨끗해지고 귀머거리가 들으며 죽은
사람이 살아나고 가난한 사람들에게 복음이 전하여진다.
6 나에게 의심을 품지 않는 사람은 행복하다."
7 요한의 제자들이 물러간 뒤에 예수께서 군중에게 요한을 두고 이렇게 말씀하셨다. "너희는
무엇을 보러 광야에 나갔더냐? 바람에 흔들리는 갈대냐?
8 아니면 무엇을 보러 나갔더냐? 화려한 옷을 입은 사람이냐? 화려한 옷을 입은 사람은 왕궁
에 있다.
9 그렇다면 너희는 무엇을 보러 나갔더냐? 예언자냐? 그렇다! 그런데 사실은 예언자보다
더 훌륭한 사람을 보았다. 성서에,
10 '너보다 앞서 내 사자를 보내니 그가 네 갈 길을 미리 닦아놓으리라.' 하신 말씀은 바로
이 사람을 가리킨 것이다.
11 나는 분명히 말한다. 일찍이 여자의 몸에서 태어난 사람 중에 세례자 요한보다 더 큰 인물
은 없었다. 그러나 하늘나라에서 가장 작은 이라도 그 사람보다는 크다."

신학적 관점

마태복음의 가장 극적인 장면은 예수에 대한 베드로의 신앙 고백이다(16:13).

그런데 이 구절은 예수가 "사람들은 나를 누구라고 하는가?"라는 질문으로 시작한다. 그렇다면 과연 예수는 스스로에 대해 어떤 자의식(自意識, self-identity)을 갖고 있었을까? 신학적으로 논란이 매우 많은 질문이다. 세례 요한에 관한 본문에서 예수의 자의식을 엿볼 수 있다. 우선 예수는 세례 요한을 예언자 중에 가장 큰 사람으로 보았다. 이는 제1성서의 예언자들은 메시아 도래 예언만으로 그쳤지만, 세례 요한은 그 메시아의 오심을 준비하고 직접 세례까지 베풀었기 때문이다. 그런데 하늘나라에서는 아무리 작은 사람이라도 요한보다 크다는 얘기는 요한은 예수를 메시아로 인식하는 일에서 그쳤지만, 예수를 믿고 따르는 사람들은 메시아의 일에 동참함으로 실존론적으로 하늘나라를 경험하기 때문이다.

누가복음은 '보고 들은 대로'(7:11)라고 말하는 반면, 마태는 '듣고 보는 것'으로 순서를 바꿔 말함으로 말씀과 이적 중 어느 것이 더 중요한가에 대한 신학적 관점을 달리하고 있다.

목회적 관점

본회퍼 목사는 히틀러 암살단에 참여함으로 독일 패망 4개월을 앞두고 처형 당했다. 그때 그는 옥중에서 <나는 누구인가?>라는 유명한 시를 썼다. 목사는 가끔 "나는 누구인가?" 하는 자의식을 글로 써볼 필요가 있다. 왜냐하면 목회의 어려움에 처하게 되면 본연의 자세를 잃어버리고 회의에 빠지기 때문이다. 혹 세례 요한과 같이 의심을 품고 있는 것은 아닌가?

주석적 관점

세례 요한은 예수의 메시아성을 의심한 것인가? 아니면 재확신의 과정인가? 아니면 제자들에게 가르침을 주기 위함인가? 이미 요한은 세례를 베풀 때 하늘에서 들려온 음성을 통해 예수가 누구인지를 알았다. 하지만 자신이 원하던 일들이 즉각 일어나지 않음으로 의심을 품었던 것일까?(6절)

5절은 이사야서 29장 18절과 35장 5절의 인용이다. 이사야의 꿈이 사자와 곰이 풀을 먹음으로 양과 염소와 함께 뒹구는 세계 평화를 말하였듯이, 이는 오늘날 의사들이 시행하는 신체적 불구의 치유를 말하는 것이 아니라 사회의 불구 현상으로 민중들이 죽어가는 불의한 체제를 고발한다. 곧, '가난한 자가 좋은 소식을 듣게 되는' 정치·경제·사회 변혁을 의미한다. 세례 요한보다 더 크게 되는 작은 사람이란 이러한 예수로 인한 사회 변혁의 꿈을 꾸고 함께 일하는 자를 의미한다.

설교적 관점

교회는 예언자를 보러 오는 오늘의 광야이다. 그런데 사람들은 궁전에서나 볼 수 있는 고운 옷을 입은 왕을 보길 원한다. 곧, 교회를 하늘 궁전으로 착각한다.

미국의 영성학자 유진 피터슨은 성서를 현대인들의 사고에 맞는 생활언어로 번역한 사람으로도 유명하다. 그는 『부르심을 따라 걸어 온 나의 순례길』(2011)이라는 목회 회고록을 폈는데, 여기서 한 시기를 '황무지'라 부른다. 이분이 교회를 개척한 것을 알고 있었기에 아마도 이 시기는 교인도 없고 건물도 없는 개척 시기를 뜻할 것이라고 추측하였는데, 그게 아니었다. 그가 말하는 황무지는 오히려 그 반대였다. 교인들이 힘을 합쳐 교회 건축을 끝내고 난 뒤, 무슨 이유였는지 사람들이 교회를 떠났다는 것이다.

교회를 조직하고 힘든 건축을 마치고 나면 거기에서 더 힘을 받아 하느님의 백성, 그리스도의 몸, 함께 사는 교회라고 하는 새로 형성된 자신의 정체성을 기꺼이 받아들이고, 주어진 것에 감사하고, 그렇게 변화된 모습으로 기쁨으로 다른 사람들도 초대하고 섬길 수 있으리라고 나는 생각했다. 그러나 내 생각은 틀렸다. 일종의 사회적 질병 같은 것이 회중 안에 퍼지자 나도 힘이 빠졌다. 그리곤 그는 신이 죽었다고 말한 니체의 글을 읽다 깨달음을 얻는다.

나의 형제들이여 땅에 충실하라.
하늘나라의 희망에 관해 말하는 사람들은 믿지 마라.

그런 것을 말하는 사람들은 의식이 있든 없든 모두가 독을 넣어 주는 사람들이다.

모든 생명에 힘을 주는 땅에 충실하라.

당신이 베푸는 사랑과 당신이 알게 된 지식은 땅의 의미에 기여할 것이다.

사랑과 인식을 땅에서 날려 보내지 말고 그것을 영원한 생명의 울타리 안에 가두어 넣고 살아가라.

니체 또한 모순에 가득 차 있고 질병과 고통으로 가득 찬 삶을 어떻게 해방할 것인가를 고민했고, 인간에게 주어진 삶의 족쇄를 어떻게 깨뜨리고 나갈 것인지를 물었다. 다만 그는 하늘로부터 질문을 시작한 것이 아니라 땅으로부터 출발했다. 피터슨 목사는 또 다른 외적인 프로젝트를 시작하라는 선배 목사의 조언 대신 니체를 따라 보다 본질적인 구원의 문제에 천착하기 시작하였다. 예수는 갈릴리 민중들이 삶의 현실에서 겪는 고통을 함께 아파했다.

대림절 넷째 주일

사 7:10-16; 시 80:1-7, 17-19; 롬 1:1-7; 마 1:18-25

이사야 7:10-16

10 야훼께서 아하즈에게 다시 이르셨다.

11 "너는 야훼 너의 하느님께 징조를 보여달라고 청하여라. 지하 깊은 데서나 저 위 높은 데서 오는 징조를 보여달라고 하여라."

12 아하즈가 대답하였다. "아닙니다. 나는 징조를 요구하여 야훼를 시험해 보지는 않겠습니다."

13 이사야가 말하였다. "다윗 왕실은 들어라. 사람들을 성가시게 하는 것도 부족하여 나의 하느님까지도 성가시게 하려는가?

14 그런즉, 주께서 몸소 징조를 보여주시리니, 처녀가 잉태하여 아들을 낳고 그 이름을 임마누엘이라 하리라.

15 그 아기가 나쁜 것을 버리고 좋은 것을 택할 줄 알게 될 때는 양젖과 꿀을 먹게 될 것이요,

16 그 아기가 나쁜 것을 버리고 좋은 것을 택할 줄 알게 되기 전에 네가 원수로 여겨 두려워하는 저 두 왕의 땅은 황무지가 되리라."

신학적 관점

대림절 네 번째 마지막 주일은 평화의 왕으로 오시는 아기 예수 탄생에 대한 기대감이 가장 고조되는 때다. 성탄절의 핵심 단어는 '임마누엘'(하느님이 우리와 함께하시다)이다. 본문에서 이 단어는 처녀(혹은 젊은 여인)가 낳게 될 아이의 상징 이름이다.

아하즈는 남왕국 유대의 왕이다. 그는 아시리아의 침공에 맞서 연합하자는 제안을 거부함으로 인해 북쪽의 형제 나라인 에브라임왕국(이스라엘 혹은 사마리아)과 시리아연합군으로부터 침공의 위협을 받고 있었다. 이때 주님은 아하즈의 불안을 해소하기 위해 신비의 징조를 보여주겠다고 말씀하신다. 그러나 아하즈

는 이를 거절한다. 그러자 이사야는 이는 하느님의 인내를 시험하는 일이라고 비난하면서, 한 아이가 출생하고 이 아이가 철이 들기도 전에 이 두 나라가 망할 것을 예언한다.

하느님이 직접 하늘과 땅, 신비의 두 징조 중 하나를 선택하라는 말씀의 신학적 의미는 무엇인가? 유대왕국의 적이면 하느님의 적이 되는 아전인수격인 신앙은 이웃/원수 사랑의 관점에서 저급한 신앙관이다. 오늘날 '임마누엘'의 신앙은 피아(彼我)의 구분을 뛰어넘는 전 인류의 구원을 상징하는 단어이다. 이 모순을 어떻게 극복할 수 있을까?

목회적 관점

중요한 결정을 앞둔 교인들은 신비로운 하늘의 '징조'를 바라고 있다. 아하즈는 이를 하느님을 시험하는 일이라고 거부하는데, 실상 이는 이성을 중시하는 현대 신앙인들의 생각을 반영한다. 그런데 이사야는 오히려 이런 아하즈를 비난하고 임마누엘의 징조를 예언한다. 목회 현실은 '징조'를 끊임없이 요구받는다. 새롭게 등장하는 '이단' 그룹들은 대체로 이러한 요구에 응답함으로 그 세력을 키워간다.

주석적 관점

'처녀'로 번역된 히브리 단어는 'almah으로 '젊은 여인'을 뜻한다. 동정녀를 뜻하는 히브리 단어는 betulah이다. 70인역에서 'almah는 처녀를 뜻하는 parthenos로 번역이 되었고, 이는 마태복음(1:23)에서 사내를 알지 못하는 동정녀로 인용된다. 본문에서 'almah는 아하즈의 아내 혹은 이사야의 아내로 이해된다. 8장 18절에서 이사야는 자신의 자녀를 야훼께서 주신 '징조'('ot)라고 말한다. 이는 본문 11, 14절의 '징조'와 같은 히브리 단어다.

설교적 관점

'임마누엘'은 적의 멸망을 뜻하는 '황무지'와 유대의 구원에 대한 야훼의 징조다. 그러나 역사적으로 유대왕국 또한 당시에는 구원을 받지만, 이후 150년이 지나 결국 바빌론제국에 의해 저들 또한 황무지가 되고 만다.

곧, 임마누엘의 하느님은 세월호 참사나 이태원 참사와 같은 인간 세계의 아픔의 현장 속으로 오시는 분이다.

시편 80:1-7, 17-19

1 이스라엘의 목자여, 요셉 가문을 양떼처럼 인도하시는 이여 귀를 기울이소서. 그룹 위에 좌정하신 이여,

2 에브라임과 베냐민과 므나쎄 가문들 앞에 햇빛처럼 나타나소서. 힘을 떨치고 오시어 우리를 도와주소서.

3 만군의 하느님, 우리를 다시 일으키소서. 당신의 밝은 얼굴 보여주시면 우리가 살아나리이다.

4 만군의 야훼, 하느님, 당신 백성의 기도 소리 언제까지 노엽게 들으시렵니까?

5 당신 백성에게 눈물의 빵을 먹이시고 싫도록 눈물을 마시게 하셨사옵니다.

6 이웃들에게는 시빗거리가 되게 하셨고 원수들은 우리를 비웃사옵니다.

7 만군의 야훼여, 우리를 다시 일으키소서. 당신의 밝은 얼굴 보여주시면 우리가 살아나리이다.

17 당신 오른편에 계시는 그분, 몸소 굳건히 세워 주신 그분을 붙드소서.

18 다시는 당신을 떠나지 않으리이다. 우리를 살려 주소서. 당신의 이름을 불러 예배하리이다.

19 만군의 하느님, 야훼여 우리를 다시 일으키소서. 당신의 밝은 얼굴 보여주시면 우리가 살아나리이다.

로마서 1:1-7

1 그리스도 예수의 종, 나 바울로가 이 편지를 씁니다. 나는 사도로 부르심을 받아 하느님의 복음을 전하는 특별한 사명을 띤 사람입니다.

2 이 복음은 성서에 있는 바와 같이 일찍이 하느님께서 당신의 예언자들을 통하여 약속하신 것입니다.

3 그것은 다름 아닌 하느님의 아들에 관한 소식입니다. 그분은 인성으로 말하면 다윗의 후손으로 태어나신 분이며

4 거룩한 신성으로 말하면 죽은 자들 가운데서 부활하심으로써 하느님의 권능을 나타내어 하느님의 아들로 확인되신 분입니다. 그분이 곧 우리 주 예수 그리스도이십니다.

5 내가 은총으로 사도직을 받은 것도 그분을 통해서였습니다. 이것은 모든 이방인들에게 하느님을 믿고 복종할 것을 가르침으로써 그분의 영광을 드러내기 위한 것이었습니다.

6 여러분도 그들과 함께 예수 그리스도의 부르심을 받았습니다.

7 하느님께서 사랑하셔서 당신의 거룩한 백성으로 불러주신 로마의 교우 여러분에게 문안 드립니다. 하느님 우리 아버지와 주 예수 그리스도께서 내리시는 은총과 평화가 여러분에게 깃들기를 빕니다.

신학적 관점

신앙은 신의 구원과 이에 대한 인간의 응답이다. 본문은 이에 대한 초기 신앙 공동체의 하나의 '복음' 선언이자 교리다. 이는 이천 년이 지난 오늘날도 한치 변함이 없다. 곧, "예수 그리스도는 참으로 인간(다윗의 자손)이자 참으로 신이다(부활하신 하나님의 아들)"라는 선언이다. 아기 예수 탄생(화육)을 기다리는 대림절은 이를 재확인하는 절기다. 오늘날 '다윗의 자손'이 갖는 신학적 의의는 무엇인가?

우리가 기독교 내부에서의 신학적 관점을 찾는 것과 동시에 기독교 외부에서의 신학적 관점 또한 중요하다. 해석자는 로마서가 로마의 '황제 숭배 복음'(Euaggelion)이 만연하던 세계의 수도 로마에 전해진 편지라는 사실을 항상 염두에 두어야 한다. "바울이 로마서에서 중요한 개념으로 사용하고 있는 복음(euaggelion), 믿음(pistis), 의(dikaiosyne) 그리고 평화(eirene)란 용어가 당시 로마제국이 선전하는 제국 이데올로기 용어였다"(리차드 홀스리 편/홍성철 옮김, 『바울과 로마제국: 로마 제국주의 사회의 종교와 권력』, CLC, 2011, 225).

목회적 관점

"로마에 있는 모든 신도에게"(7절). 그냥 '로마에 있는 신도에게'라고 단순하게 말하지 않고, 왜 '모든'이라는 단어를 붙였을까? 이는 유대인 크리스천 공동체와 이방인 크리스천 공동체가 분리되어 있었기 때문이다. 목회는 다양성 안에서 일치를 추구하는 일이다.

주석적 관점

보그와 크로산은 로마제국 신학적 관점에서 '하느님의 아들'을 보충 설명한다.

그리스어로는 '테오 휘오스'(Theou Huios), 라틴어로는 '디비 필리우스'(*Divi Filius*)로서 "하느님의 아들"이란 단어는 신전에 새겨진 아우구스투스황제를 향한 공식적인 명칭이었다. 곧, 바울이 예수를 'theou huios'로 부르는 것은 아우구스투스황제를 전제로 하지 않고서는 할 수 없는 말이다. 또한 비문에 있는 또 다른 칭호는 그리스어로 '테오스 세바토스'(Theos Sebastos), 라틴어로는 '디부스 아우구스투스'(*Divus Augustus*)로서 "하느님 아우구스투스"다. 곧, 성육하신 하느님(God Incanate)을 말한다. 로마제국 신학은 이미 한 인간이 어떻게 완전한 인간이며 동시에 완전한 신인가를 말한다(마커스 보그·존 도미닉 크로산/김준우 옮김, 『첫 번째 바울의 복음』, 한국기독교연구소, 2010, 139 이하).

설교적 관점

1. 로마서의 서문으로서 바울의 인사말이다. 현대인들은 수많은 메시지를 접하지만, 거의 대부분 인사말이 없다. 바울은 신앙의 교리적인 핵심을 강조하면서 동시에 신도들이 갖는 신도들의 부름에 대해 얘기하고 있다. "시작이 반이다"라는 말이 있다. 인사말에 따라 본론을 대하는 청중의 반응은 이미 결정된다고 할 수 있다. 매번 반복되는 설교에서 나의 인사말은 무엇인가? 바울은 자신의 사도직에 대한 부름으로부터 이야기를 시작하여 각자의 부름이 무엇인지를 깨닫도록 인도한다.

2. '복음'은 본래 전쟁 승리를 통한 로마 시민들을 향한 황제가 전하는 기쁨의 소식이었으며, 로마 황제는 '하느님의 아들'이라는 칭송을 받았다. 본문은 로마라고 하는 당시 제국의 수도에 살고 있던 기독교인들을 향한 서신의 도입 부분이다. 로마 정부 입장에서 보면 자신들이 알지 못하는 다른 황제를 섬기는 것으로 의심되는 바, 이는 로마 정부의 근간을 뒤흔드는 엄청난 도전이 된다. 결국 그리스도인들은 엄청난 정치적 박해에 시달린다. 오늘날 이에 상응하는 기독교 복음은 무엇이 되어야 할까?

마태복음 1:18-25

18 예수 그리스도께서 태어나신 경위는 이러하다. 예수의 어머니 마리아는 요셉과 약혼을 하고 같이 살기 전에 잉태한 것이 드러났다. 그 잉태는 성령으로 말미암은 것이었다.

19 마리아의 남편 요셉은 법대로 사는 사람이었고 또 마리아의 일을 세상에 드러낼 생각도 없었으므로 남모르게 파혼하기로 마음먹었다.

20 요셉이 이런 생각을 하고 있을 무렵에 주의 천사가 꿈에 나타나서 "다윗의 자손 요셉아, 두려워하지 말고 마리아를 아내로 맞아들이어라. 그의 태중에 있는 아기는 성령으로 말미암은 것이다.

21 마리아가 아들을 낳을 터이니 그 이름을 예수라 하여라. 예수는 자기 백성을 죄에서 구원할 것이다." 하고 일러주었다.

22 이 모든 일로써 주께서 예언자를 시켜,

23 "동정녀가 잉태하여 아들을 낳으리니 그 이름을 임마누엘이라 하리라." 하신 말씀이 그대로 이루어졌다. 임마누엘은 '하느님께서 우리와 함께 계시다.'는 뜻이다.

24 잠에서 깨어난 요셉은 주의 천사가 일러준 대로 마리아를 아내로 맞아들였다.

25 그러나 아들을 낳을 때까지 동침하지 않고 지내다가 마리아가 아들을 낳자 그 아기를 예수라고 불렀다.

신학적 관점

성서의 이야기는 사실로서의 역사 이야기(Historie)가 아닌 의미로서의 역사 이야기(Geschichte)이다. 특히 본문이 그러하다. 이는 처녀 탄생의 역사 이야기가 아닌 마리아를 통한 하느님의 인간 역사 개입의 이야기이다. 동정녀 탄생은 달을 가리키는 손가락이다. 성령에 의한 수태는 이전과는 전혀 다른 새로운 인간 역사가 시작함을 알리고 있다.

마리아에 초점을 맞춘 누가복음의 예수 탄생 이야기와 비교하면, 마태는 요셉에 초점을 맞추고 있다. 앞서 기록된 아브라함으로부터 시작하는 40대의 족보는 네 명의 이방 여인을 포함시킴으로 유대 순수 혈통주의의 어리석음을 고발함과 동시에 아버지 요셉에 초점이 맞추어져 있다. 요셉이 빠진다면 제1성서가 강조하는 아브라함과 다윗에 기초한 메시아의 신학적 의미는 사라지고 만다.

목회적 관점

의로움은 흔히 거짓을 드러내는 정의로운 행동을 뜻한다. 그러나 요셉은 마리아의 수치를 드러내지 않으려고 노력한다. 그리고 성령을 통해 제2연주자로서 자신의 역할을 조용히 담당한다. 목회 또한 조연을 필요로 한다. 조연 없는 주연은 없다.

주석적 관점

앞에서 보았듯이 마태가 인용한 이사야서에서의 이름 임마누엘에는 초자연적인 요소가 없다. 그렇다면 마태가 굳이 이사야서를 인용하는 것은 동정녀 탄생의 초자연적인 사건을 말하기보다는 예수를 통한 하느님의 구원 역사의 손길을 말하기 위한 의도로 보아야 한다. 아람어로 예수라는 이름 또한 히브리어로는 하느님께서 구원하신다는 의미의 '여호수아'이다.

설교적 관점

메시아 도래를 의미 없이 선포하기보다는 과연 메시아가 우리에게 필요한 것인지 먼저 물어보자.

마리아란 이름은 예수와 마찬가지로 당시에는 흔한 이름이었다. 예루살렘의 유력한 집안의 딸이 아닌 갈릴리의 이름 없는 한 여인의 몸을 통해 오시는 하느님의 인간 역사 개입에 초점을 맞추어 보자. 신이 인간의 모습으로 내려오는 이야기는 성서만의 독창적인 얘기는 아니다. 그리스 신화에도 이런 이야기들이 있다. 그리스 신화에서 잠시 겉모습만 인간으로 내려온 영지주의의 신들은 인간 세계를 오히려 혼란 속으로 빠뜨린다. 그러나 성서 안에 인간의 몸을 입고 오시는 신은 어둠 속에서 길을 잃고 방황하며 로마제국의 착취와 지배 아래 신음 속에 살아가던 떠돌이 민중들에게 희망과 의지를 심어준다. 역사의 주체가 하느님의 자녀로서의 자기 자신임을 깨닫게 한다. 이것이 마태와 누가가 당시의 절박한 상황 속에서 동정녀 예수 탄생을 통해 말하고자 하는 바다.

성탄 전야

사 9:2-7; 시 96; 딛 2:11-14; 눅 2:1-20

이사야 9:2-7

2 당신께서 주시는 무한한 기쁨, 넘치는 즐거움이 곡식을 거둘 때의 즐거움 같고, 전리품을 나눌 때의 기쁨 같아 그들이 당신 앞에서 즐거워할 것입니다.

3 당신께서는 그들이 짊어진 멍에와 어깨에 멘 장대를 부러뜨리시고 혹사하는 자의 채찍을 꺾으실 것입니다. 미디안을 쳐부수시던 날처럼, 꺾으실 것입니다.

4 마구 짓밟던 군화, 피투성이 된 군복은 불에 타 사라질 것입니다.

5 우리를 위하여 태어날 한 아기, 우리에게 주시는 아드님, 그 어깨에는 주권이 메어지겠고 그 이름은 탁월한 경륜가, 용사이신 하느님, 영원한 아버지, 평화의 왕이라 불릴 것입니다.

6 다윗의 왕좌에 앉아 주권을 행사하여 그 국권을 강대하게 하고 끝없는 평화를 이루며 그 나라를 법과 정의 위에 굳게 세우실 것입니다. 이 모든 일은 만군의 야훼께서 정열을 쏟으시어 이제부터 영원까지 이루실 일이옵니다.

7 주께서 야곱을 책망하시니 그 말씀이 이스라엘에 떨어지네.

신학적 관점

오늘날 성탄절은 아기 예수 구세주 탄생하신 날이라는 기쁨으로 인해 비정치적, 종교적 세상 축제로 자리매김했다. 그러나 본문에서 말하는 한 아기는 역사적으로 아하즈왕의 아들인 히스기야를 말한다. 5-6절은 공평과 정의의 나라를 세우는 왕으로서의 지극한 칭호이다. 평화의 왕으로서의 새 역사를 펼친다는 관점에서 아기 예수 탄생의 전조가 된다.

그러나 성서신학의 관점에서 제1성서를 단순한 '예언'으로 그리고 제2성서를 그에 대한 '성취'로 보는 일종의 '확대문자주의 해석' 혹은 일방적 '교리신학 관점'은 타당한가 하는 질문을 갖게 한다. 왜냐하면 제2성서가 없어도 제1성서의 역사와 신앙적 가치는 그대로 살아 있기 때문이다(유대교). 제1성서와 제2성서의 신앙 역사를 동등한 위치에서 다루는 방식이 성서신학 관점에서는 타당하다.

목회적 관점

어둠 속에 헤매던 백성이 큰 빛을 보았다. 그러나 교인들은 여전히 삶의 버거운 투쟁 가운데 있다. 성탄절 이브라고 하더라도 교인들이 어둠 가운데서 헤매고 있음을 잊지 말아야 한다. 세상은 여전히 전쟁과 기아와 차별의 고통 속에 있는 사람들이 다수임을 잊지 말아야 한다.

주석적 관점

3절 '곡식을 거두어들일 때 즐거움'은 농부들이 전쟁, 지주와 통치자들의 세금 착취에 대한 염려가 사라진 평화 경제 공동체를 전제한다. 반면 이어지는 '전리품을 나눌 때의 기쁨'은 빼앗긴 자의 아픔을 부정하는 제국적 표현이다.

4절 '미디안의 날'은 기드온의 승리를 상징한다(삿 7장).

6절의 호칭은 태어날 아기, 히스기야의 호칭이라기보다는 영원한 평화의 왕이신 하느님에 대한 경배 찬양이다.

설교적 관점

전쟁 침략의 위기 앞에서 이사야는 한 아기를 통한 평화를 외치고 있다. 세계 곳곳에 전쟁이 계속되고 있을뿐더러, 한강토는 지난 80년을 전쟁의 공포 속에서 살아오고 있다. 올해의 성탄절은 과연 우리에게 어떤 희망을 제시하고 있는가? '군화와 군복이 불쏘시개'(4절)로 사용되는 이사야의 꿈을 어떻게 회복할 것인가?

시편 96

1 새 노래로 야훼를 노래하여라. 온 세상아, 야훼를 노래하여라.

2 야훼를 노래하고 그 이름을 찬양하여라. 우리를 구원하셨다. 그 기쁜 소식 날마다 전하여라.

3 놀라운 일을 이루시어 이름을 떨치셨으니 뭇 민족, 만백성에게 이를 알리어라.

4 높으신 야훼를 어찌 다 찬양하랴. 신이 많다지만 야훼만큼 두려운 신이 있으랴.

5 뭇 족속이 섬기는 신은 모두 허수아비지만 야훼께서는 하늘을 만드셨다.

6 그 앞에 찬란한 영광이 감돌고 그 계시는 곳에 힘과 아름다움이 있다.

7 힘과 영광을 야훼께 돌려라. 민족들아, 지파마다 야훼께 영광을 돌려라.

8 예물을 들고 하느님 앞에 나아가 그 이름에 어울리는 영광을 야훼께 돌려라.

9 거룩한 광채 입으신 야훼를 경배하여라. 온 땅은 그 앞에서 무서워 떨어라.

10 이 땅을 든든하게 세우신 야훼 앞에서 "야훼가 왕이시다"고 만방에 외쳐라. 만백성을 공정하게 심판하시리라.

11 하늘은 기뻐하고 땅은 즐거워하며 바다도, 거기 가득한 것들도 다 함께 환성을 올려라.

12 들도, 거기 사는 것도 다 함께 기뻐 뛰어라. 숲의 나무들도 환성을 올려라.

13 야훼께서 세상을 다스리러 오셨다. 그 앞에서 즐겁게 외쳐라. 그는 정의로 세상을 재판하시며 진실로써 만백성을 다스리신다.

디도서 2:11-14

11 하느님의 구원의 은총이 모든 사람에게 나타났습니다.

12 그 은총은 우리를 훈련해서 우리로 하여금 불경건한 생활과 세속적인 욕심을 버리게 하고 이 세상에서 정신을 차리고 바르고 경건하게 살게 해줍니다.

13 그리고 위대하신 하느님과 우리 구세주 예수 그리스도께서 영광스럽게 나타나실 그 복된 희망의 날을 기다리게 해줍니다.

14 그리스도께서는 우리를 위하여 당신의 몸을 바치셔서 우리를 모든 죄악에서 건져내시고 깨끗이 씻어주셨습니다. 그래서 우리는 그분의 백성으로서 선행에 열성을 기울이게 되었습니다.

신학적 관점

본문이 성탄전야에 포함된 이유는 11절과 13절의 epiphane(顯現, 밝히 드러남)라는 단어에 있다. 당대에는 이교 신의 아들 탄생(권세자)에 쓰이던 단어였지만, 바울은 이를 구원자 예수 그리스도 탄생과 다시 오심에 연계하고 있다. 동시에 '하느님의 구원하시는 은혜'로서 성도들을 선한 일에 힘쓰는 사람이 되게 한다. 삼위일체 윤리 신학의 출발점이다.

목회적 관점

교인들은 "하느님의 은혜를 입었다"라는 말을 자주 한다. 대부분 세속적 의미에서 자신에게 좋은 일이 일어났을 때 하는 말이다. 그러나 12절은 하느님의 은혜가 오히려 세상에 속한 욕망을 내려놓게 한다고 말한다.

주석적 관점

디도서는 바울 사후 바울의 제자에 의해 쓰인 서신으로 본다. 12절은 그리스도교 공동체가 이전 세대와는 달리 이미 로마의 세속 사회에 물든 모습을 상정(想定)하고 있다.

설교적 관점

'하느님 은혜 구원'은 보통 영혼 구원으로 인식되어 현실 윤리적 삶과 동떨어진 일종의 영적 종교적 차원으로 이해한다. 14절은 은혜 구원의 목적을 우리가 선한 일을 위한 열정적인 사람이 됨에 있다고 분명하게 증언한다.

누가복음 2:1-20

1 그 무렵에 로마 황제 아우구스토가 온 천하에 호구 조사령을 내렸다.

2 이 첫 번째 호구조사를 하던 때 시리아에는 퀴리노라는 사람이 총독으로 있었다.

3 그래서 사람들은 등록을 하러 저마다 본고장을 찾아 길을 떠나게 되었다.

4 요셉도 갈릴래아 지방의 나자렛 동네를 떠나 유다 지방에 있는 베들레헴이라는 곳으로 갔다. 베들레헴은 다윗 왕이 난 고을이며 요셉은 다윗의 후손이었기 때문이다.

5 요셉은 자기와 약혼한 마리아와 함께 등록하러 갔는데 그때 마리아는 임신 중이었다.

6 그들이 베들레헴에 가 머물러 있는 동안 마리아는 달이 차서

7 드디어 첫아들을 낳았다. 여관에는 그들이 머무를 방이 없었기 때문에 아기는 포대기에 싸서 말구유에 눕혔다.

8 그 근방 들에는 목자들이 밤을 새워가며 양 떼를 지키고 있었다.

9 그런데 주님의 영광의 빛이 그들에게 두루 비치면서 주님의 천사가 나타났다. 목자들이 겁에 질려 떠는 것을 보고

10 천사는 "두려워하지 마라. 나는 너희에게 기쁜 소식을 전하러 왔다. 모든 백성들에게 큰

기쁨이 될 소식이다.

11 오늘 밤 너희의 구세주께서 다윗의 고을에 나셨다. 그분은 바로 주님이신 그리스도이시다.

12 너희는 한 갓난아이가 포대기에 싸여 구유에 누워 있는 것을 보게 될 터인데 그것이 바로 그분을 알아보는 표다." 하고 말하였다.

13 이때에 갑자기 수많은 하늘의 군대가 나타나 그 천사와 함께 하느님을 찬양하였다.

14 "하늘 높은 곳에는 하느님께 영광, 땅에서는 그가 사랑하시는 사람들에게 평화!"

15 천사들이 목자들을 떠나 하늘로 돌아간 뒤에 목자들은 서로 "어서 베들레헴으로 가서 주님께서 우리에게 알려 주신 그 사실을 보자." 하면서

16 곧 달려가 보았더니 마리아와 요셉이 있었고 과연 그 아기는 구유에 누워 있었다.

17 아기를 본 목자들이 사람들에게 아기에 관하여 들은 말을 이야기하였더니

18 목자들의 말을 들은 사람들은 모두 그 일을 신기하게 생각하였다.

19 마리아는 이 모든 일을 마음속 깊이 새겨 오래 간직하였다.

20 목자들은 자기들이 듣고 보고 한 것이 천사들에게 들은 바와 같았기 때문에 하느님의 영광을 찬양하며 돌아갔다.

신학적 관점

복음서 가운데 가장 먼저 쓰인 마가복음서는 아기 예수의 탄생에 관심이 없었다. 단지 십자가 죽음을 향한 하느님 나라 활동을 알리는 것이 목적이었다. 그래서 세례 요한이 국가 권력에 의해 옥에 갇히자 갈릴리에 나타나셔서 하느님 나라를 선포하기 시작했다고 말한다(막 1:14). 그런데 마가보다 20~30여 년 늦게 복음서를 쓰기 시작한 마태와 누가는 예수의 탄생 얘기로부터 시작한다. 그건 이미 저들이 세상 사람들로부터, 당시의 영웅 설화에 반드시 나타나 있듯이, 예수의 출생과 배경에 대해 질문을 받기 시작했다는 것을 의미한다.

예수의 부모들은 갈릴리 나사렛에서 살고 있었지만, 황제의 명령에 따라 선조들의 고향 베들레헴으로 가게 되고 거기서 예수를 낳게 되는데, 이는 곧 베들레헴에서 메시아가 탄생할 것이라는 오래된 예언을 성취하는 일이 되었다. 여기서 누가는 독자들로 하여금 역사를 움직이시는 분이 참으로 누구인가 하는 질문에 답을 제시한다. 로마 황제인가, 아니면 YHWH 하느님인가? 요세푸스에 의하면 사실 호구 조사는 예수 탄생 10년 후에 있었다. 그리고 하루하루를 힘겹게 살아가야 하는 사람들에게 긴 시간이 소요될 수도 있는 고향에 가서

등록하라는 명령은 사실로서의 역사(Historie)가 아니다. 이는 하늘의 뜻이 담긴 상징으로서의 역사(Geschihite)다.

누가는 예수의 탄생과 관련하여 이렇게 시작한다. '그즈음에.' 이 짧은 시간 부사 안에 예수 탄생의 비밀이 담겨 있다. 이는 예수의 어머니 마리아와 세례 요한의 어머니가 함께 만난 그때를 말한다. 이 두 사람은 우연히 만난 것이 아니다. 한 여인은 이미 나이가 많아 아기를 밸 수 없었다고 여겨졌던 세례 요한의 어머니 엘리사벳이고, 다른 한 여인은 유대 땅에서 보면 변방이자 어둠의 땅으로 불리고 있었던 갈릴리의 마리아로서 그녀는 남자를 알기 전이었다. 두 여인 모두 신비에 싸인 수태를 한 것이다. 그런데 지금 누가에게 있어 주요한 관심은 이성과 과학에 어긋나는 수태 자체가 아니라 이 수태가 가진 그 시대적 의미가 무엇이냐는 데 있다.

이 시대적 의미를 마리아 찬가를 통해 말한다. "주님은 전능하신 팔을 펼치시어 권세 있는 자들을 그 자리에서 내치시고 보잘것없는 이들을 높이셔서 배고픈 사람은 좋은 것으로 부요한 사람은 빈손으로 돌려보내신다." 엘리사벳의 남편 제사장 스가랴는 "원수들의 손아귀에서 또 우리를 미워하는 모든 사람들의 손에서 우리를 구원해 주신다"고 노래한다. 이 말씀들은 오늘 여기 이 땅에서 펼쳐지는 정치사회 경제 현실에 관한 말씀이다. 앞으로 더 잘살게 될 것이라는 말씀이 아니라 지금의 세상 질서가 뒤집힌다는 말씀이다. 권세 있는 자들이 자리에서 쫓겨나고 보잘것없는 사람들, 없다고 멸시당하고 약자로 조롱받던 사람들이 높아질 것이라는 말씀이다. 돈과 힘에 기초한 세상 질서가 무너지고 하늘 뜻에 의한 정의의 질서가 새롭게 펼쳐진다는 것이다.

'그 무렵에'란 곧 새로운 질서의 도래가 임박한 순간을 말한다. 시계추를 따라 평면으로 나아가는 크로노스의 시간이 아닌 수직으로 시공의 차원을 넘어 하늘로부터 갑작스럽게 임하는 카이로스의 현존이다. 호구 조사령이란 군대 징집과 세금 징수를 위한 것이 목적으로 일반 백성들에게 있어서는 자식을 군대에 내보내고 수확을 공물로 바쳐야 하는 삶의 고통을 의미한다. 그래서 다윗 왕은 호구 조사로 인해 하느님의 심판을 받았다. 유대인들에게 있어 로마 황제의 호구 조사령이란 YHWH 하느님의 통치에 대한 세상 권력의 도전, 곧 바벨탑을 쌓는 일로 이해된다.

목회적 관점

우리가 아기 예수의 탄생을 기뻐하는 이유가 무엇인가? 온 백성에게 임하는 기쁜 소식이기 때문이다. '구세주'는 풀이하면 세상을 구원하는 주님이라는 뜻이다. 우리는 흔히 구원을 개인의 관점에서 나를 구원하신 주님이라는 말을 자주 쓰지만, 성서는 온 백성, 세상을 구원하시는 주님이라고 말씀한다. 세례 요한도 예수님을 향해 '세상 죄를 지고 가시는 하느님의 어린 양'이라고 말한다. 내 죄를 지고 가시는 어린 양이 아니다. 세상 죄다. 물론 세상을 구원하면 우리가 세상 안에 거하니 함께 구원을 받을 수는 있겠지만, 이 순서를 뒤바꾸면 변질된 복음이 되는 것이다.

주석적 관점

1절 '온 천하'(세계, oikomene)는 로마제국의 통치를 뜻하는 단어다. 아우구스투스황제는 애굽에서 14년마다 주민세를 걷기 위해 인구 조사 명령을 내렸다.

7절에서 외아들 대신 첫아이란 단어가 쓰인다. 헬라어 원어는 '말'이라는 동물을 특정하지 않는다. '목자'는 다윗 전승을 보여준다.

설교적 관점

왜 마리아는 하필이면 가축들의 우리에서 몸을 풀어야 했고, 하느님이 보내신 메시아 아기 예수는 말구유(7절)에 누여야 했는가? 누가가 말하고자 하는 의도는 무엇인가? 사람들이 약자를 외면하는 차가운 현실에 대해서는 이해할 수 있지만, 말구유, 곧 말 밥통이 말하고자 하는 의미는 무엇인가? 세상의 낮은 곳, 가장 누추한 곳을 의미하는 것인가? 아니면 더 깊은 시대적 상징성은 없는 것인가? 이 단어 안에 마리아와 스가랴의 찬가에서 들렸던 권세 있는 자들이 내침을 당하고 보잘것없는 사람들이 높임을 받게 되는 그런 인간사 뒤집힘의 반전은 없는 것인가?

　대부분 목사의 설교는 "여관에 머무를 방이 없었다"는 구절에 관심한다. 그래서 성탄절에 자선을 강조한다. 그러나 성서는 이렇게 증언한다. "가장 높은 곳에서는 하나님께 영광이요, 땅에서는 주께서 기뻐하시는 사람들에게 평화로다."

　여기서 말구유는 낮은 곳의 상징을 넘어 새로운 질서의 도래를 예고하는 반전의 정치적 상징 언어다. 말은 유대 지방의 짐승이 아니다. 로마 군대의 상징이다. 긴 창을 들고 일렬로 행진하는 로마의 기병대 앞에 적들은 추풍낙엽처럼 떨어져 나갔다. 곧, 말은 로마 황제 신의 아들이라 칭송받는 아우구스투스의 상징이다. 그런데 로마 권력의 바탕이 되는 말 밥통에 아기 예수가 먹이가 되어 누인 것이다. 아기 예수가 말의 먹이가 되어 말의 배 속에 들어간다는 것은 무엇을 상징할까? 그건 평화를 상징하는 아기 예수가 로마 권력의 중심으로부터 변혁을 만들어 가겠다는 것이다. 이사야가 꿈꾸었던 세상, 곧 사자가 어린 양과 함께 뒹굴려면 사자의 고기를 먹는 체질이 채소를 먹는 체질로 바뀌어야 한다.

　하느님이 아기 예수로 이 세상에 임할 때 세상은 흥청거렸다. 로마의 장군 아우구스투스는 내전을 종식하고 황제로 등극하며 세상에 진정한 평화가 왔음을 선포하였고, 자신이 진정한 통치자임을 알리기 위해 모든 백성으로 하여금 고향에 가서 신고하도록 하는 인구 조사를 명령한다. 여관에는 돈 많은 사람들이 선점하였기에 가난했던 요셉과 마리아는 해산을 위해 마구간에 머물 수밖에 없었다. 희망이 단절된 상황을 말한다. 그 어둠의 시간, 성 밖에서 양 떼를 돌보던 가난한 목자들 가운데 별이 빛났다. 땅의 세계에서는 변두리 밑바닥에 머물 수밖에 없는 사람들, 그러기에 그들의 시선은 언제나 하늘을 향해 있었고, 그들은 아기 예수를 처음으로 영접하는 영광을 얻었다. '말 밥통'이라는 단어에는 꼴찌가 첫째 되는 예수 복음의 변혁성이 담겨 있다.

성탄절

사 52:7-10; 시 98; 히 1:1-12; 요 1:1-14

이사야 52:7-10

7 반가워라, 기쁜 소식을 안고 산등성이를 달려오는 저 발길이여. 평화가 왔다고 외치며, 희소식을 전하는구나. 구원이 이르렀다고 외치며 "너희 하느님께서 왕권을 잡으셨다."고 시온을 향해 이르는구나.

8 들어라, 저 소리, 보초의 외치는 소리. 시온으로 돌아오시는 야훼와 눈이 마주쳐 모두 함께 환성을 올리는구나.

9 예루살렘의 무너진 집터들아, 기쁜 소리로 함께 외쳐라. 야훼께서 당신의 백성을 위로하시고 예루살렘을 도로 찾으신다.

10 야훼께서 만국 앞에서 그 무서운 팔을 걷어붙이시니, 세상 구석구석이 우리 하느님의 승리를 보리라.

신학적 관점

본문에서 하느님의 구원은 다름 아닌 바빌론제국에 포로로 붙잡혀 갔던 사람들이 고향 예루살렘으로 돌아오는 해방의 사건이다. 종말론적으로 '하느님께서 직접 통치하시는' 시대가 열린 것을 의미한다.

목회적 관점

과거에는 성탄절 이브에 여러 축하 행사를 따로 갖기도 했지만, 요즘 들어 성탄절 이브 예배와 성탄절 예배를 연이어 하는 교회는 그리 많지 않다.

주석적 관점

바빌론 포로 기간에 유대인들은 YHWH가 저들을 버렸다고 여겼다(사 40:27;

49:14). 이는 제2이사야(40-55장)의 주된 기류이기도 하다. 그런데 52장에 이르러 바빌론 포로가 끝난다고 하는 분명한 희망을 품기 시작했다. 본문은 예루살렘의 밝은 미래와 함께 시온이 언급되는 보다 큰 단락(51:17-52:12)의 일부이다. 더 큰 단락은 YHWH의 종과 예루살렘/시온이 함께 언급되는 49-54장이다. 역사적으로는 페르시아가 바빌론을 무너뜨린 결과이지만, 이사야는 이를 인간 역사를 움직이시는 YHWH의 손길로 해석한다.

설교적 관점

우리 또한 지난 세기 나라를 잃은 비극을 겪었다. 일제강점기로부터 해방된 그 벅찬 감격과 기쁨은 국내에 살고 있던 백성들은 물론 일본, 중국, 연해주, 시베리아 멀리는 하와이 사탕수수 농장과 멕시코 유카탄 애니깽 농장에서 힘겨운 삶을 살아가던 동포들에게 큰 기쁨을 주었다.

아기 예수 또한 식민지 백성의 한 사람으로 태어났다. 복음서 저자들은 이 탄생을 로마제국의 압제에서 해방되는 제정일치(祭政一致)의 메시아로 받아들였다. 정교분리(政敎分離)는 근세 이후에 생겨난 개념이다.

시편 98

1 새 노래로 야훼를 찬양하여라. 놀라운 기적들을 이루셨다. 그의 오른손과 거룩하신 팔로 승리하셨다.
2 야훼께서 그 거두신 승리를 알려 주시고 당신의 정의를 만백성 앞에 드러내셨다.
3 이스라엘 가문에 베푸신다던 그 사랑과 그 진실을 잊지 않으셨으므로 땅끝까지 모든 사람이 우리 하느님의 승리를 보게 되었다.
4 온 세상아, 야훼께 환성을 올려라. 기뻐하며 목청껏 노래하여라.
5 거문고를 뜯으며 야훼께 노래 불러라. 수금과 많은 악기 타며 찬양하여라.
6 우리의 임금님, 야훼 앞에서 은나팔 뿔나팔 불어대며 환호하여라.
7 바다도, 그 속에 가득한 것들도, 땅도, 그 위에 사는 것들도 모두 환성을 올려라.
8 물결은 손뼉을 치고 산들은 다 같이 환성을 올려라.
9 야훼 앞에서 환성을 올려라. 세상을 다스리러 오신다. 온 세상을 올바르게 다스리시고 만

백성을 공정하게 다스리시리라.

히브리서 1:1-12

1 하느님께서 예전에는 예언자들을 시켜 여러 번 여러 가지 모양으로 우리 조상들에게 말씀하셨습니다.

2 그러나 이 마지막 시대에 와서는 당신의 아들을 시켜 우리에게 말씀하셨습니다. 하느님께서는 당신의 아들을 통해서 온 세상을 창조하셨으며 그 아들에게 만물을 물려주시기로 하셨습니다.

3 그 아들은 하느님의 영광을 드러내는 찬란한 빛이시요, 하느님의 본질을 그대로 간직하신 분이시며, 그의 능력의 말씀으로 만물을 보존하시는 분이십니다. 그분은 인간의 죄를 깨끗하게 씻어주셨고 지극히 높은 곳에 계신 전능하신 분의 오른편에 앉아 계십니다.

4 그리고 천사의 칭호보다 더 높은 아들이라는 칭호를 받으심으로써 천사들보다 더 높은 분이 되셨습니다.

5 하느님께서 어느 천사에게 "너는 내 아들이다. 내가 오늘 너를 낳았다." 하고 말씀하신 적이 있으십니까? 또, "나는 그의 아버지가 되고 그는 내 아들이 될 것이다." 하고 말씀하신 적이 있으십니까?

6 하느님께서 당신의 맏아들을 세상에 보내실 때에는, "하느님의 천사들은 모두 그에게 예배를 드려라." 하고 말씀하셨습니다.

7 천사들에 관해서는, "하느님께서 천사들을 바람으로 쓰시고 일꾼들을 불꽃으로 삼으셨다."라는 말씀이 있습니다.

8 그러나 아들에 관해서는 이렇게 말씀하셨습니다. "당신은 하느님이십니다. 당신의 왕권은 영원무궁하시며 당신이 잡으신 지팡이는 정의의 지팡이입니다.

9 당신은 정의를 사랑하시고 불의를 미워하셨습니다. 그러므로 하느님 곧 당신의 하느님께서는 당신에게 즐거움의 기름을 부어 왕으로 삼으시고 당신의 동료들보다 더 기쁘게 해주셨습니다."

10 또 이런 말씀도 있습니다. "주님, 한 처음 땅을 만드신 이도 주님이시요, 하늘을 손수 만드신 이도 주님이십니다.

11 하늘과 땅은 없어질지라도 주님은 영원히 계십니다. 만물은 옷처럼 낡아질 것이요

12 주님은 그것들을 겉옷처럼 말아 치우실 것입니다. 만물은 옷처럼 변할지라도 주님은 언제나 같으시고 주님은 영원히 늙지 않으십니다."

신학적 관점

기독교 신학은 제1성서에 기초한 유대교에 그 뿌리를 두고 있다. 히브리서가 대표적인 반증이다. 예수를 하느님의 아들로 부르는 영광의 신학은 복음서나

서신에 모두 등장한다. 히브리서는 이 영광을 성전 제사에 중심을 둔 유대교 신학에 기초하여 설명한다. 히브리서 저자가 갖는 신학적인 난제는 예수 그리스도가 하느님의 아들로서 십자가 죽음을 통한 희생물인데, 또 어떻게 멜기세덱의 대를 잇는 대제사장이라 불릴 수 있는가이다.

3절은 높아진 기독론으로서 예수 그리스도의 인성과 신성의 합일을 말한다. 그런데 3절 '하느님의 본질을 그대로 간직하신 분이시며'는 영어 번역에 따르면 '하느님의 본성과 한치도 틀림없는 복사판'(the exact imprint of God's very being)이다. 그렇다면 사도신조의 "예수 그리스도께서 음부에 내려가실 때도 같이 하셨는가?" 한국 개신교회는 이 구절을 삭제하였다.

본문은 하나의 시편으로서 예수 그리스도를 신적 지혜(God's Wisdom 혹은 Divine Wisdom, Sophia)에 비유한다. 잠언 8장 22-31절을 떠올리게 하고, 특히 3절은 솔로몬의 지혜서를 거의 그대로 인용하고 있다: "지혜는 영원한 빛의 찬란한 광채이며 하느님의 활동력을 비춰주는 티 없는 거울이며 하느님의 선하심을 보여주는 형상이다"(7:26). 마가 또한 예수를 지혜자로 말한다(6:2). 지혜가 히브리어, 그리스어, 라틴어에서 모두 여성명사라는 관점에서 새로운 이해가 필요하다.

목회적 관점

천사의 존재에 대하여 개신교는 뚜렷한 가르침이 없다. 성서에 자주 등장하기에 부정하기도 어렵겠지만, 그렇다고 교리상 인정하지는 않는다. 꿈에 천사의 계시를 보았다고 하는 교인에게 어떻게 답변할 것인가? 성탄절 얘기에서 결코 빠져서는 안 되는 신적 인물이다.

주석적 관점

8절의 공정한 막대기는 통치 권위의 상징인 왕의 홀(scepter)이다.

9절의 '주님의 동료들'은 누구를 의미하는가? 제자들인가? 예언자들인가? 천사들인가? 문맥에 따르면 천사들일 가능성이 높다. 그렇다면 예수는 천사

중 한 분이었는가?

설교적 관점

히브리서 저자는 예수 그리스도를 높임 받는 대제사장으로 말하지만, 그분을 만나기 위해서는 지성소가 있는 성전으로 나아가는 것이 아니라 성문 밖으로 나가 그분과 함께 치욕을 겪어야 한다고 말한다(13:13).

오늘 예수는 어디에 오시는가? 누굴 찾아오시는가? 어디에 가면 예수를 만날 수 있는가?

요한복음 1:1-14

1 한 처음, 천지가 창조되기 전부터 말씀이 계셨다. 말씀은 하느님과 함께 계셨고 하느님과 똑같은 분이셨다.
2 말씀은 한 처음 천지가 창조되기 전부터 하느님과 함께 계셨다.
3 모든 것은 말씀을 통하여 생겨났고 이 말씀 없이 생겨난 것은 하나도 없다. 생겨난 모든 것이
4 그에게서 생명을 얻었으며 그 생명은 사람들의 빛이었다.
5 그 빛이 어둠 속에서 비치고 있다. 그러나 어둠이 빛을 이겨본 적이 없다.
6 하느님께서 보내신 사람이 있었는데 그의 이름은 요한이었다.
7 그는 그 빛을 증언하러 왔다. 모든 사람으로 하여금 자기 증언을 듣고 믿게 하려고 온 것이다.
8 그는 빛이 아니라 다만 그 빛을 증언하러 왔을 따름이다.
9 말씀이 곧 참 빛이었다. 그 빛이 이 세상에 와서 모든 사람을 비추고 있었다.
10 말씀이 세상에 계셨고 세상이 이 말씀을 통하여 생겨났는데도 세상은 그분을 알아보지 못하였다.
11 그분이 자기 나라에 오셨지만 백성들은 그분을 맞아주지 않았다.
12 그러나 그분을 맞아들이고 믿는 사람들에게는 하느님의 자녀가 되는 특권을 주셨다.
13 그들은 혈육으로나 육정으로나 사람의 욕망으로 난 것이 아니라 하느님에게서 난 것이다.
14 말씀이 사람이 되셔서 우리와 함께 계셨는데 우리는 그분의 영광을 보았다. 그것은 외아들이 아버지에게서 받은 영광이었다. 그분에게는 은총과 진리가 충만하였다.

신학적 관점

아우구스투스황제 이전 헬라(시리아)제국의 안티우쿠스 에피파네스와 같은 통치자들 또한 신격화 작업을 통해 자신들이 신의 아들임과 동정녀 탄생을 주장하였다. 요한은 이보다 더 급진적인 이야기를 기술해야 했다. 그래서 요한은 마태와 누가와는 달리 땅의 얘기로 시작하는 것이 아니라 하늘의 얘기로 시작한다. 창세기 1장에 버금가는 이야기로 시작한다. "한 처음, 천지가 창조되기 전부터 말씀이 계셨다. 말씀은 하느님과 함께 계셨고 하느님과 똑같은 분이셨다." 이 구절은 예수의 신성을 말해주는 교리적인 부분에 관심이 있는 것은 아니다. 창세기 1장에서와 같이 예수 그리스도를 통해 새로운 (혁명의) 세계가 시작하고 있음을 말한다.

초기 로마제국의 서구 교회는 로고스에 담긴 창조의 혁명성을 상실하고 헬라의 철학적 논리에 빠져 피를 부르는 교리논쟁에 말려 들어갔다. 소위 말하는 아리우스파와 아타나시우스파의 논쟁이다. 아리우스파는 어떻게 절대 신이 둘이 될 수가 있느냐고 해서 1절을 은유와 상징으로 해석하려 했고, 아타나시우스파는 예수의 신성 없이 어떻게 죄의 사함이 일어날 수 있느냐는 반론을 통해 이를 실제 의미로 해석하였다. 오랜 싸움 끝에 아리우스파는 이단으로 쫓겨나지만, 이는 당시의 시대적 상황에서 보면 교리적인 이유라기보다는 분열의 위기 속에서 정치적인 이유로 로마 황제가 아타나시우스 편을 들어준 것이다. 지금도 동방 교회는 아리우스파의 영향이 강하게 남아 있다. 서구에는 예수의 신성을 부인하고 전통이나 교리가 아닌 이성과 양심을 신앙의 유일한 기준으로 삼는 일신론의 유니테리안 교회들이 많은데, 하버드대학이 유니테리안 교회의 본거지이다.

그리고 아타나시우스의 주장 또한 우리가 생각하듯이 단순히 예수를 신으로 경배하고자 했던 교리적 관점은 아니었다. 아타나시우스는 이렇게 말했다: "예수께서 인간이 되신 것은 우리로 하여금 신이 되기 위함이다. 예수가 육신의 몸을 입으셨다는 말은 우리 또한 보이지 않는 아버지의 몸을 입기 위함이다. 예수께서 인간의 교만을 견디신 것은 우리로 하여금 썩지 않는 불멸을 상속하게 하려 함이다." 요한이나 아타나시우스는 하느님께서 인간 해방을 위해 낮아지셨다는 화육의 관점에서 말하였는데, 교회가 이를 너무 교조화시켜 버렸다.

목회적 관점

우리는 세례 요한과 같이 빛을 증언하는 사람으로 부름을 받았다. 예수는 한발 더 나아가 "너희는 세상의 빛이다"라고 말씀하셨다. "세상의 빛이 돼라"는 명령형이 아닌 우리의 존재 자체 안에 빛이 있음을 깨달으라는 말씀이다. 스스로 빛이 되지 않고서 빛의 증언자가 되는 것은 가능하지 않다.

주석적 관점

말씀으로 번역된 로고스(Logos)는 당시 헬라 철학의 핵심 사상으로 마음, 이성, 지혜, 언어, 대화를 총괄하는 최상의 개념이다. 온 세계(Cosmos)는 로고스로 인해 창조의 질서가 조화롭게 유지되어 가고 있다. 그러나 헬라 철학에서의 로고스는 비의적이고 폐쇄적이다. 요한은 이를 예수 그리스도를 통한 '모든 사람'의 구원으로 그 문을 활짝 열어젖혔다.

13절의 "하느님에게서 났다"는 말은 "위로부터 난다"(3:16, 거듭난다)는 말이다.

"말씀(로고스)이 육신이 되었다." 여기서 육신은 헬라어로 soma(몸)가 아닌 sarx(살덩어리)이다. 이는 신이신 예수는 이 땅 위에 잠시 인간의 몸을 옷처럼 단지 빌려 입고 나타났을 뿐이라는 가현설(假現說, Docetism)과 영(정신)은 선하고 육(물질)은 악하며 세상은 물질로 구성되어 있어 악하다고 하는 영지주의자들의 주장에 대한 반론이다. "하느님은 세상을 사랑하신다"(3:16). 로고스를 sarx로 말하는 일은 매우 혁명적인 선언이다. 해방신학자 구티에레즈는 이를 "말씀이 가난하게 되었다"는 사회적 언어로 재해석한다.

설교적 관점

요한이 강조했던 바는 육신 예수 안에 계시된 하느님의 빛과 생명이다. 생겨난 모든 것이 그에게서 생명을 얻었으며, 그 생명은 사람들의 빛이었으며,

그 빛이 지금 어둠 속에서 비치고 있다. 그리고 어둠은 빛을 이겨본 적이 없다는 사회 정치적 해방의 선언으로 끝맺는다.

성탄절 후 첫째 주일
사 63:7-9; 시 148; 히 2:10-18; 마 2:13-23

이사야 63:7-9

7 야훼께서 이루신 고마우신 일, 야훼께서 이루신 놀라우신 일들을 나는 노래하리라. 야훼, 너무나도 친절하신 분, 그 크신 자비와 끝없는 선하심으로 베풀어주신 은혜를 나 어찌 잊으랴? 8 "그들이야말로 나의 백성이다. 배신을 모르는 나의 아들들이다." 이렇게 선포하시고 온갖 곤경에서 그들을 구해 주셨다.

9 누구를 대신 파견하거나 천사를 보내지 아니하시고 당신께서 친히 오시어 그들을 구해 내셨다. 다만 그들을 사랑하시고 가엾게 여기시어 건져내셨다. 기나긴 세월을 하루같이 그들을 쳐들어 안아주셨다.

신학적 관점

YHWH 하느님은 은혜와 긍휼의 부모로 묘사되고(8절 '자녀들'), 어머니의 모습이 두드러진다('함께 괴로워하심', '들어 올려 업어 주심'). 히브리 원어의 뜻은 괴로움을 넘어 하느님 또한 함께 고난을 받으셨다는 의미가 숨어 있다.

목회적 관점

'업어 주신 일'이란 다름 아닌 '옛적 모든 날'이고(9절), 이는 바빌론 포로 생활이다. 곧, '베풀어주신 변함없는 사랑'(7절)은 이 고통의 시절까지 포함하는 신앙 고백이다. 이제 세상 달력으로는 한 해를 마감하고 새해를 맞이하게 된다. 한 해를 돌아보면 기쁜 날보다는 고통의 날이 더 많을 것이다. 그럼에 불구하고 우리는 새해를 감사로 시작한다. 왜냐하면 그 고통의 시간 속에서도 주님은 여전히 우리를 그의 품 안에 품고 계셨기 때문이다.

주석적 관점

본문은 석 절뿐이다. 그러나 이는 63장 7절-64장 12절의 긴 시의 일부분이고 또한 56-66장의 제3이사야라는 큰 단락에 속한다. 숲과 나무를 동시에 보는 것이 중요하다. 본문 앞뒤 말씀과 본문은 그 의미가 전혀 다르다. 학자들은 이 시편(63:7-64:12)을 본래 예루살렘 함락 당시에 쓰였다가 귀환 후 제3이사야에 의해 편집된 것으로 본다.

설교적 관점

한 해를 어떻게 살아갈까? 작심삼일이라도 말씀을 하나 붙잡는 것은 신앙생활에 도움이 된다. 7절 말씀으로 정하면 어떨까?

시 148

1 할렐루야, 하늘에서 야훼를 찬양하여라. 그 높은 데서 찬양하여라.
2 그의 천사들 모두 찬양하여라. 그의 군대들 모두 찬양하여라.
3 해와 달아 찬양하고 반짝이는 별들아 모두 찬양하여라.
4 하늘 위의 하늘들, 하늘 위에 있는 물들아 찬양하여라.
5 야훼의 명령으로 생겨났으니, 그의 이름 찬양하여라.
6 지정해 주신 자리 길이 지키어라. 버리신 법은 어기지 못한다.
7 땅에서도 야훼를 찬양하여라. 큰 물고기도 깊은 바다도,
8 번개와 우박, 눈과 안개도, 당신 말씀대로 몰아치는 된바람도,
9 이 산 저 산 모든 언덕도, 과일나무와 모든 송백도,
10 들짐승, 집짐승, 길짐승, 날짐승,
11 세상 임금들과 모든 추장들도 고관들과 세상의 모든 재판관들도
12 총각 처녀 할 것 없이 늙은이 어린이 모두 함께
13 야훼의 이름을 찬양하여라. 그 이름, 그분 홀로 한없이 높으시고 땅 하늘 위에 그 위엄 떨치신다.
14 당신 백성의 영광을 드높여 주셔서, 당신을 가까이 모신 이 백성, 이스라엘 후손들, 당신을 믿는 모든 신도들에게 자랑이로다.

히브리서 2:10-18

10 하느님은 만물을 창조하신 분이시고 만물은 그분을 위해서 있습니다. 그러므로 하느님께서 당신의 많은 자녀들이 영광에 참여할 수 있도록 그들의 구원의 창시자로 하여금 고난을 겪게 해서 완전하게 하신다는 것은 당연한 일이었습니다.

11 사람을 거룩하게 해주시는 분과 거룩하게 된 사람들은 모두 같은 근원에서 나왔습니다. 그래서 예수께서는 거리낌없이 그들을 형제라고 부르시고

12 이렇게 말씀하셨습니다. "내가 당신의 이름을 내 형제들에게 선포하며 회중 가운데서 당신을 찬미하겠습니다."

13 또 "나는 그분을 신뢰하겠습니다." 하고 말씀하셨고 또다시 "하느님께서 나에게 주신 자녀들이 나와 함께 여기 있습니다." 하고 말씀하셨습니다.

14 자녀들은 다같이 피와 살을 가지고 있으므로 예수께서도 그들과 같은 피와 살을 가지고 오셨다가 죽으심으로써 죽음의 세력을 잡은 자 곧 악마를 멸망시키시고

15 한평생 죽음의 공포에 싸여 살던 사람들을 해방시켜 주셨습니다.

16 예수께서는 천사들을 보살펴 주신 것이 아니라 분명히 아브라함의 후손들을 보살펴 주셨습니다.

17 그러므로 그분은 모든 점에서 당신의 형제들과 같아지셔야만 했습니다. 그래서 자비롭고 진실한 대사제로서 하느님을 섬길 수가 있었고 따라서 백성들의 죄를 없이 할 수 있었습니다.

18 그분은 친히 유혹을 받으시고 고난을 당하셨기 때문에 유혹을 받는 모든 사람을 도와주실 수 있으십니다.

신학적 관점

예수 죽음으로 인류가 죽음을 이겼다는 기독교의 구원 교리는 논리적으로는 모순이다. 구원의 창시자가 고난으로서 완전하게 된다는 주장 또한 논리적으로는 모순이다(10절). 그러나 고난은 피함이 아닌 겪음으로만 이길 수 있기에, 죽음으로 죽음을 극복한다는 역설이 성립된다.

예수 그리스도가 참 구원자가 될 수 있는 근거는 하느님의 독생자인 그가 우리와 같은 살과 피를 가진 인간으로 오시어 고난을 겪으시고 죽기까지 하셨기 때문이다. 유대교에서의 대제사장은 동물 희생제물을 하느님께 드리었다. 그러나 예수 그리스도는 자기 몸을 희생제물로 드린 대제사장이었다.

대속(代贖, hilaskomai, atonement)은 몇 가지 서로 다른 신학적 관점을 갖는다. '죄를 깨끗이 한다'는 속죄(expiation) 신학, '하느님의 분노를 가라앉힌다'는

화목(propitiation) 신학, '관계를 회복한다'는 화해 신학(reconciliation) 등이 있다.

목회적 관점

새로운 길로 나아가다가 어려움을 당하면 옛길로 돌아가려고 한다. 히브리서 저자는 유대 그리스도인들이 박해의 고난을 견디지 못하고 다시 유대교로 돌아가지 않도록 설득하고 있다. 예수 그리스도는 저들이 겪는 고난을 겪으셨음을 상기시킨다. 예수 그리스도께서 아브라함의 자손으로서의 유대 혈통을 강조하면서(17절), 그 고난 가운데 함께 하셨음을 깨닫도록 한다(18절).

주석적 관점

10절은 창세기 1-2장을 배경으로 한다. 창시자(archegos)는 창조(arche)와 연계되어 있다. 17절의 '죽음의 세력을 쥐고 있는 악마'는 에덴동산의 유혹하는 뱀을 연상토록 한다.

설교적 관점

본회퍼 목사는 히틀러에 저항한 대표적인 신앙인이다. 그는 값싼 은혜에 빠지지 말 것을 경고했다. 왜냐하면 하느님께서 주신 구원의 은혜는 하느님의 독생자 예수 그리스도의 목숨과 맞바꾼 은혜이기 때문이다. 그렇다면 무엇이 값싼 은혜이고, 무엇이 값비싼 은혜인가? 자기만의 구원과 안일을 생각하는 신앙은 값싼 은혜이고, 공동체를 생각하며 이웃과의 관계 속에서 고난을 통한 자기 책임을 다하는 신앙이야말로 값비싼 은혜를 아는 사람이다.

마태복음 2:13-23

13 박사들이 물러간 뒤에 주의 천사가 요셉의 꿈에 나타나서 "헤로데가 아기를 찾아 죽이려 하니 어서 일어나 아기와 아기 어머니를 데리고 이집트로 피신하여 내가 알려줄 때까지 거기

에 있어라." 하고 일러주었다.

14 요셉은 일어나 그 밤으로 아기와 아기 어머니를 데리고 이집트로 가서

15 헤로데가 죽을 때까지 거기에서 살았다. 이리하여 주께서 예언자를 시켜 "내가 내 아들을 이집트에서 불러내었다." 하신 말씀이 이루어졌다.

16 헤로데는 박사들에게 속은 것을 알고 몹시 노하였다. 그래서 사람을 보내어 박사들에게 알아본 때를 대중하여 베들레헴과 그 일대에 사는 두 살 이하의 사내아이를 모조리 죽여버렸다.

17 이리하여 예언자 예레미야를 시켜,

18 "라마에서 들려오는 소리, 울부짖고 애통하는 소리, 자식 잃고 우는 라헬, 위로마저 마다는구나!" 하신 말씀이 이루어졌다.

19 헤로데가 죽은 뒤에 주의 천사가 이집트에 있는 요셉의 꿈에 나타나서

20 "아기의 목숨을 노리던 자들이 이미 죽었으니 일어나 아기와 아기 어머니를 데리고 이스라엘 땅으로 돌아가라." 하고 일러주었다.

21 요셉은 일어나서 아기와 아기 어머니를 데리고 이스라엘 땅으로 돌아왔다.

22 그러나 아르켈라오가 자기 아버지 헤로데를 이어 유다 왕이 되었다는 말을 듣고 그리로 가기를 두려워하였다. 그러다가 그는 다시 꿈에 지시를 받고 갈릴래아 지방으로 가서

23 나자렛이라는 동네에서 살았다. 이리하여 예언자를 시켜 "그를 나자렛 사람이라 부르리라." 하신 말씀이 이루어졌다.

신학적 관점

헤롯대왕은 왜 아기 예수를 죽이려고 그토록 애를 썼을까? 그리고 요셉은 왜 그의 아들 분봉왕 아켈라오를 두려워했는가? 마태의 탄생 이야기는 누가복음에 비해 정치적 메시아로서의 해방자 예수를 강조한다. 동방으로부터 온 박사(Magi)는 하늘의 움직임을 연구하는 사람들로서 당시 페르시아의 후예들이 세운 파르티아제국으로부터 온 일종의 관료 출신이었다. 당시 민중은 로마제국을 멸망시키고 자신들을 해방할 구원의 힘은 바빌론제국을 무너뜨린 페르시아제국과 같이 동방에서 온다고 믿고 있었으며, 실제 헤롯대왕 시절 파르티아제국이 한때 예루살렘을 점령하여 헤롯이 로마로 피신했던 일도 있다. '동방'이라는 단어 속에 정치적 해방의 메시지가 담겨 있다.

마태는 예수가 제1성서의 예언의 성취로서의 메시아임과 동시에 제1성서와 제2성서, 곧 유대교와 기독교가 하나임을 말한다. 마태복음은 유대인 그리스도인들을 위한 복음서로, 전체 기조는 예수를 제2의 모세로 기술한다. 예수의 말씀

또한 다섯 묶음으로 구성되어 있다. 예수를 예언의 성취라는 관점에서 1장 족보에서 아브라함과 다윗의 후손으로 자리매김한 후에 예수의 어린 시절의 이야기를 모두 제1성서의 말씀과 하나하나 연계시킨다(15, 17, 23절). 나사렛 지명 또한 삼손, 엘리야의 경우와 같이 '태어나면서부터 성별된 나실인'과 어원에 있어 뿌리가 같다. 애굽으로의 피신 또한 아브라함과 모세를 떠올리게 한다.

목회적 관점

임마누엘의 하느님이신 아기 예수는 태어나면서부터 위험에 처한다. 우리 또한 하느님의 딸과 아들로서 위험에 처할 수 있다. 아기 예수의 모험에 찬 삶의 이야기는 다섯 번의 꿈 이야기(1:20; 2:12; 2:13; 2:19; 2:22)로 시작한다. 꿈이 갖는 신앙의 메시지는 무엇인가?

아기 예수의 생명을 살리는 일에 결정적인 역할을 담당한 아버지 요셉은 이 이야기를 끝으로 어머니 마리아와 달리 역사의 무대에서 사라진다.

주석적 관점

역사적으로 헤롯대왕은 BCE 4년에 죽었기에 예수가 탄생한 해는 BCE 6년이 된다. 예수 탄생 시기는 로마제국의 역사를 토대로 533년 Dionysius Exiguus가 계산했는데, 약간의 착오가 있다.

헤롯왕은 36년간 통치하는 동안 반란을 두려워하여 아들 세 명을 차례로 죽였고, 백성들에게도 강압 정책을 폈다. 그는 로마에서 교육받은 스무 살의 아켈라우스(Archelaus)를 후계자로 임명했는데, 이는 큰 실책이었다. 왜냐하면 아켈라우스는 유대 백성들의 전통을 전혀 이해하지 못했기 때문이다. 헤롯왕이 죽자 민란 소요가 점점 커졌고, 유월절에 다다르자 거의 폭발 직전이 되었다. 아켈라우스는 위험을 방지하기 위해 군대를 파견하였는데, 이에 백성들은 분노하여 군인들을 공격하여 성전으로부터 몰아내었다. 그러자 아켈라우스는 더 많은 군대를 동원하여 성전 안의 수천 명의 순례자를 살해했다. 예루살렘 폭동 소식이 전해지자 이스라엘 모든 지역에서 자칭 메시아들이 등장하기 시작했다.

베레아 지역에서는 왕궁 노예 출신의 시몬이, 유다 지방에서는 목동 출신 아쓰롱게스가 다윗왕의 영광을 되찾을 후임자 역할을 자청하여 로마군을 공격하였고, 갈릴리에서는 헤롯왕에 의해 처형된 비적의 아들인 유다라는 사람이 갈릴리의 행정수도 세포리스에서 반란을 일으켰다. 시리아 총독은 군대를 파견하여 닥치는 대로 죽이고 겁탈하여 모든 반란을 진압했다. 그중 세포리스는 완전히 폐허가 되었고, 살아남은 주민들은 모두 노예로 팔려나갔다. 이에 대해 요세푸스는 "좀 덜 불온하게 보이는 사람들은 투옥되었고, 거의 이천 명에 달하는 무도한 자들은 십자가형에 처해졌다"고 썼다(리처드 호슬리 · 닐 에서 실버만/김준우 옮김, 『메시지와 하느님 나라: 예수와 바울의 혁명』, 한국기독교연구소, 2024, 34-35).

설교적 관점

이민자, 피신자, 쫓김을 당하는 자로서의 예수!

요세푸스는 베들레헴 유아 집단 살해 명령에 대해 침묵하지만, 이는 우리나라 최근 역사에서 일어난 국가 폭력에 의한 민중 살해 사건(제주4.3항쟁, 광주5.18민중항쟁 등)을 떠올리면 쉽게 이해할 수 있다. 2025년 현재 이스라엘은 자신들의 안전보장을 이유로 가자지구의 팔레스타인 민중 수만 명을 집단 살해하고 있다.

성탄절 후 둘째 주일

집회 24:1-12; 지혜 10:15-21; 엡 1:3-14: 요 1:(1-9), 10-18

집회(시락)서 24:1-12

1 지혜는 스스로 자신을 찬미하고, 군중들 속에서 자기의 영광을 드러낸다.

2 지혜는 지극히 높으신 분을 모신 모임에서 입을 열고, 전능하신 분 앞에서 자기의 영광을 드러낸다.

3 "나는 지극히 높으신 분의 입으로부터 나왔으며 안개와 같이 온 땅을 뒤덮었다.

4 나는 높은 하늘에서 살았고 내가 앉는 자리는 구름기둥이다.

5 나 홀로 높은 하늘을 두루 다녔고 심연의 밑바닥을 거닐었다.

6 바다의 파도와 온 땅과 모든 민족과 나라를 나는 지배하였다.

7 나는 이 모든 것들 틈에서 안식처를 구했으며 어떤 곳에 정착할까 하고 찾아다녔다.

8 온 누리의 창조주께서 나에게 명을 내리시고 나의 창조주께서 내가 살 곳을 정해 주시며, '너는 야곱의 땅에 네 집을 정하고 이스라엘에서 네 유산을 받아라.' 하고 말씀하셨다.

9 그분은 시간이 있기 전에 나를 만드셨다. 그런즉 나는 영원히 살 것이다.

10 그분이 계신 거룩한 장막 안에서 나는 그분을 섬겼다. 이렇게 해서 나는 시온에 살게 되었다.

11 주님은 사랑하시는 이 도읍에 나의 안식처를 마련하셨고, 예루살렘을 다스리는 권한을 주셨다.

12 주님께서 고르시어 차지하시고, 영광스럽게 만드신 그 백성 안에 나는 뿌리를 내렸다."

신학적 관점

제1성서에 있어서 천주교와 개신교의 가장 큰 신학적 차이는 제2의 정경 중 하나인 집회서와 지혜서이다. 이 두 책은 헬라 철학의 영향을 받아 지혜 문학의 깊이를 더해 준다. 헬라 철학의 Logos와 히브리 전통의 Sophia(전도서)를 동격화한다. 전도서와는 달리 집회서는 세상에 악이 존재함에도 불구하고 정의가 실현됨을 주장한다. 집회서의 중요성은 이전 시대의 지혜 문학인 잠언,

전도서, 욥기가 토라를 직접 언급하지 않는 데 반해 토라를 직접 언급한다는 점이다. 집회서는 토라를 교육과정에 포함한 최초의 지혜 스승이었다. BCE 2세기 초 예루살렘의 벤 시라(Jesus Ben Sira)가 유대인들의 헬라화를 경계하며 히브리어로 썼다. 외경 중에서 랍비 문헌이 인용하는 유일한 책이다(존 콜린스/유연희 옮김, 『히브리성서개론』, 한국기독교연구소, 2011, 446-451). 그러나 에리히 쳉어는 애굽의 알렉산드리아에서 썼고, 한 사람 이상의 저자와 반유다주의의 만행을 배경으로 하고 있다고 말한다(이종한 옮김, 『구약성서개론』, 분도출판사, 2012, 692, 701).

목회적 관점

집회서는 부모 공경, 우정, 어린이와 노예를 대하는 법과 같이 생활에 관한 지혜를 다루고 있다. 그러므로 토착화 신학의 관점에서 우리나라 전통 지혜 문학을 함께 다루는 것이 중요하다. 벤 시라는 토라가 지혜의 한 근원이긴 하지만 유일한 근원은 아니라고 말한다: "외국을 두루 여행하며 인간 사회의 좋은 것과 나쁜 것을 체험으로 안다"(39:4).

주석적 관점

창세기 1장과 같이 시 형식을 지니고 있다. 이는 요한복음의 서언(1:1-18)과도 맥을 같이한다.

1-2절의 지혜의 자화자찬은 애굽의 여신 이시스가 자신이 이룬 일을 칭송하는 새김글과 비슷하다.

3절은 창조를 시작하기 전 "어둠이 깊은 물 위에 뒤덮여 있었고 그 물 위에 하느님의 기운이 뒤돌고 있었다"(창 1:3)라는 구절을 떠올리게 한다.

10절은 요한복음의 "말씀이 육신(sarx)이 되셨다"는 뜻과 그 의미가 사뭇 다르다.

설교적 관점

절기로 볼 때 성탄절 후 두 번째 주일을 지키는 경우는 그리 자주 일어나지 않는다. 그러나 새해와 맞물려 창조를 언급하면서 함께 지혜를 다룬다는 점에서 설교에 풍성함을 더할 수 있다. 에베소서와 요한복음서의 말씀을 함께 다룬다. 에베소서는 교회를 통해 우주에 충만한 하느님의 지혜를 알게 하고, 요한복음은 그리스도를 우리와 함께 거하시는 창조의 방식으로 선포한다.

지혜서 10:15-21

15 지혜는 거룩한 백성이며 흠없는 민족을 압박하는 자들의 나라에서 구해 냈다.
16 지혜는 주님의 종의 마음속에 들어가 그를 움직여 놀라운 일들과 기적으로 무서운 왕들과 맞서게 하였다.
17 지혜는 그 거룩한 백성이 치른 노고의 대가로 상을 주었고 놀라운 길에서 그들을 인도하였다. 낮에는 그들에게 그늘이 되어 주고 밤에는 별빛이 되어 주었다.
18 지혜는 그 많은 물을 갈라서 그들을 인도하여 홍해를 건네주었고
19 그들의 원수들을 물속에 묻어버리고 그들의 시체를 깊은 바다 속으로부터 토해 내었다.
20 마침내 의인들은 악인들로부터 무기를 빼앗았다. 주님, 그들은 당신의 거룩한 이름을 찬양하였고 당신 손으로 보호해 주신 데 대하여 이구동성으로 감사의 노래를 불렀습니다.
21 주님은 벙어리들의 입을 열어주셨고 젖먹이들로 하여금 똑똑히 말하게 해주셨습니다.

신학적 관점

개신교 목사들에게는 외경으로 알려진 솔로몬의 지혜서는 신학적으로 매우 중요한 일면이 있다. 그건 1세기 지중해 연안 그리스 문화권에 흩어져 사는 유대인들을 위한 히브리 신앙의 토착화 과정을 보여주기 때문이다. 예수의 인성과 삼위일체 교리에 있어 이그나티우스, 오리겐 그리고 어거스틴과 같은 교부들이 이 책을 여러 가지 방식으로 인용한다. 이는 서구 기독교 역사에서 중요한 주제인 영혼 불멸에 대한 믿음을 갖고 있는 유일한 책이다.

설교자는 시대와 공간에 따라, 곧 청중들이 처해 있는 상황에 맞추어 말씀을 전한다. 오늘 본문은 지혜서의 중요한 전환점이 된다. 앞에서 지혜의 본성을

설명한 후 이스라엘 역사에서 지혜가 (아담으로부터 모세까지) 어떻게 작동하였는지를 말하고 있다. 매우 흥미로운 것은 이 책의 저자는 10장에서 이스라엘 역사를 짧게 정리하고 있다는 점이다. 지혜는 야훼 하느님을 대신하고 있는데, 이는 잠언서의 시적으로 표현되는 지혜와는 다르다. 여기서 지혜는 YHWH 하느님의 대리자로서 창조와 구원의 역사를 펼친다.

또 하나 신학적으로 중요한 논점은 지혜는 여성명사라는 점이다. 물론 여성적이라고 해서 연약함과 순종을 의미하지는 않는다. 그러나 고대 시대에 언제나 남성으로 표현되는 신을 여성명사로 대체했다는 사실은 매우 특별한 의미가 있다. 삼위일체 신학에 있어 지혜는 성령으로 대체된다.

목회적 관점

6장에서 저자는 지혜를 단순히 지식의 풍성함을 넘어서서 "지혜의 법을 지키는 것은 불멸의 보증을 얻는 것이며, 불멸은 하느님 곁에서 살게 한다. 그러므로 지혜를 원하는 사람은 하느님 나라로 인도된다"고 한다. 곧, 지혜가 구원으로 나아가는 길임을 말한다. 우리가 흔히 말하는 지식에 근거한 지혜와는 확연하게 구별이 된다.

본문은 지혜가 출애굽 해방 사건의 주체자임을 선언한다(15절). 전쟁으로 영토 확장을 계속하고 있던 헬라제국의 통치 아래에서 유대인들은 조상들이 애굽에서 겪었던 비슷한 압박과 고통을 경험하고 있었을 것이다. 이 고통의 현실에서 그들은 다시 한번 지혜의 하느님을 통한 해방의 희망을 노래하고 있다. 애굽 군대를 홍해 바다에 수장시키고, 광야 생활에서 구름기둥, 불기둥으로 역사하셨던 YHWH 하느님의 손길을 지혜를 통해 구하고 있다. 나의 목회의 어려움을 헤쳐 나가도록 이끄는 지혜의 뿌리는 무엇인가?

주석적 관점

BCE 1세기 말 한 유대인 현인에 의해 그리스어로, 아마도 알렉산드리아에서 기록되었을 것이다. 저자는 토라, 예언서, 지혜 문학을 익히 알고 있을 뿐만 아니라 이를 헬라 철학과 문화가 지배하는 역사적 상황 속에서 웅변적으로 재해석하고 있다. 저자는 놀랍게도 제1성서의 인간 이해에서는 볼 수 없었던 '육체/영혼'이라는 이분법적 사고를 도입하고 있다. 그리하여 '불멸성'(immortality)이 자주 강조된다. 그러나 저자는 이 책의 1장 1절에서 이미 제1성서의 핵심 단어가 정의임을 알고 있다. "지상의 통치자들이여, 정의를 사랑하여라. 정직한 마음으로 주님을 생각하고 순진한 마음으로 주님을 찾아라"(1:1)(*Feasting*, 179).

필자가 70년대 가장 감명 깊게 읽은 책 중 하나가 토를라이프 보만의 『히브리적 사고와 그리스적 사고의 비교』(허혁 역, 분도출판사, 1968)인데, 솔로몬의 지혜서가 헬라 문화의 우주적 철학인 영생 개념(조화, cosmos)과 히브리인들의 역사 변혁적 구원 종말론적 사고(위기, kairos)를 함께 연출한다는 점에서 매우 흥미롭다.

본문은 지혜가 애굽 바로의 군대를 무찌르는 정의의 주체임을 밝히고 있다. 21절 상반절의 '벙어리'는 모세의 어눌함(출 4:10-17)을 말한다. 저자가 하느님과 지혜 사이의 관계를 어떻게 설정하고 있는지는 명확하지 않다. 지혜를 하느님과 인간 사이의 화육의 실체로 말하지는 않는다. 그러나 요한복음 1장에서 Logos가 이를 이어가고 있다.

설교적 관점

본문은 지혜를 양육자와 구원자로, 정의의 사도로 그리고 찬양을 이끄는 자로 이야기한다. 중요한 것은 '이구동성'(異口同聲)이다. 십지어 벙어리와 젖먹이까지 모두 함께 주님을 찬양한다는 것이다. 오늘 우리는 새해 새날을 맞이하면서 예배를 통해 하느님을 찬양한다. 우리 교인들 가운데 벙어리와 젖먹이가 있는가? 어떻게 그들을 찬양의 합창으로 이끌어 낼 수 있을까? 설교자의 부름이 여기에 있다.

에베소서 1:3-14

3 우리 주 예수 그리스도의 아버지 하느님께 찬양을 드립니다. 하느님께서는 그리스도를 통해서 하늘의 온갖 영적 축복을 우리에게 베풀어주셨습니다.

4 우리를 그리스도와 함께 살게 하시려고 천지 창조 이전에 이미 우리를 뽑아주시고 당신의 사랑으로 우리를 거룩하고 흠없는 자가 되게 하셔서 당신 앞에 설 수 있게 하셨습니다.

5 하느님께서는 예수 그리스도를 통하여 우리를 당신의 자녀로 삼으시기로 미리 정하신 것입니다. 이것은 하느님께서 뜻하시고 기뻐하시는 일이었습니다.

6 사랑하시는 아드님을 통하여 우리에게 거저 주신 이 영광스러운 은총에 대하여 우리는 하느님을 찬양할 수밖에 없습니다.

7 우리는 그리스도의 죽음으로 말미암아 죄를 용서받고 죄에서 구출되었습니다. 이렇게 하느님께서는 풍성한 은총으로

8 우리에게 온갖 지혜와 총명을 넘치도록 주셔서

9 당신의 심오한 뜻을 알게 해주셨습니다. 이것은 그리스도를 시켜 이루시려고 하느님께서 미리 세워놓으셨던 계획대로 된 것으로서

10 때가 차면 이 계획이 이루어져서 하늘과 땅에 있는 모든 것이 그리스도를 머리로 하고 하나가 될 것입니다.

11 모든 것을 뜻하신 대로 이루시는 하느님께서 당신의 계획을 따라 우리를 미리 정하시고 택하셔서 그리스도를 믿게 하셨습니다.

12 그러므로 맨 먼저 그리스도께 희망을 둔 우리는 하느님의 영광을 찬양할 수밖에 없습니다.

13 여러분도 그리스도를 통하여 여러분에게 구원을 가져다 주는 복음 곧 진리의 말씀을 듣고 믿어서 하느님의 백성이 되었습니다. 이것을 확인하는 표로 하느님께서는 여러분에게 약속하셨던 성령을 주셨습니다.

14 성령께서는 우리가 받을 상속을 보증해 주시고 하느님의 백성인 우리에게 완전한 자유를 누리게 하여주십니다. 그러므로 우리는 하느님의 영광을 찬양할 수밖에 없습니다.

신학적 관점

이 편지의 목적은 에베소교회 이방인 교인들로 하여금 기독교인이 된다는 것이 무엇인지를 설명하는 것이다. 저들은 예수 그리스도를 통해 창세 이전에 하느님의 자녀로 선택함을 입었고, 이는 그리스도 안에서 세상 모든 것을 하나로 통일하고자 하시는 하느님의 원대한 계획임을 말하고 있다.

본문은 두 가지의 중요한 신학의 주제를 제공한다. 하나는 '선택'(election)이고, 다른 하나는 (악으로부터의) '총괄복귀'(recapitulation)다.

하느님의 선택에 관한 논쟁은 어거스틴 이후 서구 신학에서 집중적으로 다루어졌다. 오늘 본문과 로마서 9장이 서로 대비되는 논쟁의 핵심 구절들이다. 로마서 9장에서 바울은 복음을 배척했던 동족 유대인들에 분노하는데, 이는 선택과 관련되어 있다. 18절에서 "그러므로 하나님께서는 긍휼히 여기시고자 하는 사람을 긍휼히 여기시고, 완악하게 하시고자 하는 사람을 완악하게 하십니다"라고 말하면서 선택은 하느님의 고유 권한으로 인간에게는 신비의 영역임을 말한다. 이를 오늘 본문 5절에서는 "하나님의 기뻐하시는 뜻대로" 예정되었다고 말한다. 로마서에서는 '에서와 야곱' 그리고 바로의 '완악한 마음' 등 성서의 예를 들어 선택과 버림이 설명 불가능함을 얘기하는 반면, 오늘 본문에서는 이방인들도 이미 창세 전부터 예수 그리스도 안에서 구원이 하느님의 은혜로 예정되어 있었다고 설명한다.

이 구원 예정설(predestination)은 인간의 행위와 관련하여 신학 논쟁의 주제가 되어 왔다. 왜냐하면 '하느님 앞에서 거룩하고 흠이 없게 하시려고'의 구절은 분명 인간의 행위를 말하는데, 이는 전적으로 인간의 응답(루터, 칼뱅)에 달려 있는 것인지, 아니면 하느님과 인간의 협력(크리소스톰)에 달려 있는 것인지, 아니면 온전히 하느님의 예지(God's foreknowledge)에 달려 있는 것인지(웨슬리)에 대해 논쟁이 계속되고 있기 때문이다.

총괄복귀는 선택에 대비되는 개념이다. 이는 하느님의 행위의 시작(the origins)보다는 끝(the ends)에 관한 것이다. 저자는 선택된 자의 선물 중 하나는 그리스도 안에서 '모든 것을 통일시키는' 하느님의 경륜을 알게 된다는 것이라고 말한다. '때가 차면'(10절)이라는 미래의 종말론적 단서가 붙어 있지만, 이를 현재적 사건으로 앞당겨 말하고 있다. 이는 2세기 리용의 교부 이레니우스의 주장이기도 하다. 당시 영지주의 신학은 예수 그리스도의 하느님 아버이와 제1성서의 족장들과 예언자들의 하느님 아버이와는 다르다고 주장하였는데, 이에 이레니우스는 총괄복귀를 말한다. "지상의 그리스도께서 지상에서 겪으신 모든 일은 우리 인간들의 총체적 경험과 같은 것이다"라는 주장이다. 이는 인간들을 하느님께 이끌기 위한 목적에 있다. 곧, 이레니우스는 10절의 그리스도 자신 안에서 하늘과 땅의 모든 것을 통일시킨다는(10절) 구절을 '총괄복귀'라는 한 단어로 정리하고 있다(*Feasting*, 182).

> * (악으로부터) 총괄 되돌림(總歸)/총괄복귀(總括復歸)(recapitulation): 이레니우스(Irenaeus)가 주창한바, 거룩한 말씀(the Logos)은 인간 경험의 모든 단계를 겪으셨던 바로 그러한 방식(thus)으로 죄에 의하여 야기되었던 악을 되돌림으로(reversing) 구원을 쟁취하신다(winning).

목회적 관점

교인들은 구원에 대한 서로 다른 생각들을 갖고 있다. 크게 보아 전통주의자와 모더니스트가 있다. 전자는 오로지 하느님의 전적 은혜에 의해 예수 그리스도 안에서만 구원이 있다는 주장이며, 후자는 전통주의자들의 주장은 상당수의 인류를 구원의 대상에서 제외하고 있어 문제가 된다고 한다. 오늘 본문이 특히 이를 반증하고 있다. 세 번째 부류는 후기모더니스트들이다. 오늘날 과학 세계에서는 '창세 전부터', '예정'이라는 종교적 용어가 설 곳이 없다. 인류 역사를 돌아보면 전쟁의 역사인데, 여기에 종교는 화약고 역할을 해 왔다. 이제 이러한 형이상학적 얘기는 그쳐야 한다.

> * Modernism: 우리말로는 근대 혹은 현대, 어느 쪽으로도 번역이 가능하다. 근대화 논쟁은 이전부터 있어 왔던 논쟁이다(참조. "백낙청, 김용옥 교수의 대담", 「창작과 비평」 2021 가을호; 김상준, 『붕새의 날개/문명의 진로: 팽창문명에서 내장문명으로』, 105 이하). 필자는 모더니스트 그대로 사용한다.

우리는 이러한 서로 대치되는 견해를 넘어서서 바울이 당시 구원의 대상에서 제외되었던 이방인들의 구원 문제를 폭넓게 다루고 있음을 분명하게 인식해야 한다. 바울이 직면하고 있던 현실 세계는 어떠했는가? BCE 31년 옥타비아누스는 안토니우스를 꺾고 로마 황제로 등극하며 원로원에 의해 아우구스투스(존귀한 자)로 불리게 된다. 그는 세계를 평화로 이끈 구원자(Savior)로 추앙받는다. 한 비문에는 이렇게 새겨져 있다. "로마황제(Carsar)는 세계 창조에 비견되는 '경륜가'(Providence)이다. 그의 탄생과 더불어 세상은 새로운 빛으로 이끌림을 받았다. 이는 '복음(euangelion)의 시작'이다. 그는 '신의 현현'(god-manifest)으로서 시민들은 그를 집회모임(assemblies, 에클레시아)에서 축하한다"(참조. 리차드 호슬리, 『예수와 제국』, 23 이하). 이것이 바로 바울이 보고 있는 *Pax Romana*의 세계였다.

이렇게 평화와 번영의 축복을 약속하고 노래했던 로마제국의 시대에 바울은 *Pax Christi*라는 혁명적 방식인 그리스도의 평화를 외친다. 본문은 바로 이러한 역사 반전으로서의 바울의 외침인 것이다. 물론 이 글을 쓰던 당시 바울은 비록 쇠줄에 묶여 철창에 갇혀 있는 몸이었다. 여기에 오늘 '공중의 권세 잡은 자들'(2:4)이 '축복과 번영의 복음'을 외치는 우리 사회에 대해 그리스도인들이 외쳐야 할 참 복음이 있다.

주석적 관점

에베소서는 일반의 넓은 관점에서 개별의 구체적 관점으로 이야기가 전개된다. 1-2장은 그리스도의 통치 아래에서의 우주, 3-5장은 세계 안 거룩한 장소로서의 교회, 5-6장은 가정 안에서의 남편/아내/자녀 그리고 주인/종의 질서를 말하는데, 이 모두를 통틀어 하느님의 갑옷을 입은 자의 거룩한 싸움으로 묘사한다.

본문에서 하느님께서는 그리스도 안에서 신령한 복을 주셨다는 인사말로 시작하고, 이방인들 또한 하느님의 기쁘신 경륜에 따라 성령의 인치심을 받아 하느님의 자녀가 되고 하느님 나라의 상속자가 되었다고 결말 짓고 있는데, 중요한 것은 모든 동사가 과거형(aorist)이라는 점이다. 이는 곧 미래의 현재화를 말한다(*Feasting*, 185).

우리는 모두 하느님을 예배하고 찬양하도록 지음을 받았다. 이는 운명이자 동시에 선물이다. 우리는 모두 하느님의 경륜 속에 있음을 고백해야 한다. 이는 중재자 그리스도를 통함이다. '그리스도로 말미암아', '그리스도 안에서',

'사랑하는 아들 안에서'가 찬양의 후렴처럼 계속 반복되고 있다. 이는 세상 권세자들이 스스로 신의 아들이라고 하는 주장에 맞서는 주장이다.

설교적 관점

오늘 본문은 시와 같이 하나의 긴 문장으로 구성되어 있다. 신학적 논쟁을 펴나가는 논술이라기보다는 구원의 노래다. 유대인과 이방인이 모두 구원받은 자들임을 선포하는 기쁨의 찬양시이자 축도이기도 하다. "나는 구원을 받았는 가?"라는 질문은 언제나 우리의 신앙을 짓누른다. 바울이 강조하는 것은 "하느님 께서는 우리를 사랑하셔서, 기뻐하시는 그 뜻대로, 하느님 나라의 상속자로 삼았다"는 것이다. 감사와 찬양의 노래를 그치지 않는 이유다. 구원 예정의 교리(?)를 선택이 아닌 감사와 찬양의 예정으로 해석함이 마땅하다.

새해를 앞두고 있다. 우리는 모두 성령의 인치심을 받은 하느님 나라의 상속자로서 하느님의 영광을 찬양하도록 예정의 지으심을 받았다! 설교자는 성도들과 함께 구원의 노래를 이끄는 사람이다.

요한복음 1:1-18

1 한 처음, 천지가 창조되기 전부터 말씀이 계셨다. 말씀은 하느님과 함께 계셨고 하느님과 똑같은 분이셨다.

2 말씀은 한 처음 천지가 창조되기 전부터 하느님과 함께 계셨다.

3 모든 것은 말씀을 통하여 생겨났고 이 말씀 없이 생겨난 것은 하나도 없다. 생겨난 모든 것이

4 그에게서 생명을 얻었으며 그 생명은 사람들의 빛이었다.

5 그 빛이 어둠 속에서 비치고 있다. 그러나 어둠이 빛을 이겨본 적이 없다.

6 하느님께서 보내신 사람이 있었는데 그의 이름은 요한이었다.

7 그는 그 빛을 증언하러 왔다. 모든 사람으로 하여금 자기 증언을 듣고 믿게 하려고 온 것이다.

8 그는 빛이 아니라 다만 그 빛을 증언하러 왔을 따름이다.

9 말씀이 곧 참 빛이었다. 그 빛이 이 세상에 와서 모든 사람을 비추고 있었다.

10 말씀이 세상에 계셨고 세상이 이 말씀을 통하여 생겨났는데도 세상은 그분을 알아보지 못하였다.

11 그분이 자기 나라에 오셨지만 백성들은 그분을 맞아주지 않았다.

12 그러나 그분을 맞아들이고 믿는 사람들에게는 하느님의 자녀가 되는 특권을 주셨다.

13 그들은 혈육으로나 육정으로나 사람의 욕망으로 난 것이 아니라 하느님에게서 난 것이다.

14 말씀이 사람이 되셔서 우리와 함께 계셨는데 우리는 그분의 영광을 보았다. 그것은 외아들이 아버지에게서 받은 영광이었다. 그분에게는 은총과 진리가 충만하였다.

15 요한은 그분을 증언하여 외치기를 "그분은 내 뒤에 오시지만 사실은 내가 나기 전부터 계셨기 때문에, 나보다 앞서신 분이라고 말한 것은 바로 이분을 두고 한 말이다." 하였다.

16 우리는 모두 그분에게서 넘치는 은총을 받고 또 받았다.

17 모세에게서는 율법을 받았지만 예수 그리스도에게서는 은총과 진리를 받았다.

18 일찍이 하느님을 본 사람은 없다. 그런데 아버지의 품 안에 계신 외아들로서 하느님과 똑같으신 그분이 하느님을 알려주셨다.

신학적 관점

요한복음의 서문(1-18절)에 대해 다양한 신학적 주장이 있다. 첫째는 이방인들과 그리스인들의 주의를 끌기 위한 영지주의적인 헬라 철학의 상징시로 보는 관점이다. 로고스라는 단어 자체가 영지주의 사고인 빛과 어둠 그리고 하느님과 육신이라는 대비적 개념을 드러낸다. 로고스가 저들의 철학 개념의 중요한 단어이긴 하나, 오늘 서문에서 중요한 것은 예수의 독특성이다. 그건 이분법적 사고를 뛰어넘어 "모든 것이 그로 말미암아 생겨났으니, 그가 없이 생겨난 것은 하나도 없다"는 선언에 있다. 더 나아가 예수는 확장된 이분법적 구분, 곧 영원과 순간, 하늘과 땅, 모든 것의 시작과 시작이 있는 모든 것의 차이를 해소하고 있다. 다른 말로 하면 예수는 하느님 무한의 화해자로서 시공간에 임하신 것이다. 따라서 서문에 제시된 이분법적 사고는 다른 이념 체계에서 말하듯이 경험적이거나 형이상학적이지 않다. 하느님의 자녀가 된다는 것은 예수의 화해를 받아들인다는 결단을 의미한다.

두 번째는 이 서문이 삼위일체의 제2의 위격과 화해의 구원 사역에 대한 종합적인 서술로 보는 관점이다. 어거스틴은 1절의 하느님과 함께 계셨다는 '말씀(로고스)'을 인간의 마음을 드러내는 언어(말)에 대한 아날로그 비유 방식으로 이해한다. 따라서 우리 가운데 로고스가 육신으로 오신 화육의 사건은 삼위일체 하느님의 계시로서 이는 인간의 마음을 새롭게 하는 성찰이다. 칼뱅에게 있어 1절의 '태초에'라는 말은 창세기 1장의 창조 사건 이전을 의미한다. 칼뱅에게 있어 화육 사건은 중재자로서의 새로운 직무를 말하는데, 이는 하느님의 아들로서 타락한 인류가 창조 때 부여받았던 빛과 생명에 (다시금) 참여할 수 있도록 이끈다.

마지막으로 최근의 주석가들은 이 서문을 이어지는 요한복음의 서곡이자 개요로 보는 관점이다. 빛, 생명, 영광, 진리라는 단어들은 이후 그의 복음서에서 계속 등장하고 이후 이야기를 통해 보다 명확한 뜻을 드러낸다. 어떤 주석가는 이 서문을 예수의 지상 사역에 대한 결론으로 말하기도 한다(*Feasting*, 190).

중요한 것은 화육 사건은 예수가 단지 화해의 근원이 되신다는 사실뿐만 아니라 새롭게 변화된 우리 자신 또한 바로 화육 사건 안으로 초청받았다는 사실이다.

목회적 관점

얼핏 보면 본문은 신학적 관점에서는 중요한 논지를 갖고 있지만, 목회적 관점에서는 그리 큰 의미를 발견하지 못할 수도 있다. 그러나 생각해 보라. 성탄절과 새해를 맞아 교인들은 흥겨웠던 축제의 기간이 끝나면서 성탄 트리를 쓰레기로 처분하거나 밀린 카드 빚에 직면한다. 이러한 각박한 현실에서 오늘 본문은 무슨 의미가 있는가? 영원하신 하느님이 아기로 이 땅에 나셨다는 것은 도대체 무엇을 의미하는가? 어떻게 이것이 가능한가? 가능하다 하더라도 이는 도대체 오늘 나에게 무슨 의미가 있는가? 여기서 설교자는 어둠이 빛을 이기지 못했다는 말씀을 갖고 풀어나갈 수 있다. 어둠은 여러 가지 형태로 우리 사회에 존재한다. 전쟁, 기아, 욕망, 고문, 갖가지 형태의 폭력과 억압 그리고 개인의 실존 영역에서 권태, 불안, 혼란, 무력감, 희망의 상실로 나타난다. 어떻게 이 어둠의 세력을 이겨낼 것인가?

의식적이든 무의식적이든, 때때로 우리는 인간의 유한성을 넘어선 신의 영역을 인식한다. 요한복음 저자는 바로 이 절대 창조자 신(빛)이 인간의 영역

안(어둠)으로 들어오셨다고 말한다. 달리 말하면 이는 인간의 고통을 외면하지 아니하시고 그것을 하느님 자신의 고통으로 만드신다는 것이다. 우리와 똑같은 아픔과 고민과 고통을 실제 겪으시겠다는 것이다. 그리고 실제 그렇게 사셨을뿐더러 가장 고통스러운 십자가 죽음을 겪으셨다. 이는 요한복음이 지속적으로 주장하는 신학적 선언이자 실존적 외침이다: "사람이 친구를 위하여 목숨을 버리면 이보다 더 큰 사랑은 없다"(15:13). 단순한 선언이 아니라 예수는 이 사랑을 몸소 보이셨다. 물론 인간 예수가 창조 때부터 하느님과 함께 계셨다는 역설적 신비(paradoxical mystery)는 남아 있다(*Feasting*, 178). 인간이 가장 상처받기 쉽고 연약할 때가 언제인가? 갓 태어났을 때다. 오늘 우리는 세상 달력으로 말하면 구원의 주 예수 그리스도께서 가장 상처받기 쉽고 연약한 갓난아기의 시간을 지나고 있지만, 교회력으로는 요한복음 서문을 통해 그분이 곧 하느님 자신이었음을 깨닫는다. 당시나 오늘이나 이런 주장은 마치 망치로 뒤통수를 얻어맞은 것과 같은 큰 충격으로 다가온다.

주석적 관점

'태초에'는 창세기 1장의 창조 사건을 떠올리게 한다. 본문은 네 개의 단락(1-5, 6-8, 9-13, 14-18절)으로 구성되는데, 핵심 구절은 14절이다. 로고스는 스토익 철학은 물론 제1성서와 연결점을 찾으려는 필로의 저작에서도 핵심 개념이지만, 요한복음 저자는 무시간적인 개념보다는 구체적인 역사 안으로 눈을 돌리고 있다. 요한복음에서 소경이 눈을 뜨는 일은 언제나 영원한 생명을 얻었음을 의미한다(5:24; 8:12; 10:28; 12:46; 17:2). 본문에서 "로고스가 빛이다"라고 하는 것은 바로 이런 의미다. 빛은 화육을 뜻하고, 더 나아가 죽음으로부터의 승리인 부활을 뜻한다. 따라서 창조 자체를 통해 예수의 화육과 십자가와 부활이 동시에 선포된다(*Feasting*, 191).

요한에게 있어서 구원은 (아브라함) 혈통에 있지 않다. 예수를 하느님의 아들로 영접하는 사람은 하느님의 자녀가 되지만, 그렇지 않으면 구원에서 멀어진다. 서문의 가장 핵심 구절은 14절, 곧 창조의 로고스가 예수 안에서 썩어지는 육신(살덩이, sarx)이 되었다는 것이다. 그렇게 하여 예수 안에서 하느님의 영광이 드러난다: "나를 본 자는 하느님을 본다"(14:9). 예수는 진리를 말하는 자가 될 뿐만 아니라 진리 자체가 된다. 모세가 율법의 근원이 되었듯이, 예수는 은혜와 진리의 근원이 된다. 하느님에 관한 지식을 직접 얻을 수는 없다. 오직 예수를 통해서만 얻을 수 있다. 이것이 오늘의 본문인 요한복음 서문이 의도하는 바다.

설교적 관점

오늘의 본문은 쉽게 전달되지 않는다. 지난 장의 목자와 천사와 성전의 율법 교사들은 쉽게 다가오지만, 빛, 영광, 은혜, 진리는 추상적인 단어다. 주의해야 할 것은 17절에서 모세가 받은 율법과 예수 그리스도 안에서의 은혜와 진리를 대비하고 있지만, 그렇다고 해서 모세의 율법이 효력이 끝났음을 말하는 것은 아니라는 것이다. 둘 다 하느님에게서 나온 '계시'이고 하느님의 백성들을 이끌었다. 어느 것이 더 뛰어나다는 비교 언사가 아니다. 본문은 단지 예수의 인격에 집중할 따름이다. 하느님을 직접 본 사람은 없지만, 독생자 예수를 통해 하느님이 나타나 보이셨다. 10-18절에 의하면 예수는 하느님은 아니다. 예수는 하느님 어버이의 품 안에 있는 독생자이시다. 독생자(the only begotten son)는 어버이의 심장 파동과 맥박을 가장 가까이에서 듣고 함께 뛴다.

설교자는 주현절에 앞선 오늘 로고스가 육신이 됨으로 그를 따르는 자들이 하느님의 말씀을 구체화할 수 있다고 하는 사실에 유의해야 한다. 예수를 따른다고 하는 것은 개개인에 따라 다르게 드러난다. 어떤 사람은 동정으로, 어떤 사람은 정의로, 어떤 사람은 자비로, 어떤 사람은 인내로 말한다. 그러나 이를 실제 행동으로 보여줄 때까지는 추상적 개념에 불과하다. 하느님이 육신이 되셨다고 하는 것은 실제 행동을 의미한다.

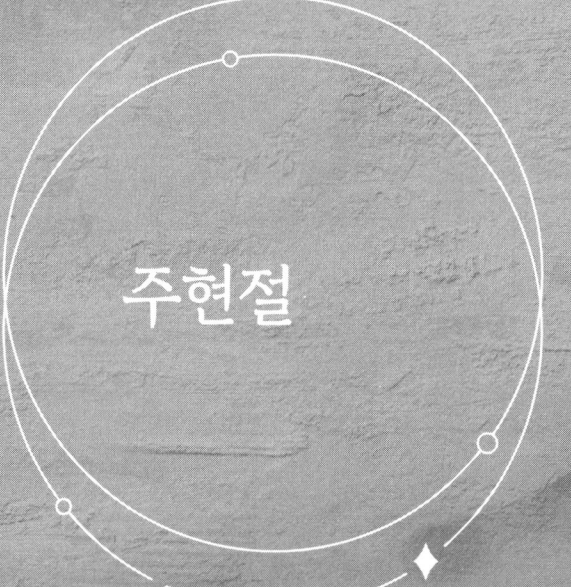

주현절

주현절(Epiphany of the Lord)

사 60:1-6; 시 72:1-7, 10-14; 엡 3:1-12; 마 2:1-12

이사야 60:1-6

1 일어나 비추어라. 너의 빛이 왔다. 야훼의 영광이 너를 비춘다.

2 온 땅이 아직 어둠에 덮여, 민족들은 암흑에 싸여 있는데 야훼께서 너만은 비추신다. 네 위에서만은 그 영광을 나타내신다.

3 민족들이 너의 빛을 보고 모여들며 제왕들이 솟아오르는 너의 광채에 끌려오는구나.

4 머리를 들고 사방을 둘러보아라. 모두 너에게 모여오고 있지 않느냐? 너의 아들들이 먼 데서 오고, 너의 딸들도 품에 안겨 온다.

5 이것을 보는 네 얼굴에 웃음의 꽃이 피리라. 너의 가슴은 벅차올라 부풀리라. 바다의 보물이 너에게로 흘러오고 뭇 민족의 재물이 너에게로 밀려오리라.

6 큰 낙타떼가 너의 땅을 뒤덮고 미디안과 에바의 낙타들이 우글거리리라. 사람들이 세바에서 찾아오리라. 금과 향료를 싣고 야훼를 높이 찬양하며 찾아오리라.

신학적 관점

주현(主顯 혹은 공현(公顯)은 하느님의 영광의 빛이 세상 안에 드러남을 의미한다. 본문은 신이 선택한 이스라엘 백성이 바빌론제국의 포로로 붙잡혀 있다가 해방을 받은 사건을 통해 모든 민족 가운데 우뚝 서게 될 것이라는 미래의 희망을 노래하고 있다. 신학적으로 중요한 점은 이스라엘 민족이 제국들의 압제와는 전혀 다르게 모든 이방 민족이 함께 평화를 누린다는 점이다. 곧, YHWH의 우주적 통치라는 종말론적 관점이다. 이때의 '이스라엘'은 지연(地緣)에 의해 제한된 소수 민족이 아닌 모든 민족을 대표하는 상징으로서의 신앙언어다.

목회적 관점

"쥐구멍에도 볕 들 날이 있다"라는 말이 있다. 목회는 소수의 선택된 사람들에게 주어진 특권이지만, 인간적으로 말하면 힘든 날이 많다. 이때 고개를 숙이면 주위는 온통 어둠으로 덮여 있다. 그러나 자신의 목회를 넘어 하느님의 목회(나라)를 먼저 생각하며 고개를 들고 사방을 둘러보면 새로운 날이 다가옴을 깨닫게 된다(4절).

주석적 관점

"일어나서 빛을 비추어라"(1절)와 "눈을 들어 사방을 둘러보아라"(4절)는 모두 여성형 명령태이다. 이는 YHWH의 신부임을 암시한다.

설교적 관점

주현절은 보통 새해맞이주일과 맞물린다. 후회와 함께 지난해를 돌이켜 보며 새해를 희망 가운데 바라보는 야누스(Janus, January)의 절기다. "일어나서 빛을 비추어라!"(1절)처럼 알맞은 설교 제목도 없다. '빛'은 밝음과 동시에 정의 실현을 뜻한다.

시편 72:1-7
1 하느님, 임금에게 올바른 통치력을 주시고, 임금의 아들에게 정직한 마음을 주소서.
2 당신의 백성에게 공정한 판결을 내리고 약한 자의 권리를 세워주게 하소서.
3 높은 산들아, 너희 언덕들아, 백성에게 평화와 정의를 안겨주어라.
4 백성을 억압하는 자들을 쳐부수고 약한 자들의 권리를 세워주며 빈민들을 구하게 하소서.
5 해와 달이 다 닳도록 그의 왕조 오래오래 만세를 누리게 하소서.
6 풀밭에 내리는 단비처럼 땅에 쏟아지는 소나기처럼 그의 은덕 만인에게 내리리니
7 정의가 꽃피는 그의 날에 저 달이 다 닳도록 평화 넘치리라.

에베소서 3:1-12
1 그러므로 이방인 여러분들을 위하여 그리스도 예수의 포로가 된 나 바울로는 하느님께 기

도 드립니다.

2 하느님께서 나에게 은총을 베풀어 여러분의 일꾼으로 삼으신 것을 여러분도 잘 알고 있습니다.

3 하느님께서는 당신의 심오한 계획을 나에게 계시해 주셨습니다. 이에 대해서는 내가 앞서 간단히 적은 바 있으므로

4 그것을 읽으면 여러분은 내가 그리스도에 관한 심오한 계획을 이해하고 있다는 것을 알 수 있을 것입니다.

5 지금은 하느님께서 성령의 힘을 빌려 그 심오한 계획을 당신의 거룩한 사도들과 예언하는 사람들에게 나타내 보이셨지만 전에는 지금처럼 인간에게 알려주시지 않았었습니다.

6 그 심오한 계획이란 이방인들도 복음을 듣고 그리스도 예수와 함께 살면서 유다인들과 함께 하느님의 축복을 받고 한 몸의 지체가 되어 하느님께서 약속하신 것을 함께 받는 사람들이 된다는 것입니다.

7 나는 하느님께서 거저 주신 은총을 받고 내 속에서 활동하시는 하느님의 능력에 힘입어 이 복음을 전하는 일꾼이 되었습니다.

8 나는 모든 성도들 중에서 가장 보잘것없는 사람입니다. 아니 그보다도 못한 사람입니다. 그런데도 하느님께서는 나에게 이 은총을 주셔서 헤아릴 수 없이 풍요하신 그리스도에 관한 복음을 이방인들에게 전하게 하셨고

9 또 만물의 창조주이신 하느님께서 과거에 감추고 계시던 심오한 계획을 어떻게 실현하시는지를 모든 사람에게 분명히 알려주게 하셨습니다.

10 이렇게 되어 결국 하늘에 있는 권세의 천신들과 세력의 천신들까지도 교회를 통하여 하느님의 무궁무진한 지혜를 알게 되는 것입니다.

11 이 모든 것은 우리 주 그리스도 예수를 내세워 이루시려고 작정하신 하느님의 영원한 계획입니다.

12 우리는 그리스도를 믿음으로써 그분과 함께 살게 되어 확신을 가지고 서슴지 않고 하느님께 나아갈 수가 있습니다.

신학적 관점

본문은 바울의 사도직은 물론 복음의 우주적인 의미, 교회의 본분과 부여받은 일에 대해 말하고 있다. 이는 바울의 다른 서신에서도 볼 수 있지만, 고린도전후서와 갈라디아서에서 중요하게 다루어졌던 다른 복음 전파자들에 관한 격한 감정의 언어는 없다. 반면 교리(doctrine)의 움틈을 본다. 저자는 바울 사후에 그의 가르침을 유지하는 일에 관심한다.

바울이 복음을 사람으로 받지 아니하고 예수 그리스도의 계시를 통해 직접

받았다고 말하였듯이(갈 1:12), 저자 또한 계시를 통해 이를 받았다고 말한다(3절). 바울에게서 중요했던 것은 복음의 권위였지만, 에베소 저자에게 있어서 중요한 것은 복음의 의미다. 복음의 상속자가 되고 하느님의 약속을 받은 한 몸의 지체가 무슨 의미인지를 말하고 있다(6절).

10절의 '하늘에 있는 통치자들과 권세자들'이란 누구일까? 이는 바울의 다른 서신에서도 나타나지만, 어떤 초자연적인 힘을 말하는 것은 아니다. '하늘에 있는'은 하늘에 있는 어떤 초월적인 권세가 아닌 '하늘로부터 권위를 부여받은' 세상 권력으로 해석하는 것이 바른 이해다. 이는 월터 윙크가 지적하였듯이 인간 현실의 삶을 움직이는 실제적인 힘들이다. 말하자면 문화적인 행동, 이념, 사회 정치적인 구조 그리고 기구들이다(박만 옮김, 『사탄의 가면을 벗겨라』, 한국기독교연구소, 2005, 77-82). 물론 이들 자체가 악은 아니다. 하느님의 선한 창조물들 가운데 하나다. 그러나 이것들은 세상 속에서 악의 기능을 담당하고 있다. 따라서 이것들은 무장 해제를 시켜 포로로 삼아야 한다.

"그리고 모든 통치자들과 권력자들의 무장을 해제시키셔서, 그들을 그리스도의 개선 행진에 포로로 내세우심으로써, 사람들의 구경거리로 삼으셨습니다"(골 2:15).

본문이 갖는 매우 독특한 점은 교회가 이러한 세력들에 대해 대적해야 한다는 분명한 주장이다. 에베소서에서는 교회가 주요한 주제로 등장하는데, 이는 제2성서 다른 책들과는 확연히 구별되는 부분이다. 바울은 특정한 상황 속에서 교회를 언급하는(고전 12장) 반면, 에베소서에서는 일관되게 우주적이다. 교회를 건물의 주춧돌 혹은 예수의 신부(5:21-23)라는 은유로 말한다. 이 관점에서 에베소서는 신선하다. 교회는 세계 역사에 신바람을 불러일으키고 사회 곳곳에 변화를 불러오기 위해 담대하게 나아간다(12절).

목회적 관점

주현절에는 세 가지 신앙 전통이 있다. 하나는 예수의 세례이고, 다른 하나는 그의 탄생이며, 또 다른 하나는 동방박사의 방문이다. 세례의 경우 누가복음에서 나사렛 회당에서의 첫 설교를 들은 마을 사람들이 화가 나서 예수를 벼랑 끝으로 몰아 떨어뜨리고자 했으며, 탄생의 경우 동방박사로부터 속은 것을 안 헤롯의 시기와 분노로 말미암아 베들레헴의 두 살 아래의 남아들이 살해를 당했고 마리아와 요셉은 애굽으로 피난을 갈 수밖에 없었다. 결국 하느님의 현현 사건은 세상을 뒤흔들어 기득권을 누리고 있던 기존의 질서를 무너뜨림에 그 역사적 의미가 있다. 이제 교회를 통해 이 새로운 반전의 역사가 계속된다 (2:20).

예수의 초기 운동에서 에베소 저자가 관심을 가졌던 일은 인종과 지역 간의 차별 해소였다. 몇몇 유대인은 구원의 목적을 위해 히브리 백성을 선택했다는 얘기를 자신들이 다른 민족보다 월등히 뛰어난 엘리트 민족으로 착각하였다. 저들은 유대인과 비유대인으로 구분 짓는다. 저자는 복음 안에서 나그네나 외국인은 없으며 모두는 하느님의 약속을 이어받은 같은 상속자라고 주장한다. 그러나 어떤 이들에게 있어서 상대를 가르는 미움의 벽(2:14)은 자신들을 옹호하는 성소이자 보호막이자 안전의 울타리가 된다. 예수 당시에도 갈릴리 민중을 중심에 세우는 예수의 하느님 나라 운동을 예루살렘의 정치/종교 지도자들은 좋아하지 않았다.

진리를 자기 변호의 수단으로 이용하는 경우가 많다. 진리는 자기 비움이요 자기 포기이다. 나아가 자기 부정에 이를 때 진리는 참 진리가 된다. 예수 목회는 교인들로 하여금 단순히 믿고 고백하는 자가 아니라 경계를 넘어 행동하도록 이끄는 일이다.

주석적 관점

짧은 본문에서 '비밀'이란 단어가 네 번이나 나온다. 저자의 핵심 단어인 것이다. 본문에서 이 비밀성은 감추어진 보물이다. 소외된 자들에게 애초부터 구원이 약속되어 있었다는 상식의 반전이다. 오늘 우리 시대에서 비밀이란 단어는 어떻게 사용되는가? 어쩌면 상대를 배제하는 분리의 의미에서 사용되고 있는 것은 아닌가? 초기 라틴어 번역에서 희랍어 mysterion(비밀)은 *sacra-mentum*(성찬)으로 번역되었다. 에베소서에서의 '성찬'은 예수 그리스도 안에서의 성찬으로 후기 교회의 생각을 반영하고 있다.

저자가 바울 사도 자신인 것처럼 표현하는 일은 권위에 대한 존경의 표시로서 당시로서는 지극히 자연스러운 일이었다. 왜냐하면 저자는 바울의 주장에 근거해 얘기하고 있기 때문이다. 본문이 강조하고자 하는 것은 하느님의 직접 계시에 의해 지금까지 감추어져 있던 하느님의 비밀이 알려졌다는 것이다. 그것은 곧 구원의 반열에서 제외되었던 이방인 또한 하나의 지체로서 부름을 받았다는 것이다. 유대인과 이방인의 구별이 무효화되었다는 선언은 오늘날 우리 사회에 어떤 의미가 있는가? 미국에서는 흑인과 백인 간의 차별이 존재하고, 한국에서는 자국인과 동남아시아 출신 노동자 그리고 탈북자 새터민에 대한 차별이 존재한다. 우리는 야훼 하느님이 세상을 창조하시고 모든 인류를 창조하셨다고 고백한다. 거기에는 어떠한 차별도 없다.

설교적 관점

우리는 예수의 말씀을 들으며 과연 유대인들은 구원을 받을 수 있는가 하는 의문을 품게 된다. 모세를 통해 유대인에게 임했던 하느님의 계약은 예수 그리스도를 통한 하느님의 계약과 어떤 관계가 있는가? 에베소 교인들 또한 같은 의문을 품었다. 과연 이방인들이 구원을 받는다면 원래 유대인에게 임했던 하느님의 약속은 어떻게 되는가?

복음서를 읽다 보면 우리는 너무 쉽게 유대인들은 구원에서 배제되었다는 결론에 도달한다. 회당을 대신하여 교회가 새롭게 세워졌다고 생각한다. 그러나 이는 에베소서와 로마서 9-11장의 말씀과는 너무나 동떨어진 생각이다. 우리는 에베소교회에 유대인들과 이방인들이 함께 참여하고 있음을 알아야 한다. 처음부터 구원의 반열에 속해 있었다는 비밀의 얘기를 듣는다. 이는 유대인 그리스도인뿐만 아니라 이방인 그리스도인들에게도 놀라운 이야기다. 오늘 우리 청중들은 설교를 통해 과연 그러한 복음의 놀라운 소식을 듣고 있는가? 우리는 아기 예수를 처음 영접한 사람들이 마태복음에 따르면 동방에서 온 박사들(이방인)이고, 누가복음에 따르면 베들레헴 성 밖에서 한밤중에 일을 하던 목자들(오늘날로 말하면 3D직업에서 일하는 이주노동자)이었다는 사실을 기억해야 한다.

교회는 세상 통치자들과 권세자들에게 모든 사람을 차별 없이 구원코자 하시는 '하느님의 지혜를' 알게 하도록 가르칠 필요가 있다. 오늘날로 말하면 정치와 종교는 분리된 것이 아니라 정치(국가 권력)에 대한 교회의 예언자적인 책임이 주어져 있음을 일깨워야 한다.

마태복음 2:1-12

1 예수께서 헤로데 왕 때에 유다 베들레헴에서 나셨는데 그 때에 동방에서 박사들이 예루살렘에 와서

2 "유다인의 왕으로 나신 분이 어디 계십니까? 우리는 동방에서 그분의 별을 보고 그분에게 경배하러 왔습니다." 하고 말하였다.

3 이 말을 듣고 헤로데 왕이 당황한 것은 물론, 예루살렘이 온통 술렁거렸다.

4 왕은 백성의 대사제들과 율법학자들을 다 모아놓고 그리스도께서 나실 곳이 어디냐고 물었다.

5 그들은 이렇게 대답하였다. "유다 베들레헴입니다. 예언서의 기록을 보면,

6 '유다의 땅 베들레헴아, 너는 결코 유다의 땅에서 가장 작은 고을이 아니다. 내 백성 이스라엘의 목자가 될 영도자가 너에게서 나리라.' 하였습니다."

7 그때에 헤로데가 동방에서 온 박사들을 몰래 불러 별이 나타난 때를 정확히 알아보고

8 그들을 베들레헴으로 보내면서 "가서 그 아기를 잘 찾아보시오. 나도 가서 경배할 터이니 찾거든 알려주시오." 하고 부탁하였다.

9 왕의 부탁을 듣고 박사들은 길을 떠났다. 그때 동방에서 본 그 별이 그들을 앞서가다가 마침내 그 아기가 있는 곳 위에 이르러 멈추었다.

10 이를 보고 그들은 대단히 기뻐하면서

11 그 집에 들어가 어머니 마리아와 함께 있는 아기를 보고 엎드려 경배하였다. 그리고 보물 상자를 열어 황금과 유향과 몰약을 예물로 드렸다.

12 박사들은 꿈에 헤로데에게로 돌아가지 말라는 하느님의 지시를 받고 다른 길로 자기 나라에 돌아갔다.

신학적 관점

흔히 마태복음은 유대인들을 향한 구원의 복음서로, 누가복음은 이방인들을 향한 구원의 복음서로 알려져 있지만, 오늘 마태복음 본문은 이방인 동방박사 이야기로 시작한다는 점에서 이러한 신학적 도식에서 벗어나 있다.

누가는 아기 예수의 탄생지를 짐승들이 머무는 헛간 혹은 마구간이었다고 말하는 반면, 마태는 '집'이라고 말한다. 그러나 누가가 말하는 마구간을 완전히 배제하지는 않는다. 전통적으로 우리는 동방의 박사들이 마구간 구유(여물통)에 누워 있는 아기 예수에게 경배를 드리는 것으로 이해한다. 주현절의 의미는 바로 여기에 있다. 메시아는 권세가의 집이나 휘황찬란한 부자의 저택에서 태어나지 않는다. 가장 누추한 곳에서 나신다. 오늘날 가장 누추한 곳은 어디인가? 그리고 우리는 그 앞에 나아가 무릎을 꿇을 수 있을까? 아니면 어찌 나사렛에서 선한 것이 나올 수 있겠느냐 하며 오늘의 나다나엘이 될까?

목회적 관점

주현절은 기독교 7대 절기 중의 하나이며 개신교에서는 성탄절 후 12번째 날, 곧 1월 6일로 확정되어 있다. 그러나 동유럽의 정교회들은 5~10일 사이에 각각 어느 한 날을 지킨다. 한국 개신교회는 성탄절을 강조함으로 인해 주현절 신앙이 매우 축소되어 있다. 에큐메니칼 신앙 전통을 따라 이를 회복하는 일이 필요하다. 아르메니안 교회는 1월 6일을 성탄절로 지킨다.

주석적 관점

수개월은 아니더라도 최소한 한두 달은 걸려서 아라비아사막을 건너오는 낙타 대상(카라반)을 상상한다면, 일행은 세 명보다는 훨씬 많아야 한다. 전승에는 열두 명이라는 얘기도 있다.

복수형이지만 선물이 세 개이다 보니 세 명의 동방박사(magi)로 이해한다. 전통적으로 이 세 명의 박사는 각기 다른 인종을 대표하고, 황금은 왕권을, 유황은 신성을, 몰약은 예수의 죽음을 상징한다.

Magi는 영어의 magic과 어근이 같다. 별을 따라왔기에 별의 움직임을 연구하는 천문학자로 이해하지만, 고대에는 이들이 별을 보고 전쟁을 비롯한 모든 국가 행사에 왕에게 직접 조언하는 높은 지위의 관료들이었다. 고대의 문헌(Pliny, Dio Cassius, Suetonius)에 의하면 66년 네로황제를 방문했다.

당시의 동방은 그리스제국에 의해 패망한 페르시아제국의 후예들이 세운 파르티아제국이 지배하고 있었다. 헤롯대왕 시절 파르티아제국이 로마제국을 물리치고 팔레스타인 지역을 짧게나마 지배한 적이 있었고, 이때 헤롯은 로마로 피신했다. 유대 백성들은 로마의 식민지 백성으로, 해방에 대한 기대를 과거 페르시아제국이 바빌론제국을 물리쳤듯이 그리고 파르티아제국이 로마제국을 물리쳤던 기억 속에서 해방의 힘은 '동쪽'에서 오는 것으로 알고 있었다. 따라서 '동방'에서 온 박사들이 '유대인의 왕'으로 오신 이를 찾아왔다고 하자 헤롯왕과 예루살렘에 큰 소동이 일어났으며(3절), 헤롯은 결국 자신의 권력 유지를 위해 두 살 아래의 베들레헴 근처의 모든 남아들을 학살하는 악행을 저지른다.

당시 역사가 요세푸스는 동방박사의 방문이라든가 베들레헴 유아 학살에 대해서는 전혀 언급하지 않는다.

설교적 관점

마태는 아브라함으로부터 시작하는 예수 족보로 자신의 복음을 시작하는데, 이 족보는 40대이다. 14대씩 세 번이라고 언급하지만, 다윗왕과 바빌론 포로는 앞뒤로 두 번씩 반복되므로 이를 빼면 40대이다. 성서에서 숫자 40은 하느님께서 개입한 카이로스 사건의 시간을 의미한다. 마태는 '하느님 나라' 대신 '하늘나라'라고 말하듯이 40이라는 단어를 에둘러 표현한다. 이어지는 마리아의 동정녀 탄생 이야기 또한 인간의 상식을 깨며(누가는 마리아의 결단을 강조하지만, 마태는 요셉의 결단을 강조한다) 동방박사의 이야기로 이어진다. 이 카이로스의 역사 이해의 흐름에서 동방박사 이야기 또한 역사 변혁의 관점에서 읽어야 한다. 복음서가 기조가 그러하듯이 새 하늘과 새 땅의 관점에서 읽어야 한다. 다시 말해 기존 역사는 '소동'을 피울 수밖에 없다.

설교자는『첫 번 크리스마스』(Marcus Borg and John Crossan, *The First Christmas*, 한국기독교연구소, 2005)를 읽고 예수 출생 당시의 사회 정치적 상황을 정확히 파악하고 이를 오늘의 상황 속에 적용해야 한다. 마태와 그의 청중 사이에 일어났던 하늘의 엑소더스 사건을 오늘의 설교 현장에서 재현할 수 있도록 해야 한다.

* 헤롯은 어떤 왕이었나?

반항적인 갈릴리와 유대 사람들을 더 빈틈없이 통제하기 위해 로마는 젊고 호전적인 헤롯을 이두메, 유대, 사마리아, 갈릴리 전역을 통치하는 왕으로 앉혔다. 로마 군대의 도움을 받고서도 헤롯이 자신이 통치하도록 임명받은 민족들을 진압하는 데는 3년이 걸렸다. 그 후 이 무자비한 왕은 요새, 수비대, 첩자라는 광범위한 안전장치로 사람들을 계속해서 빈틈없이 통제했다. 그는 황제의 총애를 받는 군사 독재자가 되었고, 황제에게 경의를 표하는 지명을 가진 모든 도시와 같은 거대한 건축 프로젝트에 착수했고, 자신의 안전과 제국의 지배를 유지하기 위해 난공불락의 요새들뿐만 아니라 몇몇 제국의 성전들도 세웠다. 그러한 '발전'은 갈릴리, 사마리아, 유대 마을로부터 가능한 한 최대한의 자원 착취가 필요했다. 그의 후계자인 아들 안티파스 또한 아버지를 따라 20년 안에 갈릴리의 세포리스와 티베리아스에 두 개의 수도를 건축했다. 그는 직접 갈릴리에 자리 잡고 통치한 덕분에 거의 모든 촌락을 쉽게 지배할 수 있게 되면서 세금 징수는 훨씬 더 효율적이 되었다(리처드 호슬리 엮음/정연복 옮김,『제국의 그림자 속에서』, 한국기독교연구소, 2014, 136).

주의 세례 주일(주현절 후 첫째 주일)

사 42:1-9; 시 29; 행 10:34-43; 마 3:13-17

이사야 42:1-9

1 "여기에 나의 종이 있다. 그는 내가 믿어주는 자, 마음에 들어 뽑아 세운 나의 종이다. 그는 나의 영을 받아 뭇 민족에게 바른 인생길을 펴주리라.

2 그는 소리치거나 고함을 지르지 않아 밖에서 그의 소리가 들리지 않는다.

3 갈대가 부러졌다 하여 잘라버리지 아니하고, 심지가 깜박거린다 하여 등불을 꺼버리지 아니하며, 성실하게 바른 인생길만 펴리라.

4 그는 기가 꺾여 용기를 잃는 일 없이 끝까지 바른 인생길을 세상에 펴리라. 바닷가에 사는 주민들도 그의 가르침을 기다린다."

5 하늘을 창조하여 펼치시고 땅을 밟아 늘이시고 온갖 싹이 돋게 하신 하느님, 그 위에 사는 백성에게 입김을 넣어주시고 거기 움직이는 것들에게 숨결을 주시는 하느님 야훼께서 이렇게 말씀하신다.

6 "나 야훼가 너를 부른다. 정의를 세우라고 너를 부른다. 내가 너의 손을 잡아 지켜 주고 너를 세워 인류와 계약을 맺으니 너는 만국의 빛이 되어라.

7 소경들의 눈을 열어주고 감옥에 묶여 있는 이들을 풀어주고 캄캄한 영창 속에 갇혀 있는 이들을 놓아주어라.

8 나는 야훼다. 이것이 내 이름이다. 내가 받을 영광을 뉘게 돌리랴? 내가 받을 찬양을 어떤 우상에게 돌리랴?

9 전에 말한 일들은 이미 이루어졌다. 이제 새로 될 일을 내가 미리 알려준다. 싹도 트기 전에 너희의 귀에 들려준다."

신학적 관점

제1성서와 제2성서의 관계는 기독교 초기 역사에서 상당한 부침을 겪었다. 그중 가장 핵심이 되는 문제는 할례였고, 한때 베드로와 바울은 이 문제로 서로 대립하기도 했지만, 50년 전후의 예루살렘 1차 공의회에서 "사람은 공로가 아닌 예수 그리스도를 믿는 믿음을 통해 의롭다 인정을 받는다"고 결론 맺음으로 연속성의 길을 찾았다(갈 2:16). 그러다 수십 년이 지나 말시온에 의해 다시 논쟁이 되었다. 그는 제1성서의 하느님은 진노의 하느님으로, 제2성서의 하느님은 사랑의 하느님으로 차별을 시도하면서 제1성서를 제거하려 했으며, 복음서 가운데서도 누가복음만을, 서신서 가운데서도 바울의 서신만을 인정하려 했고, 그중에서도 유대교 색채가 있는 구절들을 모두 제거하려고 했다. 그는 후에 이단으로 정죄 받기는 했지만, 이 논쟁은 16세기 '은혜만을' 강조하는 기독교 개혁가들에 의해 재점화되었는데, 특히 루터의 反율법/反공로 신학은 야고보서는 없어도 되는 '지푸라기 서신'으로 취급하기도 하였다. 이러한 두 성서 간의 긴장 관계는 오늘날에도 여전히 계속되고 있다.

이사야서는 오늘날에도 여전히 이러한 긴장 관계를 유발하는 책이다. 특히 '종의 노래'에 대한 해석을 두고 개인인가 집단인가 하는 논쟁, 이는 하나의 시로서 시대마다 공의를 실천해 온 하느님의 사람들을 두고 얘기한 상징이라는 주장, 애당초 이는 이사야서 저자가 의도적으로 피해 온 바, '종이 누구인가에 대한' 물음보다는 '종이 하는 일'에 집중해야 한다는 주장까지 다양한 신학적 해석이 있어 왔다. 그럼에도 역사적으로 이사야서는 '제5복음서'라는 칭송을 받아왔는데, 이는 전체로 보아 이사야의 예언들이 예수 그리스도에 의해 성취되었다고 보기 때문이다(눅 4:16-21).

목회적 관점

목회자에게 첫 번째로 요구되는 리더십은 '종으로서의 섬김의 리더십'이다. 그런데 이는 가끔 반대파의 근거 없는 거짓 비난을 참고 견디는 인고의 리더십으로 전환되는데, 이때 거짓 비난을 하는 악한 세력에 의해 쫓겨난 경우도 이 섬김의 정당성은 확보되는가 하는 질문이다. 본문에서 하느님의 정의 역사는 패배하는 듯 보이지만 패배하지 않는다고 주장한다. 종의 리더십이 결국 하느님의 도움으로 7절의 해방의 역사를 가져오는가? 이 물음은 부활이라는 종말론적인 역사 관점에서는 가능하지만, 인간 역사의 단기적이고 현실적인 관점에서는 실현 불가능한 경우가 대부분이다. 왜냐하면 정의는 칼자루를 잡은 쪽을 편들기 때문이다. 물론 간혹 민중혁명을 통해 하느님 정의의 역사가 펼쳐지지만, 현대 물질 욕망 시대에 민중은 쉽게 언론에 좌우되고, 이 언론은 자본주의하에서 국가 권력 혹은 재벌 세력에 의해 쉽게 조종되기 때문이다. 8절에서 말하는 '우상'은 구체적으로 무엇을 의미하는가?

주석적 관점

제2이사야(40-55장)에 담겨 있는 네 편의 종의 노래(42:1-9; 49:1-6; 50:4-11; 52:13-53:12)는 페르시아제국에 의한 바빌론 함락 직전 포로들에 의해 작성되었다는 것이 일반적인 견해다. 곧, 여기서 종은 고난을 겪어온 당시의 유대 민족을 말한다(41:8-10).

창세기 1-3장을 제외하면 성서 전체에서 본문에서만큼 창조주 하느님에 대해 분명하게 말한 구절은 없다. "나는 주다"(8절)는 히브리어로 "YHWH는 YHWH이다"로 해석된다. 이름이 무엇인지를 묻는 모세에게 밝힌 YHWH의 정체성이다. 당시 주위 이방 민족과는 달리 신의 이름이 없다는 것은 인간 언어와 사고 너머의 초월적 존재임을 말한다.

'손을 붙들어 준다'(6절)는 메소포타미아 새해 축제에서 왕이 벨의 신상을 들고 이를 성전으로 이끄는 모습을 연상케 한다.

설교적 관점

바빌론제국에 의해 성전이 폐허가 되고 왕을 비롯한 주요한 사회 지도자들은 포로로 끌려가 남의 땅에서 살아간 지 어언 60년, 이제 해방의 날이 다가옴을 바라보면서 저들이 살아간 고난의 60년의 삶이 도대체 신앙적으로 어떤 의미가 있는지를 성찰한 결과, 고난의 종의 노래가 등장한다.

함석헌은 『뜻으로 본 한국 역사』에서 우리 오천 년의 역사를 고난의 역사, 세계사의 하수구로 풀어내고, 이 조선을 남자들에게 농락 당한 거리의 천한 여인으로 비유하면서 그러나 이 천한 여인의 몸에서 세계를 구원할 아이가 탄생할 것을 천명한다.

시편 29

1 하느님을 모시는 자들아, 야훼께 돌려 드려라. 영광과 권능을 야훼께 돌려 드려라.
2 그 이름이 지니는 영광 야훼께 돌려 드려라. 거룩한 빛 두르신 야훼께 머리를 조아려라.
3 야훼의 목소리가 바다 위에 울려 퍼진다. 영광의 하느님께서 천둥소리로 말씀하신다. 야훼
께서 바닷물 위에 나타나신다.
4 야훼의 목소리는 힘차시고 야훼의 목소리는 위엄이 넘친다.
5 야훼의 목소리에 송백이 쪼개지고 레바논의 송백이 갈라진다.
6 레바논산이 송아지처럼 뛰고 시룐산이 들송아지처럼 뛴다.
7 야훼의 목소리에 불꽃이 튕기고,
8 야훼의 목소리에 광야가 흔들거린다. 야훼 앞에서 카데스 광야가 흔들리고
9 야훼의 목소리에 상수리나무들이 뒤틀리고 숲은 벌거숭이가 된다. 모두 주의 성전에 모여
"영광"을 기리는 가운데
10 야훼, 거센 물결 위에 옥좌를 잡으시고 영원히 왕위를 차지하셨다.
11 야훼의 백성들아, 그에게서 힘을 얻고 축복받아 평화를 누리어라.

사도행전 10:34-43

34 베드로는 이렇게 말을 시작하였다. "나는 하느님께서 사람을 차별 대우하지 않으시고
35 당신을 두려워하며 올바르게 사는 사람이면 어느 나라 사람이든지 다 받아주신다는 사실
을 깨달았습니다.
36 하느님께서는 이스라엘 백성에게 당신의 말씀을 전해 주셨는데 그것은 만민의 주 예수
그리스도를 시켜 선포하신 평화의 복음입니다.
37 이것은 여러분도 알다시피 요한이 세례를 선포한 이래 갈릴래아에서 비롯하여 온 유다
지방에 걸쳐서 일어났던
38 나자렛 예수에 관한 일들입니다. 하느님께서는 그분에게 성령과 능력을 부어 주시고 그
분과 함께 계셨습니다. 그래서 그분은 두루 다니시며 좋은 일을 해 주시고 악마에게 짓눌린
사람들을 모두 고쳐주셨습니다.
39 우리는 예수께서 유다 지방과 예루살렘에서 행하신 모든 일을 목격한 사람입니다. 사람
들이 그분을 십자가에 달아 죽였지만
40 하느님께서는 그분을 사흘 만에 다시 살리시고 우리에게 나타나게 하셨습니다.
41 그분은 모든 사람에게 나타나신 것이 아니라 하느님께서 증인으로 미리 택하신 우리에게

나타나셨습니다. 그분이 죽었다가 다시 살아나신 뒤에 우리는 그분과 함께 먹기도 하고 마시기도 하였습니다.

42 그분은 우리에게 하느님께서 자기를 산 이들과 죽은 이들의 심판자로 정하셨다는 것을 사람들에게 선포하고 증언하라고 분부하셨습니다.

43 모든 예언자들도 이 예수를 믿는 사람은 누구든지 그분의 이름으로 죄를 용서받을 수 있다고 증언하였습니다."

신학적 관점

사도 베드로는 욥바 시몬의 집에서 환상을 본다. 하늘에서 날짐승이 들어간 보자기가 내려왔는데, 이를 먹으라는 음성을 듣는다. 베드로는 율법이 정한 더러운 동물이라 먹을 수 없다고 답하자 "하느님께서 깨끗하게 하신 것을 속되다고 하지 말라"는 음성을 세 번 듣는다. 이는 곧 로마 백부장인 고넬료의 초대로 가서 전한 복음의 말씀의 핵심이다. 이는 초대 교회사에서 기독교가 민족종교인 유대교의 틀을 벗어나 세계 종교로 발돋움하는 계기가 된다. 또한 선교신학에 있어 매우 중요한 본문이 된다.

그러나 이로 인한 부정적인 결과도 있다. 누가-행전 저자는 고넬료의 자선 행위를 강조한다(10:2, 4, 31). 고넬료의 성령 세례 변화가 그저 '자선' 행위로 그치는 것인가?

> 누가에게 고넬료가 로마식 기독교의 이상적인 인격을 대표한다. 그는 아직 현직에 있는 백인대장이고, 하느님을 두려워하는 자로서 로마-기독교인이 된 자다. 그러나 그렇게 되려면, 그의 로마주의(Romanism)는 거룩한 초월성을 황제로부터 그리스도에게 양도해야 했고, 그의 기독교(Christianity)는 땅 위에서의 정의를 자선에 양도해야 했다 (『카이사르에게 돌려주라』, 273).

예수의 성령 세례는 자선이 전부가 아닌 이 땅에 하느님 나라를 세우는 일, 곧 하느님의 정의 실현에 초점이 맞추어져 있다.

목회적 관점

베드로는 예수의 수제자이긴 했지만, 모세 율법에 따른 규정을 충실히 수행했던 사람이다. 고넬료의 집에 가는 행위는 율법의 핵심인 정결법에 어긋나는 행위다. 왜냐하면 그는 식민 통치 국가인 로마의 군지휘관이자 이방인이었기 때문이다. 예수는 당시 사회에서 소외당하고 죄인으로 정죄 받은 사회적 약자들과 함께 먹고 마심으로 술꾼이요 먹보(마 11:18-19)라는 비난을 받았다. 목회자 또한 지켜야 할 통상적인 규범들이 있다. 그러나 베드로와 같이 타자의 구원을 위해 이러한 규범을 어겨야 하는 경우가 생기고 때로는 이 때문에 비난의 대상이 되기도 한다. 거룩함과 더러움은 무엇으로 구별하는가? 나의 주관인가? 사회적 규범인가? 아니면 문자에 매이지 않는 하느님의 말씀인가?

주석적 관점

예수께서 치유의 대상으로 삼으신 '악마에게 억눌린 사람'(38절)과 오늘날 의학에서 규정하는 병(病)은 어떻게 구별되는가?

예수 부활이 미리 택한 사람에게만 나타난다는 의미는 무엇인가?(41절) 부활이 믿음이 전제된 제한 사건이라면 이를 객관적 사실로 받아들일 수 있는 것인가?

'죄 사함'(43절)이 갖는 베드로 시대의 의미와 오늘날의 의미는 같은 것인가? 죄 사함은 죄의식을 전제로 한다. 성선설(性善說)과 성악설(性惡說)은 죄 사함의 교리와 더불어 어떤 관계가 있는가? 흔히 기독교는 원죄설과 함께 성악설의 종교라 말하는데, 그렇다면 인간이 하느님의 형상을 띠고 태어났다는 말씀과는 어떤 상관관계를 갖는가?

설교적 관점

"하느님께서는 사람을 외모로 가리지 않는다"라는 말은 단순히 눈으로 보이는 외면, 곧 옷차림, 피부색, 신체장애, 남녀의 성을 넘어 성격과 기질 등의 내면의 차이를 모두 포함한다. "의를 행한다"는 말은 고아와 과부의 인권을 세워주시고 떠도는 사람을 사랑하여 그에게 먹을 것, 입을 것을 주는 행위를 말한다(신 10:17-18).

베드로와 고넬료의 신분 차이를 오늘날의 상황에 적용해 보자. 고넬료의 입장에서 베드로는 피식민인 유대인일뿐더러, 로마제국의 지배를 거부하는 정치범에게만 적용하는 십자가 처형을 받은 예수의 수제자였고 경멸의 대상인 갈릴리 출신 어부였다. 베드로와의 만남은 자신의 출세에 큰 걸림돌이 될 수 있었다. 베드로 또한 이 만남으로 인해 동료들로부터 엄청난 비난에 휩싸인다 (11:2-3).

고넬료의 초청과 베드로의 응답은 자신들에게 덧입혀진 사회 종교적 굴레와 법의 경계선을 뛰어넘는 혁명적 결단이었다. 오늘 우리가 베드로라 생각한다면 우리에게 있어서 고넬료는 구체적으로 어떤 집단의 사람인가?

마태복음 3:13-17

13 그즈음에 예수께서 세례를 받으시려고 갈릴래아를 떠나 요르단강으로 요한을 찾아오셨다.
14 그러나 요한은 "제가 선생님께 세례를 받아야 할 터인데 어떻게 선생님께서 제게 오십니까?" 하며 굳이 사양하였다.
15 예수께서 요한에게 "지금은 내가 하자는 대로 하여라. 우리가 이렇게 해야 하느님께서 원하시는 모든 일이 이루어진다." 하고 대답하셨다. 그제야 요한은 예수께서 하자 하시는 대로 하였다.
16 예수께서 세례를 받으시고 물에서 올라오시자 홀연히 하늘이 열리고 하느님의 성령이 비둘기 모양으로 당신 위에 내려오시는 것이 보였다.
17 그때 하늘에서 이런 소리가 들려왔다. "이는 내 사랑하는 아들, 내 마음에 드는 아들이다."

신학적 관점

주님께서 세상에 그 모습을 드러내셨다는 뜻의 주현절(主顯節, Epiphany)은 다른 말로 공현절, 신현 대축일, 주님 세례 대축일, 성삼위일체 대축일이라고도 부른다. 동방정교회는 성탄절보다 주현절을 더 성대하게 지킨다. 서방 교회는 보통 예수가 마구간에서 탄생한 성탄일 당일에 베들레헴 목자들이 찾아와 경배를 드리고(누가), 동방박사가 예물을 드린 것으로(마태) 얘기하지만, 이는 상식적으로 합당하지 않는 이야기다. 그래서 가톨릭과 개신교에서는 성탄일 13일째가 되는 1월 6일을 주현절로 정하고 이날을 동방박사가 경배한 날로 지켜오고 있다(동방정교회가 채택한 율리우스력에 따르면 12월 25일은 1월 7일이다). 그런데 동방정교회에서는 동방박사의 경배와 더불어 신년 축하와 함께 신학적으로는 예수가 요한으로부터 세례를 받은 날을 함께 지켜오고 있다. 1월 2일부터 8일까지 나라와 교단에 따라 지키는 날짜가 다르다. 주현절 직후 일요일을 세례 주일로 지키는 또 다른 이유 중의 하나는 성령에 대한 동방과 서방의 신학 차이(필리오케 논쟁)가 있다.

예수가 굳이 요한으로부터 세례를 받아야 하는 신학적인 근거는 무엇일까? 예수의 낮아짐 혹은 인성 확인인가? "모든 의를 이룬다"는 무슨 뜻인가? 요한복음에서는 예수가 요한으로부터 세례를 받았음을 확증할 구절은 없다. 반면 마가복음에서는 공생애의 시작을 알리는 구절 "요한이 잡힌 뒤에 예수께서 갈릴리에 오셔서…"를 통해 세례요한의 다하지 못한 사역을 이어가고 있음을 분명히 밝힌다.

목회적 관점

교회에 10년 이상 정기적으로 출석한 한 교인이 세례에 대한 거부감을 보인 적이 있다. 구원과 세례는 어떤 관계가 있는가? 교회 세례 명부에 이름이 있다고 해서 구원을 보장받는 것은 아니겠지만, 그렇다고 해서 세례를 거부하는 사람이 구원받을 수 있을까?(비교. 혼인 잔치 비유, 마 22:12-13)

재세례파를 비롯한 침례교는 유아세례를 인정하지 않는다. 대신 헌아식이라는 예식이 있다. 유아세례가 갖는 신학/목회적 의의는 무엇인가? 예수가 받은 세례는 형식적인 면에서 본다면 침례였다. 침례만이 유효한가? 물을 극도로 두려워하는 사람이나 거동할 수 없는 환자들은 어떠한가?

주석적 관점

14절 요한의 자격 없음을 고백하는 구절은 마태복음에만 나온다. 이에 예수는 '지금은'이라는 단서를 단다. 이어 "우리가 이렇게 하여 모든 의를 이루는 것이 옳다"고 말씀하신다. 요한과 예수의 공동 사역을 통해 이루어지는 의(義)는 구체적으로 어떤 의인가? 당시 죄의 용서는 예루살렘 성전 제물을 통한 사제의 선포를 통해서만 가능했다. 이 관점에서 요한과 예수가 함께 이루고자 했던 의는 반(反)성전 체제로서 사제를 통한 중개 만남이 아닌 하느님과의 직접 만남이라고 말할 수 있다. 로마의 황제 숭배 종교 또한 같은 중개 체제였기에 이는 동시에 반로마/반황제 체제로서의 새로운 하느님 나라 운동이었다.

성령의 역사는 세례에서 처음 일어난 일은 아니다. 이미 예수는 성령에 의해 잉태되었다. 하늘이 열리고 하느님의 영이 비둘기의 형상으로 임했다. 비둘기는 당시(傳令)의 역할을 했다. 하늘의 사명이 성령을 통해 전달되었다.

설교적 관점

세례식은 부활절 혹은 성탄절에 많이 행한다. 필자는 주의 세례 주일에 세례식을 행하고 자신들이 받은 세례의 경험을 떠올리도록 설교를 이끌어 갔다. 형식적인 의미에서 물은 씻어낸다고 하는 점에서 회개의 의미가 강하지만, 하늘이 열린 후의 성령 임재는 새로운 삶으로 이끌어 간다. 세례 이후의 삶에 초점이 있다. 세례는 신의 현현 사건이다. 각자의 삶에 나타나는 신 현현의 모습들은 무엇이었나?

사도행전 본문의 "하느님은 사람을 차별하지 않는다"라는 비차별 평등 신앙을 우리는 세례를 통해 하느님으로부터 선물로 받는다.

한 지혜자가 물었다. "어둠의 밤이 지나고 아침이 시작하는 때를 언제부터라고 말할 수 있는가?" 한 학생이 답하기를 "조금 떨어진 곳에서 개와 양을 구별할 수 있게 된 때부터입니다." "아니다!" 다른 학생이 답하기를 "그러면 무화과나무와 포도나무를 구별할 수 있게 되는 때부터입니까?" "아니다!" "그때는 날이 밝아져 네가 사람들의 얼굴을 보고 그들이 형제자매임을 깨닫게 되는 때부터이다. 그전까지는 여전히 어둠의 밤에 머무는 것이다."

주현절 후 둘째 주일

사 49:1-7; 시 40:1-11; 고전 1:1-9; 요 1:29-42

이사야 49:1-7

1 바닷가에 사는 주민들아, 내 말을 들어라. 먼 곳에 사는 부족들아, 정신 차려 들어라. 야훼께서 태중에 있는 나를 이미 부르셨고 내가 어머니의 뱃속에 있을 때에 이미 이름을 지어주셨다.
2 내 입을 칼처럼 날 세우셨고 당신의 손 그늘에 나를 숨겨주셨다. 날카로운 화살처럼 나를 벼리시어 당신의 화살통에 꽂아두시고
3 나에게 말씀하셨다. "너는 나의 종, 너에게서 나의 영광이 빛나리라."
4 그러나 나는 생각하였다. "나는 헛수고만 하였다. 공연히 힘만 뺐었다." 그런데도 야훼만은 나를 바로 알아주시고 나의 하느님만은 나의 품삯을 셈해 주신다.
5 야훼께서 나를 지극히 귀하게 보시고 나의 하느님께서 나의 힘이 되어 주신다. 야곱을 당신께로 돌아오게 하시려고 이스라엘을 당신께로 모여들게 하시려고 나를 태중에 지어 당신의 종으로 삼으신 야훼께서 이제 말씀하신다.
6 "네가 나의 종으로서 할 일은 야곱의 지파들을 다시 일으키고 살아남은 이스라엘 사람을 돌아오게 하는 것으로 그치지 않는다. 나는 너를 만국의 빛으로 세운다. 너는 땅끝까지 나의 구원이 이르게 하여라."
7 만국이 꺼려하여 가까이하지 아니하므로 지배자들의 기막힌 멸시를 받으며 종살이하는 너에게 이스라엘을 건지신 거룩한 이, 야훼께서 말씀하신다. "성실하신 야훼, 이스라엘의 거룩하신 이께서 너를 뽑아 세우셨다. 왕들은 네 앞에서 일어서고 수령들은 땅에 엎드리리라."

신학적 관점

두 번째 종의 노래로서 이스라엘 민족의 소명(부름)과 구원(선택)에 대한 말씀이다. "종이 개인인가, 집단인가?" 하는 논란은 지속되지만, 선택의 목적은 선택받은 자의 우월함을 드러내기 위해서가 아니라 YHWH의 영광을 드러내기 위함이고 뭇 민족의 빛으로 삼기 위함이다(3, 6절). 곧, 고난받는 종으로서 쓰임

받기 위한 선택이다. 그리고 그 선택의 목적은 세계 만민이 하나의 가족으로 살아가는 평화(샬롬)의 세상을 이루기 위함이다(사 11:5-9). 복음서의 구원 사상인 '십자가 고난'(='십자가 영광') 또한 이 점에서 신학적으로는 같다.

목회적 관점

구원의 과정으로서 겪는 고난을 우리는 제대로 이해하지 못하여 이를 실패로, 하느님으로부터 버림받은 자로 여기는 실수를 저지른다. "그러나 나의 생각에는, 내가 한 것이 모두 헛수고 같았고, 쓸모없고 허무한 일에 내 힘을 허비한 것 같았다"(4절). 삶의 과정 혹은 민족 역사의 진행 과정에서 겪는 고난을 어떻게 받아들이느냐에 따라 개인의 삶 혹은 민족의 장래가 결정된다.

주석적 관점

1절의 모태에서부터 택함을 받았다는 소명 의식은 이사야 44장 1-2절, 시편 139장 13절에 반복되고 또한 예레미야 1장 5절에서도 고백한다. 이는 보통 왕이 자신의 통치를 정당화할 때 쓴다. 나단은 밧세바의 둘째 아들의 이름을 '여디디야'(YHWH께서 사랑하시는 아이)로, 이사야는 아하즈의 태어나지 않은 아들을 '임마누엘'이라고 부른다. 바울 또한 같은 고백을 한다(갈 1:15). 이는 자신의 사도직이 하늘로부터 온 것임을 밝히기 위함이다.

"종이 누구인가?" 하는 질문은 여전히 논쟁에 있지만, 역사적으로 보면 이는 아마도 BCE 597년 바빌론에 포로로 붙잡혀 갔던 왕 여호와긴이거나 아니면 예루살렘 함락 시 죽임을 당한 그의 아버지 여호와김을 두고 한 말일 것이다. 특히 포로로 붙잡혀 간 여호와긴은 후에 포로로 잡혀 온 다른 나라의 왕들에 비해 특별한 대우를 받는데(왕하 25:27-30), 이는 4절과 네 번째 종의 노래인 52장 13절-53장 12절에서, 특히 10절의 역사적 반증이 된다.

설교적 관점

주현절 첫 번째 주일을 맞아 '만국의 빛'이라는 관점에서 유대 민족의 고난 역사와 한민족의 고난 역사를 함께 다루는 설교를 하면 좋을 것이다.

시편 40:1-11

1 야훼께 바라고 바랐더니 나를 굽어보시고 내 부르짖는 소리 들어 주셨다.

2 죽음의 구렁에서 나를 건져 주시고 진흙 수렁에서 나를 꺼내 주시어 바위 위에 내 발을 세워 주시고 내 걸음 힘차게 해 주셨다.

3 내 입에서 새 노래가 터져 나와 우리 하느님을 찬양하게 되었다. 사람들은 나를 보고 옷깃을 여미며 야훼를 믿게 되리라.

4 복되어라. 허수아비 우상에 속지 않고 야훼만 믿는 사람이여.

5 야훼, 나의 하느님, 우리를 위하여 놀라운 일을 많이도 하셨사오니 당신과 비길 자 아무도 없사옵니다. 그 이야기 세상에 알리고 또 알리려 하옵는데, 이루 다 셀 길이 없사옵니다.

6 짐승이나 곡식의 예물은 당신께서 아니 원하시고 오히려 내 귀를 열어 주셨사오며 번제와 속죄제를 바치라 아니하셨기에

7 엎드려 아뢰었사옵니다. "제가 대령하였습니다." 나를 들어 두루마리에 적어 두신 것, 당신 뜻을 따르라시는 것인 줄 아옵니다.

8 나의 하느님, 당신의 법을 내 마음속에 간직하고 기뻐합니다.

9 이렇게 많은 사람이 모인 자리에서 당신의 정의를 알렸사옵니다. 야훼여, 아시다시피, 나는 입을 다물고 있을 수가 없사옵니다.

10 당신의 정의를 내 마음속에 숨겨 두지 않고, 당신의 진실하심과 구원을 알렸사옵니다. 당신의 사랑과 진리를 그 큰 모임에서 숨길 수가 없었사옵니다.

11 야훼여, 당신의 그 인자하심 나에게서 거두지 마시고, 그 진실한 사랑으로 이 몸을 언제나 지켜 주소서.

고린도전서 1:1-9

1 하느님의 뜻으로 부르심을 받아 그리스도 예수의 사도가 된 나 바울로가 우리 교우 소스테네와 함께

2 고린토에 있는 하느님의 교회에 이 편지를 씁니다. 여러분은 우리 주 예수 그리스도의 이름을 부르는 각처에 있는 모든 성도들과 함께 하느님의 부르심을 받고 그리스도 예수를 믿어 하느님의 거룩한 백성이 되었습니다. 예수 그리스도는 우리뿐만 아니라 각처에 있는 모든 성도들의 주님이십니다.

3 하느님 우리 아버지와 주 예수 그리스도께서 은총과 평화를 여러분에게 내려주시기를 빕니다.

4 그리스도 예수를 통해서 여러분이 받은 하느님의 은총을 생각하면서 나는 언제나 하느님께 감사를 드리고 있습니다.

5 여러분은 그리스도와 함께 살면서 모든 것을 넉넉히 갖추게 되었고 특히 언변과 지식에 뛰어나게 되었습니다.

6 여러분은 그리스도에 관한 증언에 깊은 확신을 가졌으며

7 모든 은총의 선물을 조금도 부족함이 없이 받고 우리 주 예수 그리스도께서 다시 나타나실 날을 고대하고 있습니다.

8 주께서도 여러분이 아무 잘못이 없는 사람으로 우리 주 예수 그리스도의 심판날을 맞이할 수 있도록 끝까지 굳게 지켜주실 것입니다.

9 하느님은 진실하십니다. 그분은 여러분을 부르셔서 당신의 아들 우리 주 예수 그리스도와 친교를 맺게 해주셨습니다.

신학적 관점

본문은 교회의 신학으로서 구원 신학의 정수다. 곧, 성도는 예수 그리스도의 사람으로 공동체의 친교(코이노니아)를 이루도록 부름을 받았다. 각 절마다 '예수 그리스도'라는 단어가 나온다.

목회적 관점

교회는 오늘 현장에서 들려오는 부름에 응답한다. 본문에 이어 바로 바울은 교회 내의 분열과 은사로 인한 문제점들을 지적하기 시작한다. 2절의 '각처'는 이미 회중이 나뉘어 있음을 암시하고 있다. 우리는 언변과 지식에도 풍족하고 은혜의 선물에도 부족함이 없는 성도로 부름을 받았지만, 인간이 가진 이기와 교만과 약점으로 인해 교회는 분열과 경쟁으로 인한 아픔이 항상 존재한다. 그러나 이것이 마지막이 아니다. 왜냐하면 그 완성은 예수 그리스도가 나타나시는 미래에 이루어지기 때문이다(7절).

주석적 관점

본문은 의례적인 칭찬의 인사말이라기보다는 저들이 가진 풍족한 온갖 언변과 온갖 지식과 모든 선물이 저들이 하나 됨에 근본 목적이 있음을 깨우치고

있으며, 하느님의 신실하심 또한 성도들의 친교를 통해 드러남을 강조하고
있다.

설교적 관점

넬슨 만델라 대통령에 의해 더욱 알려진 아프리카의 말 가운데 '우분투'
(ubuntu)는 "나의 행복은 다른 사람의 행복을 통해서 온다"는 뜻이다. 교인(성도)
이 된다는 것은 교회의 구성원이 된다는 뜻이 아니라 예수 그리스도와의 친교를
통해 하느님의 자녀가 됨으로써 다른 이들과 더불어 하늘나라 가족이 되는
것이다(2절). 바울은 성도(saints)를 항상 복수형으로 쓴다.

(예화 1) 한 인류학자가 남아프리카 초등학생들을 대상으로 하나의 실험을 했다. 조금
떨어진 곳에 과일바구니를 놔두고 달리기 시합에서 일등을 한 사람에게 상으로 주겠다
고 하였다. 그런데 저들은 출발선에서부터 함께 손을 잡고 가더니 바구니에 둘러앉아
노닥거리면서 나눠 먹었다. 빨리 뛰어가면 혼자서 독차지 할 수 있는데, 왜 그렇게 했느
냐고 묻자 저들은 모두 한목소리로 '우분투'라고 답을 했다. 그리고는 "다른 사람들이
불행한데 어떻게 혼자 행복할 수 있느냐?"고 되물었다.

(예화 2) 미국 인디언 보호 구역에 살고 있던 초등학생 몇 명이 한꺼번에 도시 학교로
전학을 왔다. 며칠이 지나지 않아 산수 시험 시간이 되었다. 시험지를 받자 이들은 서로
의 얼굴을 쳐다보더니 모두 교실 한쪽 구석으로 모였다. 선생이 다가가 "시험을 치르는
데 왜 모여 있느냐?"고 묻자, 저들은 답하기를 "우리는 어려운 일이 생기면 항상 함께
머리를 맞대고 의논하도록 배웠다."

요한복음 1:29-42
29 다음날 요한은 예수께서 자기한테 오시는 것을 보고 이렇게 말하였다. "이 세상의 죄를
없애시는 하느님의 어린 양이 저기 오신다.

30 내가 전에 내 뒤에 오시는 분이 한 분 계신데 그분은 사실은 내가 태어나기 전부터 계셨기 때문에 나보다 앞서신 분이라고 말한 것은 바로 이분을 두고 한 말이었다.

31 나도 이분이 누구신지 몰랐다. 그러나 내가 와서 물로 세례를 베푼 것은 이분을 이스라엘에게 알리려는 것이었다."

32 요한은 또 증언하였다. "나는 성령이 하늘에서 비둘기 모양으로 내려와 이분 위에 머무르는 것을 보았다.

33 나는 이분이 누구신지 몰랐다. 그러나 물로 세례를 베풀라고 나를 보내신 분이 '성령이 내려와서 어떤 사람 위에 머무르는 것을 보거든 그가 바로 성령으로 세례를 베푸실 분인 줄 알아라.' 하고 말씀해 주셨다.

34 과연 나는 그 광경을 보았다. 그래서 나는 지금 이분이 하느님의 아드님이시라고 증언하는 것이다."

35 다음날 요한이 자기 제자 두 사람과 함께 다시 그곳에 서 있다가

36 마침 예수께서 걸어가시는 것을 보고 "하느님의 어린 양이 저기 가신다." 하고 말하였다.

37 그 두 제자는 요한의 말을 듣고 예수를 따라갔다.

38 예수께서는 뒤돌아서서 그들이 따라오는 것을 보시고 "너희가 바라는 것이 무엇이냐?" 하고 물으셨다. 그들은 "라삐, 묵고 계시는 데가 어딘지 알고 싶습니다." 하고 말하였다. (라삐는 선생님이라는 뜻이다.)

39 예수께서 와서 보라고 하시자 그들은 따라가서 예수께서 계시는 곳을 보고 그날은 거기에서 예수와 함께 지냈다. 때는 네 시쯤이었다.

40 요한의 말을 듣고 예수를 따라간 두 사람 중의 하나는 시몬 베드로의 동생 안드레아였다.

41 그는 먼저 자기 형 시몬을 찾아가 "우리가 찾던 메시아를 만났소." 하고 말하였다. (메시아는 그리스도라는 뜻이다.)

42 그리고 시몬을 예수께 데리고 가자 예수께서 시몬을 눈여겨보시며 "너는 요한의 아들 시몬이 아니냐? 앞으로는 너를 게파라 부르겠다." 하고 말씀하셨다. (게파는 베드로 곧 바위라는 뜻이다.)

신학적 관점

동서 교회의 분열 이후 서방 교회는 12월 25일을 기해 주의 탄생을 강조하고, 동방 교회는 탄생과 함께 세례와 가나 혼인 잔치 이야기를 통해 주현을 강조한다. 오늘날 서방 교회는 1월 6일을 동방박사가 아기 예수를 방문한 날로 받아들임으로 확장된 성탄절을 지켜오고, 동방 교회는 12월 25일을 탄생일로 받아들이면서 동방박사의 방문과 세례에 방점을 둔 확장된 주현절을 지켜오고 있다.

본문은 예수 세례와 첫 번 제자를 부르시는 요한의 증언이다. 그런데 우리는

주현 후 첫째 주일에서 마태의 예수 세례 본문을 다루었다. 다음 주에는 다시금 마태가 전하는 첫 번 제자의 부름 이야기로 돌아온다. 교회력 B와 C 또한 같은 패턴이다. 다만 교회력 A가 마태와 요한의 본문을 다루는 반면, 교회력 B와 C는 마가와 누가의 본문을 각각 다룬다. 요한은 공관복음서를 어느 정도 알고 있다. 그렇다면 요한의 주현 신학의 특징은 무엇인가? 이미 성탄일에 다루었던 바, "로고스(말씀)가 사람이 되셔서 우리와 함께 계셨는데 우리는 그분의 영광을 보았다"(1:14)가 핵심이다.

목회적 관점

예수는 시몬을 게바라 부른다. 일종의 개명(改名)이다. 가톨릭은 세례명이 따로 있으며 세례명을 통해 제자됨의 인식을 새롭게 한다. 개신교가 이를 되살리는 것은 어떨까? 한 명의 역사적 신앙인을 신앙의 본으로 삼는 것은 신앙생활에 중요한 길잡이가 된다.

주석적 관점

요한은 공관 저자들이 즐겨 사용하는 '기적' 대신 '표징'이라고 말한다. 요한에게 있어 중요한 것은 손가락(기적 사건)이 아닌 달(신적 예수)이다. 동시에 그가 사용하는 숫자, 지명, 이름 등등의 모든 기호는 숨은 뜻이 있다. 본문에서 예수의 칭호는 하늘과 땅을 오르내리는 모습으로 변화한다. 명칭 또한 점진적으로 변화한다.

세상 죄를 없애시는 하느님의 어린 양 → 성령으로 세례를 베푸시는 분 → 하느님의 아들 → 랍비 → 메시아

베드로는 초대교회의 핵심 인물로서 이를 반증하는 새로운 이름을 얻는다. 그런데 본문은 베드로를 예수에게로 이끄는 안드레의 역할을 강조한다. 즉, 요한 공동체 내의 안드레의 지도력을 반영하고 있다.

설교적 관점

　"너희는 무엇을 찾고 있느냐?"(38절) 적절한 설교 제목이자 주제다. 위의 다섯 가지 예수 칭호를 하나하나 설명함으로 청중들이 스스로 바라는 것이 무엇인지를 깨닫도록 하고 이의 균형을 잡는 신앙이 중요함을 강조한다. 그럼으로써 교회 공동체는 세상을 향해 "와서 보라"고 외칠 수 있게 된다.

주현절 후 셋째 주일

사 9:1-4; 시 27:1, 4-9; 고전 1:10-18; 마 4:12-23

이사야 9:1-4

1 어둠 속을 헤매는 백성이 큰 빛을 볼 것입니다. 깜깜한 땅에 사는 사람들에게 빛이 비쳐올 것입니다.

2 당신께서 주시는 무한한 기쁨, 넘치는 즐거움이 곡식을 거둘 때의 즐거움 같고, 전리품을 나눌 때의 기쁨 같아 그들이 당신 앞에서 즐거워할 것입니다.

3 당신께서는 그들이 짊어진 멍에와 어깨에 멘 장대를 부러뜨리시고 혹사하는 자의 채찍을 꺾으실 것입니다. 미디안을 쳐부수시던 날처럼, 꺾으실 것입니다.

4 마구 짓밟던 군화, 피투성이 된 군복은 불에 타 사라질 것입니다.

신학적 관점

이사야의 해방의 신학은 두 가지 관점을 갖는다. 첫째는 어둠과 죽음으로부터의 영적인 개인 차원의 해방이다(2절, 참조 갈 2:20). 둘째는 인종적인 억압과 계급과 성의 차별로부터의 정치사회 차원의 해방이다(4절, 참조 갈 3:28).

그런데 본문을 4절에서 끊은 신학적 이유는 무엇일까? 본래 7절까지가 완전한 한 단락이다. 이는 제1성서의 말씀이 제2성서 말씀 성취를 위한 하나의 예언으로 그 역할이 축소되는 것을 방지하기 위함이라고 본다. 5절의 '한 아기'는 그럴 위험성이 농후하다. 불가타성서에서 마태(4:15-16)가 인용한 이사야의 예언은 9장 1절이다.

목회적 관점

예언자적 목회자는 인간 역사의 암담한 현실에도 불구하고 하느님의 통치라는 내일의 밝음을 내다보는 사람이다. 특히 지배 계층의 관점이 아닌 바닥 민중의 관점에서 역사를 읽어야 한다. 군화와 군복에는 권력자의 힘을 나타내지만, 동시에 민중의 한이 담겨 있다.

주석적 관점

1절의 역사적 배경은 BCE 750년경 북왕국 이스라엘이 다마스커스왕국으로부터 침략을 당했을 때이며, 3-4절은 BCE 734년경 아하즈왕이 남왕국의 자주권을 되찾았을 때다.

설교적 관점

오늘 이사야 본문은 마태가 인용한 구절로서 6절에서 "그 어깨에는 주권이 메어지겠고, 그 이름은 탁월한 경륜가, 용사이신 하느님, 영원한 아버지, 평화의 왕이라 불리는" 아기가 태어난다고 예언한다. 이런 이유로 이사야서는 제5복음서라는 별명을 갖는다.

일제강점기로부터의 해방의 기쁨과 함께 노래할 때 본문은 더욱 빛을 발한다.

시편 27:1, 4-9

1 야훼께서 나의 빛, 나의 구원이시니, 내가 누구를 두려워하리오. 야훼께서 내 생명의 피난처시니 내가 누구를 무서워하리오.

4 야훼께 청하는 단 하나 나의 소원은 한평생 야훼의 성전에 머무는 그것뿐, 아침마다 그 성전에서 눈을 뜨고 야훼를 뵙는 그것만이 나의 낙이라.

5 나 어려운 일 당할 때마다 당신의 초막 안에 숨겨주시고 당신의 장막 그윽이 감춰 주시며 바위 위에 올려 높이시리니,

6 에워싼 저 원수들을 내려다보며 그 장막에서 제물 바치고 환성 올리고 노래하며 야훼께 찬양하리라.

7 야훼여, 나의 부르짖는 소리를 들어 주소서. 불쌍히 여기시어 대답하소서.

8 이렇게 내 마음 그대로 아뢰옵니다. "나를 찾으라" 말씀하셨사오니 야훼여, 이제 당신을 뵙고자 합니다.

9 당신 얼굴을 숨기지 마소서. 그동안 이 종을 도와주시었사오니, 진노하지 마시고 물리치지 마소서. 나의 구원자이신 하느님, 이 몸을 저버리지 말아 주소서.

고린도전서 1:10-18

10 형제 여러분, 나는 우리 주 예수 그리스도의 이름으로 여러분에게 호소합니다. 여러분은 모두 의견을 통일시켜 갈라지지 말고 같은 생각과 같은 뜻으로 굳게 단합하십시오.

11 내 형제 여러분, 나는 클로에의 집안 사람들한테 들어서 여러분이 서로 다투고 있다는 것을 알게 되었습니다.

12 말하자면 여러분은 저마다 "나는 바울로파다." "나는 아폴로파다." "나는 베드로파다." "나는 그리스도파다." 하며 떠들고 다닌다는 것입니다.

13 그렇다면 그리스도가 갈라졌다는 말입니까? 여러분을 위하여 십자가에 달린 것이 바울로였습니까? 또 여러분이 바울로의 이름으로 세례를 받았단 말입니까?

14 나는 여러분 가운데서 그리스보와 가이오밖에는 아무에게도 세례를 베풀지 않은 것을 하느님께 감사드립니다.

15 그러니 여러분이 내 이름으로 세례를 받았다는 말은 아무도 할 수 없을 것입니다.

16 하기는 스데파나 집안 사람들에게도 세례를 베푼 일이 있으나 그밖에는 아무에게도 세례를 베푼 기억이 없습니다.

17 그리스도께서는 세례를 베풀라고 나를 보내신 것이 아니라 복음을 전하라고 보내셨습니다. 그것은 인간의 말재주로 하라는 것은 아니었습니다. 인간의 말재주로 복음을 전하면 그리스도의 십자가는 그 뜻을 잃고 맙니다.

18 멸망할 사람들에게는 십자가의 이치가 한낱 어리석은 생각에 불과하지만 구원받을 우리에게는 곧 하느님의 힘입니다.

신학적 관점

바울의 십자가 신학은 단순히 죄의 용서에 그치는 것이 아닌 세례를 통한 새로운 사람이 되는 일이다. 이는 곧 신앙 공동체 안에서 자신을 낮추고 비움으로 하나가 되는 일이다. 이는 물론 니체가 비판하듯 무조건 복종이라는 노예와 같은 태도가 아닌 세상의 빛과 소금의 역할을 감당하기 위한 자발성에 있다. '하느님의 힘'(18절)이 사사로운 영역에 머물면 자기 자랑에 그치지만, 함께 공유하면 교회의 영광이자 하느님의 영광이 된다.

목회적 관점

목사는 자기 뜻을 따르는 충성파 교인에게 자연적으로 마음이 더 간다. 그러나 목사는 균형을 잃지 않도록 주의해야 하며 공개적인 자리에서는 더 거리를 갖도록 노력해야 한다.

새 신자가 오면 목사는 세례 베푸는 일에 목표를 둔다. 세례의 목적은 세례교인 명부에 이름을 올리는 것이 아니라 복음의 사람, 곧 하늘나라의 가치를 추구하는 사람이 되도록 하는 데 있다. 따라서 본인이 마음의 준비가 될 때까지 기다리는 것이 중요하다.

주석적 관점

분파의 원인이 무엇인지는 분명하지 않다. 신학적인 이유는 아닌 것으로 보인다. 본문에 이어지는 말씀을 통해 유추해 보면 아마도 서로 다른 사회적 배경을 가진 사람들이 세상 자기 자랑을 한 것으로 보인다. "그러니 인간으로서는 아무도 하느님 앞에서 자랑할 수 없습니다"(29절).

설교적 관점

'하느님의 영광을 위해서' 혹은 '그리스도의 이름으로' 주장하지만, 공동체의 화합이 깨질 때 이 모든 주장은 소리만 요란한 꽹과리나 아무런 소득이 없는 빈 수레가 되고 만다.

교회 내에 분열이 있는 경우에는 잘못하면 목사가 (의견이 다른) 자신들을 비난한다고 쉽게 생각한다. 따라서 이런 오해를 피하기 위해 교리 설교를 하는 것이 좋다.

마태복음 4:12-23

12 요한이 잡혔다는 말을 들으시고 예수께서는 다시 갈릴래아로 가셨다.

13 그러나 나자렛에 머물지 않으시고 즈불룬과 납달리 지방 호숫가에 있는 가파르나움으로

가서 사셨다.

14 이리하여 예언자 이사야를 시켜,

15 "즈불룬과 납달리, 호수로 가는 길, 요르단 강 건너편, 이방인의 갈릴래아.

16 어둠 속에 앉은 백성이 큰 빛을 보겠고 죽음의 그늘진 땅에 사는 사람들에게 빛이 비치리라." 하신 말씀이 이루어졌다.

17 이때부터 예수께서는 전도를 시작하시며 "회개하여라. 하늘나라가 다가왔다." 하고 말씀하셨다.

18 예수께서 갈릴래아 호숫가를 걸어가시다가 베드로라는 시몬과 안드레아 형제가 그물을 던지고 있는 것을 보셨다. 그들은 어부였다.

19 예수께서 그들에게 "나를 따라오너라. 내가 너희를 사람 낚는 어부로 만들겠다." 하시자

20 그들은 곧 그물을 버리고 예수를 따라갔다.

21 예수께서는 거기서 조금 더 가시다가 이번에는 제베대오의 아들 야고보와 요한 형제를 보셨는데 그들은 자기 아버지 제베대오와 함께 배에서 그물을 손질하고 있었다. 예수께서 그들을 부르시자

22 그들은 곧 배를 버리고 아버지를 떠나 예수를 따라갔다.

23 예수께서 온 갈릴래아를 두루 다니시며 회당에서 가르치시고 하늘나라의 복음을 선포하시며 백성 가운데서 병자와 허약한 사람들을 모두 고쳐주셨다.

신학적 관점

12절은 예수와 요한은 하느님 나라 운동의 방법과 지향점에 있어서는 차이가 있지만, 출발에 있어서는 反성전 의미에서의 새로운 회개 운동을 일으켰던 세례요한과 그 맥을 같이한다. 이는 민중의 주체적 각성에 기반한 정치적 예언 활동이다.

목회적 관점

사실 예수께서 가진 하늘의 권위로 생면부지의 제자 네 사람을 "나를 따르라"는 말 한마디로 부르셨다면, 왜 갈릴리 전 지역 나아가 예루살렘의 주민들에게는 이런 방법이 통하지 않았는가라는 질문을 던질 수 있다. 20, 22절의 말씀은 때의 긴박함과 제자직의 철저성을 강조하는 말씀으로 이해해야 한다.

주석적 관점

마태의 이사야서 인용의 목적이 분명하지 않다. 나사렛과 가버나움은 직선거리 32km로 둘 다 갈릴리 지역에 속하기 때문이다. 다만 어부 출신인 네 제자를 부르시기 위해 갈릴리 바닷가에 위치한 가버나움을 강조하기 위해서라면 어느 정도 이해는 가능하다. 그런데 이사야서 본문을 더 깊게 살펴보면 이는 예수의 하느님 나라 운동의 본질을 드러내기 위한 목적으로도 볼 수 있다. 어둠을 깨뜨린 빛의 정체는 곧 이방 민족의 억압으로부터의 해방의 사건이기 때문이다 (사 9:4-7).

개역성서는 12절에서 '물러나셨다'고 번역했는데, 이는 마치 요한이 걸어갔던 박해의 길을 피하여 숨으셨다는 오해를 불러일으킬 수 있는 오역이다. 헬라어 anechosten은 갈릴리를 향해 떠나셨다는 뜻이다. 하느님 나라 운동을 펼치시는 계기로 삼으신 것이다. 본격적인 활동을 준비하기 위한 저항의 관점에서 읽어야 한다.

설교적 관점

예수의 제자가 된다는 것과 교회의 한 일원으로서 목사가 제시하는 교회의 방침을 따르는 것은 구별되어야 한다. 곧, 하느님 나라의 확장과 교회의 확장이 같은 것이 아니라는 것을 인식할 필요가 있다. 예수의 대상은 그 땅의 가난한 민중(이방 갈릴리인)들이었다. "백성 가운데 모든 질병과 모든 아픔을 고쳐주셨다." 이는 갈릴리의 식민지 백성이 갖는 억압과 착취의 사회 구조악으로부터 오는 질병과 아픔이었다. 예수 이름으로 한 신도의 병이 나아 십 년, 이십 년을 더 산다고 하는 것이 예수의 하느님 나라 운동과 무슨 관계가 있는가? 우리는 복음서에 기록된 예수 치유의 역사를 새롭게 해석해야 한다.

예수가 고치는 질병들은 제국주의 세계의 사회-경제-정치적 불평등을 반영한다. 영양 결핍과 약화된 면역성으로 인한 전염병이 제국의 세계 속에 널리 퍼져 있었다. 하느님의 제국의 현존을 표출한 예수의 치유들(4:17-23)은 로마제국의 해로운 영향에 맞서 싸우고 또 뒤엎었다. 그것들은 예언자들이 기술한(참조. 마 11:2-6; 사 35:5-6), 하느님의 통치가 확립될 때의 온전한 세상을 실행하고 예상한다. … 치유와 음식에 대한 마태복음의 관심은, 하느님의 정의롭고 생명을 주는 목적들과 반대되는 사회를 형성하기 위한 제국의 질서 그리고 제국과 동맹을 맺은 속주의 예속 통치자들에 대한 폭로의 일부분이다(워레 카터, "마태복음은 로마제국과 타협하다", 리처드 호슬리 엮음/정연복 옮김, 『제국의 그림자 속에서』, 한국기독교연구소, 2014, 204-205).

주현절 후 넷째 주일

미 6:1-8; 시 15; 고전 1:18-31; 마 5:1-12

미가 6:1-8

1 잘 들어라. 야훼께서 말씀하신다. "일어나 산악을 향해 변명해 보아라. 할 말이 있거든 언덕들에게 말해 보아라."

2 산악은 야훼의 논고를 들어라. 땅의 주춧돌들은 귀를 기울여라. 야훼께서 당신의 백성을 걸어 논고를 펴신다. 야훼께서 이스라엘의 죄상을 밝히신다.

3 "내 백성이라는 것들아, 대답해 보아라. 내가 너희를 어떻게 했으며, 너희에게 무슨 못할 일을 했느냐?

4 나는 너희를 이집트에서 이끌어냈다. 모세와 아론과 미리암을 앞장세워 종살이하던 데서 너희를 해방시켰다.

5 내 백성이라는 것들아, 모압 왕 발락이 꾸민 계략과 브올의 아들 발람이 한 말, 시띰에서 길갈에 이르는 동안에 일어났던 일들을 생각해 보아라. 그래도 이 야훼에겐 아무 잘못이 없다는 것을 모르겠느냐?"

6 "높이 계시는 하느님 야훼께 예배를 드리려면, 무엇을 가지고 나가면 됩니까? 번제를 가지고 나가야 합니까? 송아지를 가지고 나가야 합니까?

7 숫양 몇 천 마리 바치면 야훼께서 기뻐하시겠습니까? 거역하기만 하던 죄를 벗으려면, 맏아들이라도 바쳐야 합니까? 이 죽을 죄를 벗으려면, 이 몸에서 난 자식이라도 바쳐야 합니까?"

8 "이 사람아, 야훼께서 무엇을 좋아하시는지, 무엇을 원하시는지 들어서 알지 않느냐? 정의를 실천하는 일, 기꺼이 은덕에 보답하는 일, 조심스레 하느님과 함께 살아가는 일, 그 일밖에 무엇이 더 있겠느냐? 그의 이름을 어려워하는 자에게 앞길이 열린다."

신학적 관점

신학의 가장 핵심적인 질문은 무엇일까? 신의 존재성에 관한 질문인가? 어쩌면 이는 철학의 영역이다. 신학에 있어 가장 중요한 질문은 신 앞에 선 인간의 존재성에 관한 질문이다. "그가 선택한 아브라함의 자손인 이스라엘 백성을 향한 YHWH의 뜻은 무엇인가?" 신학은 여기서부터 출발한다. 이를 위해 히브리족을 노예로부터 구출해 냈고 토라가 주어졌다. 그리고 이를 제대로 지키지 못함으로 위기에 처할 때마다 예언자들의 외침이 있었다.

목회적 관점

예언자 미가는 사제들이 백성들에게 신앙의 의무로 말해 온 번제물 바침을 비판하고 있다. 목회자들은 교인들에게 하느님께 무엇을 드리라고 가르치는가? 십일조와 성수 주일 의무화는 오늘 말씀에 비추어 타당한 가르침인가?

주석적 관점

본문은 일종의 법정 소송의 형식으로 진행된다. 원고는 YHWH, 피고는 이스라엘, 산들과 언덕 그리고 기둥 곧 크고 작은 주위의 왕국들은 증인, 판사는 YHWH와 이스라엘 사이에 맺은 언약 곧 토라로서, 이를 미가 예언자가 대변한다.

발람과 발락(민 22-24), 싯딤과 길갈의 이야기(수 2:1; 3:1; 4:19)는 모두 YHWH 께서 베푸신 구원의 기적 사건들이다.

인간 희생 번제는 신 몰렉을 섬기는 가나안 종교에서 있었다. 그러나 토라는 이를 금지한다(레 18:21; 20:2-5; 신 12:31). 특히 맏아들의 경우는 하느님의 소유물 로서 더욱 금지했다(신 32:16-19; 겔 16:21). 금지 명령은 실행을 전제한다. 아브라 함의 이삭 번제물 이야기는 이에 대한 반증으로 말할 수 있다. 그러나 인간 희생 번제를 언급하는 구절도 있다. 벧엘 사람 히엘이 여리고성을 건축할 때의 두 아들 희생 이야기(열상 16:34), 입다가 자신의 서원을 지키기 위해 딸을 희생시킨 이야기(사 11:30-40), 이스라엘 왕들이 이방 제사를 쫓아 아들을 드린 이야기(열하 16:3; 21:6; 렘 32:36)가 있다. BCE 7세기 이전까지 가나안 종교를 따라 간혹 행해지기도 했다고 보지만, 이는 특수 상황으로 언급된다.

필자는 이삭의 번제를 아브라함이 꿈꾸었던 우르왕국의 회복을 포기하는 상징적인 이야기로 해석한다. 신학적으로 하느님이 당신의 모습을 따라 지은 인간을 희생 번제물로 요구한다는 것은 자아 학살이자 자기 모순이다.

정의는 하느님의 본성이자(사 30:18) 하느님의 활동(창 18:25; 시 9:4)이다. 정의는 공동체를 바로 세우고 개인 욕망의 한계를 정하는 변혁의 가치다. 정의는 세 가지로 분류된다. 첫째는 공동체 구성원 간의 관계적 관점에서의 상호 교환 정의(commutative justice), 둘째는 경제적 관점의 분배 정의(distributive justice), 셋째는 계급적 관점에서의 사회 정의(social justice)다(Feasting, 294).

4절의 YHWH께서 치른 '너희의 몸값'이 무엇인지라는 물음이 떠오른다. 열 가지 재앙으로 희생 당한 애굽 백성들을 두고 한 말인가?

설교적 관점

YHWH께서 우리에게 요구하시는 것은 무엇인가? 오로지 정의를 실천하는 일, 기꺼이 은덕에 보답하는 일, 조심스레 하느님과 함께 살아가는 일이다. 예배나 기도, 성서 공부, 전도, 이 모든 것은 위의 사항들을 이루기 위한 보조이자 부수 사항들이다. 그러나 실제에 있어서는 부수 사항들이 전부가 되는 가치 전복이 일어나고 말았다. 교회 내에서 존경받는 사람들은 어떤 사람들인가? 교회의 지도자로 인정받는 사람들은 어떤 사람들인가? 그 기준은 무엇인가? 교회의 주된 프로그램은 무엇인가? 재정 지출은 어디에 주로 쓰이는가? 공의와 사랑의 대상은 교회 밖에 있다.

8절 첫 단어 "이 사람아"로 번역된 히브리어는 일종의 감탄사이다. 정확히 말하면 "아! 너 유한한 사람아!"이다.

인자(사람의 딸과 아들)는 당시 사회에서 가장 멸시받고 소외된 사람을 뜻한다.

시편 15

1 야훼여! 당신 장막에서 살 자 누구입니까? 당신의 거룩한 산에 머무를 자 누구입니까?
2 허물없이 정직하게 살며 마음으로부터 진실을 말하고
3 남을 모함하지 않는 사람, 이웃을 해치지 않고 천지를 모욕하지 않으며,
4 야훼 눈밖에 난 자를 얕보되 야훼 두려워하는 이를 높이는 사람, 손해를 보아도 맹세를 지키고,

5 돈놀이하지 않으며, 뇌물을 받고 무죄한 자를 해치지 않는 사람. 이렇게 사는 사람은 영원히 흔들리지 아니하리라.

고린도전서 1:18-31

18 멸망할 사람들에게는 십자가의 이치가 한낱 어리석은 생각에 불과하지만 구원받을 우리에게는 곧 하느님의 힘입니다.

19 성서에도 "나는 지혜롭다는 자들의 지혜를 없애버리고 똑똑하다는 자들의 식견을 물리치리라." 하는 말씀이 있지 않습니까?

20 그러니 이제 지혜로운 자가 어디 있고 학자가 어디 있습니까? 또 이 세상의 이론가가 어디 있습니까? 하느님께서 이 세상의 지혜가 어리석다는 것을 보여주시지 않았습니까?

21 세상이 자기 지혜로는 하느님을 알 수 없습니다. 이것이 하느님의 지혜로운 경륜입니다. 그래서 하느님께서는 우리가 전하는 소위 어리석다는 복음을 통해서 믿는 사람들을 구원하시기로 작정하셨습니다.

22 유다인들은 기적을 요구하고 그리스인들은 지혜를 찾지만

23 우리는 십자가에 달리신 그리스도를 선포할 따름입니다. 그리스도가 십자가에 달렸다는 것은 유다인들에게는 비위에 거슬리고 이방인들에게는 어리석게 보이는 일입니다.

24 그러나 유다인이나 그리스인이나 할 것 없이 하느님의 부르심을 받은 사람들에게는 그가 곧 메시아시며 하느님의 힘이며 하느님의 지혜입니다.

25 하느님께서 하시는 일이 사람의 눈에는 어리석어 보이지만 사람들이 하는 일보다 지혜롭고, 하느님의 힘이 사람의 눈에는 약하게 보이지만 사람의 힘보다 강합니다.

26 형제 여러분, 여러분이 하느님의 부르심을 받았을 때의 일을 생각해 보십시오. 세속적인 견지에서 볼 때에 여러분 중에 지혜로운 사람, 유력한 사람, 또는 가문이 좋은 사람이 과연 몇이나 있었습니까?

27 그런데 하느님께서는 지혜 있다는 자들을 부끄럽게 하시려고 이 세상의 어리석은 사람들을 택하셨으며, 강하다는 자들을 부끄럽게 하시려고 이 세상의 약한 사람들을 택하셨습니다.

28 또 유력한 자를 무력하게 하시려고 세상에서 보잘것없는 사람들과 멸시받는 사람들, 곧 아무것도 아닌 사람들을 택하셨습니다.

29 그러니 인간으로서는 아무도 하느님 앞에서 자랑할 수 없다는 말입니다.

30 그러나 하느님께서는 여러분을 그리스도 예수와 한 몸이 되게 하셨습니다. 그리스도는 하느님께서 주신 우리의 지혜이십니다. 그분 덕택으로 우리는 하느님과 올바른 관계에 놓이게 되었고, 하느님의 거룩한 백성이 되었고, 해방을 받았습니다. 이것은 다 하느님께서 하신 일입니다.

31 그러므로 성서에도 기록되어 있듯이 "누구든지 자랑하려거든 주님을 자랑하십시오."

신학적 관점

본회퍼는 '기독교의 비종교화'(religionless Christianity) 주장에서 종교는 신적인 것에 연결하려는 인간의 노력인 반면, 기독교는 인간 역사에 오신 신의 결단에 응답하는 것으로 그 특징을 구분하였다. 성서에서 바벨탑은 인간의 노력으로 하늘에 닿고자 하는 것을 상징하고, 시내 광야는 신이 인간에게 내려오셔서 관계를 맺으시는 것을 상징한다(*Feasting*, 302).

바울의 십자가 신학은 인간의 노력에 의해서가 아닌 하느님의 결단에 의한 인간과의 화해의 사건임을 말한다. 곧, 구원이란 우리 인간이 하느님의 영역 안으로 올라가는 승천의 사건이 아니라 오히려 반대로 인간의 영역으로 내려가는 고난과 화육의 사건이다.

목회적 관점

목회는 교육, 심방, 전도 등등의 다양한 영역이 있긴 하지만, 근래에 두드러지는 영역은 성서 공부와 치유 사역이다. 성서 공부는 인간의 지혜에 기반하고, 치유 사역은 기적(표적)에 기반한다. 바울은 유대인들은 표적을 구하고, 그리스인들은 지혜를 구한다고 말한다. 오늘날의 유대인과 그리스인들은 누구인가? 유대인들이란 전통을 중요시하고, 그리스인들은 새로움을 추구한다. 그렇다면 전통을 중시하는 사람들에게는 거리낌이 되고 새것을 추구하는 사람들에게는 어리석음이 되는 예수 십자가에 기초한 목회란 구체적으로 어떤 것일까? 내가 추구하는 목회는 사람들에게 거리낌이 될뿐더러 어리석다고 손가락질을 받는가?

주석적 관점

고린도는 고대 헬라 도시로 BCE 164년 로마에 의한 멸망 후 백 년이 지나 시저에 의해 식민지 도시로 건설되어 주로 과거 노예 신분이었던 시민들과 가난한 소수계 사람들로 구성된 신흥 도시였다. 자연히 교회는 여러 계파로 나뉘어 있었다. 게바는 유대인들의 믿음을 대변하고, 아볼로는 성경 지식에 능한 사람으로 그리스인들의 지혜를 대변하는 것은 아닐까? 여기서 바울은 자신이 세례를 준 사람도 거의 없고 단지 십자가의 구원만을 강조한다고 말한다.

설교적 관점

하느님의 구원 선택의 기준은 무엇인가? 세상의 비천함과 멸시받음이다. 왜 이런 사람들을 선택하시는가? 잘났다고 하는 사람들을 무력화시키기 위해서다(28절). 그럼 우리는 왜 교회에서 잘났다고 인정받으려 애쓰고 다른 사람을 무시하고 멸시하는가?

마태복음 5:1-12

1 예수께서 무리를 보시고 산에 올라가 앉으시자 제자들이 곁으로 다가왔다.

2 예수께서는 비로소 입을 열어 이렇게 가르치셨다.

3 "마음이 가난한 사람은 행복하다. 하늘나라가 그들의 것이다.

4 슬퍼하는 사람은 행복하다. 그들은 위로를 받을 것이다.

5 온유한 사람은 행복하다. 그들은 땅을 차지할 것이다.

6 옳은 일에 주리고 목마른 사람은 행복하다. 그들은 만족할 것이다.

7 자비를 베푸는 사람은 행복하다. 그들은 자비를 입을 것이다.

8 마음이 깨끗한 사람은 행복하다. 그들은 하느님을 뵙게 될 것이다.

9 평화를 위하여 일하는 사람은 행복하다. 그들은 하느님의 아들이 될 것이다.

10 옳은 일을 하다가 박해를 받는 사람은 행복하다. 하늘나라가 그들의 것이다.

11 나 때문에 모욕을 당하고 박해를 받으며 터무니없는 말로 갖은 비난을 다 받게 되면 너희는 행복하다.

12 기뻐하고 즐거워하여라. 너희가 받을 큰 상이 하늘에 마련되어 있다. 옛 예언자들도 너희에 앞서 같은 박해를 받았다."

신학적 관점

예수를 제2의 모세로 설명하는 마태복음은 토라를 따라 다섯 개의 집합 말씀으로 구성되어 있다. 본문은 첫 번째 집합 말씀(5-7장)의 첫머리로, 어쩌면 전체 예수 말씀의 집약이라고 말할 수 있다.

복(makarios)은 우리가 흔히 말하는 마음의 행복 혹은 물질의 풍성함과는 그 개념 자체가 다르다. 전통적으로 이 복들은 실천 가능성이 희박하기에 윤리적 관점에서가 아닌 종말론적 관점에서 읽어야 한다는 것이 대세였다. 그러나 이는 잘못하면 오늘의 인간 실천을 미래에 성취될 하느님의 일로 떠넘김으로 사회 부조리에 대해 눈을 감도록 하는 모순을 낳는다. 따라서 오늘날은 사회학적 관점과 문학적 관점을 덧붙여 이해하려고 노력한다. 사회학적 관점이란 마태 공동체가 처한 사회적 시각에서 말씀을 읽는 것이다. 곧, 당시 로마와 성전의 엘리트 지배 체제하에 이 복의 말씀들은 사회의 바닥 민중이 주체가 된다는 점에서 저항의 관점으로 읽는 것이다. 문학적 관점이란 본문을 포함한 전체 맥락에서 말씀을 읽는 방식으로, 제자의 부르심(4:18-22)과 세상을 향한 예수의 선포와 병든 사람들을 고치심(4:23-25)의 이야기와 연계하여 마태 공동체가 미래의 하느님 나라의 대안적 공동체로서 어떤 삶을 살아가야 할 것인가를 가르친다. 곧, 하느님의 의를 추구하는 제자의 길로 이해하는 것이다.

목회적 관점

목회란 하느님의 나라에서 살아갈 백성들을 훈련하는 과정이라고 말할 수 있다. 그렇다면 위의 말씀들은 모두 목회의 기본이 되어야 할 것이다.

주석적 관점

1. 모세와 연계하여 출애굽 해방의 관점에서 읽을 수 있다. 마태복음서를 유대인 절기 예배력에 따른 예수의 이야기로 전제한 스퐁 신부는 마태에게 있어 오순절은 하느님으로부터 토라를 받았던 출애굽기의 시내산 경험을 축하하는 날로서, 첫 번째 집합 말씀은 유대인들의 24시간 철야 예배를 그리스도교적 형태로 만들기 위해 고안된 것으로 이해한다.

> "산상설교는 이 오순절 유대 절기에 의해 형성되고, 오순절 시편인 119편을 모델로 만든 예수 이야기이다"(존 쉘비 스퐁 지음/변영권 옮김, 『마태복음: 유대인 예배력에 따른 예수의 의미』, 한국기독교연구소, 2020, 187).

2. 이사야와 연계하여 바빌론 귀환과 희년 선언의 관점에서 읽을 수 있다. 예수의 공생애 시작을 알리는 4장 14-16절은 이사야서의 직접 인용이다. 특히 이사야서 61장 1-3절은 가난한 자에게 복음을, 마음이 상한 자에게 고침을, 포로된 자에게 자유를, 갇힌 자에게 놓임을 말함으로 본문과 같다.

3. 예수 자신이 지향하는 삶의 길이라는 관점이다.

설교적 관점

8복 혹은 9복을 따로따로 하나씩 설교하는 것보다는 전체를 하나로 엮어 설교하는 것이 옳은 방식일 것이다. 복잡한 언어로 개별의 복들을 설명하기보다 있는 그대로 단순하게 읽고 듣는 훈련이 필요하다. 왜냐하면 이 말씀들은 어떻게 살아갈 것인가 하는 결단을 이끄는 말씀이지, 철학적 명상이나 문학적 논리 전개를 위한 말씀이 아니기 때문이다. 전체 말씀을 그대로 읽고 3분 묵상을 한 다음 누군가가 일어나서 자기 생각을 나누고 이를 반복하는 설교 방식은 어떨까?

주현절 후 다섯째 주일

사 58:1-9a(9b-12); 시 112:1-9(10); 고전 2:1-12(13-16); 마 5:13-20

이사야 58:1-12

1 "목청껏 소리 질러라. 네 소리, 나팔처럼 높여라. 내 백성의 죄상을 밝혀주어라. 야곱 가문의 잘못을 드러내어라.

2 그들은 나를 날마다 찾으며, 나의 뜻을 몹시도 알고 싶다면서, 마치 옳은 일을 해 온 백성이기나 하듯이, 자기 신의 법을 어기지 않은 백성이기나 하듯이, 무엇이 옳은 법인지 나에게 묻고 하느님께 가까이 나가고 싶다면서

3 한다는 소리는, '당신께서 보아주시지 않는데 단식은 무엇 때문에 해야 합니까? 당신께서 알아주시지 않는데 고행은 무엇 때문에 해야 합니까?' 그러면서 단식일만 되면 돈벌이에 눈을 밝히고 일꾼들에게 마구 일을 시키는구나.

4 그렇다, 단식한다는 것들이 시비나 하고 싸움이나 하고 가지지 못한 자를 주먹으로 치니, 될 말이냐? 오늘 이 따위 단식은 집어치워라. 너희 호소가 하늘에 들릴 리 없다.

5 이 따위 단식을 내가 반길 줄 아느냐? 고행의 날에 하는 짓이 고작 이것이냐? 머리를 갈대같이 구푸리기나 하고 굵은 베를 두르고, 재를 깔고 눕기나 하면 그것으로 다 될 듯싶으냐? 그게 이른바 단식이라는 것이냐? 그러고도 야훼가 이날 너희를 반길 듯싶으냐?

6 내가 기뻐하는 단식은 바로 이런 것이다." 주 야훼께서 말씀하셨다. "억울하게 묶인 이를 끌러주고 멍에를 풀어주는 것, 압제받는 이들을 석방하고 모든 멍에를 부수어버리는 것이다.

7 네가 먹을 것을 굶주린 이에게 나눠주는 것, 떠돌며 고생하는 사람을 집에 맞아들이고 헐벗은 사람을 입혀주며 제 골육을 모르는 체하지 않는 것이다.

8 그렇게만 하면 너희 빛이 새벽 동이 트듯 터져 나오리라. 너희 상처는 금시 아물어 떳떳한 발걸음으로 전진하는데 야훼의 영광이 너희 뒤를 받쳐주리라.

9 그제야, 네가 부르짖으면, 야훼가 대답해 주리라. 살려달라고 외치면, '내가 살려주마.' 하리라. 너희 가운데서 멍에를 치운다면, 삿대질을 그만두고 못된 말을 거둔다면,

10 네가 먹을 것을 굶주린 자에게 나누어주고 쪼들린 자의 배를 채워준다면, 너의 빛이 어둠에 떠올라 너의 어둠이 대낮같이 밝아오리라.

11 야훼가 너를 줄곧 인도하고 메마른 곳에서도 배불리며 뼈 마디마디에 힘을 주리라. 너는

물이 항상 흐르는 동산이요 물이 끊어지지 않는 샘줄기,

12 너의 아들들은 허물어진 옛 터전을 재건하고 오래오래 버려두었던 옛터를 다시 세우리라.

너는 '갈라진 성벽을 수축하는 자', '허물어진 집들을 수리하는 자'라고 불리리라."

신학적 관점

금식은 죽음과 가장 가까이 다가가는 신앙 훈련으로 정신적·육체적으로 매우 고통스러운 일이다. 그런데 신앙 행위의 최고봉이라 일컫는 금식을 철저하게 비판함으로 YHWH를 믿고 따르는 신앙의 근본이 무엇인지를 명확하게 밝히고 있다.

고대에는 전쟁이나 기근과 같은 비극적인 상황을 벗어나기 위해 단식을 집단으로 행했다. 고통의 헌신을 통해 신을 기쁘게 하여 그 마음을 돌리기 위함이었다. 그러나 이는 신의 뜻에 더 가깝게 다가가기 위해서가 아닌 인간의 뜻을 성취하기 위한 팔 비틀기 방법이었다. 하느님의 영광을 위한 신앙의 근본이 무엇인지를 깨닫게 한다. 신학(神學)은 학(學) 이전에 신(神)의 부름에 대한 실천 행위다.

목회적 관점

금식의 효과는 1. 영의 회복, 2. 치유, 3. 내적 확신, 4. 하느님과의 친밀한 관계에 있다.

향린교회 목회 시절 새해 그리고 사순절 기간에 5일 단식 기도 훈련을 진행했다. 대부분이 직장인들이었기에 효소 단식으로 새벽에는 한 시간, 저녁에는 두 시간 프로그램으로 진행했다. 렉티오 디비나와 성찰의 글, 생명평화결사에서 만든 백 배 절하기, 유언장 쓰기, 촛불거리기도회(노동자 천막농성 현장) 참석 등등.

주석적 관점

12절은 바빌론 포로로부터 예루살렘으로 귀환한 상황을 말하고 있다. 새로운

사회 건설은 단지 성벽 재건만이 아닌 민족 공동체('너희 아들들')의 회복이 더 소중한 일이었음을 밝히 말한다.

설교적 관점

6-7절에서 금식의 근본 목적은 종교적 행위가 아닌 정의와 인애, 평등한 사회 실현을 위한 정치적 행위임을 분명히 말하고 있다. 한두 사람에게 베푸는 선행을 넘어서 사회구조를 바꾸는 일이 참다운 금식임을 외치고 있다. 6-7절의 확대 구절인 이사야 61장 1-2절을 예수께서는 하느님 나라 지상 사역 첫 시작을 알리는 말씀으로 대신하였다(눅 4:16). 곧, 이는 성서 전체를 관통하는 하느님 나라 운동의 정수(精髓)가 되는 말씀이다.

단식이라는 종교적 행위는 하나의 신앙 훈련 프로그램일 따름이다. 단식의 목적은 배고픔을 통해 육신의 욕망을 제어하고 타인의 배고픔에 함께 아파하는 예민성을 키우기 위함이다. 간혹 외국에서 교회나 성당 본당을 노숙인들의 쉼터로 제공하는 예를 본다. 하느님 신앙의 본질이 가난한 자에 대한 사랑의 실천이라면, 하느님의 뜻을 찾고 하느님의 영광을 드러내기 위한 예배의 목적 또한 그러할 것이고 교회당의 설립 목적 또한 그러할 것이다.

우리나라는 금수저와 흙수저 사이의 넘나들 수 없는 높은 벽과 북한 악마화로 인한 생명 경시 현상으로 인해 부동의 세계 최고의 자살률, 최저의 출산율 국가로 자리매김하였다.

시편 112:1-10

1 할렐루야. 복되어라, 야훼를 경외하며 그의 계명을 좋아하는 사람,
2 그의 자손은 세상의 영도자가 되고 정직한 후예의 축복을 받으리라.
3 그의 집에는 부귀영화가 깃들이고 그의 의로운 행실은 영원히 기억되리라.
4 그는 어질고 자비롭고 올바른 사람이라 어둠 속의 빛처럼 정직한 사람을 비춘다.
5 인정이 많고 동정어려 남에게 꾸어주며, 모든 일을 양심으로 처리한다.
6 그 사람은 흔들리지 않겠고 영원히 의로운 사람으로 기억되리라.

7 야훼를 믿으므로 그 마음이 든든하여 불행이 온다 해도 겁내지 아니한다.

8 확신이 섰으니 두려울 것 없고 마침내 원수들이 망하는 것을 보게 되리라.

9 그는 너그러워 가난한 자들에게 나눠주니, 그 의로운 행실은 영원히 기억되고, 사람들이 그 영광스런 모습을 우러르리라.

10 이를 보고 악인은 속이 뒤틀려 이를 갈면서 사라져가리라. 악인들의 소원은 물거품이 되리라.

고린도전서 2:1-16

1 형제 여러분, 내가 여러분을 찾아갔을 때에 나는 유식한 말이나 지혜를 가지고 하느님의 그 심오한 진리를 전하려고 하지는 않았습니다.

2 그것은 내가 여러분과 함께 지내는 동안 예수 그리스도, 특히 십자가에 달리신 그리스도 외에는 아무것도 생각하지 않기로 하였기 때문입니다.

3 사실 나는 여러분에게 갔을 때 약하였고 두려워서 몹시 떨었습니다.

4 그리고 내가 말을 하거나 설교를 할 때에도 지혜롭고 설득력 있는 언변을 쓰지 않고 오로지 하느님의 성령과 그의 능력만을 드러내려고 하였습니다.

5 그것은 여러분의 믿음이 인간의 지혜에 바탕을 두지 않고 하느님의 능력에 바탕을 두게 하려는 것이었습니다.

6 그러나 우리는 신앙생활이 성숙한 사람들에게는 지혜를 말합니다. 다만 그 지혜는 이 세상의 지혜나 이 세상에서 곧 멸망해 버릴 통치자들의 지혜와는 다릅니다.

7 여기에서 말하는 지혜는 하느님의 심오한 지혜입니다. 그것은 하느님께서 우리의 영광을 위하여 천지 창조 이전부터 미리 마련하여 감추어두셨던 지혜입니다.

8 이 세상 통치자들은 아무도 이 지혜를 깨닫지 못했습니다. 만일 그들이 깨달았더라면 영광의 주님을 십자가에 못박지는 않았을 것입니다.

9 그러나 성서에는, "눈으로 본 적이 없고 귀로 들은 적이 없으며 아무도 상상조차 하지 못한 일을 하느님께서는 당신을 사랑하는 사람들을 위하여 마련해 주셨다."라는 말씀이 기록되어 있지 않습니까?

10 하느님께서는 그 지혜를 성령을 통하여 우리에게 나타내 보이셨습니다. 성령께서는 하느님의 깊은 경륜에 이르기까지 모든 것을 다 통찰하십니다.

11 사람의 생각은 그 사람 속에 있는 마음만이 알 수 있듯이 하느님의 생각은 하느님의 성령만이 아실 수 있습니다.

12 우리가 받은 성령은 세상이 준 것이 아니라 하느님께서 주신 것입니다. 그래서 우리는 하느님께서 우리에게 주시는 은총의 선물을 깨달아 알게 되었습니다.

13 우리는 그 은총의 선물을 전하는 데 있어서도 인간이 가르쳐주는 지혜로운 말로 하지 않고 성령께서 가르쳐주시는 말씀으로 합니다. 이렇게 우리는 영적인 것을 영적인 표현으로 설명합니다.

14 그러나 영적이 아닌 사람은 하느님의 성령께서 주신 것을 받아들이지 않습니다. 그런 사람에게는 그것이 어리석게만 보입니다. 그리고 영적인 것은 영적으로만 이해할 수 있으므로 그런 사람은 그것을 이해하지도 못합니다.

15 영적인 사람은 무엇이나 판단할 수 있지만 그 사람 자신은 아무에게서도 판단받지 않습니다.

16 성서에는 "누가 주님의 생각을 알아서 그분의 의논 상대가 되겠느냐?" 하였지만 우리는 그리스도의 생각을 알고 있습니다.

신학적 관점

사도 바울은 자신의 가르침이 다른 사도들보다 옳다고 하는 근거로 십자가에 달리신 예수 외에는 알지 않기로 한 자신의 결정 때문이라고 말한다. 이는 잘못 이해하면 십자가로 나아가기까지의 예수의 모든 삶의 여정을 무효화시킬 수 있는 위험한 발언이다. 이는 마치 뿌리 없는 나무의 열매를 말하는 것과 같은 모순이다. 십자가와 부활이 예수 그리스도의 구원 역사의 최고봉이긴 하지만, 갈릴리 민중들과 함께 살아오면서 선포하신 하느님 나라 말씀과 치유 이적의 하느님 나라 건설을 향한 활동을 전제로 한다. 복음서가 빠진 바울의 서신만이 존재하는 제2성서는 상상조차 할 수 없다. 바울이 이렇게 과도한 주장을 하는 이유는 고린도교회가 갖고 있는 파벌 싸움과 방언과 기적 현상에만 의존하는 병든 신앙을 치료하기 위해서는 이러한 극단의 처방 외에는 길이 없기 때문이다.

그런 의미에서 바울이 주장하는 성령이 알게 하신 '그리스도의 생각'(16절)과 가난한 민중들을 자애로운 눈빛으로 바라보신 '역사적 예수의 생각'을 함께 갖는 신학적 통찰 이해가 중요하다.

목회적 관점

15절의 고백은 확신인가? 맹신인가? 종종 교회 내에서 지나친 확신을 가진 사람들이 자신만의 가르침을 진리로 주장할 때, 공동체는 큰 시험에 빠지게 된다. 이는 물론 목회자에게도 해당한다. 목회 현실에서 신앙의 확신과 맹신은 언어의 차이가 아닌 이웃 사랑 실천에서 결정되는 것임을 깨닫는다.

주석적 관점

3절에서 바울은 "사실 나는 여러분에게 갔을 때 약하였고 두려워서 몹시 떨었습니다"라고 말하지만, 사실 그는 가말리엘의 문하생으로 유대교에 매우 정통한 사람이었을뿐더러 세상 지혜에도 매우 뛰어난 사람이었다. 현대 바울 연구자들은 그가 당시 학문의 최고로 여기는 논리학에 정통한 사람이었다고 말한다. 본문에서 '성숙한' '지혜', '영'을 엮는 솜씨가 그렇다. 이것들은 모두 당시 고린도교회 교인들이 자신들의 '파벌'을 정당화하기 위해 사용하던 단어들이었다. 저들이 익히 안다고 하는 개념을 뒤집어엎는 혁명적 깨달음의 방식을 사용하는 것이다.

'심오한 진리'(1절), '심오한 지혜'(7절)로 번역된 헬라어는 musterion(mystery, 비밀)이다. 바울 서신에는 '비밀'이란 단어가 20번 나온다. 고린도전서에만도 다섯 번 나온다. 복음서에서는 딱 한 번(공관복음서 평행 구절)만 등장하는 이 단어를 자주 사용하는 이유는 무엇일까? 그건 당시 신비 종교에 익숙했던 청중들을 염두에 둔 바울의 독창성에 있다(앨버트 벨/오광만 옮김, 『신약시대의 사회와 문화』, 생명의 말씀사, 2021, 266).

설교적 관점

바울이 말하는 세상 지혜는 축적이 가능한 지식적 측면이고, 하느님의 지혜는 하늘의 신비를 깨닫게 하는 능력적 측면이다. 그런데 이는 사람의 힘으로 되는 것이 아니다. "하느님의 깊은 경륜까지도 살피시는 성령께서 주시는 지혜이다." 바울의 위대한 점은 이 지혜를 자신만이 받은 것이 아니라 '그리스도의 생각을 품는 모든 사람이 받는다고 하는 가르침, 곧 진리의 보편성이다. 바울은 신비 종교(영지주의)의 특징 중 하나인 소수 특정인만이 깨달을 수 있다고 하는 '비밀성'의 벽을 허문 것이다.

설교는 일방적인 가르침이 아니다. 서로가 주고받는 배움이 일어나야 한다. 말씀의 자발적인 공감과 자기 성찰을 통한 주체적인 삶의 변화가 일어날 때 참다운 하늘 말씀 선포(설교)가 된다.

마태복음 5:13-20

13 "너희는 세상의 소금이다. 만일 소금이 짠맛을 잃으면 무엇으로 다시 짜게 만들겠느냐? 그런 소금은 아무 데에도 쓸데없어 밖에 내버려져 사람들에게 짓밟힐 따름이다.

14 너희는 세상의 빛이다. 산 위에 있는 마을은 드러나게 마련이다.

15 등불을 켜서 됫박으로 덮어두는 사람은 없다. 누구나 등경 위에 얹어둔다. 그래야 집 안에 있는 사람들을 다 밝게 비출 수 있지 않겠느냐?

16 너희도 이와 같이 너희의 빛을 사람들 앞에 비추어 그들이 너희의 착한 행실을 보고 하늘에 계신 아버지를 찬양하게 하여라."

17 "내가 율법이나 예언서의 말씀을 없애러 온 줄로 생각하지 마라. 없애러 온 것이 아니라 오히려 완성하러 왔다.

18 분명히 말해 두는데, 천지가 없어지는 일이 있더라도 율법은 일점일획도 없어지지 않고 다 이루어질 것이다.

19 그러므로 가장 작은 계명 중에 하나라도 스스로 어기거나, 어기도록 남을 가르치는 사람은 누구나 하늘나라에서 가장 작은 사람 대접을 받을 것이다. 그러나 스스로 계명을 지키고, 남에게도 지키도록 가르치는 사람은 누구나 하늘나라에서 큰 사람 대접을 받을 것이다.

20 잘 들어라. 너희가 율법학자들이나 바리사이파 사람들보다 더 옳게 살지 못한다면 결코 하늘나라에 들어가지 못할 것이다."

신학적 관점

"소금과 빛이 돼라"고 말씀하시지 않고 "소금과 빛이다"라고 말씀하신 이유는 무엇인가? 자기 존재의 당위성을 깨달으면 실천과 행동은 절로 따라온다. 부패를 방지하는 소금의 짠맛과 어둠을 몰아내는 빛의 밝음은 노력이 아닌 그 존재성의 드러남일 따름이다. 다만 소금은 녹음으로, 빛은 태움으로 자기 몸을 내어놓는다. 따라서 신의 그림자 뒤로 사라지는 자기 존재성을 먼저 파악하지 않고 행위를 앞세우면 같은 의로운 행위라 할지라도 율법학자들과 바리새파 사람들의 행위가 되고 만다. 그래서 예수는 자신의 주위에 모인 갈릴리 민중들이 하느님의 자녀임을 강조하셨다.

독일의 양심이라 불리는 천재 신학자 본회퍼의 책 가운데 『행위와 존재』가 있다. 그는 1929년 베를린대학 교수 자격 논문에서 당시 세계 신학계의 두 거성인 칼 바르트와 루돌프 불트만의 각기 다른 계시 이해를 칸트의 초월 철학과 헤겔-하이데거의 존재론을 통해 풀어갔다. 칸트의 초월 철학의 영향을 받은 바르트는 신 중심적 입장에서 행위를 강조하였고, 존재론의 영향을 받은 불트만은 인간 중심적 입장에서 존재를 강조하였는데, 본회퍼는 바르트와 불트만의 행위와 존재의 두 대립적 입장이 예수 말씀을 통해 극복될 수 있으며 행위와 존재의 일치가 가능하다고 보았다. 곧, 예수께서 인간을 소금과 빛이라고 그 존재성을 명명하시고 나서 이어 착한 행실을 통해 하느님께 영광을 돌려드리라고 말씀하신 것과 같은 맥락이다.

예수의 빛과 소금의 인간 존재론 선언은 인간이 아담의 죄를 갖고 태어났다는 원죄설에 대한 비판의 뜻을 담고 있다.

목회적 관점

'일점일획도 없어지지 않고'를 문자적으로 이해하면 자기 절대화라는 신앙의 위험에 빠지게 된다. '작은 계명' 폐함 금지는 '완성'이라는 의미에서 이해해야 한다. 큰 그림은 작은 조각들이 빠짐없이 하나로 일체화될 때 완성된다. 큰 그림을 완성하기 위해 작은 조각들은 주어진 면적에 맞도록 자신의 모난 부분은 깎고 틈이 난 부분은 메꾸면서 자기 변형이 일어난다.

따라서 목회자는 교회의 나아갈 방향에 대해 큰 그림을 그려야 한다. 필자가 좋아하는 생텍쥐페리의 말이 있다. "당신이 배를 만들려고 하거든 누구는 나무를 가져오고 누구는 톱을 가져오라는 세세한 지시 대신에 바다의 항해가 주는 기쁨을 갖도록 하라."

주석적 관점

율법학자들과 바리새인들의 의는 전통 수호, 자신의 경건과 공적 과시, 율법의 문자적 준수와 관계가 있다. 예수의 의는 하느님의 인간을 향한 평등과 해방과 자유로부터 출발하여 사회에서 쫓겨난 자들과의 연대와 관계가 있다.

소금은 라틴어로 *salalrum*이다. 로마 시대에 관료들은 소금(salt)으로 봉급을 받았는데 여기서 salary가 나왔고, 당시 군인들의 중요 역할 중의 하나가 소금 운반이었는데 여기서 soldier가 유래했다. 당시 소금은 오늘날의 금이나 은과 같은 가치가 있었다. 사람은 금과 은 없이는 살아도 소금 없이는 살지 못한다.

설교적 관점

너희는 '교회'의 소금과 빛이 아니라 '세상'의 소금과 빛이다. 교회는 세상을 향한 전위대이다. 교회는 세상 구원을 위한 출발역이자 훈련소이지 종착역이 아니다. 소금이 음식물의 맛과 영양소의 부패를 방지하는 역할을 하고, 빛은 어둠을 몰아내고 사물을 바로 볼 수 있게 하며 모든 생명에게 에너지를 부어 넣는다. 예수따르미들은 권리를 박탈당한 자를 세워주고, 희망을 잃은 자를 돌보고, 정의를 추구하고, 평화를 도모하며, 핍박이 있더라도 신념을 지키면서 기존 질서를 변혁시킬 수 있는 능력을 갖고 있다.

교회는 한 개인의 심령을 변화시키는 일에서 그쳐서는 안 되고, 이런 개인의 심령 변화와 더불어 변화된 심령이 계속 유지될 수 있도록 하는 사회구조를 만들어 내는 일에까지 나아가야 한다. 작은 도둑 백 사람을 잡아내는 것보다 큰 도둑 하나를 잡아 제대로 처벌하는 것이 중요하다. 악의 근원을 제거해야만 한다. "너희도 이와 같이 너희의 빛을 사람들 앞에 비추어 그들이 너희의 착한 행실을 보고 하늘에 계신 어버이를 찬양하게 하여라." 착한 행실이란 구체적으로 어떤 행위인가?

작가 김규항은 말하기를 "예술가의 본색은 '착한 행동'이 아니라 '나쁜 행동'에 있다고 한다. 예술가는 여기저기서 훌륭한 사람이라고 상찬(賞讚)받으며, 의식 있는 사람으로 행세하려는 중산층 인텔리의 속물근성에 봉사하는 '착한 사람'이 아니라 불온한 상상력으로 오히려 누구도 함부로 상찬하기 어렵도록 불편을 행사하며, 현재의 세상에 포탄처럼 충돌하는 '나쁜 사람'이 되어야 한다." 여기서 '예술가' 대신에 '기독교인'으로 바꿔 넣으면 바로 예수께서 말씀하시는 소금과 빛의 사명을 감당하는 사람이 되는 것은 아닌가? 예수께서 속칭 착하게 사셨다면 바리새인들과 율법교사들의 칭찬을 받았을 것이고 로마제국의 지배를 거부하는 게릴라와 정치범들을 처형하는 십자가형을 받지 않았을 것이다.

주현절 후 여섯째 주일

신 30:15-20; 시 119:1-8; 고전 3:1-9; 마 5:21-37

신명기 30:15-20

15 "보아라. 나는 오늘 생명과 죽음, 행복과 불행을 너희 앞에 내놓는다.

16 내가 오늘 내리는 너희 하느님 야훼의 명령을 순종하며 너희 하느님 야훼를 사랑하고 그가 지시하신 길을 걸으며 그의 계명과 규정과 법령을 지키면 너희는 복되게 살며 번성할 것이다. 너희가 들어가 차지하려는 땅에서 너희 하느님 야훼께서 내리시는 복을 누릴 것이다.

17 그러나 너희 마음이 변하여 순종하지 아니하면, 하느님께 추방당하여 다른 신들 앞에 엎드려 그것들을 섬기게 될 것이다.

18 오늘 나는 너희에게 일러둔다. 그리되면 너희는 반드시 망하리라. 너희가 이제 요르단 강을 건너가 차지하려는 땅에서 오래 살지 못할 것이다.

19 나는 오늘 하늘과 땅을 증인으로 세우고 너희 앞에 생명과 죽음, 복과 저주를 내놓는다. 너희나 너희 후손이 잘살려거든 생명을 택하여라.

20 그것은 너희 하느님 야훼를 사랑하는 것이요 그의 말씀을 듣고 그에게만 충성을 다하는 것이다. 그것이 야훼께서 너희 선조, 아브라함과 이사악과 야곱에게 주겠다고 맹세하신 땅에 자리 잡고 오래 잘사는 길이다."

신학적 관점

삶은 선택의 연속이다. 선택은 자유인의 표상이다. 생명을 선택하면 복을 받고 죽음을 선택하면 파멸이 온다는 것은 누구나가 인정하는 세상의 이치이자 하늘의 이치이다. 그런데 여기에는 숨은 복병이 있다. 생명의 길이라 여기고 선택했는데, 그 길이 죽음이 길이 되기도 한다. 생명의 길인가 아니면 죽음의 길인가 하는 기준은 눈앞에 보이는 현실 이익에 있지 않고 나의 근본 마음이 어떠한가에 달려 있다. 곧, 하느님을 사랑하는 마음의 유무이다(16, 20절). 율법 조항에 기초한 복종은 쉽다. 선택할 필요가 없기 때문이다. 에덴동산의 선악과 열매 금지 명령은 YHWH가 어떤 분이신가에 대한 신학적인 단초를 제공한다.

목회적 관점

40년 광야 생활의 끝자락에서 모세는 저 멀리 약속의 땅 가나안을 바라보면서 애굽의 압제로부터 해방을 받은 히브리족을 향해 유언으로 당부한다. 은퇴를 앞둔 목회자로 가정했을 때 교회를 향한 나의 당부는 무엇일까?

주석적 관점

모세의 당부 내용은 매우 길다(29:1-30:20). 본문은 이의 요약이다. 토라의 반복(misneh torah) 혹은 '두 번째 율법 주심'(second law-giving, deuteronomion)이다. 곧, 신명기(Deutronomy)이다.

설교적 관점

모세의 당부에 대한 이스라엘 회중 전체의 공식적인 응답은 여호수아서 마지막에 나온다: "YHWH를 섬기리니 그는 우리 하느님이심이니이다"(24:18, 21).

우상(偶像)이란 꼭 인간의 손으로 만들어진 상(像)만을 의미하지 않는다. 하느님의 뜻을 자신의 욕망으로 대체하면 곧 우상이 된다. 인간은 자기 합리화를 추구하는 이성적 동물이다. 하느님의 뜻을 찾아 나서는 신앙의 길에 함정은 곳곳에 숨어 있다. 특히 4장 31절과 같은 구원의 약속 때문이다: "네 하느님 YHWH는 자비하신 하느님이심이니 그가 너를 버리지 아니하시며 네 조상들에게 맹세하신 언약을 잊지 아니하심이라."

시편 119:1-8

1 복되어라, 그 행실 깨끗하고 야훼의 법을 따라 사는 사람.
2 복되어라, 맺은 언약 지키고 마음을 쏟아 그를 찾는 사람,

3 나쁜 일 하지 아니하고 그의 길만 따라가는 사람.

4 당신은 계명들을 내리시고 온전히 그대로 살라 하셨으니

5 당신 뜻을 어기지 않고 굳굳하게 살도록 해 주소서.

6 그 명령을 낱낱이 명심하면 부끄러운 일을 당하지 않으리이다.

7 당신의 바른 결정을 내가 배워서 진심으로 감사하오리이다.

8 당신 뜻대로 힘써 살려 하오니, 이 몸을 아주 버리지 마소서

고린도전서 3:1-9

1 형제 여러분, 나는 여러분에게 영적인 사람을 대할 때와 같이 말할 수가 없어서 육적인 사람, 곧 교인으로서는 어린아이를 대하듯이 말할 수밖에 없었습니다.

2 나는 여러분에게 단단한 음식은 먹이지 않고 젖을 먹였습니다. 여러분은 그때 단단한 음식을 먹을 수가 없었던 것입니다. 사실은 아직도 그것을 소화할 힘이 없습니다.

3 여러분은 지금도 육적인 생활을 하고 있기 때문입니다. 여러분이 서로 시기하고 다투고 있으니 여러분은 아직도 육적인 사람들이고 세속적인 인간의 생활을 하고 있는 것이 아니고 무엇이겠습니까?

4 여러분이 세속적인 인간이 아니고서야 어떻게 "나는 바울로파다." 하거나 "나는 아폴로파다." 하거나 할 수 있겠습니까?

5 도대체 아폴로는 무엇이고 바울로는 무엇입니까? 아폴로나 나나 다 같이 여러분을 믿음으로 인도한 일꾼에 불과하며 주님께서 우리에게 각각 맡겨주신 일을 했을 따름입니다.

6 나는 씨를 심었고 아폴로는 물을 주었습니다. 그러나 그것을 자라게 하신 분은 하느님이십니다.

7 심는 사람이나 물을 주는 사람은 중요할 것이 없고 자라게 하시는 하느님만이 중요하십니다.

8 심는 사람과 물주는 사람은 동등한 사람이고 각기 수고한 만큼 삯을 받을 따름입니다.

9 우리는 하느님을 위해서 함께 일하는 일꾼들이고 여러분은 하느님의 밭이며 하느님의 건물입니다.

신학적 관점

바울은 고린도교회의 분열에 직면해 있다. 그는 1장에서 예수 그리스도를 받아들인 저들의 언변과 지식을 칭찬한다. 그리고 2장에서 참 지혜는 이러한 언변과 지식에 기초한 세상 지혜에 있는 것이 아니라 하느님의 능력이 드러나는 성령의 역사에 달려 있음을 강조한다. 곧, '그리스도의 마음'(2:16)이다. 그런데 문제는 자신을 따르는 충성파인 바울파가 존재한다는 모순이다. 이에 바울은

이들을 향해 자신이 처음 그들에게 전한 말씀은 어린아이와 같은 신앙의 초보자들을 향한 말씀(젖)이었다고 말하면서 공동체의 일치가 하느님의 능력이 드러나는 성인의 신앙(단단한 음식)임을 강조한다.

목회적 관점

60~70년대 교회 개척 시대에는 거의 일어나지 않았던 현상이지만, 세월이 흘러 초대 목사가 은퇴하면서 후임 목사 사이에 자주 드러나는 교회의 갈등은 목사들의 신학과 교리의 근본적인 차이에 기인하기도 하지만, 많은 경우 인간적인 친밀도에 따른다. 전임 목사와 친밀도가 강했던 교인들(심는 사람/바울파)은 여전히 이전 교회 전통을 유지하려고 하는 반면, 전임 목사와 친밀도가 약했던 교인들과 새롭게 참여한 교인들(물을 주는 사람/아볼로파)은 후임 목사와 깊은 친밀을 나누며 새로운 교회 전통을 세우려고 애쓴다. 이때 후임 목사가 잘못 반응하게 되면 교회의 분열이 쉽게 일어난다. 특별한 흠이 없다면 기본적으로 후임 목사는 전임 목사의 뒤를 따르는 그림자 역할을 초기 몇 년간은 지속적으로 유지하여 교인 전체의 신뢰를 얻는 것이 매우 중요하다. 이런 갈등을 피하고자 아들, 사위에게 인계하는 방식(세습)은 분열의 시기를 연장할 뿐, 결국은 분열을 더욱 심화시키는 결과를 가져온다.

주석적 관점

바울은 일체감을 강조하기 위해 고린도교회 교우 전체를 향해 '형제자매'(adelphoi)라 부르고 아볼로와 바울 자신은 '하느님의 일꾼'(diakonoi) 혹은 동역자(synergoi)라 부른다. diakonoi는 오늘날 사회적 봉사(diakonia)와 집사(deacon)의 어원이다.

아볼로는 예수 운동의 신비주의적 설교자로서, 예수를 순교자라기보다는 '하늘의 지혜'인 소피아의 예언자, 즉 선택받은 사람들에게 하느님과 소통하는 신비한 수단을 제공한 예언자로 제시하기 시작했다. 그리하여 고린도 공동체들의 몇몇 후견인은 곧바로 영적인 은사를 사회적 지위의 표시로 간주하기 시작했다. 왜냐하면 새로운 이방인 종교 제의와 개인 구원의 새로운 시대 이데올로기의 신비주의적 제의가 계층 상승을 원하는 로마인들의 저녁 식사 후 유희로 인기를 끌던 당시, 예언자적 황홀경과 방언을 말하는 것은 고린도의 크리스천 모임들에 참가한 일부 사람들에게 영적으로 앞서 나가는 사람들의 유력한 무기로 간주되기 시작했기 때문이다. 그들은 모든 지식과 지혜의 신적인 원천에 직접 접촉한다고 주장하였고, 예수 운동에서 자신들이 영적인 귀족이라고 느끼게 됨으로써 그들은 하느님의 축복을 완전히 얻기 위해 그리스도의 재림을 기다릴 필요가 없다고 확신하게 되었다. 그들에게 예수는 단지 하나의 통로에 불과했다(리처드 A. 호슬리 · 닐 애셔 실버만/김준우 옮김, 『메시지와 하나님 나라: 예수와 바울의 혁명』, 한국기독교연구소, 2024, 243 이하).

설교적 관점

교회 내의 분파 갈등은 인간들이 모인 집단이기에 시간의 차이가 있을 뿐 피할 수 없는 일이긴 하지만, 이런 내적 갈등을 풀어가는 대화 그리고 이 부정적인 갈등의 힘을 하나로 묶어 교회 밖으로 끌어내는 집단 지도력이 있을 때 오히려 교회의 역동성이 살아날 수 있다.

심는 사람이나 물을 주는 사람은 아무것도 아니요, 자라게 하시는 분은 YHWH 한 분뿐이십니다! 성령의 첫 열매는 사랑이고(갈 5:22) 사랑의 열매는 오래 참음으로 시작하여(고전 13:4) 모든 것을 참음으로(13:7) 귀결한다. 우리는 모두 세례를 통해 거듭난 사람들이다. 출발점은 같다! 하나의 집을 짓기 위해 각기 다른 재료로 부름 받은 존재들이다.

마태복음 5:21-37

21 "살인하지 마라. 살인하는 자는 누구든지 재판을 받아야 한다.' 하고 옛 사람들에게 하신 말씀을 너희는 들었다.

22 그러나 나는 이렇게 말한다. 자기 형제에게 성을 내는 사람은 누구나 재판을 받아야 하며

자기 형제를 가리켜 바보라고 욕하는 사람은 중앙 법정에 넘겨질 것이다. 또 자기 형제더러 미친놈이라고 하는 사람은 불붙는 지옥에 던져질 것이다.

23 그러므로 제단에 예물을 드리려 할 때에 너에게 원한을 품고 있는 형제가 생각나거든

24 그 예물을 제단 앞에 두고 먼저 그를 찾아가 화해하고 나서 돌아와 예물을 드려라.

25 누가 너를 고소하여 그와 함께 법정으로 갈 때에는 도중에서 얼른 화해하여라. 그렇지 않으면 고소하는 사람이 너를 재판관에게 넘기고 재판관은 형리에게 내주어 감옥에 가둘 것이다.

26 분명히 말해 둔다. 네가 마지막 한 푼까지 다 갚기 전에는 결코 거기에서 풀려나오지 못할 것이다."

27 "'간음하지 마라.' 하신 말씀을 너희는 들었다.

28 그러나 나는 너희에게 이렇게 말한다. 누구든지 여자를 보고 음란한 생각을 품는 사람은 벌써 마음으로 그 여자를 범했다.

29 오른눈이 죄를 짓게 하거든 그 눈을 빼어 던져버려라. 몸의 한 부분을 잃는 것이 온몸이 지옥에 던져지는 것보다 낫다.

30 또 오른손이 죄를 짓게 하거든 그 손을 찍어 던져버려라. 몸의 한 부분을 잃는 것이 온몸이 지옥에 던져지는 것보다 낫다."

31 "또한 '누구든지 아내를 버리려면 그에게 이혼장을 써주어라.' 하신 말씀이 있다.

32 그러나 나는 이렇게 말한다. 누구든지 음행한 경우를 제외하고 아내를 버리면, 이것은 그 여자를 간음하게 하는 것이다. 또 그 버림받은 여자와 결혼하면 그것도 간음하는 것이다."

33 "또 '거짓 맹세를 하지 마라. 그리고 주님께 맹세한 것은 다 지켜라.' 하고 옛 사람들에게 하신 말씀을 너희는 들었다.

34 그러나 나는 이렇게 말한다. 아예 맹세를 하지 마라. 하늘을 두고도 맹세하지 마라. 하늘은 하느님의 옥좌이다.

35 땅을 두고도 맹세하지 마라. 땅은 하느님의 발판이다. 예루살렘을 두고도 맹세하지 마라. 예루살렘은 그 크신 임금님의 도성이다.

36 네 머리를 두고도 맹세하지 마라. 너는 머리카락 하나도 희게나 검게 할 수 없다.

37 너희는 그저 '예.' 할 것은 '예.' 하고 '아니오.' 할 것은 '아니오.'만 하여라. 그 이상의 말은 악에서 나오는 것이다."

신학적 관점

본문은 당시 논란의 중심이었던 네 개의 시대적 주제를 통해 앞 본문에서 언급된 '율법의 완성'과 '율법교사들과 바리새파 사람들의 의보다 더 큰 의'가 어떤 것인지를 구체적으로 설명하고 있다.

이는 계명의 근본 의도를 드러내는 데 있다. "바늘 도둑이 소도둑이 된다"는

말과 같이, 살인을 불러일으키는 큰 분노는 형제를 멸시하는 작은 분노에서 시작함을 깨달아야 한다. 간음은 잘못된 육체적 관계를 넘어 다른 사람을 자기 소유화하려는 탐심 자체에 문제가 있고, 이혼 또한 그 책임 소재를 여성에서 남성에게로 초점을 옮기고 있다. 맹세 또한 진실함에 기초한 하느님의 의를 실천함에 그 목적을 둘 때 맹세 자체가 불필요해짐을 말하고 있다.

목회적 관점

예배는 하느님에 대한 찬양이 근본 목적이지만, 그 결과는 공동체의 일치로 드러난다. 필자는 성찬식의 경우 통짜로 된 큰 빵을 들고 이를 찢어내는 상징을 통해 성도들이 각기 취하는 빵이 하나에서 나온 것임을 강조하고, 포도주 또한 각기 다른 포도알들이 으깨져서 하나로 만들어진 것임을 강조한다. 빵과 포도주가 우리 몸 안으로 들어가 평범한 우리가 서로 하나로 연결됨으로써 하느님께 속한 하나의 거룩한 큰 존재로 변화하는 것이다.

주석적 관점

5장 21-32절의 세 문장은 신명기에서, 32-48절의 세 문장은 레위기에서 인용되었다. 이는 모두 죄의 위험 방지를 넘어 하느님 나라의 종말론적 왕권의 풍성함의 표현이다.

특히 대인 관계를 다루는 22-24절과 경제적 관계를 다루는 25-26절을 예수가 살았던 로마 식민지 지배하에서의 사회 정치적 맥락에서 바라볼 때, 재판관, 고소하는 사람, 형리의 용어는 로마 정복자를 떠올리고, 살인으로 이어지는 분노는 무력으로 저항하는 젤롯당원들의 저항을 말한다. 지옥 불은 군사적 파괴를 뜻한다. 오늘날 파편화된 현대 사회에서 개인 간의 분쟁이 고소로 이어지고 개인의 분노가 살인으로 이어지는 경우는 자주 일어나지만, 이천 년 전 공동체 부족 사회에서 개인 간의 분쟁이 재판 고소로 이어지고 개인적인 분노가 살인으로 이어지는 경우는 거의 없다.

맹세에 관해서는 하느님의 맹세를 언급하는 구절이 있다. 창세기 22장 16절,

출애굽기 6장 8절, 이사야 45장 23절, 사도행전 2장 30절이다. 예수 또한 세 번의 십자가 죽음을 예고하는데, 이는 피할 수 없는 운명이라기보다는 자기 결단, 곧 일종의 맹세이기도 하다.

설교적 관점

본문은 잘못하면 제1성서의 율법주의와 이를 반대하는 복음의 새로운 명제로 해석하기 쉽다. 이런 경우 반유대주의와 반유대교적인 태도로 나가기가 쉽다. 제1성서와 제2성서의 관계가 그러하듯이 유대교와 기독교는 신학의 연속선상에 있다. 폐기가 아닌 완성에 있다.

본문의 네 가지 주제의 공통점은 깨어진 관계 회복에 목적이 있다. 문제는 분노는 억제한다고 해서 억제되지 않는 감정의 영역에 속해 있다는 것이고, 마음의 간음 또한 그러하다. 31절은 잘못하면 남자들의 탈선이나 폭력을 묵인하도록 조장하는 말씀으로 변질되기도 한다. 32절의 '버림받은 여자'에 관한 말씀 또한 독립된 삶을 영위하기 힘든 고대 사회는 물론 오늘날 현대 상황에도 맞지 않다. 이는 고대 남성 중심 사회를 반영하는 구절들이다.

주현절 후 일곱째 주일

레 19:1-2, 9-18; 시 119:33-40; 고전 3:10-11, 16-23; 마 5:38-48

레위기 19:1-2, 9-18

1 야훼께서 모세에게 말씀하셨다.

2 "너는 이스라엘 백성 온 회중에게 이렇게 일러주어라. '나 야훼 너희 하느님이 거룩하니, 너희도 거룩한 사람이 되어라.

9 너희 땅의 수확을 거두어들일 때, 밭에서 모조리 거두어들이지 마라. 거두고 남은 이삭을 줍지 마라.

10 너희 포도를 속속들이 뒤져 따지 말고 따고 남은 과일을 거두지 말며 가난한 자와 몸붙여 사는 외국인이 따먹도록 남겨놓아라. 나 야훼가 너희 하느님이다.

11 너희는 남의 물건을 훔치지 마라. 동족끼리 속여 사기하지 마라.

12 너희는 남을 속일 생각으로 내 이름을 두고 맹세하지 마라. 그것은 나의 이름을 욕되게 하는 것이다. 나는 야훼이다.

13 너희는 이웃을 억눌러 빼앗아 먹지 마라. 품값을 다음 날 아침까지 미루지 마라.

14 귀머거리가 듣지 못한다고 하여 그에게 악담하거나 소경이 보지 못한다고 하여 그 앞에 걸릴 것을 두지 마라. 하느님 두려운 줄 알아라. 나는 야훼이다.

15 공정하지 못한 재판을 하지 마라. 영세민이라고 하여 두둔하지 말고, 세력 있는 사람이라고 하여 봐주지 마라. 이웃을 공정하게 재판해야 한다.

16 너희는 겨레 가운데서 남 잡을 소리를 퍼뜨리지 마라. 이웃을 죽을 죄인으로 고발하지 마라. 나는 야훼이다.

17 형제를 미워하는 마음을 품지 마라. 이웃의 잘못을 서슴지 말고 타일러주어야 한다. 그래야 그 죄에 대한 책임을 벗는다.

18 동족에게 앙심을 품어 원수를 갚지 마라. 네 이웃을 네 몸처럼 아껴라. 나는 야훼이다.'"

신학적 관점

신(하느님)은 어떤 존재인가? 신앙인들의 주 관심사일 뿐만 아니라 인간

학문의 최고봉인 철학과 신학의 주제이기도 하다. 히브리/이스라엘/유대 족속들은 이 신을 YHWH로 인식하고, 다른 민족들이 믿는 신과는 달리 이웃과의 관계 속에서 실체화되는 존재로 이해했다. 보통 레위기는 옛 계명들의 집합으로 현대인들의 삶과는 동떨어진 말씀으로 여긴다. 그러나 오늘 본문은 레위기의 핵심 구절로 오늘날에도 여전히 유효한 말씀이다. 선한 사마리아 사람 비유에서의 가르침과 마찬가지로, 하느님 사랑은 오직 이웃 사랑이라는 구체적 현실을 통해서만이 그 모습을 드러낼 수 있다.

전체 교회력에서 레위기는 딱 두 번 나오는데, Year A에서 같은 본문을 두 번 다룬다. 그런데 보통의 경우 사순절은 주현절 후 일곱 번째 주일 전에 시작하기에 실상은 한 번 다루는 셈이다. 실천신학 관점에서 보면 본문은 율법의 핵심을 정리한 말씀으로 매우 중요하다. 십계명의 핵심이기도 하다. 배열을 달리하여 주현절 앞부분에 놓고 매해 다루어야 할 것이다.

목회적 관점

동족끼리 다투면 결국 이득은 경쟁 상대인 다른 부족이 누린다. 교회 안에서 일어나는 다툼으로 인한 열매는 승리한다고 여기는 한쪽 그룹이 얻는 것이 아니라 교회 밖 혹은 교회에 적대적인 사람들이 취한다. 이는 오늘날 남과 북의 다툼에도 해당이 된다. 남과 북이 다투면 그 열매는 주변 국가들이 얻는다.

주석적 관점

내 몸같이 사랑해야 할 '이웃'은 구체적으로 누구인가? 크게 세 가지로 해석할 수 있다. 첫째, 본문에서 말하는 사랑의 대상으로 언급하는 이웃은 구체적으로 모두 같은 공동체 내의 약자이다. 둘째, 이웃을 지리적인 관점에서 보통 옆집에 사는 사람을 두고 말한다. 그런데 본문이 기록된 고대 부족(씨족) 시대에서 한마을에 사는 사람들은 모두 혈연에 기초한 넓은 의미에서의 한 가족이었다. 가족을 사랑하는 일은 당연한 일이다. 따라서 여기서 말하는 이웃을 경쟁 상대에 있는 이웃 마을 혹은 이웃 부족으로 이해함이 옳다. 이웃 부족끼리 다투면 싸움이 일어나고, 두 부족 모두 피해를 입게 되고, 결국 제국의 손쉬운 먹잇감이 되고 만다. 마지막으로 오늘날의 지구환경위기의 안목에서 보면 사랑하며 함께 살아가야 할 이웃은 지구의 운명을 함께 짊어지고 가는 전 인류이다.

설교적 관점

2절 '거룩'의 본래 의미는 구별하다 혹은 '따로 떼어 놓다'이다. 보통 '거룩'은 하느님께만 적용되는 단어이니, 단연 우리는 이를 종교 혹은 영성의 단어로 생각한다. 그러나 오늘 본문에서 하느님께서 거룩하니 우리 또한 거룩할 것을 명령한 다음에 일어나는 실천 사항들을 보면, 교회 안에서 행해야 하는 종교적 실천은 하나도 없다. 기도하고 찬양하며 성경 읽고 묵상하라는 종교적 실천에 대해서는 한마디도 없고, 사회적 약자에 대한 보호 명령이다: "남의 물건을 훔치지 말라, 이웃을 억눌러 빼앗아 먹지 마라. 품값을 다음 날 아침까지 미루지 마라. 공정하지 못한 재판을 하지 마라." 하느님과 같이 거룩하게 된다는 말은 세속을 떠나 고귀한 성인이 되는 일이 아니라 오히려 반대로 세상 안으로 깊숙이 들어가 겉으로는 보이지 않는 가난한 자들과 힘없는 자들 옆으로 다가가 손을 벌리는 사회 공의 실천임을 말한다. 본문은 전부 명령형으로 되어 있다. 우리에게는 선택권이 없다. 죄인인 인간이기에 '할 수 없다' 혹은 '하기 힘들다'는 변명은 통하지 않는다. 나아가서 예수께서는 본문에 기초하여 이웃 사랑의 대상을 '원수'로 분명히 밝혀 말씀하신다(마 5:43-48). 창세기 1장에서 말하는바, 인간의 '하느님의 형상'을 띄고 태어났다는 본래의 뜻이다.

시편 119:33-40

33 야훼여, 당신의 뜻을 따라 사는 길을 가르치소서. 그대로 지키고 상급을 받으려 하옵니다.
34 당신 법을 깨우쳐 주시고 그 법 따라 살게 하소서. 마음을 다 쏟아 지키리이다.
35 나의 기쁨은 당신의 계명에 있사오니 그 길 따라 곧장 살게 하소서.
36 내 마음을 잇속에 기울이지 않고 당신의 언약으로 기울게 하소서.
37 헛된 것에서 나의 눈을 돌리시고 당신의 길을 걸어 생명을 얻게 하소서.

38 당신을 경외하는 이들에게 주신 약속을 당신의 종에게 지켜 주소서.
39 당신의 결정은 은혜로우시니, 그 몸서리치는 모욕에서 건져 주소서.
40 당신의 계명을 나는 갈망하였사오니, 정의를 세우시어 이 몸을 살려 주소서.

고린도전서 3:10-11, 16-23

10 나는 하느님께서 주신 은총으로 능숙한 건축가가 되어 기초를 놓았고 다른 사람은 그 위에 집을 짓고 있습니다. 그러나 집을 짓는 방법에 대해서는 각자가 신중히 생각해야 합니다.
11 이미 예수 그리스도라는 기초가 놓여 있으니 아무도 다른 기초는 놓을 수가 없습니다.
16 여러분은 자신이 하느님의 성전이며 하느님의 성령께서 자기 안에 살아 계시다는 것을 모르십니까?
17 만일 누구든지 하느님의 성전을 파괴하면 하느님께서도 그 사람을 멸망시키실 것입니다. 하느님의 성전은 거룩하며 여러분 자신이 바로 하느님의 성전이기 때문입니다.
18 어느 누구도 자기 기만에 빠져서는 안 됩니다. 여러분 중에 혹시 자기가 세속적인 면에서 지혜로운 자라고 생각하는 사람이 있을지도 모릅니다. 그러나 정말 지혜로운 사람이 되려면 바보가 되어야 합니다.
19 이 세상의 지혜는 하느님이 보시기에는 어리석은 것입니다. 성서에 "하느님께서는 지혜롭다는 자들을 제 꾀에 빠지게 하신다."고 기록되어 있고
20 또 "주님께서는 지혜롭다는 자들의 생각이 헛되다는 것을 아신다."고도 기록되어 있습니다.
21 그러므로 아무도 인간을 자랑해서는 안 됩니다. 모든 것이 다 여러분의 것입니다.
22 바울로도 아폴로도 베드로도 이 세상도 생명도 죽음도 현재도 미래도 다 여러분의 것입니다.
23 그리고 여러분은 그리스도의 것이고 그리스도는 하느님의 것입니다.

신학적 관점

"태초에 말씀이 있었다"로 성서는 시작하고 신학은 이에 기초한다. 그러나 이 말씀은 문자에 기초한 말씀이 아니라 (창조) 사건에 기초한 말씀이다. 그리하여 "태초에 사건이 있었다"는 명제가 보다 분명하다. 본문은 자신, 곧 몸이 성전이다라는 '몸성전' 신학을 말하고 있다. 이 이야기의 배경에는 고린도교회를 분열로 몰아가는 여러 분파 중 자기주장만 옳다고 고집하는 사람(엘리트주의자)들이 있었다. 바울이 의도하는 것은 서로의 의견은 달라도 그 근본은 그리스도라는 교회일치운동으로서의 공동체 몸 신학이다. 몸은 하나이지만, 여러 지체가 있다는 것이다.

목회적 관점

교회가 연륜이 있고 교인이 많아지면 분파가 생기기 마련이다. 고린도교회의 바울파와 아볼로파와 같이 선임자와 후임자라는 내부 요인으로 인해 갈라지기도 하고, 베드로파와 그리스도파와 같이 외부 요인으로 갈라지기도 한다. 그러나 목회자는 '다양성 안의 일치'(Unity in Diversity)라는 목회 신학의 기본을 견지함으로 화합을 모색해야 한다. 일치(unity)와 획일(uniformity)은 다르다. 바울은 자신을 '능숙한 건축가'로 표현한다. 건축가는 설계자가 만든 설계도에 따라 건물을 짓는다.

주석적 관점

교회는 건물이 아니라 사람이다. 교회로 번역되는 헬라어 '에클레시아'는 본래 단순히 시민들의 모임을 의미했다. 16절에서 '자기' 혹은 '자신'은 모두 복수형이다. 개인은 자기 기만(18절)에 빠지기 쉽다. 그러나 공동체로 존재할 때, 이 모든 것은 다 공동체의 것이 된다(21절).

설교적 관점

모든 것이 "다 그리스도의 것이고 또 하느님의 것입니다"(23절)라는 타력(他力) 구원 신앙을 말하는 것은 쉽다. 그러나 그에 앞서 "모든 것이 다 여러분의 것"(21절)이라는, 심지어 "세상도 생명도 죽음도 현재도 미래도 다 여러분의 것"(22절)이라는 선언은 무엇을 의미하는가? 이는 구원(하느님 나라)을 향한 공동체적 주체성, 곧 출발로서의 자력(自力) 신앙을 주장하는 것이다. "하느님은 손과 발이 없다"라는 말이 있다. 발이 없으면 움직일 수가 없고, 손이 없으면 행위를 일으킬 수가 없다. 우리 인간이 하느님의 손과 발이 되어야 한다. 여기에 사회적 참여라는 실천 구원론의 근거가 있다.

마태복음 5:38-48

38 "눈은 눈으로, 이는 이로.' 하신 말씀을 너희는 들었다.

39 그러나 나는 이렇게 말한다. 앙갚음하지 마라.

40 누가 오른뺨을 치거든 왼뺨마저 돌려대고 또 재판에 걸어 속옷을 가지려고 하거든 겉옷까지도 내주어라.

41 누가 억지로 오 리를 가자고 하거든 십 리를 같이 가주어라.

42 달라는 사람에게 주고 꾸려는 사람의 청을 물리치지 마라."

43 "'네 이웃을 사랑하고 원수를 미워하여라.' 하신 말씀을 너희는 들었다.

44 그러나 나는 이렇게 말한다. 원수를 사랑하고 너희를 박해하는 사람들을 위하여 기도하여라.

45 그래야만 너희는 하늘에 계신 아버지의 아들이 될 것이다. 아버지께서는 악한 사람에게나 선한 사람에게나 똑같이 햇빛을 주시고 옳은 사람에게나 옳지 못한 사람에게나 똑같이 비를 내려주신다.

46 너희가 자기를 사랑하는 사람들만 사랑한다면 무슨 상을 받겠느냐? 세리들도 그만큼은 하지 않느냐?

47 또 너희가 자기 형제들에게만 인사를 한다면 남보다 나을 것이 무엇이냐? 이방인들도 그만큼은 하지 않느냐?

48 하늘에 계신 아버지께서 완전하신 것같이 너희도 완전한 사람이 되어라."

신학적 관점

훌륭한 사람이란 다른 사람들보다 더 높은 윤리 의식을 갖고 살아가는 사람을 두고 하는 말이다. 'Give and take'라는 말이 있듯이 대부분 사람들은 받은 만큼 준다. 신을 믿는 사람이라면 당연히 비신자들보다는 높은 윤리 기준을 갖고 살아가야 할 것이다. 그러기에 예수의 원수 사랑의 요구는 힘든 일이긴 하지만 정당한 요구이다. 그런데 신학적으로 문제가 되는 것은 그 사랑의 방식이 상대의 폭력과 악을 인정하는 모양새가 되기 때문이다.

기독교는 사랑과 비폭력에 기반한다. 왜냐하면 칼을 쓰는 자는 칼로 망하기 때문이다. 그런데 잘못을 범하지 않았음에도 불구하고 뺨을 맞고 다른 뺨을 돌려대는 행위는 악인으로 하여금 악을 즐기도록 하는 일이 될 것이고, 여분의 옷이 없는 가난한 상황에서 옷을 빼앗긴다면 그는 추위로 인해 고통을 당하다 결국은 쓰러지고 말 것이다. 정의를 향한 예언자들의 외침은 허공을 향한 메아리에 불과한 것인가? 니체가 예수를 비판하였듯이 '약자의 자기 변호 윤리'에 지나지 않는 것인가? 우리 기독인들은 예수의 이러한 가르침으로 인한 윤리적인 모순을 어떻게 극복해야 하는 것인가? 오늘날 개인의 자유에 기초한 자본주의는 빈익빈 부익부의 구조를 심화시키고 있는데, 예수의 가르침은 이러한 악순환의 구조를 정당화하는 위험성은 없는 것인가? 꼴찌가 첫째가 될 것이라는 예수 그리스도를 통한 역사 반전의 세상은 어떻게 가능한 것인가? 우리의 신학적인 질문은 계속된다. 오늘의 본문을 역사적 예수의 관점에서 보다 깊게 주석해 보면 전혀 생각지 못한 답이 나온다.

목회적 관점

"원수를 사랑하고 박해하는 자를 위해 기도하라." '사랑과 용서'라는 말씀처럼 목회자에게 부담이 되는 말씀이 없다. 목회자와 의견이 갈리는 경우는 종종 있다. 그러나 사사건건 문제를 일으키는 경우는 어떻게 해야 하는가? 목회자는 조용히 떠나든가 아니면 문제 해결을 위해 부딪히는 수밖에 없다.

주석적 관점

"하늘에 계신 너희 아버지께서 완전하신 것 같이 너희도 완전하여라(teleios)." 누가복음에서는 "너희의 아버지께서 자비하신 것 같이 너희도 자비하여라(oiktiruones)"라고 말한다. '완전함'보다는 '자비함'이 보다 타당하게 들린다.

마태의 '완전' 또한 개역개정에서는 마음의 평온함을 의미하는 '온전'(穩全)으로 번역한다. 이 단어의 용례를 보면 신에게 드려지는 '흠이 없는 제물'을 뜻하기도 하여 '순전'(純全) 또한 가능하며 헬라 문헌에서는 '윤리적 성숙함'을 뜻하기도 한다. 마태가 말하는 '완전'에 해당하는 히브리어에는 '있는 그대로'라는 의미와 동시에 '나누어지지 않는'(undivided)이라는 뜻 또한 있는데, 이 경우에는 하느님 께서 모든 사람(악인이든 선인이든 해와 비를 골고루 주듯이)을 공평하게 대하듯이 공평하게 대하라는 의미로도 해석된다.

설교적 관점

필자는 90년대에 학자 월터 윙크(Walter Wink)의 '원수 사랑'에 대한 새로운 해석을 듣고 어려서부터 품고 있었던 의문점이 마치 강가에 짙게 깔려 있던 새벽안개가 해가 뜨자 말끔하게 사라졌던 것과 같은 놀라운 경험을 한 적이 있다. 마치 뒤통수를 망치로 세게 두들겨 맞은 느낌이었다. 윙크의 저작들은 미국 신학계에서 놀랄 만한 영향을 끼쳤으며 출판 상을 여러 차례 받기도 하였다. 그의 책은 한국기독교연구소에서 번역 출간되었다. 그런데 필자가 참고하는 *Feasting on the Word*에서 오늘의 본문을 해석한 네 명의 학자 가운데 아무도 그의 이름을 언급하지 않아 매우 기이하게 여겼다. 윙크는 당대 로마의 문헌들을 통해 본문을 매우 색다르게 해석한다(*Engaging the Powers*, Fortress Press, 1992, 175-194).

40-41절의 세 가지 예에 있어 상대는 앙갚음의 대상, 곧 폭력(억지로, by force)을 행하는 사람들이다. 이는 개인적 감정에 의한 사사로운 폭력이 아니라 로마제국 아래에서의 유대 식민지 백성들 사이의 저항할 수 없는("이에는 이, 눈에는 눈"이라는 상식적인 법적 앙갚음조차 바로 죽음을 불러오기에) 구조적 폭력을 전제한다. 폭력을 행사하는 자가 스스로 잘못을 뉘우치는 것 말고는 문제 해결이 없는 막다른 상태에서는 '완전'한 사랑 외에 다른 방법은 없다(48절).

완전한 사랑의 예를 살펴보자. 첫째, 오른뺨을 치거든 왼뺨을 돌려대라. 오른뺨을 치려면 오른손 손등으로 치든가 아니면 왼손 손바닥으로 그를 가격해야 한다. 손등으로 친다는 것은 상대를 완전히 무시하는 행위로서 반항할 수 없는 주인과 노예 사이에서만 가능한 일이다. 왼손으로 치는 경우를 보자. 당시는 물론 지금도 중동에서는 왼손으로 사람의 몸을 접촉하는 것은 위법한 행위로 정의되어 있었다. 당시 사회법에는 왼손으로 삿대질만 하더라도 15일 구류에 처하는 법규도 있었다. 왜냐하면 오른손은 밥을 먹을 때 사용하는 손이요, 왼손은 변을 본 후에 이를 (물로) 닦을 때 사용하는 불결한 손이었기 때문이다. 따라서 어떤 경우에도 왼손을 사용할 수는 없었다. 그런데 노예가 손등으로 오른뺨을 맞자 왼뺨을 돌려대는 행위는 손등이 아닌 오른손으로 자기를 치라는 요구다. 이때 만약 주인이 그를 오른손으로 치게 되면 이는 그를 자신과 동등한 인간으로 인정하는 모양이 된다. 따라서 왼편 뺨을 돌려대는 저항 행위는 폭력에 대한 순응이 아닌 "나도 당신과 같은 인간이다!"라는 선언이 된다.

둘째, 출애굽기 22장 25-27절과 신명기 24장 10-13, 17절에 따르면 빚쟁이는 빚을 갚을 능력이 없는 사람에게 일종의 치욕을 안겨주기 위해 겉옷을 저당물로 가져갈 수 있다. 다만 해가 떨어지면 돌려주어 그가 추위로 인해 고통의 소리가 하느님께 들리지 않도록 하여야 한다. 마태는 속옷이라고 말하고 누가는 겉옷이라고 말하는데, 이 경우는 겉옷이 맞다. 어떤 빚쟁이가 갚을 능력이 전혀 없는 가난한 사람을 재판에 소송할까? 같은 동네에 사는 유대인끼리는 거의 불가능한 일이다. 이는 로마인 악덕고리대금업자이다. 빚을 지고 있는 소작인의 딸이나 아들 혹은 집을 빼앗기 위한 야비한 짓이다. 그런데 소송을 하자 재판관은 율법에 따라 겉옷을 벗어주라고 판결한다. 그러자 이 농부는 속옷까지 벗어주고 법정을 나선다. 법정은 언제나 도시 한가운데 광장 중앙에 위치하고 그 곁에는 시장(市場)이 있고 항상 많은 사람이 모여 있다. 결국 유대인들은 그의 벌거벗은 모습을 보게 되는데, 이는 유대 사회에서 가장 수치스러운 일이다(노아의 예). 여기서 유대인들은 한목소리로 이 로마 고리대금업자를 비난하게 된다. 따라서 이 고리대금업자는 추후 이런 고소를 하지 않게 된다.

셋째, 누가 억지로 5리를 가게 하는가? 당시 로마 군인은 길을 걷다가 자신의 짐을 주민에게 억지로 지울 수가 있었다. 다만 생업 피해를 줄이기 위해 5리까지만 가능했다. 그 이상을 강요했다 발각이 되는 경우 이 군인은 월급이 깎이든가 아니면 변소 청소를 하는 등의 처벌을 받았다. 그래서 당시 로마 군인들이 전쟁을 위해 군대가 지나가는 경우 마을 사람들이 모두 도망을 가거나 아니면 농번기에는 운임료에 해당하는 돈을 선불로 지불하기도 했다. 그런데 어느 농부가 5리가 끝나는 지점에서 5리를 더 가겠다고 제안한다. 당시의 국도는 거리 표시가 있었다. 이 경우 로마 군인은 어쩔 수 없이 이를 허락하지만, 이 일이 발각되면 처벌을 받을 수가 있었기에 전반부의 5리와 달리 후반부의 5리는 매우 불안한 마음으로 갈 수밖에 없게 된다. 따라서 이후에는 이런 일을 행하지 않게 된다.

윙크는 예수의 원수 사랑 방식은 폭력 앞에서 도망하거나 아니면 폭력으로 대항하는 방식과는 다른 '비폭력의 저항'이라는 제3의 길임을 말하고 있다. 곧, 첫째의 예를 다음과 같이 바꿀 수 있다. "누가 네 오른뺨을 때려도 좌절하지 말아라. 왼뺨도 맞을 생각을 하면서 선으로 저항하라." 원수 사랑의 근본 취지는 불의에 대한 무저항이 아닌 비폭력적 저항을 말한다. 폭력을 행사하는 자를 부끄럽게 함으로 폭력을 그치게 하는 적극적 저항이다.

미국이나 유럽에는 선한 기독교인들이 많다. 어려서부터 이러한 예수의 가르침을 익히 들어왔기 때문이다. 그러나 집단으로 본다면 저들은 아시아/아프리카 약소국을 침략하여 식민지로 삼고 흑인들을 노예로 사고팔아 왔고, 지금도 인종차별과 종교 문화 차별이 계속되고 있다. 우리 경우에도 교회 안에서는 "원수를 사랑하라"고 가르치며 북녘의 동포들을 사랑할 것을 말하지만, 북녘의 동포들을 원수로 규정하는 '국가보안법' 폐지에 대해서는 일언반구도 하지 않는 신앙의 모순을 갖고 있다.

주현절 후 여덟째 주일

사 49:8-16a; 시 131; 고전 4:1-5; 마 6:24-34

이사야 49:8-16a

8 야훼께서 말씀하신다. "너의 소원을 기쁘게 들어줄 때가 온다. 너를 도와주고 구원해 줄 날이 온다. 그날 내가 손수 빚은 너를 사이에 두고 나의 백성과 계약을 맺으리라. 그날 너는 쑥밭이 되었던 유산을 되찾아 나라를 재건하여라.

9 감옥에 갇혀 있는 자들에게 일러라. '어서 나오너라.' 깜깜한 곳에 웅크리고 있는 자들에게 일러라. '나와 몸을 드러내어라.' 그들은 가는 길에서마다 풀을 뜯으리니 돌아가는 길가 어디든지 뜯을 풀이 있고 사는 곳에서마다 푸른 풀로 덮인 언덕을 만나리라.

10 그들은 결코 배고프거나 목마르지 아니하리라. 열풍에 쓰러지고 햇볕에 넘어지는 일도 없으리라. 내가 그들을 가엾게 여겨 이끌어주고 샘이 솟는 곳으로 인도해 주리라.

11 첩첩산중에 길을 닦고 굽이굽이 큰길을 돋우어주리라.

12 먼 곳에서 돌아가는 이 사람들을 보아라. 북에서도 서에서도 돌아가고 시님족의 나라에서도 돌아간다."

13 하늘아, 환성을 올려라. 땅아, 기뻐 뛰어라. 산들아, 기뻐 소리를 질러라. 야훼께서 당신의 백성을 위로하시고 그 천대받는 자들을 극진히 사랑하셨다.

14 "'야훼께서 나를 버리셨다. 나의 주께서 나를 잊으셨다.'고 너 시온은 말하였었지.

15 여인이 자기의 젖먹이를 어찌 잊으랴! 자기가 낳은 아이를 어찌 가엾게 여기지 않으랴! 어미는 혹시 잊을지 몰라도 나는 결코 너를 잊지 아니하리라.

16 너는 나의 두 손바닥에 새겨져 있다."

신학적 관점

본문은 바빌론의 포로로 붙잡혀 간 유다 민족이 해방을 받을 것이라는 예언적 선언이다. 곧, 구원의 복음이다. 그런데 이 복음은 모든 민족에게 모든 인류에게 적용되는 무차별적인 것인가? 아니다! 이는 감옥에 갇혀 있는 자들(9절), 깜깜한 곳에 웅크리고 있는 자들(9절), 배고프고 목마른 자들(10절), 천대받는 자들(13절), 야훼께서 나를 버리셨다(14절)고 절망에 빠져 있는 자들이 그 대상이다. 반대로 힘 있는 자들, 권세 있는 자들에게는 그들의 가진 것들이 무너지는 어둠의 선언이다. 따라서 구원은 제한적이고 복음은 차별적이다. 물론 처음부터 차별하여 그 소리가 차단되어 있었던 것은 아니다. 귀가 있긴 하나, 가진 것이 아까워 듣지 않았을 뿐이다.

목회적 관점

목회는 복음을 전하는 일이다. 강단에서 전하는 일이 아닌 감옥에 갇힌 자들과 캄캄한 곳에 웅크리고 있는 자들과 배고프고 목마른 자들과 천대받는 자들과 야훼께서 자기를 버렸다고 믿는 자들이 있는 곳을 찾아가서 전하는 일이다.

주석적 관점

'시님족'은 남쪽 지역에 거했다. 곧, 방위에 있어서는 유다는 바빌론의 서쪽이 되지만, '동'이라는 밝음과 희망이라는 구원의 상징성 때문에 '동'을 향해 '북'과 '서'와 '남'에 있는 사람들이 새롭게 난 큰길을 따라 질러(돌아)가고 있다(12절).

신은 흔히 아버지, 남성으로 표현된다. 물론 악을 힘으로 물리치기 위해서는 남성적인 힘이 요구된다. 그런데 이 경우 구원받은 자들은 그 힘의 권위에 눌려 환성을 올리거나 기뻐 뛰지 못하게(13절) 되는 것이 일반적이다. 그리하여 신은 동시에 자비와 사랑이 넘치는 어머니, 여성으로 표현되어야 한다(15절). 신을 인격화하는 일은 잘못하면 신을 예속화하는 잘못을 범하기에 주의해야 하지만, 군이 표현해야 한다면 '어버이'로 부르는 것이 옳다. 아니면 오랜 시간 '하느님 아버지'라고 불러왔으니, 이제부터는 '하느님 어머니'라고 부르는 것이 역사의 균형을 맞추는 일이 된다. 렘브란트가 <돌아온 탕자>에서 아들의 등을 쓰다듬고 있는 아버지(혹은 어버이)의 손을 하나는 여성, 다른 하나는 남성의 손으로 그린 것은 놀라운 착상이었다. 더구나 오른손을 여성의 손으로 중앙에 놓아 돋보이게 한다. 400년 전 가부장 사회에서 이런 착상은 천동설을 부정하고 나온 지동설에 맞먹는 예술 신학의 혁명이었다.

설교적 관점

우리 민족은 유다 민족의 경우와 같이 강대국에 의해 식민지로 살았던 경험이 있고, 멀리 일본이나 만주 그리고 러시아 연해주로 피난을 간 사람들은 마치 억류된 포로처럼 자유를 빼앗긴 가운데 고통에 찬 삶을 살았다. 심지어는 마치 유대인들이 독일 히틀러 독재 치하에서 수용소에 끌려가서 희생당했듯이, 연해주에 살던 조선인들은 강제로 중앙아시아로 쫓김을 당해 허허벌판에 버려짐으로 굶주림으로 인해 많은 사람이 죽기도 했다. 우리 민족 고난의 역사를 본문 말씀과 연계하여 설교하면 좋을 것이다.

시편 131

1 야훼여, 내 마음은 교만하지 않으며 내 눈 높은 데를 보지 않사옵니다. 나 거창한 길을 좇지 아니하고 주제넘게 놀라운 일을 꿈꾸지도 않사옵니다.

2 차라리 내 마음 차분히 가라앉혀, 젖 떨어진 어린 아기, 어미 품에 안긴 듯이 내 마음 평온합니다.

3 이스라엘아, 이제부터 영원토록 네 희망을 야훼께 두어라.

고린도전서 4:1-5

1 여러분은 우리를 그리스도의 일꾼으로 여기며 하느님의 심오한 진리를 맡은 관리인으로 생각해야 합니다.

2 관리인에게 무엇보다도 요구되는 것은 주인에 대한 충성입니다.

3 내가 여러분에게서 심판을 받든지 세상 법정에서 심판을 받든지 나는 조금도 마음을 쓰지 않습니다. 또 내가 나 자신을 심판하지도 않습니다.

4 나는 양심에 조금도 거리끼는 일이 없습니다. 그렇다고 해서 나에게 죄가 없다는 말은 아닙니다. 나를 심판하시는 분은 주님이십니다.

5 그러므로 주님께서 오실 때까지는 무슨 일이나 미리 앞질러 심판해서는 안 됩니다. 주님께서 오시면 어둠 속에 감추어진 것을 밝혀내시고 사람의 마음속 생각을 드러내실 것입니다. 그때에는 각 사람이 하느님께로부터 응분의 칭찬을 받게 될 것입니다.

신학적 관점

그리스도인의 정체성은 무엇인가? 바울은 '하느님의 심오한 진리를 맡은 관리인'이라고 말한다. 청지기 직분이다. 우리 인간은 자신의 가진 것들이 모두 하느님으로부터 위탁받은 것임을 깨닫고 이를 잘 관리하다 때가 되면 되돌려주고 떠나가는 존재임을 깨달을 때, 행복한 존재가 된다. 이것이 사람이 하느님의 형상으로 지음을 받았다는 의미이다(창 1:26). "온 땅을 정복하여라", "모든 짐승을 부려라" 하는 말씀은 인간의 욕망을 따라 자연을 제멋대로 쓰라는 얘기가 아니다. "하느님 보시기에 좋았다"라는 그 원래의 상태를 유지하는 관리 책임을 전제한 말씀이다.

목회적 관점

성공적인 목회 혹은 성공적인 삶이란 어떤 것일까? 목회자가 교인들의 평가(世評)를 무시하는 것도 잘못이지만, 그렇다고 이에 휘둘리는 것도 잘못이다. 이솝 우화 가운데 보면 당나귀를 팔러 시장에 가는 아버지와 아들이 주위 사람들의 이야기에 휘둘리다가 낭패를 겪게 된다. 중요한 것은 자신이 처음 부름을 받은 하느님의 소명을 잊지 않고 살아가는 것이다.

주석적 관점

hyperetes(종, servant)는 '일꾼'(1절) 혹은 '시중들던 사람'(눅 4:20)으로 번역된다. oikonomos(청지기, steward)는 '관리인'(1절)으로 여러 hyperetes를 책임지는 매니저를 뜻한다. 보통은 집안의 재정 책임자를 뜻한다(눅 12:42)(Feasting, 401).

설교적 관점

'주인(kyrios)에게 충성'을 강조하는 것은 고린도 교인들이 분파로 나뉘어 자신들의 지도자에 대한 충성을 예수 그리스도에 대한 충성으로 착각하고 있었기 때문이다. '그리스도파'는 그 분파의 이름이 그러했을 따름, 바울이나 베드로나 아볼로와 같은 실제적인 지도자가 따로 있었다. 오늘날도 목사에 대한 충성을 예수 그리스도에 대한 충성으로 착각하는 경우가 자주 있다. 그러다가 목사 지지파와 반대파로 분파가 일어나면 자신들이 진리를 수호한다고 여기기에 반대파를 '악마'로 여기게 된다. 이렇게 미리 앞질러 상대를 심판하게 되면(5절) 판단이 흐려지고 자기 절대화가 일어나면서 분란이 격화된다. 분파의 주장에 상관없이 분파 자체가 '악마'적 행위임을 이해할 필요가 있다. 더구나 교회는 사회 내에 존재하는데, 당시 교회 밖의 '주인'은 로마 황제였음을 고려할 때, 교회가 싸워야 할 대상은 국가 권력이지 공동체 내의 다른 의견을 가진 자매 형제들이 아님을 명심해야 한다.

"각 사람이 하느님께로부터 응분의 칭찬을 받는다"의 의미는 본래의 '자기'에 충실하라는 당부다. 그런데 여기서 말하는 '자기'는 사적(私的) 자기가 아닌 '사회적 혹은 공동체적 자기'를 말한다. 사적 자기에 몰입하다 보면 쉽게 아집(我執)에 빠진다. "민심(民心)이 천심(天心)이다"라는 말이 있듯이(Vox populi vox Dei) 하느님의 뜻은 전체 교인들을 통해 말씀하신다. "자신을 알라"라는 말이 있듯이 자기 자신을 돌아보는 자기 성찰은 매우 중요한 덕목이다. 3절의 "내가 내 자신을 심판하지 않는다"는 말은 스스로 자신의 운명을 단정 짓지 않는다는 말이다. 신앙이 깊어진다는 말은 자신과 하느님의 관계가 밀접해진다는 말인데, 이는 자칫 잘못하면 자신의 뜻을 하느님의 뜻으로 착각하는 위험성이 높아진다. 분별이 어려울 때는 자신에게 혹은 자기 집단에 불리한 쪽을 선택함이 옳다. 자기 십자가를 지는 길이 하느님의 길이다. 바울은 본래 그리스도인들을 박해하였던 사람이었다. 하지만 그는 절대 진리로 여겼던 진리가 틀렸음을 깨달았다. 베드로 또한 이방인 구원에 대한 자기 믿음이 틀렸음을 깨달았다. 지금 우리 자신이 절대라고 믿고 있는 진리가 틀릴 수 있음을 인정하는 사람이야말로 '진리 안에 자유'(요 8:32)를 누리는 사람이다.

마태복음 6:24-34

24 "아무도 두 주인을 섬길 수는 없다. 한 편을 미워하고 다른 편을 사랑하거나 한 편을 존중

하고 다른 편을 업신여기게 된다. 너희는 하느님과 재물을 아울러 섬길 수 없다."

25 "그러므로 나는 분명히 말한다. 너희는 무엇을 먹고 마시며 살아갈까, 또 몸에는 무엇을 걸칠까 하고 걱정하지 마라. 목숨이 음식보다 소중하지 않느냐? 또 몸이 옷보다 소중하지 않느냐?

26 공중의 새들을 보아라. 그것들은 씨를 뿌리거나 거두거나 곳간에 모아들이지 않아도 하늘에 계신 너희의 아버지께서 먹여주신다. 너희는 새보다 훨씬 귀하지 않느냐?

27 너희 가운데 누가 걱정한다고 목숨을 한 시간인들 더 늘일 수 있겠느냐?

28 또 너희는 어찌하여 옷 걱정을 하느냐? 들꽃이 어떻게 자라는가 살펴보아라. 그것들은 수고도 하지 않고 길쌈도 하지 않는다.

29 그러나 온갖 영화를 누린 솔로몬도 이 꽃 한 송이만큼 화려하게 차려입지 못하였다.

30 너희는 어찌하여 그렇게도 믿음이 약하냐? 오늘 피었다가 내일 아궁이에 던져질 들꽃도 하느님께서 이처럼 입히시거든 하물며 너희야 얼마나 더 잘 입히시겠느냐?

31 그러므로 무엇을 먹을까 무엇을 마실까, 또 무엇을 입을까 하고 걱정하지 마라.

32 이런 것들은 모두 이방인들이 찾는 것이다. 하늘에 계신 아버지께서는 이 모든 것이 너희에게 있어야 할 것을 잘 알고 계신다.

33 너희는 먼저 하느님의 나라와 하느님께서 의롭게 여기시는 것을 구하여라. 그러면 이 모든 것도 곁들여 받게 될 것이다.

34 그러므로 내일 일은 걱정하지 마라. 내일 걱정은 내일에 맡겨라. 하루의 피로움은 그날에 겪는 것만으로 족하다."

신학적 관점

삶의 우선순위에 관한 하느님 우선 신학인가? 아니면 스트레스가 만병의 원인이니 모든 것을 걱정하지 말고 흘러가는 대로 맡기라는 무위(無爲)에 관한 인샬라의 도가(道家) 신학인가? 그런데 문제는, 본문 말씀은 순간적인 위로는 될지언정, 자본주의 사회에서 금수저를 물고 태어난 사람 외에 이렇게 살아가다 간 모두 도태되고 만다는 것이다.

오늘날의 과소비는 지구를 위협하고 인간 생명을 위협하고 있다. 믿는 자들이 찾아야 할 하느님의 나라와 하느님의 의는 지구환경 문제에 직접 연결된다.

목회적 관점

헌금에 관한 설교는 "하느님과 재물을 아울러 섬길 수 없다"는 말씀과 어떤 관계성을 갖는가? 교회가 선교도 해야 하고, 건물 유지 보수도 해야 하고, 목회자들의 사례비도 주어야 하니 헌금(재물)에 관해 설교하는 것은 정당하다고 말할 수 있다. 그런데 교인이 무엇을 먹을까, 무엇을 마실까 걱정하지 않듯이 목사는 물론 교인들의 집합체인 교회 또한 무엇을 먹을까, 무엇을 마실까 걱정하지 말라는 주장에는 어떻게 답해야 할까? 단상에서 외치기는 쉬워도 목사 자신과 자신의 가족에게 적용하기는 쉽지 않다.

주석적 관점

24절과 25절은 '그러므로'로 연결이 된다. 곧, 24절 말씀대로 살아가지 않는 것을 전제하고 '이런 이유 때문에' 25절 이하의 말씀들이 주어진다.

스퐁 신부는 『마태복음』(변영길 옮김, 한국기독교연구소, 2020, 105-106)에서 마태복음서는 유대인 예배력에 따라 조합되었다는 주장을 펴면서, 예수는 산상설교를 설교한 적이 없다고 단정한다. 이는 예수가 새로운 모세라는 마태 자신의 이해를 따라 오순절에 사용되는 시편 119편을 기초로 하여 구성된 마태의 작품이라고 말한다.

설교적 관점

본문은 설교 시간에는 모두에게 편안함을 제공하지만, 교회 문을 나서는 순간 모두 비현실적인 말씀들이 된다. 자본주의 사회에서 현대인들의 삶에 필수적인 아파트와 자동차는 월세로 유지되고 다른 생활필수품들은 신용카드로 유지된다. 수입과 지출의 균형을 맞추지 않으면 안 되는 현실이다. 물론 걱정이 문제를 해결해 주지 않는 것은 맞다. 그러나 세상 종말과 인생의 종말을 준비하는 것이 신앙의 기본이듯이, 지출을 수입에 맞추어 계획하며 사는 것은 신앙인으로서의 당연한 일이다. 그런데 오늘날에는 새들도 먹이 경쟁의 사슬 속에서 두려움 가운데 살아가고, 심지어 들꽃들도 주위의 풀과 꽃들 속에서 서로 경쟁하며 살아가는데, 그렇다면 말씀과는 어떻게 조화를 이루어야 할까?

예수는 최후 심판의 비유(24장)에서 고난받는 자들에게 먹을 것과 마실 것을 제공하지 않았다는 이유로 지옥에 떨어질 것을 경고한다. 그렇다면 이는 이율배반적이지 않은가? 우리는 산상수훈 말씀의 청중을 일반화해서는 안 된다. 본문의 청중 대상은 마태 공동체의 부자들을 향한 말씀이다. 한국은 이제 손꼽히는 부자 나라가 되어 주위 가난한 나라들의 부러움을 산다. 그럼에도 교회는 여전히 부자가 되는 일을 하느님의 축복으로 강조한다. 이는 본문 말씀과는 크게 벗어나는 신앙으로 반드시 고쳐져야 한다.

미국 화폐 뒷면 중앙에는 "In God We Trust"라는 문구가 있다. 곧, 하느님과 재물을 아울러 섬길 수 있음을 암시한다. 미국은 대통령 선서에서 성서에 손을 얹고 서약하는 국가이자 다양한 교파들이 존재하는 기독교 국가이지만, 동시에 세계 부(富)의 절반 이상을 차지하는 세계 최강의 국가로서 더 많은 부를 얻기 위해 다른 나라를 압박하고 있다. 교회 안에서의 모습과 교회 밖에서의 모습이 전혀 다른 이중 신앙이다.

(특정 넷째 주일 본문과 같음.)

주현절 후 아홉째 주일

신 11:18-21, 26-28; 시 31:1-5, 19-24; 롬 1:16-17; 3:22b-31; 마 7:21-29

신명기 11:18-21, 26-28

18 그러므로 너희는 내가 일러준 이 말을 너희의 마음에 간직하고 골수에 새겨두어라. 너희의 손에 매어 표로 삼고 이마에 붙여 기호로 삼아라.

19 이것을 너희의 자손들에게 깨우쳐주어라. 집에서 쉴 때나 길을 갈 때나 자리에 들었을 때나 일어났을 때나 항상 말해주어라.

20 또 문설주와 대문에 써 붙여라.

21 그리하여야 야훼께서 너희 선조들에게 주시겠다고 맹세하신 땅에서 너희와 너희 자손들이, 땅 위에 펼쳐진 하늘이 오래가듯, 오래 지속될 것이다.

26 보아라. 오늘 내가 너희 앞에 복과 저주를 내놓는다.

27 내가 오늘 너희에게 버리는 너희 하느님 야훼의 명령에 복종하여 복을 받겠느냐?

28 아니면 너희 하느님 야훼의 명령에 불복하여 내가 오늘 너희에게 명령하는 길에서 벗어나 알지도 못하던 다른 신들을 따라가서 저주를 받겠느냐?

신학적 관점

사람을 사람답게 키우는 일에 교육은 매우 중요하다. 그러나 교육은 가르치는 방식이 중요한 것이 아니라 인간의 근본이자 창조자이신 하느님을 바로 아는 일에 달려 있다. 이에 관해 본문은 복을 받는 세 가지 길을 얘기한다. 첫째는 기억이다. 신명기 6장 6-9절에서의 쉐마와 같이 하느님께서 하신 말씀과 역사하신 일을 매일 기억하는 일이다. 이는 애굽의 노예 상태로부터 자유를 주신 해방의 하느님을 기억하는 것이다(6:12). 둘째는 사건의 재현이다. 자식들에게 과거를 가르치는 일은 단순한 지식 전달이 아닌 해방 사건의 재현을 말한다. 유월절 기간에는 누룩이 들지 않는 빵을 먹는 것, 장막절 기간에는 천막 안에서 생활하는 것 등이다. 셋째는 들은 말씀을 행함으로 순종하는 일이다.

목회적 관점

'다른 신들을 따르는 사람'은 오늘날 누구를 뜻하는가? 이웃 종교인들을 두고 하는 말인가? 28절에 따르면 다른 신의 이름을 부른다기보다는 '그 길을 떠난' 사람들을 전제한다. 곧, 예배에서 다른 신의 이름을 부르는 사람이 아닌 성서가 가르치는 것과는 다른 삶의 길을 추구하는 사람을 말한다. 신의 이름을 부르는 것이 중요한 것이 아니다. 오늘 마태복음 본문에도 나오듯이, "나더러 주여 주여 하는 자마다 하늘나라에 들어가는 것이 아니다. 말씀을 실천하는 자들이 하늘나라에 들어간다"고 예수는 말씀하신다.

지금도 보수적 유대인들은 계명을 외우고, 손목과 이마에 말씀이 담긴 작은 박스(tefelim)를 달고 다니고, 집 문설주(mezuzahs)와 대문에도 붙인다. 그런데 철저한 보수적 유대인일수록 팔레스타인 주민들에 대해 더 적대적이다. 종교가 다르다는 이유 때문이다. 야훼의 포괄적 거룩함이 아닌 배타적 저주를 더욱 드러낸다. 그런데 신명기의 핵심은 외국인과 나그네와 사회적 약자들(고아와 과부)을 잘 돌보라는 것이고, 이 두 민족이 종교는 달라도 아브라함이라는 같은 조상을 섬긴다는 점에서 매우 모순된다.

주석적 관점

신명기의 말씀들은 새로운 말씀들이 아니다. 출애굽기와 레위기와 민수기에도 나와 있다. 차이가 있다면 오늘 모세는 40년의 광야 생활을 돌아보면서, 그는 들어가지 못하지만 가나안에 들어가는 백성들에게 '유언' 형식으로 당부의 말을 전하고 있다는 것이다. 그만큼 핵심이 되는 말씀이다. 역사적인 배경은 BCE 14세기에 일어난 출애굽 해방 사건에 있지만, 바빌론 포로 이후에 편집 과정을 겪었기에 포로기의 감정들이 본문에 섞여 있다.

설교적 관점

본문은 복과 저주의 길이 매우 쉽게 구분되는 것처럼 말하지만, 실제 삶에 있어서, 더구나 현대와 같은 복잡한 사회 속에서 그 구분은 결코 쉽지 않다. 교우들은 같은 하느님의 말씀을 기억하고 이를 삶에서 실천하지만, 같은 상황에서조차 사람들은 달리 행동한다. 같은 설교를 듣지만, 사람에 따라 설교의 내용이 달라지기도 한다. 왜냐하면 자신이 듣고 싶은 말만 골라 듣기 때문이다. 따라서 목사는 설교할 때 자신의 견해를 확정적으로 전달하는 것을 조심해야 한다. 가능하면 해석의 여지를 남겨두는 것이 좋다.

많은 교회들은 예배실 전면 좌우에 짧은 성서 구절이나 표어(標語)를 걸어 놓는다. 목회자의 의도에 따라 매년 달라지는 실천 표어를 걸기도 하지만, 가능하면 교인들로부터 가장 지지도가 높은 신앙 표어를 정해 스스로 책임감을 갖도록 하자. 교인 각자 중요하게 생각하는 인생의 좌표가 있다. 이를 모아 나누는 것도 좋겠다.

시편 31:1-5, 19-24

1 야훼여, 당신께 이 몸 피하오니 다시는 욕보는 일 없게 하소서. 옳게 판정하시는 하느님이여, 나를 구해 주소서.

2 귀 기울여 들어주시고, 빨리 건져 주소서. 이 몸 피할 바위가 되시고 성채 되시어 나를 보호하소서.

3 당신은 정녕 나의 바위, 나의 성채이시오니 야훼 그 이름의 힘으로 나를 이끌고 데려가소서.

4 당신은 나의 은신처시오니 나를 잡으려고 쳐놓은 그물에서 나를 건져 주소서.

5 진실하신 하느님, 야훼여, 이 목숨 당신 손에 맡기오니 건져 주소서.

19 당신께서 주시는 복은 어찌 이리 크시옵니까? 당신을 경외하는 자들을 위하여 간직하신 그 복을, 당신께 피신한 사람에게 사람들 보는 앞에서 베푸십니다.

20 작당하여 달려드는 자들의 손으로부터 당신 앞 은밀한 곳에서 그들을 보호하시고

21 그들을 당신 장막 속에 숨겨 말 많은 자들에게서 보살피십니다.

22 성채가 포위되고 공격받는 중에서도 한결같은 사랑의 기적 내리셨으니, 야훼여, 찬미 받으소서. 당신께서는 정녕 들어주셨사옵니다.

23 나 환란 중에서 '주님 눈 밖에 났구나.' 생각했으나 당신께 부르짖었을 때 내 기도 소리를

들어주셨사옵니다.

24 믿음 깊은 자들아, 야훼를 사랑하여라. 그를 믿는 자들은 지켜 주시지만 거만한 행실은 가차없이 벌하신다. 야훼께 바라는 자 모두 힘을 내어라, 용기를 내어라.

로마서 1:16-17; 3:22b-31

16 나는 그 복음을 부끄럽게 여기지 않습니다. 복음은 먼저 유다인들에게, 그리고 이방인들에게까지 믿는 사람이면 누구에게나 구원을 가져다주시는 하느님의 능력입니다.

17 복음은 하느님께서 인간을 당신과 올바른 관계에 놓아주시는 길을 보여주십니다. 인간은 오직 믿음을 통해서 하느님과 올바른 관계를 가지게 됩니다. 성서에도 "믿음을 통해서 하느님과 올바른 관계를 가지게 된 사람은 살 것이다." 하지 않았습니까?

22 그것은 예수 그리스도를 믿음으로써 이루어지는 것입니다.

23 모든 사람이 죄를 지었기 때문에 하느님이 주셨던 본래의 영광스러운 모습을 잃어버렸습니다.

24 하느님께서는 그리스도 예수를 통해서 모든 사람을 죄에서 풀어주시고 당신과 올바른 관계를 가질 수 있는 은총을 거저 베풀어주셨습니다.

25 그리스도를 믿는 사람에게는 죄를 용서해 주시려고 하느님께서 그리스도를 제물로 내어주셔서 피를 흘리게 하셨습니다. 이리하여 하느님께서 당신의 정의를 나타내셨습니다. 과거에는 하느님께서 인간의 죄를 참고 눈감아주심으로 당신의 정의를 나타내셨고

26 오늘날에 와서는 죄를 물으심으로써 당신의 정의를 나타내셨습니다. 이렇게 해서 하느님께서는 당신이 올바르시다는 것과 예수를 믿는 사람이면 누구든지 당신과 올바른 관계에 놓아주신다는 것을 보여주십니다.

27 그러니 우리가 내세울 만한 것이 무엇입니까? 아무것도 없습니다. 우리가 어떻게 해서 하느님과 올바른 관계를 되찾게 되었습니까? 율법을 잘 지켜서 그렇게 된 것입니까? 아닙니다. 그것은 믿음을 통해서 이루어진 것입니다.

28 사람은 율법을 지키는 것과는 관계없이 믿음을 통해서 하느님과 올바른 관계를 맺는다고 우리는 확신합니다.

29 하느님은 유다인만의 하느님이신 줄 압니까? 이방인의 하느님이시기도 하지 않습니까? 과연 이방인의 하느님도 되십니다.

30 하느님은 오직 한 분뿐이셔서 할례를 받은 사람이나 받지 않은 사람이나 다 같이 그들의 믿음을 통해서 당신과 올바른 관계를 갖게 해주십니다.

31 그러면 우리가 믿음을 내세운다고 해서 율법을 무시하는 줄 아십니까? 절대로 그렇지 않습니다. 오히려 율법을 존중합니다.

신학적 관점

바울 신학의 핵심 구절이다. 하느님의 의와 믿음에 관한 말씀이다. 곧, 복음에는 사람의 차별이 없다는 것과 죄의 용서는 전적으로 하느님의 은혜에 의한 것이고, 이는 하느님의 의를 드러내기 위함이다. 중세 가톨릭교회의 타락에 맞서 마르틴 루터를 비롯한 유럽의 개혁가들은 이 말씀에 기초해서 신앙 개혁 운동을 펼쳤다. 그러나 '오로지 은혜만으로'라는 구원에 대한 개혁가들의 일방적인 주장은 오늘날 한국 개신교회의 타락과 몰락의 원인이 되고 있다. 구원은 하느님의 은혜에 근거하지만, 인간의 신앙 응답이라는 행위가 빠질 때 이는 타계 신앙으로 변질되고 만다. 문자화된 하느님의 말씀이 그러하듯이, 신학 또한 그 역사적 상황을 고려하지 않을 때 죽은 말씀이 되어 부작용이 생긴다. 로마서와 정반대의 주장을 하는 야고보서가 등장한 이유이기도 하다. 아니! '오로지 은혜 구원' 주장은 오늘의 복음서 본문의 예수 말씀과도 상반된다. 굳이 헤겔의 변증법을 언급하지 않더라도 정(正)과 반(反)을 함께 고려함으로 합(合)으로 그리고 합이 또다시 정이 되는 변증법적 개혁 신학(Reforming theologies)을 추구함이 옳다.

목회적 관점

고대 팔레스타인 지역에 살아가던 유대인들에게 있어서 최종 구원의 잣대는 할례였다. 그러나 시간이 흘러 로마제국이라는 거대한 지역 속에서 살아가던 유대인들 사이에서 지역에 따라 신앙의 편차가 생겨나기 시작하였고 급기야는 자신들의 이웃인 이방인들의 구원 문제에 직면하게 되었다. 이에 예수 십자가의 케노시스 비밀을 깨달은 바울은 급기야 할례가 구원의 잣대가 될 수 없다고 주장하였는데, 이는 예수께서 당시 구원의 근거로 삼았던 예루살렘 성전 신앙 체계를 부정한 일에 빗댈 수 있다.

오늘 나의 목회에서 구원에 관한 가장 중요한 잣대를 무엇이라 생각하는가? 그 주장의 객관적 근거는 무엇인가? 이의 시대적 한계는 무엇인가?

주석적 관점

16절의 '이방인'으로 번역된 헬라어는 Hellen이다. 곧, 헬라 사람들과 헬라 문화권에 있는 사람들을 일컫는 말이다. 1장 6절에서 '이방인'으로 번역된 헬라어는 ethne이다. 이는 '(모든) 나라'를 뜻한다. 긍정의 의미가 강하다. 반면 '이방인'이라는 단어는 유대인의 입장에서 하는 구별 혹은 차별 언어로서 부정의 느낌이 있다. 이는 마치 중국이 자신을 세계 중심에 놓고 주변 민족을 오랑캐로 본 것과 같다. 우리말 번역에서 관성적으로 쓰긴 하지만, 적절한 번역이라고 보기 힘들다.

17절의 '오직 믿음을 통해서'의 헬라어 본문은 'ek pisteos eis pistin'(믿음에서 믿음으로)이다. 전자의 믿음과 후자의 믿음은 어떻게 구별이 되는 것일까? 보통 전자는 예수 그리스도의 믿음, 후자는 인간의 믿음 혹은 옛 (계약의) 믿음, 새 (계약의) 믿음으로 구분하기도 하고 믿음의 강조 혹은 믿음의 성장을 뜻하는 관용 문구로 해석하기도 한다. '오직 믿음을 통해서'는 다른 해석의 가능성을 차단한 지나친 의역이다. 주어 '인간'이란 단어도 원문에는 없다. "실상 이 복음 안에 하느님의 의로움이 믿음에서 믿음으로 계시됩니다"(200주년 기념성서), "복음에는 하느님의 의가 나타나서 믿음으로 믿음에 이르게 하나니"(개역).

그런데 주석에 있어 문제가 되는 부분은 다음이다. 바울은 17절과 갈라디아서 3장 11절에서 자신의 주장을 뒷받침하기 위해 하박국의 말씀을 인용한다. "그러나 의로운 사람은 그의 신실함으로써 살리라"(합 2:4b). '그의 신실함'에서 그는 누구인가? 의로운 사람 자신의 신실함인가? 아니면 의로운 사람을 향하신 하느님의 신실함인가? 제1성서 전체의 뜻도 계약 백성을 향한 하느님의 신실함이 구원의 근거이듯이, 하박국의 말씀에서도 '하느님의 신실함'으로 읽힌다. 그런데 70인역에서 바울은 이 하박국 구절을 인용하면서 소유대명사 '그의'를 삭제하여 "의로운 사람은 믿음으로 살리라"라고 표기하였는데, 이는 실수라기보다는 자신의 주장을 뒷받침하기 위한 의도적 삭제로 보인다. 곧, 22절을 말하기 위함인데, 22절에서 믿음의 대상은 예수 그리스도이고, 그 믿음의 주체는 인간이 된다. 우선 22절은 그 문장이 훨씬 길다. 원문에 가장 가까운 킹제임스역은

다음과 같다: "Even the righteousness of God which is by faith of Jesus Christ unto all and upon all them that believe: for there is no difference." 여기서 문제가 되는 부분은 'dia pisteos [Iesou] Christou eis pantas tous pisteuontas'로, 직역하면 '예수 그리스도의 믿음을 통하여 모든 믿는 자들에게'이다. 곧, 소유격이다. 그런데 한글판 번역은 모두 '예수 그리스도를 믿는 믿음', 곧 목적격으로 번역했다. 이는 여전히 현대 주석가들 사이에서도 논란이 되는 부분이다. 하느님의 의를 드러내는 (새로운) 믿음의 시작 혹은 근거로서의 그리스도의 믿음인지, 아니면 믿음의 대상으로서의 그리스도인지 말이다. 바울 신학 전체를 고려하면 믿음의 대상이 되겠지만, 24절만을 고려한다면 믿음의 시작 혹은 근거로 예수의 믿음을 언급한 것으로 보인다. 25절 '그리스도를 믿는 사람'이라는 구절은 헬라어 원문에는 없다. 'through faith in his blood'의 의역이다. 로마 황제를 비롯한 희랍의 여러 신이 신격화가 되는 초대교회에서의 예수의 신격화와 삼위일체 교리신학이 굳어진 오늘에 있어서 예수의 신격화와는 그 성격이 크게 다르지 않을까?

26절의 '정의' 또한 이 구절만 따로 떼어놓고 보면 하느님의 정의에 대한 큰 오해가 생긴다.

하느님의 의로우심이란 하느님의 정의와 정확히 똑같은 것임을 유념할 필요가 있다. 그러나 불행하게도 우리에게는 정의가 일차적으로 보복적인 정의 곧 처벌을 뜻하는 것이 되어버렸다. 그러나 바울에게는 그렇지 않았다. 이 사실에서 바울에 대한 우리의 오해가 시작된 것이다. 바울에게 하느님의 정의는 첫째로 보복적 정의라기보다는 분배적 정의이며, 둘째로 분배적 정의는 하느님의 본성, 본질, 성격이며, 셋째로 하느님의 분배적 정의는 다른 무엇보다도 하느님의 존재 자체가 우리에게 값없이 분배됨으로써, 우리로 하여금 하느님의 세상을 그와 똑같은 분배적 정의의 세상으로 변화시키도록 하신 것이다(마커스 보그·존 도미닉 크로산/김준우 옮김, 『첫 번째 바울의 복음』, 225).

설교적 관점

당시의 복음(유앙겔리온)은 황제나 승리한 장수가 로마 시민에게 전하는 소식이었다. 그런데 바울이 전하는 '복음'은 그 로마제국의 정치범으로 십자가에 처형 당한 갈릴리의 예수가 구원의 주가 되신다는 얘기였다. 그 깊은 뜻을 이해하지 못하는 유대인들과 이방 사람들은 바울이 전하는 복음을 부끄러워하지 않을 수 없었다. 그리고 바울이 이 얘기를 할 때는 임박한 박해 상황으로 인해 믿음이 크게 흔들리고 있었다. 당시 교회는 약자였다. 약자 입장에서 복음에 대한 자랑은 전혀 문제가 되지 않는다. 이는 내부를 결속하는 긍정의 힘이 된다. 그런데 같은 고백이지만 오늘날 한국교회와 같이 사회적으로 강자의 위치에 있을 때, 이는 교만이 되고 잘못하면 이웃 종교를 무시하는 배타적 발언이 된다.

믿음과 행위는 동전의 앞뒷면과 같다. 바울이나 루터가 처했던 당시 종교적 상황은 그 가르침이 지나치게 행위에 치우쳐 있었을 때였다. 그래서 이를 바로잡기 위해 믿음만으로 얻는 은혜의 구원을 강조했다. 만약 오늘날 한국교회와 같이 부패가 극에 달해 사회로부터 배척을 받는 상황이었다면 야고보서의 말씀과 같이 행위를 강조하는 설교를 했을 것이다.

모든 사람이 죄를 범하였다(23절)는 주장(원죄설, original sin)은 과연 타당한가? 예수 그리스도를 구원자로 얘기하기 위한 전제가 되어야 하지만, 잘못하면 YHWH 하느님은 병 주고 약 주는 신이 되는 것은 아닌가 하는 반론이 나온다. 생태문명 신학자인 매튜 폭스는 원복(original blessing)을 주창한다.

율법과 믿음은 그 뿌리부터가 다른 구원의 길인가?(27-28절) 아니면 같은 뿌리의 서로 다른 열매인가?(31절) 27-28절은 지난 이천 년 서구 기독교 역사에서 반율법, 반유대주의(anti-semitism)의 근간이 되는 말씀으로 오용되었다. 오늘날에는 반(反)행위(실천)의 근간이 되는 말씀으로 오용되기도 한다.

마태복음 7:21-29

21 "나더러 '주님, 주님!' 하고 부른다고 다 하늘나라에 들어가는 것이 아니다. 하늘에 계신 내 아버지의 뜻을 실천하는 사람이라야 들어간다.

22 그 날에는 많은 사람이 나를 보고 '주님, 주님! 우리가 주님의 이름으로 예언을 하고 주님의 이름으로 마귀를 쫓아내고 또 주님의 이름으로 많은 기적을 행하지 않았습니까?' 하고 말할 것이다.

23 그러나 그 때에 나는 분명히 그들에게 '악한 일을 일삼는 자들아, 나에게서 물러가거라. 나는 너희를 도무지 알지 못한다.' 하고 말할 것이다."

24 "그러므로 지금 내가 한 말을 듣고 그대로 실행하는 사람은 반석 위에 집을 짓는 슬기로운 사람과 같다.

25 비가 내려 큰물이 밀려오고 또 바람이 불어 들이쳐도 그 집은 반석 위에 세워졌기 때문에 무너지지 않는다.

26 그러나 지금 내가 한 말을 듣고도 실행하지 않는 사람은 모래 위에 집을 짓는 어리석은 사람과 같다.

27 비가 내려 큰물이 밀려오고 또 바람이 불어 들이치면 그 집은 여지없이 무너지고 말 것이다."

28 예수께서 이 말씀을 마치시자 군중은 그의 가르침을 듣고 놀랐다.

29 그 가르치시는 것이 율법학자들과는 달리 권위가 있기 때문이었다.

신학적 관점

예언과 축귀와 기적 행함은 어찌 말하면 모든 믿는 사람들이 바라는 신앙의 최고 단계이다. 그런데 이는 행실이 뒷받침되지 않는다면 불법이 된다는 선언은 놀라운 일이다. 신학 또한 바른 삶이 전제되지 않는다면 모두 말장난에 불과하다. 이는 바울의 오직 믿음으로만 의롭게 된다는 은혜의 구원 신학과 정면으로 위배된다. 해결책은 무엇인가?

목회적 관점

아마 초대교회에도 그러했던 것 같다. 오늘날 예배 중 한국교회처럼 "아멘"과 "할렐루야"와 "주여! 주여!"가 계속되고 그 외침마저 광적인 나라는 찾아보기 힘들다. 왜 이런 현상이 생겨났을까? 종교적 열정이 다른 나라 사람들보다 강하기 때문일까? 아니면 근세 100년 역사, 곧 일제강점기와 한국전쟁 그리고 남북 분단으로 인한 한(限)의 역사 때문인가? 간절함인가? 한풀이인가? 그런데 무엇이든지 지나치면 쓰레기가 된다.

주석적 관점

"주여, 주여"라고 두 번 반복되는 경우는 성서 전체에 일곱 번 나온다. 제1성서 (외경)에 세 번, 마태복음에 세 번, 누가복음에 한 번. 외경의 경우는 모두 창조주 하느님을 향한 외침이다. 그렇다면 이는 예수를 신격화한 호칭이다.

설교적 관점

권위 있게 가르치셨다는 어떤 뜻일까? 이 표현은 마태복음 다섯 번의 말씀 묶음 마지막에 모두 등장한다. 모세에 견준 말이다. 당시 바리새인이나 율법학자들은 모두 모세의 말씀을 해석하는 것이 주업이었다. 아무리 말을 잘해도 모세만큼 권위를 얻지 못했다. 그런데 여기 모세에 비길 만한 사람이 있다는 말은 설교를 잘해서 한 말이 아니라 그 말씀과 하시는 일이 일치하였기 때문이다. 권위는 강제된 힘이나 현란한 혀로 얻는 것이 아니라 가르치는 자의 삶과 행실에서 하느님의 말씀이 풍길 때 절로 생겨나는 것이다. 참다운 권위는 자신을 내세우는 높아짐에서 나오는 것이 아니라 자신보다 남을 앞세우는 특별히 사회적 약자를 앞세우는 자기 낮아짐(비움, self-emptiness)에서 나온다. 그런 의미에서 설교자들은 설교의 내용에 앞서 예수의 품성을 배우는 일이 중요하다.

(특정 넷째 주일 본문과 같음.)

주현절 마지막 주일(변모주일)

출 24:12-18; 시 2; 벧후 1:16-21; 마 17:1-9

출애굽기 24:12-18

12 야훼께서 모세에게 말씀하셨다. "내가 있는 이 산으로 올라와 머물러 있어라. 내가 이 백성을 가르치려고 훈계와 계명을 기록한 돌판을 너에게 주리라."

13 모세는 자기의 시종 여호수아를 데리고 하느님의 산으로 올라가며

14 장로들에게 일러두었다. "우리가 그대들에게 돌아올 때까지 여기 앉아 기다리시오. 아론과 후르가 그대들과 함께 여기에 남아 있을 터이니, 사건이 생기거든 그들에게 가서 판단해 달라고 하시오."

15 모세가 산에 오르자 구름이 산을 덮었다.

16 야훼의 영광이 시나이산 위에 머물러 있어 구름이 엿새 동안 산을 뒤덮고 있었다. 야훼께서 이레째 되는 날 그 구름 속에서 모세를 부르셨다.

17 이스라엘 백성들의 눈에는 야훼의 영광이 마치 그 산봉우리를 태우는 불처럼 보였다.

18 모세는 구름을 뚫고 산으로 올라가 사십 주야를 그 산에서 지냈다.

신학적 관점

본문은 예수 변모 이야기를 위한 서곡이자 짝이 되는 이야기이다.

출애굽기에서 본문은 율법에 관한 말씀으로부터(20:1-23:19) 예배에 관한 말씀으로(25:1-31:17) 넘어가는 연결 부분이다. 본문은 두 부분으로 나눠지는데, 앞부분은 십계명 돌판 이야기이고, 뒷부분은 모세가 구름 속에 머무는 장면을 보여준다. 앞부분은 귀로 듣는 행동에 관한 지침의 말씀인 반면, 뒷부분은 후에 언급될 제사장과 장막을 눈으로 볼 수 있도록 인도하고 있다. 곧, 본문은 시각과 청각을 동시에 이용하는 일종의 시청각(視聽覺, audio-visual) 본문이다. 모세를 부르시는 소명 또한 말씀과 불꽃이 함께 한다(3장). 이는 YHWH는

언어라는 인간 인식능력 밖, 곧 구름이라는 신비의 영역 안에 있는 초월의 존재임을 에둘러 말한다. YHWH의 임재는 때때로 짙은 구름, 곧 암흑(출 20:21)으로도 표기된다.

본문의 핵심은 십계명이 담긴 돌판이고, 십계명의 핵심은 안식일이다. "성서적 유일신교는 시대를 수천 년 앞선 혁명이었다. 출애굽은 노예 해방 이상의 것이었다. 그것은 도덕적 지형을 다시 그린 것이었다. 하느님의 형상이 왕뿐 아니라 인간 그 자체에서 발견된다면, 인간을 비인간화하는 모든 권력은 그 자체로 권력 남용이다. 거의 모든 고대 사상가들이 자연 질서의 일부로 여겼던 노예제도가 처음으로 의문시되었다. 물론 토라는 그것을 허용한다. … 하지만 토라는 여러 면에서 노예제도를 제한함으로써(안식일, 7년 후 해방 등) 결국 노예제도가 폐지될 수 있는 길을 마련했다"(조너선 색스/김대옥 옮김, 『랍비가 풀어내는 출애굽기: 구원의 책』, 2025, 41).

목회적 관점

십계명은 시내산 광야에 머무는 해방의 백성들이 앞으로 새롭게 만들어 갈 세상에서 살아갈 지침, 곧 율법의 핵심이다. 이는 YHWH를 대신하여 성막 안에 머물게 된다. 그런데 이 십계명 돌판을 받게 되는 과정은 자연현상의 신비스러운 모습을 통해 일어난다. 공간적으로만이 아니라 시간적으로도 창조의 과정인 6일과 안식일 그리고 40이라는 신 상징 숫자와 함께 언급된다. 안식일, 40일은 평상시 날과 물리적으로 구별되지 않는다. 목회란 일상의 삶 속에서 하느님 임재의 순간을 눈치채고 거기에 의미를 더하여 교우들과 함께 나누는 일이다.

주석적 관점

모세가 시내산을 올라가는 24장은 율법 조항들로 이루어진 20-23장과 성막에 관한 25-31장 중간에 놓여 있다. 대부분의 학자들은 P 전승과 E 전승이 함께 들어가 있다고 본다. 후대 편집으로 인한 두 개의 전승이 어울려 여기저기에 놓여 있다. 예를 들면 모세는 여러 차례 산에 오르는데, 내려오는 얘기는 없다. 이는 이야기의 역사성을 이해하는 데 어려움이 된다. 그러나 중요한 것은 모세가 산을 오르고 내려오는 이야기가 아니라 YHWH 만남을 통해 율법과 토라의 말씀들을 받았다는 데 그 목적이 있다.

이야기의 점진성을 더하기 위해 '올라간다'('alah)는 동사가 네 번 반복된다. 여호수아의 지도력을 확증하기 위한 후대의 편집이다(*Feasting*, 437).

설교적 관점

설교는 기본적으로 하느님의 뜻을 인간의 언어로 전달하려 한다. 그러나 여기에는 한계가 있다. 이성적인 언어는 분석의 힘을 강하지만, 전체를 보는 능력은 감성적인 통찰에서 나온다. 예배 공간이 갖는 시각적 효과를 위해 많은 노력을 해야 한다. 설교 주제에 맞는 상징물들을 새로 더하거나 혹은 기존의 상징물이라도 장소 이동을 통해 새로운 통찰의 메시지를 줄 수 있다.

한강토(반도)에는 산이 많다. 많은 사람들이 평소에도 산 오르기를 즐겨하지만, 새해에는 해뜨기를 보기 위해 더욱 그러하다. 산마다 절과 산당과 기도원이 있고 신비성이 덧붙여진 얽힌 이야기들이 전해 내려온다. 광야와 사막으로 이루어진 시나이반도에 우뚝 솟은 산은 더욱 그러하다. 세계에서 가장 높은 산인 에베레스트를 올라가기 위해 사람들은 많은 돈과 시간은 물론 목숨까지도 담보한다. 왜 이러한 현상이 생기는 것인가? 신의 현현은 높은 곳에서만 일어나는 것인가?

6일 그리고 이의 완성으로서의 제7일은 YHWH 창조의 시간이다. 40일 또한 동서남북 사방을 뜻하는 4에 완전 숫자 10을 곱한 숫자이다. YHWH 통치의 상징이다. 그러나 땅에 거하던 아론과 백성들은 불안에 떨어 금송아지 우상을 만든다. 수요일부터 사순절이 시작한다. 이는 단순히 고난의 상징인가? 아니면 역으로 고난을 통한 YHWH의 통치를 확신하는 기간인가? 아니면 40일을 참지 못하고 내 속에 금송아지 우상을 만들 것인가?

시편 2

1 어찌하여 나라들이 술렁대는가? 어찌하여 민족들이 헛일을 꾸미는가?

2 야훼를 거슬러, 그 기름 부은 자를 거슬러 세상의 왕들은 들썩거리고 왕족들은 음모를 꾸미며

3 "이 사슬을 끊어 버리자!" "이 멍에를 벗어 버리자!" 한다마는

4 하늘 옥좌에 앉으신 야훼, 가소로와 웃으시다가

5 드디어 분노를 터뜨려 호통치시고 노기 띤 음성으로 호령하신다.

6 "나의 거룩한 시온산 위에 나의 왕을 내 손으로 세웠노라."

7 나를 왕으로 세우시며 선포하신 야훼의 칙령을 들어라. "너는 내 아들, 나 오늘 너를 낳았노라.

8 나에게 청하여라. 만방을 너에게 유산으로 주리라. 땅 끝에서 땅 끝까지 너의 것이 되리라.

9 저들을 질그릇 부수듯이 철퇴로 짓부수어라."

10 왕들아, 이제 깨달아라. 세상의 통치자들아, 정신을 차려라.

11 경건되이 야훼께 예배드리고 두려워 떨며 그 발 아래 꿇어 엎드려라.

12 자칫하면 불붙는 그의 분노, 금시라도 터지면 살아 남지 못하리라. 그분께 몸을 피하는 자 모두 다 복되어라.

베드로후서 1:16-21

16 우리가 여러분에게 알려준 우리 주 예수 그리스도의 권능과 강림의 이야기는 사람들이 꾸며낸 신화에서 나온 것이 아닙니다. 우리는 그분이 얼마나 위대한 분이신지를 우리의 눈으로 보았습니다.

17 그분은 분명히 하느님 아버지로부터 영예와 영광을 받으셨습니다. 그것은 최고의 영광을 지니신 하느님께서 그분을 가리켜 "이는 내 사랑하는 아들, 내 마음에 드는 아들이다." 하고 말씀하시는 음성이 들려왔을 때의 일입니다.

18 우리는 그 거룩한 산에서 그분과 함께 있었으므로 하늘에서 들려오는 그 음성을 직접 들었습니다.

19 이것으로 예언의 말씀이 더욱 확실해졌습니다. 여러분의 마음속에 동이 트고 샛별이 떠오를 때까지는 어둠 속을 밝혀주는 등불을 바라보듯이 그 말씀에 주의를 기울이는 것이 좋겠습니다.

20 그리고 무엇보다도 먼저 알아야 할 것은 성서의 어떤 예언도 임의로 해석해서는 안 된다는 점입니다.

21 예언은 인간의 생각에서 나온 것이 아니라 사람들이 성령에 이끌려서 하느님께로부터 말씀을 받아 전한 것입니다.

신학적 관점

역사적 예수와 하느님의 아들로서의 그리스도 신앙은 동전의 앞뒤 마냥

그 자체로 하나이지 따로 떼어놓을 수 없다.

　　사도 베드로는 예수의 재림을 의심하는 사람들에게 자신이 직접 경험한 변모산 이야기를 통해 이것이 분명코 올 것이라고 말한다. 곧, 예수 그리스도의 변모 영광은 단지 과거의 일회적 사건으로 그치는 것이 아닌 구원의 주재자로서 동시에 역사의 심판자로서 오실 미래의 전조임을 밝히고 있다. 변모는 예수 그리스도 안에 하느님이 드러난 사건이며, 이는 성령을 통해 우리에게 알려진다. 이는 곧 삼위일체적 사건이다.

목회적 관점

　　교인들에게 있어 신비 경험은 하나의 뜨거운 감자 마냥 포기할 수도, 그렇다고 이것만을 추구할 수도 없는 신앙의 딜레마이다. 신비 경험을 한 사람은 그런 경험이 없는 교우들을 은근히 낮춰보는 경향이 있으며, 반대로 이를 신앙의 중요한 목표로 추구할 때 잘못하면 일상의 삶이 무너지기 쉽다. (개인의) 신비 경험은 미래에 닥칠 (공동체의) 고난을 헤쳐 나갈 힘의 원천으로서 그 의의가 있다.

주석적 관점

　　20절의 '성경의 모든 예언'에서 '성경'은 구체적으로 어떤 책을 일컫는 것이며 또 '예언'은 무엇을 의미하는 것인가? 제1성서 전체를 두고 한 말인가? 토라만을 일컫는 말인가? 예언서를 두고 한 말인가? 아니면 제2성서의 복음서나 바울 서신까지도 포함하는 것일까? 베드로서를 베드로가 직접 썼다고 한다면 시기적 으로는 제1성서만을 두고 한 말이라고 볼 수밖에 없다.

　　성서학자들은 베드로서는 후대에 베드로의 제자들이 기록했으며, 이는 사후 의 삶이나 인간 역사의 신적 개입을 부정했던 에피큐리안 학파에 대항하여 기록되었다고 본다. 특히 베드로후서 3장 16절에는 바울 서신에 대한 언급이 나오는데, 이는 서기 2세기에 일어난 바울 서신에 대한 논쟁을 반영한다(*Feasting*, 451).

설교적 관점

베드로가 경험한 예수 변모 사건은 재림을 알리는 사건임을 말한다(16절). 재림을 어떻게 이해하고 설교할 것인가? 십자가에 달려 죽으셨던 그 모습으로 창 자국과 못 자국을 지닌 그 30대의 모습으로 천사들에 둘러싸여 하늘 구름을 뚫고 나타나신다는 것인가? 이는 이천 년 전 고대인들의 삼층 세계관에 맞춘 설명이다. 오히려 베드로 서신이나 데살로니가 서신들은 이렇게 이해하고 하늘만을 쳐다보고 살아가는 초대 교인들을 향해 그런 것이 아니라고 계속해서 말씀한다. 예수의 재림에 관해서는 현대인들이 이해하고 받아들일 수 있는 새로운 관점이 필요하다. 태양계의 우주를 넘어 블랙홀을 관찰하려고 시도하는 인공위성의 시대, 핵무기와 자연재해로 인한 지구 멸망이 단순한 위협이 아닌 현실로 다가온 오늘의 시대에 맞는 해석은 어떤 것들이 있는가? 예수 재림은 재림 자체가 목적이 아니라 인간 세계에 만연한 불의와 부정, 차별과 전쟁의 폭력을 끊어내고 하느님이 다스리는, 곧 하느님의 가치(평화, 사랑, 생명, 정의, 평등)가 실현되는 새로운 세계를 세우기 위함이다.

마태복음 17:1-9

1 엿새 후에 예수께서는 베드로와 야고보와 야고보의 동생 요한만을 데리시고 따로 높은 산으로 올라가셨다.

2 그때 예수의 모습이 그들 앞에서 변하여 얼굴은 해와 같이 빛나고 옷은 빛과 같이 눈부셨다.

3 그리고 난데없이 모세와 엘리야가 나타나서 예수와 함께 이야기하고 있었다.

4 그때에 베드로가 나서서 예수께 "주님, 저희가 여기에서 지내면 얼마나 좋겠습니까! 괜찮으시다면 제가 여기에 초막 셋을 지어 하나는 주님께, 하나는 모세에게, 하나는 엘리야에게 드리겠습니다." 하고 말하였다.

5 베드로의 이 말이 채 끝나기도 전에 빛나는 구름이 그들을 덮더니 구름 속에서 "이는 내 사랑하는 아들, 내 마음에 드는 아들이니 너희는 그의 말을 들어라." 하는 소리가 들려왔다.

6 이 소리를 듣고 제자들은 너무도 두려워서 땅에 엎드렸다.

7 예수께서 그들에게 가까이 오셔서 손으로 어루만지시며 "두려워하지 말고 모두 일어나라." 하고 말씀하셨다.

8 그들이 고개를 들고 쳐다보았을 때는 예수밖에 아무도 보이지 않았다.

9 예수께서 제자들과 함께 산에서 내려오시는 길에 "사람의 아들이 죽었다가 다시 살아날 때까지는 지금 본 것을 아무에게도 말하지 마라." 하고 단단히 당부하셨다.

신학적 관점

초현실의 신비는 고난에 찬 현실에 비추어서만 그 의미가 살아난다. 왜냐하면 신학에 있어 가장 근본적이고 궁극적인 질문과 답은 현실의 삶 속에서 "너희는 나를 누구라 하느냐?"는 질문에 대한 우리의 고백이 담긴 삶이기 때문이다.

본문을 역사적 사실로 받아들일 수 있는 근거는 성서는 거짓이나 실수가 전혀 없다고 하는 근본주의 기독교 안에서만 통용이 되는 '성서무오설' 교리밖에 없다. 우리는 이 이야기를 객관적 사실로 읽으면 자연스럽게 다음과 같은 질문이 생긴다. 첫째, 왜 세 제자만 따로 데리고 갔는가? 열두 제자가 다 같이 올라갔다면 후에 배반한 가룟유다의 경우 하늘 신비의 한계를 지적받았을 것이다. 둘째, 요한은 이런 얘기를 전하지 않아 굳이 문제가 되지는 않지만, 도마의 부활 의심 이야기 또한 문제 제기가 된다. 셋째, 세 제자의 경우에도 비슷한 질문이 생긴다. 베드로는 왜 마지막에 이르러 예수를 세 번 부인했고, 야고보와 요한은 어머니를 내세워 예수가 왕이 되면 좌우에 머무는 세도가가 되기를 원했는가? 죽음도 권력도, 세상에 속한 모든 것을 하나의 물거품으로 만드는 초자연적인 신비한 경험을 했던 제자들이 왜 이런 이해할 수 없는 행동을 하였는가? 신비 체험의 한계를 지적하기 위한 의도인가? 이러저러한 문제 제기에도 불구하고 여전히 변모 이야기는 이어지는 세대에서 예수따르미들이 로마제국의 정치적 박해를 이겨나도록 하기 위한 신학적인 의도가 있었다는 점은 분명하다.

목회적 관점

신비 경험을 한 사람들은 그 상태에 그대로 머물기를 원한다. 베드로 또한 너무 좋아 초막을 짓겠다고 한다. 그러나 하늘에서는 예수의 말을 들으라고 하는 하늘의 음성이 들린다. 어떤 말씀인가? 본문 바로 앞에 있는 구절 "누구든지 나를 따라오려거든 자기를 부인하고 자기 십자가를 지고 나를 따를 것이니라.

누구든지 제 목숨을 구원코자 하면 잃을 것이요 나를 위하여 제 목숨을 잃으면 찾으리라"이다. 참다운 신비는 하늘로 이끄는 것이 아니라 땅의 현실을 바로 직시할 수 있도록 이끈다.

주석적 관점

'엿새 뒤.' 문맥상으로 보면 16장 후반부 빌립보 가이사랴 지방에서 있었던 "너희는 나를 누구라 생각하느냐?"는 질문에 베드로의 "주는 그리스도시오 살아계신 하느님의 아들입니다"라는 고백과 예수의 칭찬이 있고 나서, 예수의 십자가 고난 예언이 있자 베드로가 이를 단호하게 거부하고, 이에 예수는 "사탄아, 내 뒤로 물러가라!"는 쌍방의 고함이 오고 간 엿새 뒤를 말한다. 창조 사건에 비교하자면 엿새 뒤는 안식일로 창조의 완성을 의미한다. 그렇다면 이는 예수 사역의 완성이라는 말이 된다.

흔히 말라기 마지막 말씀에 근거해서 모세는 제사장들의 율법을 대표하고, 엘리야는 예언자를 대표한다고 해석한다. 성서적 관점에서 모세와 엘리야는 둘 다 제사장이면서 예언자였다. 모세는 성전 제사를 연 사람으로 제사장으로 이해가 될뿐더러 히브리 노예들을 해방시킨 정치적 메시아였고, 엘리야 또한 아합과 이세벨의 국가 권력을 비판하는 정치적 메시아임과 동시에 갈멜산의 제물을 통해 하느님의 응답을 받은 제사장이기도 했다. 오히려 당시 민중들은 오실 메시아로 모세와 엘리야를 기다렸다고 보는 편이 옳을 것이다. 왜냐하면 엘리야는 하늘로 곧장 올라갔고, 모세 또한 죽었지만 그 무덤이 없다(혹은 발견할 수 없다)는 의미에서 하늘로 올라간 사람으로 이해할 수 있기 때문이다. 예수야말 로 하느님의 아들로서의 참 메시아임을 모세와 엘리야가 증언자로 나선 것으로 이해하는 것이 옳겠다.

베드로와 야고보, 요한 형제를 다른 제자들보다 높이 세우기 위함인가? 예수께서 제자들 사이에 계급을 두었다고 보기는 어렵다. 모세가 아론, 나답, 아비후와 함께 시내산에 올라가는 일을 떠올리게 한다.

설교적 관점

종교는 신을 경험하는 초월적 영역이 있기에 당연히 신비로운 이야기들이 있을 수밖에 없다. 그러나 신비에 너무 매이면 신앙의 비역사화가 일어나게 되어 이단이 될 가능성이 농후해진다.

돈 큐핏(Don Cupitt)은 탈근대화(post-Modernism)의 시대에서 탈기독교적(post-Christian) 삶을 살아가는 현대인들에게 "하늘을 바라보는 전통적인 방식의 종교는 더 이상 작동하지 않는다"고 말한다. "종교는 우리가 그저 일상의 단순한 삶을 살면서 어떻게 영원한 기쁨을 찾을지에 관한 것이다. 우리는 더 이상 어떤 식으로든 '위를' 쳐다보지 않는다"(돈 큐핏/안재형 옮김, 『우리 위에는 하늘뿐: 일상생활의 종교』, 한국기독교연구소, 2022, 10-13).

예수 변모 사건은 십자가 죽음이 기다리는 예루살렘을 향해 올라가는 마지막 여정에서 일어난다. 이미 앞 절에서 이를 피하려는 행동은 사탄의 짓임을 베드로를 통해 강력하게 예고했다. 그렇다면 십자가 이후에 오는 상이 무엇인지를 보여주어야 한다. 말하자면 하늘의 변모 이야기는 당시 마태 공동체 신도들이 당면한 로마제국의 박해와 십자가 형틀이라는 공포의 눈으로 읽어야 한다. 곧, 이는 하늘 신비의 이야기가 아닌 현장(Sitz im Leben)으로서 삶의 투쟁 이야기다. 마태가 복음서를 쓰던 당시는 예루살렘 성전이 파괴된 후였으며, 율법 유대교를 대신한 동시대의 랍비 유대교는 어떻게 성전 희생 제사를 계속할 수 있을 것인가에 대한 논의가 분분하였다. 이때 마태 공동체는 예수 변모 이야기를 통해 눈에 보이지 않는 새로운 성전을 제시한 것으로 볼 수 있다. 이 경우 '초막'은 단지 임시 거주지로서의 천막이 아닌 출애굽 시대의 광야에서의 성전 초기 형태인 '성막'으로 이해된다.

이제 성회 수요일부터 예수 고난에 참여하는 사순절이 시작한다. 이는 예수의 광야 40일 기도, 히브리 백성들의 광야 40년 훈련 그리고 엘리야의 광야 40일 순례를 대변한다. 이외 노아 홍수, 예수 족보 등등 40에 관련된 여러 성서의 기록들이 있다. 십자가 고난에 참여하는 교우들에게 사순절이 갖는 성서적 의미와 40일을 견디어 낸 자들만이 갖는 예수 부활/승천과 함께 찾아오는 삶의 승리를 노래하는 일은 설교자만이 갖는 특권이다.

재의 수요일(Ash Wednesday)

사 58:1-12; 시 51:1-17; 고후 5:20b-6:10; 마 6:1-6, 16-21

이사야 58:1-12

1 "목청껏 소리질러라. 네 소리, 나팔처럼 높여라. 내 백성의 죄상을 밝혀주어라. 야곱 가문의 잘못을 드러내어라.

2 그들은 나를 날마다 찾으며, 나의 뜻을 몹시도 알고 싶다면서, 마치 옳은 일을 해 온 백성이기나 하듯이, 자기 신의 법을 어기지 않은 백성이기나 하듯이, 무엇이 옳은 법인지 나에게 묻고 하느님께 가까이 나가고 싶다면서

3 한다는 소리는, '당신께서 보아주시지 않는데 단식은 무엇 때문에 해야 합니까? 당신께서 알아주시지 않는데 고행은 무엇 때문에 해야 합니까?' 그러면서 단식일만 되면 돈벌이에 눈을 밝히고 일꾼들에게 마구 일을 시키는구나.

4 그렇다, 단식한다는 것들이 시비나 하고 싸움이나 하고 가지지 못한 자를 주먹으로 치다니, 될 말이냐? 오늘 이따위 단식은 집어치워라. 너희 호소가 하늘에 들릴 리 없다.

5 이 따위 단식을 내가 반길 줄 아느냐? 고행의 날에 하는 짓이 고작 이것이냐? 머리를 갈대같이 구푸리기나 하고 굵은 베를 두르고, 재를 깔고 눕기나 하면 그것으로 다 될 듯싶으냐? 그게 이른바 단식이라는 것이냐? 그러고도 야훼가 이 날 너희를 반길 듯싶으냐?

6 내가 기뻐하는 단식은 바로 이런 것이다." 주 야훼께서 말씀하셨다. "억울하게 묶인 이를 끌러주고 멍에를 풀어주는 것, 압제받는 이들을 석방하고 모든 멍에를 부수어버리는 것이다.

7 네가 먹을 것을 굶주린 이에게 나눠주는 것, 떠돌며 고생하는 사람을 집에 맞아들이고 헐벗은 사람을 입혀주며 제 골육을 모르는 체하지 않는 것이다.

8 그렇게만 하면 너희 빛이 새벽 동이 트듯 터져 나오리라. 너희 상처는 금시 아물어 떳떳한 발걸음으로 전진하는데 야훼의 영광이 너희 뒤를 받쳐주리라.

9 그제야, 네가 부르짖으면, 야훼가 대답해 주리라. 살려달라고 외치면, '내가 살려주마.' 하리라. 너희 가운데서 멍에를 치운다면, 삿대질을 그만두고 못된 말을 거둔다면,

10 네가 먹을 것을 굶주린 자에게 나누어주고 쪼들린 자의 배를 채워준다면, 너의 빛이 어둠에 떠올라 너의 어둠이 대낮같이 밝아오리라.

11 야훼가 너를 줄곧 인도하고 메마른 곳에서도 배불리며 뼈 마디마디에 힘을 주리라. 너는

물이 항상 흐르는 동산이요 물이 끊어지지 않는 샘줄기,

12 너의 아들들은 허물어진 옛 터전을 재건하고 오래오래 버려두었던 옛 터를 다시 세우리라. 너는 '갈라진 성벽을 수축하는 자', '허물어진 집들을 수리하는 자'라고 불리리라."

신학적 관점

단식은 죽음과 가장 가까이 다가가는 신앙 훈련으로 정신적 · 육체적으로 매우 고통스러운 일이다. 그런데 신앙 행위의 최고봉이라 일컫는 금식을 철저하게 비판하고 있다. 제3이사야의 주제는 구속 신학이다. 구속은 무엇인가? 대신 희생함으로 얻어진다는 것이다. 자신의 몸을 드린다는 것 이상의 희생은 없다. 그러나 본문은 일종의 종교적 행위로 진행되는 단식의 희생은 참 희생이 아님을 말하고 있다. YHWH를 믿고 따르는 신앙의 근본이 무엇인지를 이보다 더 명확하게 밝힐 수는 없다. 신학(神學)은 학(學) 이전에 신(神)의 부름에 대한 실천 행위이다.

고대에는 전쟁이나 기근과 같은 비극적인 상황을 벗어나기 위해 집단으로 행했다. 고통의 희생을 통해 신을 기쁘게 함으로 그 마음을 돌리게 한다는 차원이다. 신의 뜻에 더 가깝게 다가가기 위해서가 아닌 인간의 뜻을 성취하기 위한 팔 비틀기 억지 형식이다.

목회적 관점

금식의 효과는 1. 영의 회복, 2. 치유, 3. 내적 확신, 4. 하느님과의 친밀한 관계에 있다.

향린교회 목회 시절 새해 그리고 사순절 기간에 5일 단식기도 훈련을 진행했다. 대부분이 직장인들이었기에 효소 단식으로 새벽에는 30분, 저녁에는 두 시간 프로그램으로 진행했다. 렉티오 디비나와 매일 성찰의 글, 생명평화결사에서 만든 백 배 절하기, 유언장 쓰기, 목요촛불거리기도회(노동자 천막농성 현장) 참석 등이었다.

주석적 관점

12절은 바빌론 포로로부터 예루살렘으로 귀환한 상황을 말하고 있다. 새로운 사회 건설은 단지 성벽 재건만이 아닌 민족 공동체('너희 아들들')의 회복이 더 소중한 일이었음을 밝히 말한다.

설교적 관점

6-7절에서 금식의 근본 목적은 종교적 행위가 아닌 정의와 인애, 평등한 사회 실현을 위한 정치적 행위임을 분명히 말하고 있다. 한두 사람에게 베푸는 선행을 넘어서 사회구조를 바꾸어 내는 일이 참다운 금식임을 외치고 있다. 6-7절의 확대 구절인 이사야 61장 1-2절의 말씀을 예수께서는 하느님 나라 지상 사역 첫 시작을 알리는 말씀으로 대신하였다(눅 4:16). 곧, 이는 성서 전체를 관통하는 하느님 나라의 정수(精髓)가 되는 말씀이다.

단식이라는 종교적 행위는 하나의 신앙 훈련 프로그램일 따름이다. 단식의 목적은 배고픔을 통해 육신의 욕망으로부터 벗어나 타인의 배고픔에 함께 아파하는 예민성을 키우기 위함이다. 간혹 외국의 사례에서 교회나 성당 본당을 노숙인들의 쉼터로 제공하는 예를 본다. 하느님 신앙의 본질이 가난한 자에 대한 사랑의 실천이라면, 하느님의 뜻을 찾고 하느님의 영광을 드러내기 위한 예배의 목적 또한 그러할 것이고 교회당의 설립 목적 또한 그러할 것이다.

우리나라는 금수저와 흙수저 사이의 넘나들 수 없는 높은 벽과 북한 악마화로 인한 생명 경시 현상으로 인해 부동의 세계 최고의 자살률, 최저의 출산율 국가로 자리매김하였다.

(주현절 후 다섯째 주일 본문과 같음.)

시편 51:1-17

1 하느님, 선한 이여, 나를 불쌍히 여기소서. 어지신 분이여, 내 죄를 없애주소서.
2 허물을 말끔히 씻어주시고 잘못을 깨끗이 없애주소서.

3 내 죄 내가 알고 있사오며 내 잘못 항상 눈앞에 아른거립니다.

4 당신께, 오로지 당신께만 죄를 얻은 몸, 당신 눈에 거슬리는 일을 한 이 몸, 벌을 내리신들 할 말이 있으리이까? 당신께서 내리신 선고 천번 만번 옳사옵니다.

5 이 몸은 죄 중에 태어났고, 모태에 있을 때부터 이미 죄인이었습니다.

6 그러나 당신은 마음속의 진실을 기뻐하시니 지혜의 심오함을 나에게 가르쳐주소서.

7 정화수를 나에게 뿌리소서, 이 몸이 깨끗해지리이다. 나를 씻어주소서, 눈보다 더 희게 되리이다.

8 기쁨과 즐거움의 소리를 들려주소서. 꺾여진 내 뼈들이 춤을 추리이다.

9 당신의 눈을 나의 죄에서 돌리시고 내 모든 허물을 없애주소서.

10 하느님, 깨끗한 마음을 새로 지어주시고 굳굳한 뜻을 새로 세워주소서.

11 당신 앞에서 나를 쫓아내지 마시고 당신의 거룩한 뜻을 거두지 마소서.

12 그 구원의 기쁨을 나에게 도로 주시고 변치 않는 마음 내 안에 굳혀주소서.

13 죄인들에게 당신의 길을 가르치리니 빗나갔던 자들이 당신께로 되돌아오리이다.

14 하느님, 내 구원의 하느님, 죽음의 형벌에서 이 몸을 건져주소서. 이 혀로 당신의 정의를 높이 찬양하리이다.

15 나의 주여, 내 입술을 열어주소서. 이 입으로 주를 찬양하리이다.

16 당신은 제물을 즐기지 아니하시며, 번제를 드려도 받지 아니하십니다.

17 하느님, 내 제물은 찢어진 마음뿐, 찢어지고 터진 마음을 당신께서 얕보지 아니하시니,

고린도후서 5:20b-6:10

20 하느님과 화해하십시오. 이것은 결국 하느님께서 우리를 시켜 호소하시는 말씀입니다.

21 우리를 위해서 하느님께서는 죄를 모르시는 그리스도를 죄 있는 분으로 여기셨습니다. 그래서 우리는 그리스도로 말미암아 하느님께로부터 무죄 선언을 받게 되었습니다.

1 우리는 하느님과 함께 일하는 사람으로서 여러분에게 간곡히 부탁합니다. 여러분이 받은 하느님의 은총을 헛되게 하지 마십시오.

2 하느님께서는, "너에게 자비를 베풀 만한 때에 네 말을 들어주었고 너를 구원해야 할 날에 너를 도와주었다." 하고 말씀하셨습니다. 지금이 바로 그 자비의 때이며 오늘이 바로 구원의 날입니다.

3 우리가 하는 전도 사업이 비난을 받지 않기 위해서 우리는 사람들의 비위를 상하게 하는 일은 조금도 하지 않으려고 합니다.

4 우리는 무슨 일에나 하느님의 일꾼으로서 일할 따름입니다. 그래서 우리는 환난과 궁핍과 역경도 잘 참아냈고

5 매질과 옥살이와 폭동을 잘 겪어냈으며 심한 노동을 하고 잠을 못 자고 굶주리면서도 그 고통을 잘 견디어냈습니다.

6 우리는 순결과 지식과 끈기와 착한 마음을 가지고 성령의 도우심과 꾸밈없는 사랑과

7 진리의 말씀과 하느님의 능력으로 살고 있습니다. 두 손에는 정의의 무기를 들고

8 영광을 받거나 수치를 당하거나 비난을 받거나 칭찬을 받거나 언제든지 하느님의 일꾼답게 살아갑니다. 우리는 속이는 자 같으나 진실하고

9 이름 없는 자 같으나 유명하고 죽은 것 같으나 이렇게 살아 있습니다. 또 아무리 심한 벌을 받아도 죽지 않으며

10 슬픔을 당해도 늘 기뻐하고 가난하지만 많은 사람을 부요하게 만들고 아무것도 가진 것이 없지만 사실은 모든 것을 가지고 있습니다.

신학적 관점

사순절(四旬節, Lent)은 하느님과 화해하는 일에서부터 시작한다. 이는 우리의 선한 공로를 통해서가 아니라 예수 그리스도의 십자가 죽음을 통하여 일어난다. 자기 죽음 경험이다. 대속(代贖) 신앙(21절)을 넘어 자속(自贖) 신앙(1절)으로 나아가야 한다. 그리고 이 자속 신앙은 세상을 향해 자신을 또 하나의 대속물로 내어놓는 헌신적 삶을 의미한다(3-10절). 이로써 그리스도의 의를 이룬다.

목회적 관점

그리스도인이라 하여 특별한 재주가 있는 것은 아니다. 다만 그리스도의 죽음을 통해 자기 죽음을 극복함으로 새로운 피조물로서 세상 사람과 다른 하늘 가치를 추구할 따름이다. 목회는 교인들로 하여금 하느님의 은총을 입은 자, 곧 하늘 시민권자임을 깨우치는 일이다.

주석적 관점

바울은 그의 적대자들로부터 비난을 받음으로 인해 자신을 변호하고 있다. 첫째, 그는 후원자가 없다는, 곧 주위 사람들로부터 신뢰를 받지 못하고 있다는 비난을 받았다. 그러자 그는 남에게 피해를 주지 않기 위해 자비량 선교를 한다고 변호한다(3절). 둘째, 그는 세상 능력이 없다고 비난을 받았다. 곧, 외적인 화려함이 없었다. 이에 바울은 복음은 외적 능력이 아닌 내적 능력에 있음을 강조한다.

설교적 관점

하느님의 능력으로 살아간다는 신앙 고백은 세상 안에서 주위 사람들의 부러움을 일으키는 편안함을 누리는 일이 아니라 환난과 궁핍과 역경을 당할지라도 이를 견뎌내는 힘을 말한다. 신앙은 세상의 눈으로 볼 때는 아무것도 가진 것이 없지만, 하느님의 자녀로서 세상 모든 것을 누리는 모순을 경험하는 일이다.

마태복음 6:1-6, 16-21

1 "너희는 일부러 남들이 보는 앞에서 선행을 하는 일이 없도록 하여라. 그렇지 않으면 하늘에 계신 아버지에게서 아무런 상도 받지 못한다."

2 "자선을 베풀 때에는 위선자들이 칭찬을 받으려고 회당과 거리에서 하듯이 스스로 나팔을 불지 마라. 나는 분명히 말한다. 그들은 이미 받을 상을 다 받았다.

3 자선을 베풀 때에는 오른손이 하는 일을 왼손이 모르게 하여

4 그 자선을 숨겨두어라. 그러면 숨은 일도 보시는 네 아버지께서 갚아주실 것이다."

5 "기도할 때에도 위선자들처럼 하지 마라. 그들은 남에게 보이려고 회당이나 한길 모퉁이에 서서 기도하기를 좋아한다. 나는 분명히 말한다. 그들은 이미 받을 상을 다 받았다.

6 너는 기도할 때에 골방에 들어가 문을 닫고 보이지 않는 네 아버지께 기도하여라. 그러면 숨은 일도 보시는 아버지께서 다 들어주실 것이다."

16 "너희는 단식할 때에 위선자들처럼 침통한 얼굴을 하지 마라. 그들은 단식한다는 것을 남에게 보이려고 얼굴에 그 기색을 하고 다닌다. 나는 분명히 말한다. 그들은 이미 받을 상을 다 받았다.

17 단식할 때에는 얼굴을 씻고 머리에 기름을 발라라.

18 그리하여 단식하는 것을 남에게 드러내지 말고 보이지 않는 네 아버지께 보여라. 그러면 숨은 일도 보시는 아버지께서 갚아주실 것이다."

19 "재물을 땅에 쌓아두지 마라. 땅에서는 좀먹거나 녹이 슬어 못쓰게 되며 도둑이 뚫고 들어와 훔쳐간다.

20 그러므로 재물을 하늘에 쌓아두어라. 거기서는 좀먹거나 녹슬어 못쓰게 되는 일도 없고 도둑이 뚫고 들어와 훔쳐가지도 못한다.

21 너희의 재물이 있는 곳에 너희의 마음도 있다."

신학적 관점

1절 '선행'(dikaiosynen)은 의(義)에 기초한다. 의를 하느님을 닮으려는 행위

(경건)로 이해한다면 본문은 단순히 신앙생활에 관한 설명이라기보다는 믿음의 근본을 다루고 있는 신학 해제(解題)이다. 재물은 믿음에 상관없이 누구나가 소중히 여기는 세상 자산이지만, 자선(eleemosunen), 기도, 단식은 모두 신앙인들이 가장 소중히 여기는 하늘 자산(資産)이다. 그런데 세상 자산도 그러하지만, 하늘 자산 또한 그 동기가 순수해야 한다. 이 두 단락의 말씀들은 중간에 놓여 있는 '주의 기도'에 대한 주해(註解)의 성격을 갖고 있으며 율법의 핵심 요구 사항들이다.

목회적 관점

사순절은 자기 십자가 고난과 죽음을 준비하며 신앙의 근본을 찾는 절기다. 구제, 기도, 단식은 목회자들은 물론 교회 지도자들이 가장 유혹 당하기 쉬운 신앙이다. 속사람의 거룩한 동기로 시작하지만, 행위이기에 어쩔 수 없이 겉 사람의 자랑거리로 드러나게 된다. 무인도에서 홀로 살아가지 않는 한, 매 순간순간을 자신과의 내적 싸움에서 이기는 길 외에 다른 길은 없다. 상은 두 번 주어지지 않는다! 세상에서 받든가 아니면 하늘에서 받든가!

주석적 관점

5절 '한길'(plateia)은 작은길이 아닌 크게 열린 길을 뜻한다. '큰길 모퉁이' 혹은 '광장 모퉁이'로 번역함이 더 적절하다.

6절 '골방'(tameion)은 집안의 개인 방 혹은 농가에서 양식을 저장하는 창고, 광을 뜻한다. 곧, 골방에는 자신이 중요하게 여기는 재물이 놓여 있다. 따라서 골방에서 기도한다는 것은 비밀리에 사적(私的)으로 하느님과 대화한다는 의미도 있지만, 동시에 자기의 눈앞에 보이는 재물들을 어떻게 사용할 것인가 하는 공적(公的) 책임과도 긴밀하게 연결되어 있다(19-20절).

16절 "얼굴에 그 기색을 하고 다닌다(aphanizo)"는 배우가 가면(假面)을 쓴 것처럼 얼굴이 맨살 그대로 드러나지 않는 상태, 곧 얼굴을 씻지 않는다는 말이다. '위선자'(hypokritai, 僞善者, hypocrite) 역시 원래는 헬라 연극에서 가면을 쓴 배우들을 칭하는 용어다. 당시 단식하는 사람은 자루 모양의 옷을 입고 재를 머리에 뒤집어쓰며 얼굴에 기름을 바르지 않고 맨발로 다녔다. 겉모습에서부터 단식하는 사람은 그렇지 않은 사람과 판연히 달랐다. 중요한 것은 그 속마음이다. 이 속마음이 깨끗한가, 그렇지 않은가에 대한 판단은 이웃을 향한 자선(慈善)에 달려 있다(21절). 이사야는 하느님이 기뻐하시는 단식에 대해 명확하게 설명한다(58:6-7).

설교적 관점

사순절이 시작하는 재의 수요일이다. 전통적으로 일 년 전 종려주일 예배에서 받았던 종려나무 가지를 벽에 걸어놓았다가 이를 가져와 불에 태워 재를 내게 한다. 예수가 예루살렘 입성 시 군중들은 예수를 군사적 메시아("호산나! 다윗의 아들로 오시는 이여!")로 기대하고 종려나무 가지를 흔들며 환호했다. 곧, 종려나무 가지에는 인간 욕망 성취라는 세속적 가치와 기대가 담겨 있다. 그러나 예수는 십자가에 처형 당함으로 자신들이 바라던 꿈들이 허망하게 깨어졌다. 곧, 종려나무 가지를 태워 재를 내어 이마에 바르는 행위는 잘못된 기대에 대한 참회를 뜻한다. 필자는 불에 쉽게 타는 한지(韓紙)에 '참회 기도문'을 쓰게 하고 제단 촛불에 불을 붙여 항아리에 넣도록 하였다. 그리고 그 재로 이마에 십자가를 그은 다음, "너는 흙에서 왔으니 흙으로 돌아갈지니라!" 하고 말했다. 설교 후 성찬식을 통해 '하느님의 자녀'로 거듭났음을 확인했다.

사순절

사순절 첫째 주일

창 2:15-17, 3:1-7; 시 32; 롬 5:12-19; 마 4:1-11

창세기 2:15-17; 3:1-7

15 야훼 하느님께서 아담을 데려다가 에덴에 있는 이 동산을 돌보게 하시며

16 이렇게 이르셨다. "이 동산에 있는 나무 열매는 무엇이든지 마음대로 따먹어라.

17 그러나 선과 악을 알게 하는 나무 열매만은 따먹지 마라. 그것을 따먹는 날, 너는 반드시 죽는다."

1 야훼 하느님께서 만드신 들짐승 가운데 제일 간교한 것이 뱀이었다. 그 뱀이 여자에게 물었다. "하느님이 너희더러 이 동산에 있는 나무 열매는 하나도 따먹지 말라고 하셨다는데 그것이 정말이냐?"

2 여자가 뱀에게 대답하였다. "아니다. 하느님께서는 이 동산에 있는 나무 열매는 무엇이든지 마음대로 따먹되,

3 죽지 않으려거든 이 동산 한가운데 있는 나무 열매만은 따먹지도 말고 만지지도 말라고 하셨다."

4 그러자 뱀이 여자를 꾀었다. "절대로 죽지 않는다.

5 그 나무 열매를 따먹기만 하면 너희의 눈이 밝아져서 하느님처럼 선과 악을 알게 될 줄을 하느님이 아시고 그렇게 말하신 것이다."

6 여자가 그 나무를 쳐다보니 과연 먹음직하고 보기에 탐스러울뿐더러 사람을 영리하게 해줄 것 같아서, 그 열매를 따먹고 같이 사는 남편에게도 따주었다. 남편도 받아먹었다.

7 그러자 두 사람은 눈이 밝아져 자기들이 알몸인 것을 알고 무화과나무 잎을 엮어 앞을 가렸다.

신학적 관점

익숙한 이야기이지만, 몇 가지 신학적 난제가 있다. 첫째, 전지전능하신 하느님께서 아담의 타락을 이미 예견하셨다면 선악과나무에 접근하지 못하도록 애초부터 철조망을 쳐두거나 아니면 아예 만들지 않는 것이 옳지 않았을까? 아니면 최소한 유혹의 사탄 뱀이 접근하지 못하도록 예방했어야 하지 않았을까?

추방이 전제된(?) 인간의 복종에 대한 자유의지를 시험하신 일은 신학적으로 타당한가? 달리 말해 부모가 어린 자녀에게 옆에 칼을 놓고 이를 만지면 다친다고 경고하는 것은 옳은 일인가?

둘째, 아담의 타락은 기독교 원죄설에 성서적 기초가 된다. 아담조차도 억울한 면이 있지만, 누구인지 알지도 못하는 아담의 죄를 단지 호모사피엔스로 태어났다는 이유 하나 때문에 그의 죄를 우리가 담당하는 것은 타당한 일인가?

인간이 신의 형상을 갖고 태어났다는 의미는 피조물에 대한 청지기직을 뜻함과 동시에 인간 내면 안에 신성, 곧 선(善)적인 존재성을 의미한다. 이는 기독교가 말하는 원죄론과 대치된다. 바울이 말하는 원죄론(롬 3:23)은 인간의 유한성을 강조하는 의미에서 불안의 실존으로서의 의미이지 존재론적인 의미는 아니다. 예수는 오히려 당시 성전과 율법이 죄인으로 규정한 가난한 사람들과 병자들과 세리들과 여인들을 하느님의 자녀로 불렀다.

셋째, 이어지는 이야기에서 아담은 이브에게 그 책임을 돌린다. 이는 유대교와 기독교 신학에서 오랜 기간 여성 차별의 성서적 준거로 인용되었는데, 이는 옳은 해석인가? 여성신학적 관점에서 바른 해석이 있다면 무엇인가?

목회적 관점

교육의 목적은 선과 악을 구별하기 위함이다. 왜 하느님은 선과 악을 분별하는 지혜를 갖지 못하도록 했던 것인가? 본문에서 말하는 선악은 윤리 도덕적 판단이 아닌 고대에서 선과 악의 판단 주체가 되는 정치 종교의 수장인 권력자(왕)를 향한 비판이고, 뱀은 권력을 향한 인간의 욕망을 상징한다.

주석적 관점

에덴은 기쁨, 사치의 의미가 있다. 2장 15절의 '맡아서'와 '돌보게'로 번역된 히브리어 단어는 abad와 shamar이다. abad는 '봉사하다', '종으로서 섬긴다', shamar는 '보존하다', '보호하다'라는 뜻을 갖는다. 중동의 다른 민족의 설화들은 인간이 우연히 혹은 실수로 창조된 것으로 설명하는 반면, 창세기의 창조 설화는 인간은 신의 대행자로서의 세상을 아름답게 가꾸도록 부름을 받았으며, E 전승인 1장 28절과 달리 인간 중심('땅에 충만하라', '정복하라', '다스리라')만이 아닌 인간이 다른 피조물들의 이름을 지음으로 동반 관계를 맺는다(2:19, J 전승).

* '다스리게 하자'(aktakurieusate, archetosan)와 '다스리자'(archete) 두 헬라어 동사는 주님(kyrios)과 태초(arche, 머리)에서 온 것이다. 곧, 하느님의 형상과 모습대로 땅을 책임지고 다스리는 청지기 직을 의미한다. 이브가 선악과나무를 바라볼 때, 살 중의 살이요 뼈 중의 뼈라고 말했던 한 몸 아담은 어디에 있었는가? 여성인 이브를 이야기의 중심부에 두는 이유에 대하여 중동 신화 중의 하나인 길가메쉬에 따르면, 여신은 엔카두를 성적 대상으로 여겨 다른 동물들로부터 분리한다. 곧, 출산을 담당한 여성의 중심성이 에덴 이야기에서는 인간 타락의 원인 제공자로 비틀어서 말하고 있다.

* 창세기 2-11장은 메소포타미아의 전통적인 우주의 시작에 관한 이야기에 기반한다. 아담과 이브는 길가메쉬와 엔카두를 대체했고, 농부-목자 간, 형제간 갈등에서 가인과 아벨은 엔킴두와 두무지를 대체했고, 홍수와 방수 설화에서는 나오가 우트나피쉬팀을 대체했다(『카이사르에게 돌려주라』, 333).

* 필자가 1981년 봄 *LA Times* 일요판에서 읽은 기사에 따르면, 당시 여러 해 사해문서 연구에 관여했던 한 미국인 성서학자가 상당한 분량(5면 이상)의 중간 보고서에 해당하는 글을 실었는데, 이 보고서에는 매우 놀랄 만한 이야기가 실려 있었다. 이는 창세기 양피지 사본 여백에 중국의 초기 상형문자가 몇 개 그려져 있는데, 그중 마(魔) 자가 있다. 이는 (에덴동산의) 두 나무, 곧 생명나무와 선악과나무를 설명하고, 그 밑에는 (유혹의) 귀신이 있는데, 이는 곧 에덴동산의 이야기가 중국의 고대 설화에 영향을 받았다는 것을 의미한다. 이외 노아 홍수 이야기 옆에도 선(船) 자가 그려져 있다. 배를 뜻하는 주(舟) 자 옆에 여덟 명의 식구가 있는데, 방주에 들어갔던 노아의 식구 또한 여덟 명이다. 중국 홍수 설화에도 비슷한 이야기가 있다. 이는 애굽과 바빌론, 아시리아 제국들의 창조 설화 또한 중국 설화와 깊은 연관이 있음을 보여준다. 그런데 이후 80년이 지나도록 사해문서에 관한 학문적 글이 전혀 발표되지 않고 있다. 이는

이스라엘 정부가 정통 유대교 랍비들의 압력에 의해 이를 차단하고 있기 때문이라고 필자는 본다.

설교적 관점

첫 사람 '아담'(adam)은 흙으로부터 만들어지는데, 흙의 히브리 단어가 '아다마'(adamah)이다. '아담'이라는 단어 자체 안에 인간의 유한성을 내포한다. 마찬가지로 뱀의 특성을 뜻하는 '간교'는 히브리 말로 '하룸'('arum)인데, 선악과를 따먹고 자신들이 벌거벗은 것을 알았다고 말할 때 '벗음'을 뜻하는 히브리 말이 '하루밈'('arumim)이다. 그러므로 "옷을 벗은 것을 알았다"의 의미는 뱀과 같은 교활한 인간, 곧 처음의 언어를 살짝 비트는 언어 기술자로 변한 인간의 죄성을 고발한다.

첫 인간 아담과 하와는 선악과의 열매를 따먹으라는 뱀의 유혹에 넘어간다. 먹으면 눈이 떠져 하느님과 같이 될 것이라는 그 유혹이다. 그러나 결과는 영적 죽음이다. 열매를 따 먹은 후 그들은 두려움 속에 숨는다. 곧, 하느님과의 관계 단절이 일어나게 된다.

시편 32

1 복되어라, 거역한 죄 용서받고 죄 허물 벗겨진 자,
2 야훼께서 잘못을 묻지 않고 마음에 거짓이 없는 자.
3 나 아뢰옵지 않으려더니 온종일 신음 속에 뼈만 녹아나고
4 밤낮으로 당신 손이 나를 짓눌러 이 몸은 여름 가뭄에 풀 시들듯, 진액이 다 말라 빠지고 말았습니다. (셀라)
5 그리하여 당신께 내 죄를 고백하고 내 잘못 아니 감추어 "야훼여, 내 죄 아뢰옵니다" 하였더니, 내 잘못 내 죄를 용서하셨습니다. (셀라)
6 당신을 굳게 믿는 자 어려울 때에 당신께 기도하리이다. 고난이 물결처럼 밀어닥쳐도, 그에게는 미치지 못하리이다.
7 당신은 나에게 은신처, 내가 곤경에 빠졌을 때 건져주시어 구원의 노래 속에 묻히게 하셨습니다. (셀라)
8 "나는 너를 가르쳐 네 갈 길을 배우게 하고 너를 눈여겨보며 이끌어 주리라.

9 부디 철없는 말이나 노새처럼 되지 말아라. 재갈이나 굴레라야 그들을 휘어잡는다."

10 악인들에게는 고통도 많겠으나 야훼를 믿는 자는 한결같은 사랑 속에 싸이리라.

11 의인들아, 기뻐하여라. 야훼께 감사하며 즐거워하여라. 마음이 바른 사람들아, 기뻐 뛰어라.

로마서 5:12-19

12 한 사람이 죄를 지어 이 세상에 죄가 들어왔고 죄는 또한 죽음을 불러들인 것같이 모든 사람이 죄를 지어 죽음이 온 인류에게 미치게 되었습니다.

13 율법을 주시기 전에도 죄는 세상에 있었습니다. 다만 율법이 없었기 때문에 그 죄가 법의 다스림을 받지 않았을 뿐입니다.

14 그러나 죽음은 아담으로부터 모세에 이르기까지 모든 사람을 지배하였는데 아담이 지은 것과 같은 죄를 짓지 않은 사람들까지도 그 지배를 받았습니다. 그런데 아담은 장차 오실 분의 원형이었습니다.

15 그러나 하느님께서 버리시는 은총의 경우와 아담이 지은 죄의 경우와는 전연 비교가 되지 않습니다. 아담의 범죄의 경우에는 그 한 사람 때문에 많은 사람이 죽었지만 하느님의 은총의 경우에는 예수 그리스도 한 사람의 덕분으로 많은 사람이 풍성한 은총을 거저 받았습니다. 그러니 하느님의 은총의 힘이 얼마나 더 큽니까!

16 하느님께서 거저 주시는 은총과 아담의 죄는 그 효과에 있어서 서로 비교가 되지 않습니다. 아담의 경우에는 그 한 사람 때문에 모든 사람이 유죄 판결의 심판을 받게 되었지만 은총의 경우에는 죄지은 많은 사람이 은총을 거저 입어 무죄 판결을 받았습니다.

17 아담의 범죄의 경우에는 그 한 사람 때문에 죽음이 군림하게 되었습니다. 그러나 은총의 경우에는 한 사람 예수 그리스도의 공로로 풍성한 은총을 입어 하느님과 올바른 관계를 거저 얻은 사람들이 생명의 나라에서 왕노릇 할 것입니다. 그러니 하느님의 은총의 힘이 얼마나 더 큽니까!

18 그러므로 한 사람이 죄를 지어 모든 사람이 유죄 판결을 받은 것과는 달리 한 사람의 올바른 행위로 모든 사람이 무죄 판결을 받고 길이 살게 되었습니다.

19 한 사람의 불순종으로 많은 사람이 죄인이 된 것과는 달리 한 사람의 순종으로 많은 사람이 하느님과 올바른 관계를 가지게 될 것입니다.

신학적 관점

죄와 심판으로서의 아담과 은혜와 구원의 예수 그리스도의 대비는 바울의 해석인데, 이는 어거스틴에 의해 원죄론 교리로 발전되고, 이후 서구 기독교의 핵심 교리인 인간 구원론의 근간이 되었다. 바울은 앞서 3장 23절에서도 "모든 인간은 죄인이다"라는 주장을 펼친 바 있다. 여기서 죄는 단순히 잘못된 행동이 아닌 하느님의 뜻에 반하는 반생명, 반(反)인간으로서의 근본 죄성을 말한다.

17-19절에서 아담의 죄가 후손인 우리에게 불가항력적으로 임했듯이 예수 그리스도를 통한 하느님의 구원 은혜 또한 불가항력적으로 우리에게 임했다고 말한다. 너무 단순한 것이 문제일까? 은혜만으로의 구원 교리가 율법 정신이 지배하던 바울 시대에서는 유효한 주장이었다. 그러나 이 주장이 오늘날의 교회 안에서도 여전히 유효한 이유는 무엇인가? 우주적인 진리이기 때문인가? 제1성서신학의 관점에서 바울의 이 해석은 너무 지나치다. 아담의 범죄로 인한 원죄설과 추방은 여러 주제 중의 하나일 따름이다. 원죄(original sin)가 아닌 원복(original blessing, 매튜 폭스)이 오히려 전체 본문(1-3장)의 핵심이다.

목회적 관점

19절에서 바울은 예수의 십자가 죽음을 '순종'이라는 단어 하나로 요약하고 있다. 복음서 저자들의 입장에서 이는 타당한 주장인가?

주석적 관점

바울에 따르면 예수 그리스도에 의한 구원은 모든 인류에게 자동으로 임하는 구원이 아닌 예수 그리스도를 하느님의 아들로 인지하고 이를 시인하는 사람에게만 오는 제한된 구원이다. 그렇다면 역으로 아담이 누군지도 알지 못하는 사람들에게 무조건 원죄가 있다는 주장은 논리적으로 모순이 된다.

'아담의 범죄와 같은 죄를 짓지 않은 사람들'(14절)은 모세의 율법 시대를 살아간 사람들을 말한다.

설교적 관점

'믿음만으로' 혹은 '은혜만으로'의 구원 교리는 본회퍼가 말하듯이 '값싼 은혜'로 전락하기 쉽다. 하느님의 아들로서의 예수 그리스도의 십자가 희생은 '값비싼 희생'이었다. 예수의 십자가 죽음은 예수의 공생애를 통한 하느님 나라

복음 운동의 결과로 주어진 매우 값이 비싼 죽음이었다. "자기 십자가를 지고 나를 따르라"는 예수의 말씀과 바울의 은혜 구원론은 서로 어긋나는 듯이 보인다. 이를 극복하는 과제가 설교자에게 있다.

마태복음 4:1-11

1 그 뒤에 예수께서 성령의 인도로 광야에 나가 악마에게 유혹을 받으셨다.

2 사십 주야를 단식하시고 나서 몹시 시장하셨을 때에

3 유혹하는 자가 와서 "당신이 하느님의 아들이거든 이 돌더러 빵이 되라고 해보시오." 하고 말하였다.

4 예수께서는 "성서에 '사람이 빵으로만 사는 것이 아니라 하느님의 입에서 나오는 모든 말씀으로 살리라.' 하지 않았느냐?" 하고 대답하셨다.

5 그러자 악마는 예수를 거룩한 도시로 데리고 가서 성전 꼭대기에 세우고

6 "당신이 하느님의 아들이거든 뛰어내려 보시오. 성서에, '하느님이 천사들을 시켜 너를 시중들게 하시리니 그들이 손으로 너를 받들어 너의 발이 돌에 부딪히지 않게 하시리라.' 하지 않았소?" 하고 말하였다.

7 예수께서는 "'주님이신 너의 하느님을 떠보지 말라.'는 말씀도 성서에 있다." 하고 대답하셨다.

8 악마는 다시 아주 높은 산으로 예수를 데리고 가서 세상의 모든 나라와 그 화려한 모습을 보여주며

9 "당신이 내 앞에 절하면 이 모든 것을 당신에게 주겠소." 하고 말하였다.

10 그러자 예수께서는 "사탄아, 물러가라! 성서에 '주님이신 너희 하느님을 경배하고 그분만을 섬겨라.' 하시지 않았느냐?" 하고 대답하셨다.

11 마침내 악마는 물러가고 천사들이 와서 예수께 시중들었다.

신학적 관점

(하느님의 영) 성령이 (하느님의 아들) 예수를 (하느님의 적대자) 악마에게 시험받도록 한다는 구절은 (삼위일체) 신학적으로 모순이다. 곧, 이는 예수 자신의 경험 이야기라기보다는 예수를 따르는 사람들을 위한 교훈의 말씀으로 이해하는 것이 옳다. 영적인 의미에서 생과 사의 중요한 갈림길이 되는 부(물질), 명예(인기), 권력(세상 지위)의 악마성을 바로 이해하도록 이끄는 본문이다.

목회적 관점

신자들은 예수께서도 시험(유혹)을 당하셨기에 자신들도 시험(유혹) 받는 것이 당연하다고 생각한다. 따라서 예수께서 시험(유혹)을 받으셨다기보다는 우리가 어떻게 시험을 이겨낼 것인가를 가르쳐 주신 모범 답안으로 보는 것이 옳다. 곧, 악마에 의한 시험(temptation)이 아닌 악마와의 대결(confrontation)로 보는 것이 옳다.

주석적 관점

광야는 히브리어로 '므드바르'로 '하느님의 말씀이 임하는 곳'이라는 의미를 갖고 있으며, 40은 하느님 주관을 상징하는 카이로스의 시간이다. 새 계약을 위한 노아 홍수 기간, 출애굽의 새 백성을 위한 광야 훈련 기간, 새 계명을 위해 모세가 산 위에 머문 기간, 엘리야의 영성 회복 기간 등의 기간 또한 40일(년)이다.

악마는 그리스어로 dia-ballo, 문자적인 뜻은 '건너편으로 던지다'(throw over), 곧 '잘못된 길로 인도하는 자'라는 동명사(動名詞)이다(*Feasting*, 47).

설교적 관점

사순절은 광야로 나아가는 시간이다. 하느님과 자신의 내적 관계를 돌아보는 시간이다.

삶이 필요로 하는 것은 받아들여라. 그것들에 잘못된 것은 아무것도 없다. 그러나 욕망은 버려라. 그것들은 전부 잘못된 것이다. 욕망은 그대로 하여금 지금 여기(Here and Now)에 사는 것을 허용하지 않기 때문이다. 지금 여기에 존재하는 것, 그것만이 유일한 존재 방식이다. 다른 존재 방식이 있을 수 없다.

들판의 백합처럼 피어나라. 나뭇가지의 새들처럼 노래하라. 야생동물처럼 들판을 마음껏 뛰놀라. 그대에게 독을 주입하는 자들의 말에 귀 기울이지 말라. 신체가 필요로 하는 것을 즐기라. 과연 그대는 얼마나 많은 필요를 갖고 있겠는가? 음식에 대한 필요, 물에 대한 필요, 그늘에 대한 필요, 사랑하는 가슴에 대한 필요, 그것이 전부다. 왜 인간은 가난한가? 그것은 대지가 가난하기 때문이 아니다. 인간이 제정신이 아니기 때문이다.

고난은 자랑이 아니다

고난은 싸워 이기라고 주어진 것이 아닙니다

역경은 딛고 일어서라고 있는 것이 아닙니다

좌절은 뛰어넘으라고 오는 것이 아닙니다

맑은 눈 뜨라고!

고통을 피하지 말고

맞서 싸우려들거나

빨리 통과하려 하지 말고

오히려 고통의 심장을 파고들어

그 안에 묻힌 하늘의 얼굴을 찾으라고

고난을 살아낸 그대여

그것은 장한 인간 승리이지만

맑은 눈 뜨지 못하면

철저히 무너지고 깨어져 내려

먼지만큼 작은 자신의 실상을 보지 못하면

내세운 정의와 진리 속에 숨어있는

자신의 참모습을 보지 못하면

고난을 뚫고 나온 자랑스러운 그대 역시

또 하나의 덫입니다 슬픔입니다

고난을 온몸으로 끌어안고 승화시킨 사람이 아니라면

생의 가장 깊은 절망과 허무의 바닥에서 맑은 눈으로 떠오른 사람이 아니라면

우리 앞을 비추이는 희망의 사람이 아닙니다

행여 제가 고난받았다고 얼굴을 들거든 침을 뱉어 주십시요

고난받았기에 존경받는다면 그것은 나의 치욕입니다
슬픈 일이지만 고난이 나를 키웠고 고난이 나를 깨우쳤고
고난 속에서 나는 사랑을 배웠고 그대를 만났습니다
아— 나에게 고난은 자랑이 아니라 아름다운 슬픔입니다

_ 박노해(감옥에서 나온 직후)

사순절 둘째 주일

창 12:1-4a; 시 121; 롬 4:1-5, 13-17; 요 3:1-17

창세기 12:1-4a

1 야훼께서 아브람에게 말씀하셨다. "네 고향과 친척과 아비의 집을 떠나 내가 장차 보여줄 땅으로 가거라.

2 나는 너를 큰 민족이 되게 하리라. 너에게 복을 주어 네 이름을 떨치게 하리라. 네 이름은 남에게 복을 끼쳐주는 이름이 될 것이다.

3 너에게 복을 비는 사람에게는 내가 복을 내릴 것이며 너를 저주하는 사람에게는 저주를 내리리라. 세상 사람들이 네 덕을 입을 것이다."

4 아브람은 야훼께서 분부하신 대로 길을 떠났다.

신학적 관점

창세기 1-11장은 창조주 하느님과 피조물로서의 인간 세상과의 관계가 구원과 심판이라는 신학적 주제에 따라 여러 차례 엎치락뒤치락하는 모습을 보여주는 원(原)역사(pre-history)의 이야기이다. 에덴의 축복-에덴으로부터의 추방, 가인의 아벨 살인-가인의 구원 표식, 노아 홍수의 심판-구원 언약의 무지개, 바벨탑의 심판인 언어 혼란에 이어 인간이 흩어지는 사건 속에서 축복의 상징으로서의 아브라함이 역사 현장 안으로 등장한다.

아브라함에 대한 축복을 큰 민족과 땅에 대한 소유권으로 이해하는 것은 중대한 신학적 문제를 야기한다. 왜냐하면 아브라함을 믿음의 조상으로 하는 종교는 유대교, 이슬람교, 기독교가 있기 때문이다. 혈연으로 제한한다고 하더라도 이슬람은 첫아들 이스마엘을, 유대교는 둘째 아들 이삭을 놓고 서로가 정통성을 주장하고 있어 팔레스타인과 이스라엘 민족 사이의 피를 흘리는 전쟁은 그칠 전망이 전혀 없다.

따라서 아브라함의 축복은 신학적으로 재해석을 해야 한다. 떠나온 메소포타미아의 '갈대아 우르'를 땅의 사적 소유권과 도시(바벨탑)로서의 침략과 확장(擴張)의 속성을 갖는 제국(帝國)의 상징으로, 약속의 땅 '가나안'은 정주(定住)할 수 없기에 최소한의 소유로 계속 이주하는 유목(遊牧)민의 공동체적인 삶으로 해석한다. 자신에게 익숙한 안전지대(comfort zone)를 떠나는 결단 자체가 곧 축복이다.

목회적 관점

하느님이 무슨 이유로 수많은 인간 중에서 아브라함을 축복의 조상으로 선택했는지는 알 수 없다. 그저 알려진 것은 그의 아버지 이름은 데라이고, 호적은 하란으로 되어 있지만 원적은 갈대아 우르이고, 그의 아내 사라는 아이를 낳지 못한다는 것과 조카 롯이 동행하고 있다는 것이다. 그들은 재산과 사람을 거느리고 가나안에 들어온다.

간혹 교회에는 특별한 인간관계나 특정한 이유 없이 등록하는 교인이 있다. 사람들은 이전 교회에서 문제를 일으키고 오지 않았을까 하는 의심스러운 눈빛으로 보기도 하지만, 아브라함 같이 새로운 신앙에 도전하기 위해 오는 경우도 있다.

주석적 관점

아브라함에 대한 축복 선언, 곧 하느님의 명령과 약속 그리고 따름의 양식은 이후 족장 이삭(26:1-6)과 야곱(46:1-5a)의 경우에도 반복된다. 본문은 반복 단어와 운율을 통해 '축복 시'의 형식을 갖추고 있다.

설교적 관점

아브라함의 아버지 데라가 묻힌 '하란'이라는 지명은 '고속도로'와 '갈림길'이라는 의미가 있다. 당시 사방의 길이 합해지는 교통의 중심 도시였다. 곧, 아브라함은 선택의 갈림길에 있었다는 뜻이다. 여기서 아브라함은 풍요가 보장된 지역,

곧 제국들이 지배하던 땅(개인 소유)을 떠나 유목민의 땅(공적 소유) 가나안을 선택한다.

본문의 핵심은 '땅의 모든 민족이 복을 누리는 길'(3절)에 있다. 이는 정치 군사적으로는 전쟁 없는 세계 평화와 사회 경제적으로는 빈부의 격차가 없이 모든 나라가 평등해질 때 이루어진다. 2절의 '큰 민족' 또한 '모든 민족'의 큰 틀 안에서 이해해야 한다. 가족이기주의나 국가이기주의의 관점에서 해석하지 않도록 해야 한다.

'복의 근원', 곧 아브라함이 누린 복의 실질 내용은 무엇이었나? 그는 기근을 피해 애굽으로 피신했고, 거기서 목숨을 부지하기 위해 아내를 누이라 거짓말을 해야 했고, 유일한 혈육 롯과는 종들의 분쟁으로 인해 헤어져야 했으며 후에 포로가 된 롯을 구출한다. 아내 사래가 죽었을 때는 소유한 땅이 없어 무덤을 사야 했다. 부귀와 안전이 축복이라면, 아브라함은 그런 복을 전혀 누리지 못했다. 갈 곳을 알지 못한 채 하느님의 부름에 순종하는 그 자체가 복이었다.

시편 121

1 이 산 저 산 쳐다본다. 도움이 어디에서 오는가?
2 하늘과 땅을 만드신 분, 야훼에게서 나의 구원은 오는구나.
3 네 발이 헛디딜까 야훼, 너를 지키시며 졸지 아니하시리라.
4 이스라엘을 지키시는 이, 졸지 않고 잠들지도 아니하신다.
5 야훼는 너의 그늘, 너를 지키시는 이, 야훼께서 네 오른편에 서 계신다.
6 낮의 해가 너를 해치지 않고 밤의 달이 너를 해치지 못하리라.
7 야훼께서 너를 모든 재앙에서 지켜 주시고 네 목숨을 지키시리라.
8 떠날 때에도 돌아 올 때에도 너를 항상 지켜 주시리라, 이제로부터 영원히.

로마서 4:1-5, 13-17

1 우리 민족의 조상 아브라함의 경우는 어떠했습니까?
2 만일 아브라함이 자기 공로로 하느님과 올바른 관계를 얻었다면 과연 자랑할 만도 합니다. 그러나 그는 하느님 앞에서 자랑할 것이 없었습니다.

3 성서에 "아브라함은 하느님을 믿었고 하느님께서는 그의 믿음을 보시고 그를 올바른 사람으로 인정해 주셨다." 하지 않았습니까?

4 공로가 있는 사람이 받는 보수는 자기가 마땅히 받을 품삯을 받는 것이지 결코 선물로 받는 것은 아닙니다.

5 그러나 아무 공로가 없는 사람이라도 하느님을 믿으면 믿음을 통해서 하느님과 올바른 관계를 얻게 됩니다. 하느님께서는 비록 죄인일지라도 올바른 사람으로 인정하실 수 있는 분이십니다.

13 하느님께서는 아브라함과 그의 후손들에게 세상을 물려주겠다고 약속하셨는데 그것은 아브라함이 율법을 지켰다 해서가 아니라 하느님께서 그의 믿음을 보시고 그를 올바른 사람으로 인정하셨기 때문에 하신 약속이었습니다.

14 만일 율법을 지키는 사람들만이 상속자가 될 수 있다면 믿음은 무의미하게 되고 그 약속은 무효가 됩니다.

15 법이 없으면 법을 어기는 일도 없게 됩니다. 법이 있으면 법을 어기게 되어 하느님의 진노를 사게 마련입니다.

16 그러므로 하느님께서는 사람의 믿음을 보시고 그를 상속자로 삼으십니다. 이렇게 하느님께서는 은총을 베푸시며 율법을 지키는 사람들에게만 아니라 아브라함의 믿음을 따르는 사람들에게까지, 곧 아브라함의 모든 후손들에게 그 약속을 보장해 주십니다. 아브라함은 우리 모두의 조상입니다.

17 성서에 "내가 너를 만민의 조상으로 삼았다." 하지 않았습니까? 그는 죽은 자를 살리시고 없는 것을 있게 만드시는 하느님을 믿었던 것입니다.

신학적 관점

바울은 은혜가 율법에 앞선다는 원칙을 제시하기 위해 아브라함을 예로 든다. 그런데 이는 두 가지 신학적 문제를 야기한다. 첫째, 성서는 아브라함을 믿음의 조상으로 말하는데, 이에 대해 일치된 견해를 갖고 있는가? 둘째, 신학과 종교 공동체와의 연관성이다.

제1성서와 제2성서의 하느님은 같은 하느님으로 고백되어 왔지만, 말시온 이후 제1성서의 하느님은 심판과 징계의 아브라함의 하느님, 제2성서의 하느님은 사랑과 용서의 예수의 하느님이라는 대립적 관점이 성서 이해 저변에 보이지 않게 깔려 있다. 구약과 신약이라고 부르는 이유이기도 하다. 제1성서의 복음은 제2성서의 복음과 어떻게 연계되는가? 제2성서는 제1성서의 해석을 위한 바탕이 될 수 있는가? 지난 이천 년 동안 제1성서만을 정경으로 여기는 유대교와 제1성서와 제2성서를 함께 정경으로 인정하고 예수 그리스도를 구원의 주님임을 고백하는 기독교는 긴장과 분쟁의 평행선을 그어 왔다.

바울은 16절에서 유대인뿐만 아니라 그리스도인에게도 아브라함은 믿음의 조상이 된다고 강조한다. 곧, 같은 믿음의 의로움을 말한다. 그런데 당시에도 유대인들은 회당을 중심으로, 이방인들은 교회를 중심으로 신앙 공동체가 분리되어 있었으며, 정통파 유대인들은 오늘날에도 여전히 바울과 달리 아브라함의 의는 모세의 전통 속에 놓여 있음을 말하고 있다. 그리고 은혜만의 구원을 말하는 기독교 안에는 수많은 종단과 교파들이 존재한다는 사실은 "아브라함은 우리 모두의 조상입니다"라는 바울의 주장을 무색하게 만들고 있다.

목회적 관점

예배 중 우리는 영광송을 부른다. 하느님의 무한한 용서와 은혜에 기반한 구원의 감사와 찬양을 드린다. 그런데 동시에 우리는 제자로서 뭔가 행동을 해야 한다고 하는 압박감을 받는다. 목사는 은혜의 구원을 말하지만, 동시에 응답의 차원에서 성수 주일과 십일조를 강조한다.

구원이란 하느님으로부터 옳다 인정함을 받는 관계로 온전히 하느님의 은혜에 의한 것임을 말하지만, 옳음, 곧 '의'라는 단어 자체가 행위에 따른 법적 의미를 내포하고 있어 은혜와 행위 사이의 긴장은 계속된다. 목사와 신부는 말씀과 성찬의 목회자로서 은혜를 강조해야 함과 동시에 교회 운영을 책임지는 목회자로서 행위를 강조해야 하는 상호 모순의 존재다.

주석적 관점

본문은 율법과 믿음의 관계를 다루고 있는 신학 논술인 3장 31절-8장 39절의 일부다. 바울은 앞서 1장 17절에서 인간은 오직 믿음을 통해서만 하느님과 올바른 관계를 갖게 된다는 전제를 내린 바 있다. 바울은 자신의 변론을 주장함에 유대인들이 금과옥조로 여기고 있는 아브라함을 예로 들어 1절에서 '육신으로'(sarx)라는 단어로 시작한다. 이는 로마 유대 크리스천들로 하여금 자신의 육신을 자랑하지 못하도록 하기 위한 조치인데, 후에 그는 자신 또한 육신으로 말한다면 베냐민 지파에 속한다고 (자랑삼아?) 말한다(11:1).

오늘 본문은 6-12절을 생략하고 있는데, 이는 할례라는 유대인들만의 특수한 문제를 다루고 있기 때문이다. 여기서 바울은 아브라함이 할례 이전에 이미 믿음을 통해서 의롭다 인정함을 받았고 할례는 다만 이를 확인하는 표라고 말한다. 갈라디아서 3장 17절에서 아브라함에 대한 약속과 율법의 관계를 보다 명쾌하게 설명한다. "내가 말하려는 것은 이것입니다. 하느님께서 미리 맺어주신 계약이 사백삼십 년 후에 율법이 생겼다고 해서 소멸되거나 그 약속이 무효화 될 수는 없다는 것입니다."

설교적 관점

당시 유대인들은 구원은 아브라함의 후손으로 할례를 받은 사람들에게만 주어지는 특권으로 생각했다. 이에 바울은 아브라함이 그러했던 것처럼 믿음을 통해서 (누구든지) 구원을 받을 수 있다고 주장한다. 바울은 자신의 동료들이 요구했던 구원의 조건과 제한을 철폐했다. 오늘 우리 그리스도인들은 어떠한가? 바울과 같이 열린 믿음을 갖고 있는가? 세상 잣대로 구원받을 사람과 구원받지 못할 사람을 구별하고 있는 것은 아닌가?

요한복음 3:1-17

1 바리사이파 사람들 가운데 니고데모라는 사람이 있었다. 그는 유다인들의 지도자 중 한 사람이었는데

2 어느 날 밤에 예수를 찾아와서 "선생님, 우리는 선생님을 하느님께서 보내신 분으로 알고 있습니다. 하느님께서 함께 계시지 않고서야 누가 선생님처럼 그런 기적들을 행할 수 있겠습니까?" 하고 말하였다.

3 그러자 예수께서는 "정말 잘 들어두어라. 누구든지 새로 나지 아니하면 아무도 하느님의 나라를 볼 수 없다." 하고 말씀하셨다.

4 니고데모는 "다 자란 사람이 어떻게 다시 태어날 수 있겠습니까? 다시 어머니 배 속에 들어 갔다가 나올 수야 없지 않습니까?" 하고 물었다.

5 "정말 잘 들어두어라. 물과 성령으로 새로 나지 않으면 아무도 하느님 나라에 들어갈 수 없다.

6 육에서 나온 것은 육이며 영에서 나온 것은 영이다.

7 새로 나야 된다는 내 말을 이상하게 생각하지 마라.

8 바람은 제가 불고 싶은 대로 분다. 너는 그 소리를 듣고도 어디서 불어와서 어디로 가는지를 모른다. 성령으로 난 사람은 누구든지 이와 마찬가지다." 예수께서 이렇게 대답하시자

9 니고데모는 다시 "어떻게 그런 일이 있을 수가 있겠습니까?" 하고 물었다.

10 예수께서는 다시 이렇게 말씀하셨다. "너는 이스라엘의 이름난 선생이면서 이런 것들을 모르느냐?

11 정말 잘 들어두어라. 우리는 우리가 알고 있는 것을 말하고, 우리의 눈으로 본 것을 증언하는 것이다. 그런데도 너희는 우리의 증언을 받아들이지 않는다.

12 너희는 내가 이 세상 일을 말하는데도 믿지 않으면서 어떻게 하늘의 일을 두고 하는 말을 믿겠느냐?

13 하늘에서 내려온 사람의 아들 외에는 아무도 하늘에 올라간 일이 없다.

14 구리뱀이 광야에서 모세의 손에 높이 들렸던 것처럼 사람의 아들도 높이 들려야 한다.

15 그것은 그를 믿는 사람은 누구나 영원한 생명을 누리게 하려는 것이다.

16 하느님은 이 세상을 극진히 사랑하셔서 외아들을 보내주시어 그를 믿는 사람은 누구든지 멸망하지 않고 영원한 생명을 얻게 하여주셨다.

17 하느님이 아들을 세상에 보내신 것은 세상을 단죄하시려는 것이 아니라 아들을 시켜 구원하시려는 것이다."

신학적 관점

니고데모 이야기는 다음 장에 나오는 사마리아 여인의 이야기와 함께 병렬적으로 읽을 때 저자 요한의 신학적인 의도가 더욱 명료해진다. 니고데모는 백성들로부터 존경받는 사람으로 산헤드린이라는 최고 계층에 속한 사람이다. 반면 사마리아 여인은 가장 낮은 계층의 사람이다. 니고데모는 밤에 예수를 만났고, 사마리아 여인은 예수를 낮에 만난다. 니고데모는 예수의 정체성을 서서히 깨달아 가지만(참조 7:50-52; 19:39), 사마리아 여인은 이를 즉각 깨닫고 이웃들의 차가운 시선과 두려움을 깨고 마을로 들어가 예수의 증언자가 된다.

2세기 초 아시아 일곱교회에 보내는 편지에서 요한은 니골라당(Nicolaitans)을 조심하라고 경고했다(계 2:6, 15). 이들은 그리스도인들을 박해하던 적대적인 환경에서 자신들의 정체성이 드러나는 것을 두려워했던 자들이다. 16세기 칼뱅

은 기독교개혁에 동조하면서도 공개적으로 소신을 밝히지 못하는 사람들을 니골라주의자(Nicodemites)라고 비판했다. 20세기 독일 히틀러의 국가사회주의의 흐름 속에서 주류 독일 교회는 마치 정체성을 숨긴 니고데모와 같이 예수 복음을 나치 이데올로기의 인종차별주의와 반유대주의와 섞어 버렸다. 이에 소수의 독일 고백교회는 1934년 "바르멘선언" 2조에서 다음과 같이 선언하면서 주류 기독교인들을 비판했다: "예수 그리스도가 우리의 모든 죄를 용서하신 하느님의 확증인 것처럼, 이와 똑같은 방식으로 예수는 하느님이 우리의 삶 전체를 지배하신다는 사실을 확증하신다"(*Feasting*, 70).

목회적 관점

교인들 가운데 사회적 지위가 높고 지식이 많은 경우 자신의 기존 생각과 판단에 매여 새로운 깨달음에 오히려 둔한 경우가 있다. 예수는 anothen이라는 단어를 '위로부터'와 '새롭게'라는 영적인 뜻으로 말씀하셨지만, 니고데모는 anothen의 문자적 뜻인 '다시', '두 번'으로 이해한다. 그리고 달이 아닌 손가락에 관하여 질문한다. 교인들 가운데는 영적 호기심은 있지만, 자신의 세계 밖으로 나오기를 꺼리는 경우가 많다. 그러나 니고데모는 시간이 흐르면서 결국 예수의 제자임을 공개적으로 고백하게 된다. 목회는 기다림이다.

주석적 관점

요한복음에서 되풀이되는 구조적 패턴은 표징(sign), 대화(dialogue), 담론(discourse)이다. 예수는 표징을 행하고, 이를 목격한 사람들과 대화하고 그리고 표징을 해석하는 담론이 이어진다. 니고데모가 구체적으로 무슨 표징을 보았는지는 모른다. 예수는 예루살렘에 머무시면서 여러 가지 표징을 행하셨고 이를 보고 많은 사람들이 예수를 믿게 되었다(2:23). 성내에서 적잖은 소동이 일어났을 것이고, 이에 니고데모는 이 사실을 직접 확인하기 위해 예수를 찾아온 것이다. 그는 산헤드린 동료들의 무조건적인 비판과 적대에 휩쓸리지 않았다.

설교적 관점

예수 안에서 다시 태어난다는 것은 무엇을 의미하는가? 물과 성령으로 난다는 말은 단순히 세례를 받는 것만을 의미하지 않는다. 요한복음에서 성령은 보혜사의 영으로 예수 부활과 승천 이후 예수의 사역과 현존을 일으키는 분이다. 어떤 사람들은 믿음을 마음의 문제로만 여긴다. 요한복음에 따르면 예수를 믿는 것은 삶의 핵심, 삶 전체와 관련된 문제다. 요한 공동체는 주류 사회로부터 추방 당한 공동체였다. 니고데모에게 있어 예수를 따르는 일은 자신의 모든 지위와 명예를 버리는 것은 물론, 동료들로부터 따돌림을 당하는 위험을 감수하는 일이다. 말하자면 거듭나는 믿음이란 자신의 안전지대에서 밖으로 나와 불투명한 진리의 가능성을 향해 새로운 모험을 시도하는 일이다.

사순절 셋째 주일

출 17:1-7; 시 95; 롬 5:1-11; 요 4:5-42

출애굽기 17:1-7

1 이스라엘 백성 온 회중은 씬 광야를 떠나 야훼의 지시대로 진지를 옮겨가면서 전진하였다. 르비딤에 이르러 먹을 물이 없는 것을 보고,

2 백성들은 모세에게 먹을 물을 내라고 들이대었다. 모세가 "어찌하여 나에게 대드느냐? 어찌하여 야훼를 시험하느냐?" 하고 말했지만,

3 백성들은 당장 목이 말라 견딜 수 없었으므로 모세에게 불평을 터뜨렸다. "어쩌자고 우리를 이집트에서 데려내왔느냐? 자식들과 가축들과 함께 목말라 죽게 할 작정이냐?"

4 모세가 야훼께 부르짖었다. "이 백성을 어떻게 하면 좋겠습니까? 당장 저를 돌로 쳐죽일 것만 같습니다."

5 야훼께서 모세에게 말씀하셨다. "너는 이스라엘 장로들을 데리고 이 백성보다 앞서 오너라. 나일강을 치던 너의 지팡이를 손에 들고 오너라.

6 내가 호렙의 바위 옆에서 네 앞에 나타나리라. 네가 그 바위를 치면, 물이 터져 나와 이 백성이 마시게 되리라." 모세는 이스라엘 장로들이 지켜보는 앞에서 그대로 하였다.

7 여기에서 이스라엘 백성이 대들었다고 해서 이 고장 이름을 므리바라고도 하고 "야훼께서 우리 가운데 계신가 안 계신가?" 하며 야훼를 시험했다고 해서 마싸아라고도 부르게 되었다.

신학적 관점

'맛사'의 뜻은 "YHWH께서 우리 가운데 계신가, 아니 계신가?"이다. 우리는 우리의 뜻대로 일이 이루어지지 않을 때 그리고 그로 인해 고통이 심할 때 "하느님은 과연 계시는가?" 하는 의문을 품게 된다. 그러나 이것은 불신앙은 아니다. 마더 테레사 수녀나 마틴 루터 신부 또한 신의 존재에 대해 의심을 품었던 적이 있었다. 하느님의 아들 예수 그리스도마저 십자가 고통 속에서 "엘리 엘리 라마 사박타니", "나의 하느님 나의 하느님 어찌하여 나를 버리시나이

까" 하며 외치시지 않으셨는가? 인간은 신의 존재를 눈으로 보고 손으로 만져보기를 원한다. 그래서 우상을 만들고 성전을 세운다. 그러나 이것으로 문제가 해결되지 아니한다. 오히려 생각지 아니한 또 다른 문제를 야기한다. 모세가 시내산에 올라가 있는 동안 이스라엘 백성들은 그 기간을 견디지 못하고 우상을 만든다. 유한한 존재가 신의 존재를 어떻게 인식할 수 있을까 하는 문제는 영원히 풀리지 않는 신학의 과제다.

목회적 관점

'므리바'란 '대들었다'는 뜻이다. 아브라함의 후손들은 애굽에서 노예로 사백 년을 살아오다 모세라는 출중한 지도자를 만나 고통에 찬 노예 생활로부터 해방되고 자유를 얻는다. 자유와 해방! 이는 저들이 기다리고 기도해 온 최고의 소원이었다. 그러나 홍해를 건너 광야로 들어가서 불과 며칠이 지나지 않아 그들은 고기가 없다, 채소와 과일을 먹고 싶다며 모세에게 앙탈을 부리고, 불평하고 대들며(2-4절), 심지어는 애굽으로 돌아가자는 말을 한다. 교회의 위기 속에서 지도자인 목회자들 또한 이런 경우를 종종 경험한다. 교인들 또한 구원받은 기쁨을 노래하다가도 어려움을 당하면 구원받기 전의 모습으로 돌아가고자 한다. 하나 위로가 되는 것은 모세가 말한, 백성들의 원망은 모세를 향한 것이 아니라 하느님을 향한 것이라는 사실이다(16:8).

주석적 관점

므리바와 맛사는 같은 사건에 대한 서로 다른 두 해석이다. 모세는 이 사건을 백성들의 대듦과 하느님에 대한 시험으로 이해한다. 본문은 민수기 20장의 사건과 흡사하다. 다만 민수기에서는 지팡이를 두 번 치고 모세와 아론이 약속의 땅을 들어가지 못하는 이유가 되며 백성들이 YHWH와 다투었다고 말한다.

설교적 관점

교회마다 서로 다른 문제를 갖고 오랫동안 다툰다. 불평과 불만이 터져 나오면 목사들은 하느님을 향해 모세와 같이 부르짖는다. "이 백성을 제가 어떻게 해야 합니까? 그들은 지금이라도 곧 저를 돌로 쳐서 죽이려고 합니다." 사순절은 광야를 통과하는 시기다. 시험과 도전의 시기다. 영혼의 목이 마른 시기다.

그런데 하느님은 오랫동안 지니고 다녔던 모세의 지팡이를 이용하신다. 전에는 애굽의 나일강을 먹지 못할 핏물로 변화시켰지만, 광야에서는 바위를 쳐서 생수를 터져 나오게 한다. 이 지팡이는 무엇을 의미하는가? 하느님의 말씀이다. 말씀은 쓰임새에 따라 죽이기도 하고 살리기도 한다. 오늘 나의 설교는 사람을 살리는 설교인가? 아니면 죽이는 설교인가?

출애굽기는 인간의 결점과 약점을 감추려고 하지 않는다. 이스라엘 백성은 변덕스럽고 이기적이다. 그들은 내일을 바라보지 못하고 현실에 쉽게 절망한다. "출애굽 이야기는 사람들이 하느님의 부르심에 감동하여 족쇄를 풀고 자유를 향한 긴 여정을 떠날 용기를 낼 때 무슨 일이 일어나는지를 보여주는 보편적인 이야기이다"(조너선 색스/김대옥 옮김, 『랍비가 풀어내는 출애굽기: 구원의 책』, 2025, 36).

시편 95

1 어서 와 야훼께 기쁜 노래 부르자 우리 구원의 바위 앞에서 환성을 올리자

2 감사 노래 부르며 그 앞에 나아가자 노랫가락에 맞추어 환성을 올리자.

3 야훼는 높으신 하느님, 모든 신들을 거느리시는 높으신 임금님,

4 깊고 깊은 땅속도 그분 수중에, 높고 높은 산들도 그분의 것,

5 바다도 그의 것, 그분이 만드신 것, 굳은 땅도 그분 손이 빚어내신 것,

6 어서 와 허리 굽혀 경배드리자. 우리를 지으신 야훼께 무릎을 꿇자.

7 그는 우리의 하느님, 우리는 그의 기르시는 백성, 이끄시는 양떼. 오늘 너희는 그의 말씀을 듣게 되리니

8 "므리바에서, 그날 마싸 광야에서의 너희 선조들처럼, 너희는 마음을 완고하게 굳히지 마라.

9 그들은 거기에서 내가 하는 일을 보고서도 나의 속을 떠보고 나를 시험하였다.

10 사십 년 동안 그 세대에 싫증이 나버려, 마침내 나는 말하였다. '마음이 헷갈린 백성이로

구나. 나의 길을 도무지 깨닫지 못하는구나.'
11 나는 울화가 터져 맹세하였다. '이들은 내 안식에 들지 못하리라.'"

로마서 5:1-11

1 이렇게 우리는 믿음으로 말미암아 하느님과 올바른 관계를 가졌으므로 우리 주 예수 그리스도를 통해서 하느님과 평화를 누리게 되었습니다.
2 우리는 그리스도를 믿음으로써 지금의 이 은총을 누리게 되었고 또 하느님의 영광에 참여할 희망을 안고 기뻐하고 있습니다.
3 그뿐만 아니라 우리는 고통을 당하면서도 기뻐합니다. 고통은 인내를 낳고
4 인내는 시련을 이겨내는 끈기를 낳고 그러한 끈기는 희망을 낳는다는 것을 우리는 알고 있습니다.
5 이 희망은 우리를 실망시키지 않습니다. 우리가 받은 성령께서 우리의 마음속에 하느님의 사랑을 부어주셨기 때문입니다.
6 우리 죄 많은 사람들이 절망에 빠져 있을 때에 그리스도께서는 당신의 때가 이르러 우리를 구원하시려고 죽으셨습니다.
7 옳은 사람을 위해서 죽는 사람은 별로 없습니다. 혹 착한 사람을 위해서는 죽겠다고 나설 사람이 더러 있을지 모릅니다.
8 그런데 그리스도께서는 우리 죄 많은 인간을 위해서 죽으셨습니다. 이리하여 하느님께서는 우리들에게 당신의 사랑을 확실히 보여주셨습니다.
9 우리가 이제 그리스도의 피로써 하느님과 올바른 관계를 얻었으니 그리스도의 덕분으로 하느님의 진노에서 벗어나게 될 것은 너무나 분명합니다.
10 우리가 하느님의 원수였던 때에도 그 아들의 죽음으로 하느님과 화해하게 되었다면 하물며 그분과 화해가 이루어진 지금에 와서 우리가 살아 계신 그리스도를 통해서 구원받으리라는 것은 더욱 확실한 일이 아니겠습니까?
11 게다가 우리를 하느님과 화해하게 해주신 우리 주 예수 그리스도의 덕분으로 우리는 지금 하느님을 섬기는 기쁨을 누리게 되었습니다.

신학적 관점

믿음으로 의롭다 여김을 받는 바울의 신학은 하느님과의 깊은 관계를 회복하는 일이다. 바울은 율법을 통해 이를 얻고자 했지만, 결국 죄의식과 실패만 얻었다. 인간이 아무리 신실하다 하더라도 노력만으로는 이룰 수 없음을 깨닫는다. 바울은 여기서 하느님의 사랑만이 가능함을 깨닫는다. 그 사랑이 아들 예수의 십자가 죽음을 통해 드러났다. 인간이 먼저 시작한 것이 아니라 하느님이

인간을 향해 손을 펼치신 사건이다. 이를 인정할 때, 관계 회복이 일어난다. 십자가는 곧 화해의 사건이다.

그렇다면 바울의 인간 이해는 무엇인가? 죄인으로 있을 때와 의인으로 인정받을 때의 실질적인 차이는 무엇인가? 단순히 마음으로 느끼는 평화인가? 아니면 본성의 변화는 아니더라도 성품에 있어 실제로 변화가 일어나는가? 이 변화는 돌이킬 수 없는 영구적인 변화인가? 아니면 일시적인 변화인가? 그리고 이는 단순히 예수 그리스도를 구주로 인정하는 깨달음을 통해 저절로 일어나는가? 아니면 고백에 뒤따르는 행위, 곧 실천 또한 필요한가?

목회적 관점

3-4절은 사람에 따라 어떤 사람은 고난을 통해 더욱 성숙해지는가 하면 어떤 사람은 넘어지기도 하는데, 어떻게 하면 성숙한 과정으로 나아가는지를 말하고 있다. 그런데 이 과정이 순서를 따라 일어나는 것도 아니다. 오히려 로스 퀴블러는 말기 암 환자들이 죽음의 선고를 받았을 때 반응하는 몇 가지 단계를 설명하면서, 초기에는 강한 부정을 한다고 말한다. 말하자면 이 말씀이 깊은 절망에 빠진 교우에게는 들리지 않는다. 목회자는 이를 단계마다 다른 말로 바꾸어 전해야 한다. 어떤 말이 진정 위로가 될 수 있을까? 고난 또한 개인적인 고난도 있고 공동체(교회, 민족)가 함께 겪는 고난도 있다.

주석적 관점

고통 자체는 자랑거리가 아니지만, 환난이 인내(hypomene)를 불러오기 때문에 자랑이 된다. 흔히 바울의 믿음만의 구원론은 야고보 사도의 주장과 반대되는 것으로 이해하기 쉽다. 그러나 야고보 또한 인내를 말한다(1:2-4). 바울과 야고보가 말하는 인내는 둘 다 하느님과의 관계에 그 핵심이 있다. 그리고 이 관계는 단순히 일대일의 영적 상태에서 끝나는 것이 아니라 예수께서 기도하신 대로 하늘의 뜻이 이 땅 위에 펼쳐지는 과정을 통해 이루어진다. 왜냐하면 정의와 평화가 깨어진 상태에서, 자유가 억압받는 상태에서 하느님과의 진정한 관계는 이루어지지 않기 때문이다. '하느님의 진노'(9절)가 뜻하는 의미 또한 이것이 아닐까?

설교적 관점

로마서를 설교하는 일은 참으로 어려운 일이며 상당한 노력이 필요하다. 자칫 잘못하면 딱딱한 논리에 빠지기 쉽다. 본문을 몇 번 반복해서 읽음으로 바울이 처해 있는 기본 상태를 먼저 이해하고 문자에 매이지 않아야 한다. 바울은 소크라테스-아리스토텔레스-플라톤으로 이어지는 당대 최고의 학문인 논리학에 정통한 학자다. 로마서는 이에 익숙한 로마에 있는 이방인 그리스도인을 향한 글이다. 그들에게는 이해가 쉬운 언어들이었지만, 오늘날의 현대인에게는 너무나 추상적인 언어들로 들린다. 시각적 언어에 젖어있는 현대인들에게 맞는 논리 방식을 찾아야 한다. 그리고 바울이 에베소나 빌립보교회에 보내는 서신과는 다른 신학적 논리를 가지고 로마교회에 보냈듯이, 나의 교회에 맞게 재해석해야 한다.

바울의 믿음만으로의 의인됨의 구원론은 단순한 교리가 아니다. 의인됨, 화해, 고난, 인내, 희망, 영광이라는 영적 훈련이 함께 어우러진 총체적 구원이다.

요한복음 4:5-42

5 예수께서 사마리아 지방의 시카르라는 동네에 이르셨다. 이 동네는 옛날에 야곱이 아들 요셉에게 준 땅에서 가까운 곳인데

6 거기에는 야곱의 우물이 있었다. 먼 길에 지치신 예수께서는 그 우물가에 가 앉으셨다. 때는 이미 정오에 가까웠다.

7 마침 그 때에 한 사마리아 여자가 물을 길으러 나왔다. 예수께서 그를 보시고 물을 좀 달라고 청하셨다.

8 제자들은 먹을 것을 사러 시내에 들어가고 없었다.

9 사마리아 여자는 예수께 "당신은 유다인이고 저는 사마리아 여자인데 어떻게 저더러 물을 달라고 하십니까?" 하고 말하였다. 유다인들과 사마리아인들은 서로 상종하는 일이 없었던 것이다.

10 예수께서는 그 여자에게 "하느님께서 주시는 선물이 무엇인지, 또 너에게 물을 청하는 내가 누구인지 알았더라면 오히려 네가 나에게 청했을 것이다. 그러면 내가 너에게 샘솟는 물을 주었을 것이다." 하고 대답하시자

11 여자는 "선생님, 우물이 이렇게 깊은 데다 선생님께서는 두레박도 없으시면서 어디서 그 샘솟는 물을 떠다 주시겠다는 말씀입니까?

12 이 우물물은 우리 조상 야곱이 마셨고 그 자손들과 가축까지도 마셨습니다. 선생님께서는 이러한 우물을 우리에게 주신 야곱보다 더 훌륭하시다는 말씀입니까?" 하고 물었다.

13 예수께서는 "이 우물물을 마시는 사람은 다시 목마르겠지만

14 내가 주는 물을 마시는 사람은 영원히 목마르지 않을 것이다. 내가 주는 물은 그 사람 속에서 샘물처럼 솟아올라 영원히 살게 할 것이다." 하셨다.

15 이 말씀을 듣고 그 여자는 "선생님, 그 물을 저에게 좀 주십시오. 그러면 다시는 목마르지도 않고 물을 길으러 여기까지 나오지 않아도 되겠습니다." 하고 청하였다.

16 예수께서 그 여자에게 가서 남편을 불러오라고 하셨다.

17 그 여자가 남편이 없다고 대답하자 예수께서는 "남편이 없다는 말은 숨김없는 말이다.

18 너에게는 남편이 다섯이나 있었고 지금 함께 살고 있는 남자도 사실은 네 남편이 아니니 너는 바른대로 말하였다." 하고 말씀하셨다.

19 그랬더니 그 여자는 "과연 선생님은 예언자이십니다.

20 그런데 우리 조상은 저 산에서 하느님께 예배드렸는데 선생님네들은 예배드릴 곳이 예루살렘에 있다고 합니다." 하고 말하였다.

21 예수께서는 이렇게 말씀하셨다. "내 말을 믿어라. 사람들이 아버지께 예배를 드릴 때에 '이 산이다.' 또는 '예루살렘이다.' 하고 굳이 장소를 가리지 않아도 될 때가 올 것이다.

22 너희는 무엇인지도 모르고 예배하지만 우리는 우리가 예배드리는 분을 잘 알고 있다. 구원은 유다인에게서 오기 때문이다.

23 그러나 진실하게 예배하는 사람들이 영적으로 참되게 아버지께 예배를 드릴 때가 올 터인데 바로 지금이 그때이다. 아버지께서는 이렇게 예배하는 사람들을 찾고 계신다.

24 하느님은 영적인 분이시다. 그러므로 예배하는 사람들은 영적으로 참되게 하느님께 예배드려야 한다."

25 그 여자가 "저는 그리스도라 하는 메시아가 오실 것을 알고 있습니다. 그분이 오시면 저희에게 모든 것을 다 알려주시겠지요." 하자

26 예수께서는 "너와 말하고 있는 내가 바로 그 사람이다." 하고 말씀하셨다.

27 그때에 예수의 제자들이 돌아와 예수께서 여자와 이야기하시는 것을 보고 놀랐다. 그러나 예수께서 그 여자에게 무엇을 청하셨는지 또 그 여자와 무슨 이야기를 나누셨는지 물어보는 사람은 없었다.

28 그 여자는 물동이를 버려두고 동네에 돌아가 사람들에게

29 "나의 지난 일을 다 알아맞힌 사람이 있습니다. 같이 가서 봅시다. 그분이 그리스도인지

도 모르겠습니다." 하고 알렸다.

30 그 말을 듣고 그들은 동네에서 나와 예수께 모여들었다.

31 그러는 동안에 제자들이 예수께 "선생님, 무엇을 좀 잡수십시오." 하고 권하였다.

32 예수께서는 "나에게는 너희가 모르는 양식이 있다." 하고 말씀하셨다.

33 이 말씀을 듣고 제자들은 "누가 선생님께 잡수실 것을 갖다 드렸을까?" 하고 수군거렸다.

34 그러자 예수께서는 "나를 보내신 분의 뜻을 이루고 그분의 일을 완성하는 것이 내 양식이다.

35 너희는 '아직도 넉 달이 지나야 추수 때가 온다.' 하지 않느냐? 그러나 내 말을 잘 들어라. 저 밭들을 보아라. 곡식이 이미 다 익어서 추수하게 되었다.

36 거두는 사람은 이미 삯을 받고 있다. 그는 영원한 생명의 나라로 알곡을 모아들인다. 그래서 심는 사람도 거두는 사람과 함께 기뻐하게 될 것이다.

37 과연 한 사람은 심고 다른 사람은 거둔다는 속담이 맞다.

38 남들이 수고하여 지은 곡식을 거두라고 나는 너희를 보냈다. 수고는 다른 사람들이 하였지만 그 수고의 열매는 너희가 거두는 것이다." 하고 말씀하셨다.

39 그 동네에 사는 많은 사마리아 사람들은 그 여자가 자기의 지난 일을 예수께서 다 알아맞히셨다고 한 증언을 듣고 예수를 믿게 되었다.

40 예수께서는 그들이 찾아와 자기들과 함께 묵으시기를 간청하므로 거기에서 이틀 동안 묵으셨는데

41 더 많은 사람들이 예수의 말씀을 듣고 믿게 되었다.

42 그리고 그 여자에게 "우리는 당신의 말만 듣고 믿었지만 이제는 직접 그분의 말씀을 듣고 그분이야말로 참으로 구세주라는 것을 알게 되었소." 하고 말하였다.

신학적 관점

요한복음은 공관복음서에 비해 매우 탄탄한 신학적 구성을 갖고 있다. 예수의 기적을 기적(奇蹟)이라 말하지 아니하고 '표적'(標的, semeion)이라 부른다. 이를 '이적'(異蹟)이라고 번역하는 것은 정확한 번역이 아니다. 표적은 기적 사건이 달을 가리키는 손가락임을 말한다.

공관복음서에서 예수의 십자가 죽음을 불러온 직접적인 원인은 성전 숙청이다. 이는 복음서 마지막에 나온다. 그런데 요한복음에서는 이를 첫머리에 놓음으로 이것이 예수의 하느님 나라 운동의 핵심임을 밝히고 있다. 그리고 이는 단순한 성전 숙청이 아닌 성전 파괴("이 성전을 허물라", 2:19)다.

본문 26절에도 등장하는 희랍어 '에고 에이미'는 '나는 ~이다'라는 불완전 문장인데, 이를 히브리어로 전환하면 YHWH(아으흐 아쉐르 아으흐, "I am that

I am", 출 3:14)가 된다. 한글 번역만으로는 저자의 깊은 신학을 전혀 눈치챌 수가 없다.

니고데모는 남성으로 당시 유대 사회 핵심부에 해당하는 산헤드린의 한 회원이자 바리새파 사람으로 존경받는 지도자였다. 말하자면 성공의 원형이었다. 이에 비해 사마리아 여인은 이름조차 없다. 여인은 지금 여섯 번째 남편과 살고 있다. 당시의 남존여비 사회를 고려할 때, 이 여인은 남자들로부터 계속 버림을 당하는 바닥 여인임을 말해준다. 요한복음은 그 시작부터 당시 최고 지위를 누리는 한 남성과 가장 밑바닥에 있는 사마리아 여인이 예수를 만나는 두 이야기를 통해 예수의 하느님 나라 운동의 실체가 무엇인지를 넌지시 돌려가며 이야기하고 있다.

목회적 관점

정오에 물을 길으러 오는 경우는 거의 없다. 보통은 일 나가기 전 새벽과 일을 마치고 돌아온 저녁 무렵에 간다. 우물가는 여인들의 자리다. 정오에 물을 길으러 온 여인은 곧 마을의 여인들을 피해서 온 것이다. 사마리아 여인과 같이 공동체 밖을 맴돌 수밖에 없는 사람은 누구인가? 우리 교회의 가장 낮은 자는 누구인가? 생수를 얻은 여인은 물동이를 버려두고 마을로 향한다. 그가 바로 마을의 구원자가 되었다.

주석적 관점

사마리아 땅은 유대인들에게는 들어가서는 안 되는 율법이 더러운 곳으로 정한 금단(禁斷)의 땅이었다. 예루살렘에서 갈릴리 지역을 가는 경우에는 왼쪽의 지중해 해안선을 따른 국도를 이용하거나 오른쪽의 요단강을 건너 올라갔다가 다시 요단강을 건너는 방법밖에는 없었다. 그런데 예수는 넘어서는 안 되는 선을 넘었다. 이는 오늘 우리에게 무엇을 상징하는가?

남편 여섯은 무엇을 상징하는가? 성서에서 YHWH께서는 이스라엘을 자주 '신부'로 부른다. '여섯'은 가나의 결혼 잔치에서의 여섯 항아리와 같이 완전 숫자 일곱에서 하나가 부족한 유대 율법 전통사회를 상징한다. 남편을 이방신으로 이해할 때, 이스라엘을 지배했던 애굽, 아시리아, 바빌론, 페르시아, 그리스, 로마제국의 여섯을 상징한다. 당시 제국의 통치자는 단순히 정치 군사적 지배자일 뿐만이 아니라 신의 아들이었다.

설교적 관점

니고데모는 유대 종교 사회에서의 기층 지배 계층을 상징하고, 사마리아 여인은 주변으로 밀려나다 더 이상 갈 데가 없는 민중의 상징이다. 그런데 니고데모는 밤에 예수를 찾아오고, 사마리아 여인은 대낮에 예수를 만난다. 니고데모는 예수의 이야기를 이해하지 못하는 우매한 사람으로, 여인은 그리스도로 고백하고 마을 사람들에게 가서 이를 전하는 깨달음의 사람으로 이야기한다. 이는 곧 유대 율법 사회는 사라져야 하는 어둠의 상징으로, 사마리아 여인은 새로운 시대를 열어가는 빛의 상징으로 대비하는 것이다.

구원은 우리가 상상하는 내부에서가 아닌 우리가 경멸하는 밖으로부터 임한다.

예배란 하느님을 만나는 시간이고, 성전이란 하느님을 예배하기 위한 장소다. 그런데 우리는 하느님을 만나기 위해서는 바로 '그' 성전에만 가야 한다고 믿는다. 예수 당시의 종교는 그렇게 가르쳤고, 지금도 많은 목사들은 같은 주장을 한다. 이단으로 갈수록 장소에 더 강하게 매인다.

예수와 사마리아 여인과의 대화의 핵심은 사마리아 조상들이 구원이 이루어진다고 하는 그리심 성전도 아니고, 유대인들이 구원이 온다고 말하는 예루살렘 성전도 아닌, 이곳도 저곳도 아닌 바로 네가 서 있는 그 자리에서 참 예배가 이루어진다는 것이다. 이는 곧 주체적인 신앙인이 되라는 말씀이다.

사순절 넷째 주일

삼상 16:1-13; 시 23; 엡 5:8-14; 요 9:1-41

사무엘상 16:1-13

1 야훼께서 사무엘에게 말씀하셨다. "내가 사울을 이스라엘 왕의 자리에서 파면시켰다고 해서 너는 언제까지 이렇게 슬퍼만 하고 있을 셈이냐? 기름을 뿔에 채워가지고 길을 떠나거라. 내가 너를 베들레헴에 사는 이새라는 사람에게로 보낸다. 그의 아들 가운데서 내가 왕으로 세울 사람을 하나 보아두었다."

2 사무엘이 "사울이 알면 저를 죽일 텐데 어떻게 갑니까?" 하고 여쭙자 야훼께서는, "암송아지 한 마리를 끌고 가거라. 야훼께 제사를 드리러 왔다고 하면서

3 이새를 제사에 초청하여라. 그러면 네가 할 일을 내가 알려주리라. 너는 내가 지적하여 일러주는 자에게 기름을 부어 그를 성별시켜 나에게 바쳐라." 하고 이르셨다.

4 사무엘은 야훼께서 이르시는 대로 하였다. 그가 베들레헴에 다다르자 그 성읍의 장로들은 안절부절못하고 그를 맞으며 "언짢은 일로 오신 것은 아니겠지요?" 하고 물었다.

5 "아니오. 좋은 일로 왔소. 야훼께 제사를 드리러 온 것이오. 그러니 모두들 목욕재계하고 함께 제사 드리러 갑시다." 이렇게 일러놓고 사무엘은 이새와 그의 아들들을 목욕재계시킨 다음 제사에 나오라고 초청하였다.

6 그들이 나타나자 사무엘은 엘리압을 보고 속으로 "바로 여기 야훼께서 기름 부어 성별하실 자가 있구나." 하고 생각하였다.

7 그러나 야훼께서는 사무엘에게 "용모나 신장을 보지는 마라. 그는 이미 내 눈 밖에 났다. 하느님은 사람들처럼 보지 않는다. 사람들은 겉모양을 보지만 나 야훼는 속마음을 들여다본다." 하고 이르셨다.

8 다음으로 이새는 아비나답을 불러 사무엘 앞에 나와 서게 하였다. 그러나 사무엘은 "이 아들도 야훼께서 뽑으신 아들이 아니오." 하고 말하였다.

9 이새가 다시 삼마를 보여드렸지만, 사무엘은 그도 야훼께서 뽑으신 아들이 아니라고 하였다.

10 이렇게 이새가 아들 일곱을 사무엘 앞에 나와 뵙게 하였다. 그러나 사무엘은 "이 아들 가운데는 야훼께서 뽑으신 아들이 없소." 하고

11 이새에게 그밖에 아들은 또 없느냐고 물었다. 이새가 "막내가 또 있긴 하지만 지금 양을

치고 있습니다." 하고 대답하자, 사무엘이 이새에게 "사람을 보내 데려오시오. 그가 올 때까지 우리는 식탁에 앉을 수가 없소." 하고 일렀다.

12 이새가 사람을 보내어 데려온 그는 볼이 붉고 눈이 반짝이는 잘생긴 아이였다. 야훼께서 말씀을 내리셨다. "바로 이 아이다. 어서 이 아이에게 기름을 부어라."

13 그리하여 사무엘은 기름 채운 뿔을 집어 들고 형들이 보는 앞에서 그에게 기름을 부었다. 그러자 야훼의 영이 다윗에게 내려 그날부터 줄곧 그에게 머물러 있었다. 사무엘은 길을 떠나 라마로 갔다.

신학적 관점

이스라엘왕국의 초대 왕 사울은 용모가 뛰어나고 키도 컸다(9:2)고 설명하면서 외면을 강조한다. 2대 왕 다윗의 선택은 내면을 강조한다. 그러나 이 두 사람 모두 YHWH의 부름에 따라 엘리야가 기름 부어 세웠다. 그새 YHWH의 기준이 달라진 것인가? 본문은 남왕국 후대 편집자들에 의한 다윗 왕권 신학(royal theology)의 반영이다. 4절은 단지 사울과 다윗 간의 사사로운 갈등이 아닌 남왕국과 북왕국의 갈등 조짐을 말한다.

목회적 관점

어느 사회나 장유유서(長幼有序)의 전통은 매우 강하게 작동한다. 어린 다윗의 예를 통해 전통과 관례의 벽을 넘어 개인의 성품과 능력에 따른 지도자의 선출이 필요하다. "꼴찌가 첫째 된다"는 예수의 말씀은 제직 선출에 어떻게 적용할 수 있을까?

주석적 관점

왕권을 둘러싼 사울 왕과 다윗의 이야기는 풍성하다. 특히 다윗을 처음 등장하는 본문에는 기승전결에 따른 정치적 암투(4절)를 둘러싼 민속 문학적, 심리적 기법이 훌륭하게 전개된다. 그리스 로마의 영웅 설화와는 분명히 구별된다.

설교적 관점

전통적으로 사순절 넷째 주일은 '기쁨의 주일'(Laetare Sunday, to rejoice)로 어린이들을 위한 예배를 드린다. 가장 어린 막내 다윗이 위의 일곱 형을 제치고 하느님의 선택을 받는다는 이야기는 나이가 어리다고 업신여김을 받았던 어린이들에게 많은 격려와 함께 신앙이 무엇인지를 어렴풋이 알게 할 것이다.

시편 23

1 야훼는 나의 목자, 아쉬울 것 없어라. 푸른 풀밭에 누워 놀게 하시고
2 물가로 이끌어 쉬게 하시네
3 지쳤던 이 몸에 생기가 넘친다. 그 이름 목자이시니 인도하시는 길, 언제나 곧은 길이요,
4 나 비록 음산한 죽음의 골짜기를 지날지라도 내 곁에 주님 계시오니 무서울 것 없어라. 막대기와 지팡이로 인도하시니 걱정할 것 없어라.
5 원수들 보라는 듯 상을 차려주시고, 기름 부어 내 머리에 발라주시니, 내 잔이 넘치옵니다.
6 한평생 은총과 복에 겨워 사는 이 몸, 영원히 주님 집에 거하리이다.

에베소서 5:8-14

8 여러분이 전에는 어둠의 세계에서 살았지만 지금은 주님을 믿고 빛의 세계에서 살고 있습니다. 그러니 빛의 자녀답게 살아야 합니다.
9 빛은 모든 선과 정의와 진실을 열매 맺습니다.
10 주님을 기쁘게 하여드리는 일이 무엇인지를 가려내십시오.
11 그래서 열매를 맺지 못하는 어둠의 행위에 끼여 들지 말고 오히려 그런 일을 폭로하십시오.
12 사람들은 그런 일들을 숨어서 하는데 그것들은 말하기조차 부끄러운 일들입니다.
13 모든 것은 폭로되면 빛을 받아 드러나고
14 빛을 받아 드러나면 빛의 세계에 속하게 됩니다 "잠에서 깨어나라. 죽음에서 일어나라. 그리스도께서 너에게 빛을 비추어 주시리라."는 말씀이 이 뜻입니다.

신학적 관점

"하느님을 닮으십시오"(5:1)라는 권면에 이어지는 말씀이다. 크게 보면 교회와 사회의 관계에 관한 사회 신학이다. 바울은 어둠의 세계와 빛의 세계를 당시 지식인들이 탐구하던 영지주의라는 신비와 탈현실, 탈윤리의 하늘 공간이

아닌 땅의 현재적 윤리 도덕 행실로 구체화하고 있다.

목회적 관점

"어둠의 행위에 끼여 들지 말고." 교회 밖의 집단이 아닌 교회 내에서의 자기 이익을 추구하는 사적 집단으로 볼 수도 있다. 교회 또한 하나의 집단으로 자신들의 뜻에 맞는 사람들끼리 모이는 사적 그룹들이 생겨나기 마련이다. 이를 방치하면 교회에 해를 끼칠 수 있다. 그런데 이를 역으로 이용하여 하나의 공적 그룹 활동으로 공식화하면 오히려 목회에 도움이 되는 집단으로 바뀔 수도 있다. 이단이란 주장하는 교설(敎說)이 판단의 기준이 아닌 조직과 운영 체계 그리고 재정의 공개 여부에 달려 있다.

주석적 관점

"잠에서 깨어나라. 죽음에서 일어나라. 그리스도께서 너에게 빛을 비추어 주시리라"는 말씀은 초대교회 예배에서 사용되던 독립된 말씀이다. 이사야서 26장 19절과 60장 1절에 근거하며 세례식에서 찬양으로 고백하는 말씀이다. 4장 8절 또한 마찬가지로 예배 찬양 중에 사용되던 독립된 말씀이다. "성서에도 '그가 높은 곳으로 올라가면서 사로잡은 자들을 데리고 가셨고 사람들에게 선물을 나누어주셨다.'"

설교적 관점

본문은 특별히 이단들이 자기 정당화로 자주 사용하는 구절이다. 빛과 어둠은 자신 혹은 자기가 속한 집단이 판단의 기준이 아닌 '선과 정의와 진실'이다. 이 중 정의가 가장 소중하다. 왜냐하면 선과 진실 모두 상대적이기 때문이다. 물론 정의 또한 상대적이긴 하지만, 개인의 의가 아닌 사회 정의와 더불어 교회의 책임에 방점이 놓여 있기 때문이다.

어떤 삶이 죽음에서 일어나는 부활의 삶인가? 이는 예수 그리스도에 의해서 추구되었던 하느님 나라의 가치, 곧 공동체를 살려내는 생명의 가치가 담겨 있어야 한다. 십자가의 도란 배움과 섬김이 핵심이다.

요한복음 9:1-41

1 예수께서 길을 가시다가 태어나면서부터 눈먼 소경을 만나셨는데

2 제자들이 예수께 "선생님, 저 사람이 소경으로 태어난 것은 누구의 죄입니까? 자기 죄입니까? 그 부모의 죄입니까?" 하고 물었다.

3 예수께서는 이렇게 대답하셨다. "자기 죄 탓도 아니고 부모의 죄 탓도 아니다. 다만 저 사람에게서 하느님의 놀라운 일을 드러내기 위한 것이다.

4 우리는 해가 있는 동안에 나를 보내신 분의 일을 해야 한다. 이제 밤이 올 터인데 그때는 아무도 일을 할 수가 없다.

5 내가 이 세상에 있는 동안은 내가 세상의 빛이다."

6 이 말씀을 하시고 예수께서는 땅에 침을 뱉어 흙을 개어서 소경의 눈에 바르신 다음,

7 "실로암 연못으로 가서 씻어라." 하고 말씀하셨다. (실로암은 '파견된 자'라는 뜻이다.) 소경은 가서 얼굴을 씻고 눈이 밝아져서 돌아왔다.

8 그의 이웃 사람들과 그가 전에 거지 노릇을 하고 있던 것을 보아온 사람들은 "저 사람은 앉아서 구걸하던 사람이 아닌가?" 하고 말하였다.

9 어떤 이들은 바로 그 사람이라고 하였고, 또 어떤 이들은 그 사람을 닮기는 했지만 그 사람은 아니라고도 하였다. 그때 눈을 뜨게 된 사람이 "내가 바로 그 사람이오." 하고 말하였다.

10 사람들이 "그러면 당신은 어떻게 눈을 뜨게 되었소?" 하고 묻자

11 그는 "예수라는 분이 진흙을 개어 내 눈에 바르시고 나더러 실로암에 가서 씻으라고 하시기에 가서 씻었더니 눈이 띄었습니다." 하고 대답하였다.

12 그들이 "그 사람이 어디 있소?" 하고 물었으나 그는 모른다고 대답하였다.

13 사람들은 소경이었던 그 사람을 바리사이파 사람들에게 데리고 갔다.

14 그런데 예수께서 진흙을 개어 그의 눈을 뜨게 하신 날은 바로 안식일이었다.

15 그래서 이번에는 바리사이파 사람들이 또 그에게 눈을 뜨게 된 경위를 물었다. 그는 "그분이 내 눈에 진흙을 발라주신 뒤에 얼굴을 씻었더니 이렇게 보게 되었습니다." 하고 대답하였다.

16 바리사이파 사람들 중에는 "그가 안식일을 지키지 않는 것으로 보면 하느님에게서 온 사람이 아니오." 하는 사람도 있었고 "죄인이 어떻게 이와 같은 기적을 보일 수 있겠소?" 하고 맞서는 사람도 있어서 서로 의견이 엇갈렸다.

17 그들이 눈멀던 사람에게 "그가 당신의 눈을 뜨게 해주었다니 당신은 그를 어떻게 생각하오?" 하고 다시 묻자 그는 "그분은 예언자이십니다." 하고 대답하였다.

18 유다인들은 그 사람이 본래는 소경이었는데 지금은 눈을 뜨게 되었다는 사실을 믿으려 하지 않고 마침내 그 사람의 부모를 불러

19 "이 사람이 틀림없이 나면서부터 눈이 멀었다는 당신네 아들이오? 그런데 지금 어떻게 눈을 뜨게 되었소?" 하고 물었다.

20 그의 부모는 "예, 틀림없이 날 때부터 눈이 멀었던 저희 아들입니다.

21 그러나 그가 어떻게 지금 보게 되었는지, 또 누가 눈을 뜨게 하여 주었는지는 모릅니다. 다 자란 사람이니 그에게 물어보십시오. 제 일은 제가 대답하겠지요." 하였다.

22 그의 부모는 유다인들이 무서워서 이렇게 말한 것이다. 유다인들은 예수를 그리스도라고 고백하는 사람은 누구나 다 회당에서 쫓아내기로 작정하였던 것이다.

23 그의 부모가 "다 자란 사람이니 그에게 물어보십시오." 하고 말한 것도 그 때문이었다.

24 유다인들은 소경이었던 사람을 다시 불러놓고 "사실대로 말하시오. 우리가 알기로는 그 사람은 죄인이오." 하고 말하였다.

25 그는 이렇게 대답하였다. "그분이 죄인인지 아닌지는 모르겠습니다. 다만 내가 아는 것은 내가 앞 못 보는 사람이었는데 지금은 잘 보게 되었다는 것뿐입니다."

26 "그러면 그 사람이 당신에게 무슨 일을 했소? 어떻게 해서 당신의 눈을 뜨게 했단 말이오?" 하고 그들이 다시 묻자

27 그는 "그 이야기를 벌써 해드렸는데 그때에는 듣지도 않더니 왜 다시 묻습니까? 당신들도 그분의 제자가 되고 싶습니까?" 하고 반문하였다.

28 이 말을 듣고 그들은 마구 욕설을 퍼부으며 "너는 그자의 제자이지만 우리는 모세의 제자이다.

29 우리가 아는 대로 모세는 직접 하느님의 말씀을 들은 사람이지만 그자는 어디에서 왔는지도 모른다." 하고 말하였다.

30 그는 이렇게 대꾸하였다. "분명히 내 눈을 뜨게 하여 주셨는데 그분이 어디에서 오셨는지도 모른다니 이상한 일입니다.

31 하느님께서는 죄인의 청은 안 들어주시지만 하느님을 공경하고 그 뜻을 실행하는 사람의 청은 들어주신다는 것을 우리는 알고 있습니다.

32 소경으로 태어난 사람의 눈을 뜨게 하여준 이가 있다는 말을 일찍이 들어본 적이 있습니까?

33 그분이 만일 하느님께서 보내신 분이 아니라면 이런 일은 도저히 하실 수가 없을 것입니다."

34 유다인들은 이 말을 듣고 "너는 죄를 뒤집어쓰고 태어난 주제에 우리를 훈계하려 드느냐?" 하며 그를 회당 밖으로 내쫓아버렸다.

35 눈멀었던 사람이 유다인들의 회당에서 쫓겨났다는 말을 들으시고 예수께서 그를 만났을 때에 "너는 사람의 아들을 믿느냐?" 하고 물으셨다.

36 "선생님, 믿겠습니다. 어느 분이십니까?" 하고 대답하자

37 예수께서 "너는 이미 그를 보았다. 지금 너와 말하고 있는 사람이 바로 그 사람이다." 하고 말씀하셨다.

38 "주님, 믿습니다." 하며 그는 예수 앞에 꿇어 엎드렸다.

39 예수께서는 "내가 이 세상에 온 것은 보는 사람과 못 보는 사람을 가려, 못 보는 사람은

보게 하고 보는 사람은 눈멀게 하려는 것이다." 하고 말씀하셨다.

40 예수와 함께 있던 바리사이파 사람 몇이 이 말씀을 듣고 "그러면 우리들도 눈이 멀었단 말이오?" 하고 대들었다.

41 예수께서는 "너희가 차라리 눈먼 사람이라면 오히려 죄가 없을 것이다. 그러나 너희는 지금 눈이 잘 보인다고 하니 너희의 죄는 그대로 남아 있다." 하고 대답하셨다.

신학적 관점

공관복음서의 시각장애인들의 눈뜸 사건을 육적 치유로 말하는 데 반해 요한복음서는 이를 예수의 정체성을 밝히는 결정적 사건으로 극화한다. '눈뜸'이란 다름 아닌 예수를 하느님의 아들로 믿고 고백하는 일로 신학화한 것이다. 당대 눈뜸과 눈멂의 기준이 되었던 병듦과 안식일 규정에 대한 도전이자 새로운 해석이다.

목회적 관점

신학적 관점에서 목회자는 반유대교/반율법적 관점에서 예루살렘 권력과 대치하지만, 목회적 관점에서 보면 목회자들은 기득권의 입장에서 새로운 공동체의 운동에 대해 적대적이다. "내가 이 세상에 온 것은 보는 사람과 못 보는 사람을 가려, 못 보는 사람은 보게 하고 보는 사람은 눈멀게 하려는 것이다." 여기서 못 보는 사람은 갈릴리 민중들이며 보는 사람은 사회 지도자들이다. 요한 공동체 구성원들이 그러하였듯이 오늘날 사회적 '꼴찌'들이 다가오고 있는 새로운 세계를 본다는 점에서 꾸준한 자기 성찰이 요구된다. 나는 보는 사람인가, 못 보는 사람인가?

주석적 관점

요한복음의 일곱 개의 상징 이야기(discourse)는 극(劇, 드라마) 중 하나다. 실로암은 눈뜸과 눈멂의 차이를 말해주는 하나의 상징적 장소다. 실로암의 뜻은 파견된 자를 말한다. 곧, 눈뜸은 자신이 하늘로부터 부름 받은 존재임을 깨닫는 일이다.

설교적 관점

나면서부터 눈이 멀었던 사람이 고침을 받아 눈을 뜬 사람이 바로 자신들의 눈앞에 있고, 주위 백성들이 이를 증언하고 부모가 증언함에도 불구하고 이를 인정하지 않으려는 사람들이 있었는데, 바로 당시 사회 지도자들이었다. 왜 그들은 예수를 하느님의 아들로 인정할 수 없었던 것일까? 저들에게 있어 예수는 사회 불순 세력이 모여 사는 갈릴리 출신으로 그곳의 힘없는 사람들에게 하느님 나라를 가르침으로써 역사 주인 의식을 키우고 민중 소요를 불러오는 배후 조종자였기 때문이다. 그리하여 저들이 지금까지 자신들이 진리로 알고 지켜 왔던 성전 율법 체제와 로마의 식민 제도를 모두 부인하지 않는 한, 예수를 인정할 수가 없었다. 저들은 자신들의 기득권을 지키기 위해 예수를 부인하고 그를 따르는 자들을 유대 사회 밖으로 쫓아내기 시작했다. 요즘 말로 하면 예수를 따르는 사람들을 체제 부정자, 국가 반역자, 종북주의자 혹은 빨갱이로 낙인찍은 것이다. 고침을 받은 부모가 답변을 주저하는 것은, 만약 진실을 얘기하면 그들 또한 체제 반역자로 낙인찍혀 사회로부터 쫓겨나기 때문이다.

요한 공동체는 예수를 따름으로 인해 유대 주류 사회로부터 추방 당한 공동체였다. 차별과 불의한 현실 세계를 넘어서서 새로 오고 있는 세계를 고대한 사람들의 모임이었다. 추방의 삶은 매우 견디기 어려운 일이었지만, 저들의 고통을 통한 신앙의 이야기는 기독교 역사에서 수많은 사람들에게 하늘나라 대망을 품게 하였다.

인도의 성자라 불리는 비노바 바베는 말한다. "나는 브라만으로 태어났으나 나의 시카(머리의 왕관처럼 생각하여 길게 기른 머리 타래)를 잘라버리고 자발적으로 그 카스트와 결별하였다. 어떤 사람들은 나를 힌두라고 부르지만, 나는 코란과 성서를 꾸준히 연구하였고 결국 힌두교를 버리게 되었다. 나의 활동이 자비와 사랑과 사상에 뿌리를 두고 있기 때문이다. 나는 이념들을 가지고 있으나 고정되어 굳어버린 견해들은 가지고 있지 않다. 실제로 나는 너무나 변덕스러워서 오늘은 이런 견해를 말하고 또 서슴지 않고 내일은 저런 견해를 밝힌다. 오늘의 나는 어제의 나가 아니다. 나를 매 순간 다르게 생각하며 항상 변화를 계속하고 있다."

비노바 바베가 청소년 시절에 하루는 어머니께 이렇게 불평한다. "어머님은 동등을 말씀하시면서 왜 저를 차별하세요? 식은 음식은 늘 저에게만 주시고 저 학생에게는 한 번도 주시지 않잖아요. 그래 네 말이 옳다. 나는 너를 다른 사람들과 다르게 대하고 있다. 나는 너에게 애정을 가지고 있고 또 편애하고 있어 왜인지 아니? 나는 아직도 너를 아들로 생각하고 있고 그 학생은 사람의 몸을 입고 오신 하느님으로 생각하고 있기 때문이야. 내가 너마저 그렇게 볼 수 있는 때가 되면 이런 차별은 없어질 것이다"(칼린디/ 김문호 옮김, 『명상과 혁명 비노바 바베』, 실천문학사, 2000, 31).

서로가 외면으로 사람을 평가하지 아니하고 그 안에 담겨 있는 내면성, 곧 서로 다른 각자의 모습 속에서 하느님의 형상을 발견하게 되는 때, 그래서 아무것도 가진 게 없어 보잘것없는 사람으로 여김을 받아 지금 이 자리에 초청받지 못한 '우리' 밖에 있는 '다윗'이라는 꼴찌를 YHWH 하느님은 당신의 나라를 위한 미래의 지도자로 선택하신다. 이 진리를 깊이 깨달을 때 우리는 진정 눈을 뜨는 것이고, 어둠의 세계에서 빛의 세계로 옮겨 살아가게 된다.

사순절 다섯째 주일

겔 37:1-14; 시 130; 롬 8:6-11; 요 11:1-45

에스겔 37:1-14

1 야훼께서 손으로 나를 잡으시자 야훼의 기운이 나를 밖으로 이끌어내셨다. 그래서 들 한가운데 이끌려 나가보니 거기에 뼈들이 가득히 널려 있는 것이었다.

2 그분이 나를 그리로 두루 돌아다니게 하셨다. 그 들바닥에는 뼈들이 굉장히 많았는데 그것들은 모두 말라 있었다.

3 그분이 나에게 말씀하셨다. "너 사람아, 이 뼈들이 살아날 것 같으냐?" 내가 "주 야훼여, 당신께서 아시옵니다." 하고 아뢰니,

4 그분이 또 나에게 말씀하셨다. "이 뼈들에게 내 말을 전하여라. '마른 뼈들아, 이 야훼의 말을 들어라.

5 뼈들에게 주 야훼가 말한다. 내가 너희 속에 숨을 불어넣어 너희를 살리리라.

6 너희에게 힘줄을 이어놓고 살을 붙이고 가죽을 씌우고 숨을 불어넣어 너희를 살리면, 그제야 너희는 내가 야훼임을 알게 되리라.'"

7 나는 분부하신 대로 말씀을 전하였다. 내가 말씀을 전하는 동안 뼈들이 움직이며 서로 붙는 소리가 났다.

8 내가 바라보고 있는 가운데 뼈들에게 힘줄이 이어졌고 살이 붙었으며 가죽이 씌워졌다. 그러나 아직 숨쉬는 기척은 없었다.

9 야훼께서 나에게 또 말씀하셨다. "숨을 향해 내 말을 전하여라. 너 사람아, 숨을 향해 내 말을 전하여라. '주 야훼가 말한다. 숨아, 사방에서 불어와서 이 죽은 자들을 스쳐 살아나게 하여라.'"

10 나는 분부하신 대로 말씀을 전하였다. 숨이 불어왔다. 그러자 모두들 살아나 제 발로 일어서서 굉장히 큰 무리를 이루었다.

11 그러자 그분은 나에게 말씀하셨다. "너 사람아, 이 뼈들은 이스라엘의 온 족속이다. 뼈는 마르고, 희망은 사라져 끝장이 났다고 넋두리하던 것들이다.

12 이제 너는 이들에게 나의 말을 전하여라. '주 야훼가 말한다. 나 이제 무덤을 열고 내 백성이었던 너희를 그 무덤에서 끌어올려 이스라엘 고국 땅으로 데리고 가리라.

13 내가 이렇게 무덤을 열고 내 백성이었던 너희를 무덤에서 끌어올리면, 그제야 너희는 내가 야훼임을 알게 되리라.
14 내가 너희에게 나의 기운을 불어넣어 살려내어 너희로 하여금 고국에 가서 살게 하리라. 그제야 너희는 나 야훼가 한번 선언한 것을 그대로 이루고야 만다는 사실을 알 것이다. 야훼가 하는 말이다.'"

신학적 관점

두 가지 관점에서 신학적으로 중요하다. 첫째는 YHWH는 가나안 정착 이후 팔레스타인 지역 안에서, 이후 예루살렘 성전 안 지성소에 거하시던 일종의 유대 민족의 신이었다. 그런데 유대 땅 밖 바빌론에 포로로 붙잡혀 가 있는 에스겔에게 나타나신다. 곧, 장소에 매이지 않는 우주의 신임을 선포한다. 둘째는 마른 뼈 환상을 통해 부활이 단지 영적/개인적 차원을 넘어서 현실에서 포로로 붙잡혀 있던 피압박 민족의 정치적 해방임을 선포한 것이다.

목회적 관점

요즘은 화장이 일반화되었지만, 아직도 일부 기독교인들은 화장을 거부하고 매장을 원한다. 본문을 문자적으로 이해하기 때문이다. 그런 분들에게 어떻게 본문을 달리 설명할 수 있을까? 우리나라 국토의 5%가 묘지로 사용되고 있다.

주석적 관점

골짜기의 널린 뼈들은 아마도 끌려온 1대 유대인들의 공동묘지였을 수도 있고 혹은 바빌론제국에 의해 끌려왔다 살해 당한(9절) 피압박 민족들의 공동묘지나 처형의 장소였을 수 있다. 뼈가 말랐다는 말은 희망이 완전히 끊겼다는 말이다. 3절의 에스겔을 부르는 '사람'은 'ben-adam'으로 '흙'으로 사라질 유한한 존재성을 선포하는 말이다. 동시에 이는 창세기 2장의 아담의 코에 불어 넣어진 하늘의 '생기'(ruach)로서 여러 번 반복해서 언급된다. 곧, 제2의 인간 창조 사건이다.

설교적 관점

본문에 이어 에스겔에게 이미 아시리아제국에 의해 멸망 당한 북왕국 이스라엘과 바빌론제국에 의해 멸망한 남왕국 유다가 하나의 통일된 왕국으로 설것임을 예언한다. 이는 우리 민족의 분단 현실에서 너무나도 중요한 성서 말씀이다. 외세에 의해 분단된 지 올해로 80년을 맞이하고, 남북이 외세의 농간에 의해 형제자매 살육을 저지른 지 75년을 맞이하고 있다. 그런데 문제는 언제 다시 시작하더라도 전혀 문제가 되지 않는 총구를 잠시 내려놓은 휴전 상태라는 것이다. 전쟁이 또다시 일어난다면 상상할 수 없는 피해가 발생한다. 통일 조국의 꿈은 바짝 마른 뼈와 같이 사람들의 마음에서 사라지고 있다. 이러한 때 본문이 주는 오늘의 통일 희망의 메시지를 전달하는 일은 매우 소중하다.

시편 130

1 야훼여, 깊은 구렁 속에서 당신을 부르오니,

2 주여, 이 부르는 소리 들어 주소서. 애원하는 이 소리, 귀 기울여 들으소서.

3 야훼여, 당신께서 사람의 죄를 살피신다면, 감당할 자 누구이리까?

4 그러나 용서하심이 당신께 있사오니 이에 당신을 경외하리이다.

5 나는 야훼님 믿고 또 믿어 나의 희망 그 말씀에 있사오니,

6 새벽을 기다리는 파수꾼보다 내 영혼이 주님을 더 기다리옵니다.

7 새벽을 기다리는 파수꾼처럼 이스라엘이 야훼를 기다리옵니다. 인자하심이 야훼께 있고 풍요로운 속량이 그에게 있으니

8 그가 이스라엘을 속량하시리라. 그 모든 죄에서 구하시리라.

로마서 8:6-11

6 육체적인 것에 마음을 쓰면 죽음이 오고 영적인 것에 마음을 쓰면 생명과 평화가 옵니다.

7 육체적인 것에 마음을 쓰는 사람은 하느님의 율법에 복종하지도 않고 또 복종할 수도 없기 때문에 하느님의 원수가 되고 맙니다.

8 육체를 따라 사는 사람들은 하느님을 기쁘게 해드릴 수가 없습니다.

9 사실 하느님의 성령께서 여러분 안에 계신다면 여러분은 육체를 따라 사는 사람이 아니라 성령을 따라 사는 사람입니다. 그러나 그리스도의 성령을 모시지 못한 사람은 그리스도의

사람이 아닙니다.

10 비록 여러분의 몸은 죄 때문에 죽었을지라도 그리스도께서 여러분 안에 계시면 여러분은 이미 하느님과 올바른 관계에 있기 때문에 여러분의 영은 살아 있습니다.

11 그리고 예수를 죽은 자들 가운데서 다시 살리신 분의 성령께서 여러분 안에 계시면 그리스도를 죽은 자들 가운데서 다시 살리신 분께서 여러분 안에 살아 계신 당신의 성령을 시켜 여러분의 죽을 몸까지도 살려주실 것입니다.

신학적 관점

바울은 그리스적 이해에 따른 육과 영의 이분법적 분리를 말하지 않는다. 하느님의 영이 우리 안에 거하면 육신 또한 거룩하지만, 영이라 하더라도 하느님의 법을 따르지 않으면 썩어가는 육이 된다. 영과 육은 하나의 몸에 대한 서로 다른 표현이다(10절).

목회적 관점

영적이라는 단어가 신비주의를 불러오고, 신비주의는 비밀 집단이 되어간다. 기독교 이단들의 활동이 끊이지 않는다. 가정이 파괴되고 많은 젊은이들이 잘못된 영에 사로잡혀 일생을 망치고 만다. 사회적 책임을 도외시하고 영혼구원만을 외쳐온 기존 교회의 책임이 상당하다. 생명과 평화를 추구하는 목회라야 한다(6절).

주석적 관점

바울에게 있어 부활은 단순히 죽은 몸이 살아나 영원한 하늘나라로 들어가는 것을 뜻하지 않는다. 생명과 평화의 영이신 그리스도의 영이 우리 안에 거하여 의로운 삶을 추구한다면 그때부터 우리는 이미 부활한 자의 삶을 살아간다(11절).

설교적 관점

생명과 평화, 이는 그리스도인들이 추구해야 할 하느님 나라의 가치다. 지금 생명의 관점에서 우리나라는 어떠한가? 부동의 세계 제일의 자살률 국가요

세계 최저의 출산율 국가다. 생명의 관점에서 세계 최악의 나라다. 평화의 관점에서는 어떠한가? 태어나면서부터 부모 형제가 살아가는 북을 '주적'이라고 부르고 저들이 멸망하기만을 기도한다. 지난 80년간 전쟁의 먹구름에서 한 번도 벗어난 적이 없다. 사용하지도 못할 비싼 신무기를 구입하고, 여러 전쟁 무기를 개발하고 생산하여 이를 수출하고 있다. 세계 3위의 무기 수입국이며, 세계 5위의 무기 수출국이다. 우리 손으로 직접 생산한 무기로 인해 많은 사람들이 피를 흘리며 죽어가고 있다.

요한복음 11:1-45

1 마리아와 마르타 자매가 사는 베다니아 동네에 라자로라는 병자가 있었다.

2 앓고 있는 라자로는 마리아의 오빠였다. 마리아는 주님께 향유를 붓고 머리털로 주님의 발을 닦아드린 적이 있는 여자였다.

3 마리아와 마르타는 예수께 사람을 보내어 "주님, 주님께서 사랑하시는 이가 앓고 있습니다." 하고 전했다.

4 예수께서는 그 전갈을 받으시고 "그 병은 죽을 병이 아니다. 그것으로 오히려 하느님의 영광을 드러내고 하느님의 아들도 영광을 받게 될 것이다." 하고 말씀하셨다.

5 예수께서는 마르타와 그 여동생과 라자로를 사랑하고 계셨다.

6 그러나 라자로가 앓는다는 소식을 들으시고도 계시던 곳에서 더 머무르시다가 이틀이 지난 뒤에야

7 제자들에게 "유다로 돌아가자." 하고 말씀하셨다.

8 제자들이 "선생님, 얼마 전만 해도 유다인들이 선생님을 돌로 치려고 하였는데 그곳으로 다시 가시겠습니까?" 하고 걱정하자

9 예수께서는 "낮은 열두 시간이나 되지 않느냐? 낮에 걸어 다니는 사람은 세상의 빛을 보기 때문에 걸려 넘어지지 않는다.

10 그러나 밤에 걸어 다니면 빛이 없기 때문에 걸려 넘어질 것이다." 하시며

11 이어서 "우리 친구 라자로가 잠들어 있으니 이제 내가 가서 깨워야겠다." 하고 말씀하셨다.

12 그러자 제자들은 "주님, 라자로가 잠이 들었다면 곧 살아나지 않겠습니까?" 하고 말하였다.

13 예수께서 하신 말씀은 라자로가 죽었다는 뜻이었는데 제자들은 그저 잠을 자고 있다는 말로 알아들었던 것이다.

14 그래서 예수께서는 분명히 말씀하셨다. "라자로는 죽었다.

15 이제 그 일로 너희가 믿게 될 터이니 내가 거기 있지 않았던 것이 오히려 잘된 일이다.

그곳으로 가자."

16 그때에 쌍둥이라고 불리던 토마가 자기 동료인 딴 제자들에게 "우리도 함께 가서 그와 생사를 같이합시다." 하고 말하였다.

17 예수께서 그곳에 이르러 보니 라자로가 무덤에 묻힌 지 이미 나흘이나 지난 뒤였다.

18 베다니아는 예루살렘에서 오리밖에 안 되는 곳이어서

19 많은 유다인들이 오빠의 죽음을 슬퍼하고 있는 마르타와 마리아를 위로하러 와 있었다.

20 예수께서 오신다는 소식을 듣고 마르타는 마중을 나갔다. 그동안 마리아는 집 안에 있었다.

21 마르타는 예수께 이렇게 말하였다. "주님, 주님께서 여기에 계셨더라면 제 오빠는 죽지 않았을 것입니다.

22 그러나 지금이라도 주님께서 구하시기만 하면 무엇이든지 하느님께서 다 이루어주실 줄 압니다."

23 "네 오빠는 다시 살아날 것이다." 예수께서 이렇게 말씀하시자

24 마르타는 "마지막 날 부활 때에 다시 살아나리라는 것은 저도 알고 있습니다." 하고 말하였다.

25 예수께서 "나는 부활이요 생명이니 나를 믿는 사람은 죽더라도 살겠고

26 또 살아서 믿는 사람은 영원히 죽지 않을 것이다. 너는 이것을 믿느냐?" 하고 물으셨다. 마르타는

27 "예, 주님, 주님께서는 이 세상에 오시기로 약속된 그리스도이시며 하느님의 아드님이신 것을 믿습니다." 하고 대답하였다.

28 이 말을 남기고 마르타는 돌아가 자기 동생 마리아를 불러 귓속말로 "선생님이 오셔서 너를 부르신다." 하고 일러주었다.

29 마리아는 이 말을 듣고 벌떡 일어나 예수께 달려갔다.

30 예수께서는 아직 동네에 들어가지 않으시고 마르타가 마중 나왔던 곳에 그냥 계셨던 것이다.

31 집에서 마리아를 위로해 주던 유다인들은 마리아가 급히 일어나 나가는 것을 보고 그가 곡하러 무덤에 나가는 줄 알고 뒤따라 나갔다.

32 마리아는 예수께서 계신 곳에 찾아가 뵙고 그 앞에 엎드려 "주님, 주님께서 여기에 계셨더라면 제 오빠가 죽지 않았을 것입니다." 하고 말하였다.

33 예수께서 마리아뿐만 아니라 같이 따라온 유다인들까지 우는 것을 보시고 비통한 마음이 북받쳐 올랐다.

34 "그를 어디에 묻었느냐?" 하고 예수께서 물으시자 그들이 "주님, 오셔서 보십시오." 하고 대답하였다.

35 예수께서는 눈물을 흘리셨다.

36 그래서 유다인들은 "저것 보시오. 라자로를 무척 사랑했던가 봅니다." 하고 말하였다.

37 또 그들 가운데에는 "소경의 눈을 뜨게 한 사람이 라자로를 죽지 않게 할 수가 없었단 말인가?" 하는 사람도 있었다.

38 예수께서는 다시 비통한 심정에 잠겨 무덤으로 가셨다. 그 무덤은 동굴로 되어 있었고 입구는 돌로 막혀 있었다.

39 예수께서 "돌을 치워라." 하시자 죽은 사람의 누이 마르타가 "주님, 그가 죽은 지 나흘이나 되어서 벌써 냄새가 납니다." 하고 말씀드렸다.

40 예수께서 마르타에게 "네가 믿기만 하면 하느님의 영광을 보게 되리라고 내가 말하지 않았느냐?" 하시자

41 사람들이 돌을 치웠다. 예수께서는 하늘을 우러러보시며 이렇게 기도하셨다. "아버지, 제 청을 들어주셔서 감사합니다.

42 그리고 언제나 제 청을 들어주시는 것을 저는 잘 압니다. 그러나 이제 저는 여기 둘러선 사람들로 하여금 아버지께서 저를 보내주셨다는 것을 믿게 하려고 이 말을 합니다."

43 말씀을 마치시고 "라자로야, 나오너라." 하고 큰 소리로 외치시자

44 죽었던 사람이 밖으로 나왔는데 손발은 베로 묶여 있었고 얼굴은 수건으로 감겨 있었다. 예수께서 사람들에게 "그를 풀어 주어 가게 하여라." 하고 말씀하셨다.

45 마리아를 찾아왔다가 예수께서 하신 일을 본 많은 유다인들이 예수를 믿게 되었다.

신학적 관점

저자 요한에게 있어서 나사로의 부활은 부활 그 자체가 중심이 아닌 예수 그리스도를 향한 손가락, 곧 표적(semeion)이다. 일곱 개의 표적과 이에 따른 일곱 개의 에고 에이미(I-saying)의 절정으로서 "나는 부활이요 생명이다"(25절)라는 신적 선언이 있으며, 부활은 미래 사건이 아닌 종말로서의 현재 사건임을 말한다. 죽어서 믿는 것뿐만 아니라 살아서 믿는 것 또한 중요하다. 나사로의 부활 이야기는 예수 부활에 대한 일종의 예고편으로서 중요한 신학적 역할을 갖고 있으며 서문(1:1-14)의 중요한 요한의 주제들이 반복되어 나타나고 있다. 하느님의 영광(4절; 비교. 1:14), 빛(9절; 비교. 1:4-9), 생명(25절; 비교. 1:4), 믿는다(15, 26-7, 40, 42, 45; 비교. 1:12), 세상에 오시는 예수(27절; 비교. 1:9).

예수께서 죽음을 앞둔 마지막 유월절 엿새를 앞두고 베다니에 다시 들리자 그곳에 사람들이 모여들었는데, 이는 단지 예수만 보려는 것이 아닌 부활한 나사로를 보기 위함이었다. 그리고 대제사장들은 나사로까지 죽이려고 모의한다(12:9-10). 이는 예루살렘 성전 권력으로부터 추방 당한 요한 공동체의 현실을 말한다.

나사로의 부활 이야기를 너무 사실적인 이야기로 집중하면 많은 신학적인 난제들에 부닥치게 된다. 베로 꽁꽁 묶여 있는 나사로가 어떻게 무덤에서 걸어 나올 수 있었는가? 부활한 나사로는 지금 어디에 있는가? 예수의 부활과 나사로의 부활은 어떻게 다른 것인가? 왜 예수는 사흘째 되는 날에 부활하고, 나사로는 나흘째 되는 날에 부활하는가? 예수의 부활은 죽음을 이긴 영적 부활이고, 나사로의 부활은 단지 육적 부활로서의 의미가 있는 소생(甦生)인가? 예수가 부활했을 때 나사로는 어디에 있는가? 한 주 전만 해도 그는 예수와 함께 베다니에 있었다.

요한이 관심하는 것은 나사로의 부활을 목격한 많은 유대인과 마리아와 마르다가 예수를 믿었다는 것이다(45절). 요한에게 있어 보는 것과 믿는 것은 하나다. 그런데 복음서 마지막에 가서 예수는 보지 않고 믿는 자가 복되다고 얘기한다. 그렇다면 요한에게 있어 예수를 믿는다는 것은 구체적으로 무엇을 뜻하는가? 요한은 믿음을 동사형으로만 말하지 명사형으로는 말하지 않는다. 당시 저들이 유대인들로부터 핍박을 받고 추방을 당했듯이, 추방을 감수하는 믿음을 뜻한다. 나사로의 부활 이야기는 45절로 끝나지 않는다. 그중에 어떤 사람이 일어난 일을 보고하자 대제사장과 바리새인들이 공의회를 열어 예수를 죽이고자 모의한다(53절). 곧, 나사로의 부활은 예수가 살해 당하는 일에 직접적인 동기를 제공한다. 저자 요한에게 있어 부활은 다시 일어서는(re-surrection) 종교적 사건을 넘어 민중의 일어섬, 곧 반란(in-surrection)의 정치적 사건으로 전환된다. 공관복음서 안에서의 예수가 죽은 사람을 일으키는 이야기와는 근본적으로 그 성격이 다르다. 이야기 서두 또한 이를 암시한다. 나사로가 병들었다는 얘기를 듣고 예수가 가려 하자 제자들이 며칠 전 유대인들이 예수를 돌로 쳐서 죽이고자 했던 사실을 떠올린다. 곧, 나사로의 부활 사건 앞뒤로 유대인들의 예수에 대한 적대감이 팽배해 있음을 말한다. 사실 이러한 반유대적인 관점이 후에 유럽 사회 안에서 반유대적인 정서(anti-semitism)를 갖도록 한다는 점에서 신학적으로 매우 조심스럽게 다루어져야 할 본문이다.

목회적 관점

신앙 공동체 안에서 모두가 사랑하고 존경하는 지도자가 병들었을 때 합심하여 기도한다. 하지만 그럼에도 불구하고 세상을 떠난다. 나사로의 죽음이 그러했다. 모두가 슬퍼했다. 그런데 예수가 와서 그를 다시 살리신다. 신앙 공동체 안에서 죽은 이를 다시 살린다는 부활의 현재적 의미는 무엇인가?

가장 긴 본문이지만, 가장 짧고 의미 있는 구절이 담겨 있다. "예수께서는 눈물을 흘리셨다"(35절). 예수의 인성을 드러낸 말이다. 이는 나사로에 대한 애정을 보여주는데, 여기서 사용되는 사랑이란 단어는 신적 무조건적인 사랑을 뜻하는 '아가페'가 아닌 친구 사이의 우정을 뜻하는 '필리아'이다.

주석적 관점

베다니는 예루살렘 동쪽 4km 정도 떨어진 작은 마을로, 그 뜻은 '가난한 자들의 집'이다. 오늘날로 말하면 서울 변두리, 곧 달동네이다. 가난한 자들이 사는 곳으로 주거환경이 불순하여 병자들이 많을 수밖에 없다. 그런데 공관복음서에서 예수는 마지막 주간 성전 숙청을 통해 정치 종교 권력자들과 대립각을 분명히 세우고 낮에는 예루살렘에, 밤에는 베다니에 머문다. 저항의 중심지이다.

나사로와 마르다와 마리아는 예수께서 사랑하는 사람들이었다. 1절에서 나사로는 마르다, 마리아 자매와 같은 동네 사람이라고 말한다. 2절에서는 오빠라고 말한다. 2절이 후대 첨가일 수 있다. 나사로의 부활과 관련하여 예수의 메시아성에 대해 마르다와 마리아 자매의 역할이 다시금 강조되고 있다. 2절에서 언급되는 향유로 예수의 발을 씻는 행위는 후에 나온다. 마르다와 마리아는 따로따로 예수를 만난다. 암시하는 바가 다르지만, 예수께서 계셨더라면 오빠가 죽지 않았을 것이라는 일종의 불만 섞인 이야기는 같다. 마르다는 예수로 하여금 "나는 부활이요 생명이다"라는 선언을 하게 하고, 마리아는 무덤 문을 열도록 한다. 이는 나사로를 비롯하여 두 자매가 요한 공동체 내에서 지도자 역할을 담당하였음을 암시한다. 어떤 학자는 마리아를 '예수의 사랑하시는 그 제자'라고 주장하기도 한다.

흥미로운 점은 3절과 5절에서 '사랑한다'는 단어를 각각 아가페와 필레오로 쓰고 있다는 점이다. 복음서 마지막 예수와 베드로의 "내 양을 치라"는 대화에서 이 두 단어는 서로 교차한다는 점에서 같은데, 왜 이렇게 썼는가에 대해서는 정확히 알려진 바가 없지만, 신적 감정과 인간적 감정이 복합적으로 담겨 있는 마음을 말하는 듯하다.

설교적 관점

부활에 대해 21세기 현대인들만이 부정적 태도를 갖고 있는 것은 아니다. 예수 시대에 유대 사회 안에 크게 두 부류의 지도자 그룹이 있었는데, 바리새파와 사두개파이다. 바리새파는 종교적 가르침을 통해 백성들을 깨우치고 하느님 나라를 세우고자 하였던 반면, 사두개파는 현실적인 정치적 힘을 통해 하느님 나라를 실현하고자 하였다. 따라서 바리새파는 부활을 믿었던 반면, 사두개파는 부활을 부정하였다. 이 둘은 부활에 대해서는 서로 의견이 달랐지만, 모두 로마의 식민지 지배라는 현실을 인정하고 자신들의 기득권이 손상되지 않는 범위 안에서 하느님 나라를 추구했던 사람들로서, 가난한 민중들이 역사의 주체로 나서는, 곧 밑에서부터 민(民)으로부터 시작하는 하느님 나라를 외치셨던 예수를 제거하는 일에서는 하나가 되었다.

그런데 지금 부활을 믿는 많은 그리스도인들이 이를 개인적 사건으로 이해하듯이, 당시 바리새파 사람들 또한 부활을 현재의 연속성 안에서의 개인적 사건으로 이해했다. 그래서 저들은 예수에게 묻기를, 한 여인이 형제 일곱이 있는 집에 시집을 갔는데, 큰아들이 아이가 없이 죽자 당시 관습에 따라 둘째 아들과 결혼하였지만 또 아이를 낳지 못하고 죽었고, 이런 식으로 일곱 형제와 결혼하였는데 그렇다면 하늘나라에서 부활하면 누가 이 여인의 남편이 되느냐는 질문을 던진다. 오늘 우리에게는 어리석은 질문으로 들리지만, 당시 저들에게는 매우 중요한 신앙의 질문이었다. 이에 예수께서는 하늘나라에서는 장가가는 일도 시집가는 일도 없다고 하며 이 땅의 삶과는 전혀 차원이 다른 삶이 있을 것이라고 답변하신다.

그렇다면 부활과 영생의 삶에 있어서 개인적 특성은 없어지고 영적인 집단성만 남는 것인가는 질문이 생기는데, 이 또한 쉽게 답할 수 있는 질문은 아니다. 다만 본문은 부활이란 죽음 이후 하늘나라에서 이루어지는 개인의 미래 삶이 아닌 바로 여기에서 시작하는 현재의 변혁 사건임을 말한다.

칼 바르트가 말하기를, "오늘날의 사람들은 아주 많이 이른바 성숙하게 된 '세상'과 마주한 하느님에 대해 말한다. 그러나 내가 더 깊은 관심을 갖는 것은, 하느님과 세상과 마주한 성숙해야 할 '인간'이다. 이 말은 하느님 앞에서 책임감을 가지고 생각하고 말하고 행동하는 인간, 하느님을 향한 살아 있는 희망 속에서 살아 있는 인간, 이 세상에서 섬김의 삶을 살아가고, 자유롭게 고백하며, 끊임없이 기도하는 인간이다"(에베하르트 부쉬/손성혁 역, 『칼 바르트』, 복 있는 사람, 2024, 830-831). 이는 우리가 단지 성서가 말하고 있는바, "부활을 믿으세요"라고 단순하게 선포하는 일로 그쳐서는 안 되고 성서의 말씀을 성숙하게 된 세상 속에서 새롭게 증언할 해석의 책임이 있다는 것이다.

지금 고통 가운데 있는 사람들은 미래에 펼쳐질 영원한 부활보다 현재의 고통 가운데서 벗어나는 일이 더 중요하다. "그를 풀어 주어 가게 하여라"는 나사로의 부활 사건은 단지 사람의 생명이 몇 년 더 연장된다는 데 그 의미가 있는 것이 아니다. 중요한 것은 그로 하여금 갈 길을 가도록 하는 사명에 있다. 만약 우리가 하늘의 사명에 충실하다면 우리는 이미 부활의 삶을 살고 있는 것이다.

사순절 여섯째 주일(종려 예전/Liturgy of Palms)
시 118:1-2, 19-29; 마 21:1-11

시편 118:1-2, 19-29

1 야훼께 감사 노래 불러라, 그는 어지시다. 그의 사랑 영원하시다.

2 이스라엘 문중아, 노래불러라. "그의 사랑 영원하시다."

19 정의의 문을 열어라. 내가 들어가 야훼께 감사 기도 드리리라.

20 이것이 야훼의 문, 의인들이 이리로 들어가리라.

21 나의 기도 들으시고 나를 구해 주셨으니 주님께 감사 기도 드립니다.

22 집 짓는 자들이 버린 돌이 모퉁이의 머릿돌이 되었나니,

23 우리 눈에는 놀라운 일 야훼께서 하신 일이다.

24 이날은 야훼께서 내신 날, 다 함께 기뻐하며 즐거워하자.

25 주소서, 야훼여, 구원을 주소서. 주소서, 야훼여, 승리를 주소서.

26 야훼의 이름으로 오시는 이여, 찬미받으소서. 우리가 야훼의 집에서 그대들을 축하하리라.

27 야훼, 하느님께서 우리에게 빛을 주신다. 나뭇가지 손에 들고 줄줄이 제단 돌며 춤을 추어라.

28 "당신은 나의 하느님이시오니 당신께 감사 기도 드립니다. 당신은 나의 하느님이시오니 당신을 기리옵니다." 나의 기도 들으시고 나를 구해 주셨사오니 주님께 감사 기도 드립니다.

29 야훼께 감사 노래 불러라. 그는 어지시다. 그의 사랑 영원하시다.

신학적 관점

　시편 118편은 축제의 노래다. 출애굽의 기쁨을 노래하고 있다. 집 짓는 자의 눈에 벗어나는 돌은 그가 생각하는 모양새에 맞지 않기 때문이다. 그가 생각하는 모양새란 전통의 틀이다. 오늘 시편 기자가 YHWH를 찬양하는 이유는 버려진 돌이 주춧돌로 쓰임을 받았기 때문이다. 이는 힘이 지배하는 옛 시대가 가고 약자의 정의가 실현되는 새로운 시대가 왔다는 의미다. 그리하여 이스라엘 백성들은 승리를 상징하는 나뭇가지를 들고 제단을 돌며 기쁨의 노래를 부른다.

목회적 관점

118편은 마르틴 루터가 애용하던 시편이다. 그는 어려웠던 시절 코부르그성의 서재 벽에 17절을 새겨놓고 읽었다: "내가 죽지 않고 살아서, 주님께서 하신 일을 선포하겠다." 교인들은 자신들이 세상에서 패배한 자로 버림을 받은 자라고 생각하기 쉽다. 그리하여 하느님의 힘으로 세상에서 성공하는 자가 되기를 바란다. 그러나 우리는 분명히 깨달아야 한다. 우리는 세상 안에 살아가는 존재이긴 하지만, 세상에 속한 사람들이 아닌 YHWH께 속한 자들임을.

주석적 관점

118편은 출애굽을 기억하는 찬양과 감사(Hallel)의 시 모음(113-118편)의 마지막 시편이다. 이는 단지 출애굽 사건만 의미하는 것이 아니다. 초대 교인들에게 있어서는 바빌론 해방의 사건과 마카비 항쟁의 승리를 넘어 예수의 부활 사건을 뜻한다. 1절과 마지막 절 29절은 같은 어구로 시편 전체를 감싸고 있는 감사의 노래로서 어머니의 자궁을 뜻하는 헤세드(hesed)의 사랑을 노래한다.

어머니는 여러 자녀 가운데서도 가장 못난 자녀를 우선시한다. YHWH 또한 버려진 돌에 우선 관심하신다. 팔레스타인의 집은 사각형 돌집이다. 따라서 사각의 모퉁잇돌이 모두 우리나라 기와집의 중앙에 위치한 머릿돌과 같은 역할을 한다.

설교적 관점

오늘날 예배, 특히 개신교 예배는 설교에 집중되어 있다. 의자에 앉아 귀로 듣는 예배다. 과거 예루살렘 성전의 예배는 온몸으로 움직이며 하느님을 찬양하는 예배다. 정교회에는 의자가 없다. 성전 전체 바닥부터 천장까지가 찬양의 그림으로 가득 차 있다. 한 시간을 넘어 몇 시간씩 예배가 진행된다. 19-20절에서 이스라엘 백성들은 성전 문 앞에 모여 있다가 성전 문이 열리자 들어가면서 노래를 부른다. 종려주일을 맞아 나뭇가지를 들고 모두 성전 문 앞에 모여 있다가 예배 시작과 함께 목회자가 문을 열면 찬양하면서 들어가 제단을 한

바퀴 돌아 자기 자리에 앉는 것은 어떤가?

마태복음 21:1-11

1 그들이 예루살렘에 가까이 와서 올리브 산 근처 벳바게에 이르렀을 때에 예수께서는 두 제자를 보내시며

2 이렇게 이르셨다. "맞은편 마을로 가보아라. 그러면 나귀 한 마리가 매여 있을 터인데 그 새끼도 곁에 있을 것이다. 그 나귀를 풀어 나에게로 끌고 오너라.

3 혹시 누가 무어라고 하거든 '주께서 쓰시겠답니다.' 하고 말하여라. 그러면 곧 내어줄 것이다."

4 이리하여 예언자를 시켜,

5 "시온의 딸에게 알려라. 네 임금이 너에게 오신다. 그는 겸손하시어 암나귀를 타시고 멍에 메는 짐승의 새끼, 어린 나귀를 타고 오신다." 하신 말씀이 이루어졌다.

6 제자들은 가서 예수께서 일러주신 대로

7 나귀와 나귀 새끼를 끌고 와서 그 위에 겉옷을 얹어놓았다. 예수께서 거기에 올라앉으시자

8 많은 사람들이 겉옷을 벗어 길에 펴놓는가 하면 어떤 사람들은 나뭇가지를 꺾어다가 길에 깔아놓기도 하였다.

9 그리고 앞뒤에서 따르는 사람들이 모두 함성을 울렸다. "호산나! 다윗의 자손! 주의 이름으로 오시는 이여, 찬미 받으소서. 지극히 높은 하늘에서도 호산나!"

10 예수께서 예루살렘에 들어가시자 온 시민이 들떠서 "이분이 누구냐?" 하고 물었다.

11 사람들은 "이분은 갈릴래아 나자렛에서 오신 예언자 예수요." 하고 대답하였다.

신학적 관점

본문은 당시 군사적 메시아에 대한 민중의 열망이 가득했음을 보여준다. 다만 스가랴의 예언에 기초한 나귀를 등장시킴으로 그 군사적 대결을 비폭력의 관점으로 제한하며, 이를 희화화(戱畫化, parody)한다. 유대 독립전쟁으로 인한 예루살렘 멸망 직후 기록되었다는 역사적 정황을 고려할 때, 본문은 *Pax Romana*에 대한 *Pax Christi*의 저항의 성격을 분명히 말하고 있다. 곧, 약자의 상징인 '어린이들과 젖먹이들이 입으로 주를 찬양'(21:16)한다는 민중 주체의 역사신학이다. 누가 또한 같은 관점에서 "이 사람들이 잠잠하면 돌들이 소리 지를 것이다"라고 말한다.

목회적 관점

필자는 종려주일마다 이를 새로운 방식으로 재현하였다. 나귀를 대신하여 자전거, 롤러, 광대 차림 등등의 웃음을 자아내는 복장을 한 다음 설교단으로 나아갈 때, 교인들은 미리 나누어준 종려나무 가지를 흔들며 "호산나!" 환호를 외쳤다. 복음서에는 기록이 되어 있지 않지만, 예수의 우스꽝스러운 행렬 반대편에서 진행되고 있는 또 다른 행렬, 곧 말을 타고 창과 칼을 들고 들어오는 로마군의 장엄한 행렬을 병렬적으로 읽을 때 새끼 나귀 속에 담겨 있는 정치적 풍자를 읽을 수 있다. 예수는 풍자의 대가였다. "형제의 눈 속에 있는 티는 찾아내면서 자신의 눈 안에 있는 '들보'를 발견하지 못한다"는 말씀은 바리새인들의 위선에 대한 풍자였고, "하루살이는 걸러내면서 '낙타'는 삼킨다"는 말씀 또한 부자들의 탐욕을 풍자한 것이다.

주석적 관점

2절 '벳파게의 맞은편 마을'에 사는 인물이 누구인지 구체적 언급은 없다. 벳파게는 예루살렘 외곽의 가난한 사람들이 모여 사는 곳으로 오늘날로 말하면 '달동네'이다. 독립을 원하는 혁명가들이 숨어 살기에 적절한 장소다. 마가와 누가는 벳파게와 베다니 두 마을을 함께 언급함으로 구체적으로 어떤 장소인지가 불분명하다. 다만 마태는 여기서는 베다니를 언급하지 않다가 당일 저녁에 머문 장소를 베다니라고 말한다(17절). 벳파게의 맞은편 마을을 베다니로 본 것으로 해석된다. 베다니는 예수의 사랑하는 제자 나사로와 마르다와 마리아가 사는 곳으로 요한복음에서는 예수 활동의 중심 거점이었다. 나사로의 부활이 일어난 장소로 예루살렘 성전 권력자들의 눈으로 보면 매우 위험한 곳이다. 그런데 나귀가 이미 준비되었다는 사실은 예수와 비밀리에 이미 소통하고 있는 개인 혹은 집단이 있었다는 것을 말한다. 이는 최후의 만찬을 준비하는 과정에서도 확인된다(26:18). 그렇다면 파송을 받은 이 두 제자가 전에 만난 적이 없는 이들은 누구이며, 이들의 정체는 과연 무엇인가? 마태는 이 남자에 대해 '그런 사람'(ton deina, such a one)이라고 말하는 반면, 마가와 누가는 물동이를 이고 가는 남성이라고 구체적으로 말한다. 예루살렘에서 당시 여성들의 몫인 물동이를 이고 가는 남성은 독신자일 가능성이 매우 높다. 그렇다면 독신 공동체인 쿰란파와 어떤 연계가 있지 않았을까? 혹은 열혈당(Zealot) 출신 제자 마태 혹은 시카리(Sicarii, 라틴어로 *sica*는 단검) 과격파 출신인 가룟(Iscariot) 유다가 어떤 중간 역할을 맡지 않았을까 하는 추측이 가능하다.

역사적 예수 연구가 마르쿠스 보그와 존 도미닉 크로산은 다음과 같이 주장했다.

시기 30년 어느 봄날 예루살렘에 입성하는 두 행렬이 있었다. 때는 유대교에서 일 년 중 가장 신성한 절기인 유월절의 첫날이었다. 첫 번째 행렬은 초라한 행렬이었으며 다른 행렬은 로마 군대의 행렬이었다. 동쪽에서는 예수가 추종자들의 환호를 받으며 새끼 나귀를 타고 감람산을 내려오고 있었다. 예수는 나사렛이라는 한 시골 마을 출신으로 그를 따르는 사람들은 농민들이었다. 그들은 갈릴리에서부터 남쪽으로 약 100마일 떨어진 예루살렘으로 여행을 시작하였던 것이다. 맞은편의 서쪽에서는 이두메와 유대와 사마리아를 다스리는 로마 총독 본디오 빌라도가 제국의 기병대와 보병들을 이끌고 위풍당당한 모습으로 예루살렘 성안으로 들어서고 있었다. 저들은 서북쪽으로 약 60마일 떨어진 가이사랴 해변으로부터 왔다. 예수의 행렬은 하느님의 나라를 선포하는 것이었으며, 빌라도의 행렬은 로마제국의 권력을 과시하는 것이었다(마르쿠스 보그·존 도미닉 크로산/오희천 옮김, 『예수의 마지막 일주일: 예루살렘 입성 이후 십자가 처형 부활까지의 요일별 기록』, 중심, 2007, 17).

10절 '들떠서'(seio, 떨림, in tremble)는 본래 지진으로 인해 땅이 흔들림 때 일어나는 두려운 감정이다(마 27:51). 곧, 예루살렘성이 흔들리는 민중 소동이 일어난 것인데, 이 소동에는 좋은 일이 일어날 것이라는 흥분의 기대감과 동시에 좋지 않은 결과가 일어날 것이라는 두려움의 복합적인 감정이 깔려 있다. 땅의 흔들림은 제1성서에서 자주 신의 현존과 함께 일어난다(욜 2:10-11; 사 13:13; 겔 38:20).

설교적 관점

유월절은 조상들이 애굽제국의 압제로부터 벗어남을 기념하는 해방 축제의 날로서, 로마제국 지배 아래에서 민중 폭동이 자주 일어났다. 이 폭동은 언제나 민중의 희생으로 끝을 맺었다. 따라서 예수에게 있어서 중요한 것은 성전을 숙청하고 로마의 지배 체제에 대해 바른 소리와 행동을 보여야 하는 동시에 민중 폭동이 일어나지 않도록 하는 일이었다. 이는 예수의 중요한 관심이었을 뿐만 아니라 대사제들과 율법학자들의 중요한 관심사이기도 했다. 마가복음 14장 2절에 보면 저들은 몰래 예수를 잡아 죽일 것을 궁리하면서 백성들의 소동을 두려워하여 축제 기간만은 피하고자 했다. 어느 독재자나 마찬가지이지만, 로마제국 또한 자신들의 통치에 반역하는 무리를 매우 잔혹하게 처단했다. 기원전 71년 스파르타쿠스가 주도한 노예 반란이 있었는데, 이때 로마로 들어가는 아피아 가도에 무려 육천 개의 십자가를 세워 모두를 매달아 죽였다. 또한 예수의 어린 시절 나사렛에서 6km 떨어진 갈릴리의 중심 도시인 세포리스에서 반란이 일어났는데, 로마군은 당시에도 이천 개의 십자가를 마을 입구 양쪽에 세운 다음 어린이와 여인을 포함한 마을 모든 사람을 처형하였다. 복음서에서는 세포리스 지명이 등장하지 않는다. 로마인들에게는 반역의 도시로 알려져 있었기에 의도적으로 뺐을 가능성이 크다.

두려움과 설렘에 들뜬 사람들은 이른 아침부터 거리에 나와 예수 일행을 기다린다. 그런데 나타난 예수의 모습이 도대체가 말이 안 된다. 새끼 나귀를 타고 뒤뚱뒤뚱 넘어질 듯이 들어오는 것이다. 군중들은 물론이요 잔뜩 긴장했던 로마 군인들마저 웃음이 터져 나오는 장면이다. "호산나"라는 함성은 왕이 등극할 때, 전쟁에서 승리한 장군이 말을 타고 입성할 때 부르던 백성들의 환호였다. 더구나 다윗은 가장 강성한 유대왕국을 세웠던 왕이었기에 악랄한 로마의 식민 지배에 시달려 온 민중들은 이제나저제나 다윗왕의 재현을 고대했다. 함성 또한 "호산나"요 "다윗의 자손이요 찬미 받으소서"이다. 그런데 예수는 말 대신 새끼 나귀를 탄 우스꽝스러운 모습에 칼도 창도 없는 맨몸이었다.

* 성전 국가(temple-state)

헤롯과 로마인들은 예루살렘의 성전 국가를 제국의 질서 안에서의 한 기본적인 제도로서 손대지 않고 그대로 두었다. 에스라와 느헤미야에서 설명한 대로 성전 국가는 기원전 6세기에 페르시아제국의 통치 체제에 의해 예루살렘에 세워졌는데, 이것은 현대의 해석에서 종종 언급되지 않는 세부 사항이다. 성전에서 유대인들은 십일조와 봉헌물로 그들 자신의 '예루살렘에 계신 하느님'(스 1:3)을 섬길 수 있었다. 따라서 그들은 또한 그 지역을 통치하면서 제국의 황실에 조공을 바친 제사장 귀족정치(priestly aristocracy)를 경제적으로 지원했다. 그들 이전의 헬레니즘 제국들처럼, 로마인들과 그들에게 예속된 왕인 헤롯은 성전 국가를 제국의 통치 수단으로서 유지했다. 헤롯은 성전 구역(temple-complex)을 웅장한 헬레니즘-로마 스타일로 거대하게 확장하고 재건축하는 야심 찬 대규모 프로젝트에 착수했다. 희생 제사와 함께 그들은 로마 황제를 위해서도 제물을 바쳤다. 헤롯은 성전 문 위에 커다란 로마제국의 독수리를 세웠다.

헤롯이 죽은 후 헤롯이 임명한 네 개의 대제사장 가문이 유대 사회를 관리하는 자리에 앉았다. 이들은 로마 총독에 의해 임명되었다. 대제사장 귀족들은 일반적으로 질서를 유지하고 로마에 바칠 조공을 수집할 책임이 있었다. 그들은 또한 자신의 특권을 채우려고 높은 지위를 이용했다. 기원후 1세기 동안 성전 바로 서쪽 지역에 더욱더 사치스러운 대저택들을 지었다는 것을 고고학자들은 발견했다. 헤롯의 왕권과 로마 총독들과 수비대만큼 혹은 그 이상으로 성전 국가는 유대에서 로마제국 통치의 얼굴이었다. 그로 인해 90%에 달하는 농민들은 점점 더 빚더미에 눌리게 되었고, 유산으로 물려받은 땅을 잃었다. 농경사회의 기본 형태인 촌락 공동체의 붕괴를 초래했고, 이것들이 바로 예수가 복음서들에서 언급하는 악화 현상들이다. 빈곤화, 굶주림, 채무가 그것이다(『제국의 그림자 속에서』, 137-138).

사순절 여섯째 주일
(수난 예전/Liturgy of the Passion)
사 50:4-9a; 시 31:9-16; 빌 2:5-11; 마 27:11-54

이사야 50:4-9a

4 주 야훼께서 나에게 말솜씨를 익혀주시며 고달픈 자를 격려할 줄 알게 다정한 말을 가르쳐 주신다. 아침마다 내 귀를 일깨워주시어 배우는 마음으로 듣게 하신다.

5 주 야훼께서 나의 귀를 열어주시니 나는 거역하지도 아니하고 꽁무니를 빼지도 아니한다.

6 나는 때리는 자들에게 등을 맡기며 수염을 뽑는 자들에게 턱을 내민다. 나는 욕설과 침뱉음을 받지 않으려고 얼굴을 가리지도 않는다.

7 주 야훼께서 나를 도와주시니, 나 조금도 부끄러울 것 없어 차돌처럼 내 얼굴빛 변치 않는다. 나는 수치를 당하지 않을 줄 알고 있다.

8 하느님께서 나의 죄없음을 알아주시고 옆에 계시는데, 누가 나를 걸어 송사하랴? 법정으로 가자. 누가 나와 시비를 가리려느냐? 겨루어보자.

9 주 야훼께서 이렇게 나를 도와주시는데 누가 감히 나를 그르다고 하느냐?

신학적 관점

이사야서에 있는 네 개의 '종의 노래' 가운데 세 번째 노래다. 이 수난의 종을 개인과 집단, 양쪽으로 해석하는 것이 좋겠다. 물론 제1성서를 제2성서에 대한 예언으로 보아 예수 그리스도에 대한 말씀으로 교회는 이해하지만, 유대교의 입장에서 타당한 해석은 아니다. 유대 성서적 관점에서 본다면 본문은 바빌론 포로를 하느님의 징벌로 이해하고 손가락질하는 이방 민족들에 대한 자기 변호다.

목회적 관점

신의 계시를 어떻게 알아챌 수 있을까? 4절은 세 가지 기준을 제시한다.

첫째는 지친 사람을 격려하는 말인데, 말에 앞서 동병상련(同病相憐)의 함께 아파할 줄 아는 감수성이다. 둘째는 하루를 시작하는 첫 시간을 말씀으로 시작하는 자기 성찰이다. 셋째는 자기 안의 소리와 하늘 음성을 구별할 줄 아는 열린 귀, 곧 침묵이다. 루터는 말하기를, "열광주의자들은 소란스러운 귀와 훈련되지 아니한 혀를 갖고 있으며, 때로는 거짓말도 곧이곧대로 믿고 말씀에 맞서기도 한다." 말씀에 대한 지나친 자기 확신은 자신을 절대화함으로 신의 자리에 올라서는 죄를 저지른다. 여기서 학자는 가르치는 사람, 곧 오늘날 목회자를 뜻한다고 본다면, 첫째로 꼽은 것이 아픈 자들을 기억하고 저들의 자리로 나아가는 낮은 자세라는 것이 새삼스럽다. 말씀을 너무 학문적/이성적으로 접근하지 말라는 뜻이다. 약자들이 겪는 세상사 아픈 마음으로 말씀을 읽는 훈련이 필요하다. *Dogmatic*(교의학)을 저술한 칼 바르트는 이를 베데스다 연못에 비유했다. (땅의) 기다림 속에서 (하늘의) 천사가 물을 휘젓는 순간에 맞추어야 한다고.

주석적 관점

표준새번역은 4절의 '배우는 마음'을 '학자처럼'으로 번역했는데, 이는 적절하지 않다. '선생' 혹은 '지혜자'로 번역했으면 좋았겠다. 이 단어는 제1성서에 네 번 더 나온다(렘 2:24; 13:23; 사 8:16; 54:13). 예레미야에서는 "광야에 '익숙한' 들암나귀", "구수인이 그의 피부를, 표범이 그의 반점을 변하게 할 수 있을진대 악에 익숙한 너희도 선을 행할 수 있으니라"에서 보듯이 '사회적 적응'의 예로 사용하는 데 반해, 이사야서에서는 제자 혹은 교훈을 받는다는 의미로 학자(가르치는 자)는 곧 제자(배우는 자)임을 강조한다. 구조적으로 하느님에 관한 서술과 종으로서의 자기 서술이 대화체로 번갈아 등장한다(*Feasting*, 159).

설교적 관점

사람은 누구나 자기를 변호한다. 9절은 교회 내에 분쟁이 생길 때 양쪽 다 좋아하는 구절이다. 사물에는 양면성이 있다. 그렇다면 누가 더 옳은 것인가? 이는 6절에 달려 있다. 상대의 비난을 참고 견디는 쪽이 더 하느님 편에 가깝다고 할 것이다.

개인사는 물론, 한일 간의 역사 논쟁이나 남북한의 자기 정당성이 극에 달하고 있다. 일본의 자기 합리화는 자신들의 역사 발전에 결코 도움이 되지 않는다. 기회만 되면 대륙으로 진출하고자 하는 패권주의 의식이 남아 있기 때문이다. 왜 독일과 달리 침략전쟁에 대한 진정한 반성이 없는가? 이웃 민족으로서 참으로 안타깝다. 자기 잘못을 인정하는 사람이 큰 사람이며 대국이다. 식민지 지배를 정당화하고 동아시아 평화를 운운하는 것은 위선과 거짓이다. 남쪽에 조금 배웠다는 사람들이 이런 논리에 휘말리어 동조하는 모습을 보면 역사 교육이 제대로 되지 않았음을 깨닫는다. 이런 사람들은 이사야의 '종의 노래'가 갖는 의미를 이해할 수 없다.

남북 문제 또한 비슷하다. 같은 민족임에도 불구하고 자기희생만 들먹이는 행위는 제2의 민족 분쟁을 불러일으키는 자기 파멸의 시작이다. 자신들에 유리한 것만 들먹이는 행위는 정치인들의 패거리 속성이다. 역사 주체 의식이 있는 민중은 이를 넘어서야 한다. 자기 옳음을 넘어 상대의 옳음을 인정하고, 자기 아픔을 하느님의 아픔으로 알고 넉넉한 마음으로 대처하는 것이 역사 발전과 민족 발전에 도움이 된다.

시편 31:9-16

9 야훼여, 나를 불쌍히 여기소서. 괴롭습니다. 울다 지쳐 눈은 몽롱하고 목이 타며 애간장이 끊어집니다.

10 피로와서 숨이 넘어갈 것 같으며 한숨으로 세월을 보냅니다. 더 견딜 수 없이 기운은 다하였고 뼈 마디마디가 녹아납니다.

11 나는 원수들의 모욕거리, 이웃들의 혐오거리, 벗들의 구역질감, 거리에서 만나는 이마다 피해 갑니다.

12 죽은 사람처럼 기억에서 사라지고 쓰레기처럼 버려졌사옵니다.

13 사람들의 비방소리 들려오며 협박은 사방에서 미쳐 옵니다. 그들은 나를 노려 무리 짓고 이 목숨 없애려고 음모합니다.

14 야훼여, 나는 당신만을 믿사옵니다. 당신만이 내 하느님이시라 고백하며

15 나의 앞날을 당신의 손에 맡기오니, 악을 쓰는 원수들의 손에서 이 몸을 건져 주소서.
16 나는 당신의 종이오니 웃는 얼굴을 보여 주소서. 한결같은 사랑으로 이 몸을 구하소서.

빌립보서 2:5-11

5 여러분은 그리스도 예수께서 지니셨던 마음을 여러분의 마음으로 간직하십시오.
6 그리스도 예수는 하느님과 본질이 같은 분이셨지만 굳이 하느님과 동등한 존재가 되려 하지 않으시고
7 오히려 당신의 것을 다 내어놓고 종의 신분을 취하셔서 우리와 똑같은 인간이 되셨습니다. 이렇게 인간의 모습으로 나타나
8 당신 자신을 낮추셔서 죽기까지, 아니, 십자가에 달려서 죽기까지 순종하셨습니다.
9 그러므로 하느님께서도 그분을 높이 올리시고 모든 이름 위에 뛰어난 이름을 주셨습니다.
10 그래서 하늘과 땅 위와 땅 아래에 있는 모든 것이 예수의 이름을 받들어 무릎을 꿇고
11 모두가 입을 모아 예수 그리스도가 주님이시라 찬미하며 하느님 아버지를 찬양하게 되었습니다.

신학적 관점

이는 1세기 초대교회의 신앙 고백이자 예배의 찬양이다. 당시 신이 인간의 모습으로 지상에 나타나는 일은 희랍 신화에서는 그리 놀라운 일이 아니다. 로마 황제 또한 신/인간으로 인식되었다. 중요한 것은 십자가에 죽기까지 낮아지심(kenosis)에 있다. 교리적 관점에서가 아닌 신의 본성이 '사랑'과 '비움'(空)이라는 관점에서 삼위일체 신학의 정수이기도 하다.

당시 하느님과 동등함을 추구했던 사람은 누구였나? 당시 로마 황제 아우구스투스는 스스로 신의 아들이라 불렀으며, 세계의 영원한 평화가 이루어졌음을 선포했다. 곧, 본문은 로마 황제에 대한 비판이 전제되어 있는데, 종교 핍박 속에서 이런 종의 모습을 신앙의 대상(主, 키리오스)으로 삼았다는 것은 단지 황제 숭배에 대한 저항을 넘어 역사에 대한 하느님 나라 백성으로서의 주체의식이 없고서는 결코 불가능한 고백이다.

목회적 관점

본문의 출발은 신학적인 관점이 아닌 목회적 관점이다. 두 여성 지도자

간에 공동체 내 알력이 심했다. 그래서 바울은 십자가와 부활의 얘기로 그치질 않고 겸손, 곧 비움으로 나아갔다. 1장 27절에서 '한뜻'을 얘기하더니 4장 2절에서 다시금 '같은 마음'을 말한다. 같은 마음이 곧 '예수 그리스도의 마음', 케노시스의 마음임을 강조한다.

주석적 관점

바울의 케노시스 정신은 복음서에서 예수의 나귀 타심에 비유할 수 있다. 왜냐하면 이는 민중 풍자를 통한 정치적 저항 사건으로서 비폭력 평화를 함께 지향하기 때문이다.

빌립보 도시는 로마제국의 퇴역 병사의 거주지로서 처음에 건설되었다. 빌립보서 2장 6-11절에서 예수 그리스도의 죽음과 부활과 승천은 황제 또한 죽음 후 하늘로 승천한다는 황제를 신격화하는 로마의 신전과 비교된다. 사도 바울은 이 구절에서 예수 그리스도의 낮아지심과 높아지심을 언급함으로써 진정한 구원자의 태도를 로마 황제와 비교한다(『바울과 로마제국: 로마 제국주의 사회의 종교와 권력』, 216).

설교적 관점

바울의 십자가와 부활 이해가 그러하듯이, 화육에 대한 바울의 이해 또한 초역사적이고 반역사적이다. 역사적 예수가 겪었던 배반의 아픔과 십자가 고통이 삭제되어 있다. 설교는 신학, 교리, 역사 일반에 대해 균형을 갖추어야 한다. 한 관점을 강조하기 위해 한 본문만 선택하는 경우가 있기는 하겠지만, 복음서 본문과 함께 읽어야 한다. 이것이 렉셔너리 설교의 장점이다.

마태복음 27:11-54

11 예수께서 총독 앞에 서시자 총독은 "네가 유다인의 왕인가?" 하고 물었다. 예수께서는 "그 것은 네 말이다." 하고 대답하셨다.

12 그러나 대사제들과 원로들이 고발하는 말에는 아무 대답도 하지 않으셨다.

13 그래서 빌라도가 "사람들이 저렇게 여러 가지 죄목을 들어서 고발하고 있는데 그 말이 들리지 않느냐?" 하고 다시 물었지만

14 예수께서는 총독이 매우 이상하게 여길 정도로 아무런 대답도 하지 않으셨다.

15 명절이 되면 총독은 군중이 요구하는 대로 죄수 하나를 놓아주는 관례가 있었다.

16 마침 그때에 (예수) 바라빠라는 이름난 죄수가 있었다.

17 빌라도는 모여든 군중에게 "누구를 놓아주면 좋겠느냐? 바라빠라는 예수냐? 그리스도라는 예수냐?" 하고 물었다.

18 빌라도는 예수가 군중에게 끌려온 것이 그들의 시기 때문임을 잘 알고 있었다.

19 빌라도가 재판을 하고 있을 때에 그의 아내가 전갈을 보내어 "당신은 그 무죄한 사람의 일에 관여하지 마십시오. 간밤에 저는 그 사람의 일로 꿈자리가 몹시 사나웠습니다." 하고 당부하였다.

20 그동안 대사제들과 원로들은 군중을 선동하여 바라빠를 놓아주고 예수는 죽여달라고 요구하게 하였다.

21 총독이 "이 두 사람 중에서 누구를 놓아달라는 말이냐?" 하고 묻자 그들은 "바라빠요." 하고 소리질렀다.

22 그래서 "그리스도라는 예수는 어떻게 하면 좋겠느냐?" 하자 모두들 "십자가에 못박으시오!" 하고 소리질렀다.

23 빌라도가 "도대체 그 사람의 잘못이 무엇이냐?" 하고 물었으나 사람들은 더 악을 써 가며 "십자가에 못박으시오!" 하고 외쳤다.

24 빌라도는 그 이상 더 말해 보아야 아무런 소용도 없다는 것을 알았을 뿐만 아니라 오히려 폭동이 일어나려는 기세가 보였으므로 물을 가져다가 군중 앞에서 손을 씻으며 "너희가 맡아서 처리하여라. 나는 이 사람의 피에 대해서는 책임이 없다." 하고 말하였다.

25 군중은 "그 사람의 피에 대한 책임은 우리와 우리 자손들이 지겠습니다." 하고 소리쳤다.

26 그래서 빌라도는 바라빠를 놓아주고 예수는 채찍질하게 한 다음, 십자가형에 처하라고 내어주었다.

27 총독의 병사들이 예수를 총독 관저로 끌고 들어가서 전 부대원을 불러모아 예수를 에워쌌다.

28 그리고 예수의 옷을 벗기고 대신 주홍색 옷을 입힌 뒤

29 가시로 왕관을 엮어 머리에 씌우고 오른손에 갈대를 들린 다음 그 앞에 무릎을 꿇고 "유다인의 왕 만세!" 하고 떠들며 조롱하였다.

30 그리고 그에게 침을 뱉으며 갈대를 빼앗아 머리를 때렸다.

31 이렇게 희롱하고 나서 그 겉옷을 벗기고 예수의 옷을 도로 입혀 십자가에 못박으러 끌고 나갔다.

32 그들이 나가다가 시몬이라는 키레네 사람을 만나자 그를 붙들어 억지로 예수의 십자가를 지고 가게 하였다.

33 그리고 골고타 곧 해골산이라는 데에 이르렀을 때에

34 그들은 예수께 쓸개를 탄 포도주를 마시라고 주었으나 예수께서는 맛만 보시고 마시려 하지 않으셨다.

35 그들은 예수를 십자가에 못박고 나서 주사위를 던져 예수의 옷을 나누어 갖고

36 거기 앉아 예수를 지키고 있었다.

37 그리고 예수의 머리 위에 죄목을 적어 붙였는데 거기에는 "유다인의 왕 예수"라고 적혀 있었다.

38 그때에 강도 두 사람도 예수와 함께 십자가형을 받았는데 그 하나는 예수의 오른편에, 다른 하나는 왼편에 달렸다.

39 지나가던 사람들이 머리를 흔들며

40 "성전을 헐고 사흘이면 다시 짓는다던 자야, 네 목숨이나 건져라. 네가 정말 하느님의 아들이거든, 어서 십자가에서 내려와 보아라." 하며 모욕하였다.

41 같은 모양으로 대사제들과 율법학자들과 원로들도

42 "남은 살리면서 자기는 못 살리는구나. 저 사람이 이스라엘의 왕이래. 십자가에서 한번 내려와 보시지. 그러면 우리가 믿고 말고.

43 저 사람이 하느님을 믿고 또 제가 하느님의 아들입네 했으니 하느님이 원하시면 어디 살려보시라지." 하며 조롱하였다.

44 예수와 함께 십자가에 달린 강도들도 예수를 모욕하였다.

45 낮 열두 시부터 온 땅이 어둠에 덮여 오후 세 시까지 계속되었다.

46 세 시쯤 되어 예수께서 큰소리로 "엘리 엘리 레마 사박타니?" 하고 부르짖으셨다. 이 말씀은 "나의 하느님, 나의 하느님, 어찌하여 나를 버리셨나이까?"라는 뜻이다.

47 거기에 서 있던 몇 사람이 이 말을 듣고 "저 사람이 엘리야를 부르고 있다." 하고 말하였다.

48 그리고 그 중의 한 사람은 곧 달려가 해면을 신 포도주에 적시어 갈대 끝에 꽂아 예수께 목을 축이라고 주었다.

49 그러나 다른 사람들은 "그만두시오. 엘리야가 와서 그를 구해 주나 봅시다." 하고 말하였다.

50 예수께서 다시 한번 큰소리를 지르시고 숨을 거두셨다.

51 바로 그때에 성전 휘장이 위에서 아래까지 두 폭으로 찢어지고 땅이 흔들리며 바위가 갈라지고

52 무덤이 열리면서 잠들었던 많은 옛 성인들이 다시 살아났다.

53 들은 무덤에서 나와 예수께서 부활하신 뒤에 거룩한 도시에 들어가서 많은 사람에게 나타났다.

54 백인대장과 또 그와 함께 예수를 지키고 있던 사람들이 지진을 비롯하여 여러 가지 일들이 일어나는 것을 보고 "이 사람이야말로 정말 하느님의 아들이었구나!" 하며 몹시 두려워하였다.

신학적 관점

예수 죽음에 관한 본문을 읽을 때 중요한 것은 당시 복음서가 갖는 정치사회적 박해 상황이다. 복음서는 유대인들의 6년에 걸친 독립 투쟁으로 말미암아 예루살렘이 완전히 초토화된 이후 성전 유대교를 대체하는 새로운 신앙으로 여겨진 예수따르미들에 의해 구전으로 전승되다가 기록되었다. 복음서를 기록할 때 가장 중요하고 조심스러운 것은 예수가 유대인으로 로마의 지배에 반대하는 정치 게릴라들을 처형하던 십자가형으로 죽었기에 그의 죽음을 유대인들에 의한 종교적 죽음으로 착색하여야 했다. 그리고 로마인들은 친예수 발언을 한다. 따라서 우리는 이 착색을 벗겨낼 때 진정 예수 십자가 죽음의 의미를 명확히 알 수 있다. 빌라도와 그의 아내 경우가 그렇다. 유월절에 죄수 한 명을 풀어준다는 얘기 또한 사실 역사적으로 증명된 바가 없다.

네 개의 복음서는 십자가 처형에 관해 나름의 각기 다른 신학적 해석을 하는데, 우리는 이를 '십자가상의 칠언'으로 하나로 묶는다. "엘리 엘리 라마사박타니"는 마태와 마가에만 나온다. 실제 예수가 한 말이라면, 왜 누가와 요한은 이를 삭제했을까? 이 또한 '예수가 직접 한 말'(ipsissima verba)과 '예수의 입으로 옮긴 말'(ipsissima vox)을 구별할 필요가 있다.

과거에도 그러했지만, 지금도 신념이 강한 사람들은 죽음을 두려워하지 않는다. 그런데 이미 여러 차례 자신의 십자가 죽음을 예고했던 예수께서 정작 십자가 위에서는 마치 자신이 죽음을 원치 않았던 것처럼 묘사하는 것은 적절하지 않다. 이는 시편 22편과 이사야의 '종의 노래'에 맞춘 신학적 해석이며, 박해를 당하고 있는 초대 공동체의 고통을 예수의 입을 빌려 말하고 있다. 심지어 스퐁 신부는 "초기 그리스도인들은 수난 이야기를 결코 역사로 읽지 않았다. 그들은 이것을 예배 의식(liturgy)으로 받아들였다"(존 쉘비 스퐁/변영권 옮김, 『마태복음: 유대인 예배력에 따른 예수의 의미』, 한국기독교연구소, 2020, 378)고 말한다. 그리고 마태의 전체 수난 이야기는 유월절 24시간 철야 예배("깨어 있으라")를 위해 세 시간 단위로 나누어진 여덟 개의 단락으로 구성되어 있음을 밝힌다. 곧, 역사가 아닌 전례로 읽어야 한다는 것이다. 예수가 로마에 의해 십자가에 처형 당한 것은 실제로 일어난 사건이지만, 십자가 수난 이야기는 예수의 죽음의 의미를 깨닫도록 하기 위한 전례용 해석 이야기이다(『마태복음: 유대인 예배력에 따른 예수의 의미』, 381 이하).

목회적 관점

십자가는 예수께서 우리 죄를 대신하여 죽으셨다는 뜻이라는 바울의 해석이 오늘날 교회 내에서 지배적이지만, 실상 복음서에서는 십자가 죽음을 이렇게 해석하지 않는다. 십자가 구원에 관해 예수가 하신 말씀은 "나를 따라오려거든 자기 십자가를 지고 따르라"는 말씀이다. 이는 예수를 믿음으로 구원받는 대속신 앙이 아닌, 예수의 삶과 행동을 따라 사는 자속신앙이다.

주석적 관점

로마제국적 관점에서 번역된 강도(lestai)는 '독립 투쟁가'로 번역함이 마땅하다. 요세푸스 역시 독립 투쟁가들을 향해 같은 단어를 사용했다.

성전 휘장이 위에서 아래로 '찢어졌다'는 동사와 예수께서 세례 받으실 때 하늘이 '열렸다'는 동사는 같은 단어(skizomeno)이다.

스퐁 신부는 유월절에 죄수 한 명을 놓아주는 관례가 있었다는 15절의 역사성을 부정하면서, '바라바'(Bar-Abba)를 '하느님의 아들'로 해석한다. 성전에서 속죄일 전례에 행하던 백성의 죄를 대신 짊어졌던 희생제물로서의 양과 염소의 예를 들어 예수는 희생양으로, 바라바는 광야로 쫓겨난 희생 염소(scapegoat)로 비유한다(『마태복음: 유대인 예배력에 따른 예수의 의미』, 213 이하).

설교적 관점

보통은 사순절 여섯째 주일을 종려주일로 지키면서 "호산나 다윗의 자손이여!"라고 외치는 백성들의 환호 소리에 정신이 팔려, 정작 들어야 할 십자가 죽음을 향한 예수의 비장한 결단 그리고 이어지는 십자가 위 고통의 소리를 듣는 일에는 소홀히 한다.

십자가 죽음의 순간 큰 소리에 이어 성전 깊숙이 간직된 YHWH의 임재 상징인 법궤가 보관된 지성소의 휘장이 위에서 아래로 갈라지고 땅이 흔들리고 바위가 갈라지고 무덤이 열리면서 잠들었던 많은 성인이 다시 살아났다고 하는, 곧 예수 부활 이전에 이미 성인들의 부활이 있었다고 하는 본문은 신학적인 논쟁을 불러일으킨다. 동시에 현대인으로는 받아들이기 힘든 우주적이고 신비적인 사건이 일어난 것으로 기록되어 있다. 따라서 우리는 복음서의 십자가 사건의 기록을 사실적인 묘사라기보다는 신학적인 해석이 가미된 말씀으로 받아들여야 한다.

예수의 일생을 그린 여러 영화가 있지만, 그 가운데서도 <Passion of Christ>는 대부분의 장면을 예수가 채찍에 맞을 때의 살점이 떨어지는 모습이나 손과 발에 못이 박힐 때의 소리와 흘리는 피를 매우 사실적으로 묘사함으로 인해 논란이 되기도 했고, 우리나라뿐 아니라 미국의 보수적인 교단들은 이를 이단적인 영화로 거부하는 성명서를 발표하기도 했다. 그러면 왜 예수의 십자가 고통을 잘 그려낸 영화가 이단으로 정죄 받아야 했을까? 그건 예수를 하느님의 아들로서 그런 고통은 쉽게 이겨내는 초인 슈퍼맨으로 생각하고 있기 때문이다.

그런데 교회는 니케아신조나 사도신조를 비롯한 여러 교리서에서 예수는 참 하느님이자 동시에 참 인간이었다는 상반되는 모순성을 절대적 진리로 계속 강조하여 왔다. 사실 이 교리에 따른다면 그 영화는 전연 잘못이 없다. 그럼에 불구하고 신앙인들은 예수가 받아야 했던 고통의 소리를 애써 무시함으로 예수의 고통을 함께 짊어지는 제자로서의 신앙이 아닌, 예수를 신앙의 대상으로만 여기는 대속신앙 신자로 머물고 있다. 달리 말하면 십자가의 고통은 부활의 영광에 비하면 아무것도 아닌 하나의 부수적 사건으로 전락하고 만 것이다. 여기에 기독교 신앙의 근본 잘못이 놓여 있다. 자기를 부인하고 자기 십자가를 지고 예수를 따라야 한다는 핵심 말씀들은 모두 뒷전으로 밀려나고 말았다.

역사적으로 말한다면 예수 십자가 '죽임'은 인류 구원이라는 거대한 목표를 향해 자발적으로 일어난 종교적 사건이 아니라 로마제국과 식민지 첨병 역할을 하는 헤롯왕 그리고 이에 빌붙어 살아가는 바리새인들과 사두개인들 그리고 사제와 율법학자들이라는 권력 집단을 비판하고 성전 브로커 구원 체제를 비판했기 때문이다.

바울의 빌립보서 2장 5-11절의 신앙 고백문을 역사적 해석 없이 그냥 받아들이면, 국가 권력의 희생자였던 예수의 좁은 길을 향한 투쟁은 케노시스(겸손과 비움)라는 신비한 사적(私的) 용어로 덮여 버리고 만다. 이어 하느님의 어린 양으로 죄가 없으셨지만, 십자가에서 대신 죽으심으로 모든 인류가 구원을 받았다는 대속 교리 구원은 전적으로 하느님의 은혜로 의한 것임을 강조하는 장점이 있지만, 다른 한편으로 그리스도인으로서의 사회적 책임을 저버리도록 만들었다.

함석헌은 <흰 손>이란 시에서 바로 이러한 우리의 책임성, 곧 자속 없는 대속신앙을 매우 강한 어조로 비판한다.

이놈들아 갈보리에 흘렸던 피

그 피 네게 무슨 상관이 있느냐?

너 위해, 네 몸 위에, 네 혼 위에, 흘려

네 피된 산피 말이지.

네 만일 그 피 마셨다면야

'왜 내 살 먹어라 내 피 마셔라 않더냐?'

그러면야 지금 그 피 네 속에 있을 것 아니냐?

네 살에, 뼈에, 혼에, 얼에 뱄을 것 아니냐?

피는 한 방울 아니 묻고, 표지만 든 흰 손

아니 흘려서 아니 묻었구나

네 피 흘릴 맘 한방울없어 그저 남더러

대신 흘려 달래 살고 싶더냐?

대속이라, 둘도 없는 네 인격에 대신을 뉘하느냐?

내게 진 빚 나 모르게 너 혼자 줄치면 그 장부들 내 안다더냐?

힘은 아니들이고 빌어 삶

생각은 아니하고 '더라'만 아는 빎

이름을 빌망정 삶을 어찌 빌 수 있느냐?

너 살고 싶으냐?

대들어라 부닥쳐라.

인격의 부딪침 있기 전에 대속이 무슨 대속이냐?

그의 죽음 네 죽음 되고, 그의 삶 네 삶이 되기 위해 부딪쳐라.

알몸으로 알몸에 대들어라!

벌거벗은 영으로 그 바위에 돌격을 해라!

네가 나를 믿거든 내 뜻을 온전히 이루라!

내 내 뜻을 '그'의 안에 말해 세상에 보냈노라.

네, 내 아들 믿거든 그가 되라

그가 죽었으면 너도 죽어라.

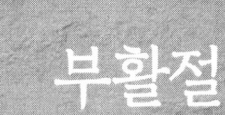

부활절

부활주일

렘 31:1-6; 시 118:1-2, 14-24; 골 3:1-4; 요 20:1-18

예레미야 31:1-6

1 "내가 분명히 말한다. 그 때가 되어야 나는 이스라엘 모든 지파의 하느님이 되고, 그들은 나의 백성이 되리라.

2 나 야훼가 선언한다. 칼부림에서 빠져 나온 백성이 사막에서 나의 은혜를 입었다. 안식처를 찾아 나선 이스라엘에게

3 나 야훼는 멀리서 나타나 주었다. 나는 한결같은 사랑으로 너를 사랑하여 너에게 변함없는 자비를 베풀었다.

4 처녀 이스라엘아, 내가 너를 다시 세워주리라. 너는 다시 일어서서 몸치장을 하고 소구를 치며 흥겹게 춤추며 나오게 되리라.

5 사마리아 이 산 저 산에 다시 포도를 심고 심은 사람이 그 포도를 따먹게 되리라.

6 '시온으로 올라가 우리 하느님 야훼를 뵙자!'고 보초들의 외치는 소리가 에브라임 산에서 터져 나올 날이 왔다."

신학적 관점

본문은 이스라엘 민족의 잘못과 불순종으로 인한 왕국의 멸망과 바빌론의 유배라는 고난(형벌)에도 불구하고 여전히 YHWH는 이스라엘을 사랑하고 마치 첫사랑의 신부와 같이 맞아들인다는 말씀이다.

부활은 악과 불의에 대한 승리의 상징이다. 본문이 어떻게 신학적으로 부활절의 메시지와 연계할 수 있는가? 남편으로서의 YHWH는 이방신을 섬기는 영적 부정을 저지른 아내를 신부처럼 맞이하겠다는 선언은 부활의 기쁨과 같지만, 아내는 첫사랑을 어떻게 회복할 수 있을까 하는 신학적 질문은 여전히 남는다.

목회적 관점

"광야에서 은혜를 입었다." 광야(므드바르)의 히브리어 어원의 뜻은 '말씀이 임하는 곳'이다. 이는 시내산 율법을 의미하지만, 동시에 인간이 살아갈 수 없는 허허벌판을 의미한다. 우리는 삶의 고난을 겪을 때 하느님께 더 가까이 다가간다. 광야 길에서 하느님의 손길과 은혜를 느끼게 하는 힘이 믿음이다.

주석적 관점

본문은 눈물의 예언자 예레미야가 왕국 멸망 이후 포로기에서 구원과 희망을 선포한 30-31장의 핵심 구절로 31장 31-34절에서 선포하는 새로운 계약의 전거 (典據)다.

설교적 관점

사마리아와 에브라임은 근 200년 전 이미 멸망한 북왕국 이스라엘의 명칭이다. 바빌론에 포로로 끌려간 남왕국 유다만의 회복을 말하지 않는다. 두 왕국이 함께 시온으로 소고치며 춤추며 올라가는 통일 왕국을 노래한다.

오늘 부활의 아침 이천칠백 년 전 예레미야를 통해 선포된 본문의 말씀은 분단의 아픔 가운데 끊임없는 군사훈련으로 인한 전쟁 위협의 공포 속에 살아가는 팔천만 우리 민족에게 외세의 압박에서 벗어난 통일 조국의 희망을 선포하고 있다.

> 시편 118:1-2, 14-24
>
> 1 야훼께 감사 노래 불러라, 그는 어지시다. 그의 사랑 영원하시다.
> 2 이스라엘 문중아, 노래 불러라. "그의 사랑 영원하시다."
> 14 야훼는 나의 힘, 나의 노래, 나의 구원이시다.
> 15 의로운 사람들의 집집에서 터져 나오는 저 승리의 함성. "야훼의 오른손이 힘을 떨치셨다!
> 16 야훼의 오른손이 번쩍 들렸다! 야훼의 오른손이 힘을 떨치셨다!"
> 17 나는 죽지 않고 살아서 야훼께서 하신 일을 널리 선포하리라.

18 야훼께서는 나를 벌하시고 또 벌하셨지만 그러나 죽게 버려두지는 아니하셨다.

19 정의의 문을 열어라. 내가 들어가 야훼께 감사기도 드리리라.

20 이것이 야훼의 문, 의인들이 이리로 들어가리라.

21 나의 기도 들으시고 나를 구해 주셨으니 주님께 감사기도 드립니다.

22 집짓는 자들이 버린 돌이 모퉁이의 머릿돌이 되었나니,

23 우리 눈에는 놀라운 일 야훼께서 하신 일이다.

24 이날은 야훼께서 내신 날, 다 함께 기뻐하며 즐거워하자.

골로새서 3:1-4

1 이제 여러분은 그리스도와 함께 다시 살아났으니 천상의 것들을 추구하십시오. 거기에서 그리스도는 하느님의 오른편에 앉아 계십니다.

2 여러분은 지상에 있는 것들에 마음을 두지 말고 천상에 있는 것들에 마음을 두십시오.

3 여러분이 이 세상에서는 이미 죽었기 때문입니다. 여러분의 참 생명은 그리스도와 함께 하느님 안에 있어서 보이지 않습니다.

4 여러분의 생명이신 그리스도가 나타나실 때에 여러분도 그분과 함께 영광 속에 나타나게 될 것입니다.

신학적 관점

본문을 잘못 읽으면 부활을 개인 영혼 구원이라는 관점으로 이끌게 된다. 본문은 태양이 지구 주위를 돈다고 믿는 삼층 구조의 우주관 속에서 살아가던 이천 년 전 고대인들에게 선포된 말씀으로, 전혀 새로운 우주관을 갖고 있는 현대인들을 향해서는 재해석된 말씀으로 읽혀야 한다. 이미 2장 8-9절에서는 신비주의에 빠진 골로새교회를 향해 세상 철학과 헛된 속임수에 빠졌다고 비난하고 있다.

부활 예수가 하늘 위 하느님 오른편에 앉아 있다는 말은 죽음의 세력을 이긴 승리의 상징 언어이며, 세례를 통해 새롭게 된 우리 또한 하느님 안에 감추어져 있다는 말은 종말론적인 의미다.

본문 또한 '당신의 나라가 이 땅에 임하옵시며' 기도하라 가르치신 예수 그리스도의 말씀에서 해석되어야 한다. 땅과 하늘이라는 선악의 흑백 사고의 틀에서 벗어나야 한다. 그렇지 않은 경우 (땅의) 십자가는 사라지고 (하늘) 부활만

남는다. 십자가와 부활은 동전의 앞뒤처럼 하나다. 위의 것을 추구하라는 바울의 말씀은 위를 바라다보라는 말이 아니라 정의와 생명, 평화라는 하늘의 가치를 추구하라는 말이다. 곧, 그리스도와 함께 옛 자기는 죽고 새 자기가 태어났다는 말은 새로운 가치 세계에서 살아간다는 자유와 해방의 선언이다.

목회적 관점

많은 경우 부활절에 세례식을 행한다. 필자는 목회 중 세례 직후 작은 십자가를 걸어주며 다음의 말씀을 전했다. "무엇을 하든지 말에나 행위에나 다 주 예수의 이름으로 하고 그를 힘입어 하느님 어버이께 감사하십시오"(골 3:17).

주석적 관점

본문은 2장 20절-3장 17절의 일부로 세례에 관한 말씀이다. 곧, 세례를 세상 끝 날 완성되는 부활의 전거로서 말한다.

설교적 관점

부활은 결코 하늘로 올라가는 영혼의 영생을 위한 말씀이 아니다. 성서는 결코 영육 간의 분리를 말씀하지 않는다. 예수께서 참 하느님이자 참 인간이라고 하는 교리는 바로 이러한 위험을 경계하기 위한 말씀이다. 오히려 세상 안의 삶을 새롭게 하기 위함이다. 지상에서 육의 옷을 벗고 하늘의 옷으로 갈아입는 새로운 가치관의 변화를 말씀하고 있다(3:8-17; 롬 3:6, 죄의 종노릇에서 벗어남).

요한복음 20:1-18

1 안식일 다음 날 이른 새벽의 일이었다. 아직 어두울 때에 막달라 여자 마리아가 무덤에 가 보니 무덤을 막았던 돌이 이미 치워져 있었다.
2 그래서 그 여자는 달음질을 하여 시몬 베드로와 예수께서 사랑하시던 다른 제자에게 가서 "누군가가 주님을 무덤에서 꺼내갔습니다. 어디에다 모셨는지 모르겠습니다." 하고 알려주었다.

3 이 말을 듣고 베드로와 다른 제자는 곧 떠나 무덤으로 향하였다.

4 두 사람이 같이 달음질쳐 갔지만 다른 제자가 베드로보다 더 빨리 달려가 먼저 무덤에 다다 랐다.

5 그는 몸을 굽혀 수의가 흩어져 있는 것을 보았으나 안에 들어가지는 않았다.

6 곧 뒤따라온 시몬 베드로가 무덤 안에 들어가 그도 역시 수의가 흩어져 있는 것을 보았는데

7 예수의 머리를 싸맸던 수건은 수의와 함께 흩어져 있지 않고 따로 한곳에 잘 개켜져 있었다.

8 그제야 무덤에 먼저 다다른 다른 제자도 들어가서 보고 믿었다.

9 그들은 그때까지도 예수께서 죽었다가 반드시 살아나실 것이라는 성서의 말씀을 깨닫지 못하고 있었던 것이다.

10 두 제자는 숙소로 다시 돌아갔다.

11 한편 무덤 밖에 서서 울고 있던 마리아가 몸을 굽혀 무덤 속을 들여다보니

12 흰 옷을 입은 두 천사가 앉아 있었다. 한 천사는 예수의 시체를 모셨던 자리 머리맡에 있었 고 또 한 천사는 발치에 있었다.

13 천사들이 마리아에게 "왜 울고 있느냐?" 하고 물었다. "누군가가 제 주님을 꺼내 갔습니 다. 어디에다 모셨는지 모르겠습니다." 마리아가 이렇게 대답하고 나서

14 뒤를 돌아다보았더니 예수께서 거기에 서 계셨다. 그러나 그분이 예수인 줄은 미처 몰랐다.

15 예수께서 마리아에게 "왜 울고 있느냐? 누구를 찾고 있느냐?" 하고 물으셨다. 마리아는 그분이 동산지기인 줄 알고 "여보셔요. 당신이 그분을 옮겨갔거든 어디에다 모셨는지 알려 주셔요. 내가 모셔 가겠습니다." 하고 말하였다.

16 예수께서 "마리아야!" 하고 부르시자 마리아는 예수께 돌아서서 히브리 말로 "라뽀니!" 하고 불렀다. (이 말은 '선생님.'이라는 뜻이다.)

17 예수께서는 마리아에게 "내가 아직 아버지께 올라가지 않았으니 나를 붙잡지 말고 어서 내 형제들을 찾아가거라. 그리고 '나는 내 아버지이며 너희의 아버지 곧 내 하느님이며 너희 의 하느님이신 분께 올라간다.'고 전하여라." 하고 일러주셨다.

18 막달라 여자 마리아는 제자들에게 가서 자기가 주님을 만나 뵌 일과 주님께서 자기에게 일러주신 말씀을 전하였다.

신학적 관점

이천 년 전 고대인 또한 죽었던 사람이 다시 살아났다는 이야기는 믿지 않았다. 사두개인들은 부활을 부정했다. 1132년에 세워졌지만 1539년에 폐쇄된 요크셔의 침묵수도원 The Fountains Abbey는 현재 관광지로 변했는데, 이곳에 는 당시 수도원의 헌장이 새겨져 있다. "매주 일요일마다 모든 수도사는 한곳에 모여 설교를 들어야 한다. 다만 주제의 어려움 때문에 삼위일체주일은 제외하고"

그렇다면 부활주일의 말씀은 쉽게 이해가 되었을까? 우리는 복음서를 읽으면서 부활의 주님이 차라리 그를 십자가에 못 박았던 대제사장이나 헤롯이나 빌라도에게 나타났더라면 얼마나 좋았을까? 왜 예수를 그리스도라 고백하는 자들에게만 선택적으로 나타났을까 하는 의문을 갖게 된다.

요한복음의 본문을 사실에 대한 기록으로 보았을 때, 이야기 흐름상 어색한 부분이 여럿 있다. 먼저 도착한 다른 제자는 왜 베드로가 먼저 들어가 본 다음에 들어갔을까? 베드로에 대한 배려인가? 마리아 또한 마찬가지다. 마리아는 언제 왜 다시 온 것인가? 왜 처음부터 무덤 안을 들여다보지 않고 후에 들여다보았을까? 왜 천사는 처음부터 그곳에 있지 않고 베드로와 다른 제자가 떠난 다음에 나타난 것일까? 7절의 머리에 싼 수건에 대한 특별한 언급은 왜 필요했는가? 왜 예수는 도마로 하여금 못 자국과 창 자국을 만져보게 하지만, 마리아에게는 만지지 말라고 하는가? 이 시간의 차이는 신학적으로 무엇을 의미하는가? 나사로의 부활과는 무슨 차이가 있는가? 예수의 몸에 못 자국과 창 자국이 남아 있다면 우리의 몸에도 수술 자국이 남아 있는 것인가? 그렇다면 장애인들의 부활의 몸은 어떠할 것이며, 목이 잘린 사람의 부활의 몸은 어떠할까? 몸의 부활이라는 신학적 해석은 어디에 있는가? 왜 베드로나 다른 제자가 아닌 마리아가 예수 부활의 첫 증언자가 되는가? 복음서에 따라 무덤가에 등장한 숫자는 다르지만 여성이라는 관점에서 모든 복음서의 주장과 동일한데, 이는 신학적으로 무엇을 말하는가?

우선 요한복음은 공관복음서 저자들의 예수 이해와 다른 이해에서 출발했다. 후기 공동체로서 공관복음서 공동체가 갖고 있었던 문제들을 보고 이에 대한 수정 차원의 답변이 담겨 있다. 가장 두드러진 점은 로고스가 육신(사르크스)이 되었다는 주장, 에고 에이미 선언, 기적(뒤나미스)을 표적(세메이온)으로 부르고, 성찬의 예식 대신 서로 사랑하라는 세족식을 유언으로 남기며, 열두 제자 중 한 사람인지 아니면 열두 제자단 밖의 사람인지는 확실하지 않지만 요한 공동체의 지도자는 '예수의 사랑하시는 또 다른 제자'라는 것이다.

오늘 본문에 관해 언급한다면 육신이 된 예수의 부활은 공관복음서에서의 무덤에서 바로 부활하심으로 완전 부활이 되었지만, 요한은 하느님께로 다시 다녀오는, 그래서 하느님과 다시 하나 되는 과정, 곧 승천이 필요했다. 그래서 승천 전의 마리아에게는 허락이 되지 않았지만, 승천 이후 도마에게는 허락된다. 이 차이는 무엇을 말하는가? 마리아에게 처음 나타난 예수 부활의 몸은 당대 영지주의가 주장하는 가현(假現, docetism)인가? 누가는 예수 승천이 부활 이후 지상에서의 40일의 여정 후에 일어나지만, 요한은 하느님께로 가셨다(승천)가 다시 오셨는데 이는 여드레가 지난 후였다. 왜 8일인가? 천상에 머무시는 8일의 상징성은 7일 창조와 신학적으로 어떤 상관관계가 있는 것인가? 제2의 창조 첫날인가? 부활 예수의 몸은 도마가 만질 수 있는 육성을 지녔지만, 동시에 문이 잠긴 방을 통과할 수 있는 특별한 몸이셨다. 이런 의문들은 신학적인 상상력 외에는 해석이 불가능하다.

목회적 관점

베드로와 예수께서 사랑하셨던 두 제자는 빈 무덤을 보기 전까지는 예수 부활을 믿지 못하였다고 말하는데(9절), 현대를 살아가는 신자들 또한 부활의 실체를 그대로 믿기보다는 과연 그럴까 하는 의문과 더불어 믿는다. 이는 부활의 실체를 선포하는 목사들도 마찬가지다. 말하자면 역사적 차원이라기보다는 신앙적 차원이다. 그렇다면 이는 부활을 믿지 않는 것인가? 아니다! 이 또한 부활의 믿음이다. 곧, 예수 부활의 실체를 열두 제자들과 같이 직접 경험하지는 못했다고 하지만, 여전히 예수 부활과 더불어 오는 새로운 세상, 곧 하느님 나라를 대망하는 것 또한 부활의 믿음이다.

주석적 관점

본문은 마리아를 주인공으로 한, 베드로와 다른 제자 그리고 천사가 등장하며 장면의 극적 변화를 통해 숨은 메시지를 전달하는 당대의 헬라 로마의 희극적 요소가 다분히 엿보인다. 숨을 헐떡이며 뛰어가는 배우들의 모습을 연상해 보라. 마리아는 숨 가쁘게 두 번이나 무덤과 제자들 사이를 오고 갔다.

머리의 수건이 따로 놓여 있다는 언급은 나사로와는 달리, 모세와 같이(출 33:34-35) 하느님의 현존 앞에서 얼굴을 가릴 필요가 없는 특별한 존재가 되었음을 암시한다.

설교적 관점

당시 로고스 구원론은 영육 간의 분리 속에서 영적 빛을 본 소수에게만 열려 있는 '제한 구원론'이다. 요한은 여기서 저들의 영육 구원론을 뛰어넘어 빛이지만, 동시에 육신(살덩이, sarx)으로 임하신 '보편 구원론'을 선포한다. 나아가서 당시 여성은 사람을 셀 때 포함되지 않았던 차별받는 존재로서 예수 부활의 첫 증언자로 등장한다고 하는 것은 예수 부활 사건을 개인적인 영혼/몸의 소생으로서가 아닌 역사 변혁의 관점에서 이해해야 한다. 곧, 오늘날 억압받고 차별받는 사람들에 의한 역사 변혁 주체성의 관점에서 재해석해야 한다.

17절 예수께서 마리아에게 하신 말씀이 저자 요한이 전하고자 하는 핵심 사상이다. 요한은 예수를 본 자는 곧 하느님 어버이를 보았다고 말하고, 예수와 하느님과 우리는 하나임을 강조하고 있으며, 우리가 그 안에 거할 때 우리는 예수보다 더 큰 일도 행할 것이라고 말한다(14:12).

부활절 둘째 주일

행 2:14a, 22-32; 시 16; 벧전 1:3-9; 요 20:19-31

사도행전 2:14a, 22-32

14 그때 베드로가 다른 열한 사도들과 함께 일어서서 군중을 보고 큰소리로 이렇게 말했다.

22 "이스라엘 동포 여러분, 내 말을 들으시오. 나자렛 예수는 하느님께로부터 오신 분이었습니다. 하느님께서는 이것을 분명히 보여주시려고 여러분이 보는 앞에서 그분을 통하여 여러 가지 기적과 놀라운 일과 표징을 나타내셨습니다. 이 사실은 여러분이 잘 알고 있습니다.

23 그런데 하느님께서 미리 정하신 뜻과 계획에 따라 여러분의 손에 넘어간 이 예수를 여러분은 악인들의 손을 빌려 십자가에 못박아 죽였던 것입니다.

24 그러나 하느님께서는 그분을 되살리시고 죽음의 고통에서 풀어주셨습니다. 예수께서는 죽음의 세력에 사로잡혀 계실 분이 아닙니다.

25 그분에 관해서 다윗은 이렇게 말하였습니다. '주께서 내 오른편에 계시오니 나는 항상 주님을 가까이 뵈오며 내 마음은 흔들리지 않습니다.

26 그러기에 내 마음은 기쁨에 넘치고 내 혀는 즐거워 노래하며 이 육신마저 희망 속에 살 것입니다.

27 당신은 내 영혼을 죽음의 세계에 버려두지 않으시고 당신의 거룩한 종을 썩지 않게 지켜주실 것입니다.

28 당신은 나에게 생명의 길을 보여주셨으니 나는 당신을 모시고 언제나 기쁨에 넘칠 것입니다.'

29 형제 여러분, 나는 여러분에게 우리의 선조이신 다윗에 관해서 분명히 말씀드려야겠습니다. 그는 죽어서 묻혔고 그의 무덤은 오늘날까지 우리 땅에 남아 있습니다.

30 다윗은 예언자로서 하느님께서 자기 후손 가운데 한 사람을 자기 왕좌에 앉혀주시겠다고 하신 맹세를 알고 있었습니다.

31 그리고 그리스도의 부활을 내다보며, '하느님께서는 그를 죽음의 세계에 버려두지 않으시고 그의 몸을 썩지 않게 하셨습니다.' 하고 말하였습니다.

32 바로 이 예수를 하느님께서 다시 살리셨으며 우리는 다 그 증인입니다."

신학적 관점

성서의 사건들이 얼마만큼 실제 역사성을 갖고 있는가 하는 문제는 신학적으로 항상 중요한 물음인데, 이는 사도행전이라는 책에서도 그러하다. 왜냐하면 사도들의 활동을 기록한 책으로, 역사 이야기이기 때문이다. 그런데 저자 누가는 누가복음 서두에서 밝힌 바에 의하면 예수에 관한 이야기가 많이 있지만 자신이 수집하여 정리한 자신이 가장 사실적이라고 주장하며, 대체로 그의 직업이 의사이기에 가장 객관적일 것이라는 게 통설이지만 다른 복음서 저자와 같이 자신의 신학적 입장에 따라 재해석된 복음서 중 하나일 따름이다.

따라서 사실적 관점에서 본문을 읽는 것이 아니라 본문을 통해 저자가 의도하는 바가 무엇인지, 그가 속한 공동체의 요구가 무엇인지를 파악하는 것이 중요하다. 저자는 유대인들이 가장 존경하는 다윗의 말을 하나의 전거(典據)로 제시한다. 곧, 예수가 다윗의 후손임을 재천명함으로 예수 운동의 뿌리가 유대교에 있음을 분명히 한다. 그러나 예수 죽음의 원인을 전적으로 유대인의 책임으로 만드는 일은 또 다른 문제를 파생한다. 곧, 이는 예수의 정치적 십자가 처형을 종교적인 이유로 제한하는데, 이는 당시 로마제국 통치 아래에서 이방인 선교를 위해서 어쩔 수 없이 누가가 선택한 하나의 십자가 죽음의 해석으로, 이 해석이 역사적 예수에 대해 전혀 관심이 없는 바울의 해석과 함께 증폭되어 오늘날에 거의 정설로 굳어져 버렸다. 그리하여 잘못된 구원론은 물론, 반유대주의 정서를 벗어날 수 없도록 만들고 있다.

본문은 신학적으로 그리스도론의 기초가 되는 말씀으로 따름의 대상인 역사적 예수에서 신앙의 대상인 부활의 주 그리스도로 전환되는 지점이다. 곧, 하느님께 갔다가 다시 제자들에게 나타나신 요한복음이나 이와 비슷한 관점에서 땅끝까지의 선교 명령을 전하는 마태복음 그리고 빈 무덤과 더불어 제2의 갈릴리 하느님 나라 운동을 말하는 마가복음과는 달리, 예수는 하느님 우편에 앉아 계신 분으로 정립되는 지점이다. 세계 정치경제사회적 차별 구조에 대한 자기 성찰이 빠진 서구 제국들의 아전인수식의 선교 신학의 핵심이 되는 첫 본문이라고 말할 수 있다.

목회적 관점

오늘날 23절의 '악인'(무법자)은 누구인가? 갈릴리 예수는 당시 하느님을 지성소에 가두어 놓고 희생 제사법을 통해 종교 권력을 행사하던 유대 지도자들을 비난하고, 가난한 민중들의 편에 서시어 부자들의 신앙 놀이터로 변한 예루살렘 성전을 숙청하기까지 하였다. 오늘날 한국교회는 예수의 이름으로 모이긴 하지만, 특히 대형 교회는 가난한 민중의 편이 아닌 부자들과 정치권력에 가까이 서 있다는 관점에서 보면 성전 숙청의 대상이 된다.

주석적 관점

본문과 함께 14-21, 33-36, 38-39절은 누가의 전형적인 설교로 예수의 삶과 죽음, 부활을 제1성서의 말씀의 빛에서 해석하는데, 이는 유대교 랍비 전통의 미드라쉬 해석 방법이다. 31절의 다윗이 말하는 히브리어 Sheol은 흔히 지옥으로 번역되는데, 이는 죽는 모든 사람이 가는 곳이 아닌 악인들이 가는 곳이었다. 이는 "아버지의 손에 내 영혼을 맡기나이다"(23:46)라는 말씀과 오른편에 있는 죄수에게 "오늘 밤 나와 함께 '낙원'에 있을 것이다"는 말씀과는 모순된다. 한국교회는 사도신조의 원 구절인 "지옥에 내려가셨다"를 삭제했는데, 이는 교회사적으로는 문제가 되긴 하지만, 이 관점에서 보면 성서신학적으로는 타당하다고도 말할 수 있다.

설교적 관점

마지막 절은 우리 모두 증인임을 선포한다. 당시 예루살렘에서 살아가는 사람들에게 있어 어둠의 땅 갈릴리 출신 예수란 사람은 민중 폭동을 획책하고 로마의 통치를 거부하는 정치범으로 십자가 처형을 받은 사람이었다. 그런데 제자들이 예수의 부활을 선언하고 그를 주님으로 고백한다는 것은, 마치 박정희 군사독재 시대에 이에 저항했던 인혁당원들이 빨갱이 누명을 쓰고 사형을 당했지만, 역사 주체 의식을 회복한 민중들이 그들의 삶을 기리고 기억하는 행위에 비유할 수 있다. 오늘 이 시대에 예수 부활은 무엇에 비유할 수 있을까?

시편 16

1 하느님, 나를 지켜 주소서. 이 몸은 당신께로 피합니다.

2 야훼께 아뢰옵니다. "당신은 나의 주님, 당신만이 나의 행복이십니다."

3 이 땅에 있는 거룩하다는 신들, 그런 것들을 좋아하는 자들에게 저주를 내리소서.

4 다른 신을 따르는 자들은 실컷 고생이나 시키소서. 그 우상들에게 피를 쏟아 바치다니, 망측합니다. 그 이름을 입에 올리다니, 망측합니다.

5 야훼여! 당신은 내가 받을 분깃, 내가 마실 잔, 나의 몫은 당신 홀로 간직하고 계십니다.

6 당신께서 나에게 떼어 주신 기름진 땅 흡족하게 마음에 듭니다.

7 좋은 생각 주시는 야훼님 찬미하오니 밤에도 좋은 생각 반짝입니다.

8 야훼여, 언제나 내 앞에 모시오니 내 옆에 당신 계시면 흔들릴 것 없사옵니다.

9 그러므로 이 마음 이 넋이 기쁘고 즐거워 육신마저 걱정없이 사오리다.

10 어찌 이 목숨을 지하에 버려두시며 당신만 사모하는 이 몸을 어찌 썩게 버려두시리이까?

11 삶의 길을 몸소 가리켜 주시니 당신 모시고 흡족할 기꺼움이, 당신 오른편에서 누릴 즐거움이 영원합니다.

베드로전서 1:3-9

3 우리 주 예수 그리스도의 아버지 하느님을 찬양합시다. 하느님께서는 당신의 크신 자비로 우리를 다시 낳아주시고 예수 그리스도를 죽은 자들 가운데서 다시 살리심으로써 우리에게 산 희망을 안겨주셨습니다.

4 그리고 여러분을 위하여 썩지 않고 더러워지지 않고, 시들지도 않는 분깃을 하늘에 마련해 두셨습니다.

5 하느님께서는 여러분의 믿음을 보시고 당신의 힘으로 여러분을 보호해 주시며 마지막 때에 나타나기로 되어 있는 구원을 얻게 하여 주십니다.

6 그러므로 기뻐하십시오. 여러분이 지금 얼마 동안은 갖가지 시련을 겪으면서 슬퍼할 수밖에 없겠지만

7 그것은 여러분의 믿음을 순수하게 만들기 위한 것입니다. 결국 없어지고 말 황금도 불로 단련을 받습니다. 그러므로 황금보다 훨씬 더 귀한 여러분의 믿음은 많은 단련을 받아 순수한 것이 되어 예수 그리스도께서 나타나시는 날에 칭찬과 영광과 영예를 차지하게 될 것입니다.

8 여러분은 그리스도를 본 일이 없으면서도 그분을 사랑하고 그분을 보지 못하면서도 믿고 있으며 또 말할 수 없는 영광스러운 기쁨으로 넘쳐 있습니다.

9 그것은 여러분의 믿음이 결국 영혼을 구원하였기 때문입니다.

신학적 관점

모든 말씀은 저자의 역사적 상황과 신학을 먼저 살핀 다음 성서 전체의

맥락에 비쳐 해석하는 것이 옳은 방식이다. 본문은 예수 십자가 죽음을 우리의 죄를 대속하기 위한 죄 씻음과 예수 부활을 개인 영혼 구원으로 인식하는 보수 기독교 구원 신학의 핵심 구절이다.

베드로 서신의 저자는 유대교 제사에 정통한 사람으로 초대교회가 로마제국에 의해 핍박을 받던 시기의 사람이다. 그의 주된 신학은 대제사장이신 예수 그리스도를 희생물로 말함으로 동물 제사의 무효함을 선포하는 일과 초대 신자들이 로마제국의 박해 아래에서 믿음을 지키도록 권면하는 일이다. 이를 위해 신자 한 사람 한 사람이 '왕 같은 제사장이요 거룩한 나라'라고까지 얘기한다.

'영혼 구원'은 로마 콜로세움에서 사자의 밥이 되는 극단적 상황을 전제한다(7절). 길을 걸어가는 사람들의 눈살을 찌푸리게 하는 대형 스피커 노상 전도가 가능한 한국 사회에서는 재해석되어야 한다.

목회적 관점

성서에는 분깃(유산)이란 단어가 250번 이상 등장한다. 가장 유명한 이야기는 어느 청년이 예수께 와서 형의 유산 나눠주기를 바란다는 소원이다. 부자들의 자녀 유산 상속은 분쟁의 원인이 되기도 하고, 어떤 사람은 애완견이나 고양이에게 엄청난 유산을 남기기도 한다. 필자는 목회 중 유언서를 작성하도록 하는데, 여기에 유산 항목도 있다. 서양에서는 유산을 보통 자식이 아닌 자선 기관이나 교회에 남기는데, 한국 사람들은 유난히 자식들에게 남기려고 한다. 무엇이 참 유산인가?

주석적 관점

베드로전서는 소아시아의 공동체에 보낸 서신으로 주인에게 예속된 노예(2:18-25)와 여성(3:1-6) 이방 그리스도인에게 보낸 것으로 보인다. 노예와 여성들은 당시 사회에서 가장 밑바닥 사람들이었다. 이들을 향해 베드로 서신은 흩어진 나그네(추방 당한 디아스포라, exiles of the Dispersion, 1:1; 렘 24:5; 29:1, 4), 택하심을 받은 자(1:2; 렘 15:2), 하느님의 능력으로 보호하심을 받은 자(1:5;

수 24:17), 하느님의 거룩한 제사장(2:5; 레 19:2), 거룩한 나라, 왕 같은 제사장(2:9; 출 19:6; 사 43:20-21; 호 1:9; 2:23)이라 부르면서 제1성서 이곳저곳에 나와 있는 거룩한 호칭으로 부른다.

설교적 관점

8절 말씀은 부활을 본 적이 없어도 부활의 믿음이 가능하다고 말한다. 바울은 부활의 목격자를 오백 명이라고 하지만, 마태는 예수 부활 이후에도 열두 제자 모두가 믿었다고 말하지 않는다(28:17). 마태는 삼 년이나 예수와 함께했던 제자들 가운데 부활 예수를 보면서도 믿지 않는 제자들이 있었다고 말하는데, 반면 바울은 자세한 설명 없이 오백 명이나 목격했다고 말한다. 누가의 경우 엠마오 도상의 두 제자 또한 부활 예수와 함께 장시간 같이 걷고 얘기를 나누었으면서도 예수를 알아보지 못했다. 떡을 뗀 후에야 알아보았지만, 이미 예수는 사라지고 없었다. 곧, 부활 예수는 지상 예수의 모습과는 달랐음을 말한다. 말하자면 부활 예수에 대한 믿음의 모습은 조금씩 다르게 드러난다. 베드로 서신에서 부활의 증언은 고난 속에서 성취됨을 강조한다.

요한복음 20:19-31

19 안식일 다음 날 저녁에 제자들은 유다인들이 무서워서 어떤 집에 모여 문을 모두 닫아걸고 있었다. 그런데 예수께서 들어오셔서 그들 한가운데 서시며 "너희에게 평화가 있기를!" 하고 인사하셨다.

20 그리고 나서 당신의 손과 옆구리를 보여주셨다. 제자들은 주님을 뵙고 너무 기뻐서 어쩔 줄을 몰랐다.

21 예수께서 다시 "너희에게 평화가 있기를! 내 아버지께서 나를 보내주신 것처럼 나도 너희를 보낸다." 하고 말씀하셨다.

22 이렇게 말씀하신 다음 예수께서는 그들에게 숨을 내쉬시며 말씀을 계속하셨다. "성령을 받아라.

23 누구의 죄든지 너희가 용서해 주면 그들의 죄는 용서받을 것이고 용서해 주지 않으면 용서받지 못한 채 남아 있을 것이다."

24 열두 제자 중 하나로서 쌍둥이라고 불리던 토마는 예수께서 오셨을 때에 그들과 함께 있지 않았었다.

25 다른 제자들이 그에게 "우리는 주님을 뵈었소." 하고 말하자 토마는 그들에게 "나는 내 눈으로 그분의 손에 있는 못자국을 보고 내 손가락을 그 못자국에 넣어보고 또 내 손을 그분의 옆구리에 넣어보지 않고는 결코 믿지 못하겠소." 하고 말하였다.

26 여드레 뒤에 제자들이 다시 집 안에 모여 있었는데 그 자리에는 토마도 같이 있었다. 문이 다 잠겨 있었는데도 예수께서 들어오셔서 그들 한가운데 서시며 "너희에게 평화가 있기를!" 하고 인사하셨다.

27 그리고 토마에게 "네 손가락으로 내 손을 만져보아라. 또 네 손을 내 옆구리에 넣어보아라. 그리고 의심을 버리고 믿어라." 하고 말씀하셨다.

28 토마가 예수께 "나의 주님, 나의 하느님!" 하고 대답하자

29 예수께서는 "너는 나를 보고야 믿느냐? 나를 보지 않고도 믿는 사람은 행복하다." 하고 말씀하셨다.

30 예수께서는 제자들 앞에서 이 책에 기록되지 않은 다른 기적들도 수없이 행하셨다.

31 이 책을 쓴 목적은 다만 사람들이 예수는 그리스도이시며 하느님의 아들이심을 믿고, 또 그렇게 믿어서 주님의 이름으로 생명을 얻게 하려는 것이다.

신학적 관점

요한 부활 신학의 중요한 관점은 다음과 같다. 1. 육신(살덩이, sarx)의 부활, 창 자국이 남아 있었고, 만질 수 있었으며, 식사도 한다. 2. 그러나 닫힌 문을 통과하는 초월적 존재다. 3. 의심 많은 도마의 고백(28절)을 통해 도마가 갖는 교회 내의 지도력을 보여준다. 일부 학자들은 예수의 쌍둥이였다고 주장하고, 어떤 학자들은 그가 사랑하시는 제자였을 것이라고 주장하기도 한다. 4. 예수를 믿음으로 생명을 얻게 하려 한다. 여기서 생명은 평화라고 말할 수 있다. 부활 예수의 첫 말씀 "너희에게 평화가 있기를!"(19, 21절)과 "너희에게 평화를 준다. 이 평화는 세상이 주는 평화와는 다르다"(14:27)는 무엇이 다른가? 팍스 로마나(Pax Romana)는 칼과 창의 힘에 의한 평화, 예수 그리스도의 평화(Pax Christi)는 진리 안에서 해방과 자유의 평화다.

목회적 관점

부활절의 큰 기쁨은 사라졌다. 그렇다면 다시 일 년을 기다려야 하는가?

부활 후 첫째 주일을 맞는 의미는 어디에 있는가? 어쩌면 도마와 같이 자신이 직접 만져보기 전에는 믿을 수가 없다고 하는 교인도 있을 수 있고, "보지 않고 믿는 자가 복되다"라는 말씀에 따라 믿는 교인도 있을 수 있다. 나에게 있어 예수 부활 믿음의 실체는 무엇인가?

주석적 관점

'숨'(22절)은 창세기 2장 7절과 에스겔 37장 9절과 연계하여, 곧 창조의 능력을 말한다. 부활은 이전 지상 예수의 복원이 아닌 전혀 다른 차원을 말한다.

제자직에 관해 공관복음서와 요한복음서는 상당한 차이가 있다. 공관복음서는 베드로, 야고보, 요한이 주역으로 등장하지만, 요한복음에서는 다른 제자들 또한 주역을 담당한다. 빌립과 나다나엘은 요한복음에서는 언급되지 아니한 요한과 야고보보다 더 중요한 역할을 담당한다(6:6-7; 12:20-26; 14:8-11). 안드레는 베드로의 동생이 아닌 예수에게 인도하는 사람이다. 공관복음서에서의 의심 많은 도마의 모습도 있지만, 그는 베드로보다도 더 용감하다(11:16). 의심하는 신앙 또한 용감성의 다른 측면이기도 하다.

설교적 관점

마가는 기적을 행한 후에 이를 알리지 말라는 '메시아 비밀'을 말한다. 반면 요한은 예수가 누구인지를 명확히 밝힌다. 도마의 고백에서 예수 그리스도는 단순히 하느님의 아들로서의 '나의 주님'을 넘어 '나의 하느님'이라 불린다. 요한이 예수를 믿고 따르는 자들에게 요구하는 신앙의 차원은 어떤 것인가? '에고 에이미 신앙' 그리고 "나보다 더 큰 일도 할 수 있다"는 말씀과 연계하여 보자. 로마제국 당시 '주님'이라고 불리는 높은 지위에 있는 사람들은 많았다. 그러나 '하느님'이라는 용어는 로마 황제에게만 허락된 칭호였다.

부활절 셋째 주일

행 2:14a, 36-41; 시 116:1-4, 12-19; 벧전 1:17-23; 눅 24:13-35

사도행전 2:14a, 36-41

14 그때 베드로가 다른 열한 사도들과 함께 일어서서 군중을 보고 큰소리로 이렇게 말했다.

36 "그러므로 이스라엘의 온 백성은 분명히 알아두시오. 여러분이 십자가에 못 박아 죽인 이 예수를 하느님께서는 우리의 주님이 되게 하셨고 그리스도가 되게 하셨습니다."

37 사람들은 이 말을 듣고 마음이 찔려 베드로와 사도들에게 "형제 여러분, 그러면 우리는 어떻게 하면 좋겠습니까?" 하고 물었다.

38 베드로가 이렇게 대답하였다. "회개하시오. 그리고 여러분은 한 사람도 빠짐없이 예수 그리스도의 이름으로 세례를 받고 여러분의 죄를 용서받으시오. 그리하면 성령을 선물로 받게 될 것입니다.

39 이것은 우리 주 하느님께서 여러분과 여러분의 자녀와 그리고 멀리 떨어져 있는 사람들, 곧 하느님께서 부르시는 모든 사람들에게 하신 약속입니다."

40 베드로는 이 밖에도 여러 가지 증거를 들어 그들을 설득시키고 이 사악한 세대가 받을 벌을 면하도록 하라고 권하였다.

41 그들은 베드로의 말을 믿고 세례를 받았다. 그날에 새로 신도가 된 사람은 삼천 명이나 되었다.

신학적 관점

120명의 성령강림 사건은 일회적 사건이 아닌 지속적 사건임을 말한다. 성령 임재는 죄의 용서와 회개를 불러온다. 회개는 단순히 마음의 뉘우침이 아닌 '사악한 세대'를 따라가지 않는 저항에 기초한 가치관의 변화다. 이들은 가진 재산을 함께 나누는 공동체로 변해 간다.

목회적 관점

목회자는 세례받은 자의 삶의 변화에 대해 지속적인 관심을 가져야 한다. 그리고 이러한 삶의 변화를 교우들과 나누도록 해야 한다.

주석적 관점

삼천 명이 세례를 받았다면 저들은 모두 요단강으로 가야 했다. 예레미야스에 의하면 당시 예루살렘 인구는 약 십만 명, 디아스포라 순례자들 또한 약 십만 명, 그래서 이십만 명 정도가 모여 있었다. 그렇다면 삼천 명은 그리 많은 숫자는 아니다. 그러나 숫자로 이해하기보다는 우리나라 1917년의 회개 각성 운동과 같은 커다란 종교적 회심 운동이 일어났다고 보는 것이 옳겠다. 이는 마가나 마태와는 달리 갈릴리를 예수 운동의 중심으로 보는 것이 아닌 예루살렘을 예수 운동의 중심으로 보는 누가의 이야기이다.

사도행전에서 개종자들이 때로는 '말씀'을 들은 직후에 세례를 받았던 것으로 묘사된 것은 실제로 그랬으리라고 상상하기 매우 어려운 대목이다. 크리스천 공동체의 일부가 된다는 것은 로마제국에 의해 처형된 주님을 따른다는 뜻이었으며, 제국의 문명이 정상적인 것으로 간주되는 것에 반대되는 생활 방식 속으로 들어간다는 뜻이었다(마커스 보그 · 존 도미닉 크로산/김준우 옮김, 『첫 번째 바울의 복음』, 126).

설교적 관점

성령을 받았다는 것을 어떻게 증명할 수 있는가? 단순한 마음의 뜨거움만은 아니다. 그 뜨거움은 자신의 욕망을 향한 뜨거움이 아닌 하느님의 나라 완성을 향한 뜨거움이어야 하기 때문이다. 소위 성령을 받았다는 사람들의 행태는 겉으로는 하느님을 앞세우지만, 실제에 있어서는 자기 자신일 경우가 많다. 자신을 감추는 겸손 그리고 상대를 존중하고 앞세우는 일이 우선시되어야 한다. 첫 번 오순절의 성령 역사에서 방언은 각 지역에서 온 다른 나라 사람들이 모두 한 언어로 소통하였음을 말한다. 소통과 대화 이것이 성령의 언어인 참다운 방언(方言, 경계 밖 언어)이다.

시편 116:1-4, 12-19

1 야훼는 나의 사랑, 나의 애원하는 소리를 들어 주셨다.

2 내가 부르짖을 때마다 귀를 기울여 주셨다.

3 죽음의 끄나불이 나를 두르고 저승의 사슬이 나를 묶어 불안과 슬픔이 나를 덮쳐 누를 때,

4 나는 야훼 이름 부르며 부르짖었다. "야훼여, 구하옵나니 이 목숨 살려 주소서."

12 야훼께서 베푸신 그 크신 은혜, 내가 무엇으로 보답할까!

13 구원의 감사잔을 받들고서 야훼의 이름을 부르리라.

14 야훼께 서약한 것, 내가 채워 드리리니 당신의 백성은 빠짐없이 모여라.

15 야훼께 충실한 자의 죽음은 그분께 귀중하다.

16 야훼여, 이 몸은 당신의 종이옵니다. 당신 여종의 아들인 당신의 이 종을 사슬에서 풀어 주셨사옵니다.

17 내가 당신께 감사제를 드리고 야훼의 이름을 부르리이다.

18 야훼께 서약한 것, 내가 채워드리리니, 당신의 백성은 빠짐없이 모이라.

19 너 예루살렘아, 네 한가운데 야훼의 성전, 그 울 안에서 바치리라. 할렐루야.

베드로전서 1:17-23

17 그리고 여러분은 각자의 업적에 따라서 공정하게 판단하시는 분을 아버지로 모시고 있으니 나그네 생활을 하고 있는 동안은 늘 두려운 마음으로 지내십시오.

18 여러분은 조상들에게서 물려받은 헛된 생활에서 해방되었습니다. 그러나 아시다시피 그것은 은이나 금 따위의 없어질 물건으로 값을 치르고 된 일이 아니라

19 흠도 티도 없는 어린 양의 피 같은 그리스도의 귀한 피로 얻은 것입니다.

20 하느님께서는 천지를 창조하시기 전에 그리스도를 구세주로 미리 정하셨고 이 마지막 때에 여러분을 위해서 그분을 세상에 나타나게 하셨습니다.

21 여러분은 바로 이 그리스도로 말미암아 그분을 죽은 자들 가운데서 살리시고 그분에게 영광을 주신 하느님을 믿고 하느님께 희망을 두게 되었습니다.

22 여러분은 진리에 복종함으로써 마음이 깨끗해져서 꾸밈없이 형제를 사랑할 수 있게 되었으니 충심으로 열렬히 서로 사랑하십시오.

23 여러분은 새로 난 사람들입니다. 그것도 썩어 없어질 씨앗에서 난 것이 아니라 썩지 않을 씨앗 곧 영원히 살아 계시는 하느님의 말씀을 통해서 났습니다.

신학적 관점

신학에 있어 기독론과 구원론의 관계에 관해서는 매우 다양한 관점이 있다. 본문은 이를 '어린 양의 피'라고 하는 제사에 있어 희생물로 드리는 대속 신학으로 설명한다. 그런데 본문이 중요한 것은 구원을 '입으로 예수를 그리스도'로 고백하는 은혜만으로 설명하는 대신 '각 사람의 업적(행위)대로 판단하신다'는 구절이다. 그리고 그 행위는 다름 아닌 '서로 뜨겁게 사랑하는 일'이다. 거듭남의 증거 또한 사랑이다. 구원의 완성 단계인 성화의 과정에서 가장 중요한 것은 사랑의 행위이다.

목회적 관점

신앙 안에서의 인생은 하늘나라를 향해 가는 혹은 하느님의 뜻을 이루기 위해 세상에 매이지 않고 매일매일 내일을 향해 오늘 머물렀던 자리를 떠나가는 나그네 순례의 삶이다. 목회 또한 그 기본은 정착이 아닌 순례다. 말하자면 목회자는 다음에 오는 목회자를 염두에 둔 자신을 상대화할 줄 아는, 하늘나라를 향한 나그네 목회를 하여야 한다.

주석적 관점

저자는 헛된 생활 방식에서 '해방'되었다는 사실의 근거를 '어린 양의 피'에 있음을 강조한다. 히브리족의 애굽 해방의 사건은 문설주에 발린 어린 양의 피에 근거한다. 이후 이스라엘 백성은 유월(과월)절을 맞아 매년 이를 기념하고 기억했다. 그리고 이 어린 양은 흠이 없어야 했다. 자신들의 죄를 대신한 어린 양을 드릴 때 저들은 자신들의 삶이 흠이 없기를 위해 기도하고 노력했다. 대속구원론에 있어 '어린 양의 피'는 그냥 드려지는 것이 아니다.

설교적 관점

나그네라는 주제에서 서신서와 복음서 두 본문은 만난다. 베드로 서신의 수신자는 추방 당한 디아스포라들이다. 여인들과 노예들로 가장 혹독한 삶을 살아가던 사람들이다. 예수 부활은 저들에게 어떤 희망을 가져다 주었는가? 편안한 도시민이 아니다. 설교자는 수신자의 정치경제사회적 상황을 부연하여 설명함으로 예수 부활이 단순한 영혼 구원이 아닌 이 땅에서 일어나는 절실하고 구체적인 희망의 사건임을 선포해야 한다.

누가복음 24:13-35

13 바로 그날 거기 모였던 사람들 중 두 사람이 예루살렘에서 한 삼십리쯤 떨어진 곳에 있는 엠마오라는 동네로 걸어가면서

14 이즈음에 일어난 모든 사건에 대하여 말을 주고받고 있었다.

15 그들이 이야기를 나누며 토론하고 있을 때에 예수께서 그들에게 다가가서 나란히 걸어가셨다.

16 그러나 그들은 눈이 가려져서 그분이 누구신지 알아보지 못하였다.

17 예수께서 그들에게 "길을 걸으면서 무슨 이야기들을 그렇게 하고 있느냐?" 하고 물으셨다. 그러자 그들은 침통한 표정인 채 걸음을 멈추었다.

18 그리고 글레오파라는 사람이 "예루살렘에 머물러 있던 사람으로서 요새 며칠 동안에 거기에서 일어난 일을 모르다니, 그런 사람이 당신말고 어디 또 있겠습니까?" 하고 말하였다.

19 예수께서 "무슨 일이냐?" 하고 물으시자 그들은 이렇게 설명하였다. "나자렛 사람 예수에 관한 일이오. 그분은 하느님과 모든 백성들 앞에서 그 하신 일과 말씀에 큰 능력을 보이신 예언자였습니다.

20 그런데 대사제들과 우리 백성의 지도자들이 그분을 관헌에게 넘겨 사형 선고를 받아 십자가형을 당하게 하였습니다.

21 우리는 그분이야말로 이스라엘을 구원해 주실 분이라고 희망을 걸고 있었습니다. 그러나 그분은 이미 처형을 당하셨고, 더구나 그 일이 있은 지도 벌써 사흘째나 됩니다.

22 그런데 우리 가운데 몇몇 여인이 우리를 깜짝 놀라게 하였습니다. 그들이 새벽에 무덤을 찾아가 보았더니

23 그분의 시체가 없어졌더랍니다. 그뿐만 아니라 천사들이 나타나 그분은 살아 계시다고 일러주더라는 것이었습니다.

24 그래서 우리 동료 몇 사람이 무덤에 가보았으나 과연 그 여자들의 말대로였고 그분은 보지 못했습니다."

25 그때에 예수께서 "너희는 어리석기도 하다! 예언자들이 말한 모든 것을 그렇게도 믿기가 어려우냐?

26 그리스도는 영광을 차지하기 전에 그런 고난을 겪어야 하는 것이 아니냐?"

27 하시며 모세의 율법서와 모든 예언서를 비롯하여 성서 전체에서 당신에 관한 기사를 들어 설명해 주셨다.

28 그들이 찾아가던 동네에 거의 다다랐을 때에 예수께서 더 멀리 가시려는 듯이 보이자

29 그들은 "이젠 날도 저물어 저녁이 다 되었으니 여기서 우리와 함께 묵어가십시오." 하고 붙들었다. 그래서 예수께서 그들과 함께 묵으시려고 집으로 들어가셨다.

30 예수께서 함께 식탁에 앉아 빵을 들어 감사의 기도를 드리신 다음 그것을 떼어 나누어주셨다.

31 그제서야 그들은 눈이 열려 예수를 알아보았는데 예수의 모습은 이미 사라져서 보이지 않았다.

32 그들은 "길에서 그분이 우리에게 말씀하실 때나 성서를 설명해 주실 때에 우리가 얼마나 뜨거운 감동을 느꼈던가!" 하고 서로 말하였다.

33 그들은 곧 그곳을 떠나 예루살렘으로 돌아갔다. 가보았더니 거기에 열한 제자가 다른 사람들과 함께 모여서

34 주께서 확실히 다시 살아나셔서 시몬에게 나타나셨다는 말을 하고 있었다.

35 그 두 사람도 길에서 당한 일과 빵을 떼어주실 때에야 비로소 그분이 예수시라는 것을 알아보게 되었다는 이야기를 들려주었다.

신학적 관점

누가복음과 사도행전은 그리스도와 성령의 관계를 주요 주제로 설정하고 있다. 누가만이 부활 예수는 40일을 지상에 거하다가 승천하신다. 바로 이 40일 여정에 유일하게 등장하는 사건이다. 누가는 마가와 마태와는 달리 이방 선교의 출발지를 예루살렘으로 설정하고 있다. 엠마오는 예루살렘에서 12km 정도 떨어진 반나절도 걸리지 않아 도착할 수 있는 거리에 있다. 엠마오와 글로바는 본문에만 등장한다. 누가의 설정이다. 마가는 예수 부활을 갈릴리 예수의 하느님 나라 운동의 복원으로 설명하는 반면, 누가는 예수의 하느님 나라 운동의 실체를 재산 나눔 경제 평등 공동체(행 2:42)의 실현으로 이해한다. 누가는 예수의 하느님 나라 운동의 첫 발언으로 나사렛 회당에서 이사야의 희년 선포를 인용하는데, 희년의 핵심은 부의 독점 혹은 대물림을 방지하기 위한 것이다. 누가복음에만 나오는 세리장 삭개오와 선한 사마리아 사람의 얘기는 모두 부의 축적을 반대하는 나눔과 관련되어 있다.

본문의 부활 예수의 핵심 메시지 또한 떡을 나눌 때 눈이 떠졌는데, 이

떡을 떼는 일은 오늘날의 성찬 예식으로의 예전이 아니라 나눔에 그 방점이 있다. 본문의 떡을 들어 축사하시고 떡을 떼는 구절은 오천 명 급식 기적 이야기의 본문과 일치한다(9:16). 급식 기적 이야기는 히브리 광야 시대 만나 이야기에 기초하는데, 만나의 핵심은 서로가 거두어들인 양이 달랐지만, 집에 와서 보니 모두 똑같아졌다는 것과 다음날에는 썩어 사라졌다는 것이다. 곧, 경제 평등과 부의 축척 방지이다. 이것이 광야 40년의 핵심 말씀이다.

두 명의 제자가 부활 예수를 알아본 시기는 '떡을 뗄 때'였다. 곧, 예수 운동은 부의 나눔 운동이었으며, 이는 사도행전의 땅끝까지 이르는 복음 사명의 핵심이다. 단순히 이를 예수 이름을 전파하는 일로 이해하는 것은 누가의 의도를 제대로 파악하지 못한 것이다.

목회적 관점

눈이 떠졌다는 말은 진리 깨달음에 대한 표현이다. 떡을 뗄 때 부활 예수를 보았지만 곧 사라지고 말았다는 의미는 육체적인 부활의 의미보다는 예수의 하느님 나라 운동의 본질을 깨달았다는 말이다. 그러기에 그들은 핍박과 죽음의 십자가 현장인 예루살렘으로 되돌아간다.

주석적 관점

누가복음에 있어 예수 부활의 최초 목격자는 여성이 아니다. 무덤가의 여성들은 마가에서와 같이 빈 무덤의 증언자이지 부활 예수를 만나지는 못했다(24절). 베드로 또한 빈 무덤의 목격자이지 부활의 목격자는 아니다. 누가에게 있어 최초의 목격자는 엠마오 길의 두 제자다. 글레오파가 누가 공동체의 지도자임에는 분명하지만, 그의 활동은 알려진 바가 없다.

설교적 관점

엠마오로 가던 제자들은 왜 예수를 알아보지 못했을까? 부활 예수의 모습은 이전 지상 예수의 모습과는 너무나 달랐기 때문일까? 아니면 절망으로 인해 눈이 감겼던 것일까? 떡을 뗄 때 비로소 그들은 예수를 알아보고 예수께서 하시고자 하셨던 하느님 나라 운동의 본질을 깨달았다는 말은 희망을 보았다는 말이다. 이것이 마음이 뜨거워진 이유다. 오늘날에도 부활 예수는 우리와 함께하고 있지만, 우리가 절망으로 인해 눈이 닫혀 있기 때문에 부활 예수의 모습을 알아보지 못한다. 사명을 깨달을 때 부활 예수는 우리의 삶의 동반자가 된다.

한 신앙인이 절망에 빠져 기도 중에 환상을 보니 자신이 걸어온 발자국이 해변 모래 위에 남겨져 있었다. 그런데 두 명의 발자국이 함께 있다가 어느 순간 한 명의 발자국은 사라지고 없었다. 그 순간을 돌이켜 보니 자신이 절망한 시점이었다. 그래서 항의하였다. "왜 주님은 제가 힘들 때, 저를 버리셨나요?" "아이야! 그건 너의 발자국이 아니라 나의 발자국이란다. 난 너를 안고 걸었단다."

부활절 넷째 주일

행 2:42-47; 시 23; 벧전 2:19-25; 요 10:1-10

사도행전 2:42-47

42 그들은 사도들의 가르침을 듣고 서로 도와주며 빵을 나누어 먹고 기도하는 일에 전념하였다.

43 사도들이 계속해서 놀라운 일과 기적을 많이 나타내 보이자 사람들은 모두 하느님을 두려워하게 되었다.

44 믿는 사람은 모두 함께 지내며 그들의 모든 것을 공동 소유로 내어놓고

45 재산과 물건을 팔아서 모든 사람에게 필요한 만큼 나누어주었다.

46 그리고 한마음이 되어 날마다 열심히 성전에 모였으며 집집마다 돌아가며 같이 빵을 나누고 순수한 마음으로 기쁘게 음식을 함께 먹으며

47 하느님을 찬양하였다. 이것을 보고 모든 사람이 그들을 우러러보게 되었다. 주께서는 구원받을 사람을 날마다 늘려주셔서 신도의 모임이 커갔다.

신학적 관점

성서 본문의 사실성을 얼마만큼 인정하느냐 하는 문제는 보이지 않는 신학적 과제다. 왜냐하면 성서는 신문 기사와 같은 사실 그대로를 기록한 책이 아니라 시간이 흐른 뒤에 신앙 공동체가 고백한 신앙의 문서이기 때문이다.

초대교회의 모습을 묘사한 누가의 본문, 특히 45절을 만약 문자적 의미로 그대로 받아들인다면 모든 재산을 사람들의 필요에 따라 나누는 공산주의 사회야말로 초대교회의 모습에 가장 가까운 사회일 것이다. 당시에는 쿰란의 에세네 공동체를 비롯한 여러 신앙 공동체는 이러한 공동재산제를 갖고 있었다. 누가가 속해 있던 초대교회 공동체 또한 승천하신 주님께서 곧 다시 오신다는 종말 신앙을 갖고 함께 모여 기도하는 공동체였기에 재산 헌납을 통한 나눔 공동체로 발전했을 것이다. 이 종말 신앙은 단순히 세상이 멸망한다는 공포심

때문이 아니라 불의와 불평등의 사회를 넘어 희년 정신이 실현되는 새로운 사회 건설을 향한 비전을 품고 있었기 때문이다(『메시지와 하나님 나라: 예수와 바울의 혁명』, 150).

사회사적으로 예루살렘에 갱신 운동을 통한 영구적인 공동체가 확립되었다는 점은 농민들을 중심으로 시작한 예수 운동이 새로운 전환점을 맞이했다는 것을 뜻한다(『메시지와 하나님 나라: 예수와 바울의 혁명』, 143).

목회적 관점

42절의 말씀 배움, 교제, 떡을 뗌(성찬과 애찬), 기도는 성도 생활에 있어 가장 중요한 기본이다. 목회자는 이 네 가지 신앙이 균형을 잃지 않도록 항상 주의해야 한다.

주석적 관점

43절의 기이한 일과 표적이 구체적으로 무엇을 뜻하는지는 알 수 없다. 사람들에게 두려운 마음을 일으켰다고 했는데, 이는 아나니아와 삽비라 사건을 두고 한 말일 것이다. 중요한 것은 초대 공동체가 당시 로마 사회에 큰 충격을 주었던 것은 분명하다. 이런 관점에서 오늘날의 교회가 과연 사람들에게 두려운 마음을 일으키는 어떤 충격을 던지고 있는가? 아니면 사회의 흐름에 따라가고 있는가?

설교적 관점

성령으로 충만한 초대교회를 본받자는 설교도 자주 하고 교회 표어도 만든다. 그런데 여기서 말하는 초대교회의 모습은 어떤가? 재산을 함께 나누는 공동체의 사회인가? 아니면 하루에 삼천 명씩 늘어나는 초대형 교회의 모습인가? 모두가 방언하는 교회인가? 핵심은 어디에 있는가? 하느님과 맘몬은 동시에 섬길 수 없다는 예수의 가르침을 고려하면 재산 나눔이 가장 소중한 신앙의 가치다. 이를 오랜 세월 수천 명이 집단으로 실천하는 곳으로는 브루더호프 공동체가 가장 잘 알려져 있다. 필자는 영국과 독일 그리고 미국에 있는 브루더 공동체를 비롯하여 몇 개의 다른 기독교 공동체를 방문한 경험이 있다. 가장 특이한 점은 저들의 얼굴에는 해맑은 웃음이 넘쳐난다는 것이다. 오늘날 대부분 기독교 국가들은 사유재산에 기초한 개인 경쟁을 자유의 이름으로 미화한 자본주의 국가들이다. 부익부 빈익빈의 사회, 이것이 과연 성서가 제시하는 사회인가 하는 질문에 정직하게 답하지 않는다면, 이는 정당한 신앙이 아니다. 미국과 한국은 빈부 격차가 가장 심한 국가다. 많은 나라들이 북유럽의 사회주의 국가들의 복지 시스템을 받아들이기 위해 노력하고 있다는 점은 매우 고무적이다.

시편 23

1 야훼는 나의 목자, 아쉬울 것 없어라. 푸른 풀밭에 누워 놀게 하시고
2 물가로 이끌어 쉬게 하시네
3 지쳤던 이 몸에 생기가 넘친다. 그 이름 목자이시니 인도하시는 길, 언제나 곧은 길이요,
4 나 비록 음산한 죽음의 골짜기를 지날지라도 내 곁에 주님 계시오니 무서울 것 없어라. 막대기와 지팡이로 인도하시니 걱정할 것 없어라.
5 원수들 보라는 듯 상을 차려주시고, 기름 부어 내 머리에 발라주시니, 내 잔이 넘치옵니다.
6 한평생 은총과 복에 겨워 사는 이 몸, 영원히 주님 집에 거하리이다.

베드로전서 2:19-25

19 억울하게 고통을 당하더라도 하느님이 계신 것을 생각하며 괴로움을 참으면 그것은 아름다운 일입니다.
20 죄를 짓고 매를 맞으면서 참으면 영예스러운 것이 무엇입니까? 그러나 선을 행하다가 고통을 당하면서도 참으면 하느님의 축복을 받습니다.
21 여러분은 바로 그렇게 살아가라고 부르심을 받은 사람들입니다. 그리스도께서도 여러분을 위해서 고난을 받으심으로써 당신의 발자취를 따르라고 본보기를 남겨주셨습니다.
22 그리스도는 죄를 지으신 일이 없고 그 말씀에도 아무런 거짓이 없었습니다.
23 그분은 모욕을 당하시면서도 모욕으로 갚지 않으셨으며 고통을 당하시면서도 위협하지 않으시고 정의대로 심판하시는 분에게 모든 것을 다 맡기셨습니다.
24 그분은 우리 죄를 당신 몸에 친히 지시고 십자가에 달리셔서 우리로 하여금 죄의 권세에서 벗어나 올바르게 살게 하셨습니다. 그분이 매 맞고 상처를 입으신 덕택으로 여러분의 상

처는 나았습니다.

25 여러분이 전에는 길 잃은 양처럼 헤매었지만 이제는 여러분의 목자이시며 보호자이신 그 분에게로 돌아왔습니다.

신학적 관점

'선을 행하다가 당하는 고난'이 베드로전서의 주제다. 고난 자체가 선은 아니다. 고난을 통한 삶의 변화가 중요하다. 그런 점에서 본문에서 그리스도의 고난과 그리스도인들의 고난이 연결된다. 그리스도가 당한 고난의 모범은 그리스도인들이 겪는 고난에 의미를 부여함으로 이를 이겨난다. 예수 그리스도 안에서 고난은 희망으로 전환된다(25절).

목회적 관점

본문은 당시 노예로 살아가던 그리스도인들을 향한 서신이다. 오늘 우리는 누구의 혹은 무엇에 노예가 되어 있는가? 맘몬인가? 하느님인가? 교인들은 자신의 고난을 신앙의 이름으로 정당화하기 쉽다. 자신의 욕망 때문에 겪는 고난과 그리스도로 인한 고난을 구분하는 잣대는 무엇인가? "정의대로 판단하시는 분에게 모든 것을 다 맡기셨습니다"라는 말씀은 목회의 고난을 겪는 목회자에게 어떤 결단을 요구하는가?

주석적 관점

'고난 당하다'(paschein)라는 단어는 제2성서에서 42번 나오는데, 베드로전서에만 12번 나온다.

18절은 본문을 그리스도인 '종'에게 하는 말로 규정한다. 그런데 16절에서는 이미 이들을 자유인이라 부르고, '하느님의 종'이라 부른다. 따라서 종과 주인 모두를 대상으로 쓴 글이라고 보는 것이 옳겠다.

설교적 관점

기독교인들은 예수 그리스도의 십자가 죽음을 통해 죄에는 죽고 의에는 살게 된 거듭난 존재들이다. 의롭게 된 자들이 살아가야 할 삶의 지표는 무엇인가? 초대교회는 재산 공동소유 나눔 정신으로 시작했다. 그리스도가 우리에게 남긴 따라가야 할 고난의 발자취를 13세기의 프란시스와 클라라는 자발적 가난으로 해석하고 청빈과 순종을 기조로 한 수도원 공동체 운동을 시작했다.

요한복음 10:1-10

1 예수께서 또 말씀하셨다. "정말 잘 들어두어라. 양 우리에 들어갈 때에 문으로 들어가지 않고 딴 데로 넘어 들어가는 사람은 도둑이며 강도이다.

2 양 치는 목자는 문으로 버젓이 들어간다.

3 문지기는 목자에게 문을 열어주고 양들은 목자의 음성을 알아듣는다. 목자는 자기 양들을 하나하나 불러내어 밖으로 데리고 나간다.

4 이렇게 양 떼를 불러낸 다음에 목자는 앞장서 간다. 양 떼는 그의 음성을 알고 있기 때문에 그를 뒤따라간다.

5 양들은 낯선 사람을 결코 따라가지 않는다. 그 사람의 음성이 귀에 익지 않기 때문에 오히려 그를 피하여 달아난다."

6 예수께서 그들에게 이 비유를 말씀해 주셨지만 그들은 그 말씀이 무슨 뜻인지 깨닫지 못하였다.

7 예수께서 또 말씀하셨다. "정말 잘 들어두어라. 나는 양이 드나드는 문이다.

8 나보다 먼저 온 사람은 모두 다 도둑이며 강도이다. 그래서 양들은 그들의 말을 듣지 않았다.

9 나는 문이다. 누구든지 나를 거쳐서 들어오면 안전할뿐더러 마음대로 드나들며 좋은 풀을 먹을 수 있다.

10 도둑은 다만 양을 훔쳐다가 죽여서 없애려고 오지만 나는 양들이 생명을 얻고 더 얻어 풍성하게 하려고 왔다."

신학적 관점

제2성서에는 예수 그리스도에 관한 메시아상이 50개나 된다. 이 중 가장 잘 알려진 상은 양들을 이끌고 가는 혹은 잃은 양 한 마리를 품에 안고 있는 목자상이다. 목사는 영어로 pastor이라 하는데, 이는 pasture(목장)에서 나온 말이다. 예수 그리스도야말로 목자상으로 설명하는 본문은 요한복음이 제시하는 그리스도론이다. 요한 공동체 내부에 예수를 빙자한 다른 지도자들이 있었던 것으로 보인다.

목회적 관점

평균 200마리의 양을 치는 목자들이 아침에 양을 우리 밖으로 끌어내거나 저녁에 우리 안으로 넣을 때 양들의 이름을 하나하나 부른다. 그 이름은 양들이 가진 특징에 따라 붙여졌는데, 대체로 그 양이 가진 신체적 약점으로 이름 붙인다(Phillip Keller, *Psalm 23*, Grand Rapids: Daybreak Books, 1970). 곧, 예수께서 우리를 기억하고 부르시는 이름이 장점이 아닌 약점이라는 것이다. 따라서 목회자 또한 교인들의 장점이 아니라 약점을 통해 그를 알고 기억하는 훈련이 필요하다.

밤이 되면 목자들은 양을 보호하기 위해 공동 우리에 넣는다. 그리고 아침이 되면 문을 통해 양들을 불러내는데, 이때 문지기는 목자를 확인하고 문을 열어준다. 그리고 목자가 자기 양 떼를 부르면 자기에 속한 양들은 그 음성을 듣고 모두 목자에게로 나아온다. 교우들이 다른 목회자와 구별할 수 있는 본인만의 목사로서의 정체성은 무엇인가?

주석적 관점

하느님을 목자로 비유하는 말씀에는 시편 23편(비교 삼상 16:6-13)과 에스겔 34장이 있다. 본문은 시편 23편보다 에스겔의 본문과 더 깊은 관련이 있다. 이미 요한은 앞선 9장에서 시각장애인의 눈뜸에 관하여 얘기하면서, 예수는 예루살렘 지도자들이 자신들만의 이익에 눈이 멀었음을 비난한다.

8절 "나보다 먼저 온 사람은 다 도둑이며 강도이다"라는 구절에서 '먼저'는 예수 이전 세대 사람을 일컫는 용어가 아니다. 2-5절과 함께 읽으면, 이는 아침 이전, 곧 밤에 담을 넘어오는 사람을 일컫는다.

설교적 관점

　예수 그리스도를 통한 '풍성한 삶'은 구체적으로 어떤 것인가? 세상에서 성공하고 부자가 되는 것으로 알고 있는 것은 아닌가? 이는 다수의 불행을 전제로 소수만이 누리는 혜택이다. 예수께서는 모두의 구원을 말씀하신다. 여기서 말하는 '삶'은 예수 그리스도 자신이 그 표상인데(14:6), 이는 세상을 향한 하느님의 뜻 실현으로서의 삶을 의미한다. 곧, 자신을 위한 삶이 아닌 세상과 이웃을 향한 삶으로서의 풍성함이다. "나는 길과 진리와 생명이다"에서 생명(풍성한 삶)은 길과 진리와 하나로 엮어져 있다.

부활절 다섯째 주일

행 7:55-60; 시 31:1-5, 15-16; 벧전 2:2-10; 요 14:1-14

사도행전 7:55-60

55 이때 스데파노가 성령이 충만하여 하늘을 우러러보니 하느님의 영광과 하느님 오른편에서 계신 예수님이 보였다.

56 그래서 그는 "아, 하늘이 열려 있고 하느님 오른편에 사람의 아들이 서 계신 것이 보입니다." 하고 외쳤다.

57 그러자 사람들은 크게 소리를 지르며 귀를 막았다. 그리고 스데파노에게 한꺼번에 달려들어

58 성 밖으로 끌어내고는 돌로 치기 시작하였다. 그 거짓 증인들은 겉옷을 벗어 사울이라는 젊은이에게 맡겼다.

59 사람들이 돌로 칠 때에 스데파노는 "주 예수님, 제 영혼을 받아주십시오." 하고 부르짖었다.

60 그리고 무릎을 꿇고 큰소리로 "주님, 이 죄를 저 사람들에게 지우지 말아주십시오." 하고 외쳤다. 스데파노는 이 말을 남기고 눈을 감았다.

신학적 관점

두 개의 신학적 목적이 본문에 있다. 첫째는 예수 그리스도가 갈릴리에서의 하느님 나라 운동을 펼치시다가 권력자들에 의해 처형을 당하셨듯이, 이방인 사역을 위해 앞장을 섰던 스데반 또한 권력자들에 의해 죽임을 당했다는 것이다. 곧, 하느님 나라 운동은 언제나 지상의 권력자들과 맞설 수밖에 없다는 사실이다. 둘째는 사울, 곧 사도 바울의 등장이다. 사울은 스데반이 돌에 맞아 죽어가면서 자신을 죽이는 자들의 잘못에 대해 하느님께 용서를 구하는 모습에 큰 충격을 받았을 것이다. 곧, 예수의 죽음과 부활을 통해 하느님 나라 운동이 지속되었듯이, 스데반의 죽음을 통해 바울의 이방인을 통한 하느님 나라 운동이 지속된다는

것이다.

목회적 관점

스데반과 사울의 관계는 영적으로 본다면 스승과 제자라는 멘토링의 관계를 형성한다. 악한 일 또한 하느님의 세계에서는 선한 일로 바뀔 수 있는데, 여기에는 악을 악으로 갚지 않음이 전제된다.

주석적 관점

스데반은 인자가 하느님 우편에 앉아 계신 것을 보았다고 증언했다. 아브라함(행 7:2), 모세(출 33:18-22), 에스겔(1:28) 또한 같은 환상을 보았다. 엄밀히 말하면 스데반은 예수라는 이름을 말하지 않았다. 그러나 그의 증언에서 적대자들은 그 인자가 갈릴리의 예수라는 것을 전제하고 스데반에게 돌을 던졌다.

당시 돌을 던진 이들의 믿음의 근거는 성전에 있었다. 본문 앞에는 제1성서의 역사를 정리한 스데반의 긴 설교가 있다. 이 설교에서 스데반이 강조하는 바는 성전의 뿌리가 되는 광야의 움직이는 성막이다. 전통은 본래의 정신을 위배하는 경우가 많다.

설교적 관점

오늘날 믿음 혹은 구원의 근거는 어디에 있는가? 혹 성수 주일이나 십일조와 같은 행위에 근거하는 것은 아닌가? 이는 이천 년 전 유대인들이 예루살렘 성전 희생 제사를 통한 구원의 확신과 다를 바 없다. 예루살렘 성전 시대에 YHWH는 지성소 안에 갇혀 계셨다. 오직 제사장을 통해서 일 년에 한 번 만날 수 있었다. 예수 십자가 죽음의 순간 우리와 하느님 사이를 가로막고 있던 휘장은 위에서 아래로 완전히 찢어졌다. 백성들 한가운데서 함께 살아 움직이는 성막 신앙을 오늘날 어떻게 회복할 수 있을까?

신앙 박해를 단순히 예수 전도와 교회 설립이라는 좁은 의미의 선교를 넘어 반생명, 반평화, 반인권이라는 넓은 의미의 선교로 이해하는 것이 필요하다.

지구 생명을 위협하는 환경문제나 전쟁의 위협을 근본적으로 제거하는 평화의 문제, 소수자의 인권 보호는 근본적인 하느님 나라 선교다. 단순히 남의 것을 훔치거나 남의 생명을 위협하는 것만이 범죄 행위가 아니라, 전쟁 무기를 생산하고 이를 수출하고 전쟁하는 나라에 무기를 제공하는 것 또한 범죄 행위다.

시편 31:1-5, 15-16

1 야훼여, 당신께 이 몸 피하오니 다시는 욕보는 일 없게 하소서. 옳게 판정하시는 하느님이여, 나를 구해 주소서.

2 귀 기울여 들어 주시고, 빨리 건져주소서. 이 몸 파할 바위가 되시고 성채 되시어 나를 보호하소서.

3 당신은 정녕 나의 바위, 나의 성채이시오니 야훼 그 이름의 힘으로 나를 이끌고 데려가소서.

4 당신은 나의 은신처시오니 나를 잡으려고 쳐놓은 그물에서 나를 건져주소서.

5 진실하신 하느님, 야훼여, 이 목숨 당신 손에 맡기오니 건져주소서.

15 나의 앞날을 당신의 손에 맡기오니, 악을 쓰는 원수들의 손에서 이 몸을 건져주소서.

16 나는 당신의 종이오니 웃는 얼굴을 보여주소서. 한결같은 사랑으로 이 몸을 구하소서.

베드로전서 2:2-10

2 그리고 갓난아이처럼 순수하고 신령한 젖을 구하십시오. 그러면 그것으로 자라나서 구원을 얻게 될 것입니다.

3 여러분은 이미 주님의 인자하심을 맛보지 않았습니까?

4 주님께로 가까이 오십시오. 그분은 살아 있는 돌입니다. 사람들에게는 버림을 받았지만 하느님께는 선택을 받은 귀한 돌입니다.

5 여러분도 신령한 집을 짓는 데 쓰일 산 돌이 되십시오. 그리고 거룩한 사제가 되어 하느님께서 기쁘게 받으실 만한 신령한 제사를 예수 그리스도를 통하여 드리십시오.

6 성서에 이런 말씀이 있습니다. "내가 귀중한 돌 하나를 골라 머릿돌로 시온에 두었다. 그를 믿는 사람은 결코 부끄러움을 당하지 않을 것이다."

7 그러므로 이 돌이 믿는 여러분에게는 귀한 것입니다. 그러나 믿지 않는 자들에게는 "집 짓는 자들에게 버림을 받았다가 모퉁이의 머릿돌"이 된 돌이며

8 "그들을 걸려 넘어지게 하는 돌이요 장애물이 된 바위"입니다. 그들이 걸려 넘어진 것은 말씀을 순종하지 않은 탓이며 또한 그것이 그들의 운명이기도 했습니다.

9 그러나 여러분은 선택된 민족이고 왕의 사제들이며 거룩한 겨레이고 하느님의 소유가 된

백성입니다. 그러므로 여러분은 어두운 데서 여러분을 불러내어 그 놀라운 빛 가운데로 인도해 주신 하느님의 놀라운 능력을 널리 찬양해야 합니다.

10 여러분이 전에는 하느님의 백성이 아니었지만 지금은 하느님의 백성이며 전에는 하느님의 자비를 받지 못했지만 지금은 그분의 자비를 받게 되었습니다.

신학적 관점

저자는 유대교의 근간이 되는 제1성서의 핵심 내용과 예수 그리스도와의 관계를 신학적으로 매우 간명하게 설명하고 있다. 3절의 '주님의 인자하심'은 시편 기자들의 핵심 신앙 고백이며, 5절의 '산 돌'은 이사야 8장 14절, 28장 16절, 시편 118편 22절의 실현이고, 6절의 시온의 머릿돌 신앙 또한 제1성서의 핵심 신학이다. 10절은 호세아의 예언 성취를 노래한다.

신령한 집은 이스라엘의 회복과 연계된 새로운 공동체의 탄생을 의미하고, 택함을 받은 민족이란 출애굽 해방 사건과 바빌론 포로 해방 사건에 근거한다.

베드로 서신의 수신자는 당시 노예와 여성들이 주축이 된 사회적으로 가장 낮은 계층에 속한 그리스도인들이었다. 이들이 하느님의 자비하심으로 예수 그리스도 구원의 역사를 전파하는 왕의 사제들이 되었다. 곧, 버린 돌이 머릿돌이 되는 역사를 말한다. 이는 복음서에서 예수께서 선포한 첫째가 꼴찌가 되고 꼴찌가 첫째가 되는 전복된 역사관과 같은 맥락이다.

목회적 관점

왕의 사제라는 칭호는 단순히 높임 칭호가 아닌, 왕이 그러하듯이 교인들이 갖는 하느님의 나라를 향한 사회 선교적 사명을 뜻한다.

주석적 관점

2절의 '신령한 젖'을 동방 교회에서는 '성만찬의 신비로움'으로 연결하여 해석하기도 한다. 갓난아이가 어머니의 젖에 철저하게 의존하듯이, 하느님의 말씀에 철저하게 의지함으로 성장해 가라는 뜻으로 간명하게 해석하는 것이 옳다. 육과 영의 단순 비교를 너무 신비적으로 해석하지 않도록 해야 한다.

그렇지 않은 경우 본문 전체의 해석이 한쪽으로 기울게 된다. 오히려 신령한 젖을 먹고 자라남으로 신앙 공동체 내에서는 주춧돌의 역할을 담당하고 올바르지 못한 사회 안에서는 장애물(걸림돌)이 되는 변혁 역사의 주인의식을 갖도록 하는 것이 중요하다. 곧, 살아있는 돌이 되는 것이다.

설교적 관점

2절의 '신령한 젖'의 해석에 유의해야 한다. 신령하다는 의미는 단순히 초월적인 신비로운 세계만을 뜻하는 것이 아니라 이 신비로움의 경험을 통한 삶의 변화에 있기 때문이다. 젖은 곧 성장과 변화의 상징이다. 그리고 구원 또한 단순한 개인 영혼 구원이 아닌 사제의 직분이 강조되는 사회와 이웃과 함께하는 구원을 말한다.

오늘의 시대에 버림받는 돌은 구체적으로 누구를 말하는가? 이들이 산돌이 된다는 것은 무엇을 뜻하며, 이는 우리에게는 어떤 의미에서 '넘어지게 하는 바위'가 되는가? 어둠에서 벗어난 구원받은 존재로서 이 땅에 그리스도의 빛을 전하는 사명을 깨닫도록 하는 데 저자의 목적이 숨어 있다.

요한복음 14:1-14

1 "너희는 걱정하지 마라. 하느님을 믿고 또 나를 믿어라.
2 내 아버지 집에는 있을 곳이 많다. 그리고 나는 너희가 있을 곳을 마련하러 간다. 만일 거기에 있을 곳이 없다면 내가 이렇게 말하겠느냐?
3 가서 너희가 있을 곳을 마련하면 다시 와서 너희를 데려다가 내가 있는 곳에 같이 있게 하겠다.
4 너희는 내가 어디로 가는지 그 길을 알고 있다."
5 그러자 토마가 "주님, 저희는 주님이 어디로 가시는지도 모르는데 어떻게 그 길을 알겠습니까?" 하고 말하였다.
6 예수께서는 "나는 길이요 진리요 생명이다. 나를 거치지 않고서는 아무도 아버지께 갈 수 없다.
7 너희가 나를 알았으니 나의 아버지도 알게 될 것이다. 이제부터 너희는 그분을 알게 되었다. 아니 이미 뵈었다." 하고 말씀하셨다.

8 이번에는 필립보가 "주님, 저희에게 아버지를 뵙게 하여 주시면 더 바랄 것이 없겠습니다." 하고 간청하였다.

9 예수께서는 이렇게 대답하셨다. "필립보야, 들어라. 내가 이토록 오랫동안 너희와 같이 지냈는데도 너는 나를 모른다는 말이냐? 나를 보았으면 곧 아버지를 본 것이다. 그런데도 아버지를 뵙게 해달라니 무슨 말이냐?

10 너는 내가 아버지 안에 있고 아버지께서 내 안에 계시다는 것을 믿지 않느냐? 내가 너희에게 하는 말도 나 스스로 하는 말이 아니라 아버지께서 내 안에 계시면서 몸소 하시는 일이다.

11 내가 아버지 안에 있고 아버지께서 내 안에 계시다고 한 말을 믿어라. 못 믿겠거든 내가 하는 이 일들을 보아서라도 믿어라.

12 정말 잘 들어두어라. 나를 믿는 사람은 내가 하는 일을 할 뿐만 아니라 그보다 더 큰 일도 하게 될 것이다. 그것은 내가 이제 아버지께 가서

13 너희가 내 이름으로 구하는 것이면 무엇이든지 이루어 주겠기 때문이다. 그러면 아들로 말미암아 아버지께서 영광을 받으실 것이다.

14 너희가 내 이름으로 구하는 것이면 무엇이든지 다 내가 이루어주겠다."

신학적 관점

본문은 교리신학적으로 논쟁의 여지가 많다. 우선 1-3절은 장례식에서 자주 언급되는 구절이기는 하지만, 이는 추방 당한 요한 공동체의 특수한 상황을 보여준다. '내 아버지의 집'은 2장 16절에서 성전 권력자들과의 투쟁 속에서 외쳐진 용어다. "내 아버지의 집을 장사하는 집으로 만들지 말라", "있을 곳을 마련한다"는 말은 세상 타계적인 의미가 아닌 현실에서 추방 당한 요한 공동체가 살아가야 하는 절박한 상황을 반영한다.

그런 관점에서 공관복음서에서는 이름만 등장하고 마는 제자 도마와 빌립이 스승 예수와의 특수 관계를 설명해 주는 주요 인물로 등장하고 있다는 점에서 신학적 의의가 있다.

목회적 관점

13절 "내 이름으로 구하는 것은 무엇이든지 이루어 주겠다"는 말씀은 주문(呪文)이 아니다. 이는 어버이가 어린 자녀에게 "말만 해! 내가 뭐든지 다 해줄게!"라는 말과 같이 보호에 대한 확신을 주기 위한 말씀이다. 예수 이름에 걸맞은 행동과

사고가 전제되어 있다. 방종이 아닌 책임이 동반하는 자유인의 요청을 말한다.

주석적 관점

"백문이 불여일견"이라는 말이 있다. 일단 눈으로 보면 존재 확신이 선다. 하느님을 보기를 원한다. 그러나 하느님을 볼 수는 없다. 혹 보았다면 그는 이미 하느님이 아니다. 그래서 '안다'라는 용어를 사용한다. '안다'는 것은 깊은 관계를 의미한다. 예수를 알면 하느님을 아는 것이고 이미 하느님을 본 것이다. 그래도 의심이 들면 예수가 하는 일을 보면 된다. 예수가 하시는 '이 일들'(11절)은 구체적으로 어떤 일들인가?

공관복음서 전체에서 '진리'라는 단어는 일곱 번 등장한다. 깨달음에 이르게 하는 어떤 말씀이다. 그러나 요한복음에서는 예수가 곧 길이요 진리요 생명이다. 말씀의 육화(肉化)이다.

설교적 관점

"나는 길이요 진리요 생명이다. 나를 거치지 않고서는 아무도 아버지께 갈 수 없다"(6절)는 말씀은 사도행전 4장 12절 "우리를 구원할 수 있는 이름은 이 이름밖에는 없습니다"라는 말씀과 더불어 내부자의 확신을 더하기 위한 말씀이다. 이 말씀을 외부에 적용하는 경우 기독교는 이웃 종교에 배타적일 수밖에 없고, 이 배타는 공동체 평화를 깨뜨린다. 16~17세기 서구 선교사들이 흑인들을 노예로 삼고 남북미의 원주민들에게 예수 신앙을 강요한 기독교 왕국(Christendom)의 잘못은 이 말씀을 문자 그대로 믿고 적용했기 때문이다.

12절 "그보다 더 큰 일도 할 것이다"라는 말씀은 해석이 참으로 어렵다. 제자가 스승보다 나을 수는 없다. 다만 스승은 제자들이 자신을 뛰어넘을 것을 희망한다. 이는 어쩌면 예수 자신에게 매이지 말 것을 요청하는 것과 같다. 이는 기존의 예수 공동체들이 갖고 있는 한계에 대한 비판이기도 하다.

공관복음서에서의 성전 숙청을 넘어 성전 폐기를 주장한 이유이기도 하다. 요한은 성전 희생 제사에 기초한 브로커 신앙이 다시금 초기 예수 공동체에서 재현되고 있음을 비판한다.

도마와 빌립의 질문은 오늘 우리 신앙인들이 갖는 질문이다. 이 두 개의 질문을 토대로 함께 답을 찾아가는 질의 형식으로 설교를 구상하는 것도 좋을 것이다.

부활절 여섯째 주일

행 17:22-31; 시 66:8-20; 벧전 3:13-22; 요 14:15-21

사도행전 17:22-31

22 바울로는 아레오파고 법정에 서서 이렇게 연설하였다. "아테네 시민 여러분, 내가 보기에 여러분은 여러 모로 강한 신앙심을 가지고 계십니다.

23 내가 아테네시를 돌아다니며 여러분이 예배하는 곳을 살펴보았더니 '알지 못하는 신에게' 라고 새겨진 제단까지 있었습니다. 여러분이 미처 알지 못한 채 예배해 온 그분을 이제 여러 분에게 알려드리겠습니다.

24 그분은 이 세상과 그 안에 있는 모든 것을 만드신 하느님이십니다. 그분은 하늘과 땅의 주인이시므로 사람이 만든 신전에서는 살지 않으십니다.

25 또 하느님에게는 사람 손으로 채워드려야 할 만큼 부족한 것이라곤 하나도 없으십니다. 하느님은 오히려 사람들에게 생명과 호흡과 모든 것을 주시는 분이십니다.

26 하느님께서는 한 조상에게서 모든 인류를 내시어 온 땅 위에서 살게 하시고 또 그들이 살아갈 시대와 영토를 미리 정해 주셨습니다.

27 이리하여 사람들이 하느님을 더듬어 찾기만 하면 만날 수 있게 해주셨습니다. 사실 하느 님께서는 누구에게나 가까이 계십니다.

28 '우리는 그분 안에서 숨쉬고 움직이며 살아간다.' 하는 말도 있지 않습니까? 또 여러분의 어떤 시인은 '우리도 그의 자녀다.' 하고 말하지 않았습니까?

29 하느님의 자녀인 우리는 하느님을, 사람의 기술이나 고안으로 금이나 은이나 돌을 가지 고 만들어낸 우상처럼 여겨서는 안 됩니다.

30 하느님께서는 사람이 무지했던 때에는 눈을 감아주셨지만 이제는 어디에 있는 사람에게 나 다 회개할 것을 명령하십니다.

31 과연 하느님께서는 당신이 택하신 분을 시켜 온 세상을 올바르게 심판하실 날을 정하셨고 또 그분을 죽은 자들 가운데서 다시 살리심으로써 모든 사람에게 그 증거를 보이셨습니다."

신학적 관점

당시 로마의 법철학과 헬라의 종교철학이 지배하던 시대에서 제1성서에 근거한 YHWH에 관한 바울 신학의 특징을 몇 가지로 정리하고 있다. 첫째, 창조의 신으로 땅의 장소(신전)에 매이지 않는다. 둘째, 생명의 신으로 인간 가운데 여전히 활동하신다. 셋째, 인류는 하느님의 자녀로 한 혈통(가족)이다. 이는 당시의 신분 계급을 부정하는 혁명적 선언이다. 넷째, 당시 아테네 신전에는 수많은 형상으로 가득 차 있었다. 일종의 범신론이다. 형상을 만드는 일은 우상이다. 형상을 만들면 이를 소유하고 관리하고 독점하는 계층이 생기기 때문이다. 그런데 오늘날 서양의 중세 교회들을 방문하면 마치 이천 년 전 아테네 신전처럼 수많은 기독교 신 형상으로 성전이 가득 차 있다! 다섯째, 마지막 날에 심판하시는 분이다. 헬라 종교철학은 세상 종말을 상정하지 않는다.

당시 바울은 아테네 신전에서 다음과 같은 비문을 보았다: "백성들이 이 도시의 수호신 아테나 그리고 하느님의 아들 카이사르 황제 하느님 아우구스투스 께." 아테나 여신과 아우구스투스황제와의 관계는 "하늘에서 진행된 그리스로마의 신적인 결혼이었다." 보그와 크로산은 로마제국 신학적 관점에서 이를 보다 자세히 설명한다. 첫째, '카이사르 황제'(Imperator Caesar)라는 칭호에서 '황제'는 적절한 번역이 아니다. 이는 세상 직위에서 가장 높은 위치에 있다는 의미를 넘어 그가 세계를 정복한 분(All-Conquering One)임을 뜻했다. 곧, 신적 위치에 있는 분에 대한 칭호다. 둘째, 그리스어로는 '테오 휘오스'(Theou Huios), 라틴어로는 '디비 필리우스'(*Divi Filius*)로서 '하느님의 아들'이다. 곧, 바울이 예수를 'theou huios'로 부르는 것은 아우구스투스황제를 전제로 하지 않고서는 할 수 없는 말이다. 셋째, 비문의 세 번째 칭호는 그리스어로 '테오스 세바스스'(Theos Sebastos), 라틴어로는 '디부스 아우구스투스'(*Divus Augustus*)로서 '하느님 아우구스투스'다. 곧, 성육하신 하느님(God Incanate)을 말한다. 로마의 제국 신학은 이미 한 인간이 어떻게 완전한 인간이며 동시에 완전한 신인가를 말한다(마커스 보그 · 존 도미닉 크로산/김준우 옮김, 『첫 번째 바울의 복음』, 139 이하).

목회적 관점

당대를 대표하는 아테네 시민을 향해 종교심이 많은 사람들이라고 칭한다. 종교심이 많다는 것과 신앙이 깊다는 것은 그 의미가 다르다. 종교심이 많다는 것은 종교 '생활'에 열심이 많다는 것을 의미한다. 교인들은 종교(교회) 생활에 열심을 내는 일과 하느님을 제대로 섬기는 일을 혼동하기 쉽다. 목회자는 하느님을 중심으로 한 신앙생활의 최종 목적은 교회를 섬기는 일에 있는 것이 아니라 세상을 섬기는 일에 근본 목적이 있음을 항상 일깨워야 한다. 교회는 세상을 향한 하나의 훈련소이다.

주석적 관점

일부 학자들은 바울이 소송을 당하여 법정에서 발언하는 것은 아니라고 주장한다. 누가가 아테네에서 출생한 소크라테스의 변론을 염두에 두고 아테네 시민들을 향해 새로운 종교철학의 길을 제시한 것과 같이, 바울 또한 저들이 알지 못하는 새로운 신을 소개한다. 세네카의 글에 이런 구절이 있다: "선한 각 사람에게 알지 못하는 신이 거하신다"(앨버트 벨/오광만 옮김, 『신약시대의 사회와 문화』, 생명의 말씀사, 2021, 157).

27절 '더듬어 찾기만 하면'은 자연 안에 신적 존재가 존재한다는 일종의 범신론적 주장이다.

설교적 관점

바울의 위대한 점은 유대교라는 일종의 민족종교의 틀을 벗어나 예수 그리스도를 통한 우주론적 신으로 그 의미를 격상한 것이다. 모든 인간은 하느님의 자녀로 모두가 차별 없이 평등하다는 바울의 주장은 당시 로마제국의 사회제도(로마인과 이방인, 주인과 종, 남성과 여성의 차별, 출생에 따른 차별)를 부정하는 일종의 혁명적 주장이다. 오늘날 교회는 이러한 인류의 하나 됨과 만인 평등을 어떻게 선교하며 설교하고 있는가?

본문을 따라 바울의 아레오바고 선교/설교를 오늘 나의 선교/설교로 바꾸어

적용하면 좋을 것이다. 우상이란 단지 형상을 만드는 일뿐만 아니라 하느님의 자리를 대신하면 그것이 바로 우상이다. 돈과 명예, 권력 그리고 국가안보를 위한 군사 무기력 증가는 현대인들의 우상이 되어 가고 있다. 미국은 군사력뿐만 아니라 개인 안보를 위해 총기 소유 자유가 보장되지만, 이로 인한 총기 살해는 일 년에 오만 명을 넘어가고 자동소총으로 인한 무차별 대량 살상 사건 또한 매년 늘고 있다.

아테네 사람들의 '알지 못하는 신'을 바울은 YHWH/예수 그리스도로 대신한다. 이는 일종의 이질 문화 수용의 선교 방식이다. "신은 하나이지만, 길은 여럿이다"라는 주장과 같다. 우리나라 초기 개신교 서구 선교사들의 입장은 어떠했는가? 저들은 조선의 신앙 전통과 문화를 무시했다. 이는 중국과 일본에서 하던 선교 방식과는 달랐다. 이로 인해 한국교회는 이웃 종교 차별과 교파 분열이라는 극심한 폐해를 겪고 있다.

시편 66:8-20

8 민족들아, 우리 하느님을 찬미하여라. 소리 높여 찬양하여라.

9 실족하여 죽을세라 염려해 주시며 우리의 목숨을 되살려 주셨다.

10 하느님, 은을 풀무불에 시금하듯이 당신은 우리를 시련하셨습니다.

11 우리를 그물에 몰아넣으셨으며 무거운 짐을 등에 지우셨습니다.

12 남에게 머리를 짓밟히게 하셨으며 불과 물속을 지나가게 하셨습니다. 그러나 마침내는 숨 돌리게 건져 주셨습니다.

13 내가 번제를 드리러 당신 집에 왔사옵니다. 서원한 것 바치러 왔사옵니다.

14 괴로울 때 내 입으로 맹세한 것, 내 입술로 아뢰었던 것을 바치러 왔사옵니다.

15 양을 살라 향내 피우며 푸짐한 번제물을 드리고 염소와 함께 소를 드리옵니다. (셀라)

16 하느님을 두려워하는 자들아, 다 와서 들어라. 하느님께서 나에게 하신 일을 들려주리라.

17 입은 그분께 부르짖었으며, 내 입술은 그분을 찬양하였다.

18 나 만일 나쁜 뜻을 품었더라면 주께서는 아니 들어 주셨으리라.

19 그러나 하느님은 들어 주시고 내 기도 소리에 귀를 기울이셨다.

20 내 기도를 물리치지 아니하시고 당신의 사랑을 거두지 않으셨으니 하느님, 찬미 받으소서.

베드로전서 3:13-22

13 여러분이 선한 일에 열성을 낸다면 누가 여러분을 해치겠습니까?

14 그러나 만일 여러분이 옳은 일을 하다가 고난을 받는다 해도 여러분은 행복합니다. 사람들이 여러분을 협박하더라도 무서워하거나 흔들리지 마십시오.

15 여러분의 마음속에 그리스도를 주님으로 우러러 모시고 여러분이 간직하고 있는 희망에 대해서 설명을 듣고 싶어하는 사람들에게는 언제라도 답변할 수 있도록 준비해 두십시오.

16 그러나 답변을 할 때에는 부드러운 태도로 조심스럽게 해야 합니다. 여러분은 언제나 깨끗한 양심을 지니고 사십시오. 그러면 그리스도를 믿는 여러분의 착한 행실을 헐뜯던 자들이 바로 그 일로 부끄러움을 당하게 될 것입니다.

17 선을 행하다가 고난을 당하는 것이 하느님의 뜻이라면 악을 행하다가 고통을 당하는 것보다야 얼마나 낫겠습니까?

18 그리스도께서도 여러분의 죄 때문에 죽으셨습니다. 죄 없으신 분이 죄인을 위해서 죽으신 것입니다. 그리스도께서는 단 한 번 죽으심으로써 여러분의 죄를 용서해 주시고 하느님께로 인도해 주셨습니다. 그리스도께서는 몸으로는 죽으셨지만 영적으로는 다시 사셨습니다.

19 이리하여 그리스도께서는 갇혀 있는 영혼들에게도 가셔서 기쁜 소식을 선포하셨습니다.

20 그들은 옛날에 노아가 방주를 만들었을 때 하느님께서 오래 참고 기다리셨지만 끝내 순종하지 않던 자들입니다. 그 방주에 들어가 물에 빠지지 않고 구원을 받은 사람은 겨우 여덟 사람뿐이었습니다.

21 그것은 오늘날 여러분에게 구원을 가져다주는 세례를 미리 보여준 것입니다. 세례는 몸에서 더러운 때를 벗기는 것이 아니라 깨끗한 양심으로 살겠다고 하느님께 서약을 하는 것이며 예수 그리스도의 부활로써 이루어지는 것입니다.

22 예수 그리스도께서는 하늘에 올라가셔서 하느님의 오른편에 계시며 천사들과 세력과 능력의 천신들을 당신에게 복종시키셨습니다.

신학적 관점

1세기 말 로마제국의 핍박 아래서 그리스도인들이 취해야 할 신앙 행동에 대해 저자는 말하고 있다. 정의를 위해 고난을 받으면 그것이 바로 복이 되는 일이고(14절), 하느님의 바라시는 뜻이고(17절), 예수 그리스도께서 십자가에 돌아가신 이유라고(18절) 계속하여 강조한다. 그리하여 고난에 직면하여 흔들리지 말며 선한 양심을 지킬 것을 당면한다. 이는 오늘날 일반 교회들이 가르치는 번영의 신학(a theology of prosperity)과는 정반대인 십자가 고난의 신학(a theology of suffering in the cross)이다.

목회적 관점

15절에서 저자는 고난 속에서도 흔들림 없이 예수 그리스도를 믿는 이유를 묻는 사람에게 답변할 수 있도록 준비하라고 요구한다. 우리 교인들은 이에 대해 뭐라 답변할 수 있을까? 보통 예수 믿는 이유는 부자가 되고 건강하여 오래 살뿐 아니라 죽어 영혼이 천국에 가서 영생을 누리는 것이라고 생각한다. 예수를 믿게 되면 고난은 피할 수 없다고 가르치면 이에 동의할 교인은 얼마나 될까? 목회 성공 여부는 그 숫자에 있는 것이 아니라 이런 질문에 확신 있게 답변할 수 있는 사람이 얼마나 되느냐에 달려 있다.

주석적 관점

세례의 의미는 무엇인가? 이는 예수 부활에 힘입어 선한 양심을 갖기 위해 하느님께 드리는 '호소'다(21절). 하느님의 사랑에 힘입어 고난을 위해 선택받은 자의 영광의 표식이다.

우리나라 사도신조에는 이 구절이 빠져 있지만, 원래 사도신조에는 '지옥에 내려가시어'라는 구절이 있다. 19절은 이에 대한 성서의 반증이다. 이는 패배의 상징 언어가 아니라 죽음을 정복하기 위한 승리의 상징 언어다. 교회는 "음부의 권세가 이길 수 없는 하늘의 권세를 갖고 있다"(마 16:18-19).

설교적 관점

본문의 핵심은 선을 위해 고난받는 자가 복된 자라는 것이다. 그리스도인이란 예수의 십자가 피로 말미암아 의롭다는 인정을 받은 사람이다. 이는 우리가 의인이 되었다는 명제로 그치는 것이 아니라, 예수께서 그러하셨듯이 불의한 자들의 구원을 위해 자신을 희생하는 일에 있다(18절).

"No Cross, No Crown!" 십자가가 없이는 면류관이 없듯이, 고난 없는 믿음은 헛것이나 다름없다. 예수를 믿는다는 것은 하느님의 뜻을 이루기 위해 자기 십자가를 지고 예수의 뒤를 따르는 일이다. 육으로는 죽지만 영으로는 살아 하느님 앞에 나아가는 길이다.

하느님의 정의를 위해 고난받는다는 것은 구체적으로 어떤 삶을 말하는가? 역사에 있어 로마제국은 소수의 로마 시민의 행복을 위해 다수의 나라의 백성들이 노예로 희생당하는 체제였다. 이는 오늘날 소수의 행복을 위해 다수가 희생되는 자본주의 체제와 흡사하다. 미국과 서구 유럽을 비롯한 소수의 제1세계 국가들이 세계 경제와 군사를 쥐락펴락하며 아프리카와 아시아와 남미의 제3세계의 가난한 나라들을 계속 옥죄고 있다. 이런 억압된 체제에 저항함으로 고난을 받는 것이 하느님의 뜻을 실천하는 것이다. 노아 시대의 죄악이란 다름 아닌 가난한 이웃의 아픔을 외면하고 자기 자신만의 욕망 충족을 위해 살아간 시대의 죄악을 말한다. 구원의 방주에 들어갈 수 있는 자격, 곧 '선한(깨끗한) 양심'(13, 16, 21절)을 갖춘 사람은 누구인가?

요한복음 14:15-21

15 "너희가 나를 사랑하면 내 계명을 지키게 될 것이다.

16 내가 아버지께 구하면 다른 협조자를 보내주셔서 너희와 영원히 함께 계시도록 하실 것이다.

17 그분은 곧 진리의 성령이시다. 세상은 그분을 보지도 못하고 알지도 못하기 때문에 그분을 받아들일 수 없지만 너희는 그분을 알고 있다. 그분이 너희와 함께 사시며 너희 안에 계시기 때문이다.

18 나는 너희를 고아들처럼 버려두지 않겠다. 기어이 너희에게로 돌아오겠다.

19 이제 조금만 지나면 세상은 나를 보지 못하게 되겠지만 내가 살아 있고 너희도 살아 있을 터이니 너희는 나를 보게 될 것이다.

20 그날이 오면 너희는 내가 아버지 안에 있다는 것과 너희가 내 안에 있고 내가 너희 안에 있다는 것을 깨닫게 될 것이다.

21 내 계명을 받아들이고 지키는 사람이 바로 나를 사랑하는 사람이다. 나를 사랑하는 사람은 내 아버지에게 사랑을 받을 것이다. 나도 또한 그를 사랑하고 그에게 나를 나타내 보이겠다."

신학적 관점

"너희가 나를 사랑하면 계명을 지키게 될 것이다"(15절). 사랑한다는 것은 주체와 객체가 혼연일체가 되는 상태다. 문장에 따르면 사랑은 조건적이고 계명은 후차적이지만, 사랑이라는 본질 자체가 갖는 일체성으로 인해 계명은 불가항력적인 명령이 아니라 자발적 실천이 된다. 말하자면 신앙의 세계에서 사랑이란 서술(indicative)이 명령(imperative)이 되는 힘으로 역사한다.

1세기 말의 요한 공동체는 로마제국의 핍박은 물론, 유대교로부터 추방을 당했을뿐더러, 앞서 형성된 그리스도교 공동체로부터도 외면을 당한 작은 공동체였다. "고아와 같이 버려두지 않으시겠다"는 말씀은 이미 저들이 고아와 같이 버려진 역사적 상황을 반영한다. 이 작은 공동체가 주위의 압력과 핍박을 견디고 생존할 수 있는 유일한 길은 '사랑'이라는 명제 속에서 모두를 품는 일이었다. 그로 인해 "하느님은 사랑이시다"(3:16)라는 대 신학적 명제 아래 자신만의 독특한 신학을 펼쳐 나간다. 그런데 예수 그리스도와 더불어 공동체에 역사하시는 또 다른 하느님의 영은 진리의 영, 곧 보혜사 성령(Paracletos, 헬)이다. 이는 몇 가지 다른 단어로도 번역이 된다. 곧, 조언자, 카운슬러, 위로자, 돕는 사람, 중재자 그리고 중개자(브로커)이다.

18절에서 예수는 다시 오시겠다고 말씀하시고, 또 부활의 주님으로 제자들에게 나타나셨다. 19-21절에서 이를 다시 한번 확인하신다. 누가복음에서와 같이 승천하지도 않으신다. 물론 후기 문서인 21장에서 예수는 베드로와의 대화에서 '다시 올 때까지'를 두 번 반복하신다(22-23절). 이는 승천을 전제한 발언이다. 그렇다 하더라도 왜 다른 보혜사가 필요한 것인가? 이는 잘 풀리지 않는 신학적 질문이다. 공관복음서에서와 같이 부활 예수의 존재만으로는 부족한 것인가? 요한복음에는 마태복음이나 누가복음에서와 같이 부활 예수께서 열두 제자에게 내린 선교 명령이 없다. 마가복음은 단지 갈릴리로 먼저 가셨다는 천사의 고지만 나온다. 그것도 여성들에게만. 다만 베드로에게 목양 사명이 주어져 있지만, 이는 동시에 '사랑하시는 제자'에게 주신 예수의 비밀(?)에 찬 선교 사명을 질투하는 모습으로 그려져 있을 뿐이다(21:21).

목회적 관점

부와 힘을 가진 사람들이 사랑을 베푸는 일은 그리 어렵지 않다. 가진 것의 여분을 나누기만 하면 된다. 그러나 억압 당하고 소외 당하는 사람들이 사랑을 보여주는 일은 참으로 어렵다. 그러하기에 힘이 지배하는 로마제국의 통치 아래서 힘이 없는 요한 공동체가 사랑과 진리를 선포한 일은 참으로 위대하다.

주석적 관점

16절에서 예수께서는 하느님 어버이께서 '다른 보혜사'를 보내신다고 말씀하신 것은 자신을 첫 번째 보혜사로 전제한 발언이다(참조. 요일 2:1). 예수와 보혜사의 공통점은 "하느님께로부터 왔다"(16절), "세상으로부터 거부를 당한다"(17절), "예수를 따르는 사람들은 알게 된다"(17절), "진리를 대변한다"(17절)는 것이다. 16장에서 보혜사는 자신의 말을 전하지 않고 하느님의 말씀을 전하고 예수의 말씀을 생각나게 한다(16:14-15).

본문은 1인칭 예수의 2인칭 제자들을 향한 담화다. 그런데 21절에서 3인칭 단수로 변한다. 이는 요한복음을 듣는 새로운 세대의 사람들, 곧 로마제국의 핍박 속에서 불안해하는 후대 그리스도인들을 향한 격려와 확신의 말씀이 된다.

설교적 관점

보혜사 성령의 주된 역할은 무엇인가? 이는 법정에서 우리 편에 서서 우리를 변호하는 분이다. 예수께서 가난한 자와 소외된 자와 억눌린 갈릴리 사람들의 편에 서서 저들이야말로 다가오는 하느님 나라의 주된 백성이 될 것이라고 말씀하셨듯이, 성령 또한 오늘날의 소수자와 약자의 편에 서시어 저들을 옹호하신다.

세상은 부활 예수를 보지 못하지만, 제자들은 보게 된다. 이를 가르는 기준은 사랑이다. 그리고 사랑의 기준은 계명을 지킴에 있다. 그런데 본문에서 강조하는 '계명'이 구체적으로 무엇을 말하는지는 분명하지 않다. 아마도 요한 공동체가 중요하게 여긴 몇 가지의 계명들이 있었을 것이다. 첫 번째 계명은 예수 그리스도와 하느님 어버이가 하나이었듯이 사랑으로 하나 되는 일이었을 것이고, 두 번째 계명은 서로의 발을 씻기는 섬김이 강조되었을 것이다.

이하는 알렌 페이톤의 소설 *Ah, But Your Land Is Beautiful*의 줄거리이다. 인종차별이 극심했던 남아프리카공화국에서 일어난 일이다. 인종 화해를 위해 일했던 한 백인 공무원이 죽었을 때, 많은 흑인들이 장례식에 참석하려고 했지만 거부 당한다. 마치 천국에도 흑인과 백인의 거하는 장소가 달리 있다는 듯이 죽음의 자리에서조차 흑인들은 차별을 받은 것이다. 이런 참혹한 사회적 상황 속에서 한 흑인 목사는 흑인들에게 좋은 평판이 있던 한 백인 판사장에게 가서 자신의 교회에서 진행되는 세족식에 참석하여 그의 집에서 일하는 여자 하인의 발을 씻겨줄 것을 요청했을 때, 백인 판사는 이를 밖으로 알리지는 말 것을 부탁하면서 참석하겠다고 약속한다. 그리고 세족식이 진행되는 자리에 나타나 여종의 발을 씻기고 그녀의 발에 키스한다. 그런데 이 일이 알려지게 되어 그는 다음 판사직 임명에서 탈락한다. 그러나 그는 그때의 일을 후회하지 않는다고 말한다. 곧, 정의를 위한 사랑의 행위는 주위에 칭찬을 받는 선행만으로 그치지 않고 자신에게 피해를 불러오기도 한다.

우리는 최선의 삶을 살고 있음에도 불구하고 여전히 예수의 사랑과 하느님 어버이의 사랑에 거하는 일에 확신을 갖지 못하고 불안 속에 있다. 인도 콜카타의 성인 마더 테레사 또한 그가 남긴 일기를 보면, 그도 여전히 그리스도의 현존 속에 거하는지 의문을 품었다. 고장 난 나침반은 전혀 요동 없이 정북(正北)을 가리키지만, 고장 나지 않는 나침반의 바늘은 정북을 가리키기 위해 계속 흔들린다.

승천주일

행 1:1-11; 시 93; 엡 1:15-23; 눅 24:44-53

사도행전 1:1-11

1 이 책을 데오필로님께 드린다. 나는 먼젓번 책에서 예수의 모든 행적과 가르치심을 다 기록하였다.

2 곧 예수께서 당신이 뽑으신 사도들에게 성령의 힘으로 여러 가지 지시를 내리신 다음 승천하신 그 날까지의 일을 시초에서부터 낱낱이 기록하였다.

3 예수께서는 돌아가신 뒤에 다시 살아나셔서 사십 일 동안 사도들에게 자주 나타나시어 여러 가지 확실한 증거로써 당신이 여전히 살아 계시다는 것을 보여주시며 하느님 나라에 관한 말씀을 들려주셨다.

4 예수께서는 사도들과 함께 계신 자리에서 이렇게 말씀하셨다. "너희는 예루살렘을 떠나지 말고 내가 전에 일러준 아버지의 약속을 기다려라.

5 요한은 물로 세례를 베풀었지만 오래지 않아 너희는 성령으로 세례를 받게 될 것이다."

6 사도들은 다 같이 모인 자리에서 예수께 이렇게 물었다. "주님, 주님께서 이스라엘 왕국을 다시 세워주실 때가 바로 지금입니까?"

7 예수께서는 이렇게 대답하셨다. "그 때와 시기는 아버지께서 당신의 권능으로 결정하셨으니 너희가 알 바 아니다.

8 그러나 성령이 너희에게 오시면 너희는 힘을 받아 예루살렘과 온 유다와 사마리아뿐만 아니라 땅 끝에 이르기까지 어디에서나 나의 증인이 될 것이다."

9 예수께서는 이 말씀을 하시고 사도들이 보는 앞에서 승천하셨는데 마침내 구름에 싸여 그 모습이 보이지 않게 되셨다.

10 예수께서 하늘로 올라가시는 동안 그들은 하늘만을 쳐다보고 있었다. 그 때 흰 옷을 입은 사람 둘이 갑자기 그들 앞에 나타나서

11 이렇게 말했다. "갈릴래아 사람들아, 왜 너희는 여기에 서서 하늘만 쳐다보고 있느냐? 너희 곁을 떠나 승천하신 저 예수께서는 너희가 보는 앞에서 하늘로 올라가시던 그 모양으로 다시 오실 것이다."

신학적 관점

기독교는 십자가와 부활의 종교다. 이 신앙적 고백을 가능케 하는 힘은 성령강림 사건에서 나온다. 그런데 이 두 사건 사이에 놓여 있는 예수의 승천 사건은 현대인들에게 그리 매력적인 신앙 사건이 아니다. 하지만 승천이 없었다면 예수 부활은 그 육체성의 현존이 요구받을 것이고, 성령강림 또한 없었을 것이다. 그런 의미에서 승천 사건의 신학적 의미는 매우 중요하다.

누가는 데오빌로라는 로마 관리에게 보내는 보고서 형식으로서 가장 믿을 만한 얘기라고 서두에서 언급하지만, 다른 복음서 저자들이 언급하지 않는, 현대인들에게는 어쩌면 부활 사건보다 더 믿기 어려운 승천을 말하는 유일한 복음서이다. 마가복음의 후기 문서인 16장 19절에 승천이 나온다. 요한복음에서는 마리아에게 자기 몸에 (아직은) 손을 대지 말라 하시며, 하느님께 올라가야 한다고 말씀하시고, 이후 제자들에게 여러 번 나타나신다. 그런데 예수 부활 또한 그 사실성(Historie)보다는 그 역사성(Geschihite), 곧 신앙 고백적 의미가 중요하듯이, 승천 또한 그러한 의미에서 중요한 사건이다.

전편 누가복음은 예수께서 제자들을 양육하는 일이 핵심이라면, 후편 사도행전은 이들이 사도로서 자기 임무를 수행하는 것이 핵심이다. 따라서 누가에게 있어서 이 땅에서의 예수의 부재, 곧 승천은 반드시 있어야 할 사건이다. 예수 승천은 오늘날 현대인들에게는 신화로 들리지만, 이천 년 전 고대 사람들에게는 세상을 주관하시는 상징성으로 이해되었다. 본문은 승천에 이은 예수 내림(파루시아), 곧 세계 역사의 종말과 심판을 언급함으로 이후 기독교 신학의 매우 중요한 말씀으로 자리매김하게 된다.

목회적 관점

인공위성이 하늘을 날아다니고 인간이 달을 오고 가는 오늘의 우주 시대에서 '하늘'은 어디를 말하는 것일까? 불트만은 이를 '비신화화'로, 바르트는 '인간 역사의 전환점'으로, 틸리히는 높이가 아닌 깊이, 곧 '인간 내면성'으로 재해석하였다.

주석적 관점

데오빌로는 '하느님을 사랑하는 사람'이다. 사도행전에는 이와 비슷한 용어들이 등장한다. 하느님을 두려워하는 자들(phoboumenoi ton theon)은 다섯 번, 10장 2, 22, 35절, 13장 16, 26절에 나온다. 이후 예배하는 자들(sobomenoi)은 13장 43, 50절, 17장 4, 17절에 네 번 나오고, 하느님을 경배하는 자들(sobomenoi ton theon)은 16장 14절, 18장 7절에 두 번 나온다. 곧, 하느님을 두려워하는 자들이 하느님을 경배하는 자들로 바뀐다. 크로산은 데오빌로가 한 개인이거나 혹은 앞의 두 경우와 같이 인격화한 집단일 수도 있다고 말하면서, 이러한 용어들은 누가-행전의 비전인 기독교적 로마주의(Christian Romanism) 혹은 로마식 기독교(Roman Christianity)를 분별하기 위함이라고 말한다(존 도미닉 크로산/한성수 옮김, 『카이사르에게 돌려주라: 신약성서의 문명 전환 전략들』, 한국기독교연구소, 2024, 184-189).

민중 해방에 역점을 둔 마가가 갈릴리를 예수의 하느님 나라 운동의 거점으로 삼은 것과는 달리, 이방인 선교를 목표로 한 누가는 예루살렘을 하느님 나라 운동의 거점으로 삼는다. 결국 누가에게 있어 예수의 갈릴리 사역은 십자가와 부활 사건으로 귀결되고 만다. 사복음서 중에서 오직 누가만이 부활 예수는 갈릴리에 오시지 않는다. 다만 예루살렘을 계속 중심 거점으로 삼을 경우 야고보와 베드로의 지도력만을 인정하는 모양새가 되어 이를 피하기 위해 엠마오를 부활의 현장으로 그리고 베다니를 승천의 현장으로 삼아 탈예루살렘의 여지를 남겨 놓는다.

흰옷을 입은 두 사람은 이미 승천을 한 것으로 믿어온 모세("무덤이 알려지지 않았다"는 구절은 승천을 암시한다)와 엘리야다. 이들은 변모산에서 같은 모습으로 나타났었다.

전편 누가복음에서는 부활과 승천 사이에 40일의 기간이 없이 매우 짧다. 그리고 제자들은 마가복음이나 요한복음에서와 같이 두려움으로 문을 잠그고 숨어 있지도 않고, 물고기를 잡으러 갈릴리로 가지도 않는다.

설교적 관점

6절 "사도들이, 한자리에 모였을 때 예수께 여쭈었다. '주님, 주께서 이스라엘을 위하여 나라를 되찾아 주실 때가 바로 지금입니까?'"의 의미는 무엇일까? 본문에 꼭 필요한 구절은 아니다. 다만 하느님 나라 운동과 민족의 자주독립 투쟁 운동을 동일시함을 견제하고자 하는 의도가 엿보인다. 이는 누가의 친로마 경향을 보여준다. 그렇다고 해서 예수가 이 둘의 상관관계를 결코 부인한 것은 아니다. 예수는 다만 그 시기는 하느님만이 아시니 모든 것은 하느님께 맡기고 그의 증인이 될 것을 당부하신 것이다. 예수의 증인이 된다는 것과 독립운동과는 관련이 없다고 말씀하신 것은 아니다. 그런데 종종 많은 목사들이 이를 예수의 복음 운동은 이스라엘 민족의 정치적 독립운동과는 관련이 없다는 식으로 해석하는 경우가 많다.

이렇게 확대해석하는 경우 하느님의 나라는 약소민족들의 자주와 독립(당시는 '이스라엘의 자주와 독립'이었지만, 오늘날은 '팔레스타인의 자주와 독립')과는 아무런 상관이 없고, 오직 로마제국만이 그 통치의 정당성이 인정받는다는 오해를 불러일으킨다. 곧, 정의 · 평화 · 생명의 가치를 주창함으로 약자의 편에 서는 하느님 나라 운동이 로마제국의 폭력적 지배 체제를 인정하는 모순을 불러일으킬 뿐더러, 나아가 16~17세기 서구 기독교 국가들이 추구해 온 세계 기독교 왕국(Christendom) 건설이 마치 하느님 나라 운동('땅끝 선교')의 목표인 양 오해하게 만들어 식민지 지배와 흑인 노예화를 하느님의 이름으로 정당화하였다. 그간 백인 서구 제국의 기독교 신학은 예루살렘의 독립 투쟁(66/67~73 ADE) 이후 유대 민족에 대한 로마제국의 탄압이 계속되는 상황에서 그 피해를 최소화하기 위한 저자 누가의 일시적인 상황 발언을 탈역사적인 신앙 운동으로 확대해석함으로 예수의 갈릴리 하느님 나라 운동 전체를 개인 영혼 구원 운동으로 축소하는 잘못을 범하고 말았다.

시편 93

1 야훼께서 위엄을 옷으로 입으시고 왕위에 오르셨다. 야훼께서 그 위엄 위에 능력을 띠 삼아 동이셨다. 세상을 흔들리지 않게 든든히 세우셨고,

2 당신의 왕좌는 처음부터 요지부동이오니, 처음부터 당신은 야훼시옵니다.

3 물결소리 높습니다! 야훼여, 강물 소리 술렁댑니다. 서로 부딪치며 광란합니다.

4 그러나 높은 데 계신 야훼는 더 세십니다. 몸부림치는 바다 소리보다 세시고 많고 많은 물결 소리보다 더 세십니다.

5 당신의 법은 너무나도 미덥고 당신의 집에는 거룩함이 제격이오니 야훼여, 길이길이 그러하소서.

에베소서 1:15-23

15 나는 여러분이 주 예수를 충실히 믿으며 모든 성도들을 사랑한다는 소식을 듣고

16 기도할 때마다 언제나 여러분을 기억하며 하느님께 감사를 드리고 있습니다.

17 나는 우리 주 예수 그리스도의 하느님, 영광스러운 아버지께서 여러분에게 영적인 지혜와 통찰력을 내려주셔서 하느님을 참으로 알게 하시고

18 또 여러분의 마음의 눈을 밝혀주셔서 하느님의 백성이 된 여러분이 무엇을 바랄 것인지 또 성도들과 함께 여러분이 물려받을 축복이 얼마나 놀랍고 큰 것인지를 알게 하여 주시기 바랍니다.

19 그리고 우리 믿는 사람들 속에서 강한 힘으로 활동하시는 하느님의 능력이 얼마나 위대한지를 여러분에게 알게 하여 주시기를 빕니다.

20 하느님께서는 그 능력을 떨치시어 그리스도를 죽은 자들 가운데서 다시 살려내시고 하늘나라에 불러올리시어서 당신의 오른편에 앉히시고

21 권세와 세력과 능력과 주권의 여러 천신들을 지배하게 하시고 또 현세와 내세의 모든 권력자들 위에 올려놓으셨습니다.

22 하느님께서는 만물을 그리스도의 발아래 굴복시키셨으며 그분을 교회의 머리로 삼으셔서 모든 것을 지배하게 하셨습니다.

23 교회는 그리스도의 몸이며 만물을 완성하시는 분의 계획이 그 안에서 완전히 이루어집니다.

신학적 관점

승천주일은 교인들에게 익숙하지 않은 절기다. 성탄절이나 부활절에 비하여 별다른 감흥을 불러일으키지는 않는다. 그러나 신학적으로는 매우 소중한 의미가 있다. 왜냐하면 승천이 없다면 탄생이나 부활은 한쪽이 비어 있는 느낌을 주기 때문이다. 어두운 데서 밝은 곳으로 갑자기 나오면 눈이 부셔서 주위를

잘 알아채지 못하게 되는데, 부활은 마치 이런 순간과 같다. 이후 시간이 지나 주위의 빛에 익숙해지면 사물을 정확히 인식하게 되듯이, 승천을 통해 예수의 죽음과 부활의 의미를 명확히 깨닫게 된다. 곧, 승천주일을 통해 성도들의 소망은 무엇인지 그리고 그 영광은 얼마나 풍성한지를 알게 된다(17-18절). 이는 만물을 그리스도의 발아래에 굴복시킨 사건이며, 만물 위에 교회의 머리가 되신 사건이다(22절).

만일 교회가 예수 그리스도의 다시 오심을 믿는 종말론적 공동체로서 자기 정체성을 확실히 하고자 한다면, 예수 그리스도의 화육은 부활이 최종점이 아니라 승천이 최종점이 되어야 할 것이다(20절).

목회적 관점

예수 그리스도의 구원 사건은 유일회적(once for all) 사건이다. 그러나 기독교인의 삶은 어떤 신비적 체험이나 비밀암호를 풀듯이 단번에 얻어지는 것이 아닌 마음의 눈이 밝혀지는, 곧 깨달음을 통한 점진적(progressive)인 것이다. 그리고 이는 홀로 얻어지는 것이 아닌 공동체적인 활동 속에서 얻어진다. '여러분', '성도들'은 복수형이다. 17-18절은 목회란 무엇인가에 대한 훌륭한 답이다.

주석적 관점

에베소서는 바울 제자의 글로 알려져 있다. 학자들은 긴 문장으로 된 서문들이 서로 연관성이 있다고 본다(벧전 1:3-5; 엡 1:1-14). 사해문서에서도 이와 유사한 문장들이 발견된다.

'당신의 오른편에 앉히시고'라는 구절은 에베소서에서만 발견되는 독특한 구절이다. 다른 구절에서는 그리스도 외에 다른 이름이 함께 언급된다.

고린도전서 12장이나 로마서 12장에서와는 달리 그리스도는 단순히 교회의 몸일 뿐만 아니라 만물 안에서 만물을 충만케 하시는 분으로 얘기된다. 곧, 우주적 그리스도(the cosmic Christ)의 비전은 눈에 보이는 세계를 넘은 우주 창조의 주관자로 인식하고 있으며, 이는 바울의 종말론적 완성(고전 15:28)과 동시에 그리스도에 의한 역사 완성을 강조한다(참고. 계 20-22; 롬 8:18-24).

설교적 관점

승천 사건이 성도들의 삶에 직접 연계될 수 있도록 하기 위한 방식은 어떤 것이 있을까? "교회는 그리스도의 몸이며 만물을 완성하시는 분의 계획이 그 안에서 완전히 이루어집니다"(23절). 기독교 역사관과 교회의 근본 사명이 밝혀져 있다. 그런데 만물이 완성된다는 것은 무엇을 뜻하는 것일까? 이는 창조가 지금도 진행 중이라는 것과 창조의 목적("하느님이 보시기에 좋았다") 달성을 위해 교회에 책임이 있음을 말한다.

> **누가복음 24:44-53**
>
> 44 그리고 그들에게 "내가 전에 너희와 함께 있을 때에도 말했거니와 모세의 율법과 예언서와 시편에 나를 두고 한 말씀은 반드시 다 이루어져야 한다." 하시고
> 45 성서를 깨닫게 하시려고 그들의 마음을 열어주시며
> 46 "성서의 기록을 보면 그리스도는 고난을 받고 죽었다가 사흘 만에 다시 살아난다고 하였다.
> 47 그리고 그리스도의 이름으로 회개하면 죄를 용서받는다는 기쁜 소식이 예루살렘에서 비롯하여 모든 민족에게 전파된다고 하였다.
> 48 너희는 이 모든 일의 증인이다.
> 49 나는 내 아버지께서 약속하신 것을 너희에게 보내주겠다. 그러니 너희는 위에서 오는 능력을 받을 때까지 예루살렘에 머물러 있어라." 하고 말씀하셨다.
> 50 예수께서 그들을 베다니아 근처로 데리고 나가셔서 두 손을 들어 축복해 주셨다.
> 51 이렇게 축복하시면서 그들을 떠나 하늘로 올라가셨다.
> 52 그들은 엎드려 예수께 경배하고 기쁨에 넘쳐 예루살렘으로 돌아가
> 53 날마다 성전에서 하느님을 찬미하며 지냈다.

신학적 관점

본문은 승천과 더불어 누가 신학의 결론이기도 하다. 제자들에게 전한 마지막 사명에 대해서는 보통 마태복음의 '모든 민족으로 제자 삼는' 전도(傳道)를 떠올리지만, 누가는 증인 됨의 실체로 먼저 죄와 용서와 회개를 말한다(47절). '죄의

회개'는 보통 개인의 도덕적 차원에서 이해된다. 누가 신학은 기본적으로 억눌리고 가난한 자를 위한 신학이다. 누가의 서문인 마리아의 찬가(1:46-55)는 '제왕들을 왕좌에서 끌어내리시고 비천한 자를 높이시고, 주린 사람들을 배부르게 하시고 부한 사람들을 빈손으로' 만드는 공평한 사회를 말한다. 이어 예수의 하느님 나라 목회의 핵심을 알리는 나사렛 회당의 선포는 이사야가 예언한 희년 선포다. 희년(Jubilee)이란 빚진 자의 모든 빚을 탕감하고 노예를 해방하는, 구조적으로 전혀 새로운 사회체제로서의 정의 실현의 해다. 주의 기도에서 마태는 '죄'를 말하지만 누가는 '빚'을 말하고, 마태의 '마음이 가난한 자' 대신에 '가난한 자'의 축복과 '부자의 화'를 동시에 말한다. 누가에게 있어 '죄'는 추상적인 개념이 아닌 당시 가난한 자를 죽음으로 내어 몰아가는 로마제국과 예루살렘의 지배 계급이 강제하는 '빚'이었으며, '빚의 탕감'이야말로 누가 신학의 회개의 주제이고 구원의 핵심이다.

목회적 관점

성서의 모든 말씀이란 '제1성서'(토라, 느비임, 케투빔)를 말한다. 오늘날 유대교의 경전이다. 물론 유대교는 예수 그리스도에 대해 다른 해석을 하지만, 예수는 제1성서에 근거하고 있다. 예수를 제1성서의 빛에서 총체적으로 이해하는 관점이 필요하다. 누가는 다른 복음서와는 달리 십자가의 죽음과 부활과 승천과 성령의 오심을 하나로 엮는다.

예수는 제자들을 향해 손을 들어 축복하시며 떠나고, 제자들은 사도행전의 새역사를 준비하면서 다시 예루살렘으로 돌아온다. 갈릴리가 아닌 예루살렘이 새역사의 출발점이다. 누가가 예루살렘을 선교의 중심으로 삼는 이유는 마가와 달리 하느님 나라에 관해 갈릴리에서의 민중 사건으로서의 역사적 예수보다는 십자가와 부활에 기초한 신앙의 그리스도에 더 관심하기 때문이다. 이 점에서 누가와 바울은 그 견해가 같았고, 이후 사도행전에서 바울을 중심으로 예수 이후의 역사를 서술하는 이유이기도 하다. 그리고 이러한 신앙 사상의 변화는 저들의 개인적인 신앙 이해도 있지만, 주요한 원인으로는 로마제국의 기독교 박해를 피하기 위한 것이다.

주석적 관점

'율법과 예언서와 시편'에서 그리스도의 고난에 대한 가장 확실한 성서 구절은 제2 이사야의 네 편으로 구성된 '종의 노래'(The Servant Songs)이며, 사흘째 되는 날의 부활에 대한 전거로는 요나서가 있다.

누가는 그의 복음을 세례 요한의 아버지 제사장 스가랴의 이야기로 시작한다. 그러나 그는 성령에 의한 잉태를 의심하는 죄로 말미암아 입이 닫혀 성전 안에서 그를 기다리는 사람들에게 '하느님의 축복'을 전할 수 없었다. 이제 누가는 그의 복음을 마무리 지으면서 예수의 축복을 얘기하고 제자들은 성전에서 기쁨으로 기다린다.

베다니는 올리브산 중턱에 있다. 베다니는 예루살렘 근처의 다른 마을에 비해 보다 높은 곳에 위치하며 가난한 자의 마을이라는 뜻을 갖고 있다. 나사로의 부활 사건으로 성전 권력과의 충돌이 일어난 곳이며 성전 입성 때 어린 나귀가 준비된 곳으로 예수 저항운동의 중심지(아지트) 역할을 담당한다. 오늘날의 도시 밖 '산동네'에 비유할 수 있다. 베다니는 오늘날 팔레스타인 자치 정부가 운영하는 웨스트뱅크에 있다.

설교적 관점

주님의 승천을 교회력의 관점에서 어떻게 기념할 것인가? 이는 누가복음과 사도행전의 기술이 다르긴 하지만, 부활절 후 40일째는 목요일이다. 보통은 성령강림절 직전 목요일 혹은 직전 주일에 지킨다.

교회는 종말론적 공동체로서 예수의 다시 오심을 기다린다. 그냥 앉아서 시간을 때우는 기다림이 아닌 성전에서 하느님을 찬양하며 기다리는 기쁨과 희망이 넘치는 기다림이다. 예배에서의 마지막 순서인 축도는 어떤 의미가 있는가? 누가에서의 예수 축도는 단순히 제자들의 욕구가 실현되는 어떤 것이 아닌 증인의 삶을 준비하는 그 과정 자체가 축복이 된다(51절).

승천 사건은 과거의 시각에서 보면 제1성서에서 예언된 메시아 성취 사건이고, 현재의 시각에서 보면 이를 깨달은 성도들이 하느님의 현존과 은혜를 체험하는 모든 신앙 행위들의 바탕이 되며, 미래의 시각에서 보면 '위로부터 오는 능력'을 기다리는 종말론적 기다림의 사건이다.

만약 승천을 공간 이동으로 이해하지 않고 이를 현대인들에게 신학적으로 풀어 설교한다면, 47절의 '회개'를 누가 신학의 주제에 맞추어 설교하는 것이 옳은 방식이다.

부활절 일곱째 주일

행 1:6-14; 시 68:1-10, 32-35; 벧전 4:12-14; 5:6-11; 요 17:1-11

사도행전 1:6-14

6 사도들은 다 같이 모인 자리에서 예수께 이렇게 물었다. "주님, 주님께서 이스라엘 왕국을 다시 세워주실 때가 바로 지금입니까?"

7 예수께서는 이렇게 대답하셨다. "그 때와 시기는 아버지께서 당신의 권능으로 결정하셨으니 너희가 알 바 아니다.

8 그러나 성령이 너희에게 오시면 너희는 힘을 받아 예루살렘과 온 유다와 사마리아뿐만 아니라 땅끝에 이르기까지 어디에서나 나의 증인이 될 것이다."

9 예수께서는 이 말씀을 하시고 사도들이 보는 앞에서 승천하셨는데 마침내 구름에 싸여 그 모습이 보이지 않게 되셨다.

10 예수께서 하늘로 올라가시는 동안 그들은 하늘만을 쳐다보고 있었다. 그때 흰옷을 입은 사람 둘이 갑자기 그들 앞에 나타나서

11 이렇게 말했다. "갈릴래아 사람들아, 왜 너희는 여기에 서서 하늘만 쳐다보고 있느냐? 너희 곁을 떠나 승천하신 저 예수께서는 너희가 보는 앞에서 하늘로 올라가시던 그 모양으로 다시 오실 것이다."

12 그 뒤 사도들은 그 올리브라고 하는 산을 떠나 안식일에 걸어도 괜찮을 거리에 있는 예루살렘으로 돌아왔다.

13 성안에 들어온 사도들은 자기네가 묵고 있던 이층 방으로 올라갔는데 그 일행은 베드로, 요한, 야고보, 안드레아, 필립보, 토마, 바르톨로메오, 마태오, 알패오의 아들 야고보, 혁명당원 시몬, 야고보의 아들 유다 들이었다.

14 그 자리에는 예수의 어머니 마리아를 비롯하여 여러 여자들과 예수의 형제들도 함께 있었다. 그들은 모두 마음을 모아 기도에만 힘썼다.

신학적 관점

기독교는 십자가와 부활의 종교다. 이 신앙적 고백을 가능케 하는 힘은

성령강림 사건에서 나온다. 그런데 이 두 사건 사이에 놓여 있는 예수의 승천 사건은 현대인들에게 그리 매력적인 신앙 사건이 아니다. 사실 승천이 없다면 예수 부활은 그 육체성의 현존이 증명되어야 할 것이고, 성령강림 또한 없었을 것이다. 그런 의미에서 승천 사건의 신학적 의미는 매우 중요하다.

누가는 데오빌로라는 로마 관리에게 보내는 보고서 형식으로서 가장 믿을 만한 얘기라고 서두에서 언급하지만, 다른 복음서 저자들이 언급하지 않는 현대인들에게는 어쩌면 부활 사건보다 더 믿기 어려운 승천을 말하는 유일한 복음서이다. 마가복음의 후기 문서인 16장 19절에 승천이 나온다. 요한복음에서는 마리아에게 자기 몸에 (아직은) 손을 대지 말라 하시며, 하느님께 올라가야 한다고 말씀하시고, 이후 제자들에게 여러 번 나타나신다. 그런데 예수 부활 또한 그 사실성(Historie)보다는 그 역사성(Geschihite), 곧 신앙 고백적 의미가 중요하듯이, 승천 또한 그러한 의미에서 중요한 사건이다.

전편 누가복음은 예수께서 제자들을 양육하는 일이 핵심이라면, 후편 사도행전은 이들이 사도로서 자기 임무를 수행하는 것이 핵심이다. 따라서 누가에게 있어 이 땅에서 예수의 부재 곧 승천은 반드시 있어야 할 사건이다. 예수 승천은 오늘날 현대인들에게는 신화로 들리지만, 이천 년 전 시대의 사람들에게는 세상을 주관하시는 상징성으로 이해되었다. 본문은 승천에 이은 예수 재림(파루시아), 곧 세계 역사의 종말과 심판을 언급함으로 이후 기독교 신학의 매우 중요한 말씀으로 자리매김하고 있다. 종말에 관한 신학적 견해는 매우 다양하다.

본문에서는 임박한 종말을 기다리면서 제자들과 모든 예수따르미가 함께 다락방에 모여 기도하는 모습이다. 십자가와 부활과 승천에 이어 곧 세계사의 흐름을 바꿀 무슨 중대한 일이 일어날 것이라는 암시를 전하고 있다. 이는 첫 번째 예수 신앙 공동체 모임이다. 에클레시아(ekklesia)는 '(세상) 밖으로 불림을 받았다'라는 뜻이 있다.

목회적 관점

오늘날의 우주과학 시대에서 '하늘'은 어디를 말하는 것일까? "하늘에 계신 우리 아버지…"라고 기도할 때 성도들의 마음에는 어떤 형상을 떠올릴까? 다빈치의 천지창조 그림에서 보듯이 하얀 수염으로 뒤덮인 할아버지 모습을 그리는 것은 아닌가? 불트만은 이를 비신화화로, 바르트는 '인간 역사의 전환점'으로, 틸리히는 인간 내면, 곧 높이가 아닌 깊이로 재해석하였다.

주석적 관점

민중 해방에 역점을 둔 마가가 갈릴리를 예수의 하느님 나라 운동의 거점으로 삼은 것과는 달리 이방인 선교를 목표로 한 누가는 예루살렘을 하느님 나라 운동의 거점으로 삼는다. 결국 누가에게 있어 예수의 갈릴리 사역은 십자가와 부활 사건으로 귀결되고 만다. 사복음서 중에서 오직 누가만이 부활 예수는 갈릴리에 오시지 않는다. 다만 예루살렘을 계속 중심 거점으로 삼을 경우 야고보와 베드로의 지도력만을 인정하는 모양새가 되어 이를 피하기 위해 엠마오를 부활의 현장으로 그리고 베다니를 승천의 현장으로 삼아 탈예루살렘의 여지를 남겨 놓았다.

흰옷을 입은 두 사람은 이미 승천을 한 것으로 믿어온 모세("무덤이 알려지지 않았다"는 구절은 승천을 암시한다)와 엘리야다. 이들은 변화산에서도 같은 모습으로 나타난 바 있다.

이층 방(다락방)의 의미는 폐쇄된 형태의 좁은 공간의 의미보다는 하늘에 보다 가까운 높은 곳을 의미한다. 다락방에 모인 사람들은 크게 세 개의 그룹으로 구성되었다. 첫째는 열한 명의 제자단이다. 이들이 결혼했음을 전제할 때, 아내들이 있었을 것이다. 둘째는 예수를 후원했던 여인들이다. 마르다와 마리아 자매, 막달라 마리아 등으로, 이들은 최초의 부활 증언자들이다. 셋째는 어머니를 비롯한 예수의 형제들이다. 야고보를 비롯하여 형제들의 실권이 초대교회에서 작동하고 있음을 보여준다(이들은 처음에 예수를 미친 사람으로 여겼다).

설교적 관점

6절 "사도들이, 한자리에 모였을 때에 예수께 여쭈었다. '주님, 주께서 이스라엘을 위하여 나라를 되찾아 주실 때가 바로 지금입니까?'"의 의미는 무엇일까? 이야기의 흐름상 이 구절이 반드시 필요한 것은 아니다. 하느님 나라 운동과 민족의 자주 독립운동을 동일시하는 것을 견제하고자 하는 의도가 있다고 엿보인다. 그렇다고 해서 예수가 이 둘의 상관관계를 부인한 것은 결코 아니다. 예수는 다만 그 시기는 하느님만이 아시니 모든 것은 하느님께 맡기고 너희는 나의 증인이 될 것을 당부하신 것이다. 예수의 증인이 된다는 것과 독립운동과는 관련이 없다고 말씀하신 것은 아니다. 그런데 종종 많은 목사들이 이를 예수의 복음 운동은 민족의 정치적 독립운동과는 관련이 없다는 식으로 확대해석하는 경우가 많다.

이렇게 확대해석하는 경우 하느님의 나라는 약소민족들의 자주와 독립(당시는 '이스라엘의 자주와 독립'이었지만, 오늘날은 '팔레스타인의 자주와 독립')과는 아무런 상관이 없고 오직 로마제국만이 그 통치의 정당성이 인정받는다는 오해를 불러일으킨다. 곧, 정의ㆍ평화ㆍ생명의 가치를 주창함으로 약자의 편에 서는 하느님 나라 운동이 로마제국의 폭력 통치 체제를 인정하는 모순을 불러일으킬뿐더러, 나아가 16~17세기 서구 기독교 국가들이 추구해 온 세계 기독교 왕국(Christendom) 건설이 마치 하느님 나라 운동('땅끝 선교')의 목표인 양 오해하게 만들어 식민지 통치와 흑인 노예화를 하느님의 이름으로 정당화시키게 된다. 서구 제국의 기독교 신학은 예루살렘의 독립 투쟁(66/67~73 ADE) 이후 유대 민족에 대한 로마제국의 탄압이 계속되는 상황 속에서 이를 피하기 위한 누가의 일시적인 상황 발언을 탈역사적인 신앙 운동으로 확대해석함으로 예수의 갈릴리 하느님 나라 운동 전체를 개인 영혼 구원 운동으로 해석하게 만드는 잘못을 범하고 말았다.

누가복음을 전체적으로 조명할 때, 예수의 하느님 나라 운동은 이스라엘의 회복을 포함하는 그리고 이스라엘의 독점권(status quo)을 파괴하는 세계사적인 변혁 운동임을 말하려는 데 그 목적이 있다. 핵심은 황제를 주님으로 고백하는 로마로부터 시작하는 제국의 통치하에서의 *Pax Romana*를 대체하는 사랑과 평화의 새로운 주님(*Pax Christi*)을 고백하는 것이다. 모든 민족과 모든 인류가 하느님 안에서 한 가족이요, 하느님 앞에서 평등을 말한다.

(승천주일 본문과 일부 같음.)

시편 68:1-10, 32-35

1 하느님께서 일어나시면 원수들 흩어지고 맞서던 자들 그 앞에서 달아나니,

2 연기가 바람에 날려 가듯이 불길에 초가 녹듯이 악한 자들이 하느님 앞에서 사라져 간다.

3 그러나, 착한 사람들은 즐겁고 흥겨워 하느님 앞에서 뛰놀며 기뻐하리라.

4 하느님을 찬양하여라. 수금 타며 그 이름 노래하여라. 구름 타고 오시는 분께 길을 비켜 드려라. 야훼 그 이름을 찬양하고 그의 앞에서 춤을 추어라.

5 고아들의 아버지, 과부들의 보호자, 거룩한 곳에 계시는 하느님이시다.

6 외로운 자들에게는 집을 마련해 주시고 갇힌 자들에게는 행복의 문을 터 주시나 반역하는 자들은 초토에 버려 두신다.

7 하느님, 이 백성을 앞장 서 나아가실 때 광야를 가로질러 나아가실 때 (셀라)

8 땅은 뒤흔들리고 하느님 앞에 하늘마저 무너져 버렸습니다. 하느님 앞에, 이스라엘의 하느님 앞에.

9 하느님, 당신은 단비를 충족히 내리시어 당신께서 주신 메마른 땅을 옥토로 만드시고

10 당신의 식구들로 하여금 거기에 살게 하셨으니, 하느님, 당신의 어지심으로써 굶주린 자에게 먹을 것을 마련해 주셨습니다.

32 세상의 왕국들아, 하느님을 찬송하여라. 수금 타며 주를 찬양하여라. (셀라)

33 병거를 타고 하늘을, 오랜 하늘을 달리시던 이, 그 하느님의 힘찬 고함소리가 들리지 않느냐?

34 하느님은 강하시다, 찬양하여라. 그의 영광 이스라엘 위에 높이 떨치고 그의 힘 구름 위에 힘껏 뻗는다.

35 두려워라, 당신의 성소에서 나오시는 하느님, 이스라엘의 하느님, 당신의 백성에게 크신 힘을 주시니, 하느님, 찬미받으소서.

베드로전서 4:12-14; 5:6-11

12 사랑하는 여러분, 시련의 불길이 여러분 가운데 일어나더라도 그것은 여러분을 시험하려는 것이니 무슨 큰일이나 생긴 것처럼 놀라지 마십시오.

13 여러분은 그리스도의 고난에 참여하는 것이니 오히려 기뻐하십시오. 여러분은 그리스도께서 영광스럽게 나타나실 때에 기뻐서 뛰며 즐거워하게 될 것입니다.

14 여러분이 그리스도 때문에 모욕을 당하면 행복합니다. 영광의 성령 곧 하느님의 성령이

여러분에게 머물러 계시기 때문입니다.

6 그러므로 여러분은 스스로 낮추어 하느님의 권능에 복종하십시오. 때가 이르면 하느님께서 여러분을 높여주실 것입니다.

7 여러분의 온갖 근심 걱정을 송두리째 하느님께 맡기십시오. 하느님께서는 언제나 여러분을 돌보십니다.

8 정신을 바짝 차리고 깨어 있으십시오. 여러분의 원수인 악마가 으르렁대는 사자처럼 먹이를 찾아 돌아다닙니다.

9 굳건한 믿음을 가지고 악마를 대적하십시오. 아시다시피 온 세상에 퍼져 있는 여러분의 교우들도 같은 고난을 다 당해 왔습니다.

10 여러분은 잠깐동안 고난을 받았습니다. 그러나 그리스도를 믿는 여러분에게 당신의 영원한 영광을 주시려고 불러주신 하느님 곧 모든 은총의 하느님께서 친히 여러분을 완전하게 하여 주시고 든든히 세워주시고 힘을 주시고 흔들리지 않게 하여 주실 것입니다.

11 하느님은 영원토록 권세를 누리실 분이십니다. 아멘.

신학적 관점

로마제국 아래 기독교 공동체의 박해 상황이다. 본문을 신학적으로 이해할 때, 하느님 나라의 가치를 추구하는 교회는 기득권의 불평등한 질서를 유지하려는 세속 권력—설사 대통령이 성서에 손을 얹고 선서를 한다하더라도—과는 언제나 상반된 관계에 놓여 있음을 말한다. 그러기에 저자는 1절에서부터 신앙 핍박과 박해가 일어나더라도 놀라지 말라고 당부한다. 그렇다고 해서 반정부 운동이 모두 기독교 신앙 운동으로 치부될 수는 없다. 추구하는 가치가 중요하다.

'악마'의 정체는 소수 기득권자를 옹호하고, 부와 권력을 독점하고, 이를 자식들에게 대물림하려는 데 있다. 예수 복음은 이러한 독점 체제를 부수어 함께 나눔에 있다. 10절에서 말하는 희망은 니체가 말하는 노예들의 희망인가? 예수 천국이라는 마약에 도취된 영혼 구원인가? 당시 모든 시대적 이데올로기의 중심이었던 예수의 예루살렘 성전 숙청은 민중혁명인가? 아닌가? 이는 하느님 나라가 이 땅에 임하기를 기도하는 모든 신앙인이 답변해야 할 신학적인 과제다. 폭력인가 혹은 비폭력인가 하는 판단은 후대 역사의 판단일 따름이다. 승리하면 충신이 되고, 패배하면 역적이 되는 것은 역사의 진리다. 물론 승리와 패배는 시대의 변천에 따라 뒤바뀌는 경우가 많다. 그래서 "권세가 영원히 그분께 있을 수밖에 없다"(11절).

목회적 관점

7절 "모든 걱정을 하느님께 맡기십시오"는 걱정이 문제를 해결해 주지 않기 때문에 매우 당연한 말씀이기도 하다. 하지만 걱정은 인간이기에 절로 생길 수밖에 없다. 하느님께 맡긴다는 것은 구체적으로 무엇을 말하는가? 무슨 일이 일어나더라도 하느님의 뜻으로 알고 받아들이겠다는 마음이라면, 세상 사람들이 운명에 맡긴다는 것과는 무슨 차이가 있는 것인가?

주석적 관점

13절의 그리스도의 고난에 '참여'한다는 헬라어 단어는 흔히 '친교'로 번역되는 '코이노니아'(koinonia)다. 코이노니아는 기쁨의 의미뿐만이 아니라 고난의 의미에서도 적용된다.

설교적 관점

2020년 대구에서 이슬람 교회를 세우려는 모슬렘 신도들은 보수 기독교인들이 중심이 된 주민들의 반대 집회에 부딪혀, 설립 허가는 받았지만 오 년이 지나도록 건설이 중지된 상태다. 이들 또한 아브라함을 믿음의 조상으로 믿는 사람들로, 불교에 비하면 이슬람교는 기독교와 뿌리가 같고 공통점이 많다. 그런데 기독교인들이 절이나 점집을 짓는 일에는 반대하지 않으면서 이슬람 신전은 극렬하게 반대하는 이유는 무엇인가? 이는 어디에 기인하는가? 유럽에서의 반이슬람 정서는 지정학적인 의미에서 경쟁과 반목의 역사적인 뿌리가 깊다. 그런데 이러한 서구 백인들의 역사에 기반한 반유대인 정서나 반이슬람 정서에 아무런 성찰 없이 동조하는 우리 기독인들이 있다면, 이는 노예 신앙이라고 말할 수밖에 없다. 만약 대구에 있는 이슬람 신도들이 오늘 본문을 읽으면 자신들의 이야기라고 말할 것이다. 한국교회는 세계 선교에 열심이다. 그렇다면 입장 바꿔 생각하여 자신들이 내는 헌금으로 파송한 한국인 선교사들이 현지에서 박해를 당한다고 하더라도 이를 비난할 이유는 전혀 없다. 예수의 말씀 가운데 가장 핵심이 되는 말씀(황금률)이 무엇인가? "너희가 남에게 대접을 받고자 하는 대로 남을 대접하라"가 아닌가?

요한복음 17:1-11

1 이 말씀을 마치시고 예수께서는 하늘을 우러러보시며 이렇게 말씀하셨다. "아버지, 때가 왔습니다. 아들의 영광을 드러내 주시어 아들이 아버지의 영광을 드러내게 하여 주십시오. 2 아버지께서는 아들에게 모든 사람을 다스릴 권한을 주셨고 따라서 아들은 아버지께서 맡겨주신 모든 사람에게 영원한 생명을 주게 되었습니다. 3 영원한 생명은 곧 참되시고 오직 한 분이신 하느님 아버지를 알고 또 아버지께서 보내신 예수 그리스도를 아는 것입니다. 4 나는 아버지께서 나에게 맡겨주신 일을 다 하여 세상에서 아버지의 영광을 드러냈습니다. 5 아버지, 이제는 나의 영광을 드러내주십시오. 세상이 있기 전에 아버지 곁에서 내가 누리던 그 영광을 아버지와 같이 누리게 하여주십시오." 6 "나는 아버지께서 세상 사람들 가운데서 뽑아 내게 맡겨주신 이 사람들에게 아버지를 분명히 알려주었습니다. 이 사람들은 본래 아버지의 사람들이었지만 내게 맡겨주셨습니다. 이 사람들은 과연 아버지의 말씀을 잘 지키었습니다. 7 지금 이 사람들은 나에게 주신 모든 것이 아버지께로부터 왔다는 것을 알고 있습니다. 8 나는 나에게 주신 말씀을 이 사람들에게 전하였습니다. 이 사람들은 그 말씀을 받아들였고 내가 아버지께로부터 온 것을 참으로 깨달았으며 아버지께서 나를 보내신 것을 믿었습니다. 9 나는 이 사람들을 위하여 간구합니다. 세상을 위하여 간구하는 것이 아니라 아버지께서 내게 맡기신 이 사람들을 위하여 간구합니다. 이 사람들은 아버지의 사람들입니다. 10 나의 것은 다 아버지의 것이며 아버지의 것은 다 나의 것입니다. 그래서 이 사람들로 말미암아 내 영광이 나타났습니다. 11 나는 이제 세상을 떠나 아버지께 돌아가지만 이 사람들은 세상에 남아 있을 것입니다. 거룩하신 아버지, 나에게 주신 아버지의 이름으로 이 사람들을 지켜주십시오. 그리고 아버지와 내가 하나인 것처럼 이 사람들도 하나가 되게 하여주십시오."

신학적 관점

핵심 단어들에 대한 신학적인 고찰이 필요하다. '영광'(1, 4, 5, 10절), 영생(2, 3절) 그리고 이것들의 결론인 '하나 됨'(11절)의 의미는 무엇인가?

우선 본문이 반복하는 이 세 개의 단어를 포괄하고 밑받침하는 '아버지'라는 용어에 대해 신학적으로 고찰해 보자. 이는 인격신의 개념이다. 이천 년 전 예루살렘 성전을 중심으로 한 유대교 신앙의 핵심은 YHWH라는 네 개의 히브리 철자로 명기되는 신의 상징 기호 대신, 이를 '아도나이'(나의 주님)라고 부를 정도로 하느님을 최상의 초월적인 존재로 인식했다. 이러한 신 인식에 기반한 중개(仲介) 신앙 성전 체제는 YHWH를 지성소 안에 가두어 놓고 사제 계급이 독점함으로 민중을 억압하고 자신들만의 기득권을 보호했다. 예수는 이 중개 신앙 성전 체제를 부수기 위한 방식으로 하느님을 '아바'(abba, 아빠)라고 부르기 시작했고, 요한은 이 정신을 핵심 신앙으로 이어받았다. 당시로서는 신앙의 혁명이었다. 그러나 기존의 성전 체제, 곧 제사장과 바리새인과 사두개인들은 이를 신성모독으로 여겼고, 사회를 뒤집는 군중소요죄에 해당되어 예수의 십자가 처형의 주요 죄목이 된다.

이러한 인격신의 개념은 신-인의 관계를 직접적이고 친밀한 관계로 만들기는 했지만, 동시에 자기들만의 아성을 쌓는 모순을 낳게 되었다. 어느 한 개인이 어떤 신을 '아빠'라 부르는 순간 그 신은 나의 가족 외의 다른 사람에게는 '다른 사람의 아버지', 곧 타인이 될 수밖에 없다. 우리말에서는 '나의 아버지'라는 말 대신에 '우리 아버지'라는 말을 사용하기에 배제가 덜할 수는 있지만, 개인화된 서구의 언어철학 세계에서 '아버지'라는 용어는 배제와 독점 신앙으로 발전할 수밖에 없다. 온 세상을 창조한 신으로서 모든 인류가 하나의 가족임을 고백하지만, 실제에 있어서 그 폐해는 지난 이천 년의 서구 기독교 제국성 그리고 오늘날 한국교회가 이웃 종교를 바라보는 오만방자한 태도가 이를 여실히 증명하고 있다. 따라서 이천 년 전의 인격체로서의 신 개념인 '아버지'라는 용어와 관련하여 오늘날에는 전혀 새로운 이해가 필요하다. 따라서 본문에서는 이러한 '아버지/어버이' 신앙 혁명에 기초하여 '영광', '영생', '하나 됨'의 의미를 재발견하는 것이 매우 중요하다.

영광(히브리어 kabod, 헬라어 doxa)은 흔히 사회적으로 인정받는 특별한 명성과 지위를 말하며, 에밀 뒤르캄이 말하듯 '사회적 황홀감에 빠지는 위대한 순간'(great moments of social effervescence)이라 할 수 있다. 그러나 요한이 말하는 1절 '아들의 영광'은 십자가 죽음을 통한 부활을 의미하기에 세속적 의미에서의 영광과는 그 뜻이 사뭇 다르며 또한 이 영광은 창세 전에 아버지와 함께 누리던 '그 영광'(5절)이다. 따라서 뒤르캄이 말하는 (사회적) 영광과도 전혀 그 의미가 다르다. 본문에서 '영광'이라는 단어와 함께 계속 강조하는 것은 예수 그리스도와 하느님 어버이가 하나였다는 사실이다. 이 하나의 관계 자체가 곧 영광이다.

결론적으로 "그들도 우리와 같이 하나가 되게 해달라고 기도하신다." 이 말의 뜻은 두 가지로 해석할 수 있다. 아들과 아버지가 하나인 것 같이 예수따르미들 또한 자기들끼리 하나 되게 해달라는 소위 에큐메니칼 정신과 아버지와 아들과 함께 그들 또한 하나가 되게 해달라고 하는 삼위일체적인 해석이다. 덧붙여 필자는 일종의 영지주의적 신비에 속하는 개념으로 요한의 '에고 에이미' 신학적 관점에서 자아 주체 신앙 강조로 이해한다.

4절의 '아버지께서 내게 하라고 맡기신 일'은 무엇이며 '완성하였다'는 의미는 무엇인가? 공관복음서는 강조점은 조금씩 다르지만, 공통된 주제는 '하느님 나라의 완성'이다. 만약 이를 본문에 적용한다면 '하느님의 나라'가 완성되었다는 의미가 되고 만다. 실현된 종말론 관점에서 본다면 이 또한 틀린 바는 아니겠지만, 정의와 평화의 관점에서 볼 때 완성되었다고 보기는 어렵다. 따라서 요한복음 저자는 하느님의 나라에 대한 이해가 공관복음서 저자들과는 다르다고 볼 수밖에 없다. 본문에서 저자 요한이 말하는 완성은 예수 그리스도가 하느님 어버이로부터 왔고, 하느님 어버이에게로 돌아가시어 다시금 하나가 되셨다는 일종의 영적 깨달음이다.

목회적 관점

9절의 "예수께서 세상이 아닌 소수의 선택된 자들의 구원을 위해 기도한다"는 말씀은 3장 16절에서 강조하는 세상 구원과는 반대되는 개념으로 들린다. 그러나 이는 11절에서 선택된 자들이 세상 속에 있음을 강조함으로 선택된 자들의 구원이 세상 구원과는 별개가 아님을 말한다. 이 상관관계를 일종의 변증법으로 설명할 수는 있겠다. 곧, 하늘의 교회와 땅의 세상은 정(正)과 반(反)으로 상반 관계에 있지만, 교회는 하늘의 부름을 따라 세상의 변혁을 위해 존재하기에 이는 언제나 합(合)의 단계로 나아갈 수밖에 없다. 그러나 합이 되는 순간 권력 지향의 세상은 다시금 교회를 핍박한다. 이러한 변증법의 단계는 계속 반복된다. 따라서 목회자는 교회 성장에 관심할 수밖에 없지만, 이 성장은 교인들이 세상의 소금과 빛의 역할을 감당하도록 하기 위한 변혁을 향한 성장임을 잊지 말아야 할 것이다.

주석적 관점

하나 됨을 강조한 '그들'은 구체적으로 누구인가? 아버지께서 예수에게 요한 공동체 안의 사람들인가? 다른 모든 그리스도 공동체를 포함하는 말인가? 아니면 세상 모든 사람을 포함한 말인가? 2절의 '모든 사람들'은 세상 사람들을 지칭하는 것처럼 보인다. 그러나 6절 '세상에서 택하셔서'라는 말은 예수를 알고 따르는 자들로 제한하고 있다. 8절과 10절은 이를 더욱 한정하고 있어 요한 공동체 구성원들을 두고 한 말로 보인다.

설교적 관점

구원은 영원한 생명, 곧 영생으로 귀결된다. 그런데 본문은 이를 지상에서의 죽음 후 미래에 누리는 삶으로 이해한다. 4절은 하느님을 알고 예수 그리스도를 '아는 일', 곧 현재에서 성취되는 일이라고 말한다. 따라서 여기서 안다는 것은 지적 측면이 아니라 친밀성을 강조하는 관계적인 용어(야다, 히)임을 알 수 있다. 요한복음은 하느님과 예수 그리스도의 본체를 사랑으로 설명한다(3:16). 따라서 하느님을 안다는 것은 그의 사랑의 힘에 사로잡혀 그의 말씀을 기쁨으로 지키게 된다(6절). 곧, '앎과 삶의 일치'가 일어난다. 이 점이 당시의 영지주의자들과는 달리 요한 공동체가 주류 사회로부터 핍박을 받고 추방을 당한 이유다.

특정절
(성령강림절)

성령강림주일

민 11:24-30; 시 104:24-34, 35b; 행 2:1-21; 요 7:37-39

민수기 11:24-30

24 모세는 백성에게로 나아가 야훼의 말씀을 전하고 백성 가운데서 나이 많은 장로 칠십 명을 불러 모아 장막 주위에 둘러 세웠다.

25 야훼께서는 구름 속으로 내려오시어 모세와 말씀하시고, 그에게 내리셨던 영을 칠십 장로들에게도 나누어주셨다. 영이 그들에게 내려 머물자 그들은 입신하였다. 그러나 다시는 그런 일이 일어나지 않았다.

26 그런데 장로 명단에는 올라있는데 성막으로 가지 않고 진중에 남아 있던 사람이 둘 있었다. 그 한 사람의 이름은 엘닷이요, 또 한 사람의 이름은 메닷이었다. 그들에게도 같은 영이 내려 진중에서 입신하였다.

27 한 젊은이가 모세에게 달려와 엘닷과 메닷이 진중에서 입신하고 있다고 보고하였다.

28 젊었을 때부터 모세를 섬겨온 눈의 아들 여호수아가 아뢰었다. "우리의 영도자여, 그대로 두어서는 안 되십니다."

29 모세가 그를 타일렀다. "너는 지금 나를 생각하여 질투하고 있느냐? 차라리 야훼께서 당신의 영을 이 백성에게 주시어 모두 예언자가 되었으면 좋겠다."

30 모세는 이스라엘 장로들과 함께 진중으로 돌아왔다.

신학적 관점

본문은 영(靈) 활동의 본질과 종교적 권위의 근본에 대한 신학적인 질문을 던지고 있다. 왜냐하면 두 곳에서 동시에 일어난 영적 활동은 모세의 지도력이 도전받는 상황을 보여주는데, 이는 오늘날의 교회에서도 가끔 일어나는 영과 권위의 관계를 설명하기 때문이다. 모세를 YHWH께서 인정하는 지도자로 알고 따랐던 여호수아는 모세가 인정한 70명의 장로 그룹에 속하지 않은 엘닷과 메닷의 예언을 잘못된 일로 여겼다. 그런데 모세는 오히려 이를 인정했다.

곧, 영을 세속 권위보다 높은 것으로 인식한 것이다. 이는 제도 종교와의 차이를 드러낸다.

목회적 관점

합법과 비합법은 어떻게 판단되는가? 기준은 무엇인가? 하느님인가? 목사인가? 아니면 주류인가? 민주주의 제도하에서의 합법과 비합법은 자주 투표에 의해 결정되는데, 그게 한 표일 경우도 있다. 사회적으로 매우 중요한 이슈도 (헌법)재판관들에 의해 결정되는데, 이 또한 한 표가 모든 것을 결정할 때가 많다. 그리고 시간이 흘러 재판관이 바뀌면 이 결정 또한 뒤집히는 경우가 생긴다. 결국 오늘의 합법이 내일에서는 비합법이 되거나 오늘의 비합법이 내일에는 합법이 된다. 오늘 본문의 말씀은 모세로 대변되는 목회자 중심의 교회 운영에 어떻게 적용할 수 있을까? 본질적으로 하느님의 영은 목회자의 지도력 통제 너머에 있다. 목회자들이 좋아하는 성서 구절은 민수기 12장의 아론과 미리암이 모세를 비판했을 때 일어난 일이다. 목회자들이 진정 관심해야 할 구절은 모세가 자기 통제 밖에서 일어난 사건, 어쩌면 자신을 비판하는 사람들 가운데 일어난 일을 하느님의 사건으로 받아들였다는 것이다(29절).

주석적 관점

본문은 모세가 자신의 일을 감당할 수 없어 하느님께 호소하자 그의 지도력을 함께 짊어질 70명의 장로와 함께 하느님 앞에 섰을 때 일어난 일이다. 그런데 엘닷과 메닷이 본래 명단에 있었다면 전체가 72명이었다는 얘기인지, 아니면 70명에 속했는데 가지 않았다는 것인지 문맥상 분명하지 않다. (제1성서에서 장로 그리고 누가복음에서 사도를 언급할 때, 70과 72라는 숫자는 필사본에 따라 혼용되어 나타난다. 70인역에서는 72인으로, 누가복음 10장 1절은 개역개정의 경우 70제자, 표준새번역의 경우 72제자 파송으로.)

설교적 관점

오늘 본문은 사도행전 2장의 성령강림 사건과 함께 주어져 있다. 마가의 다락방에 모인 숫자 120명은 당시 유대교 혹은 유대 민족의 전체에 비하면 매우 보잘것없는 소수였고 비주류였다. 그렇다면 마가 다락방의 성령강림 사건은 본문에서는 모세와 함께했던 주류의 70명이 아닌 비주류의 엘닷과 메닷에 비유된다. 이는 제1성서가 당시 주류인 애굽, 앗시리아, 바빌론, 페르시아, 희랍제국에 맞선 비주류 유대 민족의 해방 사건인 것과 같이, 비주류 엘닷과 메닷을 드러내기 위한 '탈(脫)모세' 혹은 '반(反)여호수아'의 이야기일 수도 있다. 이런 관점에서 70명의 예언은 그때 단 한 번만으로 끝났다고 말하는 반면, 두 사람의 예언에 대해서는 이런 부정적 언급이 없다는 점이 이해된다.

시편 104:24-34, 35b

24 야훼여, 손수 만드신 것이 참으로 많사오나 어느 것 하나 오묘하지 않은 것이 없고 땅은 온통 당신 것으로 풍요합니다.

25 저 크고 넓은 바다, 거기에는 크고 작은 물고기가 수없이 우글거리고

26 배들이 이리 오고 저리 가고 손수 빚으신 레비아단이 있지만 그것은 당신의 장난감입니다.

27 때를 따라 주시는 먹이를 기다리며 이 모든 것들은 당신을 쳐다보다가

28 먹이를 주시면 그것을 받아먹으니, 손만 벌리시면 그들은 배부릅니다.

29 그러다가 당신께서 외면하시면 어쩔 줄을 모르고 숨을 거두어들이시면 죽어서 먼지로 돌아 가지만,

30 당신께서 입김을 불어 넣으시면 다시 소생하고 땅의 모습은 새로워집니다.

31 야훼의 영광은 영원하소서. 손수 만드신 것 야훼의 기쁨 되소서.

32 굽어만 보셔도 땅은 떨고 다치기만 하셔도 산들은 연기를 뿜는구나.

33 나는 한평생 야훼를 노래하리라. 숨을 거둘 때까지 악기를 잡고 나의 하느님을 노래하리라.

34 나의 이 노래가 그에게 기쁨이 되었으면 좋으련만. 나는 야훼님 품 안에서 즐겁기만 하구나!

35b 내 영혼아, 야훼를 찬미하여라. 할렐루야.

사도행전 2:1-21

1 마침내 오순절이 되어 신도들이 모두 한곳에 모여 있었는데

2 갑자기 하늘에서 세찬 바람이 부는 듯한 소리가 들려오더니 그들이 앉아 있던 온 집안을 가득 채웠다.

3 그러자 혀 같은 것들이 나타나 불길처럼 갈라지며 각 사람 위에 내렸다.

4 그들의 마음은 성령으로 가득 차서 성령이 시키시는 대로 여러 가지 외국어로 말을 하기 시작하였다.

5 그때 예루살렘에는 세계 각국에서 온 경건한 유다인들이 살고 있었다.

6 그 소리가 나자 많은 사람들이 몰려들었다. 그리고 사도들이 말하는 것이 사람들에게는 저마다 자기네 지방 말로 들리므로 모두 어리둥절해졌다.

7 그들은 놀라고 또 한편 신기하게 여기며 "지금 말하고 있는 저 사람들은 모두 갈릴래아 사람들이 아닌가!

8 그런데 우리는 저 사람들이 하는 말을 저마다 자기가 태어난 지방의 말로 듣고 있으니 어찌 된 셈인가?

9 이 가운데는 바르티아 사람, 메대 사람, 엘람 사람이 있는가 하면 메소포타미아, 유다, 갑바도기아, 본도, 아시아에서 온 사람들도 있고

10 프리기아, 밤필리아, 이집트, 또 키레네에 가까운 리비야의 여러 지방 사람들도 있다. 그리고 로마에서 나그네로 온

11 유다인들과 유다교에 개종한 이방인들이 있고 그레데 사람들과 아라비아 사람들도 있다. 그런데 저 사람들이 지금 하느님께서 하신 큰 일들을 전하고 있는데 그것을 우리는 저마다 자기네 말로 듣고 있지 않은가?" 하고 말하였다.

12 이렇게 모두 놀라고 어안이 벙벙하여 "도대체 어찌 된 영문인가?" 하며 웅성거렸는데

13 그중에는 "저 사람들이 술에 취했군!" 하고 빈정거리는 사람들도 있었다.

14 그때 베드로가 다른 열한 사도들과 함께 일어서서 군중을 보고 큰소리로 이렇게 말했다. "유다 동포와 예루살렘 시민 여러분, 내가 하는 말을 귀담아듣고 잘 생각해 보십시오.

15 지금 시각이 아침 아홉 시인데 어떻게 술에 취했다고 생각하십니까? 이 사람들은 술에 취한 것이 아닙니다.

16 이것은 예언자 요엘이 예언한 대로 된 것입니다.

17 '하느님께서 말씀하신다. 마지막 날에 나는 모든 사람에게 나의 성령을 부어주리니 너희 아들 딸들은 예언을 하고 젊은이들은 게시의 영상을 보며 늙은이들은 꿈을 꾸리라.

18 그때에는 나의 남종에게도 여종에게도 나의 성령을 부어주리니 그들도 예언을 하리라.

19 나는 하늘 높은 곳에서 표징을 보이며 땅에서 기적을 행하리니 피와 불과 짙은 연기가 일고

20 해는 빛을 잃어 어두워지고 달은 피와 같이 붉어져 마침내 크고 영광스러운 주의 날이 오리라.

21 그때 주의 이름을 부르는 자는 구원을 받으리라.'"

신학적 관점

일명 성령행전이라고 불리는 사도행전은 초대교회의 시작과 더불어 선교 현장 곳곳에서 사도들을 움직이는 하늘의 기운으로 임한다. 자유와 해방 그리고 변혁의 영으로 당시에는 철벽과도 같았던 유대인과 이방인, 주인과 종의 경계를 허물고, 남성과 여성, 젊은이와 늙은이의 경계를 넘는다. 본문은 사도행전에서 앞으로 일어날 모든 성령의 역사의 첫 장을 연다. 본문에서의 방언(放言)은 지방 언어 혹은 경계 밖의 언어로 (유대 사회의 비주류였던) 제자들을 통해 소통과 화해, 일치의 역사가 일어난 것을 말한다. 바벨탑 사건으로 인한 지역과 민족 간의 분리가 깨어지고 하나의 인류로 거듭나는 새로운 창조 사건이다. 그리하여 초대교회는 많은 기적을 일으키며 가진 소유를 함께 나누는 평등 경제 공동체가 되고 주위 사회로부터 놀라움을 불러일으키면서 크게 성장한다(2:42). 그러나 이는 후에 통역 없이는 이해되지 않는 하늘의 신비한 언어 혹은 이상한 언어라는 뜻으로 변형되면서 오히려 교회 공동체 내에 분란의 소재가 된다(고전 12, 14장).

목회적 관점

교회의 생명은 성령의 역사에 달려 있다. 이는 인간의 이성을 뛰어넘는 하늘의 힘이지만, 동시에 이는 인간 감정을 강하게 불러일으킴으로 인해 때로 질서가 깨어지기에 진위 판단의 구별이 쉽지가 않다. 칼뱅은 성령강림 사건을 '만인 제사장' 사건으로 해석한다. 그러나 본회퍼가 말한 대로 이는 '값싼 은혜'라는 신앙 타락을 불러오기도 한다. 바울은 갈라디아서에서 성령의 아홉 가지 열매를 강조한다(5:22-23).

주석적 관점

"혀 같은 것들이 나타나 불길처럼 갈라지며." 불과 혀는 인간의 다양한 언어를 상징하는 표현이다. 곧, 인간의 오만을 드러내는 바벨탑 사건(창 11장)으로 인한 인종 간의 분리가 소통의 현장으로 변혁함을 말한다. 이성을 억누르는 인간 감정의 고조(高潮)인 황홀경의 상태를 의미하지 않는다.

신학자 허만 웨첸(Herman Waetjen)에 따르면 로마 시대 동전에 황제의 머리 위에 '불이 갈라지는 혀'의 모습이 새겨져 있었는데, 이는 신의 아들임을 상징한다. 그렇다면 이 표현은 황제 숭배에 대한 거부와 반제국으로서의 저항을 뜻하는 정치적 언어로 읽힌다(*Feasting*, 17).

설교적 관점

'마지막 날'(17절)이라고 하는 종말론적 신앙이 있을 때, 신앙에 새로운 변혁이 일어난다. 설교는 때의 임박함을 알리는 하늘의 소리다. 본래 오순절은 보리의 첫 수확을 제단에 드리는 감사의 절기였다. 달리 말하면 인간의 풍요와 안전을 뜻하는 절기였다. 그런데 이는 성령강림을 통해 때의 임박함을 드러내는 절기로 바뀌었다. 오늘날 사람들은 부의 축적을 통해 안전을 추구하고 물질 욕망 충족으로 말미암아 종말의 때에 대한 위기의식을 잃어버렸다. 죄의 회개와 용서의 선언은 하나의 형식적인 예배 의식으로 자리 잡고 말았다. 베드로의 설교를 들은 사람들은 이렇게 물었다. "그러면 우리는 어떻게 하면 좋겠습니까?" 설교는 듣는 이들로 하여금 이런 질문을 갖도록 하여야 한다.

할 수 있다면 교인들로 하여금 본문을 다양한 언어로 낭독하게 하는 것도 좋겠다.

요한복음 7:37-39

37 그 명절의 고비가 되는 마지막 날에 예수께서는 일어서서 이렇게 외치셨다. "목마른 사람은 다 나에게 와서 마셔라.
38 나를 믿는 사람은 성서의 말씀대로 그 속에서 샘솟는 물이 강물처럼 흘러나올 것이다."
39 이것은 예수께서 당신을 믿는 사람들이 받을 성령을 가리켜 하신 말씀이었다. 그때는 예수께서 영광을 받지 않으셨기 때문에 성령이 아직 사람들에게 와 계시지 않으셨던 것이다.

신학적 관점

공관복음서에서 예수는 생애 마지막 중에 딱 한 번 성전에 올라가 성전 숙청을 단행함으로 십자가 죽음을 맞이하지만, 요한복음에서 예수는 세 번의 유월(과월)절을 지낸다. 7장의 배경은 또 다른 축제인 장막절이다. 예수는 네 번 죽음의 위협을 당하고 있음을 언급하고, 세 번 체포에 대해 언급한다. 7장은 요한복음 전체에서 가장 위급함을 알리는 장이다. 이런 위급한 상황을 반영하듯, 본문은 '가장 중요한 날인 마지막 날'의 외침으로 시작한다.

요한복음에서 성령은 이 땅의 예수를 대신하는 다른 보혜사의 영으로 서술된다(14:16). 그래서 성령이 아직 오지 않았다고 말한다. 그러나 세례 요한의 증언을 통해 예수에게 성령이 이미 임했음을 말한다(1:32). 곧, 예수에게는 임했지만, 아직 제자들에게는 임하지 않았다고 말한다. 예수를 믿는 사람은 "생수가 강처럼 흘러나올 것이다"라고 선언하지만, 아직 십자가의 영광을 받기 전으로 "성령이 아직 오지 않았다"고 말한다. 목마른 사람에게 마시라고 외치지만, 아직 오직 않았다고 얘기한다. '이미 여기, 그러나 아직'이라는 실존/종말론적 신앙이다. 이는 신앙의 신비이자 신학적인 모순이다.

저자 요한은 물과 관련한 신학적인 상징성을 중요하게 여긴다. 세례 요한은 예수를 보고 자신은 물로 세례를 주지만, 그는 성령으로 세례를 베푸신다고 말한다. 첫 번째 이적은 물로 포도주를 만든 것이다. 니고데모의 대화 가운데서는 '모태'를 언급한다. 모태는 새로운 생명이 형성되는 양수로 차 있는 곳이다. 우'물'가 사마리아 여인과의 대화에서 이 여인은 영적 목마름이 채워지자 '물'동이를 버려두고 마을로 들어가 메시아를 만났다고 외친다. 예수는 십자가 최후의 순간, '물과 피'를 흘린다. 예수는 유대 백성들이 광야의 메마름을 경험하는 자리에서 자신을 통한 생수가 넘치는 강을 언급한다.

목회적 관점

목마른 사람이란 영적인 생명력, 곧 삶의 활기를 잃어버린 사람을 말한다. 주위 사람들에게 피해를 주며 가시 돋친 말과 행동을 하는 메마른 영혼을 말한다. 목회는 이런 영적 욕망을 충족시켜 주는 행위다. 그런데 말을 물가로 이끌어 갈 수는 있지만, 억지로 먹일 수는 없다. 그런 의미에서 자신을 스스로 성찰하도록 이끄는 목회자의 모범이 중요하다.

주석적 관점

7-8장은 성전이 중심이 되는 유대교의 축제일인 장막절을 맞아 예수께서 전하신 말씀이다. 이는 유대 조상들의 광야 생활을 기념한다. 역사가 요세푸스는 이 절기가 가장 중요한 절기였다고 말하고, 솔로몬은 이 절기 기간에 성전을 봉헌한다(왕상 8:2).

38절의 '배'(koilia)는 문자로 '모태'를 뜻한다. 니고데모와의 대화에서 하느님의 사람으로 거듭남을 체험하게 하는 중요한 단어다.

설교적 관점

사람들은 목말라한다. 돈, 명예, 권력, 인간관계 등에 대해서. 이에 이사야 선지자는 외친다. "어찌하여 돈을 써가며 양식도 못 되는 것을 얻으려 하느냐?"(55:2) 예수 그리스도는 사람의 물질 욕망 충족을 채워주시는 분이 아니다. 근본이 되는 영혼의 목마름을 채우시는 분이다.

삼위일체주일

창 1:1-2, 4a; 시 8; 고후 13:11-13; 마 28:16-20

창세기 1:1-2, 4a

1 한 처음에 하느님께서 하늘과 땅을 지어내셨다.

2 땅은 아직 모양을 갖추지 않고 아무것도 생기지 않았는데, 어둠이 깊은 물 위에 뒤덮여 있었고 그 물 위에 하느님의 기운이 휘돌고 있었다.

4a 그 빛이 하느님 보시기에 좋았다.

신학적 관점

성서의 첫 선언인 하느님의 창조 사건은 오늘날 자연과학에서 말하는 역사적 실체로서의 창조와는 그 출발이 근본적으로 다르다. 과학은 우주 창조의 과정(how)을 묻지만, 성서는 하느님과 피조물의 관계(why)에 관해 묻는다. 혼돈(chaos)과 공허(bottomless)에서 빛으로 대변되는 창조는 "보시기에 좋았다!"는 한마디로 압축되었다. 어쩌면 혼돈과 공허는 오늘날 과학에서 말하는 빅뱅(Big Bang) 혹은 블랙홀(Black Hole)과 흡사하다. 그러나 과학은 결코 좋다, 나쁘다를 말하지 않는다. 물론 본문의 '보시기에 좋았다' 또한 어떤 윤리적 기준이나 미적 기준에서 말하는 것은 아니다. 창조주와 피조물의 결코 분리될 수 없는 하나 된 관계를 뜻한다.

삼위일체 신학적 관점에서 볼 때, 제3위인 '하느님의 영'은 태초부터 하느님과 인간 사이의 관계의 영으로 존재하고 있었으며(2절), 제2위 또한 태초부터 '말씀'으로 창조 사건에 개입하고 있다(3절). 이를 요한복음 저자는 그의 첫 문장(로고스)

에서 분명하게 선언한다. 전통적으로 삼위일체 신학에서는 성자를 '빛'으로 이해한다. 이 경우 성자는 하나의 피조물이 된다("빛이 생겼다")는 신학적인 모순이 생긴다. 말씀과 빛을 하나로 묶을 때 이 모순을 벗어날 수 있을 것이다. 이 이상의 논의는 필자의 능력 밖에 있다.

목회적 관점

목회는 철저하게 신학의 뿌리 위에 서 있어야 하는데, 삼위일체 개념을 현대 목회에 적용하거나 분석하기를 좋아하는 현대인들에게 이 교리를 설명하기는 쉽지 않다. 삼위일체는 초대교회 시작 이래 3세기 교리신학의 기본이 되었다. 아타나시우스 이래 니케아, 사도신조를 통해 모든 그리스도인은 '인격에 있어 혼돈되지 아니하고 본질에 있어 구분되지 아니한 삼위일체 한 분 하느님'을 예배한다. 성부, 성자, 성령 하느님이 한 분이시라는 명제는 이성과 논리로는 설명되지 않는 영적 통찰로만 이해되는 신비다. (필자는 아버지와 아들 대신 양성평등 언어인 '어버이'와 '자녀'를 선호하지만, 삼위일체 신학에서 성령을 성부 아버지의 영에 대비하는 '어머니의 영'으로 이해하는 경우가 많고, 역사적 예수 또한 남성이기에 성자로 표기할 수밖에 없다는 한계가 있다.)

주석적 관점

히브리어 용법에서 '태초부터'는 시간적 용어가 아니라 관계적 용어다 (*Feasting*, 29).

하느님으로 번역된 히브리어 '엘로힘'(elohim)은 '엘'의 복수형이다. 본문에서 엘로힘은 세 개의 동사 '창조하다', '머물다', '보다'와 연계된다.

'혼돈과 공허'(tohu wabohu, 히)라는 단어는 창세기 1장이 바빌론 포로기에 최종 편집되었다는 역사적 사실을 고려할 때 매우 흥미로운 이해를 불러일으킨다. 창세기 1장의 창조 사건은 안식일(Shabbath) 제정으로 완성된다. 창세기 1장은 태초부터 계셨다는 선언을 통해 유대 민족의 엘로힘 신은 바빌론의 마르둑(Marduk) 신보다 더 뛰어난 신임을 선포한다. 이후 창조를 전개하고 사람을 만드는데, 남녀가 똑같이 '하느님의 형상'으로 지음을 받았음을 선포한다. 곧, 이들 또한 하느님의 자녀로 쉬어야 한다는 당위성을 말하고 있다. 당시 유대 민족이 노예로 살아가던 상황을 고려한다면, 이는 자유와 평등의 인권선언이다. 다시 말해 창세기 1장은 '창조'보다는 '인간 해방'에 그 방점이 놓여 있다. 바빌론의 아트라 하시스(Atra-hasis) 창조 서사시에도 사람 창조 이야기가 있다. 그러나 저들의 목적은 사람을 자신들의 몸종, 신탁의 시중꾼으로 삼는 것이다. 곧, 지배 권력자를 위한 정당화로 이용한다.

NRSV는 2절에서는 전통적인 'hover'(머물다) 혹은 'brood'(품다)라는 단어 대신 'swept'(휩쓸다)로 번역했는데, 해방의 관점에서 보면 매우 타당한 번역이다.

설교적 관점

성서는 하느님이 누구신지 그리고 이 하느님께서 그리스도와 성령을 통해 어떻게 일하시는지를 설명하는 책이다. 역사적으로 본다면 출애굽 해방 사건과 아브라함의 축복 사건이 중심이지만, 이는 지역과 민족에 국한한 하느님을 말한다. 본문은 우주의 하느님으로서 태초부터 계시는 초역사성과 모든 자연의 생명체를 품는 전체 포괄성을 말한다. 유일신 신앙은 자칫 잘못하면 유일 민족 신앙 혹은 유일 종교 신앙으로 발전하여 배제와 차별의 신이 되고 만다. 인간 중심에서 모든 생명체가 함께 살아가는 지구 생명 공동체의 사상으로 전개해 가야 한다.

헨리 나우엔은 *Behold the Beauty of the Lord*에서 삼위일체(Trinity)를 사랑의 공동체(Community of Love)와 사랑의 집(House of Love)으로 설명한다. 거기에는 일절 공포나 욕망이나 분노나 걱정이나 고통이 전혀 없는 오직 영원한 사랑과 깊은 신뢰만이 존재하는 곳으로, 그는 영원토록 그곳에 거한다고 말한다.

14세기 독일 신비주의자 마이스터 에크하르트는 성부 하느님이 웃으시자 아들이 태어났고, 아버지와 아들이 웃으시자 성령이 태어났고, 세 분이 함께 웃으시자 인간이 태어났다고 말한다. 그에게 있어 삼위일체의 신비는 우주의 중심에 가득 차 있는 '웃음'이다.

시편 8

1 야훼, 우리의 주여! 주의 이름 온 세상에 어찌 이리 크십니까! 주의 영광 기리는 노래 하늘 높이 퍼집니다.
2 어린이, 젖먹이들이 노래합니다. 이로써 원수들과 반역자들을 꺾으시고 당신께 맞서는 자들을 무색케 하셨습니다.
3 당신의 작품, 손수 만드신 저 하늘과 달아 놓으신 달과 별들을 우러러보면
4 사람이 무엇이기에 이토록 생각해 주시며 사람이 무엇이기에 이토록 보살펴 주십니까?
5 그를 하느님 다음가는 자리에 앉히시고 존귀와 영광의 관을 씌워 주셨습니다.
6 손수 만드신 만물을 다스리게 하시고 모든 것을 발밑에 거느리게 하셨습니다.
7 크고 작은 온갖 가축과 들에서 뛰노는 짐승들이며
8 공중의 새와 바다의 고기, 물길 따라 두루 다니는 물고기들을 통틀어 다스리게 하셨습니다.
9 야훼, 우리의 주여! 주의 이름 온 세상에 어찌 이리 크십니까!

고린도후서 13:11-13

11 형제 여러분, 그러면 안녕히 계십시오. 온전하게 되기를 힘쓰며 내 권고를 귀담아들으십시오. 그리고 뜻을 같이하여 평화롭게 사십시오. 그러면 사랑과 평화의 하느님께서 여러분과 함께 계셔주실 것입니다.
12 거룩한 입맞춤으로 서로 인사하십시오. 모든 성도가 여러분에게 문안합니다.
13 주 예수 그리스도의 은총과 하느님의 사랑과 성령께서 이루어주시는 친교를 여러분 모두가 누리시기를 빕니다.

신학적 관점

축도(축복기도)의 정형은 삼위일체에 기반한다. 바울은 자기 자랑으로 인해 분열의 위기 속에 처해 있는 고린도교회에 보낸 편지 말미에서 하느님과 예수 그리스도와 성령의 하나 됨이 사랑과 평화를 통해 이루어지고 있음을 선언한다.

최근의 삼위일체 신학은 철학과 교리적 관점(Deity)에서 인간의 이웃과 자연에 관한 사회적 삼위일체(the social Trinity) 개념으로 전환하고 있다. 삼위일체란 하느님은 본성에 있어 사회적(관계적)임을 말하듯이, 하느님의 형상으로 지음 받은 인간 또한 사회적(인간은 사회적 동물)이다. 성서는 삼위의 하느님이 각각 인간 구원을 위해 한 분으로 활동하셨음을 말하고 있다.

목회적 관점

바울은 그가 개척한 고린도교회가 여러 분파로 갈리고 그의 사도권을 부정하는 다른 복음 전도자들로 인해 많은 문제를 갖게 되었다. 이를 마음 아파한 바울은 여러 차례 서신을 보낸 바 있고, 적어도 두 차례 방문한 적이 있었지만, 또다시 곧 찾아갈 것을 약속하면서 저들이 분열됨은 예수 그리스도의 몸이 찢어지는 것이라는 사실을 인식시킨다.

축도는 목사들만의 점유물이 아닌 교우들끼리 서로를 향해 베푸는 교인 됨의 특권이다(참조. '왕 같은 제사장'). 필자는 향린교회 부임 이후 2005년부터 본문에 의거한 교인 전체가 참여하는 공동 축도를 시행하여 오고 있다.

주석적 관점

입맞춤(kiss)은 오늘날 사랑하는 남녀 간에 일어나는 에로틱한 입맞춤이 아닌 서로의 목을 엇갈리며 포옹하는 중동식의 인사를 말한다. 목맞춤이 더 정확한 표현이다. 필자는 요르단 호텔에서 진행되는 결혼식에 참석한 사람들이 서로 인사하는 장면을 목격한 적이 있다. 보통은 세 번 목을 엇갈리며 목맞춤을 하는데, 아주 반가운 경우 일곱 번까지 하는 것을 보았다(예, 야곱이 형 에서에게 나아갈 때, 창 33:3).

설교적 관점

보통은 축복기도를 13절만 하는데, 가끔 11-13절 전체를 하는 것도 좋겠다. 삼위일체가 이해하기 어려운 딱딱한 교리가 아닌 인간 구원을 향한 축복의 주체로서 믿는 자들에게 어떻게 하나로 역사하는지를 잘 말해준다.

마태복음 28:16-20

16 열한 제자는 예수께서 일러주신 대로 갈릴래아에 있는 산으로 갔다.
17 그들은 거기에서 예수를 뵙고 엎드려 절하였다. 그러나 의심하는 사람들도 있었다.

18 예수께서는 그들에게 가까이 오셔서 이렇게 말씀하셨다. "나는 하늘과 땅의 모든 권한을 받았다.

19 그러므로 너희는 가서 이 세상 모든 사람들을 내 제자로 삼아 아버지와 아들과 성령의 이름으로 그들에게 세례를 베풀고

20 내가 너희에게 명한 모든 것을 지키도록 가르쳐라. 내가 세상 끝날까지 항상 너희와 함께 있겠다."

신학적 관점

성서에서 삼위일체를 보여주는 구절은 매우 드물다. 본문은 4세기에 전개된 아리우스와 아타나시우스의 삼위일체 논쟁과는 다른 것으로 마태 공동체가 세례식에서 선포했던 말씀이다. 하늘과 땅을 지배하시는 창조주 하느님과 역사 안에 임재하신 구원 주 예수 그리스도와 끝 날까지 동행하시는 성령의 현존을 고백하고 있다.

목회적 관점

만약 세 사람에게 세례를 베풀 때 각각 한 분의 이름으로만 세례를 베푼다면 어떤 일이 생길까? 신학적인 논쟁은 가능하지만, 세례 자체가 무효화되는 것일까? 시간이 흐른 후에 세 사람의 신앙에 어떤 차이가 드러나게 되는 것일까? 삼위일체라면 한 분의 이름 속에 다른 두 분의 이름이 자동으로 포함되는 것이라 말할 수 있지 않을까?

주석적 관점

부활 예수는 갈릴리에 나타나 제자들에게 세계를 향한 선교 명령을 내리신다. 마태의 마지막 장면이다. 17절 "그러나 의심하는 사람들도 있었다"는 구절은 무엇을 말하는가? 열한 제자 중에 몇 사람이나 의심하고 있었던 것일까? 왜 의심이 생겼을까? 부활 이전의 예수와는 뭔가 다른 모습을 띠고 있었기 때문인가? 아니면 마태 공동체 사람들 가운데 의심하는 사람이 있음을 반영하는 후대의 반영인가?

'의심하다'라는 동사는 제2성서 전체에서 이 구절을 제외하면 마태복음 14장 31절에 나온다. 이는 베드로가 물에 빠졌을 때, 예수께서 손을 내밀어 붙잡으시며 하신 말씀이다. 일반적 의미의 '의심'이 아닌 절체절명의 순간 모든 것을 내어 맡기지 못하는 신뢰의 부족함을 두고 하는 말이다.

스퐁 신부는 네 개 복음서의 부활 기사가 서로 상충하고 있음을 자세히 설명한 후 부활 이야기를 이렇게 정리한다:

마태는 우리의 시선을 문자적 표현의 한계를 넘어, 인간 존재의 가능성을 제한하는 모든 경계를 무너뜨린 사람에 대한 해석된 초상화를 볼 수 있도록 이끌어준다(존 쉘비 스퐁/변영권 옮김, 『마태복음: 유대인 예배력에 따른 예수의 의미』, 한국기독교연구 소, 2020, 410).

전통적으로 본문은 이방인들을 위한 대위임(the Great Commission, 지상선교 명령)이라고 부른다. 이는 마태의 의도를 제대로 이해하지 못한 해석이라고 스퐁 신부는 비판한다:

부활한 그리스도는 모든 민족에게 가라고 명한다. 너희가 하느님의 사랑의 경계선 바깥에 있다고 정의했던 사람들에게 가라. 너희가 거부하기로 결심한 사람들에게 가라. 너희가 부적합하다고 판단했던 사람들에게 가라, 할례받지 않고, 불결하며, 구원받지 못했고, 세례받지 않은, 너희와 다른 사람들에게 가라. 네 자신의 안전 욕구 너머로 가라. 너희를 위협하는 자들에게 가라. 그들을 인류 가족의 일원으로 받아들여라. 그들이 너와 함께 예수의 제자가 되게 하라. 그들을 하느님의 신비를 향해 걷는 순례의 동반자로 받아들여라. 하느님의 무한한 사랑, 우리 모두를 받아들이는 사랑의 좋은 소식을 선포하라. 이러한 경험의 능력 속에서 너희의 두려움이 사라지게 하라. 그리고 그런 두려움들이 사라질 때, 너희의 불안과 편견, 경계선들에도 작별을 고하게 될 것이다. 인류 공동체에는 모든 이들을 위한 자리가 있다. 그와 같은 진리를 실천하는 법을 배워라. 하느님의 사랑에서 소외되는 사람이란 없다. 이것이 바로 예수의 대위임의 의미이다(『마태복음: 유대인 예배력에 따른 예수의 의미』, 418-419).

설교적 관점

초대교회 세례식에서 세 분을 언급하는 일이 지금 우리가 말하는 삼위일체 신학이나 교리와는 전혀 다른 차원의 일임은 분명한데, 그렇다면 저들은 왜 세 분(인격)을 동시에 언급하지 않으면 안 되었던가? 마태는 특별히 유대인 그리스도인들을 대상으로 복음을 얘기하였다. 그렇다면 이는 유대교의 유일신 신앙에 결코 위배되지 않는다는 것을 의미한다. 어쩌면 이는 세 분의 하느님이 각각 달리 있다기보다는 우리 인간의 신 이해가 과거, 현재, 미래라는 시간의 단위에 매여 있기 때문은 아닌가? 어거스틴은 세 분을 나무에 비유하여 뿌리, 기둥, 가지로 설명한 바 있다. 삼위일체 신학자들은 흔히 목사들이 예로 드는 물이 액체와 기체와 고체라는 세 가지 형태로 존재한다는 설명이나 한 사람이 처한 상황에 따라 세 가지의 서로 다른 직임을 갖게 된다는 설명에 대해서 반대한다. 왜냐하면 삼위일체 신학은 훨씬 더 복잡하고 다양한 신앙의 세계를 품고 있을뿐더러, 인간 이해를 넘어서는 신비의 영역에 속하여 있기 때문이다.

외르크 리거(Joerg Rieger)는 역사에 기초하여 삼위일체 교리에 대한 전혀 다른 해석을 내놓는다. BCE 325년 콘스탄티누스황제는 나라를 분열의 위험으로 빠트릴 수 있는 교리 논쟁을 끝내기 위해 니케아공의회를 소집했고, 그 회의에 필요한 자금도 후원했다. 로마제국의 주교들이 모였고, 콘스탄티누스는 공의회를 주재했다. 그는 아타나시우스의 예수는 완전한 하느님이라는 주장에 편을 들었다. 그게 신의 아들로 불리는 황제 자신에게 유리했다. 그리하여 예수는 제국의 가치 체계를 떠받드는 보증인이 된다. 그런데 후에 콘스탄티누스는 니케아 신경의 중요한 요소들을 버리고, 임종을 앞두고는 반대파인 아리우스파 감독에게 세례를 받는다. 이는 무엇을 말하는가? 곧, 예수가 신의 영역으로 추앙받는 대신에 하느님이 인간의 영역으로 내려온 사실에 역점을 둔 것이다.

이 경우에 하느님의 권능은 제국의 전능함을 거부한다. 왜냐하면 하느님의 전능함은 예수의 섬김(resilient service)과 깊은 연대의 관점에서 이해된다. 여기에 삼위일체 교리에 어떤 급진적 칼날이 드러난다. 예수는 카이사르를 철저하게 반대할 뿐만 아니라 하느님도 카이사르를 철저하게 반대하신다(정준화 옮김,『예수 대 카이사르: 문명 붕괴 시대에 예수 새로 찾기』, 한국기독교연구소, 2025, 56).

이제 삼위일체 신학에 대해 시대에 맞는 새로운 이해가 필요하다.

"아버지"의 이름으로 이 다른 사람들에게 세례를 주어라. 이것은 어떤 초월적인 신의 이름이 아니라, 우리를 충만한 삶으로 이끄는 온 우주에 깃들어 있는 생명의 원천의 이름으로 여겨져야 한다. "아들"의 이름으로도 세례를 주어라. 그것은 배타적인 종교의 창시자의 이름이 아니라, 우리 모두를 받아들이고, 우리가 마음껏 사랑하도록, 모든 장벽 너머의 사람을 사랑하도록, 우리를 자유롭게 하시는 사랑의 원천의 이름으로 받아들여야 한다. "성령"의 이름으로 세례를 주어라. 이 이름은 하느님의 다른 이름이 아니라, 그분 안에서 우리 모두가 연결되고, 그 안에서 우리가 되고자 하는 모든 것이 될 수 있는 용기뿐 아니라, 또한 어쩌면 더 중요한, 우리 인간성의 무한한 다양성 속에서 다른 이들이 그들이 되고자 하는 모든 것이 될 수 있도록 허락하는 용기를 발견하게 만드는, 존재의 기반(The Ground of Being)의 이름이다. 인류 공동체에는 모든 인종, 성별, 성적 지향, 나이, 정치적 신념, 경제적 계급이 포함된다. 우리가 되고자 하는 모든 것이 되라는 하느님의 부르심은, 또한 바로 그 다른 모든 존재를 기뻐하라는 부르심이다. 그것이 보편적인 교회가 구성해야 하는 공동체이다. 그러나 교회는 그것의 상징일 뿐이다. 사실 그와 같은 보편적인 공동체를 만드는 것이 교회의 목표이다. 그리고 그 목표가 이루어질 때 교회는 사라지게 될 것이다(『마태복음: 유대인 예배력에 따른 예수의 의미』, 419).

특정절 셋째 주일(5월 22일~5월 28일)
사 49:8-16a; 시 131; 고전 4:1-5; 마 6:24-34

이사야 49:8-16a

8 야훼께서 말씀하신다. "너의 소원을 기쁘게 들어줄 때가 온다. 너를 도와주고 구원해 줄 날이 온다. 그날 내가 손수 빚은 너를 사이에 두고 나의 백성과 계약을 맺으리라. 그날 너는 쑥밭이 되었던 유산을 되찾아 나라를 재건하여라.

9 감옥에 갇혀 있는 자들에게 일러라. '어서 나오너라.' 캄캄한 곳에 웅크리고 있는 자들에게 일러라. '나와 몸을 드러내어라.' 그들은 가는 길에서마다 풀을 뜯으리니 돌아가는 길가 어디 든지 뜯을 풀이 있고 사는 곳에서마다 푸른 풀로 덮인 언덕을 만나리라.

10 그들은 결코 배고프거나 목마르지 아니하리라. 열풍에 쓰러지고 햇볕에 넘어지는 일도 없으리라. 내가 그들을 가엾게 여겨 이끌어주고 샘이 솟는 곳으로 인도해 주리라.

11 첩첩산중에 길을 닦고 굽이굽이 큰길을 돋우어주리라.

12 먼 곳에서 돌아가는 이 사람들을 보아라. 북에서도 서에서도 돌아가고 시님족의 나라에 서도 돌아간다."

13 하늘아, 환성을 올려라. 땅아, 기뻐 뛰어라. 산들아, 기뻐 소리를 질러라. 야훼께서 당신 의 백성을 위로하시고 그 천대받는 자들을 극진히 사랑하셨다.

14 "'야훼께서 나를 버리셨다. 나의 주께서 나를 잊으셨다.'고 너 시온은 말하였었지.

15 여인이 자기의 젖먹이를 어찌 잊으랴! 자기가 낳은 아이를 어찌 가엾게 여기지 않으랴! 어미는 혹시 잊을지 몰라도 나는 결코 너를 잊지 아니하리라.

16 너는 나의 두 손바닥에 새겨져 있다."

신학적 관점

본문은 바빌론의 포로로 붙잡혀 간 유다 민족이 해방을 받을 것이라는 예언적 선언이다. 곧, 구원의 복음이다. 그런데 이 복음은 모든 민족에게 모든 인류에게 적용되는 무차별적인 것인가? 아니다! 이는 감옥에 갇혀 있는 자들(9절), 캄캄한 곳에 웅크리고 있는 자들(9절), 배고프고 목마른 자들(10절), 천대받는 자들(13절), 야훼께서 나를 버리셨다(14절)고 절망에 빠져 있는 자들이 그 대상이다. 반대로 힘 있는 자들, 권세 있는 자들에게는 그들의 가진 것들이 무너지는 어둠의 선언이다. 따라서 구원은 제한적이고 복음은 차별적이다. 물론 처음부터 차별하여 그 소리가 차단되어 있었던 것은 아니다. 귀가 있긴 하나, 가진 것이 아까워 듣지 않았을 뿐이다.

목회적 관점

목회는 복음을 전하는 일이다. 강단에서 전하는 일이 아닌 감옥에 갇힌 자들과 캄캄한 곳에 웅크리고 있는 자들과 배고프고 목마른 자들과 천대받는 자들과 야훼께서 자기를 버렸다고 믿는 자들이 있는 곳을 찾아가서 전하는 일이다.

주석적 관점

'시님족'은 남쪽 지역에 거했다. 곧, 방위에 있어서는 유다는 바빌론의 서쪽이 되지만, '동'이라는 밝음과 희망이라는 구원의 상징성 때문에 '동'을 향해 '북'과 '서'와 '남'에 있는 사람들이 새롭게 난 큰길을 따라 질러(돌아)가고 있다(12절). 신은 흔히 아버지, 남성으로 표현된다. 물론 악을 힘으로 물리치기 위해서는 남성적인 힘이 요구된다. 그런데 이 경우 구원받은 자들은 그 힘의 권위에 눌려 환성을 올리거나 기뻐 뛰지 못하게(13절) 되는 것이 일반적이다. 그리하여 신은 동시에 자비와 사랑이 넘치는 어머니, 여성으로 표현되어야 한다(15절). 신을 인격화하는 일은 잘못하면 신을 예속화하는 잘못을 범하기에 주의해야 하지만, 굳이 표현해야 한다면 '어버이'로 부르는 것이 옳다. 아니면 오랜 시간 '하느님 아버지'라고 불러왔으니, 이제부터는 '하느님 어머니'라고 부르는 것이 역사의 균형을 맞추는 일이 된다. 렘브란트가 <돌아온 탕자>에서 아들의 등을 쓰다듬고 있는 아버지(혹은 어버이)의 손을 하나는 여성, 다른 하나는 남성의 손으로 그린 것은 놀라운 착상이었다. 더구나 오른손을 여성의 손으로 중앙에 놓아 돋보이게 한다. 400년 전 가부장 사회에서 이런 착상은 천동설을 부정하고 나온 지동설에 맞먹는 예술 신학의 혁명이었다.

설교적 관점

우리 민족은 유다 민족의 경우와 같이 강대국에 의해 식민지로 살았던 경험이 있고, 멀리 일본이나 만주 그리고 러시아 연해주로 피난을 간 사람들은 마치 억류된 포로처럼 자유를 빼앗긴 가운데 고통에 찬 삶을 살았다. 심지어는 마치 유대인들이 독일 히틀러 독재 치하에서 수용소에 끌려가서 희생당했듯이, 연해주에 살던 조선인들은 강제로 중앙아시아로 쫓김을 당해 허허벌판에 버려짐으로 굶주림으로 인해 많은 사람이 죽기도 했다. 우리 민족 고난의 역사를 본문 말씀과 연계하여 설교하면 좋을 것이다.

시편 131

1 야훼여, 내 마음은 교만하지 않으며 내 눈 높은 데를 보지 않사옵니다. 나 거창한 길을 좇지 아니하고 주제넘게 놀라운 일을 꿈꾸지도 않사옵니다.
2 차라리 내 마음 차분히 가라앉혀, 젖 떨어진 어린 아기, 어미 품에 안긴 듯이 내 마음 평온합니다.
3 이스라엘아, 이제부터 영원토록 네 희망을 야훼께 두어라.

고린도전서 4:1-5

1 여러분은 우리를 그리스도의 일꾼으로 여기며 하느님의 심오한 진리를 맡은 관리인으로 생각해야 합니다.
2 관리인에게 무엇보다도 요구되는 것은 주인에 대한 충성입니다.
3 내가 여러분에게서 심판을 받든지 세상 법정에서 심판을 받든지 나는 조금도 마음을 쓰지 않습니다. 또 내가 나 자신을 심판하지도 않습니다.
4 나는 양심에 조금도 거리끼는 일이 없습니다. 그렇다고 해서 나에게 죄가 없다는 말은 아닙니다. 나를 심판하시는 분은 주님이십니다.
5 그러므로 주님께서 오실 때까지는 무슨 일이나 미리 앞질러 심판해서는 안 됩니다. 주님께서 오시면 어둠 속에 감추어진 것을 밝혀내시고 사람의 마음속 생각을 드러내실 것입니다. 그때에는 각 사람이 하느님께로부터 응분의 칭찬을 받게 될 것입니다.

신학적 관점

그리스도인의 정체성은 무엇인가? 바울은 '하느님의 심오한 진리를 맡은 관리인'이라고 말한다. 청지기 직분이다. 우리 인간은 자신의 가진 것들이 모두 하느님으로부터 위탁받은 것임을 깨닫고 이를 잘 관리하다 때가 되면 되돌려주고 떠나가는 존재임을 깨달을 때, 행복한 존재가 된다. 이것이 사람이 하느님의 형상으로 지음을 받았다는 의미이다(창 1:26). "온 땅을 정복하여라", "모든 짐승을 부려라" 하는 말씀은 인간의 욕망을 따라 자연을 제멋대로 쓰라는 얘기가 아니다. "하느님 보시기에 좋았다"라는 그 원래의 상태를 유지하는 관리 책임을 전제한 말씀이다.

목회적 관점

성공적인 목회 혹은 성공적인 삶이란 어떤 것일까? 목회자가 교인들의 평가(世評)를 무시하는 것도 잘못이지만, 그렇다고 이에 휘둘리는 것도 잘못이다. 이솝 우화 가운데 보면 당나귀를 팔러 시장에 가는 아버지와 아들이 주위 사람들의 이야기에 휘둘리다가 낭패를 겪게 된다. 중요한 것은 자신이 처음 부름을 받은 하느님의 소명을 잊지 않고 살아가는 것이다.

주석적 관점

hyperetes(종, servant)는 '일꾼'(1절) 혹은 '시중들던 사람'(눅 4:20)으로 번역된다. oikonomos(청지기, steward)는 '관리인'(1절)으로 여러 hyperetes를 책임지는 매니저를 뜻한다. 보통은 집안의 재정 책임자를 뜻한다(눅 12:42)(Feasting, 401).

설교적 관점

'주인(kyrios)에게 충성'을 강조하는 것은 고린도 교인들이 분파로 나뉘어 자신들의 지도자에 대한 충성을 예수 그리스도에 대한 충성으로 착각하고 있었기 때문이다. '그리스도파'는 그 분파의 이름이 그러했을 따름, 바울이나 베드로나 아볼로와 같은 실제적인 지도자가 따로 있었다. 오늘날도 목사에 대한 충성을 예수 그리스도에 대한 충성으로 착각하는 경우가 자주 있다. 그러다가 목사 지지파와 반대파로 분파가 일어나면 자신들이 진리를 수호한다고 여기기에 반대파를 '악마'로 여기게 된다. 이렇게 미리 앞질러 상대를 심판하게 되면(5절) 판단이 흐려지고 자기 절대화가 일어나면서 분란이 격화된다. 분파의 주장에 상관없이 분파 자체가 '악마'적 행위임을 이해할 필요가 있다. 더구나 교회는 사회 내에 존재하는데, 당시 교회 밖의 '주인'은 로마 황제였음을 고려할 때, 교회가 싸워야 할 대상은 국가 권력이지 공동체 내의 다른 의견을 가진 자매 형제들이 아님을 명심해야 한다.

"각 사람이 하느님께로부터 응분의 칭찬을 받는다"의 의미는 본래의 '자기'에 충실하라는 당부다. 그런데 여기서 말하는 '자기'는 사적(私的) 자기가 아닌 '사회적 혹은 공동체적 자기'를 말한다. 사적 자기에 몰입하다 보면 쉽게 아집(我執)에 빠진다. "민심(民心)이 천심(天心)이다"라는 말이 있듯이(Vox populi vox Dei) 하느님의 뜻은 전체 교인들을 통해 말씀하신다. "자신을 알라"라는 말이 있듯이 자기 자신을 돌아보는 자기 성찰은 매우 중요한 덕목이다. 3절의 "내가 내 자신을 심판하지 않는다"는 말은 스스로 자신의 운명을 단정 짓지 않는다는 말이다. 신앙이 깊어진다는 말은 자신과 하느님의 관계가 밀접해진다는 말인데, 이는 자칫 잘못하면 자신의 뜻을 하느님의 뜻으로 착각하는 위험성이 높아진다. 분별이 어려울 때는 자신에게 혹은 자기 집단에 불리한 쪽을 선택함이 옳다. 자기 십자가를 지는 길이 하느님의 길이다. 바울은 본래 그리스도인들을 박해하였던 사람이었다. 하지만 그는 절대 진리로 여겼던 진리가 틀렸음을 깨달았다. 베드로 또한 이방인 구원에 대한 자기 믿음이 틀렸음을 깨달았다. 지금 우리 자신이 절대라고 믿고 있는 진리가 틀릴 수 있음을 인정하는 사람이야말로 '진리 안에 자유'(요 8:32)를 누리는 사람이다.

마태복음 6:24-34

24 "아무도 두 주인을 섬길 수는 없다. 한 편을 미워하고 다른 편을 사랑하거나 한 편을 존중

하고 다른 편을 업신여기게 된다. 너희는 하느님과 재물을 아울러 섬길 수 없다."

25 "그러므로 나는 분명히 말한다. 너희는 무엇을 먹고 마시며 살아갈까, 또 몸에는 무엇을 걸칠까 하고 걱정하지 마라. 목숨이 음식보다 소중하지 않느냐? 또 몸이 옷보다 소중하지 않느냐?

26 공중의 새들을 보아라. 그것들은 씨를 뿌리거나 거두거나 곳간에 모아들이지 않아도 하늘에 계신 너희의 아버지께서 먹여주신다. 너희는 새보다 훨씬 귀하지 않느냐?

27 너희 가운데 누가 걱정한다고 목숨을 한 시간인들 더 늘일 수 있겠느냐?

28 또 너희는 어찌하여 옷 걱정을 하느냐? 들꽃이 어떻게 자라는가 살펴보아라. 그것들은 수고도 하지 않고 길쌈도 하지 않는다.

29 그러나 온갖 영화를 누린 솔로몬도 이 꽃 한 송이만큼 화려하게 차려입지 못하였다.

30 너희는 어찌하여 그렇게도 믿음이 약하냐? 오늘 피었다가 내일 아궁이에 던져질 들꽃도 하느님께서 이처럼 입히시거든 하물며 너희야 얼마나 더 잘 입히시겠느냐?

31 그러므로 무엇을 먹을까 무엇을 마실까, 또 무엇을 입을까 하고 걱정하지 마라.

32 이런 것들은 모두 이방인들이 찾는 것이다. 하늘에 계신 아버지께서는 이 모든 것이 너희에게 있어야 할 것을 잘 알고 계신다.

33 너희는 먼저 하느님의 나라와 하느님께서 의롭게 여기시는 것을 구하여라. 그러면 이 모든 것도 곁들여 받게 될 것이다.

34 그러므로 내일 일은 걱정하지 마라. 내일 걱정은 내일에 맡겨라. 하루의 피로움은 그날에 겪는 것만으로 족하다."

신학적 관점

삶의 우선순위에 관한 하느님 우선 신학인가? 아니면 스트레스가 만병의 원인이니 모든 것을 걱정하지 말고 흘러가는 대로 맡기라는 무위(無爲)에 관한 인샬라의 도가(道家) 신학인가? 그런데 문제는, 본문 말씀은 순간적인 위로는 될지언정, 자본주의 사회에서 금수저를 물고 태어난 사람 외에 이렇게 살아가다간 모두 도태되고 만다는 것이다.

오늘날의 과소비는 지구를 위협하고 인간 생명을 위협하고 있다. 믿는 자들이 찾아야 할 하느님의 나라와 하느님의 의는 지구환경 문제에 직접 연결된다.

목회적 관점

헌금에 관한 설교는 "하느님과 재물을 아울러 섬길 수 없다"는 말씀과 어떤 관계성을 갖는가? 교회가 선교도 해야 하고, 건물 유지 보수도 해야 하고, 목회자들의 사례비도 주어야 하니 헌금(재물)에 관해 설교하는 것은 정당하다고 말할 수 있다. 그런데 교인이 무엇을 먹을까, 무엇을 마실까 걱정하지 않듯이 목사는 물론 교인들의 집합체인 교회 또한 무엇을 먹을까, 무엇을 마실까 걱정하지 말라는 주장에는 어떻게 답해야 할까? 단상에서 외치기는 쉬워도 목사 자신과 자신의 가족에게 적용하기는 쉽지 않다.

주석적 관점

24절과 25절은 '그러므로'로 연결이 된다. 곧, 24절 말씀대로 살아가지 않는 것을 전제하고 '이런 이유 때문에' 25절 이하의 말씀들이 주어진다.

스퐁 신부는 『마태복음』(변영길 옮김, 한국기독교연구소, 2020, 105-106)에서 마태복음서는 유대인 예배력에 따라 조합되었다는 주장을 펴면서, 예수는 산상설교를 설교한 적이 없다고 단정한다. 이는 예수가 새로운 모세라는 마태 자신의 이해를 따라 오순절에 사용되는 시편 119편을 기초로 하여 구성된 마태의 작품이라고 말한다.

설교적 관점

본문은 설교 시간에는 모두에게 편안함을 제공하지만, 교회 문을 나서는 순간 모두 비현실적인 말씀들이 된다. 자본주의 사회에서 현대인들의 삶에 필수적인 아파트와 자동차는 월세로 유지되고 다른 생활필수품들은 신용카드로 유지된다. 수입과 지출의 균형을 맞추지 않으면 안 되는 현실이다. 물론 걱정이 문제를 해결해 주지 않는 것은 맞다. 그러나 세상 종말과 인생의 종말을 준비하는 것이 신앙의 기본이듯이, 지출을 수입에 맞추어 계획하며 사는 것은 신앙인으로서의 당연한 일이다. 그런데 오늘날에는 새들도 먹이 경쟁의 사슬 속에서 두려움 가운데 살아가고, 심지어 들꽃들도 주위의 풀과 꽃들 속에서 서로 경쟁하며 살아가는데, 그렇다면 말씀과는 어떻게 조화를 이루어야 할까?

예수는 최후 심판의 비유(24장)에서 고난받는 자들에게 먹을 것과 마실 것을 제공하지 않았다는 이유로 지옥에 떨어질 것을 경고한다. 그렇다면 이는 이율배반적이지 않은가? 우리는 산상수훈 말씀의 청중을 일반화해서는 안 된다. 본문의 청중 대상은 마태 공동체의 부자들을 향한 말씀이다. 한국은 이제 손꼽히는 부자 나라가 되어 주위 가난한 나라들의 부러움을 산다. 그럼에도 교회는 여전히 부자가 되는 일을 하느님의 축복으로 강조한다. 이는 본문 말씀과는 크게 벗어나는 신앙으로 반드시 고쳐져야 한다.

미국 화폐 뒷면 중앙에는 "In God We Trust"라는 문구가 있다. 곧, 하느님과 재물을 아울러 섬길 수 있음을 암시한다. 미국은 대통령 선서에서 성서에 손을 얹고 서약하는 국가이자 다양한 교파들이 존재하는 기독교 국가이지만, 동시에 세계 부(富)의 절반 이상을 차지하는 세계 최강의 국가로서 더 많은 부를 얻기 위해 다른 나라를 압박하고 있다. 교회 안에서의 모습과 교회 밖에서의 모습이 전혀 다른 이중 신앙이다.

(주현 후 여덟째 주일 본문과 같음.)

특정절 넷째 주일(5월 29일~6월 4일)

신 11:18-21, 26-28; 시 31:1-5, 19-24; 롬 1:16-17; 3:22b-31; 마 7:21-29

신명기 11:18-21, 26-28

18 그러므로 너희는 내가 일러준 이 말을 너희의 마음에 간직하고 골수에 새겨두어라. 너희의 손에 매어 표로 삼고 이마에 붙여 기호로 삼아라.

19 이것을 너희의 자손들에게 깨우쳐주어라. 집에서 쉴 때나 길을 갈 때나 자리에 들었을 때나 일어났을 때나 항상 말해주어라.

20 또 문설주와 대문에 써 붙여라.

21 그리하여야 야훼께서 너희 선조들에게 주시겠다고 맹세하신 땅에서 너희와 너희 자손들이, 땅 위에 펼쳐진 하늘이 오래가듯, 오래 지속될 것이다.

26 보아라. 오늘 내가 너희 앞에 복과 저주를 내놓는다.

27 내가 오늘 너희에게 내리는 너희 하느님 야훼의 명령에 복종하여 복을 받겠느냐?

28 아니면 너희 하느님 야훼의 명령에 불복하여 내가 오늘 너희에게 명령하는 길에서 벗어나 알지도 못하던 다른 신들을 따라가서 저주를 받겠느냐?

신학적 관점

사람을 사람답게 키우는 일에 교육은 매우 중요하다. 그러나 교육은 가르치는 방식이 중요한 것이 아니라 인간의 근본이자 창조자이신 하느님을 바로 아는 일에 달려 있다. 이에 관해 본문은 복을 받는 세 가지 길을 얘기한다. 첫째는 기억이다. 신명기 6장 6-9절에서의 쉐마와 같이 하느님께서 하신 말씀과 역사하신 일을 매일 기억하는 일이다. 이는 애굽의 노예 상태로부터 자유를 주신 해방의 하느님을 기억하는 것이다(6:12). 둘째는 사건의 재현이다. 자식들에게 과거를 가르치는 일은 단순한 지식 전달이 아닌 해방 사건의 재현을 말한다. 유월절 기간에는 누룩이 들지 않는 빵을 먹는 것, 장막절 기간에는 천막 안에서 생활하는 것 등이다. 셋째는 들은 말씀을 행함으로 순종하는 일이다.

목회적 관점

'다른 신들을 따르는 사람'은 오늘날 누구를 뜻하는가? 이웃 종교인들을 두고 하는 말인가? 28절에 따르면 다른 신의 이름을 부른다기보다는 '그 길을 떠난' 사람들을 전제한다. 곧, 예배에서 다른 신의 이름을 부르는 사람이 아닌 성서가 가르치는 것과는 다른 삶의 길을 추구하는 사람을 말한다. 신의 이름을 부르는 것이 중요한 것이 아니다. 오늘 마태복음 본문에도 나오듯이, "나더러 주여 주여 하는 자마다 하늘나라에 들어가는 것이 아니다. 말씀을 실천하는 자들이 하늘나라에 들어간다"고 예수는 말씀하신다.

지금도 보수적 유대인들은 계명을 외우고, 손목과 이마에 말씀이 담긴 작은 박스(tefelim)를 달고 다니고, 집 문설주(mezuzahs)와 대문에도 붙인다. 그런데 철저한 보수적 유대인일수록 팔레스타인 주민들에 대해 더 적대적이다. 종교가 다르다는 이유 때문이다. 야훼의 포괄적 거룩함이 아닌 배타적 저주를 더욱 드러낸다. 그런데 신명기의 핵심은 외국인과 나그네와 사회적 약자들(고아와 과부)을 잘 돌보라는 것이고, 이 두 민족이 종교는 달라도 아브라함이라는 같은 조상을 섬긴다는 점에서 매우 모순된다.

주석적 관점

신명기의 말씀들은 새로운 말씀들이 아니다. 출애굽기와 레위기와 민수기에도 나와 있다. 차이가 있다면 오늘 모세는 40년의 광야 생활을 돌아보면서, 그는 들어가지 못하지만 가나안에 들어가는 백성들에게 '유언' 형식으로 당부의 말을 전하고 있다는 것이다. 그만큼 핵심이 되는 말씀이다. 역사적인 배경은 BCE 14세기에 일어난 출애굽 해방 사건에 있지만, 바빌론 포로 이후에 편집 과정을 겪었기에 포로기의 감정들이 본문에 섞여 있다.

설교적 관점

본문은 복과 저주의 길이 매우 쉽게 구분되는 것처럼 말하지만, 실제 삶에 있어서, 더구나 현대와 같은 복잡한 사회 속에서 그 구분은 결코 쉽지 않다. 교우들은 같은 하느님의 말씀을 기억하고 이를 삶에서 실천하지만, 같은 상황에서조차 사람들은 달리 행동한다. 같은 설교를 듣지만, 사람에 따라 설교의 내용이 달라지기도 한다. 왜냐하면 자신이 듣고 싶은 말만 골라 듣기 때문이다. 따라서 목사는 설교할 때 자신의 견해를 확정적으로 전달하는 것을 조심해야 한다. 가능하면 해석의 여지를 남겨두는 것이 좋다.

많은 교회들은 예배실 전면 좌우에 짧은 성서 구절이나 표어(標語)를 걸어 놓는다. 목회자의 의도에 따라 매년 달라지는 실천 표어를 걸기도 하지만, 가능하면 교인들로부터 가장 지지도가 높은 신앙 표어를 정해 스스로 책임감을 갖도록 하자. 교인 각자 중요하게 생각하는 인생의 좌표가 있다. 이를 모아 나누는 것도 좋겠다.

시편 31:1-5, 19-24

1 야훼여, 당신께 이 몸 피하오니 다시는 욕보는 일 없게 하소서. 옳게 판정하시는 하느님이여, 나를 구해 주소서.

2 귀 기울여 들어주시고, 빨리 건져 주소서. 이 몸 파할 바위가 되시고 성채 되시어 나를 보호하소서.

3 당신은 정녕 나의 바위, 나의 성채이시오니 야훼 그 이름의 힘으로 나를 이끌고 데려가소서.

4 당신은 나의 은신처이시오니 나를 잡으려고 쳐놓은 그물에서 나를 건져 주소서.

5 진실하신 하느님, 야훼여, 이 목숨 당신 손에 맡기오니 건져 주소서.

19 당신께서 주시는 복은 어찌 이리 크시옵니까? 당신을 경외하는 자들을 위하여 간직하신 그 복을, 당신께 피신한 사람에게 사람들 보는 앞에서 베푸십니다.

20 작당하여 달려드는 자들의 손으로부터 당신 앞 은밀한 곳에서 그들을 보호하시고

21 그들을 당신 장막 속에 숨겨 말 많은 자들에게서 보살피십니다.

22 성채가 포위되고 공격받는 중에서도 한결같은 사랑의 기적 내리셨으니, 야훼여, 찬미 받으소서. 당신께서는 정녕 들어주셨사옵니다.

23 나 환란 중에서 '주님 눈 밖에 났구나.' 생각했으나 당신께 부르짖었을 때 내 기도 소리를

들어주셨사옵니다.

24 믿음 깊은 자들아, 야훼를 사랑하여라. 그를 믿는 자들은 지켜 주시지만 거만한 행실은 가차없이 벌하신다. 야훼께 바라는 자 모두 힘을 내어라, 용기를 내어라.

로마서 1:16-17; 3:22b-31

16 나는 그 복음을 부끄럽게 여기지 않습니다. 복음은 먼저 유다인들에게, 그리고 이방인들에게까지 믿는 사람이면 누구에게나 구원을 가져다주시는 하느님의 능력입니다.

17 복음은 하느님께서 인간을 당신과 올바른 관계에 놓아주시는 길을 보여주십니다. 인간은 오직 믿음을 통해서 하느님과 올바른 관계를 가지게 됩니다. 성서에도 "믿음을 통해서 하느님과 올바른 관계를 가지게 된 사람은 살 것이다." 하지 않았습니까?

22 그것은 예수 그리스도를 믿음으로써 이루어지는 것입니다.

23 모든 사람이 죄를 지었기 때문에 하느님이 주셨던 본래의 영광스러운 모습을 잃어버렸습니다.

24 하느님께서는 그리스도 예수를 통해서 모든 사람을 죄에서 풀어주시고 당신과 올바른 관계를 가질 수 있는 은총을 거저 베풀어주셨습니다.

25 그리스도를 믿는 사람에게는 죄를 용서해 주시려고 하느님께서 그리스도를 제물로 내어주셔서 피를 흘리게 하셨습니다. 이리하여 하느님께서 당신의 정의를 나타내셨습니다. 과거에는 하느님께서 인간의 죄를 참고 눈감아주심으로 당신의 정의를 나타내셨고

26 오늘날에 와서는 죄를 물으심으로써 당신의 정의를 나타내셨습니다. 이렇게 해서 하느님께서는 당신이 올바르시다는 것과 예수를 믿는 사람이면 누구든지 당신과 올바른 관계에 놓아주신다는 것을 보여주십니다.

27 그러니 우리가 내세울 만한 것이 무엇입니까? 아무것도 없습니다. 우리가 어떻게 해서 하느님과 올바른 관계를 되찾게 되었습니까? 율법을 잘 지켜서 그렇게 된 것입니까? 아닙니다. 그것은 믿음을 통해서 이루어진 것입니다.

28 사람은 율법을 지키는 것과는 관계없이 믿음을 통해서 하느님과 올바른 관계를 맺는다고 우리는 확신합니다.

29 하느님은 유다인만의 하느님이신 줄 압니까? 이방인의 하느님이시기도 하지 않습니까? 과연 이방인의 하느님도 되십니다.

30 하느님은 오직 한 분뿐이셔서 할례를 받은 사람이나 받지 않은 사람이나 다 같이 그들의 믿음을 통해서 당신과 올바른 관계를 갖게 해주십니다.

31 그러면 우리가 믿음을 내세운다고 해서 율법을 무시하는 줄 아십니까? 절대로 그렇지 않습니다. 오히려 율법을 존중합니다.

신학적 관점

바울 신학의 핵심 구절이다. 하느님의 의와 믿음에 관한 말씀이다. 곧, 복음에는 사람의 차별이 없다는 것과 죄의 용서는 전적으로 하느님의 은혜에 의한 것이고, 이는 하느님의 의를 드러내기 위함이다. 중세 가톨릭교회의 타락에 맞서 마르틴 루터를 비롯한 유럽의 개혁가들은 이 말씀에 기초해서 신앙 개혁 운동을 펼쳤다. 그러나 '오로지 은혜만으로'라는 구원에 대한 개혁가들의 일방적인 주장은 오늘날 한국 개신교회의 타락과 몰락의 원인이 되고 있다. 구원은 하느님의 은혜에 근거하지만, 인간의 신앙 응답이라는 행위가 빠질 때 이는 타계 신앙으로 변질되고 만다. 문자화된 하느님의 말씀이 그러하듯이, 신학 또한 그 역사적 상황을 고려하지 않을 때 죽은 말씀이 되어 부작용이 생긴다. 로마서와 정반대의 주장을 하는 야고보서가 등장한 이유이기도 하다. 아니! '오로지 은혜 구원' 주장은 오늘의 복음서 본문의 예수 말씀과도 상반된다. 굳이 헤겔의 변증법을 언급하지 않더라도 정(正)과 반(反)을 함께 고려함으로 합(合)으로 그리고 합이 또다시 정이 되는 변증법적 개혁 신학(Reforming theologies)을 추구함이 옳다.

목회적 관점

고대 팔레스타인 지역에 살아가던 유대인들에게 있어서 최종 구원의 잣대는 할례였다. 그러나 시간이 흘러 로마제국이라는 거대한 지역 속에서 살아가던 유대인들 사이에서 지역에 따라 신앙의 편차가 생겨나기 시작하였고 급기야는 자신들의 이웃인 이방인들의 구원 문제에 직면하게 되었다. 이에 예수 십자가의 케노시스 비밀을 깨달은 바울은 급기야 할례가 구원의 잣대가 될 수 없다고 주장하였는데, 이는 예수께서 당시 구원의 근거로 삼았던 예루살렘 성전 신앙 체계를 부정한 일에 빗댈 수 있다.

오늘 나의 목회에서 구원에 관한 가장 중요한 잣대를 무엇이라 생각하는가? 그 주장의 객관적 근거는 무엇인가? 이의 시대적 한계는 무엇인가?

주석적 관점

16절의 '이방인'으로 번역된 헬라어는 Hellen이다. 곧, 헬라 사람들과 헬라 문화권에 있는 사람들을 일컫는 말이다. 1장 6절에서 '이방인'으로 번역된 헬라어는 ethne이다. 이는 '(모든) 나라'를 뜻한다. 긍정의 의미가 강하다. 반면 '이방인'이라는 단어는 유대인의 입장에서 하는 구별 혹은 차별 언어로서 부정의 느낌이 있다. 이는 마치 중국이 자신을 세계 중심에 놓고 주변 민족을 오랑캐로 본 것과 같다. 우리말 번역에서 관성적으로 쓰긴 하지만, 적절한 번역이라고 보기 힘들다.

17절의 '오직 믿음을 통해서'의 헬라어 본문은 'ek pisteos eis pistin'(믿음에서 믿음으로)이다. 전자의 믿음과 후자의 믿음은 어떻게 구별이 되는 것일까? 보통 전자는 예수 그리스도의 믿음, 후자는 인간의 믿음 혹은 옛 (계약의) 믿음, 새 (계약의) 믿음으로 구분하기도 하고 믿음의 강조 혹은 믿음의 성장을 뜻하는 관용 문구로 해석하기도 한다. '오직 믿음을 통해서'는 다른 해석의 가능성을 차단한 지나친 의역이다. 주어 '인간'이란 단어도 원문에는 없다. "실상 이 복음 안에 하느님의 의로움이 믿음에서 믿음으로 계시됩니다"(200주년 기념성서), "복음에는 하느님의 의가 나타나서 믿음으로 믿음에 이르게 하나니"(개역).

그런데 주석에 있어 문제가 되는 부분은 다음이다. 바울은 17절과 갈라디아서 3장 11절에서 자신의 주장을 뒷받침하기 위해 하박국의 말씀을 인용한다. "그러나 의로운 사람은 그의 신실함으로써 살리라"(합 2:4b). '그의 신실함'에서 그는 누구인가? 의로운 사람 자신의 신실함인가? 아니면 의로운 사람을 향하신 하느님의 신실함인가? 제1성서 전체의 뜻도 계약 백성을 향한 하느님의 신실함이 구원의 근거이듯이, 하박국의 말씀에서도 '하느님의 신실함'으로 읽는다. 그런데 70인역에서 바울은 이 하박국 구절을 인용하면서 소유대명사 '그의'를 삭제하여 "의로운 사람은 믿음으로 살리라"라고 표기하였는데, 이는 실수라기보다는 자신의 주장을 뒷받침하기 위한 의도적 삭제로 보인다. 곧, 22절을 말하기 위함인데, 22절에서 믿음의 대상은 예수 그리스도이고, 그 믿음의 주체는 인간이 된다. 우선 22절은 그 문장이 훨씬 길다. 원문에 가장 가까운 킹제임스역은

다음과 같다: "Even the righteousness of God which is by faith of Jesus Christ unto all and upon all them that believe: for there is no difference." 여기서 문제가 되는 부분은 'dia pisteos [Iesou] Christou eis pantas tous pisteuontas'로, 직역하면 '예수 그리스도의 믿음을 통하여 모든 믿는 자들에게'이다. 곧, 소유격이다. 그런데 한글판 번역은 모두 '예수 그리스도를 믿는 믿음', 곧 목적격으로 번역했다. 이는 여전히 현대 주석가들 사이에서도 논란이 되는 부분이다. 하느님의 의를 드러내는 (새로운) 믿음의 시작 혹은 근거로서의 그리스도의 믿음인지, 아니면 믿음의 대상으로서의 그리스도인지 말이다. 바울 신학 전체를 고려하면 믿음의 대상이 되겠지만, 24절만을 고려한다면 믿음의 시작 혹은 근거로 예수의 믿음을 언급한 것으로 보인다. 25절 '그리스도를 믿는 사람'이라는 구절은 헬라어 원문에는 없다. 'through faith in his blood'의 의역이다. 로마 황제를 비롯한 희랍의 여러 신이 신격화가 되는 초대교회에서의 예수의 신격화와 삼위일체 교리신학이 굳어진 오늘에 있어서 예수의 신격화와는 그 성격이 크게 다르지 않을까?

26절의 '정의' 또한 이 구절만 따로 떼어놓고 보면 하느님의 정의에 대한 큰 오해가 생긴다.

하느님의 의로우심이란 하느님의 정의와 정확히 똑같은 것임을 유념할 필요가 있다. 그러나 불행하게도 우리에게는 정의가 일차적으로 보복적인 정의 곧 처벌을 뜻하는 것이 되어버렸다. 그러나 바울에게는 그렇지 않았다. 이 사실에서 바울에 대한 우리의 오해가 시작된 것이다. 바울에게 하느님의 정의는 첫째로 보복적 정의라기보다는 분배적 정의이며, 둘째로 분배적 정의는 하느님의 본성, 본질, 성격이며, 셋째로 하느님의 분배적 정의는 다른 무엇보다도 하느님의 존재 자체가 우리에게 값없이 분배됨으로써, 우리로 하여금 하느님의 세상을 그와 똑같은 분배적 정의의 세상으로 변화시키도록 하신 것이다(마커스 보그·존 도미닉 크로산/김준우 옮김,『첫 번째 바울의 복음』, 225).

설교적 관점

당시의 복음(유앙겔리온)은 황제나 승리한 장수가 로마 시민에게 전하는 소식이었다. 그런데 바울이 전하는 '복음'은 그 로마제국의 정치범으로 십자가에 처형 당한 갈릴리의 예수가 구원의 주가 되신다는 얘기였다. 그 깊은 뜻을 이해하지 못하는 유대인들과 이방 사람들은 바울이 전하는 복음을 부끄러워하지 않을 수 없었다. 그리고 바울이 이 얘기를 할 때는 임박한 박해 상황으로 인해 믿음이 크게 흔들리고 있었다. 당시 교회는 약자였다. 약자 입장에서 복음에 대한 자랑은 전혀 문제가 되지 않는다. 이는 내부를 결속하는 긍정의 힘이 된다. 그런데 같은 고백이지만 오늘날 한국교회와 같이 사회적으로 강자의 위치에 있을 때, 이는 교만이 되고 잘못하면 이웃 종교를 무시하는 배타적 발언이 된다.

믿음과 행위는 동전의 앞뒷면과 같다. 바울이나 루터가 처했던 당시 종교적 상황은 그 가르침이 지나치게 행위에 치우쳐 있었을 때였다. 그래서 이를 바로잡기 위해 믿음만으로 얻는 은혜의 구원을 강조했다. 만약 오늘날 한국교회와 같이 부패가 극에 달해 사회로부터 배척을 받는 상황이었다면 야고보서의 말씀과 같이 행위를 강조하는 설교를 했을 것이다.

모든 사람이 죄를 범하였다(23절)는 주장(원죄설, original sin)은 과연 타당한가? 예수 그리스도를 구원자로 얘기하기 위한 전제가 되어야 하지만, 잘못하면 YHWH 하느님은 병 주고 약 주는 신이 되는 것은 아닌가 하는 반론이 나온다. 생태문명 신학자인 매튜 폭스는 원복(original blessing)을 주창한다.

율법과 믿음은 그 뿌리부터가 다른 구원의 길인가?(27-28절) 아니면 같은 뿌리의 서로 다른 열매인가?(31절) 27-28절은 지난 이천 년 서구 기독교 역사에서 반율법, 반유대주의(anti-semitism)의 근간이 되는 말씀으로 오용되었다. 오늘날에는 반(反)행위(실천)의 근간이 되는 말씀으로 오용되기도 한다.

마태복음 7:21-29

21 "나더러 '주님, 주님!' 하고 부른다고 다 하늘나라에 들어가는 것이 아니다. 하늘에 계신 내 아버지의 뜻을 실천하는 사람이라야 들어간다.

22 그 날에는 많은 사람이 나를 보고 '주님, 주님! 우리가 주님의 이름으로 예언을 하고 주님의 이름으로 마귀를 쫓아내고 또 주님의 이름으로 많은 기적을 행하지 않았습니까?' 하고 말할 것이다.

23 그러나 그 때에 나는 분명히 그들에게 '악한 일을 일삼는 자들아, 나에게서 물러가거라. 나는 너희를 도무지 알지 못한다.' 하고 말할 것이다."

24 "그러므로 지금 내가 한 말을 듣고 그대로 실행하는 사람은 반석 위에 집을 짓는 슬기로운 사람과 같다.

25 비가 내려 큰물이 밀려오고 또 바람이 불어 들이쳐도 그 집은 반석 위에 세워졌기 때문에 무너지지 않는다.

26 그러나 지금 내가 한 말을 듣고도 실행하지 않는 사람은 모래 위에 집을 짓는 어리석은 사람과 같다.

27 비가 내려 큰물이 밀려오고 또 바람이 불어 들이치면 그 집은 여지없이 무너지고 말 것이다."

28 예수께서 이 말씀을 마치시자 군중은 그의 가르침을 듣고 놀랐다.

29 그 가르치시는 것이 율법학자들과는 달리 권위가 있기 때문이었다.

신학적 관점

예언과 축귀와 기적 행함은 어찌 말하면 모든 믿는 사람들이 바라는 신앙의 최고 단계이다. 그런데 이는 행실이 뒷받침되지 않는다면 불법이 된다는 선언은 놀라운 일이다. 신학 또한 바른 삶이 전제되지 않는다면 모두 말장난에 불과하다. 이는 바울의 오직 믿음으로만 의롭게 된다는 은혜의 구원 신학과 정면으로 위배된다. 해결책은 무엇인가?

목회적 관점

아마 초대교회에도 그러했던 것 같다. 오늘날 예배 중 한국교회처럼 "아멘"과 "할렐루야!"와 "주여! 주여!"가 계속되고 그 외침마저 광적인 나라는 찾아보기 힘들다. 왜 이런 현상이 생겨났을까? 종교적 열정이 다른 나라 사람들보다 강하기 때문일까? 아니면 근세 100년 역사, 곧 일제강점기와 한국전쟁 그리고 남북 분단으로 인한 한(恨)의 역사 때문인가? 간절함인가? 한풀이인가? 그런데 무엇이든지 지나치면 쓰레기가 된다.

주석적 관점

"주여, 주여"라고 두 번 반복되는 경우는 성서 전체에 일곱 번 나온다. 제1성서(외경)에 세 번, 마태복음에 세 번, 누가복음에 한 번. 외경의 경우는 모두 창조주 하느님을 향한 외침이다. 그렇다면 이는 예수를 신격화한 호칭이다.

설교적 관점

권위 있게 가르치셨다는 어떤 뜻일까? 이 표현은 마태복음 다섯 번의 말씀 묶음 마지막에 모두 등장한다. 모세에 견준 말이다. 당시 바리새인이나 율법학자들은 모두 모세의 말씀을 해석하는 것이 주업이었다. 아무리 말을 잘해도 모세만큼 권위를 얻지 못했다. 그런데 여기 모세에 비길 만한 사람이 있다는 말은 설교를 잘해서 한 말이 아니라 그 말씀과 하시는 일이 일치하였기 때문이다. 권위는 강제된 힘이나 현란한 혀로 얻는 것이 아니라 가르치는 자의 삶과 행실에서 하느님의 말씀이 풍길 때 절로 생겨나는 것이다. 참다운 권위는 자신을 내세우는 높아짐에서 나오는 것이 아니라 자신보다 남을 앞세우는 특별히 사회적 약자를 앞세우는 자기 낮아짐(비움, self-emptiness)에서 나온다. 그런 의미에서 설교자들은 설교의 내용에 앞서 예수의 품성을 배우는 일이 중요하다.

(주현절 후 아홉째 주일 본문과 같음.)

특정절 다섯째 주일(6월 5일~6월 11일)

호 5:15-6:6; 시 50:7-15; 롬 4:13-25; 마 9:9-13, 18-26

호세아 5:15-6:6

15 그리고는 내가 하늘로 돌아가 이 백성이 죄를 고백하며 나를 찾기까지 기다리리라. 이 백성은 괴로움을 참다못해 마침내 나를 애타게 찾으리라.

1 "어서 야훼께로 돌아가자! 그분은 우리를 잡아 찢으시지만 아물게 해주시고, 우리를 치시지만 싸매주신다.

2 이틀이 멀다 하고 다시 살려주시며 사흘이 멀다 하고 다시 일으켜주시리니, 우리 다 그분 앞에서 복되게 살리라.

3 그러니 그리운 야훼님 찾아나서자. 그의 정의가 환히 빛나 오리라. 어김없이 동터 오는 새벽처럼 그는 오시고 단비가 내리듯 봄비가 촉촉이 뿌리듯 그렇게 오시리라."

4 그러나 에브라임아, 너를 어떻게 하면 좋겠느냐. 유다야, 너를 어떻게 하면 좋겠느냐. 너희 사랑은 아침 안개 같구나. 덧없이 사라지는 이슬 같구나.

5 그래서 나는 예언자들을 시켜 너희를 쪄어 쓰러뜨리고 내 입에서 나오는 말로 너희를 죽이리라.

6 내가 반기는 것은 제물이 아니라 사랑이다. 제물을 바치기 전에 이 하느님의 마음을 먼저 알아다오.

신학적 관점

하느님을 믿는 것은 하느님의 뜻에 따라 살아가기 위함이다. 그러기 위해 무엇보다도 우선시되는 것은 잘못을 뉘우치는 일이다. 곧, 회개다. 그런데 이는 단순히 어떤 개개의 잘못된 행위에 대한 뉘우침을 넘어 인간의 한계와 그에 따른 죄성을 먼저 알아채는 일이다. 그렇지 않은 경우 개개의 잘못된 행위에 대한 보상의 심리로 이를 갚아가려고 하게 된다. 말하자면 호세아가 지적하는 것처럼, 하느님이 기뻐하시는 것이 제사라고 생각하게 된다. 하느님을 안다는 것은 인간을 안다는 것과 같은 말이다. 어찌 자신도 모르는 사람이 하느님을 알 수 있다는 말인가? 그리하여 인간의 본성을 깊이 깨달은 사람은 어쩔 수 없이 하느님의 변함없는 헤세드의 사랑 안에 붙잡히게 된다.

목회적 관점

목회란 교인들이 바른 신앙인이 되도록 하기 위한 제반 행위를 말한다. 그런데 잘못하여 그 목표를 교회 예배에만 열심히 참석하고 헌금을 잘하면 된다고 여기게 되는 경우가 많다. 곧, 한국교회가 금과옥조로 여기는 성수주일과 십일조 헌금이다. 이는 호세아가 비난하는 '제사'와 무엇이 다른가?

주석적 관점

왜 하느님은 호세아로 하여금 거리의 천한 여성과 결혼하여 자녀를 낳도록 하였는가? 결혼은 사랑을 전제로 한다. 이 결혼은 정당한 결혼인가? 아니면 거리의 여인처럼 이방 신에 빠져버린 이스라엘을 구원하겠다는 하나의 상징인가?

호세아는 북이스라엘왕국에서 활동하였다. 그런데 5절에는 단순히 북왕국 에브라임만 심판 예언의 대상이 아니라 남왕국 유다 또한 함께 거론되고 있다. 앗시리아제국에 의한 북왕국의 멸망뿐만이 아니라 바빌론제국에 의한 남왕국의 멸망 또한 암시되고 있다. 이는 편집사적으로 예언자들의 글이 바빌론 포로기에 집성되었기 때문이다.

설교적 관점

하느님을 안다(야다, 히)는 것은 지식의 축적을 말하는 것이 아니다. 깊은 관계성을 의미한다. 성서 구절을 많이 아는 것과 하느님을 아는 것은 다르다. 바리새인들과 율법학자들이 예수로부터 비난을 받은 이유다. 제1성서에는 '야다' 라는 단어가 900회 이상 나오는데, 그 의미는 40가지 이상이다. 성적 의미로 쓰인 경우는 극히 적다.

오늘날 하느님과 맘몬을 구별하기 힘들듯이, 고대 이스라엘 사람들 또한

이미 다른 민족과 정치사회문화적으로 혼합이 일어났기에 YHWH와 이방 신을
구별하기 힘들었다. 오늘날도 그러하지만, 당시에도 유일신 신앙이라고 하는
것은 하나의 명제였고 참을 향한 하나의 몸부림이었지, 그 경계의 선이 칼로
긋듯이 명확하게 구별된 것은 아니었다. 복음서 본문에서와 같이 "주님! 주님!"
하는 식의 신의 명칭에 있는 것이 아니다. 그것은 인생관과 세계관에 따른
삶의 모습을 따라 구분되는 것이다. 가장 분명한 판단의 기준은, 십계명 서문에서
분명하게 명시하였듯이, YHWH는 출애굽 사건에서 자신의 모습을 드러내신
분으로 눌린 자의 편을 드시는 해방의 주님이라는 사실이다.

시편 50:7-15

7 "들어라. 내 백성아, 내가 말하리라. 이스라엘아, 내가 너의 죄상을 밝히리라. 나 하느님,
너희의 하느님은

8 너희가 바친 제물을 두고 탓하지 않는다. 너희는 거르지 않고 내 앞에 번제를 드렸다.

9 나는 너희 집 소를 앗아 가지 않으며, 너희 우리에서 염소를 앗아 가지 아니하리라.

10 숲속의 뭇짐승이 다 내 것이요 산 위의 많은 가축들이 다 내 것이 아니냐?

11 공중의 저 새들도 다 내 마음에 새겨져 있고, 들에서 우글거리는 생명들도 다 내 손안에
있다.

12 이 땅이 내 것이요 땅에 가득한 것도 내 것인데, 내가 배고픈들 너희에게 달라고 하겠느냐?

13 내가 쇠고기를 먹겠으며 염소의 피를 마시겠느냐?

14 사람이 하느님에게 바칠 제물은 감사하는 마음이요, 사람이 지킬 것은 지존하신 분에게
서원한 것을 갚는 일이다.

15 어려운 일을 당할 때에 나를 불러라. 구해 주리라. 너는 나에게 영광을 돌려라."

로마서 4:13-25

13 하느님께서는 아브라함과 그의 후손들에게 세상을 물려주겠다고 약속하셨는데 그것은
아브라함이 율법을 지켰다 해서가 아니라 하느님께서 그의 믿음을 보시고 그를 올바른 사람
으로 인정하셨기 때문에 하신 약속이었습니다.

14 만일 율법을 지키는 사람들만이 상속자가 될 수 있다면 믿음은 무의미하게 되고 그 약속
은 무효가 됩니다.

15 법이 없으면 법을 어기는 일도 없게 됩니다. 법이 있으면 법을 어기게 되어 하느님의 진노

를 사비 마련입니다.

16 그러므로 하느님께서는 사람의 믿음을 보시고 그를 상속자로 삼으십니다. 이렇게 하느님께서는 은총을 베푸시며 율법을 지키는 사람들에게만 아니라 아브라함의 믿음을 따르는 사람들에게까지, 곧 아브라함의 모든 후손들에게 그 약속을 보장해 주십니다. 아브라함은 우리 모두의 조상입니다.

17 성서에 "내가 너를 만민의 조상으로 삼았다." 하지 않았습니까? 그는 죽은 자를 살리시고 없는 것을 있게 만드시는 하느님을 믿었던 것입니다.

18 아브라함은 절망 속에서도 희망을 잃지 않고 믿어서 마침내 "네 자손은 저렇게 번성하리라." 하신 말씀대로 "만민의 조상"이 되었습니다.

19 그의 나이가 백 세에 가까워서 이미 죽은 사람이나 다름없이 되었고 또 그의 아내 사라의 몸에서도 이제는 아기를 바랄 수 없다는 것을 알았지만 그는 믿음을 가지고 희망을 잃지 않았습니다.

20 그는 끝내 하느님의 약속을 믿고 의심하지 않았을 뿐만 아니라 더욱 굳게 믿으며 하느님을 찬양하였습니다.

21 그리고 그는 하느님께서 약속하신 것을 능히 이루어주시리라고 확신하였습니다.

22 하느님께서는 이런 믿음을 보시고 아브라함을 "올바른 사람으로 인정하셨습니다."

23 "올바른 사람으로 인정하셨다." 하는 말씀은 비단 아브라함만을 두고 하신 것이 아니라

24 우리를 두고 하시는 말씀이기도 합니다. 곧, 우리 주 예수를 죽은 자들 가운데서 다시 살리신 분을 믿는 우리들까지도 올바른 사람으로 인정해 주신다는 말씀입니다.

25 예수는 우리의 죄 때문에 죽으셨다가 우리를 하느님과 올바른 관계에 놓아주시기 위해서 다시 살아나신 분이십니다.

신학적 관점

본문은 마치 바울이 믿음에 상치되는 율법을 무효화하고 있는 것으로 보인다. 율법이 불완전한 것은 맞지만, 그렇다고 해서 율법을 무효화한다면 기독교 신학은 그 터전을 잃게 된다. 그래서 예수 또한 바리새인들과 율법학자들을 비난하였지만, 동시에 천지가 없어지기 전에는 율법의 일점일획도 없어지지 않고 다 이루어질 것(마5:8)이라고 말씀하셨다. 모든 성서의 구절이 그러하지만, 우리는 바울이 당면하고 있는 시대적 상황을 고려해야 한다. 로마 공동체는 유대인과 이방인이 함께 있었는데, 유대인들이 할례를 비롯한 율법 준수를 요구했던 것이다. 그래서 아브라함의 믿음을 율법을 통한 의가 아닌 하느님의 약속을 믿는 믿음의 의라고 강조하고 있다.

율법 또한 긍정적인 면과 부정적인 면이 있는데, 본문에서 바울은 긍정적인 부분보다는 예수의 십자가 죽음을 통한 은혜의 구원을 강조하기 위해 부정적인 면을 지나치게 강조하였다. 율법과 복음은 상호 보완적이지 상호 적대적인 것은 아니다. 행위 또한 은혜에 대한 보답으로서 마땅한 것이다. 이를 분리하여 양자택일로 만드는 일은 비성서적이며, 반신학적이며, 반바울적이다.

목회적 관점

아브라함은 바로 왕 앞에서 자신의 목숨을 구하기 위해 아내를 누이라고 속였고, 아내 사라가 아닌 여종 하갈을 통해 자손을 얻고자 했으며, 처음 천사가 전한 수태고지를 믿지 않았다. 본문에서 바울은 아브라함을 일종의 완전한 믿음의 표본으로 제시하는데, 실상은 약점이 많은 인간이었다. 이 모순을 어떻게 이해해야 할까? 가령 목사가 장례식을 집행할 때 고인의 잘못이나 약점을 드러내는 경우는 없고 잘한 일만 언급하는데, 이런 경우에 해당하는 것일까?

주석적 관점

창세기 12장에서 아브라함은 '땅'을 기업으로 받았는데, 바울은 '세상'을 유산으로 물려받았다고 말한다. 이는 예수의 복음이 유대인들만이 아닌 모든 세상 민족을 향하고 있기 때문이다. 또 바로 이러한 이유 때문에 율법이 가진 불법의 불완전성을 강조한다. 그러나 불법의 깨달음 없이 어찌 은혜의 기쁨을 알 수 있을까?

설교적 관점

16절의 우리가 본받아 할 아브라함의 믿음이란 어떤 것인가? 아브라함이 의롭다 인정함을 받은 것은 그의 믿음이 아니라 하느님의 약속 위에 세워진 믿음이었다. 19-20절은 모두 아브라함이 스스로의 능력에 의한 믿음의 소유자인 것처럼 기술되어 있으나, 이는 하느님의 부름에 따른 인간의 응답으로서의 믿음인 것이다.

히브리서 기자가 말한 대로 아브라함의 믿음은 그가 쌓아놓은 안전지대를 벗어나 미지의 세계에 자신을 내어 맡기는 결단의 행위가 따랐던 믿음이었지 그냥 제자리에 앉아서 믿은 머리나 입술만의 믿음은 아니었다. 그는 하느님의 약속을 믿고 아버지와 함께 친족들이 사는 갈대아 우르를 그리고 아버지의 죽음 이후 가족을 이끌고 하란을 떠났다. 불가능을 가능케 하는 믿음이란 장애물을 디딤돌로 삼는 변화된 안목에 있는 것이지 장애물이 어느 순간 사라지는 어떤 기적적 현상을 말하는 것이 아니다.

마태복음 9:9-13, 18-26

9 예수께서 그곳을 떠나 길을 가시다가 마태오라는 사람이 세관에 앉아 있는 것을 보시고 "나를 따라오너라." 하고 부르셨다. 그러자 그는 일어나서 예수를 따라나섰다.

10 예수께서 마태오의 집에서 음식을 잡수실 때에 세리와 죄인들도 많이 와서 예수와 그 제자들과 함께 음식을 먹게 되었다.

11 이것을 본 바리사이파 사람들은 예수의 제자들에게 "어찌하여 당신네 선생은 세리와 죄인들과 어울려 음식을 나누는 것이오?" 하고 물었다.

12 예수께서 이 말을 들으시고 "성한 사람에게는 의사가 필요하지 않으나 병자에게는 필요하다.

13 너희는 가서 '내가 바라는 것은 동물을 잡아 나에게 바치는 제사가 아니라 이웃에게 베푸는 자선이다.' 하신 말씀이 무슨 뜻인가를 배워라. 나는 선한 사람을 부르러 온 것이 아니라 죄인을 부르러 왔다." 하고 말씀하셨다.

18 예수께서 이 말씀을 하고 계실 때에 한 회당장이 와서 예수께 절하며 "제 딸이 방금 죽었습니다. 그렇지만 저의 집에 오셔서 그 아이에게 손을 얹어주시면 살아날 것입니다." 하고 간청하였다.

19 예수께서 제자들과 함께 일어나 그를 따라가셨다.

20 마침 그 때에 열두 해 동안이나 하혈병을 앓던 어떤 여자가 뒤로 와서 예수의 옷자락에 손을 대었다.

21 예수의 옷에 손을 대기만 해도 나으리라고 생각하였던 것이다.

22 예수께서 돌아서서 그 여자를 보시고 "안심하여라, 네 믿음이 너를 낫게 하였다." 하고 말씀하시자 그 여자는 대뜸 병이 나았다.

23 예수께서 회당장의 집에 이르러 피리 부는 사람들과 곡하며 떠드는 무리를 보시고

24 "다들 물러가라. 그 아이는 죽은 것이 아니라 잠들어 있다." 하고 말씀하셨다. 그러나 사람들은 모두 코웃음만 쳤다.

25 그 사람들이 다 밖으로 나간 뒤에 예수께서 방에 들어가 소녀의 손을 잡으시자 그 아이는 곧 일어났다.

26 이 소문이 그 지방에 두루 퍼졌다.

신학적 관점

두 개의 이야기를 다루고 있다. 하나는 마태를 부르시어 제자 삼는 이야기이고, 다른 하나는 기적을 베푸시는 예수의 모습이다. 마태는 세리로서 로마제국의 앞잡이 노릇을 하게 되어 백성들로부터 지탄의 대상이 되었을뿐더러 죄인의 대명사였다. 따라서 마태를 제자로 삼는 일은 일종의 스캔들이 되었는데, 본문은 이보다 한발 더 나아가 예수와 식사 자리에 함께 한 사람들은 모두 세리와 죄인이었다고 말한다. 물론 이 얘기를 듣는 청중들은 누가 진짜 죄인인지를 알고 있다. 이는 세리와 죄인에 대한 당시의 사회적 통념을 비판할뿐더러, 밑바닥 민중 그리고 소외된 계층과 함께하시는 예수의 사회 변혁 운동, 곧 복음의 해방성을 말한다.

두 번째로 열두 해를 앓고 있던 여인이 고침 받는 이야기와 죽었던 소녀가 다시 살아나는 이야기 또한 오늘의 의학적 관점에서 바라보기보다는 앞의 이야기와 같이 민중들 사이에서 들불과 같이 번져 가는 예수의 하느님 나라 운동에 대한 역동성의 관점에서 읽어야 한다. 열두 해를 앓고 있던 여인이 마가가 언급한 혈류병인지는 분명하지 않지만, 그녀는 당시 율법에 따르면 사회로부터 격리의 대상인 더러운 여인이었다. 더러움은 전염이 된다는 것이 정결법의 핵심이다. 그러나 예수는 오히려 그의 병을 고쳐준다. 이는 율법에 대한 정면 도전이었다. 열세 살이 성인의 기준이라면 열둘은 부족함을 뜻한다. 곧, 유대교의 불완전함에 대한 상징으로 볼 수 있다.

본문은 '가난한 자와 사회적 약자의 편을 드는 하느님의 편파성'이라는 민중 해방신학의 관점을 말하고 있다.

목회적 관점

"나를 따라오너라"라는 말 한마디에 사람들이 자신들이 하던 일을 제쳐두고 목사의 말을 따른다면 얼마나 좋을까? 사실 예수의 제자 삼는 이 이야기는 대화와 설득의 긴 과정이 삭제된 것으로 보아야 한다. 모든 목회자 또한 부름이 단 한 번만 있었던 것은 아니다. 오랜 시간에 걸친 고민과 기도를 통해 결단이 이루어진 것이다. 긴 결단의 과정을 압축하여 설명하는 실존종말론적 언어다.

목사는 공인으로서 소문에 민감할 수밖에 없다. 나의 교회에 대한 소문은 무엇이고 또 목회자인 나에 대한 소문은 어떤 것들이 있는가? 나의 교회는 죄인들이 모이는 병원인가? 아니면 의인들의 집합소로서의 전람회장인가?

주석적 관점

열두 해를 앓은 하혈병 여인의 이야기는 마가복음 5장과 누가복음 8장에도 나온다. 그런데 마가와 누가는 여인이 옷깃에 손을 대었을 때 여인의 병이 나았음을 말하고 이후 예수의 구원 선언이 나온다. 곧, 여인의 믿음과 행동 그리고 결단을 말한 이후 예수의 선포가 있다. 그런데 마태는 이를 생략함으로 여인의 믿음과는 관계없이 오로지 예수의 말씀 능력으로만 그 병이 나았음을 말한다. 마가는 여기에 더해 의사들을 통해 오히려 병이 더 중하여졌고 가진 모든 재산을 허비하였다는 일종의 사회고발을 겸한다. 그리고 마가와 누가는 죽은 딸을 고치시는 방 안에 세 명의 제자를 증인으로 말하고 있다.

스퐁 신부는 복음서보다 앞서 기록된 바울 서신이나 Q복음서에 기적 이야기가 없다는 사실에 근거하여 모든 복음서의 기적 이야기들이 시공간 속에서 실제로 일어났다고 여겨지는 초자연적인 사건들이 아닌 다른 무언가를 나타내는 것일 수 있다는 가능성을 고려해야 한다고 주장한다.

기적을 일으키는 사람 예수는 목격자들의 증언에서 나온 결과가 아니라 해석된 초상화 (interpretive portrait painting)을 그린 결과이다. 예수의 유대인 추종자들은 복음서 저자들이 사용한 자료들을 알고 있었기 때문에 이것을 이해하고 있었을 것이다. 후대의 이방인 그리스도인들은 이런 자료들을 인식하거나 알지 못했을 것이다. 그때부터 이런 기적 이야기들이 예수의 생애 동안 일어난 문자적 사건으로 이해되기 시작했다(『마태복음: 유대인 예배력에 따른 예수의 의미』, 192-193).

마태복음 8장 1절로 9장 34절까지의 모든 기적 이야기는 모두 이사야서의 표징을 전부 다룬 것이다(『마태복음: 유대인 예배력에 따른 예수의 의미』, 195).

설교적 관점

예수께서는 당시 사회로부터 손가락질받는 사람들, 곧 세리와 병자들과 함께했다. 오늘날의 세리와 병자들은 누구인가? 오늘날 사회로부터 배척을 받고 교회가 손가락질하며 회개를 요구하는 사람들은 어떤 부류의 사람들인가?

"하느님은 자비를 원하시지 희생제물을 원하시지 않는다"(호 6:6)와 "나는 의인을 부르러 온 것이 아니라 죄인을 부르러 왔다"는 두 말씀은 기독교 복음의 근본을 밝히고 있다. 자비의 대상은 세상 안에 있고, 죄인들은 교회 밖에 거한다. 문제는 그럼에 불구하고 여전히 교회 예배를 강조하며 바리새인처럼 자신들이 의인인 양 뽐내는 종교 지도자들이 많다는 사실이다.

파스칼은 말했다. 세상에는 두 종류의 사람이 있다. "한 부류는 자신을 의인이라 여기는 죄인이고, 다른 한 부류는 자신을 죄인이라 여기는 의인이다." 자비의 대상에 차별이 있을 수는 없다. 그건 이미 자비가 아니다. 예수는 정죄를 거부하셨다. 심지어 원수까지도 사랑하라고 하셨다. 있는 그대로의 상대에 대한 인정과 용납은 사랑의 전제다.

특정절 여섯째 주일(6월 12일~6월 18일)

출 19:2-8a; 시 100; 롬 5:1-8; 마 9:35-10:8 (9-23)

출애굽기 19:2-8a

2 그들은 르비딤을 떠나 시나이 광야에 이르러 그 광야에 진을 쳤다. 이스라엘이 그곳 산 앞에 진을 친 다음,

3 모세는 하느님 계신 곳으로 올라갔다. 야훼께서 산에서 그를 부르셨다. "너는 야곱 일족에게 이렇게 말하여라. 이스라엘 자손에게 이렇게 가르쳐주어라.

4 '너희는 내가 이집트인들을 어떻게 다루었는지, 너희를 어떻게 독수리 날개에 태워 나에게로 데려왔는지 보지 않았느냐?

5 이제 너희가 나의 말을 듣고 내가 세워준 계약을 지킨다면, 너희야말로 뭇 민족 가운데서 내 것이 되리라. 온 세계가 나의 것이 아니냐?

6 너희야말로 사제의 직책을 맡은 내 나라, 거룩한 내 백성이 되리라.' 이것이 내가 이스라엘 자손에게 일러줄 말이다."

7 모세가 돌아와 백성 가운데서 장로들을 불러 모으고 야훼께서 분부하신 이 말씀을 모두 그들에게 선포하였다.

8 그러자 백성들은 일제히 "야훼께서 말씀하신 것은 모두 그대로 실천하겠습니다." 하고 대답하였다.

신학적 관점

선택과 예정의 신학을 말하고 있다. 제사장 나라와 거룩한 민족은 배제를 전제한 우월감이 아닌 포용을 전제한 책임감의 언어다. 곧, 가족 전체를 돌보는 장자의 책임이다.

출애굽 이야기는 선과 악의 단순한 이야기가 아니다. 그것은 권력, 제국, 위계 사회 그리고 자유로운 인간과 노예와 사람들을 구분하는 정치에 대한 비판이다(조너선 색스/

김대옥 옮김, 『랍비가 풀어내는 출애굽기: 구원의 책』, 2025, 19).

목회적 관점

거룩의 문자의 뜻은 '구별하다, 따로 떼어내다'(set apart)이다. 이는 모범을 위한 구별이다. 예를 들면 장로나 집사는 거룩한 직분이다. 이는 봉사와 헌신에 앞장서는 직책이지 다른 이들보다 뛰어남을 말하는 것이 아니다.

모세를 지도자로 세워 부르셨듯이 목회자를 지도자로 세워 부르신다.

주석적 관점

이스라엘은 본래 야곱 개인에게 주어진 축복의 언어지만, 이는 출애굽기에서는 아브라함의 후손들을 통칭하는 민족의 이름으로 승화한다. 그러나 왕국 건설 이전의 백성들을 민족 개념으로 부르는 것은 너무 앞선 일로, 주석가들은 이를 후대 사가들의 편집으로 해석한다(『제국의 그림자 속에서』, 32). 시내 광야의 민중들은 노예 출신들로, 말하자면 어중이떠중이들의 집합체였다. 따라서 이스라엘이라는 이름보다는 히브리인들로 불리는 것이 타당하다. 주석가들은 대체로 '히브리'(hebrew)는 어원적으로 '하비루'(habiru) 혹은 '아피루'(apiru)와 그 뿌리가 같다는 것에 동의한다. 그런데 하비루는 고대 근동에서는 사회 정치적으로 주변화된 사람들, 곧 기존 질서를 어지럽히는 자들, 즉 종종 산적이나 도시국가들 사이의 전쟁 용병, 뿐만 아니라 지배적인 통치 체제를 전복시키려고 위협하는 폭도로 묘사한다(『제국의 그림자 속에서』, 27). 유일신 개념은 당시 다신(多神) 제국들의 입장에서는 신의 아들로 불리는 1인 통치 제도를 위협하는 매우 위험한 이데올로기가 된다.

설교적 관점

모든 민족 가운데 이스라엘 민족을 부르셨듯이, 하느님은 오늘날 많은 교회 가운데 우리 교회를 부르시고 있다. 그 부름의 특징은 무엇인가? 이스라엘 민족에게 축복을 주셨듯이, 우리 교회에 축복을 주시고자 부르신다. 이를 얻기 위한 책임은 무엇인가?

제사장 '나라'와 거룩한 '민족' ― 개인이 아닌 공동체의 축복이자 공동체의 책임이다. 개인 구원이 아닌 공동체 구원이다. 나 혼자 잘한다고 되는 일이 아니다. 모두가 함께 잘되어야 한다. 이게 보장이 되려면 사회적 제도가 그런 방향으로 마련되어야 한다.

이는 오늘날 인류 전체를 향한 부름이다. 세계 경제 정의와 지구환경 보존의 책임이다.

시편 100

1 온 세상이여, 야훼께 환성을 올려라.

2 마음도 경쾌하게 야훼를 섬겨라. 기쁜 노래 부르며 그분께 나아가거라.

3 야훼는 하느님, 알아 모셔라. 그가 우리를 내셨으니, 우리는 그의 것, 그의 백성, 그가 기르시는 양떼들이다.

4 감사기도 드리며 성문으로 들어가거라. 찬양 노래 부르며 뜰 안으로 들어가거라. 감사기도 드려라. 그 이름을 기리어라.

5 야훼님 어지시다. 그의 사랑 영원하시다. 그 미쁘심 대대에 이르리라.

로마서 5:1-8

1 이렇게 우리는 믿음으로 말미암아 하느님과 올바른 관계를 가졌으므로 우리 주 예수 그리스도를 통해서 하느님과 평화를 누리게 되었습니다.

2 우리는 그리스도를 믿음으로써 지금의 이 은총을 누리게 되었고 또 하느님의 영광에 참여할 희망을 안고 기뻐하고 있습니다.

3 그뿐만 아니라 우리는 고통을 당하면서도 기뻐합니다. 고통은 인내를 낳고

4 인내는 시련을 이겨내는 끈기를 낳고 그러한 끈기는 희망을 낳는다는 것을 우리는 알고 있습니다.

5 이 희망은 우리를 실망시키지 않습니다. 우리가 받은 성령께서 우리의 마음속에 하느님의 사랑을 부어주셨기 때문입니다.

6 우리 죄 많은 사람들이 절망에 빠져 있을 때에 그리스도께서는 당신의 때가 이르러 우리를 구원하시려고 죽으셨습니다.

7 옳은 사람을 위해서 죽는 사람은 별로 없습니다. 혹 착한 사람을 위해서는 죽겠다고 나설

사람이 더러 있을지 모릅니다.

8 그런데 그리스도께서는 우리 죄 많은 인간을 위해서 죽으셨습니다. 이리하여 하느님께서는 우리들에게 당신의 사랑을 확실히 보여주셨습니다.

신학적 관점

바울은 앞에서 행위가 아닌 믿음으로만 의롭다 인정함을 받는다는 자신의 신학적 논리를 펴 왔다. 본문에 이르러 그의 신학은 절정을 이룬다. 예수 그리스도를 믿는 목적을 두 가지로 정리한다. 첫째는 하느님과의 평화를 누리기 위함이요 (1절), 둘째는 하느님의 영광의 자리에 참여한다고 하는 소망 때문이다(2절). 그러나 이는 그냥 주어지지 않는다. 환난을 이겨내야 한다(3절). 그런데 이 환난은 의미 없는 고통이 아니라 인내와 품격 형성을 통해 하느님의 희망과 사랑 안에 머물도록 한다.

목회적 관점

바울은 환난 가운데서도 자랑한다고 하는데, 목회자 자신은 어떤가? 환난 속에서 자랑한 적이 있는가? 목회자의 환난은 자주 교인과의 갈등 속에서 생기는데, 이를 자랑하는 일은 정당한 일인가? 갈등을 일으키는 교인은 이를 어떻게 받아들일까? 그 또한 환난을 자랑한다면? 우리가 당하는 모든 환난이 옳은 일 때문에 받는 것은 아니다. 개인의 욕망 실현 때문에 오는 환난도 많다. 바울이 말하는 환난을 공동체적으로 이해해야 하는 것이 옳은 방식이고, 공동체의 개념이 더 커질수록 더 옳은 이해다.

주석적 관점

7절은 논리상 적절한 말은 아니다. 과거는 물론 오늘날에도 의로운 일을 위해 목숨을 희생하는 경우는 종종 있다(전태일 열사를 비롯한 민주열사 등). 6절을 강조하고 예수 그리스도의 희생을 강조하기 위해 후대에서 첨가되었을 것이다.

설교적 관점

'하느님과 평화'를 이룬다는 의미는 무엇인가? 단순히 마음의 평안을 의미하는가? 바울은 편지 서두에서 '은혜와 평화가 함께 함'을 인사말로 자주 쓰고, 로마서 15장 13절에서도 하느님의 소망으로 기쁨과 평화가 넘치기를 소망한다. 이전 번역에서는 평강이라고 번역하기도 했다. 당시 로마 황제 아우구스투스는 자신이 이룬 업적을 자랑하고 이것이 영원하리라는 의미에서 '로마의 평화'(Pax Romana)라는 말을 했다. 그렇다면 바울에게 있어 '그리스도의 평화'(Pax Christi)라는 단어는 오늘날 우리가 쉽게 이해하는 개인의 마음의 평안이나 평강보다는 훨씬 깊은 의미가 있다.

6-8절은 산상수훈 중 하나인 "사람들이 너희를 미워하고 핍박을 할 때에 복이 있나니 너희가 기뻐하고 즐거워하라"(마 5:11-12)는 이유에 대한 설명이 된다.

마태복음 9:35-10:23

35 예수께서는 모든 도시와 마을을 두루 다니시며 가시는 곳마다 회당에서 가르치시고 하늘 나라의 복음을 선포하셨다. 그리고 병자와 허약한 사람들을 모두 고쳐주셨다.

36 또 목자 없는 양과 같이 시달리며 허덕이는 군중을 보시고 불쌍한 마음이 들어

37 제자들에게 이렇게 말씀하셨다. "추수할 것은 많은데 일꾼이 적으니

38 그 주인에게 추수할 일꾼들을 보내달라고 청하여라."

1 예수께서 열두 제자를 불러 악령들을 제어하는 권능을 주시어 그것들을 쫓아내고 병자와 허약한 사람들을 모두 고쳐주게 하셨다.

2 열두 사도의 이름은 이러하다. 베드로라고 하는 시몬과 그의 동생 안드레아를 비롯하여 제베대오의 아들 야고보와 요한 형제,

3 필립보와 바르톨로메오, 토마와 세리였던 마태오, 알패오의 아들 야고보와 타대오,

4 가나안 사람 시몬, 그리고 예수를 팔아 넘긴 가리옷 사람 유다이다.

5 예수께서 이 열두 사람을 파견하시면서 이렇게 분부하셨다. "이방인들이 사는 곳으로도 가지 말고 사마리아 사람들의 도시에도 들어가지 마라.

6 다만 이스라엘 백성 중의 길 잃은 양들을 찾아가라.

7 가서 하늘 나라가 다가왔다고 선포하여라.

8 앓는 사람은 고쳐주고 죽은 사람은 살려주어라. 나병환자는 깨끗이 낫게 해주고 마귀는 쫓아내어라. 너희가 거저 받았으니 거저 주어라."

9 "전대에 금이나 은이나 동전을 넣어가지고 다니지 말 것이며

10 식량 자루나 여벌 옷이나 신이나 지팡이도 가지고 다니지 마라. 일하는 사람은 자기 먹을 것을 얻을 자격이 있다.

11 어떤 도시나 마을에 들어가든지 먼저 그 고장에서 마땅한 사람을 찾아내어 거기에서 떠날 때까지 그 집에 머물러 있어라.

12 그 집에 들어갈 때에는 '평화를 빕니다!' 하고 인사하여라.

13 그 집이 평화를 누릴 만하면 너희가 비는 평화가 그 집에 내릴 것이고 그렇지 못하면 그 평화는 너희에게 되돌아올 것이다.

14 어디서든지 너희를 받아들이지도 않고 말도 듣지 않거든 그 집이나 그 도시를 떠날 때에 발에 묻은 먼지를 털어버려라.

15 나는 분명히 말한다. 심판 날이 오면 소돔과 고모라 땅이 오히려 그 도시보다 가벼운 벌을 받을 것이다."

16 "이제 내가 너희를 보내는 것은 마치 양을 이리떼 가운데 보내는 것과 같다. 그러므로 너희는 뱀같이 슬기롭고 비둘기같이 양순해야 한다.

17 너희를 법정에 넘겨주고 회당에서 매질할 사람들이 있을 터인데 그들을 조심하여라.

18 또 너희는 나 때문에 총독들과 왕들에게 끌려가 재판을 받으며 그들과 이방인들 앞에서 나를 증언하게 될 것이다.

19 그러나 잡혀갔을 때에 '무슨 말을 어떻게 할까?' 하고 미리 걱정하지 마라. 때가 오면 너희가 해야 할 말을 일러주실 것이다.

20 말하는 이는 너희가 아니라 너희 안에서 말씀하시는 아버지의 성령이시다.

21 형제끼리 서로 잡아 넘겨 죽게 할 것이며, 아비도 또한 제 자식을 그렇게 하고 자식도 제 부모를 고발하여 죽게 할 것이다.

22 그리고 너희는 나 때문에 모든 사람에게 미움을 받을 것이다. 그러나 끝까지 참는 사람은 구원을 받을 것이다.

23 이 동네에서 너희를 박해하거든 저 동네로 피하여라. 나는 분명히 말한다. 너희가 이스라엘의 동네들을 다 돌기 전에 사람의 아들이 올 것이다."

신학적 관점

예수는 제자들과 함께 하느님 나라 운동을 전개하였다. 평신도 신학에 대한 깊은 이해가 필요하다. 전도나 선교를 할 때 그리고 국가 권력에 의해 핍박을 받았을 때의 마음가짐에 대해 말하고 있다. 이 모든 말씀은 23절, 곧 종말론적 관점에서 이해해야 한다. 문자적으로 이해하는 것은 옳지 않다.

목회적 관점

9-11절을 목회자들은 어떻게 이해해야 할까? 개인 재산을 갖지 말라는 뜻인가? 신부들과 같이 독신으로 살고 교단이 그의 삶을 책임진다면 가능한 방식이다. 한때 목사 또한 고위 공직자와 같이 재산 공개를 하자는 여론이 있었던 적이 있다. 이에 대한 당신의 견해는 어떠한가?

주석적 관점

36절의 '불쌍히 여기다'('스플랑크논', 헬)는 창자와 같은 어근을 갖고 있다(참조 14:14; 15:42). 창자가 찢어질 정도의 고통스러운 마음이다. '고생에 지쳐서'(스퀼로, 헬)는 세금 약탈과 노역으로 난도질 당하고 팽개쳐짐을 당한 탈진 상태를 뜻한다.

6절은 누가나 바울의 신학과 정면으로 부딪칠뿐더러 자체 모순이기도 하다. 마태는 1장 본문에서 예수의 조상으로 다말, 라합, 룻, 밧세바, 네 명의 이방 여인을 언급한다. 마지막 구절에서는 "모든 민족으로 제자를 삼으라"는 선교 명령으로 마친다. 이는 초기 마태 공동체의 역사적 상황을 반영하고 있다.

설교적 관점

예수는 민중들의 고통에 아파하며 제자들을 파송하셨다. 백성들의 병을 고치고 귀신을 내어쫓으며 저들에게 힘이 되어주었지만, 국가 권력은 이를 반역으로 보고 감옥에 가두고 재판하였다. 오늘날 교회의 복음 운동을 개인 영혼 구원 혹은 개인의 마음 위안으로 이해하는 경향이 크다.

"너희는 내 이름 때문에 모든 사람에게 미움을 받을 것이다." 모든 사람은 곧 세상을 의미한다. 왜 세상은 예수의 이름을 미워하는 것인가? 그것은 세상의 가치와 예수의 가치가 상반(相反)되기 때문이다.

특정절 일곱째 주일(6월 19일~6월 25일)

렘 20:7-13; 시 69:7-18; 롬 6:1-11; 마 10:24-39

예레미야 20:7-13

7 "야훼여, 저는 어수룩하게도 주님의 꾐에 넘어갔습니다. 주님의 억지에 말려들고 말았습니다. 그래서 날마다 웃음거리가 되고 모든 사람에게 놀림감이 되었습니다.

8 저는 입을 열어 고함을 쳤습니다. 서로 때려잡는 세상이 되었다고 외치며 주의 말씀을 전하였습니다. 그 덕에 날마다 욕을 먹고 조롱받는 몸이 되었습니다.

9 '다시는 주의 이름을 입밖에 내지 말자. 주의 이름으로 하던 말을 이제는 그만두자.' 하여도, 뼛속에 갇혀 있는 주의 말씀이 심장 속에서 불처럼 타올라 견디다 못해 저는 손을 들고 맙니다.

10 사람들이 모여서 수군거립니다. '저자야말로 사면초가다. 고발하자, 고발하자.' 저와 가까이 지내던 사람들도 모두 제가 망하기를 바라 모의합니다. '걸어 넘어뜨리고 잡아 죽이자. 앙갚음을 하자.'

11 그러나 제 곁에는 힘센 장사처럼 야훼께서 계시기에 저를 박해하다가는 당하지 못하고 나가떨어질 것입니다. 뜻을 이루지 못하여 부끄러움으로 머리도 들지 못하고 길이길이 잊지 못할 수치를 당할 것입니다.

12 만군의 야훼여, 사람의 뱃속을 아시고 심장을 꿰뚫어 보시는 공정한 감시자여, 저들을 고소하는 이유를 밝히 말씀드렸사오니, 이제 이 백성에게 제 원수를 갚아주십시오. 이 눈으로 그것을 보아야겠습니다."

13 야훼께 노래를 불러드려라. 야훼를 찬양하여라. 야훼께서는 가난한 사람을 악당들의 손에서 빼내 주시는 분이시다.

신학적 관점

침묵하시는 하느님에 대한 저항이자 고발이다. "주께서 나를 속이셨다"라는 매우 도발적인 언사로 시작하는 예레미야의 한의 외침은 13절에서 '그럼에도 불구하고'라는 신앙 고백으로 이어지지만, 그의 이 땅에서의 삶을 조명하면 결국 독백으로 끝나고 만다. 본회퍼 목사가 처형을 앞둔 옥중에서 했던 "나는 누구인가?"라는 질문과 신학적으로 맞닿아 있다.

목회적 관점

목회자들 또한 때때로 예레미야와 같이 하느님의 발길에 차여 하늘의 소리를 대변할 수밖에 없다. 그러나 돌아오는 것은 비난뿐이다. 당시 사람들은 뭐라고 예레미야를 비난하고 조롱했을까? 당신은 왜 민족 문제나 정치사회 문제에 관심을 두느냐? 세상 권력 또한 하늘로부터 온 것이니 이에 복종해야지 왜 비판하느냐? 오늘날로 말하면 예레미야는 불순분자 혹은 빨갱이라고 비난을 받았고 권력자들에 의해 옥에 갇히기도 했다.

지도자가 된다는 것은 칭찬의 대상이 되는 것뿐만 아니라 비난의 대상이 되는 것이다. 어차피 완전한 칭찬의 대상이 되지 못할 바에는 자신이 옳다고 생각하는 길을 충실히 따르는 것이 후회 없는 길이다.

주석적 관점

본문과 비슷한 형태의 고백적 탄원은 예레미야서 곳곳에 등장한다(11:18-23; 12:1-6; 15:10-21; 17:14-18; 18:18-23; 20:7-13, 14-18). 문학비평으로 보면 본문은 시편의 탄식시들과 형식이 같다.

두 개의 중요한 동사가 있다. 첫째는 7절의 '속였다'는 히브리어 동사 pathah인데, 이는 때로 남녀 간의 성적 의미로(출 22:16; 삿 14:15; 16:5; 욥 31:9, 꾀다, 유혹하다) 쓰인다. 열왕기상 22장 20-22절, 에스겔 14장 9절에서는 이방신의 유혹, 곧 하느님의 심판을 불러일으키는 종교적 의미로 쓰인다. 둘째 동사는 yakal인데, 본문에서 네 번 나온다. '말려들고 말았다'(7절), '손을 들고 맙니다'(9절), '걸어 넘어뜨리고'(10절), '나가떨어지다'(11절). 세 번은 약간 부정의 의미에서 사용되었는데, 마지막 네 번째는 적들이 하느님 앞에서 쓰러지는 희망의 긍정으로 표현된다.

설교적 관점

　　보통 무조건 믿으라고 다그친다. 그러나 예레미야는 하느님의 존재에 대해 의심하고 도전한다. 신앙에 대한 의심과 회의가 신앙을 부정하는 것은 아니다. 확신으로 나아가는 과정일 따름이다.

나는 누구인가?

그들은 종종 내게 말한다
내가 감방에서 나올 때의 모습은
마치 거대한 성(城)에서 나오는 성주(城主)처럼
의연하고 유쾌하며 당당했다고.

나는 누구인가?

그들은 종종 내게 말한다
내가 나를 지키는 간수들과 이야기할 때의 모습은
마치 사령관이나 되는 것처럼
자유롭고 유쾌하며 확고했다고.

나는 누구인가?

나는 사람들로부터 이런 이야기를 들어왔다.
나는 불행한 나날을 보낼 때에도
마치 승리에 익숙한 사람처럼
침착하고 웃음을 잃지 않으며 당당했다고.
정말 나는 그들이 말하는 바로 그 사람인가?
아니면 나는 내 스스로가 알고 있는 바로 그 사람에 불과한가?

마치 새 장에 갇힌 새처럼

불안하고 갈망하며 병든 나

마치 누군가가 내 목을 조르는 것처럼

숨을 쉬기 위해 안간힘을 쓰는 나

빛깔, 꽃, 새들의 노래에 굶주리고

친절한 말과 인간적 친밀함에 목마르고

변덕스런 폭정과 아주 사소한 비방에 분노하여 치를 떨고

근심에 눌리고

결코 일어날 것 같지 않은 엄청난 사건들을 기다리고

두려움에 사로잡혀 아무것도 못하고

먼 곳에 있는 친구들을 걱정하고

지치고 허탈한 채 기도하고 생각하며 행동하고

연약하여 이런 것들 모두를 포기할 준비가 된 나

나는 누구인가?

이런 사람인가 아니면 저런 사람인가?

그렇다면 오늘은 이런 사람이고 내일은 저런 사람인가?

아니면 내 안에 그 두 사람이 동시에 존재하는가?

다른 사람들 앞에서는 대단하지만 혼자 있을 때에는 애처롭게 우는 비열한 심약자?

이미 승리한 전투를 앞두고

혼비백산(魂飛魄散)하여 도망치는 패배한 군대,

그것과 나의 내면세계가 다를 바는 무엇이랴?

나는 누구인가?

그들은 이런 고독한 질문들로 나를 조롱(嘲弄)한다

오 하나님, 내가 누구이든 당신은 나를 아십니다

당신이 아시듯, 나는 당신의 것입니다.

_ 디히트리히 본회퍼(Dietrich Bonhoeffer)

시편 69:7-18

7 이 몸은 하느님을 위하여 욕을 당했고 온갖 모욕을 다 받았습니다.

8 동기간에게는 따돌림을 받았고 내 어머니 소생에게는 남과 같은 취급을 받았습니다.

9 당신 집을 향한 내 열정이 나를 불사릅니다. 당신 향한 욕설이 이 몸 위에 쏟아져,

10 내가 단식하며 목메어 울었더니, 그것이 도리어 놀림거리가 되었습니다.

11 베옷을 걸치고 슬퍼했더니 도리어 남의 말거리가 되었습니다.

12 성문께 모여 서서 내 이야기로 입방아를 찧고 술에 취하면 나를 빈정거려 노래합니다.

13 야훼여, 당신께서 반기시는 이 때에 나는 당신께 기도드립니다. 하느님, 당신 사랑 그지없으시오니 당신 구원의 진실됨을 나에게 들려주소서.

14 내가 빠져드는 이 수렁에서 건져주시고 원수들의 손아귀에서 이 깊은 물 속에서 나를 건지소서.

15 풍랑 속에 파묻히지 않게 하시고 소용돌이 깊은 구렁에 말려들지 말게 하시며 구덩이가 입을 벌려 삼키지 못하게 하소서.

16 야훼여, 당신 사랑 어지시오니, 들어 주소서. 당신의 인자하심 넓고 넓으시오니 나를 바라보소서.

17 당신의 종을 외면하지 마옵시고, 빨리 한 말씀 하소서, 괴롭습니다.

18 가까이 오셔서 이 목숨 건져 주시고, 원수들에게서 이 몸을 속량하소서.

로마서 6:1-11

1 그러면 "은총을 풍성히 받기 위하여 계속해서 죄를 짓자."고 말할 수 있겠습니까?

2 절대로 그럴 수 없습니다. 우리가 이미 죽어서 죄의 권세에서 벗어난 이상 어떻게 그대로 죄를 지으며 살 수 있겠습니까?

3 세례를 받고 그리스도 예수와 하나가 된 우리는 이미 예수와 함께 죽었다는 것을 모르십니까?

4 과연 우리는 세례를 받고 죽어서 그분과 함께 묻혔습니다. 그래서 그리스도께서 아버지의 영광스러운 능력으로 죽은 자들 가운데서 다시 살아나신 것처럼 우리도 새 생명을 얻어 살아가게 된 것입니다.

5 우리는 그리스도와 같이 죽어서 그분과 하나가 되었으니 그리스도와 같이 다시 살아나서 또한 그분과 하나가 될 것입니다.

6 예전의 우리는 그분과 함께 십자가에 못박혀서 죄에 물든 육체는 죽어버리고 이제는 죄의 종살이에서 벗어나게 되었다는 것을 우리는 알고 있습니다.

7 이미 죽은 사람은 죄에서 해방된 것입니다.

8 우리가 그리스도와 함께 죽었으니 또한 그리스도와 함께 살리라고 믿습니다.

9 그것은 죽은 자들 가운데서 다시 살아나신 그리스도께서 다시는 죽는 일이 없어 죽음이 다시는 그분을 지배하지 못하리라는 것을 우리가 알고 있기 때문입니다.

10 그리스도께서는 단 한 번 죽으심으로써 죄의 권세를 꺾으셨고 다시 살아나셔서는 하느님을 위해서 살고 계십니다.

11 이와 같이 여러분도 그리스도 예수와 함께 죽어서 죄의 권세를 벗어나 그와 함께 하느님을 위해서 살아야 한다고 생각하십시오.

신학적 관점

신학적으로 죄와 은혜를 대비하고 있다. 죄는 하느님의 뜻에 반하는 제반 행위와 생각을 말한다. 그 결과는 죽음이다. 은혜는 하느님께서 기꺼이 주시는 하늘의 능력에 힘입어 그러한 죄의 멍에를 벗어나는 상태를 말한다. 그런데 이 죄에서 벗어난 상태에 대한 서로 다른 신앙 이해가 있다. 곧, 감사로 그치는 은혜에 머무는 신앙인가? 아니면 그 이상인가? "희생제물을 통한 속죄에 대한 바울의 이해는 안셀무스가 말하는 대속, 즉 대신 희생을 통한 속죄(substitutionary sacrificial atonement)와는 분명 다르다. 실제로 그리스도의 처형에 대한 바울 자신의 해석은 참여하는 희생을 통한 속죄(participatory sacrificial atonement)였다"(마커스 보그·존 도미닉 크로산/김준우 옮김, 『첫 번째 바울의 복음』, 227). "신앙은 결코 사실적인 동의로 환원될 수 없으며, 전적으로 헌신하는 것이 신앙이다. 신앙(pistis)은 생활 방식 전체를 헌신하는 것이다"(『첫 번째 바울의 복음』, 230).

목회적 관점

11절 죄에 대하여는 죽고, 하느님에 대하여는 예수 그리스도 안에서 산다는 것은 구체적으로 어떤 삶을 말하는가? 형제와 이웃들이 고통 속에 있는데, 자기 혼자 잘 사는 것은 반그리스도적인 삶이다. 산다는 것은 하느님께 대하여 사는 것이다(10절). 하느님께 대하여 산다는 말은 죄에 대하여는 죽고 그리스도 안에서 공동체로 함께 살아간다는 말이다(11절; 참조. 8:17, "성령이 친히 '우리'의 영과 더불어 '우리'가 하느님의 '자녀'인 것을 증언하시나니." 복수형에 주의). 절대자로서의 창조주 하느님을 찬양하고 모든 인류가 하느님 어버이를 섬기는 하나의 가족임을 고백하면서 북의 형제자매들을 미워하는 것은 참 신앙이 아니다.

한국전쟁이 빚어낸 민족의 아픔과 갈등을 공동체적인 신앙으로 해결하지 않는 한 한국교회의 희망은 없다고 해도 과언이 아니다. 왜냐하면 이는 하느님을 믿는 참 신앙이 아니기 때문이다. 현재 한국의 국가보안법은 북의 형제자매들을 적으로 규정하고 있다. 이를 기독교인들이 모른 체하는 것은 우리 스스로 계속 죄의 노예 상태로 살아가겠다는 말과 다름없다(6절).

주석적 관점

바울은 6장과 7장에 걸쳐 이분법적 수사학을 사용하고 있다: 죽음과 생명, 죄와 의, 노예와 자유, 율법과 은혜, 욕망과 성화, 순간과 영원, 육체의 법과 성령의 법, 악한 일과 선한 존재.

바울에게 있어 죄란 곧 죽음인데, 이는 개체의 죽음을 뜻하지 않는다. 하느님과 대치되는 개념으로서의 세상 죄와 죽음을 말한다. 이는 곧 로마제국을 암시한다.

설교적 관점

지금 한국은 15년 이상 세계 최고의 자살률을 유지하고 있다. OECD 국가 평균보다 두 배가 넘는다. 다시 말해 앞으로 최소 15년 이상 1위 국가로서의 불명예를 유지할 것이다. 죽음의 먹구름이 나라를 휘감고 있다. 태어나면서부터 형제(겨레, 동포)를 미워하고 적대한 결과인 것이다. 예수 그리스도는 이 땅에 화해자로 오셨다. 오늘 그리스도인들은 화해자의 역할을 감당해야 한다. 죽음을 이긴 부활과 생명의 삶이란 개인 영혼의 영생의 삶이 아닌, 역사 참여를 통해 민족 화해자의 역할을 감당함으로 이 땅이 죽음의 먹구름에서 벗어나 환희에 가득 찬 생명의 나라가 되도록 이끄는 데 있다.

한국전쟁(the Korean War)에 대한 세계사적인 역사 이해가 필요하다. 그냥 말로 형제를 사랑하고 원수를 사랑하자는 선언만으로 그쳐서는 안 된다. 이는 다람쥐 쳇바퀴 도는 것과 같다. 어떻게 이 죄악의 굴레를 완전히 벗어날 수 있을까를 깊게 고민해야 한다. 화해와 용서는 그냥 일어나지 않는다. 옛 자기(옛 생각과 옛 습관)를 죽이지 않고서는 불가능하다.

마태복음 10:24-39

24 "제자가 스승보다 더 높을 수 없고 종이 주인보다 더 높을 수 없다.

25 제자가 스승만해지고 종이 주인만해지면 그것으로 넉넉하다. 집주인을 가리켜 베엘제불이라고 부른 사람들이 그 집 식구들에게야 무슨 욕인들 못하겠느냐?"

26 "그러므로 그런 사람들을 두려워하지 마라. 감추인 것은 드러나게 마련이고 비밀은 알려지게 마련이다.

27 내가 어두운 데서 말하는 것을 너희는 밝은 데서 말하고, 귀에 대고 속삭이는 말을 지붕 위에서 외쳐라.

28 그리고 육신은 죽여도 영혼은 죽이지 못하는 사람들을 두려워하지 말고 영혼과 육신을 아울러 지옥에 던져 멸망시킬 수 있는 분을 두려워하여라.

29 참새 두 마리가 단돈 한 닢에 팔리지 않느냐? 그러나 그런 참새 한 마리도 너희의 아버지께서 허락하지 않으시면 땅에 떨어지지 않는다.

30 아버지께서는 너희의 머리카락까지도 낱낱이 다 세어두셨다.

31 그러니 두려워하지 마라. 너희는 수많은 참새보다 훨씬 더 귀하다."

32 "누구든지 사람들 앞에서 나를 안다고 증언하면 나도 하늘에 계신 내 아버지 앞에서 그를 안다고 증언하겠다.

33 그러나 누구든지 사람들 앞에서 나를 모른다고 하면 나도 하늘에 계신 내 아버지 앞에서 그를 모른다고 하겠다."

34 "내가 세상에 평화를 주러 온 줄로 생각하지 마라. 평화가 아니라 칼을 주러 왔다.

35 나는 아들은 아버지와 맞서고 딸은 어머니와, 며느리는 시어머니와 서로 맞서게 하려고 왔다.

36 집안 식구가 바로 자기 원수다.

37 아버지나 어머니를 나보다 더 사랑하는 사람은 내 사람이 될 자격이 없고 아들이나 딸을 나보다 더 사랑하는 사람도 내 사람이 될 자격이 없다.

38 또 자기 십자가를 지고 나를 따라오지 않는 사람도 내 사람이 될 자격이 없다.

39 자기 목숨을 얻으려는 사람은 잃을 것이며 나를 위하여 자기 목숨을 잃는 사람은 얻을

것이다."

신학적 관점

제자도에 관한 말씀이다. 결론부터 말하면 이는 39절 마지막 절에 있다. 목숨을 잃을 각오로 임해야 한다는 것이다. 이를 위해 첫째로 국가 권력으로부터 오는 박해를 무릅쓰고 두려움 없이 선포하라. 둘째로 평화는 칼의 투쟁을 통해서 얻어진다. 셋째로 가족 간의 분열과 갈등이 있다. 본문은 1세기 후반의 마태 공동체가 겪는 특수한 상황을 반영하는 말씀이다.

목회적 관점

목회자는 예수의 길을 따르고자 나선 제자들이다. 이 길은 하느님 나라를 일구기 위한 길로 국가 권력의 박해를 직면해야 하는 길이다. 칼이 상징하는 투쟁을 각오해야 한다. 목숨까지도 내어놓는 자기 십자가를 지고 따르는 길이다. 때로는 가족과의 갈등과 분열 또한 일어날 수 있다.

주석적 관점

본문은 마태의 다섯 개의 강화(Discourse) 중 두 번째에 해당하는 선교에 관한 말씀이다. 저자 마태는 두 개의 서로 다른 전통을 하나로 엮은 것 같다. 곧, 마가복음 6장 6b-13절과 Q복음서 10장 1-20절이다. 여기에 Q복음서의 또 다른 말씀이 더해졌다. 이는 예수 시대 이후의 당시 마태 공동체가 유대교와 로마제국으로부터 겪는 박해 상황을 반영하고 있다.

설교적 관점

제자가 스승보다 높지 않고 종이 주인보다 높지 않다는 말은 지극히 당연한 말씀이다. 이러한 얘기를 하는 이유는 제자들이 겪는 박해 때문이다. 혹 박해를 받는다 하더라도 이는 예수 그리스도의 박해에는 미치지 못하니 이를 견뎌내라는 권면이다.

34절 평화가 아니라 칼을 주러 왔고, 예수로 인해 가족 간에 분열이 일어난다는 말씀은 문자적으로 읽으면 많은 혼란을 일으킨다. 이는 평화는 그냥 얻어지는 것이 아니라 투쟁의 아픔 특히 국가 권력과의 투쟁을 통해 얻어지는 것임을 의미하고, 중요한 것은 그리스도인들의 삶의 목표는 세상 가치를 넘어서는 하느님 나라 완성에 있다는 것이다.

6월 25일은 한국전쟁이 전면적으로 시작한 날이다. 한국전쟁은 미국이 일제 로부터의 해방과 동시에 38선에 잣대를 대어놓고 선을 그은 남북 분단에 기인한다. 한국전쟁에 대한 세계사적인 분명한 역사 인식이 없이는 남북 통일을 향한 마음의 벽을 허무는 일은 어렵다. 왜냐하면 전쟁의 쓰라린 기억은 쉽게 사라지지 않고 오히려 증폭되기 때문이다. 화해를 향한 노력은 한국전쟁의 쓰라린 기억에 의해 무산되곤 한다.

남북화해주일을 맞아

필자는 1997년부터 북조선을 여러 번 방문하였고, 미국, 중국, 스위스, 홍콩에 서의 WCC 모임을 통해 북의 기독교 지도자들과 여러 차례 만나 대화를 나눈 바 있다. 지금도 남북 화해에 깊은 관심을 갖고 있다. 주지하다시피 지금 세계는 미국식 자본주의가 지배하는 가운데 여기에 저항하는 이슬람 국가들과 중국, 러시아, 쿠바, 콜롬비아, 북조선 등등의 사회주의 정책을 실현하고자 하는 국가들 이 있다. 현재 남미는 거의 모든 나라에 사회주의 정책을 실현하려는 사회주의 정권들이 실권을 잡았다. 북유럽 나라들의 경우는 복지형 사회주의 국가들로 미국식 자본주의와는 판이하게 차이가 있다. 미국식 시장금융자본주의는 개인 의 자유를 지나치게 허용함으로 빈부의 격차가 너무 심해 자칫하면 민중혁명을 불러일으키기 쉽다. 날로 증가하는 노숙자들과 매년 5만 명 이상이 살해되는 미국의 총기 난사는 이러한 부조리에 기인한다. OECD 국가 중 미국과 한국이 1, 2위 소득 불평등 국가다.

반면 사회주의는 개인의 자유를 간섭하고 제한하는 모순을 갖고 있다. 이는 소련식 공산주의의 몰락을 통해 증명된 바 있다. 따라서 개인 자유와 집단 평등을 적절하게 융합하는 제도가 앞으로 인류가 지향해야 할 사회경제 체제이고, 북유럽국가들이 이에 대표적이다. 다만 북유럽국가들의 경우는 인구가 작고 자원이 풍부한 나라들로 제3세계의 가난한 나라들과는 상황이 전혀 다르다. 따라서 한국과 북조선의 다른 체제가 서로의 장점을 살려 하나로 엮어지는 것이야말로 진정한 남북 통일이요, K-민주주의요, 인류의 미래를 밝히는 촛불이 된다.

특정절 여덟째 주일(6월 26일~7월 2일)

렘 28:5-9; 시 89:1-4, 15-18; 롬 6:12-23; 마 10:40-42

예레미야 28:5-9

5 예언자 예레미야는 사제들과 야훼의 성전에 서 있는 온 백성이 보는 앞에서 예언자 하나니야에게 말하였다.

6 "야훼께서 그렇게만 하여주신다면야 여부가 있겠소? 그대가 예언한 그 말을 야훼께서 이루어주셔서 야훼의 성전 기물과 포로들을 바빌론에서 이곳으로 되돌려 오신다면야 더 말할 나위가 있겠소?" 예언자 예레미야는 계속하여 이렇게 말했다.

7 "내가 이제 그대와 온 백성의 귀에 똑똑히 일러줄 터이니 잘 들어두시오.

8 예전부터 우리 선배 예언자들은 많은 지방과 강대한 나라에 전쟁과 기근과 염병이 있겠다고 예언하였소.

9 '잘되어 간다.'고 예언하는 예언자는, 그 말이 맞아야만 참으로 야훼께서 보내신 예언자인 것이 드러날 것이오."

신학적 관점

본문의 시대적 상황은 바빌론제국의 첫 번째 침략과 함께 1차 포로가 있고 난 직후였다. 이때 예레미야는 빨리 항복할 것을 권고했고, 그렇지 않을 경우 바빌론의 2차 침략을 예언했다. 반면 대제사장 하나냐는 살아계신 야훼 하느님께서 포로로 붙잡혀 갔던 이들이 풀려나는 희망과 평화를 예언했다. 당연히 이스라엘 백성들은 희망과 평화의 대사제의 메시지가 옳다고 여겼고 이를 반겼다. 우리는 일제강점기의 경험이 있다. 1910년 일제 침략 직후 항복을 권하는 지도자(예레미야)와 곧 압제에서 해방될 것이라고 하는 희망을 전하는 지도자(하나냐)가 있다고 가정해 보자. 우리는 아마도 신앙적으로는 하나냐의 편이 될 것이다. 투항을 권한다고 해서 비겁하다고 말할 것인가? 누가 옳다고 결론을 내기는 쉽지 않다. 다만 역사는 긴 안목에서 냉철하게 바라보아야 한다는 메시지를 전한다. 예언이란 단지 미래를 예측하는 말이 아니다. 한자어로 예언 두 개의 단어로 표시할 수 있다. '豫言'과 '預言'이다. 전자는 미래의 일을 예측한다는 뜻이고(先知者), 후자는 (맡겨진) 하느님 말씀을 대언(代言)한다는 뜻이다. 제1성서의 예언자는 둘의 역할을 다 감당했다. 예레미야의 예언은 후자에 하나냐의 예언은 전자에 강조점을 두고 있다고 말할 수 있다. 예언자는 히브리어로 세 개의 단어가 있다: 나비(nabi), 로에(ro'je), 호제(chozeh). 이 중 나비는 후자, 로에와 호제는 전자의 뜻을 갖고 있다. 가장 많이 쓰이는 단어는 나비다.

목회적 관점

70~80년대 세계 개신교에서 성공의 대명사로 캘리포니아 수정교회의 로버트 슐러 목사가 있었다. 그는 긍정적 사고(positive thinking)로 믿음 안에서 이루지 못할 일이 없는 번영과 긍정의 믿음을 주창하였다. "믿음 안에서 불가능은 없다!" 우리나라에서도 많은 대형 교회 목회자들이 그의 가르침을 따랐다. 그는 밖에서 안이 들여다보이는 엄청난 크기의 대형 유리로 구성된 교회 건물을 짓고, 차에 앉아 영화를 관람하듯이 차에 앉아 예배를 드리는 드라이브인(drive-in) 예배까지 도입하였다. 그러나 그의 교회는 오래전 가족들의 파행 운영으로 문을 닫았고, 지금은 라틴계 가톨릭 성당이 되었다.

주석적 관점

본문은 왕 여호와긴을 비롯한 왕과 수많은 사회의 지도자들이 포로로 끌려간 직후에 일어난 일이다(BCE 597년). 느부갓네살은 시드기야를 왕으로 대신했다. 그러나 여전히 많은 유대인들은 여호와긴을 자신들의 왕으로 여기면서 하느님께 서 유대왕국을 곧 회복할 것을 기대했다.

이미 바빌론의 속국이 된 주변의 여러 나라들이 예루살렘에 모여 반란을 꾀할 때 예레미야는 목에 멍에를 매고 거리를 다니면서 바빌론 왕에 저항하다가 는 더 큰 화가 임할 것을 예언하였다(렘 27장). 오히려 느부갓네살을 '내(YHWH)

종'(27:6)이라 부르면서 삼대에 걸쳐 유대를 다스릴 것을 예언한다. 오늘날 미국의 군사적 영향 아래 놓여 있는 우리는 이를 어떻게 받아들여야 하는가? 참으로 곤혹한 성서의 말씀이다. 예레미야나 하나냐 모두 여섯 번에 걸쳐 예언자(선지자)로 불린다(렘 28장). 하나냐는 2년 후에 저들이 무사히 귀환할 것을 예언했다.

설교적 관점

교인들은 위로와 희망의 설교를 듣고 싶어 한다. 설교자는 교인들이 패배 의식에 사로잡히거나 낙심하지 않도록 설교에 희망의 메시지를 주어야 한다. 그러나 때로는 귀에 거슬리는 메시지를 전해야 할 때도 있다. 그로 인해 예레미야와 같이 배척을 당하기도 한다.

오늘날도 다가올 미래에 기근과 전쟁을 외치는 목회자도 있고, 모든 것이 합심하여 선을 이룰 것이라는 말씀과 함께 희망을 외치는 목회자도 있다. 중요한 것은 그렇게 말하는 근거를 개인의 어설픈 감성을 신앙의 이름으로 덮는 것이 아니라 깊은 역사적 안목과 냉철한 이성적 통찰 위에서 해야 하는 것이다.

1905년 을사늑약으로 대한제국은 외교권과 군사권을 상실했다. 다시 말해 이미 국가로서의 존재 가치가 상실된 것이다. 따라서 1910년의 강제 한일합병은 하나의 요식 행위에 지나지 않았다. 그런데 이미 나라를 상실한 1907년 조선의 교회는 이러한 나라 멸망의 위기 속에서 자신의 죄를 회개하는 각성 운동이 불길처럼 일어났으며, 이때 새벽기도회 운동이 함께 시작되었다. 이는 분명 나라의 독립을 되찾고자 하는 열망을 갖고 있었던 애국 운동으로서의 신앙 각성이 분명했다. 그런데 오늘날 한국교회는 이 시기를 개인의 과거 잘못을 회개하는 개인 각성 회개 운동으로 축소하는데, 이는 기독교 역사 이해의 큰 잘못이며, 이러한 해석이 오늘날 한국 개신교의 방향을 잘못 인도하는 단초가 되었다. 당시 조선의 교회를 지배하고 있던 미국 선교사들은 일제와의 마찰을 피하기 위해 일부러 개인 각성 운동으로 몰아갔다. 미국과 일본은 1905년 을사늑약 직전 동경에서 비밀리 조선과 필리핀의 지배권을 놓고, 소위 말하는 테프트가

츠라 밀약을 맺었던 것이고 대부분의 미국 선교사들은 미국 정부의 훈령에 따라 일본의 식민지 통치에 적극 협조하였다.

물론 미국 선교사라고 다 여기에 동조하지는 않았고, 당대를 짧게 관찰할 때 길선주 목사를 비롯한 장로교 목사들은 선교사들과 함께 뜻을 맞추어 "예수천국 불신지옥"을 외치며 개인 구원 신앙으로 나아갔지만, 전덕기, 손정도 목사와 같은 일부 감리교 목사들은 기독교 신앙과 조선 독립 투쟁을 별개의 것으로 보지 않았다. 당시 함경도와 만주 지역을 담당했던 캐나다 선교사들은 장로교였지만, 조선 독립과 성서 해석에 있어 미국 선교사들과 그 입장이 달랐으며, 문익환 목사의 아버지인 문재린 목사와 김재준 목사가 대표적인 인물이다. 이러한 역사적 배경 속에서 후에 기장과 예장이 분리된다.

시편 89:1-4, 15-18

1 야훼여, 내가 당신의 사랑을 영원히 노래하리이다. 당신의 미쁘심을 대대로 전하리이다.
2 당신께서 다짐하신 사랑, 그 미쁘심은 하늘처럼 영원히 흔들리지 않사옵니다.
3 "나는 내가 뽑은 자와 계약을 맺고 나의 종 다윗에게 맹세하였다.
4 '내가 너를 왕위에 앉히고 네 후손 대대로 왕노릇하게 하리라.'" (셀라)
15 복되어라, 야훼께 만세부르는 백성. 그들의 걷는 길을 당신의 환한 얼굴이 비춰 주시니
16 날마다 그 이름 높이 기리고 당신의 정의로 사기도 드높습니다.
17 그들 힘의 찬란한 빛, 다름 아닌 당신이오니 당신의 은총으로 우리의 뿔이 자랑스럽습니다.
18 우리의 방패도 야훼의 것, 이스라엘의 거룩하신 분, 우리의 임금도 그분의 것이옵니다.

로마서 6:12-23

12 그러므로 결국 죽어버릴 육체의 욕망에 굴복하지 마십시오. 그래야 죄의 지배를 받지 않을 것입니다.
13 또 여러분의 지체를 죄에 내맡기어 악의 도구가 되게 하는 일은 없어야 합니다. 오히려 여러분은 죽었다가 다시 살아난 사람으로서 여러분 자신을 하느님께 바치고 여러분의 지체가 하느님을 위한 정의의 도구로 쓰이게 하십시오.
14 여러분은 율법의 지배를 받는 것이 아니라 은총의 지배를 받고 있으므로 죄가 여러분을 지배할 수 없을 것입니다.

15 그렇다면 우리가 율법의 지배를 받지 않고 은총의 지배를 받고 있다고 해서 죄를 지어도 좋다는 말이겠습니까? 절대로 그럴 수 없습니다.

16 누구든지 자기 자신을 남에게 내맡겨서 복종하면 곧 자기가 복종하는 그 사람의 종이 된다는 것을 모르십니까? 죄의 종이 되어 죽는 사람도 있고 하느님께 순종하는 종이 되어 하느님과 올바른 관계를 가지게 되는 사람도 있다는 말입니다.

17 여러분이 전에는 죄의 종이었지만 이제는 진실한 가르침을 전해 받고 그것에 성심껏 복종하게 되었으니 하느님께 감사할 일입니다.

18 그리고 여러분은 죄의 권세를 벗어나서 이제는 정의의 종이 되었습니다.

19 여러분의 이해력이 미치지 못할까 하여 이렇게 인간사에 비추어 말하는 것입니다. 여러분이 전에는 온몸을 더러운 일과 불법의 종으로 내맡기어 불법을 일삼았지만 이제는 온몸을 정의의 종으로 바쳐 거룩한 사람이 되도록 힘써야 할 것입니다.

20 여러분이 죄의 종이었을 때는 여러분은 정의에 예속되지 않고 제멋대로 놀아났었습니다.

21 그 때에 여러분이 얻은 것이 무엇입니까? 지금 생각하면 부끄러운 일들밖에는 없지 않았습니까? 그런 생활은 결국 죽음을 안겨줍니다.

22 그러나 이제는 여러분이 죄에서 해방되어 하느님의 종이 되었습니다. 그 결과로 여러분은 거룩한 사람이 되었고 마침내 영원한 생명을 누리게 되었습니다.

23 죄의 대가는 죽음이지만 하느님께서 거저 주시는 선물은 우리 주 그리스도 예수와 함께 사는 영원한 생명입니다.

신학적 관점

죄와 의, 율법과 은혜라는 대칭을 강조하는 바울의 의인론은 단순한 개념이 아닌 변화된 삶으로 나아가기 위한 주장이었다. 그에게 있어서는 의인화와 성화라는 동전의 앞뒷면과 같다.

로마서는 갈라진 세상을 치유하며, 폭력에 근거한 불의를 정상적인 것으로 보는 세상을 종식시키며, 서로 화합하며 평화로운 세상을 이루기 위한 하느님의 열정에 관심을 쏟고 있다. 그리고 하느님의 이런 계획은 로마서의 구조적인 순서를 통해 강조되고 있다. 로마서의 서론부(1:1-15)와 결론부(15:22-16:27)를 따로 떼어놓으면, 나머지는 당시 바울의 세계 속에 자리 잡고 있었던 세 가지 커다란 분열을 하나로 화합시키는 일에 관심을 쏟고 있다. 첫째로 이방인들과 유대인들을 어떻게 하나로 만들 것인가?(1:16-8:39) 둘째로 유대인들과 크리스천들을 어떻게 하나로 만들 것인가?(9:1-11:36) 셋째로 크리스천 유대인들과 크리스천 이방인들을 어떻게 하나로 만들 것인가?(12:1-15:21) 바울은 우선 초점을 가장 넓게 잡아 시작한 후에 점차적으로 그 초점을 좁혀나감으로써, 인간의 문명 세상이 어떻게 다시 한번 하느님께서 창조하신 세상으로 원상회복될 수 있을 것인지를 심사숙고한다(『첫 번째 바울의 복음』, 215-216).

목회적 관점

현대인의 특징 중의 하나는 무신론이다. 우리나라도 무종교인이 절반에 이른다. 그런데 이는 신을 부정하기보다는 전통 신의 개념이 인간의 자유를 억제하는 어떤 정신적 기제로 작동하기 때문이다. 기독교인들은 하느님의 '종'이라는 단어에 거부감이 없지만, 교회 밖 현대인들은 '종'이라는 단어에 거부감을 갖는다. 신을 믿는다는 것은 한 사람의 종이 아닌 만인의 종이 되기 위함이다.

주석적 관점

바울 시대에 가장 보편적인 사회 현상은 노예와 군인들이었다. 노예는 주인에게 예속되었고, 군인은 황제에게 예속되었다. 로마 시민권을 갖는 자유인은 극히 제한된 소수 계층만의 특권이었다. 당시 그리스도인들은 한 개체 인간으로서 인정받지 못하는 여성과 노예들이 주를 이루었으며 제한된 자유를 갖는 일부 상인들과 자영업자들이었다. 따라서 본문에서 '종'이라는 단어가 갖는 시대성을 이해해야 한다.

13절의 '악의 도구'에서 도구의 헬라어는 hopla인데, 이는 로마 군병들의 무기와 방패와 갑옷을 뜻하는 군사적 용어다. 바울은 이를 몸의 지체 개념으로 전환하였다(참조. 엡 6:11-17; 롬 13:12; 고후 6:7; 10:4).

설교적 관점

설교란 과거에 선포된 하느님의 말씀을 오늘의 시대에 적용하는 하나의 과정이다. 로마제국이 가장 왕성하게 확장되던 1세기는 전쟁이 일상화된 시대였다. 노예와 군인들이 주를 이루었던 시대였다. 하느님의 '종' 혹은 그리스도의

'용사'라는 군사적 개념을 대체할 새로운 용어들이 필요하다.

마태복음 10:40-42

40 "너희를 맞아들이는 사람은 나를 맞아들이는 사람이며 나를 맞아들이는 사람은 나를 보내신 분을 맞아들이는 사람이다.
41 예언자를 예언자로 맞아들이는 사람은 예언자가 받을 상을 받을 것이며, 옳은 사람을 옳은 사람으로 맞아들이는 사람은 옳은 사람이 받을 상을 받을 것이다.
42 나는 분명히 말한다. 이 보잘것없는 사람 중 하나에게 그가 내 제자라고 하여 냉수 한 그릇이라도 주는 사람은 반드시 그 상을 받을 것이다."

신학적 관점

환대의 신학이다. 당시 예수는 물론 그의 제자들 또한 이 마을 저 마을을 돌아다니면서 하느님의 말씀을 전하는 일종의 방랑 전도자였다. 기본적으로는 제자들을 보호하려는 차원에서 초대 그리스도인들에게 전하는 당부의 말씀이다.

목회적 관점

우리나라에서도 초기 전도자들은 마을을 돌아다니면서 말씀을 전하였다. 그 시대에 있어 환대는 가장 중요한 덕목이었을뿐더러 전도자들에게 있어서는 생명줄이었다. 바울은 천막 짓는 기술을 갖고 있어 때때로 이를 생계의 수단으로 사용하였다. 요즘 목사 이중직에 대한 논쟁이 또다시 일어나고 있다. 하느님의 사람으로서 생계를 전적으로 하느님의 손에 맡겨야 한다는 주장과 변화된 세상에서 과거의 주장은 더 이상 효력을 상실했다는 주장이 맞선다. 당신의 견해는 어떠한가?

주석적 관점

본문은 마태복음에서의 (방랑) 전도에 관한 마지막 말씀이다. 이는 누가복음 10장 1-16절에서도 발견이 되는 Q복음서의 일부이다. 병행 구절인 마가복음

(6:7-13)에는 없는 말씀이다. 마태복음 18장 5절은 마가복음 9장 37절을 인용하고 있고, 10장 40절과 유사한 말씀인데, '어린아이'로 변형되었다. 이는 아마도 본래 방랑 전도자에게 행해진 말씀이 변형된 것으로 보인다.

42절은 마가복음 9장 41절의 인용인데 마가에는 없는 말씀이다. 마태는 마가의 이인칭 복수형 hymas('그리스도에게 속한 자')를 '작은 사람 가운데 한 사람'(mikron)으로 바꾸었는데, 이는 마태 공동체가 겪는 핍박과 박해의 시대상을 말한다.

본문은 형식적으로는 제자들에게 전하는 예수의 권면이지만, 실제로는 초기 기독교인들에게 당부하는 말씀이다. 보상의 상으로서 예언자와 의인이 언급된 이유는 분명하지 않다. Didache에서 사도와 예언자는 상호 교차 용어로 쓰인다. 이는 아마도 제자들의 자존감을 세워주려는 의도로 보인다.

유대 문헌에서 사도(apostolos, 헬)에 해당하는 히브리어는 shaliah인데, 이는 보냄을 받은 사람과 보낸 사람은 하나라고 하는 원칙을 말한다. 그런데 이는 개인이 아닌 회중으로부터 보냄을 받은 경우를 뜻한다.

설교적 관점

본문에서 '보잘것없는 사람'이란 예수의 제자들을 의미하지만, 진정한 환대는 보상의 기대가 전혀 없는 가운데 낯선 이들을 맞아들이는 행위이다. 필자는 산티아고 순례길을 여러 번 걸었다. 길을 걷는 도중 마을 사람들이 전하는 인사 한마디, 따뜻한 미소 하나만으로도 마음이 얼마나 기쁨으로 차오르는지 모른다. 어떤 순례자들은 천 년 전 그랬던 것처럼 환대 문화에 의존하여 문을 두드려서 잠자리를 마련하는 것으로 원칙을 세우고 걷기도 한다. 개인화된 현대 사회에서 내 몸과 같이 사랑해야 할 이웃은 누구일까? 옆집에 사는 이웃은 보상이 오기 마련이다.

특정절 아홉째 주일(7월 3일~7월 9일)

습 9:9-12; 시 145:8-14; 롬 7:15-25a; 마 11:16-19, 25-30

스바냐(즈가리아) 9:9-12

9 수도 시온아, 한껏 기뻐하여라. 수도 예루살렘아, 환성을 올려라. 보아라, 네 임금이 너를 찾아오신다. 정의를 세워 너를 찾아오신다. 그는 겸비하여 나귀, 어린 새끼 나귀를 타고 오시어

10 에브라임의 병거를 없애고 예루살렘의 군마를 없애시리라. 군인들이 메고 있는 활을 꺾어버리시고 뭇 민족에게 평화를 선포하시리라. 이 바다에서 저 바다까지, 큰 강에서 땅끝까지 다스리시리라.

11 "너는 나와 피로 계약을 맺었으니 나 그 피를 생각하여 사로잡힌 너희를 물 없는 굴에서 건져내리라.

12 수도 시온아, 포로들은 그리던 고향을 찾아 너에게로 돌아오리라. 네가 포로로 지내던 시절의 아픔은 내가 곱절로 갚아주리라."

신학적 관점

평화와 정의의 상징으로서의 메시아 대망을 노래한다. 그런데 메시아로 임하는 왕은 나귀를 타고 온다. 농부들이 땅을 일굴 때나 짐을 나를 때 이용하는 나귀는 전쟁에 이용되는 말과 대치된다. 볼품도 없다. 높아진 메시아가 아닌 낮아진 메시아, 곧 민중 메시아를 말한다. 평화의 메시아가 오기 위한 전제가 있다. 그것은 단순히 말의 상징인 제국들의 전쟁 무기를 없애는 것이 아니라 이스라엘 자신이 먼저 그 모든 전쟁 무기를 버려야 한다는 것이다. 그래야 평화를 말할 수 있다.

목회적 관점

'사로잡힌 내 백성'이란 오늘날 자주성을 상실한 민족을 말한다. 지금 우리나라는 자주성이 있는 나라인가?

주석적 관점

예언자 스가랴는 학개와 더불어 바빌론 포로에서 돌아온 이후 제2성전시대(개축 BCE 520년, 완성 BCE 515년)을 연 후기 예언자다. 스가랴 9-11장과 12-14장은 이름이 알려지지 않은 여러 신탁 중의 하나로, 이를 집대성한 것이 소위 말하는 12편의 소예언서이다. 예언자 아모스와 예레미야가 왕권과 성전에 대한 직접적이고 공개적인 비판이라면, 이후의 글들은 보다 후기 학자들에 의해 계시적 언어로 재해석되었다. 따라서 그 역사성을 정확하게 파악하기 쉽지 않다. 10절의 '다스림'이 YHWH를 일컫는 종교적 상징 언어인지, 아니면 구체적인 어느 역사적 사건에 기초한 것인지 분명하지 않다. 만약 이것이 역사적 사건에 기초한다면, 이는 성전 회복을 허락한 페르시아의 다리우스 1세(522~486)가 애굽의 폭동을 진압하기 위해 지나갔던 일을 말하는가? 아니면 디로(4절, Tyre)를 굴복시킨 헬라제국(13절)의 알렉산더대왕(333)을 말하는가? 아니면 유다의 어느 왕을 일컫는가? 분명하지 않다.

11절의 '사로잡힌 너희'는 구체적으로 누구인가? 함께 귀환하지 못하고 바빌론에 남아 있는 사람들인가? 북왕국 에브라임의 후예들인가?(참조. 렘 31:15-22; 겔 37:15-28) 아니면 여전히 유대 땅에서 억압당하고 있던 민중들인가?(느 9:36-37)

"곱절로 갚아 주리라"는 이사야 61장 7절의 두 배로 당한 수치와 아픔에 대한 보상이다.

설교적 관점

본문은 여전히 제국들이 지배하는 상황에서 하나의 제국이 다른 제국들을 전쟁으로 굴복시키는 그런 폭력에 기초한 평화가 아닌 이스라엘에서부터 모든 전쟁 무기를 없앰으로 시작하여 모든 제국이 메시아의 지배를 받는 참다운 평화를 노래하고 있다(10절).

우리는 전쟁의 공포 속에서 살아온 지 어느덧 75년이 넘었다. 그러한 사회 그리고 그 속에서 살아가는 구성원의 심리 상태가 정상이라고 말할 수 있을까? 모두가 종전 선언과 평화 협정 체결을 말하고 평화 체제를 외치고 있다. 그러나 다른 한편으로 북 침공을 전제로 한 한미 전쟁 연습은 거의 일 년 내내 계속되고 있다. 거기에 한국은 세계 제5위의 군사 대국이요, 세계 4위의 군사 무기 수출국이다. 우리 손으로 만든 무기가 다른 나라 사람들의 목숨을 빼앗는 일에 사용되고 있다. 그들이 흘리는 피는 우리와는 아무런 상관이 없는 것인가? 그냥 돈만 벌면 되는 것인가? 예언자 스가랴는 이스라엘에서부터 전쟁 무기를 없애는 일에서 시작하여 제국들이 무기를 없앨 때 평화가 옴을 선포한다. 오늘날 한국교회는 이러한 전쟁 무기 생산과 수출에 대해 어떤 입장인가?

시편 145:8-14

8 야훼는 자애롭고 자비로우시며 화를 참으시고 사랑이 지극하시다.

9 야훼는 모든 것을 인자하게 보살피시고 그 부드러운 사랑은 모든 피조물에 미친다.

10 야훼여, 당신의 온갖 피조물들이 감사노래 부르고 신도들이 당신을 찬양하게 하소서.

11 그들이 당신 나라의 영광을 들어 말하고 당신의 공적을 이야기하게 하소서.

12 그리하여 당신의 공적을 사람에게 알리고 당신 나라의 그 찬란한 영광을 알리게 하소서.

13 당신의 나라는 영원한 나라, 당신만이 만세에 왕이십니다. 야훼의 말씀은 언제나 진실되고, 그 하시는 일 모두 사랑의 업적이다.

14 누구나 쓰러지면 붙들어 주시고 거꾸러지면 일으켜 주신다.

로마서 7:15-25a

15 나는 내가 하는 일을 도무지 알 수가 없습니다. 내가 해야겠다고 생각하는 일은 하지 않고 도리어 해서는 안 되겠다고 생각하는 일을 하고 있으니 말입니다.

16 그런데 그런 일을 하면서도 그것을 해서는 안 되겠다고 생각하는 것은 곧 율법이 좋다는 것을 인정하는 것입니다.

17 그렇다면 그런 일을 하는 것은 내가 아니라 내 속에 도사리고 있는 죄입니다.

18 내 속에 곧 내 육체 속에는 선한 것이 하나도 들어 있지 않다는 것을 나는 알고 있습니다.

마음으로는 선을 행하려고 하면서도 나에게는 그것을 실천할 힘이 없습니다.

19 나는 내가 해야 하겠다고 생각하는 선은 행하지 않고 해서는 안 되겠다고 생각하는 악을 행하고 있습니다.

20 그런 일을 하면서도 그것을 해서는 안 되겠다고 생각하고 있으니 결국 그런 일을 하는 것은 내가 아니라 내 속에 들어 있는 죄입니다.

21 여기에서 나는 한 법칙을 발견했습니다. 곧, 내가 선을 행하려 할 때에는 언제나 바로 곁에 악이 도사리고 있다는 것입니다.

22 나는 내 마음속으로는 하느님의 율법을 반기지만

23 내 몸속에는 내 이성의 법과 대결하여 싸우고 있는 다른 법이 있다는 것을 알고 있습니다. 그 법은 나를 사로잡아 내 몸속에 있는 죄의 법의 종이 되게 합니다.

24 나는 과연 비참한 인간입니다. 누가 이 죽음의 육체에서 나를 구해 줄 것입니까?

25 고맙게도 하느님께서 우리 주 예수 그리스도를 통하여 우리를 구해 주십니다.

신학적 관점

본문은 인간은 불안의 존재라는 키엘케고르로 대표되는 서양의 개인 실존철학의 기본이 되는 말씀이라 할 만큼 유명한 말씀이다. 때로 본문은 반유대주의 정서에 이용당하기도 했다. 그런데 본문은 바울 전체의 사상에 비추어 그리 설득력이 강한 구절은 아니다. 왜냐하면 빌립보서 3장 4-6절이나 갈라디아서 1장 14절에서 바울은 율법을 지키는 데 그리 큰 어려움을 겪지 않기 때문이다. 오히려 그는 '율법에 흠이 없는 자'라고 말한다. 이는 율법을 지키는 데 어려움이 있다고 하는 본문 로마서 7장과는 상반된 주장이다.

본문은 15절에서 시작하나, 논리의 흐름을 생각하면 13절 "(율법의) 선한 것이 내게 죽음이 되었느냐?"라는 질문으로부터 시작된다. 바울은 6장과 7장 전체에 걸쳐서 '질문과 대답'이라는 수사학적 기법을 사용하고 있다. 곧, 본문에서 바울이 논쟁하고자 하는 것은 바울 자신의 의가 아니라 율법의 선함 자체다. 왜냐하면 앞선 본문(7:7-12)에서 "율법은 거룩하고 계명도 거룩하고 의로우며 선하도다"라고 이미 결론을 내렸기 때문이다. 지금 바울이 주장하는 것은 율법이 아닌 죽음으로 역사하는 죄다. 율법은 그저 죄가 드러나도록 하는 역할을 감당하고 있을 뿐이다(13절). 따라서 여기서 말하는 '죄'란 개인이 저지르는 어떤 구체적인 행위가 아닌 하느님의 선한 뜻을 가로막는 '우주적인 힘'(cosmic power)으로 본다. 바울은 죄를 '선과 악의 대결'이라는 보다 우주적이고 인간 심층적인 입장에서 본다.

따라서 죄는 개인의 선한 의지로 잘못된 행동을 하나하나 고쳐 나감으로 해결될 수 있는 성질의 것이 아니라 우주적 차원에서 하느님의 역사 개입으로만 해결될 수 있는 것이다. 바울은 이를 그리스도 십자가의 계시 사건으로 이해한다. 하느님은 개인이 좀 더 선하고 바르게 살도록 하는 의지를 주시는 것이 아니라, 좀 더 정확하게 부연하면, 우리가 설사 그렇게 행동하지 않는다 하더라도 예수 그리스도 안에서 하느님은 이미 우리가 죄의 얽매임으로부터 벗어나는 자유와 해방의 문을 활짝 열어주셨다.

목회적 관점

때로 우리는 "나는 과연 비참한 인간입니다"라는 바울의 고백에 힘입어(?) 자신이 죄에 머물고 있음을 오히려 변호할 때가 있다. 그러나 우리는 그리스도인으로서 아담의 후예들이 아닌 예수 그리스도의 후예들임을 깨달아야 한다. 본문에서 바울은 인간 실존의 비참함을 말하고자 하는 것이 아닌 이를 벗어난 자유와 해방의 구원받은 존재임을 선포하고 있다.

주석적 관점

바울의 이 비참함의 고백은 다메섹 도상에서의 부활 예수를 만나기 전의 얘기인가? 아니면 그 후 예수 그리스도의 길을 걸어가면서 일어난 고백인가?

로버트 주엣(Robert Jewett)은 Hermenia 로마서 주석에서 헬라의 수사학에서 사용하는 일인칭 화법(prosopopoeia, speech-in-character)을 먼저 이해하지 않고서는 본문을 제대로 해석할 수 없다고 주장한다. 곧, 논지를 보다 효과적으로 강조하기 위해 가상의 인간을 내세우거나 아니면 일인칭 화법을 사용하는 연극적 방식이다. 바울은 7장에서만도 '나(에고)라는 단어를 여덟 번이나 사용하고 있다. 주엣은 예수따르미들을 박해했던 바울이 유대교를 대표하는 인물로 자신을 묘사하는 것도 일종의 같은 수사학이라고 주장한다(예, 다마스커스 회심 사건, 칠층천 이야기)(*Feasting*, 209).

설교적 관점

설교자는 본문을 다룸에 있어 지나치게 개인 심리적 차원에서 접근하지 않도록 주의해야 한다. 왜냐하면 이는 바울의 의도가 아니기 때문이다. 바울에게 있어 죄는 우리의 선한 행동으로 쫓아낼 수 있는 성질의 것이 아니라 우리 안에 이미 머물고 있는(oikeo > oikos, 집) 존재다. 물론 그렇다고 해서 우리 개개인의 선한 의지를 중단하여서는 안 된다. 중요한 것은 개인을 조종하는 혹은 개인을 옥죄이는 사회적 차원에서 죄를 이해하고 분석하는 일이다.

우리말에 "윗물이 맑아야 아랫물이 맑다"는 말이 있다. 사회 지도층 혹은 권력층이 부패한 상황에서 백성들이 개인적으로 아무리 선한 행동을 추구한다 하더라도 오히려 악이 더 성행하고 만다. 우리는 지난 역사에서 독재 정치 지도자 한 사람의 잘못으로 인해 온 백성이 얼마나 심한 고통을 겪게 되는지를 잘 알고 있다.

마태복음 11:16-19, 25-30

16 "이 세대를 무엇에 비길 수 있으랴?

17 마치 장터에서 아이들이 편 갈라 앉아 서로 소리 지르며 '우리가 피리를 불어도 너희는 춤추지 않았고 우리가 곡을 하여도 가슴을 치지 않았다.' 하며 노는 것과 같구나.

18 요한이 나타나서 먹지도 않고 마시지도 않으니까 '저 사람은 미쳤다.' 하더니

19 사람의 아들이 와서 먹기도 하고 마시기도 하니까 '보아라, 저 사람은 즐겨 먹고 마시며 세리와 죄인하고만 어울리는구나.' 하고 말한다. 그러나 하느님의 지혜가 옳다는 것은 이미 나타난 결과로 알 수 있다."

25 그때에 예수께서 이렇게 기도하셨다. "하늘과 땅의 주인이신 아버지, 안다는 사람들과 똑똑하다는 사람들에게는 이 모든 것을 감추시고 오히려 철부지 어린아이들에게 나타내 보이시니 감사합니다.

26 그렇습니다. 아버지! 이것이 아버지께서 원하신 뜻이었습니다.

27 아버지께서는 모든 것을 저에게 맡겨주셨습니다. 아버지밖에는 아들을 아는 이가 없고 아들과 또 그가 아버지를 계시하려고 택한 사람들밖에는 아버지를 아는 이가 없습니다."

나에게 와서 쉬어라

28 "고생하며 무거운 짐을 지고 허덕이는 사람은 다 나에게로 오너라. 내가 편히 쉬게 하리라.
29 나는 마음이 온유하고 겸손하니 내 멍에를 메고 나에게 배워라. 그러면 너희의 영혼이
안식을 얻을 것이다.
30 내 멍에는 편하고 내 짐은 가볍다."

신학적 관점

제자도(弟子道, discipleship) 신학을 말하고 있다. 제자가 된다는 것은 가난하
고 소외된 민중들의 친구가 되는 일이다. 예수는 당시 종교 사회 지도자들의
비난을 무릅쓰고 저들과 하나가 되기 위해 함께 먹고 마셨다. 민중은 그의
사상이나 이념으로 판단하지 않고 그의 삶과 행동으로 판단한다. 얼마나 자신을
비우고 자신들과 같은 낮은 처지에 내려오는가를 본다. 저들이 춤출 때 함께
춤을 추고, 저들이 애곡할 때 함께 애곡하는 것이 제자도의 기본이다. 회개의
세례를 외치는 세례 요한과 불과 성령 세례를 말씀하시며 민중과 함께하는
역사적 예수와의 근본 차이가 여기에 있다. 신학은 교회를 위해 존재하고, 교회는
하느님 나라의 백성, 곧 가난한 민중을 위해 존재한다.

목회적 관점

1970~80년대 고 허병섭 목사는 민중교회를 섬기면서 민중들과 하나 되기
위해 저들 가운데 들어가 함께 사셨다. 그러나 저들이 끝내 그들 중의 한 명으로
자신을 받아들이지 않는 것을 발견하고 저들과 하나 되기 위해 목사직을 사임하
고 목수의 삶을 사셨다.

주석적 관점

예수는 본문에서 개인의 인격을 지적하는 대신 세대(generation), 곧 시대와
문화의 잘못됨을 지적하신다.

개신교회는 행위, 곧 '일'(erga)을 은혜에 대비시켜 낮춰보는 경향이 있다.
예수는 행위의 결과인 '일'을 소중하게 여기신다. 지혜는 '말'로 증명되지 않는다.

지혜(Wisdom)는 지식을 뜻하기도 하지만, 지혜로 번역되는 히브리어 호크마나 그리스어 Sophia는 여신(女神)성을 상징한다.

설교적 관점

팔레스타인 땅은 자갈이 많은 거친 땅이기에 땅을 갈 때 두 마리 이상의 동물을 함께 멍에에 지어 일군다. 이때 처음 멍에를 매면 두 마리의 동물은 서로가 주도권을 쥐기 위해 힘겨루기를 한다. 그러다가 지치면 결국 한 마리가 다른 한 마리를 따라 움직이고, 비로소 서로가 편해진다.

내가 주는 멍에가 가볍다는 얘기는 예수께서 주시는 멍에 자체가 가볍다거나 혹은 예수께서 대신 멍에를 지어준다는 의미가 아니라 예수의 주장에 우리의 삶을 맡기면 멍에의 무게는 같지만 가볍게 느껴진다는 의미다. 삶이 무거운 것은 멍에 자체가 주는 무게 때문이 아니라 선택의 갈림길에서 번민하기 때문이다.

특정절 열째 주일(7월 10일~7월 16일)

사 55:10-13; 시 65:1-13; 롬 8:1-11; 마 13:1-9, 18-23

이사야 55:10-13

10 "하늘에서 쏟아지는 비, 내리는 눈이 하늘로 되돌아가지 아니하고 땅을 흠뻑 적시어 싹이 돋아 자라게 하며 씨뿌린 사람에게 씨앗과 먹을 양식을 내주듯이,

11 내 입에서 나가는 말도 그 받은 사명을 이루어 나의 뜻을 성취하지 아니하고는 그냥 나에게로 돌아오지는 않는다."

12 이제, 너희는 기뻐 뛰며 길을 떠나 안내를 받으며 탈없이 돌아가리라. 너희를 맞아 산과 언덕들은 환성을 터뜨리고 들의 나무가 모두 손뼉을 치리라.

13 가시나무 섰던 자리에 전나무가 돋아나고 쐐기풀이 있던 자리에 소귀나무가 올라오리라. 이런 일이 야훼의 이름을 들날리고 영원히 사라지지 않는 표가 되리라.

신학적 관점

본문은 바빌론의 포로로 끌려간 백성들이 고국으로 돌아올 것을 예언하는 해방의 노래다. 이 희망은 씨앗이 열매를 맺듯이 하느님의 말씀 또한 반드시 이루어진다는 확신에 기반한다.

목회적 관점

교회 건물 안에서 드리는 찬양과 자연 속에서 드리는 찬양은 같은 노래라 하더라도 그 울림은 전혀 다르다. 산과 나무들이 함께 노래하는 모습을 마음속에 그려보며 찬양하는 훈련을 하자.

주석적 관점

'비와 눈'은 열매를 맺기 위한 물의 순환 과정을 말한다. 비가 눈(얼음)이 되고 다시 눈이 비가 되는 변화는 지극히 당연한 자연의 순리이지만, 이를 인간 역사에 적용하기까지에는 깊은 신앙심이 필요하다.

설교적 관점

이사야는 하느님의 말씀을 하나의 씨앗에 비유한다. 우리는 수천 년 전의 유물 가운데서 발견된 마른 씨앗이 물과 햇빛을 만나 싹 트는 것을 본다. 마찬가지로 하느님의 입에서 나온 말씀은 언젠가는 반드시 이루어진다.

빅터 프랭클은 『죽음의 수용소』에서 인생의 목적을 잃지 않고 하루하루의 작은 일에서 삶의 의미를 찾는 사람은 그 혹독한 수용소의 생활 속에서 살아남았음을 증언한다.

시편 65:1-13

1 하느님, 시온에서 찬미받으심이 마땅하오니 당신께 바친 서원 이루어지게 하소서.
2 당신은 우리의 기도를 들어 주십니다. 사람이면 누구나 당신께 나아가 죄로써 이룬 일 털어 놓으리니,
3 우리가 지은 죄 힘겹도록 무거우나 당신은 그것을 씻어 주십니다.
4 복되어라, 당신께 뽑혀 한 식구 된 사람, 당신 궁정에서 살게 되었으니. 당신의 집, 당신의 거룩한 성전에서 우리도 마음껏 복을 누리고 싶사옵니다.
5 정의를 떨치시어 놀라운 일로 우리 소원 들어 주셨사오니, 당신은 우리 구원의 하느님이시며, 땅끝까지, 먼 바다 끝까지 사람들의 바람입니다.
6 그 크신 힘으로 산들의 뿌리를 박으셨으며 권능의 띠를 허리에 질끈 동이시고
7 설레는 바다, 술렁이는 물결, 설치는 부족들을 가라앉히셨습니다.
8 땅끝에 사는 사람들이 당신의 손길을 보고 놀라며, 해뜨는 데서 일으키신 노랫소리 해지는 곳에 메아리칩니다.
9 하느님은 이 땅을 찾아오시어 비를 내리시고 풍년을 주셨습니다. 손수 파 놓으신 물길에서 물이 넘치게 하시어 이렇게 오곡을 마련해 주셨습니다.
10 밭이랑에 물 대시고 흙덩이를 주무르시고 비를 쏟아 땅을 흠뻑 적신 다음 움트는 새싹에

복을 내리십니다.

11 이렇듯이 복을 내려 한 해를 장식하시니 당신 수레 지나는 데마다 기름이 철철 흐릅니다.

12 광야의 목장에도 졸졸 흐르고, 언덕마다 즐거움에 휩싸였습니다.

13 풀밭마다 양떼로 덮이고 골짜기마다 밀곡식이 깔렸으니 노랫소리 드높이 모두들 흥겹습니다.

로마서 8:1-11

1 그러므로 이제 그리스도 예수와 함께 사는 사람들은 결코 단죄받는 일이 없습니다.

2 그것은 그리스도 예수와 함께 생명을 누리게 하는 성령의 법이 나를 죄와 죽음의 법에서 해방시켜 주었기 때문입니다.

3 인간의 본성이 약하기 때문에 율법이 이룩할 수 없었던 것을 하느님께서 이룩하셨습니다. 하느님께서는 당신의 아들을 죄 많은 인간의 모습으로 보내어 그 육체를 죽이심으로써 이 세상의 죄를 없이 하셨습니다.

4 이렇게 해서 육체를 따라 살지 않고 성령을 따라 사는 우리 속에서 율법의 요구가 모두 이루어졌습니다.

5 육체를 따라 사는 사람들은 육체적인 것에 마음을 쓰고 성령을 따라 사는 사람들은 영적인 것에 마음을 씁니다.

6 육체적인 것에 마음을 쓰면 죽음이 오고 영적인 것에 마음을 쓰면 생명과 평화가 옵니다.

7 육체적인 것에 마음을 쓰는 사람은 하느님의 율법에 복종하지도 않고 또 복종할 수도 없기 때문에 하느님의 원수가 되고 맙니다.

8 육체를 따라 사는 사람들은 하느님을 기쁘게 해드릴 수가 없습니다.

9 사실 하느님의 성령께서 여러분 안에 계시다면 여러분은 육체를 따라 사는 사람이 아니라 성령을 따라 사는 사람입니다. 그러나 그리스도의 성령을 모시지 못한 사람은 그리스도의 사람이 아닙니다.

10 비록 여러분의 몸은 죄 때문에 죽었을지라도 그리스도께서 여러분 안에 계시면 여러분은 이미 하느님과 올바른 관계에 있기 때문에 여러분의 영은 살아 있습니다.

11 그리고 예수를 죽은 자들 가운데서 다시 살리신 분의 성령께서 여러분 안에 계시면 그리스도를 죽은 자들 가운데서 다시 살리신 분께서 여러분 안에 살아 계신 당신의 성령을 시켜 여러분의 죽을 몸까지도 살려주실 것입니다.

신학적 관점

앞 장에서의 주장에 기초하여 율법을 하느님의 법을 완성하기 위한 하나의 길로 제시한다는 점이 본문의 특징이다(4절). 율법이 부족한 점은 있지만, 복음에 반대되는 것은 아니다! '육신/죽음'과 '영/생명'을 대비시킴으로 그리스도 안에서 하느님의 뜻이 이루어짐을 선포하고 있다. 바울의 이러한 이원론은 논리/교리적으로는 이해를 쉽게 하도록 만들지만, 실제의 삶에 있어서 이러한 흑백논리의 관점은 신앙을 너무 단순화시킴으로 바리새적인 이기적 신앙인을 만들 위험성이 높다.

목회적 관점

'죄의 고백'을 통해 우리는 죄인임을 고백하고, '용서의 선언'을 통해 우리는 죄에서 해방 받았음을 선언한다. 그럼에도 불구하고 "모든 사람이 죄를 범하였으매 하느님의 영광에 이르지 못한다"(롬 3:23)라는 정죄 선언으로 인해 자유인으로서의 기쁨을 누리는 경우는 그리 많지 않다. 목회는 신앙인들이 죄의식의 매임으로부터 벗어나 해방과 자유의 기쁨을 얻도록 이끌어야 한다(롬 3:24).

주석적 관점

'그리스도 예수 안에서(en)'라는 단어는 세 가지 의미가 있다. 첫째는 장소의 의미다(in us). 둘째는 도구의 의미다(through us). 셋째는 보조의(modally) 의미다(with us). 첫째 의미는 신비주의 신앙에서 강하게 드러난다. 곧, 유한한 인간이 그리스도와의 연합을 통해 신적 영역에 도달할 수 있음을 강조한다. 이런 경향은 현대 주석가들 사이에서도 자주 나타난다. 둘째 의미는 가톨릭에서 강조된다. 곧, 가톨릭의 제도(예수 그리스도를 머리로 하는)를 통한 그리스도와의 연합의 단계를 강조한다. 셋째 의미는 인간의 가능성을 전제하고 특정한 그룹과 특정한 방식을 통한 길을 강조한다. 이는 바울의 의도를 위배한다(*Feasting*, 232). 그리스도와의 연합이 완성되는 순간은 세상 마지막이다. 우리의 몸이 부활하는 순간이 바로 그때이기 때문이다(11절). 곧, 종말론적 이해가 전제된다. 그리고 무엇보다도 중요한 관점은 바울에게 있어 '그리스도 안에' 머무는 일은 '성령 안에' 그리고 '하느님의 영 안에'(14절) 머무는 일이다. 곧, 이는 사적 신앙이 아닌 공동체적 신앙 이해다.

설교적 관점

설교자는 육신(sarx), 영(pneuma), 몸(soma)을 헬라어의 의미에서 먼저 이해하는 것이 필요하다. 바울은 몸과 영이 아니라 육신과 영을 대비시키고 있다. 몸은 일종의 중립적 존재로서 육신을 따라 죄에 매인 몸 혹은 사람이 될 수도 있고, 성령을 따라 하느님의 사람이 될 수도 있다. 여기서 바울은 육신 혹은 영을 흔히 우리가 쉽게 이해하는 개인의 심리적 관점이 아닌 사회공동체적 관점에서 말한다. 곧, 죄나 성령은 관념적인 언어가 아니라 인간의 삶을 주관하는 하나의 힘(power)으로서 로마제국과 이에 맞서는 하느님 나라를 대변하는 언어다.

바울이 그렇다고 말한 적은 없지만, 우리는 '그리스도 안에' 있는 바울의 공동체들이 '나눔의 공동체들'(share communities)이었다고 생각한다. 즉, 영적인 자원들만이 아니라 물질적인 자원들도 서로 나누면서 살았던 공동체들이었다는 말이다. 그렇게 생각하는 첫 번째 이유는 예수의 메시지는 하느님 나라에 관한 것이었으며, 주기도에서 하느님 나라가 이 땅에 오기를 간청한 직후 빵에 대한 기도가 나오듯이 빵의 나눔은 공동체 생활에서 매우 중요했다. 두 번째 이유는 바울이 활동하던 도시 환경에서 일반인들의 경제적인 취약성 때문이다. 바울이 말하는 한 몸에 속한 지체라는 말은 한 가족을 의미한다. 세 번째 이유는 바울이 죽은 이후 바울의 이름으로 기록된 두 개의 편지 내용이 이를 반영하고 있기 때문이다. 데살로니가후서 3장 10-12절은 돌봄과 나눔 정신을 악용하는 사람들이 있었음을 전제하고, 디모데전서 5장 3-16절은 공동체가 과부들에 대한 재정 지원을 하고 있었음을 보여준다(『첫 번째 바울의 복음』, 257 이하).

마가복음 13:1-9, 18-23

1 그날 예수께서 집에서 나와 호숫가에 앉으셨더니

2 사람들이 또 많이 모여들었다. 그래서 예수께서는 배에 올라앉으시고 군중은 그대로 모두 호숫가에 서 있었다.

3 예수께서 그들에게 여러 가지를 비유로 말씀해 주셨다. "씨 뿌리는 사람이 씨를 뿌리러 나갔다.

4 씨를 뿌리는데 어떤 것은 길바닥에 떨어져 새들이 와서 쪼아먹었다.

5 어떤 것은 흙이 많지 않은 돌밭에 떨어졌다. 싹은 곧 나왔지만 흙이 깊지 않아서

6 해가 뜨자 타버려 뿌리도 붙이지 못한 채 말랐다.

7 또 어떤 것은 가시덤불 속에 떨어졌다. 가시나무들이 자라자 숨이 막혔다.

8 그러나 어떤 것은 좋은 땅에 떨어져서 맺은 열매가 백 배가 된 것도 있고 육십 배가 된 것도 있고 삼십 배가 된 것도 있었다.

9 들을 귀가 있는 사람은 알아들어라."

18 "이제 너희는 씨 뿌리는 사람의 비유가 내포한 뜻을 들어보아라.

19 누구든지 하늘나라에 관한 말씀을 듣고도 깨닫지 못할 때에는 악한 자가 와서 그 마음에 뿌려진 말씀을 빼앗아 간다. 길바닥에 떨어졌다는 것은 바로 이런 사람을 두고 하는 말이다.

20 또 돌밭에 떨어졌다는 것은 그 말씀을 듣고 곧 기꺼이 받아들이기는 하지만

21 그 마음속에 뿌리가 내리지 않아 오래 가지 못하는 사람을 두고 하는 말이다. 그런 사람은 그 말씀 때문에 환난이나 박해가 닥쳐오면 곧 넘어지고 만다.

22 또 가시덤불에 떨어졌다는 것은 말씀을 듣기는 하였지만 세상 걱정과 재물의 유혹이 말씀을 억눌러 열매를 맺지 못하는 사람을 두고 하는 말이다.

23 그러나 좋은 땅에 떨어졌다는 것은 그 말씀을 듣고 잘 깨닫는 사람을 두고 하는 말이다. 그 사람은 백 배 혹은 육십 배 혹은 삼십 배의 열매를 맺는다."

신학적 관점

씨 뿌리는 사람의 비유라고 흔히 말하지만, 보다 정확히 말하면 인간 심성을 설명하는 밭의 비유다. 11-12장은 예수를 적대시하는 사람들이 누구인지를 말하는데, 본 장에서 그들이 왜 그러한지를 비유로 말하고 있다. 나아가 제자는 단순히 예수의 길을 따르는 것을 넘어서서 함께 나눌 수 있는 열매를 맺어야 함을 강조한다. 씨 뿌리는 사람을 강조하다 보면 듣든지, 안 듣든지 무조건 말씀을 전파하라는 점을 강조하게 되는데, 이는 무차별식의 노방 전도를 변호하게 된다. 농사법 또한 시대와 장소에 따라 달라지게 마련이듯이, 전도/선교의 방식 또한 달라져야 한다. 돼지에게 진주를 계속 주다 보면 진주의 값어치는 떨어지게 마련이다. 복음이 마구 외쳐지는 오늘날의 시대보다 핍박과 박해 속에서 교회가 더 성장/성숙하는 것도 같은 이치다.

목회적 관점

길가나 돌짝밭은 굳은 마음을 일컫는다. 세상사의 고통으로 인해 아예 마음의 문을 닫은 사람들이나 겉으로는 아무렇지 않게 보이지만 편견이나 선입견 혹은 삶의 상처로 인해 말씀이 아무런 효과를 내지 못하는 사람을 만나게 된다. 어떻게 이들의 마음 문을 열게 할 것인가?

주석적 관점

10-17절이 생략되어 있지만, 이는 비유의 목적에 대해 질문을 낳게 한다. 비유는 보통 알아듣기 어려운 개념을 알기 쉽게 설명하기 위한 방식인데, 오히려 비유를 말하는 것은 외부인들이 알아듣지 못하도록 하기 위함이라고 말하는 이유는 무엇인가? 곧, 구원의 문은 제한된 사람에게만 열려 있다는 의미가 된다. 13장의 15절과 35절은 비유에 대한 상반된 해석이다.

13장에는 모두 여덟 개의 비유가 실려 있다.

설교적 관점

네 개의 서로 다른 밭을 예수 시대와 오늘의 시대에 적절하게 맞는 상징적인 사람 혹은 그룹을 나눠서 얘기해 보자. 다만 삼십 배, 육십 배, 백 배의 열매를 오늘날의 자본주의 방식에서 설명하는 것은 피하도록 하자. 왜냐하면 비유는 모두 하느님 나라의 비유인데, 이는 당시 땅의 나라인 로마제국의 논리인 무력과 자본의 힘에 의한 강자의 논리를 비판하기 위해 주어진 것이기 때문이다.

특정절 열한째 주일(7월 17일~7월 23일)

사 44:6-8; 시 86:11-17; 롬 8:12-25; 마 13:24-30, 36-43

이사야 44:6-8

6 이스라엘의 임금, 그의 구세주, 만군의 야훼께서 말씀하신다. "내가 시작이요, 내가 마감이다. 나밖에 다른 신이 없다.

7 누가 나와 같으냐? 나서서 말해 보아라. 누가 처음에 장래의 일을 미리 들려주었느냐? 앞으로 될 일을 우리에게 말해 보아라.

8 겁내지 마라, 두려워하지 마라. 내가 오래전부터 미리 들려주고 알려주지 않았느냐? 너희가 나의 증인이다. 나밖에 다른 신이 또 있느냐? 과연 다른 바위는 없다. 나는 그런 것 모른다."

신학적 관점

유일신을 강조한다. 다만 이는 아브라함을 신앙의 조상으로 여기는 유대교와 이슬람교 또한 함께 공유하는 하느님의 말씀임을 기억하자. 사실 같은 말씀이라 하더라도 기독교가 약자의 종교였을 때 외치는 유일신 믿음과 강자로서 외치는 유일신 믿음은 역사 안에서 전혀 다른 형태로 드러난다. YHWH 유일신 신앙의 핵심은 십계명 서문에 천명되었듯이, 제국의 노예로 살았던 약자들에게 해방을 불러온 자유와 평등의 신이다. 지금 이사야가 유일신을 다시 한번 강조하는 것은 바빌론에 포로로 끌려가 노예로 살던 유대 민족에게 해방을 주신 분이라는 것을 상기시키고 있다.

목회적 관점

YHWH를 유일신으로 고백하는 사람들이란 다름 아닌 제국들의 힘에 억눌린 민중들에게 해방의 하느님을 선포하는 증인들이다. 목회란 바로 제국과 같이 자신들을 억누르는 자본과 권력의 힘 앞에서 겁을 내지 않고 진리를 선포하도록 자신감을 불어넣는 일이다.

주석적 관점

"나밖에 다른 신이 없다"는 말은 이미 다른 신이 존재함을 전제하는 말이다. 모든 민족과 나라는 자기들을 대변하는 신이 있었다. 당시는 바빌론제국이 지배하던 시대였다. 곧, 마르둑이 가장 위대한 신이었다. 여기서 노예들의 신인 YHWH가 다른 신이 없다는 말은 논리상 맞지 않는 말이다. 따라서 이는 오늘날 우리가 이해하는 신학적 명제(命題)의 선포가 아니라 그 내용에 있어서 "나 외에는 약자의 해방을 선포하는 신은 없다"는 말로 받아들여야 한다. 당시 다른 신들은 모두 제국의 논리에 편승하여 왕권(王權)을 대변하는 신이었다. 오직 YHWH만이 왕권을 부정하는 신이었다. 호렙산에서 모세에게 처음 그 모습을 드러낸 히브리어 YHWH가 갖는 어원의 의미는 '나는 나'라는 뜻이다. 이는 애굽제국의 바로왕을 전제한 반(反)제국, 반(反)왕권으로서의 선언이다. 오늘의 짧은 본문에서만 열 번 등장한다.

"나는 시작이요 마감이다"라는 선언 또한 창조 우주 역사의 처음과 끝을 의미할 수도 있지만, 이사야에게 있어 처음은 애굽제국을 뜻하고 마지막은 바빌론제국을 뜻했다. 왜냐하면 이사야는 새 하늘과 새 땅을 꿈꾸는 예언자로서 유대 민족의 시작점이 되는 애굽제국과 그 마감이 되는 바빌론제국을 넘어서야 하기 때문이다.

설교적 관점

다종교 사회인 한국에서 기독교의 유일신 신앙은 이웃 종교인들을 차별하는 부정적 요소로 작동하고 있다. 기독교 신앙의 가장 큰 가르침은 사랑이다. 남에게 대접을 받고 싶은 대로 남을 대접하는 일이다. 절에 가서 땅 밟기를 하거나 인도 갠지스강가에서 복음성가를 크게 부르는 일은 전도나 선교가 아닌 오만한 행동으로 상대의 반감만 불러일으킨다. 우리나라 안에 이슬람 성전을 짓는 일을 반대할 것이 아니라 오히려 도와줄 때, 이는 이슬람 지역에서 활동하는 기독교 선교사들을 돕는 일이 된다. 선교 헌금을 보내는 일보다 훨씬 더 좋은 결과를 가져올 것이다.

시편 86:11-17

11 야훼여, 당신의 길을 나에게 가르치소서. 충실하게 그 길을 걷고 마음 한데 모두어 당신 이름을 경외하리이다.

12 주, 나의 하느님, 내 마음 다하여 감사기도 드리며 당신의 이름을 영원히 높이리이다.

13 지옥 깊은 곳에서 이 목숨을 건지셨으니 크고 크신 주의 사랑 감당할 길 없사옵니다.

14 하느님, 교만한 자들이 나를 거슬러 일어나고 흉악한 자 떼지어 내 목숨 노리오니 그들은 당신을 안중에도 두지 않습니다.

15 그러나 주님은 자비로우시고 너그러우시어 좀처럼 화를 내지 아니하시니 참되신 주의 사랑 그지없으십니다.

16 이 몸을 굽어보시고 불쌍히 여기소서. 당신의 종에게 힘을 주소서. 당신의 여종에게서 태어난 이 몸, 나에게 당신 구원 내려주시고

17 어지심의 징표를 보여주소서. 야훼여, 당신께서 이 몸을 도우시고 위로하셨음을 원수들이 보고 부끄러워하게 하소서.

로마서 8:12-25

12 그러므로 형제 여러분, 우리는 과연 빚을 진 사람입니다. 그러나 육체에 빚을 진 것은 아닙니다. 그러니 우리는 육체를 따라 살 의무는 없습니다.

13 육체를 따라 살면 여러분은 죽습니다. 그러나 성령의 힘으로 육체의 악한 행실을 죽이면 삽니다.

14 누구든지 하느님의 성령의 인도를 따라 사는 사람은 하느님의 자녀입니다.

15 여러분이 받은 성령은 여러분을 다시 노예로 만들어서 공포에 몰아넣으시는 분이 아니라 여러분을 하느님의 자녀로 만들어주시는 분이십니다. 그래서 우리는 그 성령에 힘입어 하느님을 "아빠, 아버지!"라고 부릅니다.

16 바로 그 성령께서 우리가 하느님의 자녀라는 것을 증명해 주십니다. 또 우리의 마음속에도 그러한 확신이 있습니다.

17 자녀가 되면 또한 상속자도 되는 것입니다. 과연 우리는 하느님의 상속자로서 그리스도와 함께 상속을 받을 사람입니다. 우리가 그리스도와 함께 고난을 받고 있으니 영광도 그와 함께 받을 것이 아닙니까?

18 장차 우리에게 나타날 영광에 비추어보면 지금 우리가 겪고 있는 고통은 아무것도 아니라고 생각합니다.

19 모든 피조물은 하느님의 자녀가 나타나기를 간절히 기다리고 있습니다.

20 피조물이 제 구실을 못하게 된 것은 제 본의가 아니라 하느님께서 그렇게 만드신 것입니다. 그러나 거기에는 희망이 있습니다.

21 곧 피조물에게도 멸망의 사슬에서 풀려나서 하느님의 자녀들이 누리는 영광스러운 자유에 참여할 날이 올 것입니다.

22 우리는 모든 피조물이 오늘날까지 다 함께 신음하며 진통을 겪고 있다는 것을 알고 있습니다.

23 피조물만이 아니라 성령을 하느님의 첫 선물로 받은 우리 자신도 하느님의 자녀가 되는 날과 우리의 몸이 해방될 날을 고대하면서 속으로 신음하고 있습니다.

24 우리는 이 희망으로 구원을 받았습니다. 눈에 보이는 것을 바라는 것은 희망이 아닙니다. 눈에 보이는 것을 누가 바라겠습니까?

25 우리는 보이지 않는 것을 바라기에 참고 기다릴 따름입니다.

신학적 관점

보이지 않는 것을 기다리는 인고(忍苦)의 신학이다. 나 혼자만의 아픔 혹은 내가 속한 한 집단만의 아픔이 아닌 모든 피조물이 함께 아파함을 말한다. 이는 마치 오늘날 인간들이 버리는 플라스틱 폐기물로 인한 지구의 아픔을 말하는 것 같다. 인간과 자연 그리고 역사를 총체적으로 바라보는 바울의 깊은 혜안을 본다.

목회적 관점

"아는 만큼 보인다" 혹은 "보는 만큼 얻는다"라는 세상 격언이 있다. 그러나 신앙은 보이지 않는 것을 보게 만드는 힘이다. 바울에게 있어 이 신앙은 그냥 평온함 속에서의 신앙이 아닌 고난 속에서의 신앙이다.

주석적 관점

Abba(아빠)는 아람어다. 바울은 헬라/로마의 황제를 신의 아들로 보는 개념과 이스라엘이 하느님의 첫아들이라는 개념을 합하여 그리스도인들에게 재적용하고 있다.

19절의 '나타나기'는 헬라어로 apocalypse다. 이는 종말론적 언어로 계시(啓示) 혹은 묵시(默示)로 번역된다. 19절을 문자 그대로 번역하면 다음과 같다: "왜냐하면 피조물의 간절한 바라봄(watching)은 하느님의 자녀들이 (종말의 시간에) 역사하기를 간절히 바라고(expecting) 있기 때문이다."

설교적 관점

마치 헤겔의 정반합과 같은 변증법적 논리를 펴고 있다. '빚진 자'이긴 하되 육신에 빚진 자가 아닌 성령에 빚진 자라는 놀라운 주장을 펼친다. 빚은 우리에게 부정(否定)으로 작용한다. 그런데 성령에 대한 빚은 오히려 긍정(肯定)으로 역사한다. 오늘날 자본주의 사회 안에서 빚이 없는 사람이 없듯이, 당시 로마제국의 사회적 기능 또한 빚을 지고 빚을 갚는 시스템이었다.

같은 논리로 '세상의 자녀'와 '하느님의 자녀'를 대비하고 있다. 로마제국은 자유인과 노예라는 사회적 구조에 기반한 사회다. 여기서 그리스도인들은 하느님의 자녀로서 하느님을 아바라 부르는 자유인임을 말하고 동시에 상속자임을 강조한다. 그런데 이 상속은 단순한 재산의 상속이 아닌 하느님 나라를 위한 고난의 상속임을 말하면서, 이를 생명 탄생의 해산(解産)의 고통에 비유한다. 이 얼마나 놀라운 논리 전개와 비약(飛躍)이 담긴 진리의 말씀인가?

마태복음 13:24-30, 36-43

24 예수께서 또 다른 비유를 그들에게 말씀하셨다. "하늘나라는 어떤 사람이 밭에 좋은 씨를 뿌린 것에 비길 수 있다.

25 사람들이 잠을 자고 있는 동안에 원수가 와서 밀밭에 가라지를 뿌리고 갔다.

26 밀이 자라서 이삭이 팼을 때 가라지도 드러났다.

27 종들이 주인에게 와서 '주인님, 밭에 뿌리신 것은 좋은 씨가 아니었습니까? 그런데 가라지는 어디서 생겼습니까?' 하고 묻자

28 주인의 대답이 '원수가 그랬구나!' 하였다. '그러면 저희가 가서 그것을 뽑아버릴까요?'

하고 종들이 다시 묻자

29 주인은 '가만두어라. 가라지를 뽑다가 밀까지 뽑으면 어떻게 하겠느냐?

30 추수 때까지 둘 다 함께 자라도록 내버려두어라. 추수 때에 내가 추수꾼에게 일러서 가라지를 먼저 뽑아서 단으로 묶어 불에 태워버리게 하고 밀은 내 곳간에 거두어들이게 하겠다.' 하고 대답하였다."

36 그 뒤에 예수께서 군중을 떠나 집으로 들어가셨다. 그러자 제자들이 와서 "그 밀밭의 가라지 비유를 자세히 설명해 주십시오." 하고 청했다.

37 예수께서는 이렇게 설명하셨다. "좋은 씨를 뿌리는 이는 사람의 아들이요,

38 밭은 세상이요, 좋은 씨는 하늘나라의 자녀요, 가라지는 악한 자의 자녀를 말하는 것이다.

39 가라지를 뿌린 원수는 악마요, 추수 때는 세상이 끝나는 날이요, 추수꾼은 천사들이다.

40 그러므로 추수 때에 가라지를 뽑아서 묶어 불에 태우듯이 세상 끝날에도 그렇게 할 것이다.

41 그날이 오면 사람의 아들이 자기 천사들을 보낼 터인데 그들은 남을 죄짓게 하는 자들과 악행을 일삼는 자들을 모조리 자기 나라에서 추려내어

42 불구덩이에 처넣을 것이다. 그러면 거기에서 그들은 가슴을 치며 통곡할 것이다.

43 그 때에 의인들은 그들의 아버지의 나라에서 해와 같이 빛날 것이다. 들을 귀가 있는 사람은 알아들어라."

신학적 관점

흔히 가라지의 비유로 알려진 본문은 마태복음에만 나오는 말씀이다. 앞의 말씀에서와 같이 그 주제는 씨앗이다. 신학적으로는 교회론과 인간론 그리고 종말론이 함께 어우러져 있다.

목회적 관점

본문은 교회 안에 가라지가 있음을 말하고 있다. 교인들은 자기와 반대 의견에 있는 사람들을 그렇게 인식한다. 그러나 예수는 그대로 두라고 말하고, 이를 구분하고 거두는 이는 천사임을 말한다.

주석적 관점

어떤 주석가들은 36-43절을 마태 자신 혹은 후대 교회 지도자에 의한 편집으로 본다.

설교적 관점

　개신교에서는 천사에 대해 별 설명이 없다. 긍정도 부정도 하지 않는다.
39절은 추수꾼을 천사로 말한다.

　"들을 귀가 있는 사람은 알아 들으라"는 권면인가? 경고인가? 도전인가?
아니면 잘 새겨들으라(재해석)는 암묵적 언어인가?

특정절 열두째 주일(7월 24일~7월 30일)

왕상 3:5-12; 시 119:129-136; 롬 8:26-39; 마 13:31-33, 44-52

열왕기상 3:5-12

5 야훼께서 그날 밤 기브온에 와 있던 솔로몬의 꿈에 나타나셨다. 하느님께서 "내가 너에게 무엇을 해주면 좋겠느냐?" 하고 물으셨다.

6 솔로몬이 대답하였다. "당신께서는 저의 아버지인 당신의 종 다윗에게 한결같은 은혜를 베푸셨습니다. 제 아버지가 당신의 면전에서 성실하고 올바르게, 또 당신을 향한 일편단심으로 살았다고 하여 당신께서는 그에게 한결같은 은혜를 베푸셨고 또 오늘 그에게 주신 이 아들로 하여금 그의 왕좌에 앉게 하셨습니다.

7 나의 하느님 야훼여, 당신께서는 소인을 제 아버지 다윗을 이어 왕으로 삼으셨습니다만 저는 어린 아이에 지나지 않으므로 어떻게 처신하여야 할지를 알지 못합니다.

8 그런데 소인은 수도 헤아릴 수 없이 많은 당신의 백성 가운데서 살고 있는 몸입니다.

9 그러하오니 소인에게 명석한 머리를 주시어 당신의 백성을 다스릴 수 있고 흑백을 잘 가려낼 수 있게 해주십시오. 감히 그 누가 당신의 이 큰 백성을 다스릴 수 있겠습니까?"

10 이러한 솔로몬의 청이 야훼의 마음에 들었다.

11 그래서 하느님께서는 이렇게 대답하셨다. "네가 장수나 부귀나 원수 갚는 것을 청하지 아니하고 이렇게 옳은 것을 가려내는 머리를 달라고 하니

12 자, 내가 네 말대로 해주리라. 이제 너는 슬기롭고 명석하게 되었다. 너 같은 사람은 전에도 없었고 앞으로도 없으리라."

신학적 관점

대부분의 신학자들은, 전통적인 신의 현현 장소인 예루살렘이 아닌 기브온이라는 새로운 장소에서 새로운 왕의 꿈 신탁을 다루는 본문이 새로운 왕조가 등장할 때의 근동과 애굽의 신화가 흡사하다는 사실에 동의한다. 따라서 솔로몬 왕은 아버지 다윗왕을 승계하지만, 다윗왕과는 달리 군사적 힘에 의한 통치가

아닌 지혜에 의한 새로운 통치 방식을 선포한다. 이는 선왕과 달리 남유다 중심이 아닌 북사마리아 지역을 함께 아울러야 하는 정치적 위기 상황을 반영한다. 그러나 그의 희망과는 달리 아들 르호보암 때 남북 분열이 일어난다는 점에서 그의 통치력(지혜?)의 한계를 드러낸다.

목회적 관점

목회자들은 안수를 받을 때 솔로몬과 같이 '부유함'(교회 성장)이나 '원수 갚는 것'(최고가 되는 일)보다 '무엇이 옳은지를 분별하는 능력'을 간구한다. 그러나 이러한 기도가 은퇴할 때까지 지속하는지는 의문이다.

주석적 관점

3장 1-15절의 보다 확대된 본문에서 보면 오늘의 본문은 여러 가지 점에서 문제가 있다. 1절은 솔로몬이 애굽의 바로왕의 딸과 결혼동맹을 맺었음을 말하고, 예루살렘이 아닌 산당, 곧 기브온에서 (이방신) 제사를 드렸음을 말한다. 그리고 13-15절은 YHWH께서는 솔로몬이 구하지도 않은 부귀와 명예와 장수까지도 보장한다. 물론 단서가 붙는다. 그 단서는 YHWH의 법도와 계명이다. 그러자 꿈에서 깬 그는 언약궤가 있는 예루살렘으로 가서 제사를 드린다. 이는 바빌론 포로 이후 신명기 사가의 편집으로 아브라함과 야곱(창 12:7; 17:1; 35:9) 이야기에 등장하는 중요한 성소들과 함께 기브온 산당을 강조한다. 기브온이 YHWH의 산당은 아니지만, YHWH께서 기브온에서 나타났고 또 솔로몬이 매번 가던 장소이자 번제물을 천 마리나 마쳤다는 점에서 종교사적인 의의가 있는 장소다. 기브온과 예루살렘 사이에서 번민하는 바빌론 포로 이후의 신명기적 사가들의 고민이 엿보인다.

설교적 관점

솔로몬이 간구한 것은 9절의 '지혜로운 마음'(lev shome'a, listening heart)인데, 12절에서 '지혜롭고 총명한 마음'(lev hakam venanon)으로 확대된다. 여기서 지혜는 듣는 귀, 곧 열린 마음이다. 열린 마음의 기본은 겸손이다. 이는 단지 솔로몬을 향한 말씀(textual Words)을 넘어 바빌론제국에 의해 흩어진 백성들을 향한 말씀(contextual Words)이기도 하다.

시편 119:129-136

129 당신의 언약이 너무나도 놀라와 이 몸은 성심껏 그것을 지키리이다.

130 당신 말씀 밝히시어 빛을 내시니, 우둔한 자들이 손쉽게 깨닫습니다.

131 당신의 계명을 탐한 나머지 입을 크게 벌리고 헐떡입니다.

132 당신의 이름을 사랑하는 자에게 하시던 대로 나에게도 얼굴을 돌이키사 불쌍히 여기소서.

133 당신 약속에 힘을 얻어 꿋꿋이 걷게 하시고 악이 나를 이기지 못하게 하소서.

134 사람들의 압박에서 이 몸 빼내 주소서. 당신의 법령대로 살리이다.

135 당신의 종에게 웃는 얼굴을 보이시고 당신의 뜻을 가르쳐 주소서.

136 사람들이 당신의 법을 지키지 아니하니 시냇물처럼 눈물이 흐르옵니다.

로마서 8:26-39

26 성령께서도 연약한 우리를 도와주십니다. 어떻게 기도해야 할지도 모르는 우리를 대신해서 말로 다할 수 없을 만큼 깊이 탄식하시며 하느님께 간구해 주십니다.

27 이렇게 성령께서는 하느님의 뜻을 따라 성도들을 대신해서 간구해 주십니다. 그리고 마음속까지도 꿰뚫어 보시는 하느님께서는 그러한 성령의 생각을 잘 아십니다.

28 하느님을 사랑하는 사람들 곧 하느님의 계획에 따라 부르심을 받은 사람들에게는 모든 일이 서로 작용해서 좋은 결과를 이룬다는 것을 우리는 압니다.

29 하느님께서는 이미 오래전에 택하신 사람들이 당신의 아들과 같은 모습을 가지도록 미리 정하셨습니다. 그래서 그리스도께서는 많은 형제 중에서 맏아들이 되셨습니다.

30 하느님께서는 미리 정하신 사람들을 불러주시고 부르신 사람들을 당신과 올바른 관계에 놓아주시고, 당신과 올바른 관계를 가진 사람들을 영광스럽게 해주셨습니다.

31 그러니 이제 무슨 말을 더 하겠습니까? 하느님께서 우리 편이 되셨으니 누가 감히 우리와 맞서겠습니까?

32 우리 모든 사람을 위하여 당신의 아들까지 아낌없이 내어주신 하느님께서 그 아들과 함께 무엇이든지 다 주시지 않겠습니까?

33 하느님께서 택하신 사람들을 누가 감히 고소하겠습니까? 그들에게 무죄를 선언하시는 분이 하느님이신데

34 누가 감히 그들을 단죄할 수 있겠습니까? 그리스도 예수께서 단죄하시겠습니까? 아닙니

다. 그분은 우리를 위해서 돌아가셨을 뿐만 아니라 다시 살아나셔서 하느님 오른편에 앉아 우리를 위하여 대신 간구해 주시는 분이십니다.

35 누가 감히 우리를 그리스도의 사랑에서 떼어놓을 수 있겠습니까? 환난입니까? 역경입니까? 박해입니까? 굶주림입니까? 헐벗음입니까? 혹 위험이나 칼입니까?

36 우리의 처지는, "우리는 종일토록 당신을 위하여 죽어갑니다. 도살당할 양처럼 천대받습니다."라는 성서의 말씀대로입니다.

37 그러나 우리는 우리를 사랑하시는 그분의 도움으로 이 모든 시련을 이겨내고도 남습니다.

38 나는 확신합니다. 죽음도 생명도 천사들도 권세의 천신들도 현재의 것도 미래의 것도 능력의 천신들도

39 높음도 깊음도 그 밖의 어떤 피조물도 우리 주 그리스도 예수를 통하여 나타날 하느님의 사랑에서 우리를 떼어놓을 수 없습니다.

신학적 관점

본문은 5장 1절로 시작한 고난과 희망이라는 주제의 절정(絶頂)에 해당한다. 바울의 관심은 실존론적이거나 심리적이거나 개인적인 것이 아닌 종말론에 있다. 이는 심판으로서의 세상 종말이 아닌 그리스도를 통한 창조의 완성으로서의 종말이다.

본문 앞 절인 25절에서 "우리는 보이지 않는 것을 바라기에 참고 기다릴 따름입니다"라고 말하는데, 이는 성도로서 받는 (당연한) 고통에 대한 언급이다. 이어 본문은 인내에 대한 보상이 무엇인지를 말하는데, 이는 다음과 같은 단계를 통한 구원과 선택이다(29-30절): (1) 예지(豫知), (2) 예정, (3) 부르심, (4) 의롭게 하심, (5) 영화. 이 단계는 어떤 정형화된 순서의 단계가 아니라 한순간에 종합적으로 일어난다.

목회적 관점

고린도전서 13장 사랑장이 자주 결혼식에서 인용되듯이, 본문은 자주 장례식에서 인용된다. 죽음의 현장에서 그 어떤 것도 하느님의 사랑에서 끊을 수 없다는 부활과 영원한 생명을 천명(闡明)하는 일은 목회자의 특권이기도 하다. 동시에 본문은 일상의 고통 속에 있는 성도들에게 참으로 위로가 되는

말씀이기도 하다.

주석적 관점

28절 "모든 일이 서로 작용해서 좋은 결과를 이룬다"는 문장은 그 해석이 매우 까다롭다. 이 문장의 주어는 누구(무엇)인가? '하나님'인가?(어떤 사본에는 없다) 아니면 '모든 일'인가? 동사 synegei(서로 작용하다/함께 일하다, work together)는 자동사인가? 아니면 타동사('선을 이루기 위한')인가? 하느님은 그를 사랑하는 자들과 '함께' 일을 하는가? 아니면 저들을 '위해' 일을 하는가? 아니면 단순히 '선'을 위해 일하는가?

새번역은 하나님이 주어로 그리고 타동사로 번역되어 있고, 개역과 공동번역, 현대인의 성경은 모두 '모든 일(것)'이 주어로 그리고 자동사로 번역되어 있다. 후자의 경우 인간이 개입할 필요가 없이 자동으로 선이 이루어진다. 본문 전체의 눈으로 본다면 "하느님은 그를 사랑하는 자들과 함께 모든 일들이 합력하여 선을 이루도록 하신다"가 가장 적절한 번역이 된다.

흔히 칼뱅의 예정론을 구원과 심판에 대한 이중 예정으로 이해하는데, 본문은 (1) 당신의 아들의 형상과 같은 모습이 되도록 하기 위한 예정이요(29절), (2) 그 어떤 피조물도 하나님의 사랑에서 끊을 수 없다(39절)는 확신에서 나온 구원 예정을 말하고 있다. 달리 말해 미래 예정이 아닌 현존으로서의 예정이다 (*Feasting*, 281).

설교적 관점

로마서는 지중해 전역을 군사력으로 지배하기 시작한 로마제국의 본거지인 로마에서 노예 혹은 노예와 같은 처지에 놓여 있는 혹은 '고소'(33절)에 처해 있는 그리스도인들을 향한 격려와 고무의 말씀이다. 환난, 곤고, 핍박, 굶주림, 헐벗음, 위협, 칼(35절)은 인간을 공포로 몰아넣는 세상 어둠의 힘이다. 본문은 신학적 논쟁이 아닌 "하나님이 우리 편이시면, 누가 우리를 대적하겠습니까?"라는 죽음을 넘어선 신앙 고백이 핵심이다.

바울은 이 세상에서 다른 어떤 곳이 아니라 정확히 로마에 살고 있는 크리스천 공동체들에게 지상의 평화에 대한 하느님의 계획을 지시하고 있다. 즉, 로마제국은 주피터 신의 천상의 명령을 받았으며, 신성이 황제 안에 성육신했으며, 민족적인 다양성이 제국의 단결 속에 흡수됨으로써, 이미 지상의 평화가 이루어졌다고 믿고 있었다. 그러나 이것은 물론 베르길리우스가 그의 '에네이드'에서 밝힌 선언에서처럼, 승리에 의한 평화(peace-by-victory)였지, 그 선언에 대해 바울이 로마서에서 맞받아지고 있는 것처럼 정의에 의한 평화(peace-by-justice)가 아니었다(『첫 번째 바울의 복음』, 216).

마태복음 13:31-33, 44-52

31 예수께서 또 다른 비유를 그들에게 말씀하셨다. "하늘나라는 겨자씨에 비길 수 있다. 어떤 사람이 밭에 겨자씨를 뿌렸다.

32 겨자씨는 모든 씨앗 중에서 가장 작은 것이지만 싹이 트고 자라나면 어느 푸성귀보다도 커져서 공중의 새들이 날아와 그 가지에 깃들일 만큼 큰 나무가 된다."

33 예수께서 또 다른 비유를 그들에게 말씀하셨다. "어떤 여자가 누룩을 밀가루 서 말 속에 집어넣었더니 온통 부풀어올랐다. 하늘나라는 이런 누룩에 비길 수 있다."

44 "하늘나라는 밭에 묻혀 있는 보물에 비길 수 있다. 그 보물을 찾아낸 사람은 그것을 다시 묻어두고 기뻐하며 돌아가서 있는 것을 다 팔아 그 밭을 산다."

45 "또 하늘나라는 어떤 장사꾼이 좋은 진주를 찾아다니는 것에 비길 수 있다.

46 그는 값진 진주를 하나 발견하면 돌아가서 있는 것을 다 팔아 그것을 산다."

47 "또 하늘나라는 바다에 그물을 쳐서 온갖 것을 끌어올리는 것에 비길 수 있다.

48 어부들은 그물이 가득 차면 해변에 끌어올려 놓고 앉아서 좋은 것은 추려 그릇에 담고 나쁜 것은 내버린다.

49 세상 끝날에도 이와 같을 것이다. 천사들이 나타나 선한 사람들 사이에 끼여 있는 악한 자들을 가려내어

50 불구덩이에 처넣을 것이다. 그러면 거기서 그들은 가슴을 치며 통곡할 것이다."

51 예수께서 말씀을 마치시고 "지금 한 말을 다 알아듣겠느냐?" 하고 물으셨다. 제자들은 "예." 하고 대답하였다.

52 예수께서는 이렇게 말씀을 맺으셨다. "그러므로 하늘나라의 교육을 받은 율법학자는 마치 자기 곳간에서 새것도 꺼내고 낡은 것도 꺼내는 집주인과 같다."

신학적 관점

기본적으로 하늘나라 비유는 땅의 나라, 곧 당시 로마제국의 폭력에 기초한 독점과 독재, 횡포에 대한 약자 저항의 관점에서 해석하는 것이 마땅하다. 당시 복음서는 일종의 불온 문서에 해당했다. 왜냐하면 갈릴리의 예수는 로마제국이 자신의 통치를 거부하는 사람들(게릴라)에게만 적용했던 십자가 처형을 당한 죄수였기 때문이다. '낡은'(전통적인) 관점(status quo)에서 해석하는 것은 피하고 '새' 관점(subversive)에서 해석해야 한다(52절). 전통적으로는 겨자씨와 누룩의 비유를 성장의 관점에서 해석한다. 과연 예수는 이렇게 지극히 당연한 얘기를 비유로 말하였을까? 복음서 저자들이 이를 군이 기록으로 남긴 이유를 찾아야 하지 않을까?

목회적 관점

예수는 제자들을 '하늘나라를 위하여 훈련받은 율법학자'라고 칭한다. 곧, 목회란 다름 아닌 교인들로 하여금 전통적인 세상을 해체하고 그 자리에 하늘나라(하느님 나라)를 세우는 율법학자(랍비), 곧 사회와 교회의 지도자가 되도록 하는 훈련이다. 당시 예수께서 제자들을 '율법학자'라 칭하는 것은 오늘날 평신도들을 '(생활)목회자'로 칭하는 것과 같다.

주석적 관점

겨자는 맛을 내기 위한 식물로 이미 야생에 충분한 양이 자라고 있었다. 그리고 이는 뿌리를 깊이 내리고 마구 자라기 때문에 제거하기가 쉽지 않았다. 농부가 가장 싫어하는, 일종의 잡초다. "로마의 박물학자 플리니는 이렇게 지적했다. '겨자는 재배하지도 않고 자라지만, 이식하면 성장이 상당히 발전된다. 그러나 다른 한편 씨앗에 묻은 흙을 털어내는 것은 매우 어려운데, 그 씨앗들이 땅에 떨어지면 즉시 싹이 트기 때문이다'"(『카이사르에게 돌려주라』, 57 재인용). 이를 인용한 크로산에 따르면 겨자씨를 심는 일을 재배로 이해하면서 작은 것이 크게 되는 성장 과정으로 보지 말고, 오히려 씨앗에서 나무로 시작에서 끝으로, 도래에서 완성으로 초점을 맞추어보면서 오고 있는(coming) 하느님의 나라로 이해하고자 한다(『카이사르에게 돌려주라』, 58-60). 그런데 필자는 이와 다른 해석을 갖는다. 의도적으로 뿌렸으니 재배로 이해하는 것은 옳은 일이지만, 야생에서 쉽게 얻을 수 있고, 수요가 많지 않아 수익을 내기도 어렵고, 식사 대용으로도 할 수 없는 겨자씨를 재배로 볼 수 있을까? 여기서 필자는 이 재배를 당시의 세금(지주세, 정부세, 성전세) 폭정에 대한 일종의 사보타주(sabotage, 태업)로 이해한다. 밀 재배를 해야 할 밭을 겨자로 채워버리는 것이다. 세금을 매기러 왔던 지주와 정부 관리는 큰 충격을 받을 수밖에 없다. 물론 이를 혼자서만 한다면 지주는 소작을 다른 사람으로 대체하면 되겠지만, 만약 집단으로 한다면 지주와 정부는 세율을 낮출 수밖에 없다.

누룩과 여자는 유대 정결법에 의하면 부정(不淨)함의 상징이다. 곧, 세상이 업신여기는 것, 기피하는 사람들을 통해 하늘나라가 보이지 않는 가운데 번져 간다. 서 말은 150명의 식사 분량이다. 결혼식의 준비일 것이다. 가장 즐거운 축제에 절대로 필요한 것이 빵이고, 이 빵에 누룩은 절대적이다. 곧, 하늘나라로 자주 표현되는 결혼식에 숨어 있는 부정을 통한 저항성을 말하고 있다.

보물을 땅에 묻어두는 일은 전쟁이 일어나면 행하는 일이다. 이때 원주인이 죽을 수 있다. 원주인의 땅에 숨겨진 보물을 획득하는 행위는 도둑과 같다. 땅에 떨어진 지갑을 주었다면 주인에게 돌려주는 것이 마땅한 일이다. 그런데 만약 그 땅의 주인이 몇 차례 바뀌었다면 보물의 주인이 누구인지는 알 수가 없다. 페르시아의 법은 왕의 소유가 된다. 당시 로마법에서는 이전 소유자가 몰랐다면 땅을 산 사람이 차지한다. 그런데 밭에 숨겨진 보물을 다른 이들은 왜 발견하지 못했을까? 보물을 밭 한가운데 숨기지는 않았을 것이다. 나무나 바위 옆에 숨겼을 것이다. 가난하고 부지런한 '소작인'은 구석까지 땅을 갈다가 발견한 것이다.

상인은 고객이 원하는 것을 알고 있다. 여기서 상인이 우리 자신이라면, 고객은 하느님이 된다.

네 가지 비유의 결론은 심판이다. 좋은 물고기는 어떤 것이고, 나쁜 물고기는 어떤 것인가? 인간의 기준에 따라 구분한다. 심판의 때가 되면 하늘나라의 기준에 따라 좋은 사람과 나쁜 사람이 구분된다. 알곡과 가라지 비유와 흡사하다. 그 기준이란 겉이 아닌 속이다. 좋은 물고기와 알곡이란 사회와 이웃에 선한 행위, 곧 생명과 평화와 정의의 가치를 추구하는 사람을 의미한다.

설교적 관점

겨자는 크게 자라는 식물이 아니다. 잎도 크지 않다. 새가 깃들 공간이 없다. 여러 마리의 새를 지탱할 만큼의 힘도 없다. 그렇다면 여기서 말하는 새는 집단 사보타주를 통해 좀 더 평온한 삶을 살게 된 농부와 그 가족을 말하는 것으로 이해하는 것이 옳지 않을까? 비유의 주인공들은 모두 농부와 어부, 여인, 곧 땅의 사람들로서 당시 업신여김을 당하던 민중이고, 주제는 일상(日常)의 일이다. 하늘나라를 높이의 관점이 아닌 깊이의 관점으로 우리 주변에서 흔히 일어나는 땅의 일을 통해 바라보도록 이끄는 것이 중요하다. 클수록 좋다는 성장주의는 자본주의가 갖는 패악이다. 예수는 작은 것을 선호한다. 가장 작은 겨자씨가 자라서 큰 나무가 되어 새가 깃든다는 얘기를 자본주의 관점에서 읽는 것은 잘못이다. 사보타주를 통해 강자들이 회개함으로 인해 새와 같이 연약한 민중들도 그 혜택을 누린다는 관점이 보다 옳은 해석이다.

겨자씨와 누룩의 비유는 (세상이 싫어하는) 아주 작은 힘이라 하더라도 세상을 바꿀 수 있다는 점에서 동일하다. 감추인 보물과 진주의 비유는 참다운 삶의 하늘나라 말씀을 깨달은 사람은 세상에 속한 것들에 매이지 않는다는 말씀이다. "그러므로 하늘나라의 교육을 받은 율법학자는 마치 자기 곳간에서 새것도 꺼내고 낡은 것도 꺼내는 집주인과 같다"는 말씀은 온고지신(溫故知新)과 그 의미가 상통한다.

특정절 열셋째 주일(7월 31일~8월 6일)

사 55:1-5; 시 145:8-9, 14-21; 롬 9:1-5; 마 14:13-21

이사야 55:1-5

1 너희 목마른 자들아, 오너라. 여기에 물이 있다. 너희 먹을 것 없는 자들아, 오너라. 돈 없이 양식을 사서 먹어라. 값없이 술과 젖을 사서 마셔라.

2 그런데 어찌하여 돈을 써가며 양식도 못되는 것을 얻으려 하느냐? 애써 번 돈을 배부르게도 못하는 데 써 버리느냐? 들어라, 나의 말을 들어보아라. 맛좋은 음식을 먹으며 기름진 것을 푸짐하게 먹으리라.

3 귀를 기울이고 나에게로 오너라. 나의 말을 들어라. 너희에게 생기가 솟으리라. 내가 너희와 영원한 계약을 맺으리라. 다윗에게 약속한 호의를 지키리라.

4 나는 그를 뭇 백성들 앞에 증인으로 세웠고 부족들의 수령과 군주로 삼았다.

5 이제 너는 네가 알지 못하던 민족을 부르리라. 너를 모르던 민족들이 너에게로 달려오리라. 너희 하느님 야훼, 이스라엘의 거룩하신 이께서 너를 영화롭게 하신 것을 보았기 때문이다.

신학적 관점

이사야 본문이 마치 마태복음의 오천 명 급식 기적 이야기를 하는 듯이 들리지만, 이는 이사야서가 지향하는 민족 자주와 해방의 실체를 오도할 위험이 있다. 제2이사야서로 불리는 40-55장은 바빌론제국에 포로로 붙잡혀와 힘든 삶을 살아가던 유대인들에게 희망을 주는 위로의 글이다. "위로하여라! 위로하여라!"(40:1)로 시작한 글은 본문에서 그 결론에 도달한다. 곧, YHWH께서 새로운 나라로 저들을 불러낼 것이라는 민족 해방을 통한 자주독립국가 건설을 예언 선포하고 있다.

목회적 관점

7월 27일은 정전협정의 날이다. 아직도 전쟁은 끝나지 않았다. 독재정권은 정권 유지를 위해 전쟁 상태를 계속 유지함으로 평화를 사랑하는 선한 사람들을 억누르고자 한다. 현재 한국군의 지휘 통솔권은 미군사령관에게 있다. 자기 나라 군대 지휘 통솔권을 다른 나라의 수장에게 맡기는 나라는 세계에서 대한민국이 유일하다. 자주독립국가라 부를 수 있을까?

주석적 관점

이사야는 기원전 8세기의 사람이지만, 이사야서는 8세기의 아시리아제국, 7세기의 바빌론제국 그리고 6세기의 페르시아제국 시대의 유대 민족의 역사를 언급한다.

설교적 관점

만찬에 초대받는 일은 기쁜 일이다. 먹고 싶은 음식을 마음껏 먹을 수 있기 때문이다. 그러나 이 만족의 기쁨은 그리 오래가지 않는다. 몇 시간만 지나면 다시금 허기를 느끼기 때문이다. 그러나 영혼의 만족은 오래가고 때에 따라 영원하다. 바빌론에서 유대 백성들은 저마다 자기 살길을 찾아 열심히 살았다. 그러나 이국땅에서 고향을 가지 못하고 고국의 독립을 되찾지 못하는 한, 그러한 (돈을 지불하고 얻는) 삶의 행위는 모두 참 만족을 가져다주지 않는다. 인간은 독립된 주체로서 자유의 존재이기 때문이다. 여기서 나라와 민족은 단순히 혈연 공동체를 넘어 제국들의 난폭한 행위로부터 개인을 보호할 뿐 아니라 평화·정의·생명의 하느님 나라 건설에 주요한 역할을 담당해야 함을 인지한다.

5절 "네가 알지 못하는 나라를 네가 부를 것이며, 너를 알지 못하는 나라가 너에게 달려올 것이니"를 오늘 우리의 상황에 적용한다면, '남북 통일'의 나라가 될 것이다.

시편 145:8-9, 14-21

8 야훼는 자애롭고 자비로우시며 화를 참으시고 사랑이 지극하시다.

9 야훼는 모든 것을 인자하게 보살피시고 그 부드러운 사랑은 모든 피조물에 미친다.

14 누구나 쓰러지면 붙들어 주시고 거꾸러지면 일으켜주신다.

15 모든 눈들이 당신만 쳐다보고 기다립니다. 철을 따라 양식을 주실 분 당신밖에 없사옵니다.

16 당신께서 손만 벌리시면 살아 있는 모든 것 원대로 배부릅니다.

17 야훼 가시는 길은 언제나 바르시고, 그 하시는 일 모두 사랑의 업적이다.

18 야훼는, 당신을 부르는 자에게, 진정으로 부르는 자에게 가까이 가시고

19 당신을 경외하는 사람의 소원을 채워주시며 그 애원 들으시어 구해 주신다.

20 야훼는 당신을 사랑하는 사람은 다 지켜 주시고, 악인들은 모두 멸하신다.

21 나는 이 입으로 야훼를 찬양하리라. 모든 사람들아, 그 거룩한 이름 영원토록 찬양하여라. 이제부터 영원토록!

로마서 9:1-5

1 나는 그리스도의 사람으로서 진실을 말하고 거짓을 말하지 않습니다. 성령으로 움직이는 내 양심도 그것이 사실이라고 말해줍니다.

2 나에게는 큰 슬픔이 있습니다. 그리고 마음으로 끊임없이 번민하고 있습니다.

3 나는 혈육을 같이하는 내 동족을 위해서라면 나 자신이 저주를 받아 그리스도에게서 떨어져 나갈지라도 조금도 한이 없겠습니다.

4 나의 동족은 이스라엘 사람들입니다. 그들에게는 하느님의 자녀가 되는 특권이 있고 하느님을 모시는 영광이 있고 하느님과 맺은 계약이 있습니다. 그리고 그들에게는 율법이 있고 참된 예배가 있고 하느님의 약속이 있습니다.

5 그들은 저 훌륭한 선조들의 후손들이며 그리스도도 인성으로 말하면 그들에게서 나셨습니다. 만물을 다스리시는 하느님을 영원토록 찬양합시다. 아멘.

신학적 관점

로마서 9-11장은 바울 자신의 실존론적 고백과 함께 동족 구원의 문제를 다루고 있다. 특히 9장 19-21절은 이중 예정(특히 칼뱅)을 말하는데, 이를 2절에 연계시키면 반유대주의라는 히틀러의 엄청난 잘못을 불러일으킨다. 바울에게 있어 예수 그리스도를 통한 구원은 그를 십자가에 못 박았던 유대 민족의 배제가 아닌 오히려 육신의 조상으로서의 포용이다. 그리고 이 포용은 민족을 넘어 만물로 확장된다(5절).

목회적 관점

과연 "나는 혈육을 같이하는 내 동족을 위해서라면 나 자신이 저주를 받아 그리스도에게서 떨어져 나갈지라도 조금도 한이 없겠습니다"라고 고백할 수 있는 목회자인지 자문하여 본다.

주석적 관점

8장까지가 바울의 머리에서 나온 신학적 진술이라면, 9-11장은 심장에서 나오는 진술이다. 이전까지 신학자들은 9-11장을 1-8장의 부록으로 보았던 반면, 현대 신학자들은 이를 절정으로 본다.

표준새번역 성서에서 5절 "족장들은 그들의 조상이요, 그리스도도 육신으로는 그들에게서 태어나셨습니다. 그는 만물 위에 계시면서, 영원토록 찬송을 받으실 하나님이십니다. 아멘"은 문법적으로 그리고 신학적으로 논란이 된다. 첫째, 어떤 사본에서 '그는' 복수형이다. 둘째, 그리스도와 하느님을 동격에 두는 이 표현은 바울 서신에서 유일하다. 그리하여 공동번역은 이를 하나의 찬양으로 번역한다.

설교적 관점

개인 구원과 민족 구원은 어떻게 연계되며, 이웃 사랑과 민족 사랑은 어떻게 연계될까? 바울은 민족 사랑과 민족 구원의 문제를 자신의 구원보다 더 우선시한다. 모세 또한 개인 구원보다 민족 구원을 우선시했다(출 32:32). 오늘날 물질주의로 인한 개인주의가 만연하고 있다. 현대인들에게 민족은 어떤 의미를 갖는가? 민족주의는, 히틀러 독재에서 보았듯이, 잘못하면 개인의 자유를 억압하고 신앙을 오도하는 잘못된 이념으로 빠질 수 있다. 그러나 여전히 민족(혹은 국가) 없이 개인은 존재할 수 없다. 이전에 지역 간의 소통이 제한된 상황에서 민족은 혈연에 기초하고 있지만, 오늘날 세계가 하나의 인류로 다원화된 상황에서 민족은 혈연에 기초한 집단이 아니라 같은 운명을 지닌 운명 공동체(겨레)를 뜻한다. 외세에 둘러싸여 있는 한강토(조선반도)에 속한 구성원들은 모두 하나의 운명 공동체로서 한민족이다. 분단 상황 아래에서 민족 구원은 통일이 필수조건이며, 이는 민족 사랑에 기초해야 한다. 사랑은 상대를 있는 그대로 인정하고 존중하는 일에서부터 시작해야 한다.

마태복음 14:13-21

13 예수께서 이 말을 들으시고 거기를 떠나 배를 타고 따로 한적한 곳으로 가셨다. 그러나 여러 동네에서 사람들이 이 소문을 듣고 육로로 따라왔다.

14 예수께서 배에서 내려 거기 모여든 많은 군중을 보시자 측은한 마음이 들어 그들이 데리고 온 병자들을 고쳐주셨다.

15 저녁때가 되자 제자들이 예수께 와서 "여기는 외딴 곳이고 시간도 이미 늦었습니다. 그러니 군중들을 헤쳐 제각기 음식을 사먹도록 마을로 보내시는 것이 좋겠습니다." 하고 말하였다.

16 그러나 예수께서는 "그들을 보낼 것 없이 너희가 먹을 것을 주어라." 하고 이르셨다.

17 제자들이 "우리에게 지금 있는 것이라고는 빵 다섯 개와 물고기 두 마리뿐입니다." 하고 말하자

18 예수께서는 "그것을 이리 가져오너라." 하시고는

19 군중을 풀 위에 앉게 하셨다. 그리고 빵 다섯 개와 물고기 두 마리를 손에 들고 하늘을 우러러 감사의 기도를 드리신 다음, 빵을 떼어 제자들에게 주셨다. 제자들은 그것을 사람들에게 나누어주었다.

20 사람들은 모두 배불리 먹었다. 그리고 남은 조각을 주워 모으니 열두 광주리에 가득 찼다.

21 먹은 사람은 여자와 어린이들 외에 남자만도 오천 명가량 되었다.

신학적 관점

한글이나 영어는 과거 기록에 대한 명칭으로 역사(歷史, history)라는 하나의 단어밖에 없다. 그러나 독일어는 이를 두 개의 단어로 구분한다. 사실로서의 역사 기록(Historie)과 상징과 의미로서의 역사 기록(Geschichte)이다. 오늘날 사실(fact)을 전하는 신문 기사라 하더라도 신문사의 성향이나 기자의 안목에 따라 달리 기사화되는 것이 보통이니 모든 기록은 둘의 조합이라 말할 수 있다. 같은 사건을 얘기하는 공관복음서 혹은 네 개의 복음서가 각기 차이가 있는 이유이기도 하다.

본문에서 예수께서 떠돌아다니는 군중들을 모아 말씀으로 가르쳤다는 것은 Historie에 속하지만, 물고기 두 마리와 떡 다섯 개로 남성들만 오천 명이 넘는, 말하자면 수만 명의 군중들을 배불리 먹였다는 기록은 Geschichte로 이해해야 한다.

본문은 몇 가지 당시의 어려웠던 사회 상황을 반영하고 있다. 당시 밑바닥 민중들은 계속되는 전쟁과 폭정으로 인해 방랑하는 사람들이 많았다.

다음 장에는 사천 명 급식 기적 이야기가 나온다. 다섯(동서남북+우주의 중심으로서의 예루살렘 성전, 모세오경)은 유대 민족의 상징이고, 넷(동서남북)은 이방 민족의 상징 언어다. 숫자 12는 유대의 상징이지만, 7은 이방 민족의 상징이다. 스퐁은 숫자 7을 이스라엘을 지배했던 애굽, 아시리아, 바빌론, 페르시아, 마케도니아, 시리아, 로마제국으로 설명한다(『마태복음: 유대인 예배력에 따른 예수의 의미』, 290). 신학적 상상력으로 해석해야 할 본문이다.

목회적 관점

예수는 각자도생을 말하는 제자들에게 "너희가 먹을 것을 주라"고 말씀하신다. 이는 1세기 후반의 부자와 빈자가 함께 공존했던 마태 공동체를 향한 말씀이기도 하다. 오늘날 십일조 헌금은 교회 운영을 위해 주로 쓰이지만, 본래 가난한 이웃을 위한 나눔이 주목적이었다. 교회 전체 예산 가운데 가난한 이웃을 향한 나눔은 얼마나 되는가?

주석적 관점

물고기는 헬라어로 '예수 그리스도 하느님의 아들'의 첫 글자와 같다. 초대교회에서 그리스도인을 상징하는 비밀 언어였다.

마태는 마가복음 본문을 약간 변형하였다. 마가복음에서 예수는 돌아온 제자들에게 휴식을 주기 위해 떠나지만, 마태복음에서 예수는 세례 요한이 참수를 당한 소식을 듣고 피신한다. 마가의 '가르침'을 마태는 '병 고침'으로 바꾸었다. '이백 데나리온'이라는 단어와 '백 명', '오십 명'이란 단어도 삭제되었다.

그러나 본문은 출애굽 히브리 노예들의 광야 만나 이야기를 반영하고 있다. 떡 다섯 개는 물론, 오천 명은 모세오경과 천부장을 뜻하고, 열두 광주리는 열두 지파를 상징한다. 만나 이야기의 핵심은 먹을거리가 하늘에서 공짜로 떨어졌다고 하는 얘기가 아니라 집에 와서 대어 보니 많이 거둔 자나 적게 거둔 자나 모두의 분량이 같아졌다(출 16:18)는 것과 다음 날 아침이 되니 남은 만나가 모두 상해 먹을 수가 없었다(16:20)는 것이다. 곧, 나눔과 반(反)축적(蓄積)이 주제다.

설교적 관점

주기도의 '오늘 우리에게 일용할 양식을 주옵시고'에서 우리는 곧잘 '주옵시고'라는 간구에 관심한다. 그러나 '하늘의 뜻이 땅에 이루어지기'를 전제할 때, '하루치 이상의 양식이 있다면 이를 일용할 양식이 없는 사람과 나누게 하옵소서'라는 결단의 기도가 된다.

오늘 이사야서 본문과 로마서 본문은 둘 다 민족 구원이라는 주제를 갖고 있는 반면, 급식 기적 이야기는 개인 구원의 영역으로 축소되기 쉽다. 그러나 '열두' 광주리와 '오'천 명의 숫자는 모세의 토라 해방 전승에 기초하고 있다. 따라서 예수 당시의 민중들이 먹을 것도 없이 왜 이렇게 떠돌이로 방랑하게 되었는지에 대한 사회적 배경에 초점을 맞추어 해석하는 것이 옳은 방식이다.

> (예루살렘 항쟁 이후) 성전은 사라졌고, 독자적인 민족적 지도자도 없고, 수십만 명의 유다인, 갈릴리인, 베뢰아인 남녀노소가 살해당했거나 노예로 팔려 간 상황에서, 이스라엘 땅과 (지중해 연안) 디아스포라에 흩어진 유대인 공동체들은 갑자기 홀로 남겨졌다. … 오랜 세월 동안 이어져 왔던 성전 예배, 절기 축제, 정결 예식이 중단됨으로써 새로운 예배 방법과 정화 방법을 찾아야 했다. 반란과 파괴의 대재앙에 대해 유대인들이 적응하려는 큰 그림에서는, 이스라엘 땅에서 예수 운동의 다양한 분파들의 흩어진 추종자들이 택했던 대응책은 처음에 거의 주목받지 못했다(『메시지와 하나님 나라: 예수와 바울의 혁명』, 296).

급식 기적 이야기는 성전이 사라진 상태에서의 떠돌이 민중 유월절 축제로 이해할 수 있다. 스퐁 신부는 이를 성찬식과 연결한다. 곧, 14장 19절과 15장 36절의 두 개의 급식 기적 이야기에서 네 개의 핵심 동사인 '들고', '축복하고', '떼어서', '나누어 준다'가 유월절 식사 장면인 26장 26절에서 반복된다는 사실에 유의한다(『마태복음: 유대인 예배력에 따른 예수의 의미』, 277 이하).

특정절 열넷째 주일(8월 7일~8월 13일)

왕상 19:9-18; 시 85:8-13; 롬 10:5-15; 마 14:22-33

열왕기상 19:9-18

9 그가 거기 한 동굴에 이르러 그 속에서 그날 밤을 지내는데 갑자기 야훼의 말씀이 들려왔다. "엘리야야, 네가 여기에서 무엇을 하고 있느냐?"

10 엘리야가 대답하였다. "저는 이스라엘 백성들이 당신과 맺은 계약을 저버리는 것을 보고 만군의 하느님 야훼를 생각하여 가슴에 불이 붙고 있습니다. 이 백성은 당신의 제단을 헐었을 뿐 아니라 당신의 예언자들을 칼로 쳐죽였습니다. 이제 예언자라고는 저 하나 남았는데 그들이 저마저 죽이려고 찾고 있습니다."

11 다시 음성이 들려왔다. "앞으로 나가서 야훼 앞에 있는 산 위에 서 있거라." 그리고 야훼께서 지나가시는데 크고 강한 바람 한 줄기가 일어 산을 뒤흔들고 야훼 앞에 있는 바위를 산산조각 내었다. 그러나 야훼께서는 바람 가운데 계시지 않았다. 바람이 지나간 다음에 지진이 일어났다. 그러나 야훼께서는 지진 가운데도 계시지 않았다.

12 지진 다음에 불이 일어났다. 그러나 야훼께서는 불길 가운데도 계시지 않았다. 불길이 지나간 다음, 조용하고 여린 소리가 들려왔다.

13 엘리야는 목소리를 듣고 겉옷자락으로 얼굴을 가리우고 동굴 어귀로 나와 섰다. 그러자 그에게 한 소리가 들려왔다. "엘리야야, 네가 여기에서 무엇을 하고 있느냐?"

14 엘리야가 대답하였다. "저는 이스라엘 백성들이 당신과 맺은 계약을 저버리는 것을 보고 만군의 하느님 야훼를 생각하여 가슴에 불이 붙고 있습니다. 이 백성은 당신의 제단을 헐었을 뿐 아니라 당신의 예언자들을 칼로 쳐죽였습니다. 이제 예언자라고는 저 하나 남았는데 그들이 저마저 죽이려고 찾고 있습니다."

15 야훼께서 그에게 말씀하셨다. "다마스쿠스 광야로 해서 돌아가거라. 다마스쿠스 성에 들어가거든 하자엘을 기름 부어 시리아의 왕으로 세우고

16 님시의 아들 예후를 기름 부어 이스라엘의 왕으로 세워라. 그리고 아벨므홀라 출신 사밧의 아들 엘리사를 기름 부어 네 뒤를 이을 예언자로 세워라.

17 하자엘의 칼을 피하여 살아난 자는 예후에게 죽을 것이고 예후의 칼을 피한 자는 엘리사에게 죽으리라.

18 그러나 내가 이스라엘 백성 가운데서 바알에게 무릎을 꿇지도, 입맞추지도 않았던 칠천 명을 남겨두리라."

신학적 관점

엘리야는 아합왕과 그의 이방 여인 이세벨과의 정치 종교적 대결을 갈멜산 정상에서 승리로 이끈다. 그러나 이세벨은 권력의 힘으로 엘리야를 죽이겠다고 맹세한다(19:1). 그러자 엘리야는 도망한다. 무려 이즈르엘에서 바알세바까지 160킬로를 도망치고 나서도 마음이 놓이지 않아 또 광야로 나가 죽여달라고 기도한다. 그러나 YHWH는 그를 보살핀다. 그리고 40일을 밤낮으로 걸어 호렙산에 다다른다. 오늘 본문은 여기서부터 시작한다.

YHWH는 엘리야에게 그의 현존을 드러낸다. 그런데 그 방식은 갈멜산에서 바알 선지자들과 백성들 앞에서 보여주셨던 방식이 아니다. 강한 바람과 지진과 불 가운데 나타나시지 않고 조용한 소리 가운데 나타나신다. 그런데 이는 단순한 명상의 길이 아니다. 시리아의 왕과 이스라엘의 왕과 후계자 엘리사를 기름 부어 세우는 강력한 정치 종교적 예언자로 우뚝 선다.

오늘날 정교분리(政敎分離)라는 원칙이 있지만, 이는 권력 쟁취의 관점에서 말하는 경계의 용어다. 정치와 종교는 둘 다 같은 사회 구성원을 대상으로 하기에 결코 따로 구분될 수 없다. 정치인도 종교를 믿고, 종교인도 정치적 권리를 행사한다. 정치는 잘못된 종교를 바로잡을 책임이 있고, 종교 또한 잘못된 정치를 바로잡을 책임이 있다. 엘리야는 잘못된 국가 권력에 저항하고 이를 대체할 새로운 국가 권력을 창출하였다.

목회적 관점

목회 탈진(Burn Out)이라는 말이 있다. 엘리야가 대표적인 경우다. 승리에 도취해서일까? 그는 살해 위협에 극심한 공포심을 갖는다. 그는 이미 죽음의 경계선을 여러 차례 넘지 않았는가? 목회 성공 이후에 혹은 실패 이후(성공과 실패의 잣대가 사람마다 다르지만) 목회자 또한 탈진을 경험한다. 자신감을 잃고 사명감은 흐릿해진다. YHWH는 여린 소리, 평소에는 보이지 않는 작은 힘, 힘없는 백성들을 통해 역사하신다. 남은 칠천 명, 그들은 바다 민중(하삐루, 땅의 사람)이다.

주석적 관점

여호수아서로부터 열왕기하까지의 역사 기록은 바빌론 포로 후에 기록된 신명기 사가들의 편집이다. 신명기와 여호수아서는 각각 예언자로서의 모세, 사사(판관)로서의 여호수아를 그 모범(prototype)으로 얘기한다. 사사기는 각각의 사사들이 여호수아를 모범으로 삼는 이야기이고, 사무엘서는 사무엘을 예언자의 모범으로 다윗은 왕의 모범으로, 그러나 사울은 그 반대로 묘사한다. 열왕기서의 왕들은 각각 다윗을 모범으로 한다. 북왕국은 남 다윗 왕가의 권력남용에 기인하지만, 단과 베델에 우상을 세우는 잘못을 범한다(왕상 12:26-30). 북왕국은 예언자 전승에 있어 남왕국이 모세와 사무엘을 내세우는 것과는 달리 엘리야와 엘리사의 전승을 갖는다. 이 관점에서 몇백 년이 흐른 후 남북분단의 역사가 후세대에서 어떻게 기록될지 궁금하다.

산상에서의 엘리야와 YHWH의 만남은 모세의 경우와 비슷하다(출 19:16-19). 그러나 모세와는 달리 엘리야는 내적 음성을 듣는다. '부드럽고 조용한 소리' 혹은 '세미한 음성'의 히브리어는 קוֹל דְּמָמָה דַקָּה(a sound of sheer silence)로 외적인 소리라기보다는 내적 음성에 가까운 표현이다. 국가 권력에 눌려 있는 바다 민중 칠천 명의 아픔의 소리를 대변하고 있다. 고대 사회에서 숫자 7은 우주를 구성하는 기본 숫자다. 천은 무한의 상징이다.

설교적 관점

정치경제 관점에서 본다면, 아합왕 시절은 이스라엘왕국의 최고 전성기였다. 주변의 여러 국가가 아합과의 혼인 동맹을 통해 하나의 정치경제 블록을 형성했다. 부(富)를 약속하는 바알 종교 또한 성행하기 시작했다. 이는 YHWH께서 원하는 길이 아니었다. 토라의 기본이 되는 부한 자와 가난한 자가 함께 살아가는 정의와 평등의 가치가 깨지기 시작했다. 성서는 높은 경제 수치를 말하지 않는다. 부자들에게 초점이 맞춰져 있지 않다. 강남의 아파트값이 잣대가 아니었다. 과부와 고아와 나그네, 곧 바닥 사람들의 인권 보호가 그 잣대였다.

현대인들은 외면에 정신이 팔려 있다. 정작 중요한 것은 자기 안에서 들려오는 내면의 소리에 귀를 기울이는 일이다. 한국은 세계 최대의 자살 공화국이다. 뉴스에 등장하는 것은 극히 일부에 불과하다. 소리 없는 폭력이 난무하는 사회로 변해 가고 있다. 교회마저 교회의 크기와 교인 숫자와 헌금 액수라는 외면에 정신이 팔려 있다. YHWH는 작은 자들의 아픔의 소리에 귀를 기울이고 계시다.

시편 85:8-13

8 나는 듣나니, 야훼에서 무슨 말씀하셨는가? 하느님께서 하신 말씀 그것은 분명히 평화, 당신 백성과 당신을 따르는 자들, 또다시 망령된 데로 돌아가지 않으면 그들에게 주시는 평화로다.

9 당신을 경외하는 자에게는 구원이 정녕 가까우니 그의 영광이 우리 땅에 깃드시리라.

10 사랑과 진실이 눈을 맞추고 정의와 평화가 입을 맞추리라.

11 땅에서는 진실이 돋아나오고 하늘에선 정의가 굽어보리라.

12 야훼에서 복을 내리시리니 우리 땅이 열매를 맺어 주리라.

13 정의가 당신 앞을 걸어 나가고, 평화가 그 발자취를 따라가리라.

로마서 10:5-15

5 모세는 사람이 율법을 통해서 하느님과 올바른 관계를 가질 수 있다고 하면서 "율법을 지키는 사람은 그것을 지킴으로써 생명을 얻는다."고 기록하였습니다.

6 그러나 믿음을 통해서 얻는 하느님과의 올바른 관계에 대해서는 하느님께서 "누가 저 높은 하늘까지 올라갈까 하고 속으로 걱정하지 마라." 하고 말씀하십니다. 이 말씀은 그리스도를 모셔 내리기 위해서 하늘까지 올라갈 필요는 없다는 말씀입니다.

7 또 하느님께서 "누가 저 깊은 땅속까지 내려갈까 하고 걱정하지 마라." 하십니다. 이 말씀은 그리스도를 죽음의 세계에서 모셔 올리기 위하여 땅까지 내려갈 필요는 없다는 말씀입니다.

8 하느님께서 "말씀은 네 바로 곁에 있고 네 입에 있고 네 마음에 있다." 하셨는데 이것은 우리가 전파하는 믿음의 말씀을 가리켜 하신 말씀입니다.

9 예수는 주님이시라고 입으로 고백하고 또 하느님께서 예수를 죽은 자들 가운데서 다시 살

리셨다는 것을 마음으로 믿는 사람은 구원을 받을 것입니다.

10 곧 마음으로 믿어서 하느님과 올바른 관계에 놓이게 되고 입으로 고백하여 구원을 얻게 됩니다.

11 성서에도 "그를 믿는 사람은 누구든지 수치를 당하지 않으리라."는 말씀이 있지 않습니까?

12 유다인이나 이방인이나 아무런 구별이 없습니다. 같은 주님께서 만민의 주님이 되시고 당신의 이름을 부르며 찾는 모든 사람에게 풍성한 복을 내리십니다.

13 "주님의 이름을 부르는 사람은 누구든지 구원을 얻으리라."는 말씀이 있지 않습니까?

14 그러나 믿지 않는 분의 이름을 어떻게 부를 수 있겠습니까? 또 들어보지도 못한 분을 어떻게 믿겠습니까? 말씀을 전해 주는 사람이 없으면 어떻게 들을 수 있겠습니까?

15 전도자로서 파견받지 않고서 어떻게 전도를 할 수 있겠습니까? "기쁜 소식을 전하는 이들의 발이 얼마나 아름다운가!" 하는 말이 바로 그 말씀입니다.

신학적 관점

본문은 4절 '율법은 끝이 났고'라는 명제에 대한 부연 설명이다. 끝(telos)은 '끝이 났다'는 의미 외에 '목적'(개역) 그리고 '완성'(현대인의 성경)의 의미도 있다. 율법은 본래 인간 구원을 향한 YHWH의 선물이자 인간과의 화해의 도구다. 그리고 완성으로서의 그 끝이 바로 예수 그리스도다. 그러면 율법은 용도 폐기되어야 하는 것인가? 바울에게 있어서 율법은 구원 사역에 충분하지 못함에도 불구하고 여전히 거룩하고 정당하다(롬 7:12). 그런데 루터에게 있어 율법과 은혜는 신학적으로 공존할 수 없다. 반면 칼뱅을 비롯한 개혁신학자들은 둘 사이의 연속성을 본다. 곧, 율법의 죄를 깨닫게 하는 교육적(pedagogical) 효과를 인정한다.

목회적 관점

율법은 본래 인류 구원을 위한 목적으로 하느님과 인간 사이의 화해의 역할을 담당했다. 그런데 법 속성상 종교정치 권력에 의해 이용 당해 왔다. 곧, 율법은 인간을 죄로부터의 해방이 아닌 오히려 죄의 노예로 만들었다. 예수 그리스도 이후 복음의 시대가 열렸지만, 때로 복음이 오용되어 인간을 정죄하거나 신앙의 틀을 쓰고 인간을 차별하는 이념의 노예로 만들어 가기도

한다. 율법의 복음화가 아닌 복음의 율법화가 일어나고 있음을 주의해야 한다.

주석적 관점

6-8절은 신명기 30장 11-12절의 인용이며, 15절은 이사야 52장 7절의 인용이다. 바울은 구원 사역에 있어서 율법의 불완전성을 말하면서도(5절) 여전히 이에 기초한 제1성서를 인용하고 있다.

9-10절의 본래 의미는 복음과 율법을 비교하기 위해서 나온 말이다. 곧, 율법은 모세 시대로부터 글로써 내려오고 있지만, 복음은(바울 당시에는 복음서가 아직 나오기 전으로 구전 전승의 시대였다) 입에서 입으로 전해져야 함을 강조하는 말이지 무조건 입으로 고백하면 구원을 받는다는 말은 아니다. 물론 당시 정치적 박해 상황을 고려하면 입으로 고백한다는 것 자체가 순교를 의미했다.

설교적 관점

"유대인이나, 이방(헬라)인이나, 차별이 없습니다. 그는 모든 사람에게 꼭같이 주님이 되어 주시고, 그를 부르는 모든 사람에게 풍성한 은혜를 내려주십니다." 유대인과 이방인을 오늘날 우리 상황으로 바꾸면 어떤 사람이 될까? 유대인에게 이방인은 아브라함의 자손이 아니라는 이유로 구원에서 배제하였다. 오늘날 한국 사회에서 배제되는 사람들은 누구인가? 한국 기독교인들에게 배제되는 그룹은 어떤 사람들인가? 복음은 다름에 대한 포용이요 차별 없이 하나로 묶는 연대와 사랑의 원천이다.

마태복음 14:22-33

22 예수께서 곧 제자들을 재촉하여 배를 태워 건너편으로 먼저 가게 하시고 그동안에 군중을 돌려보내셨다.

23 군중을 보내신 뒤에 조용히 기도하시려고 산으로 올라가셔서 날이 이미 저물었는데도 거기에 혼자 계셨다.

24 그동안에 배는 육지에서 멀리 떨어져 있었는데 역풍을 만나 풍랑에 시달리고 있었다.

25 새벽 네 시쯤 되어 예수께서 물 위를 걸어서 제자들에게 오셨다.

26 예수께서 물 위를 걸어오시는 것을 본 제자들은 겁에 질려 엉겁결에 "유령이다!" 하며 소리를 질렀다.

27 예수께서 제자들을 향하여 "나다, 안심하여라. 겁낼 것 없다." 하고 말씀하셨다.

28 베드로가 예수께 "주님이십니까? 그러시다면 저더러 물 위로 걸어오라고 하십시오." 하고 소리쳤다.

29 예수께서 "오너라." 하시자 베드로는 배에서 내려 물 위를 밟고 그에게로 걸어갔다.

30 그러다가 거센 바람을 보자 그만 무서운 생각이 들어 물에 빠져들게 되었다. 그는 "주님, 살려주십시오!" 하고 비명을 질렀다.

31 예수께서 곧 손을 내밀어 그를 붙잡으시며 "왜 의심을 품었느냐? 그렇게도 믿음이 약하냐?" 하고 말씀하셨다.

32 그리고 함께 배에 오르시자 바람이 그쳤다.

33 배 안에 있던 사람들이 그 앞에 엎드려 절하며 "주님은 참으로 하느님의 아들이십니다." 하고 말하였다.

신학적 관점

기적 이야기는 고대 문헌의 영웅 이야기 어디에나 등장한다. 만약 성서이기 때문에 이를 객관적 사실로 믿어야 한다고 주장한다면 이웃 종교의 경전에 등장하는 기적 이야기 또한 사실로 인정해야 할 것이다.

중요한 것은 기적 자체가 아니다. 기적은 언어로 표현할 수 없는 어떤 신적인 힘을 전달하기 위한 이야기의 한 방식이다. 곧, 후대 청중의 마음속에 무엇을 불러일으키는가 중요하다. 초대교회에서 예수의 제자들이 사도로서 지도자가 되었다. 그러나 로마제국과 유대교의 핍박 아래서 해체 위기에 직면했다. 곧, 폭풍 속의 흔들리는 배와 같았다. 그리스도 공동체의 선장은 예수 그리스도임을 다시 한번 강조하고 있다. 베드로를 비롯한 예루살렘 초대교회의 지도력에 대한 비판 또한 담겨 있다.

마가복음에도 평행 구절이 있지만, 전통적으로 모세의 홍해를 가르는 기적 이야기에 대한 초대교회의 신학적 재해석으로 이해한다.

목회적 관점

베드로는 다른 제자들과는 달리 위험한 모험을 감수했다. 실패하긴 했지만, 배라고 하는 안전지대에서 나와 예수와 함께 물 위를 걷고자 했다. 목회자들은 거역하기 힘든 첫 부름을 들었을 때 예수와 함께 과감히 물 위라도 걷겠다는 다짐으로 시작한다. 그러나 교회가 성장하여 가면서 자신도 모르게 배 밖으로 나와 새로운 모험을 시도하기보다는 안전지대인 배 안에 머물고자 한다. 그런 점에서 본문에서 베드로는 목회자들의 모범이 된다.

주석적 관점

고대에서 바다는 새로운 세상을 향한 도전과 개척의 상징이지만, 동시에 항해는 죽음으로 향하는 길이기도 했다. 제1성서에서 물은 생명의 근원이자 하느님의 기운이 맴도는 바탕이다(창 1:2). 그러나 동시에 많은 물은 노아 홍수나 출애굽 당시 애굽 군대에게 임하였듯이 심판의 도구가 되기도 한다. 배는 파도치는 세상에서 신앙 공동체의 상징이다. 세계교회협의회(WCC)의 로고 또한 물결 위의 배로 그려진다. 러시아정교회의 십자가 로고는 십자가 하단에 사선이 그어져 있는데, 이는 흔들리는 배를 붙잡아두는 닻을 상징한다.

27절의 '나다'(ego eimi)는 YHWH의 헬라어 번역이다. 이는 예수의 자기 신적 선언으로 요한복음에서와 같이 후세대의 신앙 고백으로 보아야 할 것이다.

설교적 관점

본문은 초대 예수 공동체를 향해 "두려워하지 말라"(24, 26, 27, 30절)는 메시지를 강하게 전달하고 있다. 이미 앞 장에서 예수는 고향 사람들로부터 배척을 받았고, 당시 예수의 멘토(?) 혹은 같은 길을 걷는 동지라고 할 수 있는 세례 요한이 참수를 당한 직후였다. 로마제국의 핍박 또한 강도가 심해지고 있었다. 절체절명의 위기였다. 우리말에 "호랑이 등에 업혀 가도 정신만 차리면 된다"는 말이 있다. 위기 상황에서 두려움은 죽음을 자초한다. 현대인들은 갖가지 스트레스에 시달리고, 그 스트레스는 병 혹은 암을 유발한다. 스트레스는 두려움이 그 시작이다.

8월 15일에 대한 소고(小考)

8.15를 광복절(光復節)이라고 부른다. 지금 남북의 백성들이 서로 미워하며 살고 있는데, 빛(光)이 돌아왔다(復)고 부르는 것은 옳은 일인가? 도대체 이 나라에 무슨 빛이 돌아온 것인가? 흔히 자유와 해방과 독립의 빛이라고 말한다. 무슨 자유인가? 자살하는 자유인가? 그래서 세계 자살률 1위 국가가 된 것인가? 무슨 해방인가? 그래서 일왕에게 충성을 맹세한 만주국 육사 출신의 박정희나 백선엽을 구국의 인물로 찬양하는가? 독립을 되찾은 것은 맞나? 1905년 대한제국은 일제에게 외교권과 군사 지휘권을 빼앗겼다. 이미 자주독립국가로서의 자격을 상실한 것이다. 현재 대한민국은 자기 나라 군대의 (전시) 지휘 통제권을 미군 사령관에게 맡기고 있다. 독립 국가가 맞나? 엄격하게 말해 8월 15일은 광복절이 아니라 미국 주도에 의해 오천 년을 함께 살아온 민족이 갈라선 분단절(分斷節)이다. 외세라는 세파에 의해 한강토(한반도)라는 배가 크게 요동치고 있다. 배 안에 있는 사람들은 각자도생(各自圖生)은 불가능하다. 함께 힘을 모아 배를 지키는 일만이 자신이 사는 길이다.

특정절 열다섯째 주일(8월 14일~8월 20일)

사 56:1, 6-8; 시 67; 롬 11:1-2a, 29-32; 마 15:(10-20), 21-28

이사야 56:1, 6-8

1 야훼께서 말씀하신다. "너희는 바른길을 걷고 옳게 살아라. 나 너희를 구하러 왔다. 나의 승리가 나타날 때가 왔다.

6 외국인들도 야훼에게로 개종하여 나를 섬기고, 야훼라는 이름을 사랑하여 나의 종이 되어 안식일을 속되지 않게 지키고 나의 계약을 지키기만 하면,

7 나는 그들을 나의 거룩한 산에 불러다가 나의 기도처에서 기쁜 나날을 보내게 하리라. 그들이 나의 제단에 바치는 번제물과 희생제물을 내가 즐겨 받으리라. 나의 집은 뭇 백성이 모여 기도하는 집이라 불리리라."

8 쫓겨났던 이스라엘 사람들을 모아들이신 나의 주 야훼께서 이미 모아들인 이 사람들 외에도 모아들일 사람이 또 있다고 말씀하신다.

신학적 관점

56-66장은 제3이사야로, 1-40장의 제1이사야나 41-55장의 제2이사야와는 시기와 그 주제가 다르다. 본문은 바빌론 포로 이후 유대 땅으로의 귀환을 전제로 이야기가 펼쳐진다. 어떤 나라를 건설할 것인가? 바빌론에 포로로 붙잡혀 갔던 시기에 유대 땅에는 다른 민족들이 그 땅을 차지하며 살아가고 있었다. 이들을 쫓아낼 것인가, 아니면 저들을 품고 갈 것인가는 중대한 문제였다. 이에 대한 답으로 이방 사람들 또한 안식일을 지키면 YHWH의 백성이 될 것임을 선포한다. 2-5절의 오늘 본문에 포함되지 않는 구절은 생명력을 상실한 환관(내시)들 또한 안식일을 지킨다면 YHWH의 백성으로 인정될 것임을 선포한다. 곧, 유대 사람들의 정체성을 핏줄이 아닌 안식일 준수에 두었다.

그런데 여기서 1절은 새로운 유대왕국의 회복은 공평과 공의로운 사회

건설이 원칙임을 선포하는데, 그러한 기준으로 안식일을 내세운다. 안식일은 단순히 하루를 쉬는 날이 아니다. 안식일은 제대로 쉴 수 없었던 일종의 노예와 같았던 바빌론의 유대 포로민들이 하나의 인권선언으로 선포한 날이었으며(창 2:4), 바빌론제국의 신 마르둑에 맞서는 창조의 완성으로서의 YHWH의 날이었다. 단순히 종교적으로 성전에 나아가 희생제물을 드리는 날이 아니었다. 새로운 유대왕국의 회복은 단순히 혈통 위주의 민족국가가 아닌 쫓겨난 이스라엘 사람(8절), 당시 가장 낮은 계층의 사람들을 포함하는 지위와 계급 여하를 막론하고 YHWH의 공의로운 뜻을 따르는 모든 백성, 곧 탈민족으로서의 국가 건설, 말하자면 하느님의 나라 건설이었다(8절).

목회적 관점

새로운 대한민국 건설을 위해 오늘 우리 사회에서 쫓겨난 사람들은 누구이며, 오늘날 환관(내시)은 누구인가?

주석적 관점

어느 단체나 구성원 의무 조항이 있다. 교회 또한 교인총회를 진행할 때 교인의 자격을 따진다. 무엇이 기준인가? 보통은 예배 출석과 헌금이다. 본문은 하느님 백성의 정체성을 규정함에 있어 안식일을 기준으로 하는데, 여기서 말하는 안식일은 종교적 의미로서의 일주일에 하루 예배 출석의 안식일이 아닌 바른길을 걷고 옳은 일을 행하는가 하는(1절), 곧 한 주간 전체 삶으로서의 안식일이다.

설교적 관점

오늘날 중동 팔레스타인 지역에서 이스라엘은 이천 년 가까이 조상 대대로 살고 있던 팔레스타인 주민들을 서구 백인들의 힘을 등에 업고 내어쫓고 나라를 세웠으며, 지금도 저들의 권리를 극도로 제한하며 전쟁을 벌이고 있다. 웨스트뱅크와 가자 지역에 살고 있는 팔레스타인 사람들이야말로 쫓겨난 사람들이며 경제적 생산능력을 상실한 일종의 내시들이다. 지금도 전통적인 보수 유대인들은 안식일의 소소한 법적인 규정만을 소중히 여기고 있다. 하느님의 공평과 공의는 뒷전이다.

시편 67

1 하느님, 우리를 어여삐 보시고, 축복을 내리소서. 웃는 얼굴을 우리에게 보여 주소서. (셀라)
2 세상이 당신의 길을 알게 하시고 만방이 당신의 구원을 깨닫게 하소서.
3 하느님, 백성들이 당신을 찬양하게 하소서. 만백성이 당신을 찬양하게 하소서.
4 당신께서 열방을 공평하게 다스리시고 온 세상 백성들을 인도하심을 만백성이 기뻐 노래하며 기리게 하소서. (셀라)
5 하느님, 백성들이 당신을 찬양하게 하소서. 만백성이 당신을 찬양하게 하소서.
6 땅에서 오곡백과 거두었으니 하느님, 우리 하느님의 축복이라.
7 하느님, 우리에게 축복하소서. 온 세상 땅끝까지 당신을 두려워하게 하소서.

로마서 11:1-2a, 29-32

1 나는 또 묻겠습니다. 하느님께서 당신의 백성을 버리셨다고 할 수 있겠습니까? 절대로 그렇지 않습니다. 나도 아브라함의 후손으로서 베냐민 지파에 속하는 한 이스라엘 사람입니다.
2 하느님께서는 미리 뽑으신 당신의 백성을 버리시지 않았습니다.
29 하느님께서 한 번 주신 선물이나 선택의 은총은 다시 거두어가시지 않습니다.
30 전에 하느님께 순종하지 않았던 여러분이 이제 이스라엘 사람들의 불순종 때문에 하느님의 자비를 받게 되었습니다.
31 이와 같이 지금은 순종하지 않고 있는 이스라엘 사람들도 여러분이 받은 하느님의 자비를 보고 회개하여 마침내는 자비를 받게 될 날이 올 것입니다.
32 하느님께서는 모든 사람을 불순종에 사로잡힌 자가 되게 하셨습니다. 그러나 결국은 그 모두에게 자비를 베푸셨습니다.

신학적 관점

기독교 안에는 예수의 복음이 율법을 대체하고 모세와 아브라함과의 계약을 대신한다는 대체주의(supersessionism) 신학이 뿌리 깊게 내려 있다. 이는 초대 교부인 저스틴 마터(Justin Martyr)와 오리겐으로부터 어거스틴 그리고 루터에 이르기까지 확장되어 왔다. 구약(Old Testament), 신약(New Testament)이라는 용어는 물론, 예언과 성취, 율법과 복음이라는 양자택일이라는 이분법적 신학 대비가 서구 기독교 역사 속에 뿌리 깊게 자리 잡고 있다. 때로 이는 반유대주의 사상에 근거로 이용되기도 한다.

바울은 본문에서 이를 강하게 부정한다. 본문에서 빠진 3절 이하에서 바울은 엘리야를 예로 들어 하느님께서 남겨두신 바알에 무릎 꿇지 않은 칠천 명이 있었음을 말한다. 그런데 본문이 이를 뺀 이유는 무엇인가? 잘못하면 그들을 제외한 나머지 백성들은 모두 구원의 대상에서 제외되었다고 하는 결론으로 쉽게 빠질 수 있기 때문이다. 바울은 유대인들 또한 구원받았음을 하나의 예로 말하고, 결론인 31-32절에서 유대인들 또한 하느님의 자비에 힘입어 '모두' 구원을 받는다고 말하고 있다. 로마서 5장 16절 이하에서 바울은 이미 아담의 죄로 인해 '모든' 사람이 범죄에 빠졌지만 예수 그리스도에 의해 '모든' 사람이 생명의 나라에 들어가게 되었다고 말한 바 있다. 그러나 이 주장은 악인과 선인은 어떻게 구별되는가에 대한 신학적 난제를 낳는다.

목회적 관점

악한 자는 벌을 받고 선한 자는 상을 받는다는 인과응보(因果應報) 사상은 모든 종교의 기본 가르침이자 인간 사회를 떠받치는 기본 사상이다. 그런데 현실에서는 반드시 그렇지는 않다. 그래서 내세에서의 지옥과 천국을 말한다.

주석적 관점

클라우디우스황제 시절 모든 유대인은 로마를 떠나라는 추방 명령을 받는다. 자연스레 로마교회는 이방인들이 유대인들의 아브라함 선민 구원을 대체한다. 그런데 바울이 로마서를 기록할 즈음(CE 57~58년)에 유대인들이 다시금 돌아온다.

본문은 이러한 역사적 배경을 갖고 있다. 유대인(Jewishness)에 대한 새로운 신학적 성찰이 필요했다. 이에 바울은 자신을 유대인의 한 사람으로 말하면서 이를 하느님의 자비하심으로 해결하고자 한다. 황제를 포함한 우리는 예수를 처형한 유대인을 배제할 수 있지만, 하느님은 그렇지 않다는 것이다.

설교적 관점

<밀양>이라는 영화에서도 같은 주제를 다룬다. 기독교인 어머니는 심각한 고민 끝에 자기 아들을 유괴 살해한 살인범에게 용서를 베풀기 위해 감옥을 찾아 매우 어렵게 용서를 말한다. 그러자 살인범은 회개 기도를 한 결과 자신은 하느님으로부터 용서를 이미 받았다고 말한다. 어머니는 살인 피해자와 아무런 의논 없이 진행되는 교회의 용서 방식에 절망하고 분노한다. 기독교의 핵심 사상인 은혜 구원 교리는 잘못한 행위에 대해 아무런 응보 없이 그냥 덮고 간다. 본회퍼가 지적한 대로 값싼 은혜가 남발하면 기독교는 내부에서부터 썩게 된다. 지나친 율법주의와 공로 사상도 문제이지만, 지나친 은혜주의도 결국은 문제가 된다. 용서와 사랑은 악을 행한 사람에게 새로운 기회를 제공하지만, 행실에 기초한 의로움의 철저성이 결여된 마음만의 회개는 악이 반복될 여지를 남긴다.

마태복음 15:10-28

10 예수께서 군중을 가까이 불러 모으시고 이렇게 말씀하셨다. "너희는 내 말을 잘 들어라.

11 입으로 들어가는 것은 사람을 더럽히지 않는다. 더럽히는 것은 오히려 입에서 나오는 것이다."

12 그 때에 제자들이 와서 예수께 "바리사이파 사람들이 지금 하신 말씀을 듣고 비위가 상한 것을 아십니까?" 하고 물었다.

13 예수께서 이렇게 대답하셨다. "하늘에 계신 내 아버지께서 심지 않으신 나무는 모두 뽑힐 것이다.

14 그대로 버려두어라. 그들은 눈먼 길잡이들이다. 소경이 소경을 인도하면 둘 다 구렁에 빠진다."

15 베드로가 나서서 "그 비유의 뜻을 풀이해 주십시오." 하고 청하자

16 예수께서 이렇게 설명하셨다. "너희도 아직 알아듣지 못하였느냐?

17 입으로 들어가는 것은 무엇이나 뱃속에 들었다가 뒤로 나가지 않느냐?

18 그런데 입에서 나오는 것은 마음에서 나오는 것인데 바로 그것이 사람을 더럽힌다.

19 마음에서 나오는 것은 살인, 간음, 음란, 도둑질, 거짓 증언, 모독과 같은 여러 가지 악한 생각들이다.

20 이런 것들이 사람을 더럽히는 것이지 손을 씻지 않고 먹는 것이 사람을 더럽히는 것은 아니다."

21 예수께서 거기를 떠나 띠로와 시돈 지방으로 가셨다.

22 이때 그 지방에 와 사는 가나안 여자 하나가 나서서 큰소리로 "다윗의 자손이시여, 저에게 자비를 베풀어주십시오. 제 딸이 마귀가 들려 몹시 시달리고 있습니다." 하고 계속 간청하였다.

23 그러나 예수께서는 아무 대답도 하지 않으셨다. 그때에 제자들이 가까이 와서 "저 여자가 소리를 지르며 따라오고 있으니 돌려보내시는 것이 좋겠습니다." 하고 말씀드렸다.

24 예수께서는 "나는 길 잃은 양과 같은 이스라엘 백성만을 찾아 돌보라고 해서 왔다." 하고 말씀하셨다.

25 그러자 그 여자가 예수께 다가와서 꿇어 엎드려 "주님, 저를 도와주십시오." 하고 애원하였다. 그러나

26 예수께서는 "자녀들이 먹을 빵을 강아지에게 던져주는 것은 옳지 않다." 하며 거절하셨다.

27 그러자 그 여자는 "주님, 그렇긴 합니다마는 강아지도 주인의 상에서 떨어지는 부스러기는 주워 먹지 않습니까?" 하고 말하였다.

28 그제야 예수께서는 "여인아! 참으로 네 믿음이 장하다. 네 소원대로 이루어질 것이다." 하고 말씀하셨다. 바로 그 순간에 그 여자의 딸이 나았다.

신학적 관점

두 개의 단락이다. 첫째 단락은 토라의 핵심 부분인 정결법에 대한 정면 도전이다. 정결법은 입으로 들어가는 음식을 정한 것과 부정한 것으로 구별하였다. 예수께서는 이를 뒤집어 입으로 들어가는 것이 사람을 더럽히는 것이 아니라 입에서 나오는 부정한 생각과 말이 사람을 더럽힌다고 말한다.

둘째 단락은 가나안 여인과의 대화다. 이는 정결법에 의해 더럽다고 규정을 받은 인물이다. 접촉 자체가 부정 당한 사람이다. 예수는 개로 이 여인을 격하시켰지만, 이 여인은 이를 되받아침으로 예수의 마음을 움직이고 딸의 병을 치유한다. 일반적으로 낮은 계층의 사람일수록 모욕적인 언사에 더 불끈한다. 그런데 이 여인은 어떤 신앙의 소유자였기에 세 번이나 계속되는 모욕을 참아냈을까? 처음 예수는 이 여인의 요청을 못 들은 척 무시한다. 그러자 제자들의 요청에 "이스라엘 백성만을 찾아 돌보라고 해서 왔다"는 민족 차별적 언사로 답한다.

자신을 개에 비유하는 모욕적인 언사를 듣고서도 그녀는 전혀 물러서지 않았다. 오히려 "개들도 주인의 상에서 떨어지는 부스러기를 먹는다"고 멋지게 받아쳤다. 물론 딸의 병을 낫게 하겠다는 강한 의지 그리고 예수의 측은히 여기는 자비심을 확신하였기 때문이다. 어찌 됐든 결과적으로 가나안 여인은 예수가 본래 갖고 있었던 폐쇄적인 민족 구원관을 깸으로 예수를 새로운 구원의 세계로 인도하는 역할을 한다. 부활 예수의 마지막 선교 명령은 온 세상, 전 인류를 향한다(28:19).

목회적 관점

교회는 차별 없는 사랑의 공동체가 되기를 원하지만, 노숙자나 외국인 노동자들이 교회에 오는 것을 꺼린다. 탈북자들과 연변 조선족 사람들에 대해서도 그러하다. 동성애자들은 말할 것도 없다. 저들을 더럽다고 생각하기 때문이다. 미국이나 유럽 백인들 가운데 상당수는 흑인들이나 동양인들을 더럽다고 생각하고 접촉을 꺼린다. 저들을 비난할 자격이 우리에게 있는가?

주석적 관점

평행 본문인 마가복음 7장 24-30절에서는 이 여인을 시로페니키아 출신의 이방 여인이라고 말한다. 마태는 이를 가나안으로 바꾸었다. 왜 그랬을까? 스퐁은 이를 다음과 같이 설명한다.

유대인들은 시로페니키아 사람은 존중할 만한 경쟁자로 여겼지만, 가나안 사람들은 억압받아 마땅한 사람들이라고 여겼다. 가나안 사람들은 주로 땅을 갈구는 농부들이었다. 그들은 바알과 아스다롯을 섬겼는데, 둘 모두 풍작의 신이었다. 유대인들은 그들은 육체노동 외에는 더 높은 직업을 가질 능력이 없었기에(수 9:23) 사회경제적 계층의 가장 아래를 차지하는 사람들이었다. 마태는 유대인들이 가나안 사람들에 대해 갖고 있는 고정관념에 도전하기 위해 의도적으로 고안된 것이다(『마태복음: 유대인 예배력에 따른 예수의 의미』, 298).

설교적 관점

"나는 이스라엘 백성만을 찾아 돌보라고 해서 왔다"라는 예수의 혈통에 따른 구원의 배제와 차별은 어떻게 해석해야 할까? 여인의 마음을 떠보기 위해서 인가? 그러다 만약 여인이 화를 내고 돌아서기라도 했다면, 이는 예수의 책임인가? 아니면 이 여인의 책임인가? 돌들이라도 아브라함의 자손이 될 수 있다고 말하면서 혈통에 근거한 폐쇄적인 구원관을 비판하고 죄인의 친구로 비난받던 평소 예수의 모습과는 정반대이다.

스퐁에 의하면 마태복음은 유대인 서기관이 유대인 청중을 위해 기록한 이야기이기에 고정관념을 깨고 유대적 렌즈를 통해 유대적 의미를 발견해야 한다. 가나안 여인은 하느님과 이스라엘 언약 바깥에 살았다. 유대인들은 "창조주 YHWH 하느님의 구원과 사랑은 어디까지 펼쳐질 수 있을까?"라는 질문을 항상 갖고 있었다. '개'라고 부르는 이들 또한 포함되는 것일까? 이미 예언자 말라기 (2:10)와 요나는 이런 질문에 대해 답을 던졌다. 마태 또한 이러한 보편주의 구원이라는 예언 전통을 따라 동시대의 유대인들에게 고정관념을 깰 것을 유도한다.

오늘날 우리가 가나안 사람들로 욕하고 비난하고 침을 뱉는 사람들은 누구인가? 성소수자와 피부 색깔이 검은 동남아시아 이주민들과 탈북자들이다. 우리가 깨트려야 할 고정관념은 무엇일까?

특정절 열여섯째 주일(8월 21일~8월 27일)

사 51:1-6; 시 138; 롬 12:1-8; 마 16:13-20

이사야 51:1-6

1 "나의 말을 들어라. 정의를 추구하고 야훼를 찾는 자들아. 너희를 떼어낸 바위를 우러러보고 너희를 파낸 동굴을 쳐다보아라.

2 너희 조상 아브라함을 우러러보고 너희를 낳아준 사라를 쳐다보아라. 내가 부를 때 그는 혼자였으나 나는 그에게 복을 내려 자손이 번성하게 하였다.

3 그렇다, 야훼가 시온을 불쌍하게 보고 다 허물어진 그 모습을 가엾게 여기리라. 그리하여 그 황무지를 에덴처럼 만들고 그 벌판을 야훼의 동산처럼 만들어 흥겨움과 즐거움이 넘치고 감사의 노랫가락이 울려 퍼지게 하리라.

4 뭇 백성들아, 똑바로 나를 쳐다보아라. 부족들아, 내 말에 귀를 기울여라. 훈계가 나에게서 나간다. 나의 법이 뭇 백성의 빛이 되리라.

5 내가 세울 정의가 홀연히 닥쳐오고 내가 베풀 구원이 빛처럼 쏟아져 오리라. 내가 팔을 휘둘러 뭇 백성을 재판하면, 바닷가 주민이 나에게 희망을 두고 나의 팔에 기대를 걸리라.

6 눈을 들어 하늘을 바라보아라. 땅을 굽어보아라. 하늘은 연기처럼 스러지고, 땅은 옷처럼 해어져 주민이 하루살이처럼 꺼지리라. 그러나 내가 베풀 구원은 영원하고 내가 세울 정의는 넘어지지 않는다."

신학적 관점

구원은 본래 공의와 한 짝이 되는 것으로 제국의 폭력으로부터의 해방된 평화로운 세상을 의미했다(5-6절).

목회적 관점

3절 첫 구절에서 '시온' 대신에 자신이 섬기는 교회 이름을 넣어보자. 황폐한 곳, 광야와 사막은 구체적으로 무엇을 의미하고, 에덴과 주의 동산은 무엇을 의미할까?

주석적 관점

제2이사야(40-55장)는 페르시아의 고레스(Cyrus)왕이 바빌론제국을 무너뜨리고 약소민족의 해방을 선포할 때 활동했다. 그리하여 유대 민족은 옛 시온의 영광을 되찾으리라는 벅찬 희망에 부풀어 있다. 그러나 이는 YHWH께서 하시는 일이다. 제국은 다만 YHWH의 도구에 불과하다.

설교적 관점

우리 한민족은 유대 민족이 겪었던 바빌론 유배와 흡사한 일제강점기의 고통을 겪었다. 그래서 해방의 기쁨이 얼마나 큰지 잘 알고 있다. 그러나 해방과 동시에 하나의 민족이 남과 북으로 분단되었다. 이는 반쪽만의 기쁨이다. 완전한 기쁨을 얻기 위해 교회는 무엇을 할 수 있을까?

시편 138

1 야훼여, 내 마음 다하여 감사기도 드립니다. 당신을 모시고 섰는 이들 앞에서 당신을 찬양합니다.
2 거룩한 당신의 궁전 향하여 엎드려 인자함과 성실함을 우러르며 당신의 이름 받들어 감사기도 드립니다. 언약하신 그 말씀, 당신 명성보다 크게 퍼졌사옵니다.
3 내가 부르짖을 때 당신은 들어 주시고 힘을 한껏 북돋우어 주셨습니다.
4 야훼여, 당신의 언약 말씀을 듣고서 세상의 모든 왕들이 당신께 감사노래 부릅니다.
5 그들이 야훼께서 밟으신 길을 찬양하며 "야훼 그 영광 크시다" 노래합니다.
6 야훼여, 당신은 높이 계셔도 낮은 사람 굽어 보시고 멀리 계셔도 거만한 자 아십니다.
7 내가 고생길을 걸을 때에 이 몸 살려 주시며, 손을 드시어 살기 띤 원수들을 치시고 오른손으로 붙들어 이 몸 구해 주십니다.
8 야훼여, 모든 일 나를 위해 하심이오니, 이미 시작하신 일에서 손을 떼지 마소서. 당신의 사랑 영원하시옵니다.

로마서 12:1-8

1 그러므로 형제 여러분, 하느님의 자비가 이토록 크시니 나는 여러분에게 권고합니다. 여러분 자신을 하느님께서 기쁘게 받아주실 거룩한 산 제물로 바치십시오. 그것이 여러분이 드릴 진정한 예배입니다.

2 여러분은 이 세상을 본받지 말고 마음을 새롭게 하여 새 사람이 되십시오. 이리하여 무엇이 하느님의 뜻인지, 무엇이 선하고 무엇이 그분 마음에 들며 무엇이 완전한 것인지를 분간하도록 하십시오.

3 나는 하느님의 은총을 받은 사람으로서 여러분 한 사람 한 사람에게 말합니다. 여러분은 자신을 과대평가하지 말고 하느님께서 각자에게 나누어주신 믿음의 정도에 따라 분수에 맞는 생각을 하십시오.

4 사람의 몸은 하나이지만 그 몸에는 여러 가지 지체가 있고 그 지체의 기능도 각각 다릅니다.

5 이와 같이 우리도 수효는 많지만 그리스도 안에서 한 몸을 이루고 각각 서로서로의 지체 구실을 하고 있습니다.

6 하느님께서 우리에게 주신 은총의 선물은 각각 다릅니다. 가령 그것이 예언이라면 자기 믿음의 정도에 따라서 써야 하고

7 그것이 봉사하는 일이라면 봉사하는 데 써야 하고 가르치는 일이라면 가르치는 데 써야 하고

8 격려하는 일이라면 격려하는 데 써야 합니다. 희사하는 사람은 순수한 마음으로 해야 하고 지도하는 사람은 열성을 다해서 해야 하며 자선을 베푸는 사람은 기쁜 마음으로 해야 합니다.

신학적 관점

신학(神學, theos+logos)이란 무엇인가? 전통적으로 신학은 신의 속성, 곧 영원성과 절대성에 관한 인간의 논리적 해석(교리)이다. 그러나 이것이 전부는 아니다. 바울은 본문을 통해 신학이 다루어야 할 보다 중요한 부분을 언급한다. 곧, 신이 궁극적으로 관심하는 것은 자녀로서의 바른 삶(산 제물)이라는 것이다. 이는 개인 윤리뿐만 아니라(2-3절) 공동체 내에서 지켜야 할 자기 책임의 문제이다(4-8절).

목회적 관점

목회자는 슈퍼맨이 아니다. 오늘날의 민주사회에서는 '공동 목회'가 보다 중요하다. 목회자는 교인들이 각자에게 주어진 '신령한 선물'(은사, 달란트)을

찾아 함께하는 목회를 통해 하느님 나라 완성을 향해 나아가야 한다.

주석적 관점

앞장에서 언급하였듯이 로마교회는 다양한 계층과 계급의 사람들로 구성되어 있었다. 따라서 12장 1절은 '그러므로'로 시작한다. 곧, 12-13장은 묵시적 종말론의 입장에서 교회 공동체의 조화와 일치로서의 신앙생활에 대해 언급하고 있다(12:2 'aion', 역본에 따라 '이 세상', '이 시대', '이 세대'; 13:11 '잠에서 깨어나야 할 때', '구원이 더 가까이 왔다'). 여기서 종말론이란 단순히 세상 종말로서 모든 것이 끝나는 것이 아닌 이어지는 하느님 나라에서의 삶을 위한 훈련과 준비를 뜻한다.

1절 '진정한 예배'(logike latreia)의 문자적 뜻은 동물과 구별되는 이성적 존재로서 신에게 드리는 삶 혹은 예배(logical service)다. 이를 '영적 예배'라고 번역하기도 하지만, 이렇게 번역하면 '지금 여기의 실제 삶'으로서의 '산 제물'의 의미가 퇴색될 수 있다.

설교적 관점

몸은 새끼발가락에 가시가 박히면 온몸이 함께 아파하는 유기체(有機體)의 구조다. 그래서 몸의 중심은 아픔이 있는 곳이라고 말한다. 세계의 중심 또한 아픔(전쟁과 기아)이 있는 곳이다. YHWH는 한 나라 혹은 한 민족의 신이 아니다. 창조주로서 온 세계를 당신의 몸에 품고 계신다. 세계를 한 몸으로 여길 때 그 중심, 아픔이 있는 곳은 어디인가?

2절의 '변화'는 단순히 생활이나 습관의 변화를 말하는 것이 아니다. 내면으로부터의 질적인 변화(transform)를 말한다. 세상과 구별되는 삶의 가치관의 변화다. 새벽이 이미 문 앞에 서 있다. 점진적인 변화가 아닌 급격한 변화를 말한다. 따라서 우리말의 보다 정확한 번역은 '변혁'(變革)이다. 오늘날 세상의 가치는 "큰 것일수록 좋다"(The bigger is the better)이다. 이는 세상 가치관이다. 과연 오늘날 기독교인들의 가치관은 무엇이 되어야 하는가?

후안 까를로스의 오르띠즈 목사가 말하기를, "날마다 주시옵소서" 하는 기도는 죽은 제사일 뿐이다. "내가 여기 있나이다. 나를 사용하소서"가 산 제물이다.

마태복음 16:13-20

13 예수께서 필립보의 가이사리아 지방에 이르렀을 때에 제자들에게 "사람의 아들을 누구라고 하더냐?" 하고 물으셨다.

14 "어떤 사람들은 세례자 요한이라 하고 어떤 사람들은 엘리야라 하고 또 예레미야나 예언자 가운데 한 분이라고 하는 사람들도 있습니다." 제자들이 이렇게 대답하자

15 예수께서 이번에는 "그러면 너희는 나를 누구라고 생각하느냐?" 하고 물으셨다.

16 "선생님은 살아 계신 하느님의 아들 그리스도이십니다." 시몬 베드로가 이렇게 대답하자

17 예수께서는 "시몬 바르요나, 너에게 그것을 알려주신 분은 사람이 아니라 하늘에 계신 내 아버지시니 너는 복이 있다.

18 잘 들어라. 너는 베드로이다. 내가 이 반석 위에 내 교회를 세울 터인즉 죽음의 힘도 감히 그것을 누르지 못할 것이다.

19 또 나는 너에게 하늘나라의 열쇠를 주겠다. 네가 무엇이든지 땅에서 매면 하늘에도 매여 있을 것이며 땅에서 풀면 하늘에도 풀려 있을 것이다." 하고 말씀하셨다.

20 그리고 나서 예수께서는 자신이 그리스도라는 것을 아무에게도 말하지 말라고 단단히 당부하셨다.

신학적 관점

본문은 예수(인자)가 누구인가 하는 질문에 대한 기독론의 기초이자 하늘의 권세를 위임받았다고 하는 교회론의 기초가 된다. 동시에 베드로를 첫 번째 교황으로 받드는 가톨릭 신학의 기초가 된다.

그러나 보다 중요한 부분은 '빌립보의 가이사리아'라는 지리적 설정이다. 복음서 저자들은 지명을 그냥 쓰지 않는다. 지명 자체에 이미 신학적 전제가 들어가 있다. 빌립보는 헤롯의 아들로서 유대 분봉왕의 이름이고, 가이사리아는 로마 황제의 이름이다. 빌립보가 아우구스투스 로마 황제를 기념하여 새롭게 건설한 도시다. 유대인에게 예루살렘이 제사와 통치 이념의 중심지로서 중요했다면, 이 지역에 사는 로마인과 이방인들에게는 가이사이라 빌립보가 그만큼

중요했다. 가이사이라 빌립보는 로마 황제 숭배가 가장 활발히 이루어지는 지역의 중심지였다. 예수는 당시 정치적 종교 권력의 핵심지로서의 로마 신전을 바라보면서, "너희는 나를 누구라 하느냐"는 질문을 던지고 있다. 베드로의 답변은 황제를 신의 아들로 선포하고 믿는 로마제국에서 볼 때 국가 반역에 해당하는 매우 위험한 발언이다. 여기에 메시아 비밀(20절)의 이유가 있다. 메시아 비밀에 관해서는 이러한 정치 저항적 해석이 마땅하지만, 그간 백인 서구 신학에서는 로마제국의 폭력성을 이어가는 자신들의 식민지 지배의 잘못을 감추기 위해 자꾸만 교리신학 쪽으로 복잡하게 해석하여 왔다.

목회적 관점

18절의 '죽음의 힘'(Hedes)은 단지 개체로서의 인간의 죽음을 뜻하는 것이 아니다. 어차피 모든 인간은 죽는다. 이는 전쟁에 기반한 로마제국의 폭력성이다.

주석적 관점

18절의 '이 반석'을 문자적으로 본다면, 베드로의 뜻이 '반석'이므로 베드로 개인으로 볼 수도 있고 베드로의 신앙 고백으로 볼 수도 있다. 전자는 가톨릭의 주장이고, 후자는 개신교의 주장이다. 그런데 교회나 성당 간판을 붙였다고 해서 다 교회나 성당이 되는 것이 아니다. 예수께서 말씀하신 '내 교회'는 생겼다가 소멸하는 지상의 개교회를 말하는 것이 아니라 오직 하나의 교회(거룩한 공회, catholic church, 소문자 'c')로서 보이지 않는 우주적인 교회(the invisible-universal Church)를 뜻한다.

교회(에클레시아)는 복음서 전체에서 마태복음에만 두 번 나온다(18:17).

평행 구절인 마가복음에서 베드로는 메시아 고백에 바로 이어 예수의 십자가 죽음 예언을 단호하게 거부함으로 인해 예수로부터 '사탄'이라 불린다. 이에 반해 마태는 이 얘기를 후에 다른 장소에서 일어난 일로 분리해서 말한다. 곧, 베드로의 권위를 보다 인정하고 있다.

설교적 관점

　에클레시아(ekklesia)의 문자적 뜻은 '(길)밖으로 불러내다'이다. 여기서 '밖'의 반대어가 되는 '안'은 당시 로마제국으로 대변되는 세상이다. 이는 세상 도피로서의 밖이 아닌 세상 변혁을 위한 도전과 저항으로서의 '안'을 향한 '밖'이다. 하느님의 나라가 이 '땅'에 임하도록 하는 '밖'이다. 오늘날 교회는 이 '안'의 변혁을 위한 '밖'으로서의 역할을 제대로 감당하고 있는가?

특정절 열일곱째 주일(8월 28일~9월 3일)

렘 15:15-21; 시 26:1-8; 롬 12:9-21; 마 16:21-28

예레미야 15:15-21

15 "야훼여, 주께서는 저를 아시지 않습니까? 저를 잊지 마시고 도와주십시오. 저를 못살게 구는 자들에게 원수를 갚아주십시오. 언제까지나 모르는 체하시다가 이 몸 죽는 모양을 보시렵니까? 제가 주님 때문에 수모를 받고 있는 줄을 알아주십시오.

16 말씀 내리시는 대로 저는 받아 삼켰습니다. 만군의 야훼 하느님, 이 몸을 주님의 것이라 불러주셨기에 주님의 말씀이 그렇게도 기쁘고 마음에 흐뭇하기만 하였습니다.

17 저는 웃으며 깔깔대는 자들과 한자리에 어울리지도 않았습니다. 주님 손에 잡힌 몸으로 이렇게 울화가 치밀어올라 홀로 앉아 있습니다.

18 이 피로움은 왜 끝이 없습니까? 마음의 상처는 나을 것 같지 않습니다. 주께서는 물이 마르다가도 흐르고, 흐르다가도 마르는 도무지 믿을 수 없는 도랑같이 되셨습니다."

19 "그렇다면 이 야훼의 말을 들어보아라. 너의 마음을 돌려 잡아라. 나는 다시 너를 내 앞에 서게 하여 주겠다. 그런 시시한 말은 그만두고 말 같은 말을 하여라. 나는 너를 나의 대변자로 세운다. 백성이 너에게로 돌아와야 네가 백성에게로 돌아가서는 안 된다.

20 내가 너를 그런 놋쇠로 든든하게 만든 성벽처럼 세우리니, 이 백성이 아무리 달려들어도 너를 꺾지 못하리라. 나는 너를 떠나지 않을 것이며 너를 도와 구하여 주리라. 이는 내 말이라, 어김이 없다.

21 나는 너를 악인들의 손에서 구하여 주며 악한들의 손아귀에서 빼내 주리라."

신학적 관점

전통적인 신학(theology)은 주로 로고스(logos, 이성)를 다룬다. 그런데 예언자들은 파토스(pathos, 열정)의 사람들이다. 어쩌면 반(反)신학으로 언어 너머의 영역에 속해 있다. 삶은 논리만으로는 풀리지 않는다.

그리스도인들은 크든 작든 모두 하늘의 부름을 받은 사람들이다. 세상을 향한 빛과 소금의 직분을 받은 자들로 작은 예언자들이다. 그러기에 예레미야가 겪은 고통과 외로움과 기쁨과 즐거움은 우리 모두가 겪어야 할 몫이기도 하다.

목회적 관점

예레미야는 탈진 상태에 이르렀다. 분노를 안고 고독한 상태로 있다(17절). 고통을 안고 있으며 백성들로부터 받은 상처는 낫지 않고 있다. 그리하여 이제는 YWHW를 믿지 못하겠다고 말한다(18절). 그런데 이에 대해 YHWH께서는 나에게 다시 돌아와 천박한 것을 말하지 않고 귀한 것을 말하면 다시 YHWH의 대변자가 될 것이라고 말씀하신다(19절). '시시한 말은 무엇이고 '말 같은 말'은 무엇인가? 시시한 말은 눈에 보이는 세상 힘을 의지할 때 나오는 말이고, 말 같은 말은 YHWH를 의지하는 가운데서 나오는 말이다.

목회자는 외롭다. 왜냐하면 YHWH의 손에 붙들려 있기 때문이다(17절). 그들(백성)이 오도록 해야지 그들에게로 가서는 안 된다고 말씀하신다(19절). 그래서 역으로 말하면 목회자는 외로워야 한다. 외로움이 친구가 되어야 한다.

주석적 관점

예레미야는 유대왕국의 멸망과 백성들이 포로로 끌려가는 모습을 지켜본 눈물의 예언자다. 권세자들과 백성들은 왕국의 멸망을 예언하는 예레미야를 핍박했다. 예레미야는 자기를 박해하던 원수들이 거꾸러지는 것을 보고 싶어했다(15절). 그러나 YHWH께서는 저들이 돌아올 것을 원하셨고, 이들로부터 예레미야를 보호할 것을 약속하신다.

설교적 관점

매우 가는 팔과 손 그리고 매우 가느다란 몸체를 지닌 사람의 조각상이 있다. 그런데 이에 비해 발은 엄청 크다. 이 조각상의 이름은 '예언자'이다. 예언자는 어느 생명체와 마찬가지로 깨어지기 쉬운 존재이지만, 그 뿌리는 크고 강한 생명의 힘에 기반하고 있음을 상징으로 말한다. 힘없고 가난한 자들의 곁에서서 부자들과 권력자들과 대항하는 일은 괴롭고 힘든 일이다(5:1 이하). 다른 예언자들은 부자와 권력을 편들고 있다(5:30). 그럼에도 불구하고 참 예언자들은 공의로우신 하느님의 말씀에 뿌리를 단단히 내리고 담대하게 나아가야 한다. 누구나 축복의 말씀을 듣기 원하지 책망과 회개하라는 말씀을 듣고 싶어 하지는 않는다. 복음(福音)이 기쁜 소식이 되는 것은 그 말씀이 귀에는 거슬리지만 생명으로 인도하기 때문이다.

시편 26:1-8

1 야훼여, 나의 무죄함을 밝혀 주소서. 깨끗하게 살며 당신만을 철석같이 믿었사옵니다.
2 야훼여, 샅샅이 캐어 보고 알아보소서. 속속들이 내 마음 뒤집어 보소서.
3 당신의 한결같은 사랑만을 쳐다보면서 당신의 진리 따라 살았습니다.
4 사기꾼들과 어울리지 않았으며, 음흉한 자들과 벗하지 않았습니다.
5 악인들의 모임에는 끼이지도 않았고 나쁜 자들과 함께 앉지도 않았습니다.
6 야훼여, 손을 씻고 죄없는 몸으로 당신의 제단을 두루 돌면서
7 나에게 하신 놀라운 일들 모두 전하며 고마우심 노래로 찬미하리이다.
8 야훼여, 나는 당신께서 사시는 집이 좋사옵니다. 당신의 영광이 깃들이는 곳이 좋사옵니다.

로마서 12:9-21

9 사랑은 거짓이 없어야 합니다. 악을 미워하고 꾸준히 선한 일을 하십시오.
10 형제의 사랑으로 서로 사랑하고 다투어 서로 남을 존경하는 일에 뒤지지 마십시오.
11 게으르지 말고 부지런히 일하며 열렬한 마음으로 주님을 섬기십시오.
12 희망을 가지고 기뻐하며 환난 속에서 참으며 꾸준히 기도하십시오.
13 성도들의 딱한 사정을 돌봐 주고 나그네를 후히 대접하십시오.
14 여러분을 박해하는 사람들을 축복하십시오. 저주하지 말고 복을 빌어주십시오.
15 기뻐하는 사람이 있으면 함께 기뻐해 주고 우는 사람이 있으면 함께 울어주십시오.
16 서로 한마음이 되십시오. 오만한 생각을 버리고 천한 사람들과 사귀십시오. 그리고 잘난 체하지 마십시오.
17 아무에게도 악을 악으로 갚지 말고 모든 사람이 다 좋게 여기는 일을 하도록 하십시오.
18 여러분의 힘으로 되는 일이라면 모든 사람과 평화롭게 지내십시오.
19 친애하는 여러분, 여러분 자신이 복수할 생각을 하지 말고 하느님의 진노에 맡기십시오. 성서에도 "원수 갚는 것은 내가 할 일이니 내가 갚아주겠다." 하신 주님의 말씀이 있습니다.

20 그러나 "원수가 배고파하면 먹을 것을 주고 목말라하면 마실 것을 주십시오. 그렇게 하면 그의 머리에 숯불을 쌓아놓는 셈이 될 것입니다."

21 악에게 굴복하지 말고 선으로써 악을 이겨내십시오.

신학적 관점

앞선 문장에서 바울은 "이 세상을 본받지 말고 마음을 새롭게 하여 새사람이 되라고 말하면서 무엇이 하느님의 뜻인지를 분별하라"고 권면했다. 본문은 이에 대한 매우 구체적인 삶의 기준들이다. 사랑과 겸손, 용서를 강조한다. 특별히 박해 받는 상황에서 박해하는 사람들을 축복함으로 악을 이기라고 말한다. 이는 잘못하면 악을 조장하는 길이 된다. 그렇다고 해서 악을 악으로 대하면 모두가 멸망한다. 참으로 어려운 길이다.

목회적 관점

한 절 한 절이 목회에 있어 매우 소중한 말씀들이다. 대체로 개인 윤리에 해당하지만, 13절의 성도들이 딱한 사정을 알아채어 필요함을 제공하고 나그네 대접하기를 힘쓰는 일은 교회가 공동체적으로 힘을 모아야 하는 일이다. 나의 교회는 교우 가운데 한 사람이 어려움을 당했을 때 어떻게 돕고 있는가? 손님은 외부를 말한다. 교회 밖의 어려움을 당한 자들을 위한 도움은 어떻게 행하는가?

주석적 관점

원수를 접대하면 원수는 자신이 그렇게 하지 않았음을 생각하며 수치로 인해 얼굴이 빨개질 것이다. 곧, 머리 위에 숯불을 놓아 그 열기로 얼굴이 빨개지는 것과 같다. 로마제국의 기독교 박해는 후에 네로황제로부터 본격적으로 시작하였기에 여기서 원수는 사적 관계의 갈등을 의미한다고 보는 것이 옳겠다.

설교적 관점

세상은 권력과 부와 명예가 있는 사람들과 사귀려고 애를 쓴다. 교회의 교회 됨은 무엇인가? 곧, 세상이 거들떠보지 않는 비천한 사람들과 사귀는 일이다. 만약 노숙인이 교회에 등록하고자 할 때 어떤 일이 생길까? 대부분은 친교부원 한두 사람에게 그 모든 책임을 전가하고 말 것이다.

마태복음 16:21-28

21 그때부터 예수께서는 제자들에게 자신이 반드시 예루살렘에 올라가 원로들과 대사제들과 율법학자들에게 많은 고난을 받고 그들의 손에 죽었다가 사흘 만에 다시 살아날 것임을 알려주셨다.

22 베드로는 예수를 붙들고 "주님, 안 됩니다. 결코 그런 일이 있어서는 안 됩니다." 하고 말리었다.

23 그러나 예수께서는 베드로를 돌아다보시고 "사탄아, 물러가라. 너는 나에게 장애물이다. 너는 하느님의 일을 생각하지 않고 사람의 일만을 생각하는구나!" 하고 꾸짖으셨다.

24 그리고 제자들에게 이렇게 말씀하셨다. "나를 따르려는 사람은 누구든지 자기를 버리고 제 십자가를 지고 따라야 한다.

25 제 목숨을 살리려고 하는 사람은 잃을 것이며 나를 위하여 제 목숨을 잃는 사람은 얻을 것이다.

26 사람이 온 세상을 얻는다 해도 제 목숨을 잃으면 무슨 소용이 있겠느냐? 사람의 목숨을 무엇과 바꾸겠느냐?

27 사람의 아들이 아버지의 영광에 싸여 자기 천사들을 거느리고 올 터인데 그때에 그는 각자에게 그 행한 대로 갚아줄 것이다.

28 나는 분명히 말한다. 여기 서 있는 사람들 중에는 죽기 전에 사람의 아들이 자기 나라에 임금으로 오는 것을 볼 사람도 있다."

신학적 관점

십자가와 부활은 동전의 양면처럼 하나다. 기독교는 부활의 종교이긴 하지만, 부활이 일어나기 위해서는 십자가 죽음이 먼저 일어나야 한다. 그런데 십자가 죽음은 단순한 죽음이 아니다. 십자가 처형은 일반 죄수들을 처형하는 방식이 아니라 로마제국의 통치를 거부하는 게릴라들을 처형하는 방식이다. 동네 높은 언덕 위에 죄수들을 십자가 형틀에 묶어둠으로 낮에는 뜨거운 열기로, 밤에는 독수리와 들짐승들의 먹이가 되게 한다. 가장 처참하게 그리고 오랫동안 서서히 죽게 함으로 마을 사람들에게 극도의 공포감을 주기 위한 처형 방식이다. 주민들은 짧게는 삼일, 길게는 일주일에 걸쳐서 저들이 토해내는 신음과 고통을 밤낮없이 눈으로 보고 귀로 들어야만 했다.

목회적 관점

베드로는 가장 믿음이 좋은 사람이었다. 그런데 그 믿음은 동시에 사탄적인 믿음이 되었다. 이율배반적이다. 누구나 축복과 영광을 바란다. 그러나 이를 얻기 위한 고난은 피하려고 한다. 그런 점에서 우리 모든 목회자는 자기 자신을 매 순간 자신을 돌이켜 보는 성찰 훈련을 게을리해서는 안 된다.

주석적 관점

마가복음과는 달리 마태는 앞의 베드로의 신앙 고백과 본문을 따로 떼어 놓았다. 이는 초대교회에서 베드로의 지도력이 인정을 받고 있었다는 증거다.

초대교회에서 예수 재림(27-28절)에 대한 기대는 매우 높았다(비교 롬 13:11; 고전 15:51; 살전 4:17; 계 1:1, 3; 3:11; 22:7, 20). 28절은 논란이 많은 구절이다. 신학자들은 예수가 직접 한 말(*ipissima vox*)이라기보다는 종말 의식을 고조하기 위한 마태 공동체의 의도된 첨가(*ipissima verba*)로 본다.

설교적 관점

부활이라는 영광을 위해 십자가라는 정치적 죽음으로서의 저항을 쉽게 지나쳐서는 안 된다. 대속(代贖) 신앙이 지나치게 강조되어서는 안 된다. 이는 베드로가 그러했듯이 반석이 걸림돌이 되고 만다. 예수 십자가는 자속(自贖) 신앙을 요구한다.

특정절 열여덟째 주일(9월 4일~9월10일)

겔 33:7-11; 시 119:33-40; 롬 13:8-14; 마 18:15-20

에스겔 33:7-11

7 "너 사람아, 내가 너를 이스라엘 족속의 보초로 세운다. 너는 나에게서 경고하는 말을 받거든 그대로 일러주어라.

8 너가 한 죄인에게 '너는 사형이다.'라고 유죄 판결을 내렸는데, 네가 그 죄인에게 버릇을 고치라고 타일러주지 않았을 경우에는 그 죄인은 자기 죗값으로 죽겠지만 그 사람이 죽은 책임을 나는 너에게 지우리라.

9 그러나 네가 그 죄인에게 마음을 바로잡아 버릇을 고치라고 타일러주었는데도 그가 마음을 바로잡아 버릇을 고치지 않았다면 그는 자기 죗값으로 죽겠지만, 너는 죽지 아니하리라.

10 너 사람아, 너는 이스라엘 족속에게 일러라. '우리가 거역하며 저지른 자신의 죄에 깔려 죽게 되었는데 어떻게 산단 말이냐?' 하는 자들에게

11 일러주어라. '내가 맹세한다. 죄인이라고 해도 죽는 것을 나는 기뻐하지 않는다. 주 야훼가 하는 말이다. 죄인이라도 마음을 바로잡아 버릇을 고치고 사는 것을 나는 기뻐한다. 그러나 너희는 돌아오너라. 나쁜 버릇을 고치고 돌아오너라. 이스라엘 족속아, 어찌하여 너희는 죽으려고 하느냐!'"

신학적 관점

예언자는 성을 지키는 파수꾼과 같다. 파수꾼은 위험이 오면 나팔을 크게 불어 이를 백성들에게 알려야 할 책임이 있다. 종교인이 갖는 사회적 책임이다. 세계 여러 나라가 경험했던 일이지만, 군부독재 세력이 권력을 장악했을 때 많은 양심 있는 종교인들과 지식인들이 저들의 죄악을 고발하다가 감옥에 갇히거나 죽임을 당했다.

우리나라에서 개신교가 급속도로 성장한 시기는 일제의 침략이 마각을 드러내던 1900년대 초기와 군사독재 권력이 지배하던 1970년대였다. 당시 국가

권력이 백성의 입을 짓누르는 핍박 속에서 기독교는 민족과 사회의 숨통과 횃불 역할을 담당했다. 이는 기독교의 사회적 책임 감당이 성장과 얼마나 밀접한 관계에 있는가를 증명한다. 그런데 오늘날 대형화된 개신교회들이 예언자로서의 사회적 책임을 방기하고 개인 영혼 구원과 물질 축복을 남발하면서 신뢰를 잃게 되었고 교인들은 급감하고 있다. 이는 8절의 말씀에서와 같이 교회가 예언자(파수꾼)로서의 책임을 다하지 않기 때문이다.

목회적 관점

목회자는 크게 보아 하느님과 백성 사이에서 두 가지 역할을 담당한다. 하나는 백성을 대신하여 저들의 소원을 아뢰고 잘못에 대한 용서를 구하는 제사장으로서의 역할이다. 곧, 개인 구원이다. 다른 하나는 하느님의 음성을 백성들에게 알려 죄의 길에서 벗어나도록 하는 예언자의 역할이다. 곧, 사회 구원이다. 이 둘은 항상 적절한 균형을 유지해야 한다. 그래서 칼 바르트는 말하기를, "기독교인은 한 손에는 성서를, 다른 한 손에는 신문을 들고 있어야 한다"고 했다. 목회자로서 나는 지금 어느 한쪽에 치우쳐 있는 것은 아닌가? 내가 지금 예언자로서 구체적으로 담당하는 일은 무엇인가?

주석적 관점

에스겔은 바빌론제국에 의해 예루살렘 멸망(기원전 587) 약 10년 전부터 예언 활동을 시작하여(1-33장), 멸망을 목도하고(33:21-22), 함께 포로로 끌려간 (34-48장) 불운의 예언자다.

"너 사람아"는 히브리어로 '아담'이다. 이는 흙, 먼지를 뜻하는 '아다마'라는 어근을 갖고 있다. 우리 인간은 언제나 자아 욕망에 매여 '깔려 죽게 된'(10절) 존재다. 그러기에 YHWH 하느님은 우리로 하여금 '깨어지기 쉽고 결국은 흙으로 돌아가는 유한한 존재성'을 항상 일깨우신다.

설교적 관점

한국의 자살률이 오랜 기간 세계 최고인 것은 잘 알려진 사실이지만, 이와 더불어 출산율(0.78) 또한 세계 최저로 OECD 국가의 평균 절반에 해당하고 최상위 국가 출산율의 4분지 1에 불과하다. 자살률과 출산율은 국민의 행복도와 미래 사회를 말해주는 가장 정확한 지표다.

어떻게 해야 이 사회를 하느님이 바라시는 사회로 바꿀 수 있을까? 예언자적 설교가 시급하다.

시편 119:33-40

33 야훼여, 당신의 뜻을 따라 사는 길을 가르치소서. 그대로 지키고 상급을 받으려 하옵니다.
34 당신 법을 깨우쳐 주시고 그 법 따라 살게 하소서. 마음을 다 쏟아 지키리이다.
35 나의 기쁨은 당신의 계명에 있사오니 그 길 따라 곧장 살게 하소서.
36 내 마음을 잇속에 기울이지 않고 당신의 언약으로 기울게 하소서.
37 헛된 것에서 나의 눈을 돌리시고 당신의 길을 걸어 생명을 얻게 하소서.
38 당신을 경외하는 이들에게 주신 약속을 당신의 종에게 지켜 주소서.
39 당신의 결정은 은혜로우시니, 그 몸서리치는 모욕에서 건져 주소서.
40 당신의 계명을 나는 갈망하였사오니, 정의를 세우시어 이 몸을 살려 주소서.

로마서 13:8-14

8 남에게 해야 할 의무를 다하십시오. 그러나 아무리 해도 다할 수 없는 의무가 한 가지 있습니다. 그것은 사랑의 의무입니다. 남을 사랑하는 사람은 이미 율법을 완성했습니다.
9 "간음하지 마라. 살인하지 마라. 도둑질하지 마라. 탐내지 마라." 한 계명이 있고 또 그 밖에도 다른 계명이 많이 있지만 그 모든 계명은 "네 이웃을 네 몸같이 사랑하여라." 한 이 한마디로 요약될 수 있습니다.
10 이웃을 사랑하는 사람은 이웃에게 해로운 일을 하지 않습니다. 그러므로 사랑한다는 것은 율법을 완성하는 일입니다.
11 이렇게 살아야 하는 여러분은 지금이 어느 때인지를 알아야 합니다. 여러분이 잠에서 깨어나야 할 때가 왔습니다. 지금은 우리가 처음 믿던 때보다 우리의 구원이 더 가까이 다가왔습니다.
12 밤이 거의 새어 낮이 가까웠습니다. 그러니 어둠의 행실을 벗어버리고 빛의 갑옷을 입읍

시다.

13 진탕 먹고 마시고 취하거나 음행과 방종에 빠지거나 분쟁과 시기를 일삼거나 하지 말고 언제나 대낮으로 생각하고 단정하게 살아갑시다.

14 주 예수 그리스도로 온몸을 무장하십시오. 그리고 육체의 정욕을 만족시키려는 생각은 아예 하지 마십시오.

신학적 관점

바울을 비롯한 초대 그리스도인들은 모두 한결같이 하느님께서 주도하시는 새로운 시대('에온')가 도래하였다고 하는 종말 의식을 갖고 있었다(11절, 비교. 12:2; 고전 1:20; 갈 1:4). 당대 유대인들 또한 예루살렘 성전 멸망 이후 같은 생각을 품고 있었다. 그런데 그리스도인들이 유대인들과 구별되는 점은 이러한 종말과 새 역사의 기준을 예수 그리스도의 십자가 죽음과 부활에 두었다는 것이다. 예수의 부활은 단지 한 개인 생명으로서의 부활이 아닌 새 역사 시작으로서 우주의 생명 탄생 사건이자 심판으로서 내림(來臨, 파루시아) 사건이었다.

예수 사건은 율법의 완성으로서 사랑의 완성이다. 율법의 핵심은 가난한 자와 약자 보호에 있다. 물론 강자와 부자들이 이를 악용하기도 한다. 초대교회는 계급과 차별을 넘어 모든 사람을 평등하게 대하는 사랑을 실천하고자 애를 썼다. 그러나 이러한 사랑의 행위는 급기야 로마의 근간이 되는 노예제도를 위협한다. 그러기에 로마 정부는 그리스도인들의 모임을 불법 단체로 여기고 박해하였다. 사랑과 정의는 동전의 양면이다.

목회적 관점

70~80년대 군사독재정권 시절 정부는 민주주의 회복을 위해 투쟁하는 목사들에게 로마서 13장 1-7절의 말씀을 앞세워 국가 권력은 하느님이 세운 권세임으로 이에 복종해야 한다고 압박하였다. 그러나 바울은 국가 권력을 있는 그대로 인정한 것이 아니라 "하느님께서 세워 주셨다"(1절)는 곧 하느님의 뜻을 실천하는 하나의 도구로 전제하고 한 말이다. 성서의 핵심인 약자와 가난한 자를 향한 사랑의 실천을 위한 도구로서의 국가 정부인 것이다.

주석적 관점

8절에서 말하는 '남에게 해야 할 의무' 중 첫 번째 의무는 1-7절에 나오는 세금(7절)을 포함한 로마제국에 대한 사회적 의무를 말한다. 그런데 이를 확대하여 '세상 권위(로마제국)에 대한 복종'으로 해석하는 것은 잘못이다. 이 구절은 정치적 폭동을 피하도록 하기 위한 권면으로 이해한다. 왜냐하면 바울 신학을 전체적으로 조명할 때, "바울의 복음은 로마 제국주의 이데올로기에 대항하여 분명히 반대 입장을 갖고 있었기 때문이다"(『바울과 로마제국: 로마 제국주의 사회의 종교와 권력』, 224).

설교적 관점

자본주의 사회에서 '돈'의 '빚'은 삶의 기본이다. 유대인들은 '율법'의 '빚'을 삶의 기본으로 여겼다. 바울은 '사랑'의 '빚'을 그리스도인들 삶의 기본으로 여긴다. 내 몸과 같이 사랑해야 할 '이웃'은 구체적으로 누구를 말하는가? 옆집에 사는 사람인가? 고대는 씨족 촌락 사회였다. 같은 마을에 사는 사람들은 모두 형제자매이거나 친족이었다. 이는 사랑하라고 가르칠 필요가 없는 한 가족이었다. 성서가 말하는 '이웃'은 다른 씨족들로 구성된 경쟁 상대에 있는 '이웃 마을'을 두고 하는 말이다.

마태복음 18:15-20

15 "어떤 형제가 너에게 잘못한 일이 있거든 단 둘이 만나서 그의 잘못을 타일러주어라. 그가 말을 들으면 너는 형제 하나를 얻는 셈이다.

16 그러나 듣지 않거든 한 사람이나 두 사람을 더 데리고 가라. 그리하여 '두 사람이나 세 사람의 증언을 들어 확정하여라.' 한 말씀대로 모든 사실을 밝혀라.

17 그래도 그들의 말을 듣지 않거든 교회에 알리고 교회의 말조차 듣지 않거든 그를 이방인이나 세리처럼 여겨라."

18 "나는 분명히 말한다. 너희가 무엇이든지 땅에서 매면 하늘에도 매여 있을 것이며 땅에서 풀면 하늘에도 풀려 있을 것이다."

19 "내가 다시 말한다. 너희 중의 두 사람이 이 세상에서 마음을 모아 구하면 하늘에 계신

내 아버지께서는 무슨 일이든 다 들어주실 것이다.

20 단 두세 사람이라도 내 이름으로 모인 곳에는 나도 함께 있기 때문이다."

신학적 관점

마태복음을 유대력에 따른 예수 이야기로 설정한 스퐁 신부는 변모 이야기에서부터 본문까지의 서로 다른 주제의 여덟 개의 이야기를 8일간의 수전절 축제의 날에 주어지는 이야기로 이해한다(『마태복음: 유대인 예배력에 따른 예수의 의미』, 317 이하).

18장은 교회 생활과 관련한 여러 지침을 말하고 있다. 1-5절은 지도자의 겸손과 섬김에 대하여, 6-7절은 제자도에 관하여, 8-9절은 개인 윤리, 10-14절은 잃은 양의 비유로서 어린 지체에 대한 공동체의 돌봄에 대해 그리고 본문은 잘못을 저지른 형제에 대한 용서, 나아가 공동체의 치리에 대한 일종의 지침이다. 그런데 시대와 문화가 달라짐으로 인해 '죄'의 성격이 매우 다양해지고 있고 교회 내의 분쟁 또한 매우 복잡한 양상을 띠고 있다. 성서적 · 신학적 · 교리적으로 '죄'를 규정하는 일은 쉽지 않다.

목회적 관점

15절의 '너'는 신도와 대척점에 있는 '목회자'로 이해하는 것이 옳겠다. 물론 '죄'가 어떤 것이냐에 따라 해결 방식이 달라지겠지만, 만약 사사건건 목회자와 대척점에 있는 신도와 단둘이 있는 자리에서 충고하면 어떤 일이 일어날까? 예전과 같이 전통과 권위가 인정받는 사회에서는 가능하겠지만, 오늘날과 같이 모두가 자기 자신만의 잣대를 갖고 살아가는 신자유주의 시대에서 이는 적절한 해결 방식이 되지 않는다. 그리고 대체로 교회 분쟁은 한 사람만의 문제가 아니다. 그와 동조하는 여러 사람이 있다. 또 17절과 같이 공적으로 '치리'하더라도, 이것으로 끝나지 않고 계속해서 문제가 파생되고, 심지어는 세상 법정에까지 이어지기도 한다.

주석적 관점

본문은 본래 배경이 다른 두 개의 구절이 하나로 엮여 있다. 15-18절은 교회 내 분쟁이 일어났을 때 치리 원칙을 말한다. 19-20절은 합심 기도에 관한 말씀이다. 그런데 만약 본문을 하나로 보게 되면, 교회 내 분쟁을 일으킨 사람이 두세 사람이 되는 경우 해석이 곤란해진다.

'너에게 죄를 짓거든'이라는 구절은 일부 사본에서는 발견되지 않는다. 일부 주석가들은 일흔 번씩 일곱 번이라는 '형제 용서'에 관한 21절 이하의 말씀과 병행이 되도록 하기 위해 첨부된 구절로 설명한다.

예수는 이방인과 세리를 친구처럼 여기며 저들을 하느님 나라의 일원으로 받아들였다. 17절은 문자 그대로 받아들이기에는 매우 곤혹스러운 구절이다.

설교적 관점

18절의 말씀은 어떻게 이해해야 할까? 땅과 하늘은 세상을 말한다. 세상이 교회를 외면하고 교회의 권위가 땅에 떨어진 오늘의 현실에서 이 말씀의 의미는 무엇인가?

특정절 열아홉째 주일(9월 11일~9월 17일)

창 50:15-21; 시 103:(1-7), 8-13; 롬 14:1-12; 마 18:21-35

창세기 50:15-21

15 요셉의 형들은 아버지가 돌아가시자 "어쩌면 요셉은 우리가 미워 우리에게서 당한 온갖 억울함을 앙갚음할지도 모르겠다." 하면서

16 요셉 앞에 나가 빌었다. "아버지께서는 세상 떠나시기 전에 당신의 말씀을 요셉에게 전하라 하시면서 이렇게 분부하셨습니다.

17 '형들이 악의로 한 일이건 어떻게 마음을 잘못 먹고 한 일이건 못할 짓 한 것을 용서해 주어라. 네 아비를 돌보시던 하느님의 종들이 비록 악의에 찬 일을 했지만 용서해 주어라.'" 요셉은 이 말을 들으며 울었다.

18 형들도 울며 그 앞에 조아렸다. "이제 우리를 종으로 삼아다오."

19 "두려워하지들 마십시오. 내가 하느님 대신 벌이라도 내릴 듯 싶습니까?"

20 하면서 요셉은 이렇게 말하였다. "나에게 못할 짓을 꾸민 것은 틀림없이 형들이오. 하지만 하느님께서는 도리어 그것을 좋게 꾸미시어 오늘날 이렇게 뭇 백성을 살리시지 않았습니까?

21 그러니 이제 두려워하지들 마십시오. 내가 형들과 형들의 어린것들을 돌봐 드리리다." 이렇게 위로하는 요셉의 말을 들으며 그들은 가슴이 터지는 듯하였다.

신학적 관점

굳이 종교가 아니더라도 용서는 개인과 집단의 삶에 있어 미래를 향한 매우 소중한 과제다. 그런데 용서는 말은 쉬워도 행하기는 쉽지 않다. 개인과 집단으로 나누어 생각해 보면, 개인의 경우에는 용서가 쉬울 것 같지만, 원한의 감정은 생각만큼 쉽게 사라지지 않아 제삼자에게는 쉬운 일로 보여도 당사자에게는 매우 어려운 일이다. 또 집단의 경우, 우리나라와 같이 일본 민족으로부터 혹독한 식민지 지배를 겪은 아픈 과거가 있고 상대가 자신들의 잘못을 인정하지 않는 경우 용서의 문제는 그리 간단치가 않다. 여기에 남북은 같은 민족이지만,

용서는커녕 오히려 상대에 대한 복수심을 불러일으키는 것이 오늘의 사회 현상이자 교회의 현실이다.

제주4.3항쟁을 비롯한 광주5.18민주항쟁에서의 가해자와 피해자의 문제 또한 여전히 남아 있고, 민족적으로는 베트남전쟁에서 한국군이 저지른 학살 만행에 대한 문제도 함께 풀어가야 할 숙제다.

본문은 요셉과 그의 형제와의 과거사 문제이고, 피해자가 오히려 권력을 쥔 상황에 양자가 모두 이국땅에서 살아가야 하는 소수 이주민으로서 서로 의지해야만 하는 사이기에 어쩌면 쉬운 일이다. 물론 자기를 죽이려고 했고 끝내는 노예로 자신을 판 형들을 용서하는 일은 결코 쉽지 않은 일이었다.

기독교의 황금률은 "남에게 대접을 받고자 하는 대로 남을 대접하라"는 말씀이다. 더 나아가 예수는 원수를 사랑하고 용서하라는 가르침을 주셨다. 용서와 화해 없이 구원은 가능한가?

목회적 관점

교인 상담을 하다 보면 대부분은 용서의 문제와 관련되어 있다. 가족 간 혹은 교우 간의 갈등의 문제는 교회 내의 집단 갈등을 불러일으키는 요인이 된다. 목회자 또한 특정 교인과의 갈등의 문제도 있다. 용서에 대한 설교는 쉬워도 이를 자신의 삶 속에서 실천하는 일은 쉽지 않다.

주석적 관점

왜 요셉은 첫 만남에서 자신의 정체를 드러내지 않고 베냐민을 인질로 잡아 형은 물론 아버지 야곱까지 한 동안을 갈등과 죽음의 공포로 몰아넣었다가 두 번째 만남에 가서야 자신의 정체를 드러낸 것일까? 이는 요셉이 어렸을 적 꾸었던 해와 달과 별들이 절을 한다는 꿈의 실현이라는 하느님 신앙(?)으로 정당화되는 것인가? 아니면 긴장감을 높이기 위한 저자의 꾸밈인가?

설교적 관점

하느님께서 악한 일을 선한 것으로 바꾸어주셨다는 요셉의 신앙 고백은 매우 소중한 고백이다. 그런데 만약 요셉이 총리가 되어 있지 않고 여전히 보디발 총독 집안의 하인으로 살아가고 있거나 혹은 그 부인의 모함으로 옥에 계속 갇혀 있는 상태에서 이런 고백은 가능한가? 하느님의 역사는 항상 선에만 있지 않다. 궁극적인 관점에서 선이지만, 삶은 선을 향한 도상에 있다.

백 년 전 간토대지진으로 인해 약 칠천 명의 조선인이 무참하게 학살을 당했다. 일본 정부가 개입되었다는 증거도 있지만, 일본 정부는 이를 계속 모른 채 일관하여 왔다. 독일 정부는 홀로코스트 학살에 대해 공식적으로 사과하였지만, 일본 정부는 징용이나 종군위안부 문제에 대해 계속 회피하면서 기회만 되면 북의 인질 문제를 꺼내곤 한다. 자기 눈의 들보는 보지 않은 채 남의 눈의 티만 얘기한다.

"복수란 어리석은 짓을 최대한 빨리 회복시키는 것이다. 비유컨대 레몬의 신맛을 없애기 위해 꿀을 먹는 것과 비슷하다. 레몬에 대한 최고의 복수는 바로 꿀이기 때문이다"(니체).

시편 103:1-13

1 내 영혼아, 야훼를 찬미하여라. 속으로부터 그 거룩한 이름을 찬미하여라.
2 내 영혼아, 야훼를 찬미하여라. 베푸신 모든 은덕 잊지 말아라.
3 네 모든 죄를 용서하시고 네 모든 병을 고쳐 주신다.
4 네 목숨을 구렁에서 건져 주시고 사랑과 자비의 관을 씌워 주신다.
5 네 인생에 복을 가득 채워 주시어 독수리 같은 젊음을 되찾아 주신다.
6 야훼께서는 정의를 펴시고 모든 억눌린 자들의 권리를 찾아 주신다.
7 모세에게 당신의 뜻을 밝혀 주시고 이스라엘 자손에게 그 장한 일을 알리셨다.
8 야훼께서는 자비하시고 은혜로우시며 화를 참으시고 사랑이 넘치신다.
9 끝까지 따지지 아니하시고 앙심을 오래 품지 않으신다.
10 우리 죄를 그대로 묻지 않으시고 우리의 잘못을 그대로 갚지 않으신다.
11 높이가 땅과 하늘에 비길 수 있고, 경외하는 자에게는 그 사랑 그지없으시다.

12 동에서 서가 먼 것처럼 우리의 죄를 멀리 치우시고

13 아비가 자식을 어여삐 여기듯이 야훼께서는 당신 경외하는 자를 어여삐 여기시니

로마서 14:1-12

1 믿음이 약한 사람이 있거든 그의 잘못을 나무라지 말고 반가이 맞으십시오.

2 어떤 사람은 믿음이 있어서 무엇이든지 먹지만 믿음이 약한 사람은 채소밖에는 먹지 않습니다.

3 아무것이나 먹는 사람은 가려서 먹는 사람을 업신여기지 말고 가려서 먹는 사람은 아무것이나 먹는 사람을 비난하지 마십시오. 하느님께서는 그 사람도 받아들이셨습니다.

4 우리에게 남의 종을 판단할 권리가 있습니까? 그가 서거나 넘어지거나, 그것은 그의 주인이 상관할 일입니다. 주님께서는 그를 서 있게 하실 힘이 있으시니 그는 넘어지지 않을 것입니다.

5 어떤 사람들은 어떤 날을 특별히 더 좋은 날로 여기고 어떤 사람들은 어느 날이나 다 같다고 생각합니다. 하여간 각각 신념을 가지고 있어야 합니다.

6 어떤 날을 따로 정해서 지키는 사람도 주님을 위해서 그렇게 합니다. 아무것이나 가리지 않고 먹는 사람도 하느님께 감사를 드리며 먹으니 주님을 위해서 그렇게 하는 것이고 가려서 먹는 사람도 하느님께 감사를 드리며 먹으니 그 역시 주님을 위해서 그렇게 하는 것입니다.

7 우리들 가운데는 자기 자신을 위해서 사는 사람도 없고 자기 자신을 위해서 죽는 사람도 없습니다.

8 우리는 살아도 주님을 위해서 살고 죽더라도 주님을 위해서 죽습니다. 그러므로 우리는 살아도 주님의 것이고 죽어도 주님의 것입니다.

9 그리스도께서는 죽은 자의 주님도 되시고 산 자의 주님도 되시기 위해서 죽으셨다가 다시 살아나셨습니다.

10 그런데 어떻게 우리가 형제를 심판할 수 있으며 또 멸시할 수 있겠습니까? 우리는 다 하느님의 심판대 앞에 설 사람이 아닙니까?

11 성서에도, "정녕 나는 모든 무릎을 내 앞에 꿇게 하고 모든 입이 나를 하느님으로 찬미하게 하리라." 한 주님의 말씀이 있습니다.

12 그 때에 우리는 각각 자기 일을 하느님께 사실대로 아뢰게 될 것입니다.

신학적 관점

로마서는 바울이 세우지 않은 교회에 보낸 유일한 서신이다. 로마서의 목적은 로마 교인들에게 자신을 소개하고 사도로서 자신의 권위를 세우기 위함이다. 바울은 로마교회가 공동식사를 할 때 고기를 먹는 사람과 채소를 먹는 사람 간에 견해 차이로 다투고 있다는 얘기를 듣고 이 서신을 보냈다. 그의 구원관은

행위보다 은혜에 있었으니, 서로를 인정하라는 주장은 그의 신학과 일치한다.

그러나 판단은 하느님이 하시니 상대를 비판하지 말라는 바울의 얘기는 음식 먹는 문제로 인해 이방인과 어울리기를 피했던 베드로를 비난하였다는 점에서 일관성이 없다(참조. 갈 2:11-14).

다양성의 일치라는 관점에서 서로의 생각을 존중하고 비판하지 말아야 한다는 것은 분명 옳지만, 종교적 규범(음식과 절기에 관련하여)을 각자에게 맡기는 문제는 그리 간단하지 않다. 왜냐하면 신앙 공동체의 합의된 규칙과 규범은 신학과 교리의 출발이 되기 때문이다. 이천 년 전 바울 시대에 음식 문제와 절기 문제로 인해 내분이 있었다면, 오늘날에는 동성애, 낙태, 진화와 창조, 여성 안수, 성찬과 관련하여 교단과 교회 내에 다양한 교리와 신학적 관점이 존재한다. 그런데 이런 문제를 각자의 의견에 맡기는 게 옳다는 바울의 견해는 신학적으로 타당한가?

목회적 관점

오래 믿음 생활을 한 사람과 이제 막 시작한 사람은 많은 생각의 차이가 있다. 어떻게 하면 오래 믿은 사람들이 새로 믿기 시작한 사람들을 가르치려 들지 않고 저들의 생각을 존중하도록 할 수 있을까?

본문과 관련하여 "죄는 미워하되 사람은 미워하지 말라"는 경구가 떠오른다. 과연 죄와 그 죄를 저지른 사람을 구별하는 일은 가능한가? 그리고 타당한가?

주석적 관점

바울은 채소만을 먹어야 한다고 주장하는 신도들을 '믿음에 약한 이'(2절)라고 부른다. 그렇다면 어떤 것에 구애받지 않고 모든 것을 자유롭게 먹고 마시는 사람은 '믿음에 강한 사람'인가? 보통은 교회에서 믿음에 강한 사람이라는 얘기를 듣는 사람들은 다른 사람과 구별되는 자신만의 엄격한 신앙적 규율을 지키는 사람들이다. 바울이 말하는 믿음에 강한 사람은 어떤 사람인가?

설교적 관점

"남을 판단하지 마라. 남을 판단하는 대로 너희도 하느님의 심판을 받을 것이고 남을 저울질하는 대로 너희도 저울질을 당할 것이다. 어찌하여 형제의 눈 속에 있는 티를 말하기 전에 먼저 제 눈 속에 있는 들보를 보라. 이 위선자야! 먼저 네 눈에서 들보를 빼내야 눈이 잘 보여 형제의 눈에서 티를 빼낼 수 있지 않겠느냐?"는 예수의 말(마 7:1-3)과 로마서 본문은 맥을 같이한다.

지금도 교인들은 제사 음식과 관련하여 서로 다른 견해를 갖고 있다. 같은 기독교인이라 하더라도 가족 안에서조차 믿음의 크기에 따라 서로 다른 견해를 가질 수 있다. 주초 문제는 여전히 개신교회 안에서 논란이 된다. 이에 반해 천주교에서는 전혀 문제가 되지 않는다.

마태복음 18:21-35

21 그 때에 베드로가 예수께 와서 "주님, 제 형제가 저에게 잘못을 저지르면 몇 번이나 용서해 주어야 합니까? 일곱 번이면 되겠습니까?" 하고 묻자

22 예수께서는 이렇게 대답하셨다. "일곱 번뿐 아니라 일곱 번씩 일흔 번이라도 용서하여라."

23 "하늘나라는 이렇게 비유할 수 있다. 어떤 왕이 자기 종들과 셈을 밝히려 하였다.

24 셈을 시작하자 일만 달란트나 되는 돈을 빚진 사람이 왕 앞에 끌려왔다.

25 그에게 빚을 갚을 길이 없었으므로 왕은 '네 몸과 네 처자와 너에게 있는 것을 다 팔아서 빚을 갚아라.' 하였다.

26 이 말을 듣고 종이 엎드려 왕에게 절하며 '조금만 참아주십시오. 곧, 다 갚아드리겠습니다.' 하고 애걸하였다.

27 왕은 그를 가엾게 여겨 빚을 탕감해 주고 놓아 보냈다.

28 그런데 그 종은 나가서 자기에게 백 데나리온밖에 안 되는 빚을 진 동료를 만나자 달려들어 멱살을 잡으며 '내 빚을 갚아라.' 하고 호통을 쳤다.

29 그 동료는 엎드려 '꼭 갚을 터이니 조금만 참아주게.' 하고 애원하였다.

30 그러나 그는 들어주기는커녕 오히려 그 동료를 끌고 가서 빚진 돈을 다 갚을 때까지 감옥에 가두어두었다.

31 다른 종들이 이 광경을 보고 매우 분개하여 왕에게 가서 이 일을 낱낱이 일러바쳤다.

32 그러자 왕은 그 종을 불러들여 '이 몹쓸 종아, 네가 애걸하기에 나는 그 많은 빚을 탕감해 주지 않았느냐?

33 그렇다면 내가 너에게 자비를 베푼 것처럼 너도 네 동료에게 자비를 베풀었어야 할 것이 아니냐?' 하며

34 몹시 노하여 그 빚을 다 갚을 때까지 그를 형리에게 넘겼다.

35 너희가 진심으로 형제들을 서로 용서하지 않으면 하늘에 계신 내 아버지께서도 너희에게 이와 같이 하실 것이다."

신학적 관점

지난주 언급하였듯이 용서는 사적 관계와 공적 관계를 달리 다루는 것이 신학적으로 타당하다.

하느님의 용서는 무조건적인가? 아니면 조건적인가? 왕으로부터 빚의 탕감을 받은 자는 자비를 요청했다. 일곱 번씩 일흔 번의 용서는 무한한 것이고 무조건적이다. 상대로부터의 요청이나 회개가 없는 무조건적 용서는 신학적으로 타당한가? 그런데 왕은 이후 '형제나 자비를 용서하여 주지 않으면'이라는 조건을 달아 그를 옥에 가두었다. 니체는 기독교를 노예의 종교라고 비난했다. 왜냐하면 무조건적 사랑과 용서는 잘못을 저지르는 지배자들의 잘못, 곧 사회의 부조리와 악한 구조를 방치하도록 하기 때문이다. 용서는 정의와 직결되어 있고, 하느님 나라 건설과 확장을 지향해야 한다.

목회적 관점

궁극적으로 용서는 자신의 문제다. 상대가 잘못을 인정하지 않는다 하더라도 내재되어 있는 분노로부터 벗어날 수 없다면 삶은 불행해진다. 기독교를 사랑의 종교라고 말하는 것은 하느님의 용서, 곧 은혜 깨달음으로부터 출발하기 때문이다.

주석적 관점

주기도의 '우리에게 죄지은 자를 용서하여 준 것같이 우리의 죄를 용서하옵시고'에서 형제자매에 대한 용서가 선행의 조건이다. 그런데 본문은 하느님의 용서가 먼저다. 그리고 이를 마태는 행위에 관한 '죄'라고 말하고, 누가는 '빚'이라

고 말했다. 주기도 본문은 누가가 마태보다 본래에 가깝다고 본다. 본문에서 비유는 용서를 '빚의 탕감'으로 이해한다.

설교적 관점

오늘날 자본주의 사회에서 '빚'은 삶의 필수가 되었다. 집이나 자동차는 삶의 기본인데, 이는 은행 대출, 곧 빚으로 묶여 있다. 그러나 자본을 쥐고 있는 소수 부자들은 부동산투기를 이용하여 그 부를 더욱 늘리고 있다. 대부분 사람들은 빚의 탕감이 없이는 빈익빈 부익부의 구조를 벗어날 수 없다. 성서는 빚의 탕감을 구조적으로 실행하는 '희년'을 율법의 핵심으로 말한다. 예수 또한 누가복음 4장 나사렛 회당 선언에서 이를 실현하기 위해 공생애를 시작한다고 선언하신다.

세계에서 빈부 격차가 가장 심한 미국에서는 최근 '노숙자'들의 문제가 사회 이슈다. 단지 숫자가 엄청나게 늘었을 뿐만 아니라 이들이 자신의 곤궁한 처지를 개인적인 잘못으로 이해하지 않고 사회적 구조의 문제로 이해하여 집단으로 가게를 급습하여 물건을 탈취하는 일이 빈번하게 일어나고 있다. '빚'이 사회적으로 극대화되면 민중 폭동은 필연이다. 두 번째로 빈부 격차가 심한 한국은 아직도 '빚'을 개인의 문제로만 인식하고 또 '수치 문화'가 있어 '빚의 탕감'을 자살로 대체하기도 한다. 사회구조의 문제로 인식하고 집단으로 대처하는 것이 옳으며, 상습범이 아니라면 국가는 빚진 자를 보호해야 할 책임이 있다. 왜냐하면 생명보다 돈을 소중하게 여기는 사회는 가진 자들의 자중지란으로 인해 몰락하기 때문이다.

특정절 스무째 주일(9월 18일~9월 24일)

욘 3:10-4:11; 시 145:1-8; 빌 1:21-30; 마 20:1-16

요나 3:10-4:11

10 이렇게 사람들이 못된 행실을 버리고 돌아서는 것을 보시고 하느님께서는 뜻을 돌이켜 그들에게 내리시려던 재앙을 거두시었다.

1 요나는 잔뜩 화가 나서 룽명스럽게

2 야훼께 기도했다. "야훼님, 제가 집을 떠나기 전에 이렇게 되리라고 하지 않았습니까? 그 래서 저는 다르싯으로 도망치려 했던 것입니다. 저는 다 알고 있었습니다. 하느님께서 애처 롭고 불쌍한 것을 그냥 보아 넘기지 못하시고 좀처럼 화를 내지 않으시며 사랑이 한없으시 어, 악을 보고 벌하려 하시다가도 금방 뉘우치시는 분인 줄 어찌 몰랐겠습니까?

3 그러니 야훼님, 당장 이 목숨을 거두어주십시오. 이렇게 사느니 차라리 죽는 것이 낫겠습 니다."

4 "아니, 네가 어찌하여 그렇게 화를 내느냐?" 하고 야훼께서 타이르셨지만,

5 요나는 시내를 빠져나가 동쪽으로 가서 앉았다. 거기에 초막을 치고 그 그늘에 앉아 이 도 시가 장차 어찌 되는가 볼 심산이었다.

6 그때 하느님 야훼께서는 요나의 머리 위로 아주까리가 자라서 그늘을 드리워 더위를 면하 게 해주셨다. 요나는 그 아주까리 덕분에 아주 기분이 좋았다.

7 이튿날 새벽에 하느님께서는 그 아주까리를 벌레가 쏠아 먹어 말라 죽게 하셨다.

8 그리고 해가 뜨자마자 뜨거운 열풍이 불어오게 하셨다. 더욱이 해마저 내리쬐자 요나는 기절할 지경이 되었다. 요나는 죽고만 싶어서 "이렇게 사느니, 차라리 죽는 것이 낫다."고 투덜거렸다.

9 하느님께서 요나를 타이르셨다. "아주까리가 죽었다고 이렇게까지 화를 내다니, 될 말이 냐?" 요나가 대답했다. "어찌 화가 나지 않겠습니까? 화가 나서 죽겠습니다."

10 야훼께서 대답하셨다. "너는 이 아주까리가 자라는 데 아무 한 일도 없으면서 그것이 하루 사이에 자랐다가 밤 사이에 죽었다고 해서 그토록 아까워하느냐?

11 이 너느웨에는 앞뒤를 가리지 못하는 어린이만 해도 십이만이나 되고 가축도 많이 있다. 네가 어찌 이 큰 도시를 아끼지 않겠느냐?"

신학적 관점

신학적으로 신의 정체성은 곧 구원의 주체성이다.

니느웨의 구원은 우선하는 하느님의 자비에 강요 당한 요나의 마뜩잖은 외침에 응답한 니느웨 백성들의 회개에 따라 일어났다.

칼뱅은 *Institutes of the Christian Religion* 서문에서 신을 안다는 것은 우리 자신을 아는 일이라고 말했다. 요나 이야기를 통해 다음의 몇 가지 사실을 깨닫게 된다. 첫째, 요나는 신의 음성을 들었지만 따르기를 거부했는데, 이는 힘든 일이어서가 아니라 신이 어떤 분인지를 알았기 때문이다. 그런데 신은 그가 거부했다고 해서 포기하지 않으신다. 어떤 방법으로든 그를 원래의 부름으로 이끄신다. 요나는 니느웨에 가서 말씀을 전한다. 니느웨 백성들은 회개했지만, 그는 변하지 않는다. 우리가 어떤 부름을 듣고 그 일을 행하였다고 해서 우리가 거듭났다고 말할 수는 없다. 둘째, 신의 진노에 관한 물음이다. 요나에게 있어 원수의 나라인 니느웨에 신의 진노가 임하는 것은 지극히 당연한 일이었다. 그러나 요나는 신의 정체성인 무한 자비하심을 알기에 저항한다. 우리가 하느님의 자녀가 되었다고 해서 우리의 원수가 자동으로 하느님의 원수가 되는 것은 아니다. 우리는 우리의 원수에 대한 분노 이전에 우리 자신을 향한 하느님의 자비하심을 먼저 깨달아야 한다. 셋째, 우리는 구원을 생각할 때마다 "어찌 내가 아끼지 않겠느냐?"는 하느님의 물음과 씨름해야 한다. 이는 자신만의 구원은 물론 내가 속해 있는 집단만의 이기의 구원을 넘어서야 하기 때문이다. 하느님의 자녀로서 내가 싫어하고 미워하는 원수의 구원까지 함께 생각해야 하는 책임이 있기 때문이다(*Feasting*, 76).

목회적 관점

신앙의 기본은 하느님 사랑이고, 이 하느님은 모두의 하느님이기에 타자(이웃, 원수)를 자신의 기준에 따라 차별하는 사랑은 결코 진정한 사랑이 아니다. 그런 의미에서 목회는 '타자 우선 사랑 실천이 목표'라고 말할 수 있다.

주석적 관점

요나서는 쿰란 문헌 이래 12소예언자 중의 하나로 분류된다. 대체로 열왕기하 14장 25절에 그 이름이 언급된 기원전 8세기의 예언자로 알려져 있다. 1장 1절은 예언 공식을 따르고 있다. 그러나 요나는 하나의 우화로서 다니엘서와 같이 깨달음을 위한 책이지 다른 예언서와 같이 예언 말씀의 모음집이 아니다. 니느웨(아시리아)가 회개했다(YHWH를 인정)는 역사적인 증거는 없다.

모세의 율법(출 20:5-6; 34:6-7; 민 14:18; 신 5:9-10)은 기본적으로 "아비의 죄를 자손 삼, 사대까지 갚는다"이지만, 출애굽기 34장 6-7절에서 먼저 언급되는 것은 사랑과 용서의 YHWH의 정체성이다.

지리상 구조로 보면 요나는 처음 다시스로 가는 배 '밑창'에 머물다가, 물고기 배 속에서 '바닷속 깊은 곳-스올/지옥'까지 내려갔다가, 마지막에는 니느웨 성이 내려다보이는 '높은 곳'에 머문다. 그러나 하늘 소리에 반항함으로 몸은 높은 곳에 있지만, 그의 영혼은 바닥을 헤맨다.

설교적 관점

요나는 원수 니느웨성이 하느님의 심판으로 멸망하기를 기도했다. 그리고 이를 당연히 여겼다.

강도 만나 피 흘리고 쓰러진 한 유대인의 생명을 구한 사마리아 사람에 대한 예수의 비유는 요나의 이야기를 역으로 말한다(눅 10:25-37). 유대인은 이방인, 그중에서도 특히 사마리아 사람에 대한 멸시와 조롱이 가장 심했다. 마치 한국 사람이 북한 사람을 가장 미워하고 조롱하듯이. 오늘날 한국의 국가보안법이 그러하듯이 당시 모세의 정결법은 사마리아 사람과의 접촉은 물론, 대화 자체를 금지했다(요 4:9).

3절과 9절은 죽음을 담보한 요나의 강력한 의사 표시다. 원수 멸망이라는 정의(正義)를 베푸시든지, 아니면 차라리 자신을 죽여달라고 말한다. 여기서 정의는 누구의 정의인가를 묻지 않을 수 없다.

YHWH는 (물고기는 물론) 넝쿨과 벌레와 해와 바람을 이용하여 요나를 깨우치신다. 우리가 깨닫지 못하는 크고 작은 은혜(그늘)들이 우리 주위에는 많이 있다. YHWH는 "네가 화를 내는 것이 옳으냐?"고 물으신다. 그런데 우리는 이에 대해 답하는 대신에 계속 자기를 고집스럽게 붙들고 늘어진다. "요! 나(I)!"가 문제다.

시편 145:1-8

1 나의 하느님, 나의 임금님, 내가 당신을 높이 받들며 언제까지나 당신 이름 찬양하오리이다.
2 날이면 날마다 당신을 기리며 언제까지나 당신 이름 찬양하오리이다.
3 "높으시어라, 야훼, 끝없이 찬미받으실 분, 그 높으심, 측량할 길 없음이여."
4 당신의 업적 세세에 전해지고 찬란한 그 공적 대대손손 알려지리이다.
5 당신의 명성, 그 찬란함, 이룩하신 놀라운 일 전하고 또 전하리이다.
6 당신의 무서운 힘 사람들에게 알려질 것이며 나는 당신의 위대함을 이야기하리이다.
7 끝없이 어지신 일들 기억하며 사람들은 당신의 정의를 기뻐 외칠 것입니다.
8 야훼는 자애롭고 자비로우시며 화를 참으시고 사랑이 지극하시다.

빌립보서 1:21-30

21 나에게는 그리스도가 생의 전부입니다. 그리고 죽는 것도 나에게는 이득이 됩니다.
22 그러나 내가 이 세상에 더 살아서 보람 있는 일을 할 수 있다면 과연 어느 쪽을 택해야 할지 모르겠습니다.
23 나는 그 둘 사이에 끼여 있으나 마음 같아서는 이 세상을 떠나서 그리스도와 함께 살고 싶습니다. 또 그편이 훨씬 낫겠습니다.
24 그러나 여러분을 위해서는 내가 이 세상에 더 살아 있어야 하겠습니다.
25 이런 확신이 섰기 때문에 나는 살아 남아서 여전히 여러분과 함께 지내게 되리라고 생각합니다. 그렇게 되면 나는 여러분의 믿음을 발전시켜 주고 기쁨을 더해 줄 수 있을 것입니다.
26 그리고 내가 여러분을 다시 찾아가게 되면 여러분은 나로 말미암아 그리스도 예수를 더욱 자랑할 수 있게 될 것입니다.
27 여러분은 그리스도의 복음을 받은 사람다운 생활을 하십시오. 그리고 내가 여러분을 찾아가서 만나게 되든지 이렇게 떨어져 있든지 간에 나는 여러분이 복음의 교리를 위하여 한마음 한뜻으로 굳게 서서 분투 노력하며
28 반대자들이 무슨 짓을 하더라도 조금도 겁내지 않는다는 소식을 듣고 싶습니다. 그러한 용기가 그들에게는 멸망의 징조가 되고 여러분에게는 구원의 징조가 될 것입니다. 구원은 하느님께서 주시는 것입니다.
29 여러분은 그리스도를 믿을 특권뿐만 아니라 그분을 위해서 고난까지 당하는 특권, 곧 그

리스도를 섬기는 특권을 받았습니다.

30 여러분은 내가 전에 그리스도를 위해서 싸우는 것을 보았고 또 지금도 계속해서 싸우고 있다는 것을 듣고 있을 터이지만 지금 여러분도 같은 싸움을 하고 있습니다.

신학적 관점

바울은 감옥에서 이 편지를 쓰고 있다. 오늘의 주제는 '고난이 특권이 되는 이유'이다.

일반적으로 구원이라고 하면 부활 이후의 하느님 나라에서의 영생이다. 그러기에 그리스도인들은 지금 여기의 삶에 매이지 않는다. 바울은 이를 확신할 뿐더러, 한편으로는 그것이 자신이 원하는 바다. 왜냐하면 이는 감옥에서 벗어나는 일이 될 뿐만 아니라 그리스도와 함께 거하는 영생이 되기 때문이다. 달리 말해 그리스도인에게 있어서 죽음은 부활의 삶이고, 이 땅의 삶은 부활 증거의 삶이다. 바울은 부활의 영적 삶이 아닌 고난에 찬 부활 증거의 삶으로서의 육의 삶을 원하는데, 이는 타자 구원 때문이다. 바울은 이를 특권이라고 부르는데, 이는 다른 말로 하면 그리스도인의 사회적 책임이다. 바울은 죽음과 영생의 갈림길에서 피안(彼岸)에로의 탈출이 아닌 현실 참여를 선택했다.

목회적 관점

바울은 예수 그리스도의 믿음을 넘어 그로 인해 고난 받음을 '자랑거리'라고 말한다. 목회자로서 나의 자랑거리는 무엇인가?

주석적 관점

모든 고난이 특권이 되는 것은 아니다. 대적이 누구냐에 달려 있다. 본문에서의 대적은 개개인에 따라 다른 대적이 아니라 바울과 빌립보 그리스도인들이 당하는 공통의 대적이다. 곧, 로마제국이다.

바울에게는 세 부류의 적이 있었다. 첫째는 모세 율법과 성전에 뿌리를 둔 정통 유대인들이다. 둘째는 예수 복음을 전하는 거짓 사도들이다. 셋째는 황제 숭배를 강요하는 로마제국이다. 보통 서구 신학자들은 첫째 부류와 둘째 부류를 자주 언급한다. 바울은 빌립보에서 귀신 들린 여종을 고침으로 인해 주인(로마 시민)의 미움을 사서 옥에 갇힌다. 당시 여종은 바울과 실라를 쫓아오면서 큰 소리로 이렇게 외쳤다. "이분들은 지극히 높으신 하느님의 종으로서 지금 여러분에게 구원받는 길을 선포하고 있소." 유대인이나 다른 사도들이 아닌 로마 시민에 의한 적대다. 그리고 바울과 실라가 옥에 갇히게 된 연유 또한 "이자들은 유대인들로 우리 로마 사람으로는 받아들일 수도 없고 실행할 수도 없는 잘못된 풍속을 선전하고 있습니다"(행 16:16 이하)라고 말한다.

21절에서 사는 것과 죽는 일은 내용상 반대되나, 이와 연계된 단어인 '그리스도'(Christos)와 '유익'(kerdos)이라는 단어는 헬라어로 유사한 발음을 갖는다. 일종의 말놀이(words play)다.

설교적 관점

그리스도인들이 고난 당하는 것은 그리스도인들이, 심리학적 용어로, 메조키스트(masochist)들이기 때문은 아니다. 이는 하느님 나라를 향한 믿음 때문이다. 세상 권력은 하느님 나라에 대해 대적할 수밖에 없다. 왜냐하면 하느님 나라를 인정하는 순간 자신의 권력을 내려놓아야 하기 때문이다. 따라서 우리가 세상 대적자들에 대한 두려움을 이겨낼 때 이것이 '특권'이 되는 것은, 우리가 하느님 나라의 일원임을 증명하기 때문이다.

유대인 포로수용소의 경험을 한 정신분석학자 빅터 프랭클은 *Man's Search for Meaning*에서 수백 명의 포로가 십여 명의 독일 병사 간수에게 굴종하는 것은 희망을 잃어버렸기 때문이라고 말한다. 유대인 수용소 중 첫 번째로 만들어진 Dachau 수용소 정문에는 "Arbeit Macht Frei"(노동은 자유를 불러온다)라고 쓰여 있는 큰 간판이 붙어 있다. 사실 이는 단테의 *Divine Comedy*에서 지옥문에 쓰인 "Abandon hope, all who enters this place"(이곳을 들어오는 모든 사람은 희망을 포기해야 한다)가 보다 정확한 구호다. 바울은 사면이 가로막힌 어두컴컴한 동굴 감옥에서 어둠 너머의 하늘빛을 보았다.

마태복음 20:1-16

1 "하늘나라는 이렇게 비유할 수 있다. 어떤 포도원 주인이 포도원에서 일할 일군을 얻으려고 이른 아침에 나갔다.

2 그는 일군들과 하루 품삯을 돈 한 데나리온으로 정하고 그들을 포도원으로 보냈다.

3 아홉 시쯤에 다시 나가서 장터에 할 일 없이 서 있는 사람들을 보고

4 '당신들도 내 포도원에 가서 일하시오. 그러면 일한 만큼 품삯을 주겠소.' 하고 말하니

5 그들도 일하러 갔다. 주인은 열두 시와 오후 세 시쯤에도 나가서 그와같이 하였다.

6 오후 다섯 시쯤에 다시 나가보니 할 일 없이 서 있는 사람들이 또 있어서 '왜 당신들은 하루 종일 이렇게 빈둥거리며 서 있기만 하오?' 하고 물었다.

7 그들은 '아무도 우리에게 일을 시키지 않아서 이러고 있습니다.' 하고 대답하였다. 그래서 주인은 '당신들도 내 포도원으로 가서 일하시오.' 하고 말하였다.

8 날이 저물자 포도원 주인은 자기 관리인에게 '일군들을 불러 맨 나중에 온 사람들부터 시작하여 맨 먼저 온 사람들에게까지 차례로 품삯을 치르시오.' 하고 일렀다.

9 오후 다섯 시쯤부터 일한 일군들이 와서 한 데나리온씩을 받았다.

10 그런데 맨 처음부터 일한 사람들은 품삯을 더 많이 받으려니 했지만 그들도 한 데나리온씩밖에 받지 못하였다.

11 그들은 돈을 받아들고 주인에게 투덜거리며

12 '막판에 와서 한 시간밖에 일하지 않은 저 사람들을 온종일 뙤약볕 밑에서 수고한 우리들과 똑같이 대우하십니까?' 하고 따졌다.

13 그러자 주인은 그들 가운데 한 사람을 보고 '내가 당신에게 잘못한 것이 무엇이오? 당신은 나와 품삯을 한 데나리온으로 정하지 않았소?

14 당신의 품삯이나 가지고 가시오. 나는 이 마지막 사람에게도 당신에게 준 만큼의 삯을 주기로 한 것이오.

15 내 것을 내 마음대로 처리하는 것이 잘못이란 말이오? 내 후한 처사가 비위에 거슬린단 말이오?' 하고 말하였다.

16 이와 같이 꼴찌가 첫째가 되고 첫째가 꼴찌가 될 것이다."

신학적 관점

초대 교부들은 이 비유를 알레고리로 보고 첫째로부터 꼴찌까지를 아담, 모세, 아브라함 그리고 이방인 혹은 초대교회 안에서의 첫 번째 제자 그룹, 2, 3세대 제자 그룹과 나중 들어온 이방인 그룹으로 이해하기도 했다. 그러나 이는 하느님의 은혜와 인간의 정의에 관한 비유이지 계급과 지위에 관한 비유는 아니다.

본문은 경제 정의의 관점에서 읽어야 한다. 일의 시간이나 그 결과에 상관없이 당시 가족 하루의 삶을 보장하는 한 데나리온이라는 '임금'을 똑같이 주었다는 점에서 능력에 따른 자본주의적 가치를 파괴하고, 같이 생산하고(共産) 필요에 따라 나누는 경제 평등, 인간 평등의 가치를 설파한다. 주기도에서 말하는 '우리에게 일용할 양식을 주옵시고'의 가치 실현이다.

하느님 나라란 다름 아닌 꼴찌가 첫째 되고 첫째가 꼴찌 되는 세상 뒤집힘의 가치가 실현되는 나라임을 설파한다. 첫째들의 공평하지 못하다는 불평과 기득권을 지키려는 저들의 저항을 어떻게 잠재울 수 있는가? 폭력적 방법이 아니라면 어떤 방법이 있는가? 주인의 방식은 폭력적인가? 아닌가? 폭력의 정의는 무엇인가? 하루치의 양식을 구하지 못해 굶어야 하는 생명을 살리는 길을 폭력이라 부를 수 있을까?

오늘날 누진(累進) 제도 세금 징수를 통해 가난한 자를 돕는 사회 복지 제도를 불평등한 제도라고 부르지 않는다. 과거 신분제도가 있던 시절에는 이는 상상하기 힘든 제도였다.

목회적 관점

세상 안에서의 하느님 나라는 먼저 교회 안에서 실천되어야 한다. 교회 안의 첫째는 누구이며 꼴찌는 누구인가? 이들이 자신들의 위치를 맞바꾼다는 것은 현실적으로 어떤 모습인가?

목회자가 교회 다닌 햇수가 짧은 꼴찌 교인에게 어떤 혜택을 베풀었을 때, 교회를 오래 다닌 첫째 교인들로부터 부당하다는 불평을 받은 적은 없는가? 마치 첫째 아들이 아버지에게 "나의 친구들이 왔을 때는 염소 새끼 한 마리 잡아주지 않더니…" 하는 불평 말이다. 교회에 오래 다닌 분들을 깨우칠 수 있는 좋은 비유다. 교우들에게 몇 시에 도착한 교인으로 생각하고 있는지를 물어보자. 새벽 6시, 아침 9시, 정오, 오후 3시, 오후 5시 교인?

주석적 관점

늦게 장터에 나온 사람들은 게으른 사람들인가? 무엇 때문에 늦게 나왔을까? 아마도 어린 자식들과 병든 부모님을 돌보다가 혹은 어떤 신체적 장애가 있기 때문은 아니었을까?

여러 자녀가 있는 부모님은 저들이 능력의 차이는 있지만, 빈부의 격차 없이 많이 가진 사람이 적게 가진 사람을 도와주는, 그래서 평등하게 살아가기를 원한다. 인류는 오랜 기간 대가족제를 통해 이렇게 살았었다. 핵가족으로 쪼개진 시기는 얼마 되지 않는다.

설교적 관점

본문을 국가 이야기로 확대하여 읽을 수도 있다. 유럽과 북미의 제1세계 나라들은 과거 식민지 지배를 통해 오늘의 (구조적인) 기득권을 획득했다. 그리고 지금도 제3세계 나라들의 자원과 자본을 착취하여 많은 이득을 얻고 있다. 헤비급의 권투 선수와 라이트급의 권투 선수가 링 위에서 싸우는 것은 정당한 방식인가? 이미 기울어진 운동장이다.

광야 만나 이야기 또한 많이 거둔 자나 적게 거둔 자나 집에 돌아와 대어 보니 똑같았다(출 16:16-18). 이는 능력에 따라 거두었지만, 돌아와서 모두를 한데 모아놓고 공평하게 나누었다는 말이다.

요나서에서 원수 니느웨 백성이 회개해서 구원을 받았고, YHWH로부터 부름을 받은 요나는 이를 거절하고 끝까지 자기를 주장했다는 얘기는 꼴찌가 첫째 되고 첫째가 꼴찌 된 본문을 반영하고 있다.

로마의 히뽈리또. 3세기

첫 시간부터 일한 사람은 / 정당한 보수를 받습니다.

늦게 온 사람은 / 감사하며 기뻐합니다.

오정 때쯤 도착한 사람이라 하여 / 적게 받지 않기에 걱정하지 않습니다.

오후가 되어 늦게 온 사람도 / 주저 않고 다가옵니다.

해 질 무렵에 온 사람은 / 늦게 왔다 하여 겁내지 않습니다.

주인이 관대하기 때문입니다.

그는 마지막에 온 사람까지도 / 맨 먼저 온 사람처럼 즐겨 맞아들이시고 / 모두에게
휴식을 주십니다.

마지막 사람에게는 자비를 베푸시고 / 제일 먼저 온 사람에게는 상을 주십니다.

먼저 온 사람에게는 줄 것을 주시고 / 마지막 온 사람에게는 거저 주십니다.

일한 사람들을 존중하시고 / 일하려는 뜻을 지닌 사람도 칭찬하십니다.

여러분은 모두 주님의 기쁨에 참여하십시오.

맨 처음에 온 사람도 그다음 보수를 받고

부자와 가난한 사람이 다 함께 기뻐하며

주님의 모든 선하심을 즐기십시오.

특정절 스물한째 주일(9월 25일~10월 1일)
겔 18:1-4, 25-32; 시 25:1-9; 빌 2:1-13; 마 21:23-32

에스겔 18:1-4, 25-32

1 야훼께서 나에게 말씀을 내리셨다.

2 "'아비가 설익은 포도를 먹으면 아이들의 이가 시큼해진다.' 이런 속담이 너희 이스라엘 사람이 사는 땅에 퍼져 있으니 어찌 된 일이냐?

3 주 야훼가 말한다. 내가 무슨 일이 있어도 다시는 너희 이스라엘에서 이런 속담을 말하지 못하게 하리라.

4 사람의 목숨은 다 나에게 딸렸다. 아들의 목숨도 아비의 목숨처럼 나에게 딸렸다. 그러므로 죄지은 장본인 외에는 아무도 죽을 까닭이 없다.

25 너희는 이 야훼가 하는 일을 부당하다고 한다마는, 이스라엘 족속아, 들어라. 너희가 하는 일이 부당하지 내가 하는 일이 부당하냐?

26 옳게 살던 자라도 그 옳은 길을 버리고 악하게 살다가 죽는다면 그것은 자기가 악하게 산 탓으로 죽는 것이다.

27 못된 행실을 하다가도 그 못된 행실을 털어버리고 돌아와서 바로 살면 그는 자기 목숨을 건지는 것이다.

28 두려운 생각으로, 거역하며 저지르던 모든 죄악을 버리고 돌아오기만 하면 죽지 않고 살리라.

29 너희는 내가 하는 일을 부당하다고 한다마는, 이스라엘 족속들아, 너희가 하는 일이 부당하지 내가 하는 일이 부당하냐?

30 나는 너희 하나하나를 너희의 행실대로 다스리리라. 주 야훼가 하는 말이다. 이스라엘 족속들아, 너희의 행실을 고쳐라. 거역하며 저지르던 죄악을 모두 버리고 마음을 돌려라. 그래야 올가미에 걸려 망하지 아니할 것이다.

31 거역하며 저지르던 죄악을 다 벗어버리고 새 마음을 먹고 새 뜻을 품어라. 이스라엘 족속들아, 너희가 죽다니 될 말이냐?

32 죽을 죄를 지은 사람이라도 사람이 죽는 것은 나의 마음에 언짢다. 주 야훼가 하는 말이다. 살려느냐? 마음을 고쳐라."

신학적 관점

본문은 바빌론에서 태어난 유대인 2, 3세들이 조상들의 죄로 인해 자신들이 고통 당하고 있다는 집단 운명론에 빠져 있을 때, 운명의 틀을 깨고 새역사를 펼치시는 하느님의 역사를 말하기 위해 공동체의 책임 대신 개인의 책임을 강조하고 있다. 집단 공동체가 갖기 쉬운 자신들의 죄가 조상의 죄 때문이라는 핑계와 집단 운명론을 배척하고 회개를 통한 오늘의 자기 책임을 강조하고 있다는 점에서 중요한 신학적 의의가 있다. 그렇다고 해서 집단책임론이 폐기되는 것은 아니다.

목회적 관점

자신이 저지른 잘못을 다른 사람에게 전가하는 것은 아담과 하와 이래 인간의 기본 속성이다. 교회가 성장하지 않을 때 목사는 교인들이 전도에 열심을 내지 않는다고, 교인들은 목사의 설교나 심방을 비난하기 마련이다. 서로가 자신의 책임을 인식하는 일이 중요하다.

주석적 관점

"아비가 신 포도를 먹으면 자녀의 이가 시다"는 속담(俗談)이 있다. 속담과 하느님의 말씀은 어떤 상관관계를 갖는가? 본문은 이 속담이 옳지 않다는 것을 에스겔 예언자를 통해 말하고 있다. 왜냐하면 신명기 24장 16절에서 이미 "자식의 잘못 때문에 아비를 죽일 수 없고, 아비의 잘못 때문에 자식을 죽일 수 없다. 죽을 사람은 죄지은 그 사람이다"라고 말씀한 바 있기 때문이다.

설교적 관점

20절은 아비가 저지른 죄는 아비가, 아들이 저지른 죄는 아들이 각각 죄의 값을 받는다고 말한다. 그러나 현실은 가정의 교육이 자녀들에게 분명한 영향력을 끼치고 있고, 자녀들이 잘못을 저질렀을 때 사회는 미성년이 아닐지라도 그 부모에게 일정한 책임을 묻는다(DNA, 연좌제 등등).

조상의 죄가 단순히 개인 차원에서 종교나 윤리의 문제라면 모르겠지만, 다른 민족에게 저지른 집단의 죄 또한 시간이 지나면 저절로 사라지는 것일까? 유대인들에게 저지른 독일 조상들의 죄는 그 후손들과는 무관한 것일까? 백년 전 일본인들이 조선인들에게 행한 범죄들은 오늘날 일본인 후손들과는 아무런 관련이 없는 것일까? 백인들이 아프리카 흑인들에게 저지른 범죄는 시간이 지나면 저절로 무효 되는 것일까? 집단의 범죄는 가해자에게 있어서는 관련이 없다고 말할 수 있겠지만, 희생자 입장에서 그 아픔이 계속되고 있기에 과거지사로 돌려버릴 수 없으며, 정의의 입장에서 이는 징계를 통해 죄악이 반복되지 않도록 해야 한다. 그래서 십계명 세 번째 계명에서 "나 야훼는 질투하는 신이다. 나를 싫어하는 자에게는 아비의 죄를 그 후손 삼 대에까지 갚는다"(출 20:5)라고 말씀하고 있다. 따라서 이는 용서와 심판의 말씀이 상반되는 것이 아니라 개인과 집단 간의 차이로 이해하는 것이 옳다고 하겠다.

신학자 스티븐 체리가 쓴 『용서라는 고통』의 제목의 책이 있다. 본래 제목은 *Healing Agony*이다. "분노를 통한 치유"라고 번역하는 것이 저자의 의도에 맞지 않을까? 이 책은 집단 피해자들에게 용서를 강요하지 말라고 말한다. 왜냐하면 상처와 피해는 부당한 권력을 통해 일어났기 때문이다. 제주4.3항쟁과 광주5.18항쟁의 피해자들에게 가해자를 용서하라고 강요하지 말라는 것이고, 세월호와 이태원 참사 유가족들에게 이제는 모두 잊고 용서하고 일상으로 돌아가자고 요구하지 말라는 것이다. 그는 신을 빙자하여 국가 권력의 피해자들에게 용서를 말하는 것은 성서뿐만 아니라 예수 말씀에 대한 왜곡이라고 말한다. "의외라고 생각할지 모르지만 제1성서와 마찬가지로 제2성서도 분노를 적대시하지 않는다. 분노의 지속이나 악화에 대해서는 경고하지만 분노를 엄연한 삶의 한 요소로 인정하고 있다. (예수에게 있어) 분노는 하느님의 나라를 갈구하는 마음속에 절대로 없어서는 안 될 필수 요소다"라고 주장한다.

시편 25:1-9

1 야훼여, 내 영혼이 당신을 우러러 뵈옵니다.

2 나의 하느님, 당신만을 믿사오니, 부끄러운 꼴 당하지 않게 하시고 원수들이 으스대는 꼴 보지 않게 하소서.

3 당신만을 믿고 바라면 망신을 당하지 않으나, 당신을 함부로 배신하는 자 수치를 당하리이다.

4 야훼여, 당신의 길을 가리켜 주시고 어떻게 살아야 할지 가르쳐 주소서.

5 당신만이 나를 구해 주실 하느님이시오니 당신의 진리 따라 나를 인도하시고 가르치소서. 날마다 당신의 도움만을 기다립니다.

6 야훼여, 당신의 자비와 한결같으신 옛 사랑을 기억하시고

7 젊어서 저지른 나의 잘못과 죄를 잊어 주소서. 야훼여, 어지신 분이여, 자비하신 마음으로 나를 생각하소서.

8 야훼여, 당신은 바르고 어지시기에 죄인들에게 길을 가르치시고

9 겸손한 자 옳은 길로 인도하시며 그들에게 당신의 길을 가르치십니다.

빌립보서 2:1-13

1 여러분은 그리스도를 믿음으로써 힘을 얻습니까? 그리스도의 사랑에서 위안을 받습니까? 성령의 감화로 서로 사귀는 일이 있습니까? 서로 애정을 나누며 동정하고 있습니까?

2 그렇다면 같은 생각을 가지고 같은 사랑을 나누며 마음을 합쳐서 하나가 되십시오. 그렇게 해서 나의 기쁨을 완전하게 해주십시오.

3 무슨 일에나 이기적인 야심이나 허영을 버리고 다만 겸손한 마음으로 서로 남을 자기보다 낫게 여기십시오.

4 저마다 제 실속만 차리지 말고 남의 이익도 돌보십시오.

5 여러분은 그리스도 예수께서 지니셨던 마음을 여러분의 마음으로 간직하십시오

6 그리스도 예수는 하느님과 본질이 같은 분이셨지만 굳이 하느님과 동등한 존재가 되려 하지 않으시고

7 오히려 당신의 것을 다 내어놓고 종의 신분을 취하셔서 우리와 똑같은 인간이 되셨습니다. 이렇게 인간의 모습으로 나타나

8 당신 자신을 낮추셔서 죽기까지, 아니, 십자가에 달려서 죽기까지 순종하셨습니다.

9 그러므로 하느님께서도 그분을 높이 올리시고 모든 이름 위에 뛰어난 이름을 주셨습니다.

10 그래서 하늘과 땅 위와 땅 아래에 있는 모든 것이 예수의 이름을 받들어 무릎을 꿇고

11 모두가 입을 모아 예수 그리스도가 주님이시라 찬미하며 하느님 아버지를 찬양하게 되었습니다.

12 그러므로 내 사랑하는 교우 여러분, 여러분은 내가 함께 있을 때에도 언제나 순종하였거니와 그 때뿐만 아니라 떨어져 있는 지금에 와서는 더욱 순종하여 두렵고 떨리는 마음으로

여러분 자신의 구원을 위해서 힘쓰십시오.

13 여러분 안에 계셔서 여러분에게 당신의 뜻에 맞는 일을 하고자 하는 마음을 일으켜주시고 그 일을 할 힘을 주시는 분은 하느님이십니다.

신학적 관점

1-4절은 빌립보교회가 안고 있는 내부 갈등(4:2)을 전제한다.

교리신학의 관점에서 본문의 핵심은 8절의 '종의 모습으로 낮아지신 그리스도'(kenosis, 화육으로서의 자기 비움)이지만, 하느님 나라 신학의 관점에서 본다면 본문의 핵심은 10절 "하늘과 땅에 모든 이들이 예수의 이름을 받들어 무릎을 꿇었다"이다. 여기서 로마 황제 또한 '모든 이들' 가운데 한 명이라고 본다면 본문은 겸손을 강조하는 신앙생활 교훈 문서가 아니라 세상 권력을 부정하는 혁명 문서가 된다. 로마 황제를 향해 모두가 "주(kyrios)님!"이라고 부를 때, 초대 그리스도인들은 예수를 향해 "주님!"이라고 불렀다(11절). 더구나 바울이 지금 로마 감옥 안에서 이 글을 쓰고 있다는 정치적 상황을 고려하면 그 혁명성은 더욱 커진다.

그러나 비판적 관점에서 본다면 바울에 의해서 로마 권력에 의한 예수의 십자가 죽음의 정치성은 매우 약화되고 대신 겸손이라는 개인의 심리 내면성으로 변질되는 위험성을 안고 있다(8절).

목회적 관점

"두렵고 떨리는 마음으로 자기의 구원을 이루어 나가십시오." 목회자는 구원에 관해서 가르칠 때 자기 확신을 강조한다. 심지어는 교단에 따라 방언, 신유 등등의 기적을 통한 구원받은 일시와 장소를 언급하기도 한다. '두렵고 떨리는 마음'이란 이런 자기 확신을 조심하라는 말이다. (자기) 신앙에 대해 항상 의심을 품으라는 말이다.

심리학 관점에서 자아 완성으로서의 '자아'와 예수를 닮는 '모방'(模倣) 혹은 '본받음'으로서의 '자아'는 어떤 상관관계가 있는가? 폴 틸리히는 자율

(autonomy), 타율(heteronomy), 신율(theonomy)로 구분한다. 자율은 부정의 의미에서 방종을 의미하고, 타율은 외부의 규율에 복종하는 상태를 말하고, 신율이란 자신의 뜻과 하늘의 뜻이 일치하는 경지를 뜻한다. 여기에서 타율로서의 복종과 하늘의 뜻에 자신을 비우는(포기가 아닌!) 해탈(解脫)의 경계를 긋기는 쉽지 않다. 다만 신이 당신의 형상에 따라 인간을 창조하셨다는 말씀에 근거할 때, 자유와 해방이라는 주체성 여부에 있다고 말할 수 있다.

주석적 관점

6-11절은 초대교회의 정형화된 신앙 고백문이자 예배 찬양시이다. 일부 주석가들은 시적 운율을 고려할 때 "곧 십자가에 죽기까지 하셨습니다"는 바울의 첨가라고 본다.

'하느님과 동등한 존재가 되려 하지 않으시고'는 두 가지 질문을 낳는다. 첫째는 이 구절에서 의미하는 '하느님'의 속성은 무엇인가이다. 예수 그리스도의 케노시스를 강조하기 위해 하느님이라는 말을 반대의 의미로 쓰고 있다면 하느님의 속성은 겸손의 반대인 (강압적) 통치가 된다. 제1성서의 YHWH 또한 눌린 자와 함께 하시는 임마누엘(인간 역사 안으로 들어오신, 해방)의 하느님이다. 둘째는 예수 그리스도가 선택하지 않은 '동등함'이란 어떤 의미인가? 본질에 있어 하느님과 같다는 말인가?

설교적 관점

우리는 모두 예수 닮기를 원한다. 세상은 자기 알림과 경쟁의 시대다. 남을 누르고 일어서야 성공하는 시대다. 그런데 본문은 그 반대를 말한다. 남을 자기보다 낮게 여길 수 있는 실질적인 방법은 무엇인가? '격려'라는 단어가 처음 등장한다. 『칭찬은 고래도 춤추게 한다』라는 책이 있다. 상대의 장점은 무엇인가를 화두로 삼으면 좋겠다.

이제는 케노시스 관점을 교회 공동체 안에서의 개인 관계를 넘어 사회 공동체 혹은 민족 공동체 혹은 인류 공동체 안에서 '이웃 종교'에 적용해야 하는 시대가 되었다. 상당수의 전쟁은 종교에 그 뿌리가 있다.

영국인들의 식민지 강압 통치를 경험한 인도의 간디는 "그리스도를 좋아하지만, 그리스도인들은 좋아하지 않는다"고 말했다.

마태복음 21:23-32

23 예수께서 성전에 들어가서 가르치고 계실 때에 대사제들과 백성의 원로들이 와서 "당신은 무슨 권한으로 이런 일들을 합니까? 누가 이런 권한을 주었습니까?" 하고 물었다.

24 "나도 한 가지 물어보겠다. 너희가 대답하면 나도 무슨 권한으로 이 일을 하는지 말하겠다.

25 요한은 누구에게서 권한을 받아 세례를 베풀었느냐? 하늘이 준 것이냐? 사람이 준 것이냐?" 하고 반문하시자 그들은 자기들끼리 "그 권한을 하늘이 주었다고 하면 왜 그를 믿지 않았느냐 할 것이고

26 사람이 주었다고 하면 모두들 요한을 예언자로 여기고 있으니 군중이 가만있지 않을 테지?" 하고 의논한 끝에

27 "모르겠습니다." 하고 대답하였다. 예수께서는 "나도 무슨 권한으로 이런 일을 하는지 말하지 않겠다." 하고 말씀하셨다.

28 "또 이런 것은 어떻게 생각하느냐? 어떤 사람이 두 아들을 두었는데 먼저 맏아들에게 가서 '애야, 너 오늘 포도원에 가서 일을 하여라.' 하고 일렀다.

29 맏아들은 처음에는 싫다고 하였지만 나중에 뉘우치고 일하러 갔다.

30 아버지는 둘째 아들에게 가서도 같은 말을 하였다. 둘째 아들은 가겠다는 대답만 하고 가지는 않았다.

31 이 둘 중에 아버지의 뜻을 받든 아들은 누구이겠느냐?" 하고 예수께서 물으셨다. 그들이 "맏아들입니다." 하고 대답하자 예수께서는 이렇게 말씀하셨다. "나는 분명히 말한다. 세리와 창녀들이 너희보다 먼저 하느님의 나라에 들어가고 있다.

32 사실 요한이 너희를 찾아와서 올바른 길을 가르쳐줄 때에 너희는 그의 말을 믿지 않았지만 세리와 창녀들은 믿었다. 너희는 그것을 보고도 끝내 뉘우치지 않고 그를 믿지 않았다."

신학적 관점

본문은 성전 숙청 사건과 성전을 상징하는 무화과나무 저주에 바로 이어서 나오는 말씀이다. 곧, 23절의 '무슨 권한으로 이런 일'에서 '일'은 하루 전날 일어난 성전 숙청 사건을 두고 하는 말이다. 혁명가로서의 예수와 랍비 예수의 모습이 동시에 그려지고 있다.

세례 요한 또한 하느님 나라의 임박한 도래를 선포하는 혁명가로서의 예언자다. 그래서 헤롯왕과 민중들은 예수를 세례 요한과 동일시하기도 하였다. 본문에서 예수는 답할 때 자신을 세례 요한에 견주고 있다. 신학적으로 요한은 요단강에서 회개의 세례를 베푸는 성전 체제를 인정하지 않는(에세네파) 광야의 예언자였다면, 예수는 온 유대 땅을 다니면서 민중들과 함께하는 현장의 예언자로서 일정 부분 성전 체제를 인정하였다. (물론 공관복음서 저자에 따라 신학적인 차이는 있고, 요한복음에서 예수는 철저하게 성전 체제를 부정한다. 성전 숙청을 넘어 성전 파괴! 2:19) 본문은 대제사장들과 장로들의 구원을 배제하지 않는다. 다만 후(後)순위일 따름이다.

현재의 지위가 아닌 회개를 통한 구원의 반전(反轉)을 말하고 있다.

목회적 관점

대제사장들과 장로(원로)들은 당시 사회의 존경받은 지도자들로 성전에 들어와 율법을 지킨 의를 자랑하며 하늘 향해 손을 들고 떳떳하게 기도하였던 반면, 세리와 창녀들은 죄인들로 규정 받아 성전에 마음대로 들어올 수도 없었지만, 들어와서도 기둥 뒤에 숨어서 '이 죄인을 용서해 달라'며 가슴을 치며 기도했다. 목회자로서 나는 어떤 부류에 속하는가? 상황 대비로 본다면 목회자들은 회개의 필요성을 별로 느끼지 않는 대제사장과 장로들 그룹에 속한다.

일반에서 말하는 맏아들과 둘째 아들의 개념이 뒤바뀌어 있다. 본문에서 맏아들은 교회 내에서 힘이 약한 사람들이다. 갓 들어왔거나 사회적 지위, 교육, 부에 있어 배경이 없는 사람들이다. 반면 둘째 아들은 오래된 사람들로 목소리가 큰 사람들이다. 이전에 다 해보았다는 이유로 참여 열정이 부족하다. 맏아들과 둘째 아들의 차이는 목소리가 아닌 회개에 걸맞는 행동에 있다.

주석적 관점

본문은 예수를 유대교의 선생 랍비로 묘사하고 있다. 이는 마태복음의 특징이기도 하다. 평행구 마가복음 11장 27-33절과 비교하면 '율법학자'가 빠지고,

'성전 뜰을 거니는' 대신 '성전에 들어가서'로 바뀐다.

성서에서 두 아들이 등장하는 경우 구원의 대상은 둘째 아들이다. 제1성서에서는 가인/아벨, 이스마엘/이삭, 에서/야곱의 경우(여기에 요셉, 다윗, 솔로몬도 장자가 아니라는 관점에서 포함 가능)가 있고, 제2성서에서는 탕자의 비유가 유명하다. 이는 장자의 특권이 인정받는 고대 사회에서 이스라엘 민족은 약소민족으로서, 힘이 없는 둘째 아들로 자신들의 정체성을 인식하였기 때문이다. 그런데 본문은 구원의 대상을 첫째 아들로 명명한다는 점에서 매우 특이하다. 이는 포도원 일군과 품삯 비유에서 "꼴찌가 첫째 될 것이다"라는 미래적 관점이 이미 예수를 통해 실현되었다는 점에서 둘째가 아닌 첫째로 바꿔 부르고 있는 것일까?(20:16)

그런데 개역성서와 현대인의 성서는 첫째 아들을 대제사장과 장로로 보고 둘째 아들의 답변을 취한다. 이는 번역자들의 지나친 자의적 번역이다. 헬라어 원전과 표준새번역, 공동번역 그리고 영어 성서들(King James Version, Jerusalem Bible, New International Version)은 첫째 아들을 세리와 창녀로 보고 있다.

오늘날 우리 사회에서 차별받는 창녀와 세리들은 누구인가? 법을 어겼다고 죄인으로 손가락질받는 사람들은 누구인가? 오늘날 교회가 손가락질하는 죄인들은 누구인가? 대표적인 부류는 동성애자들과 국가보안법 철폐를 주장하는 사람들이다.

설교적 관점

둘째 아들(대제사장과 장로들)은 왜 포도밭에 나가 일하겠다고 대답하고 나가지 않았던 것일까? 게을러서인가? 사실 이들은 성전에 나가 하루 종일 바쁘게 일했던 사람들이다. 제사(예배)를 담당하고 율법을 공부하고 가르치는 일에 전념하였던 사람들이다. 그런데 예수는 왜 이들을 일하지 않았던 사람들로 얘기하는가? 여기에 성전을 숙청하신 의도가 있고, 성전을 허물고 예수 부활의 몸으로서의 성전을 세우라는 말씀의 의미가 들어 있다. 여기서 '일'은 성전 밖 민중과 함께 하는 일을 말하며, 따라서 포도원은 하느님의 나라가 세워지는

'민중 현장'을 뜻한다. 대제사장과 장로들은 성전을 하느님 나라의 현장으로 착각한 것이다. 그럴뿐더러 그들은 로마의 식민지 체제 아래에서 현 상태(status quo)를 유지하기 원했다.

맏아들과 둘째 아들을 프로테스탄트교회와 가톨릭으로 비유하는 것은 잘못된 해석이다. 본문은 신앙과 행위에 대한 비교가 목적이 아니다. 맏아들은 하느님으로 상징되는 아버지의 요청을 처음부터 거부했으니, 아예 신앙이 없는 불신앙인들이다.

작가 필립 얀시가 호주의 성매매 여성들과 나눈 대화다.

"예수님이 여러분의 직업을 언급하셨다는 사실을 아십니까? 그분이 하신 말씀을 제가 읽어드리지요. '내가 진정으로 너희에게 말한다. 세리와 창녀들이 오히려 너희보다 먼저 하느님의 나라에 들어간다.' 그런데 이는 당시 종교 권력자들에게 하신 말씀입니다. 예수님의 말씀이 무슨 뜻이라고 보십니까? 그분은 왜 창녀들을 따로 떼어 말씀하셨을까요?" 동유럽에서 왔다는 한 여인이 답한다. "누구나 자기가 업신여기는 대상이 있어요. 하지만 우리는 없습니다. 우리는 가장 밑바닥 사람들이거든요. 우리 식구들은 저를 부끄러워합니다. 어린 딸을 보며 '애야 너는 자라서 좋은 창녀가 되어라' 하고 말하는 엄마는 세상에 없어요. 대다수 지역에서 우리는 법을 어기고 있어요. 정말이지 우리는 사람들이 우리를 어떻게 보는지 알아요. 사람들은 갈보니, 창녀니, 몸 파는 년이니 하며 우리에게 욕을 합니다. 우리 자신도 그렇게 느껴요. 우리는 더 이상 나아갈 곳이 없는 밑바닥 사람들입니다. 그런데 때로 밑바닥에 있다 보면 도와달라고 부르짖게 돼요. 그래서 예수님이 오시면 우리는 반응합니다. 예수님의 말씀이 혹시 그런 뜻이 아닐까요?"

정치가 엉망이니 종교 또한 망둥이처럼 날뛴다

　　세습 정당화를 위해 뭇 반대를 무릅쓰고 교단 총회가 열렸고 목회자 성범죄를 지적하고 쓴소리하는 학자를 출교시켰으며 관련 단체, 언론사를 이단시했다. 종교 평화를 외치는 학자를 요주의 인물로 적시했고…. 이 와중에 여성 목회자의 길을 원천 봉쇄했으며 세습법을 만지작거리고 있고 정년 연장을 위한 추한 계획도 세우고 있다. 정치를 비판해야 할 종교, 기독교계 현실이 이러하니 그놈이 그놈이란 소리가 귓전에 맴돈다. 기독교 참 추해졌다. 제 밥그릇 지키고 자기 허물 덮는 일에 기막히게 열심이다.

　　이에 다석의 <쉰밥>(『다석일지』 3권, 1960. 10. 9., 25778)이란 한글 시를 소개한다.

　　　쉰밥먹지마 네 밥새로 짓자
　　　틈없는데드리먹재 자리없이 싸붙히잔
　　　어렴시럼 붇그럼 다집어먹은때갈림에
　　　예수나 석가받아팔 밥버리론 아예마

　　'쉰밥'은 쉽게 얻은 밥, 공짜 밥, 놀고먹는 밥이란 뜻이다. 이런 밥, 쉰밥은 먹으면 배탈 나서 큰일 난다는 뜻도 있다. 쉬다와 쉽다(공짜)의 이중 의미가 담겼다. 하여 다석은 이런 쉰밥 먹지 말고 네 밥 손수 새롭게 지어 먹을 것을 권한다. 특히 종교 성직자들에게….

　　일하기도 바쁜 세상에 놀고먹을 생각하며 사는 사람들이 많은 세상은 불행하다. 생존터(자연)는 자꾸 망가지는데 땅을 황폐시키고 어려운 일 피해 사는 것을 능사로 아니 부끄럽다. 염치없는 시대를 만들고 있는 탓이다.

이런 시대에 예수, 석가를 팔아 밥벌이하는 불한당들이 많아 걱정이다. 종교인들 역시 쉰밥 먹을 생각 말고 힘들여 땅 파고 기술 익혀 제 밥 제힘으로 만들어야 하지 않겠는가? 자기 마음 밭을 깊게 갈아야 한다는 뜻이겠다. 똑같이 탐하고 즐기고 먹고 여행하면서 종교인 행세하는 것은 쉰밥을 먹고 있다는 증거다. 앞선 글에서 보듯 종교인들조차 그러하니, 죄다 쉰밥 찾아다니고 있으니 그런 밥은 이웃과 뭇 생명을 죽이고 만다. 쉰밥은 결국 남의 희생을 요구하는 까닭이다.

정치가 혼동스러우니 종교마저 망둥이처럼 날뛰고 있다. 한번 '깨'어져서 '끝'이 날 시점에 이르렀다. 다석과 김흥호가 거룩이란 말을 "깨끗"이라 풀었던 것을 기억하면 좋겠다.

차정식 교수의 페북 글

설교자들에게

2천 년 전, 3천 년 전 성경 속의 이야기만 하지 마시고 지금 여기서 진행되는 이야기도 포개서 하십시오. 이스라엘과 유대인의 역사만 특별한 게 아니니 우리나라, 이 땅의 역사도 함께 이야기하면 좋겠습니다. 영혼의 기쁨과 성령의 충만만 읊어대지 마시고 굶주린 자와 목마른 자에게 간절한 빵 한 덩이와 물 한 모금의 값어치도 함께 이야기해 주세요.

은혜와 사랑, 공의와 믿음과 영생 같은 추상명사 뒤에 숨지 마시고 이런 것들이 어떻게 우리 모두의 현재 삶에 성육화하여 감각적으로 체현될 수 있는지 자세히 적용해 말씀해 주세요.

기쁘고 아름다운 양지의 이야기뿐 아니라 슬프고 아픈, 양지에 가려진 음지의 현실도 솔직하게 드러내고 이야기하셔야 합니다. 교회 안에 청중을 가두려하지 말고 그 설교의 말들이 사람들이 땀 흘리고 눈물 흘리며 신음하는 거리로, 시장으로, 골목으로, 광장으로, 토끼장 같은 아파트와 각종 콘크리트 건물의 실내로, 산천과 만물 사이로 흐르고 넘치게 하십시오. 거기에도 하나님이 계시고 그 가운데도 하나님의 나라가 임하기 때문입니다.

그대의 설교가 지친 개인의 영혼을 어루만지고 우리 공동체의 기독교적 영성을 일깨우는 데 기여하는 게 마땅하겠지만 거기에만 머물며 동어반복적으로 자맥질하기보다 수많은 개인의 관계와 그 구조를 엮어서 똬리를 틀고 있는 이 땅의 정치와 경제, 문화와 사회 구석구석에 족쇄를 풀고 숨구멍을 터주는 해방의 복음이 되게 해주십시오.

이 무겁고 어려운 과제가 미풍에 실려 이 거룩한 날 이 땅에 명실공히 하나님의 말씀다운 위엄이 소용돌이치게 하고, 마침내 성만찬 테이블에도 그 우주적 영성이 깃들어 그 빵과 포도주의 향기가 만유 가운데 역사하시는 하나님의 임재를 불러올 만큼 풍성한 생명의 향연으로 베풀어지도록 최선을 다하십시오

특정절 스물두째 주일(10월 2일~10월 8일)

사 5:1-7; 시 80:7-15; 빌 3:4b-14; 마 21:33-46

이사야 5:1-7

1 임의 포도밭을 노래한 사랑의 노래를 내가 임에게 불러드리리라. 나의 임은 기름진 산등성이에 포도밭을 가지고 있었네.

2 임은 밭을 일구어 돌을 골라내고 좋은 포도나무를 심었지. 한가운데 망대를 쌓고 즙을 짜는 술틀까지도 마련해 놓았네. 포도가 송이송이 맺을까 했는데 들포도가 웬 말인가?

3 예루살렘 시민들아! 유다 백성들아! 이제 나와 포도밭 사이를 판가름하여라.

4 내가 포도밭을 위하여 무슨 일을 더 해야 한단 말인가? 내가 해주지 않은 것이 무엇이 있는가? 포도가 송이송이 맺을까 했는데 어찌하여 들포도가 열렸는가?

5 이제 내가 포도밭에 무슨 일을 할 것인가를 너희에게 알리리라. 울타리를 걷어 짐승들에게 뜯기게 하고 담을 허물어 마구 짓밟히게 하리라.

6 망그러진 채 그대로 내버려두리라. 순을 치지도 아니하고 김을 매지도 않아 가시덤불과 엉겅퀴가 덮이게 하리라. 구름에게 비를 내리지 말라고 명하리라.

7 만군의 야훼의 포도밭은 이스라엘 가문이요, 주께서 사랑하시는 나무는 유다 백성이다. 공평을 기대하셨는데 유혈이 웬 말이며 정의를 기대하셨는데 아우성이 웬 말인가?

신학적 관점

신의 선택을 받은 이스라엘(유다) 백성의 책임(살육과 울부짖음)을 묻고 이에 따른 심판(바빌론 유배)을 예언하고 있다. 신학적으로 구원은 영혼 도피가 아닌 사회적 책임의 현실적 과제임을 밝히고 있다.

그런데 저자는 이 현실적 과제의 핵심을 단지 백성 내에서의 빈부 계급만의 갈등이 아닌 민족과 민족 간의 갈등(제국) 문제로 설파(說破)한 바 있다.

"그때 수많은 민족이 모여와서 말하리라. '자 올라가자, 야훼의 산으로, 야곱의 하느님께서 계신 전으로! 사는 길을 그에게 배우고 그 길을 따라가자. 그가 민족 간의 분쟁을 심판하시고 나라 사이의 분규를 조정하시리니, 나라마다 칼을 쳐서 보습을 만들고 창으로 낫을 만들리라. 민족들은 다시는 칼을 들고 싸우지 않으며, 군사훈련도 하지 아니하리라'"(2:3-4).

YHWH는 사회 정의와 세계 평화의 하느님이시다!

목회적 관점

17세기 산업 시대 도시화가 진행된 이래 대다수의 교회는 자연(농촌)을 떠나 인위적인 도시에 머물게 되었다. 지금도 농부들은 수확이 자기 노력의 결과에만 의존하지 않음을 잘 알고 있다. 그러나 도시인들은 그 생각이 다르다. 신앙의 패러다임이 바뀌었다. 대형 교회 목회 성공(?)은 곧 자기 성공과 다름이 없다. 자연히 (하느님의) 교회 사유화가 일어나고 집안 대물림이 일어난다. 포도주로 담을 수가 없는 들포도만 양산되고 있다.

주석적 관점

YHWH와 이스라엘은 자주 포도밭에 비유된다. 당시 포도주는 인생의 축제에 즐거움을 제공하는 음료로서 뿐만이 아니라 식수를 대용하는 생명수이기도 했다. 절대 필수로서 하늘의 선물이자 자연의 산물이었다. 그리하여 본문은 포도원을 YHWH와 이스라엘을 하나의 연인 관계로 설명하는 상징으로 언급한다. YHWH는 주인으로, 일군은 백성으로. 그런데 중요한 것은 그 소산물은 수고한 일군들(건장한 사람들 혹은 기득권자들)만이 나눠 갖는 자본주의적 노동 개념이 아닌 (주인이 사랑하는) 전체 공동체(약자와 나그네 포함)가 함께 공유(共有)해야 하는 산물(産物)로 본 것이다(7절).

예언서에서 자주 등장하는 말놀이(wordplay)가 7절에 나온다. 주께서는 "공평(mishpat)을 기대하셨는데 유혈(mispaqh)이 웬 말이며 정의(tsedaqah)를 기대하셨는데 아우성(tsedaqah)이 웬 말인가?"

설교적 관점

북왕국 이스라엘은 이사야가 활동 시기 이전 150년 전에 멸망하였다. 그런데 이사야는 남왕국 유다의 멸망을 예언하며 이 두 왕국을 함께 불러들이고 있다(7절). 멸망한 북이스라엘은 주의 포도원이고, 남유다는 그 포도원에 심긴 나무라고(7절) 역사적으로 보면 당시 북왕국 패망 이후 유민(流民)들의 상당수가 남왕국으로 이주하였으며 정신사적으로 상당한 영향을 끼쳤다. 오늘날 한강토의 남쪽 그리스도인들은 북쪽의 멸망을 기도하고 있다. 포도원이 없는 포도나무가 존재할 수 있을까?

시편 80:7-15

7 만군의 야훼여, 우리를 다시 일으키소서. 당신의 밝은 얼굴 보여 주시면 우리가 살아나리이다.

8 에집트에서 빼앗아 온 포도나무, 이민족들을 쫓아내시고 그 자리에 심으신 후

9 그 앞에 땅을 가꾸시니 뿌리박고 널리 퍼졌사옵니다.

10 산들이 그 그늘에 덮이고 울창한 송백숲도 그 덩굴에 가려 있으며

11 그 가지는 바다에까지 뻗었고 햇순은 강가에까지 미쳤사옵니다.

12 어찌하여 그 울타리를 부수시어 지나는 사람마다 그 열매를 따먹게 하시옵니까?

13 멧돼지들이 나와서 휩쓸게 하시며 들짐승들이 먹어 치우게 하시옵니까?

14 만군의 야훼여, 다시 한번 돌이키시어 하늘에서 굽어보시고 이 포도나무를

15 지켜 주소서. 손수 심으신 이 줄기, 몸소 굳건히 세우신 이 햇가지를 붙드소서.

빌립보서 3:4b-14

4 만일 어떤 사람이 세속적인 것을 가지고 자랑하려 든다면 나에게는 자랑할 만한 것이 더 많습니다.

5 나는 이스라엘 백성 가운데서도 베냐민 지파에서 태어났으며 난 지 여드레 만에 할례를 받았고 히브리 사람 중의 히브리 사람입니다. 나는 율법으로 말하면 바리사이파 사람이며

6 열성으로 말하면 교회를 박해하던 사람입니다. 율법을 지킴으로써 올바른 사람으로 인정을 받는다면 나는 조금도 흠이 없는 사람입니다.

7 그러나 나에게 유익했던 이런 것들을 나는 그리스도를 위해서 장해물로 여겼습니다.

8 그뿐만 아니라 나에게는 모든 것이 다 장해물로 생각됩니다. 나에게는 내 주 그리스도 예수

를 아는 지식이 무엇보다도 존귀합니다. 나는 그리스도를 위해서 모든 것을 잃었고 그것들을 모두 쓰레기로 여기고 있습니다. 그것은 내가 그리스도를 얻고

9 그리스도와 하나가 되려는 것입니다. 내가 율법을 지킴으로써 하느님과의 올바른 관계를 얻는 것이 아니라 내가 그리스도를 믿을 때 내 믿음을 보시고 하느님께서 나를 당신과의 올바른 관계에 놓아주시는 것입니다.

10 내가 바라는 것은 그리스도를 알고 그리스도의 부활의 능력을 깨닫고 그리스도와 고난을 같이 나누고 그리스도와 같이 죽는 것입니다.

11 그러다가 마침내 죽은 자들 가운데서 다시 살아나기를 바랍니다.

12 나는 이 희망을 이미 이루었다는 것도 아니고 또 이미 완전한 사람이 되었다는 것도 아닙니다. 다만 나는 그것을 붙들려고 달음질칠 뿐입니다. 그리스도 예수께서 나를 붙드신 목적이 바로 이것입니다.

13 형제 여러분, 나는 그것을 이미 붙들었다고 생각하지 않습니다. 다만 나는 내 뒤에 있는 것을 잊고 앞에 있는 것만 바라보면서

14 목표를 향하여 달려갈 뿐입니다. 하느님께서는 그리스도 예수를 통하여 나를 부르셔서 높은 곳에 살게 하십니다. 그것이 나의 목표이며 내가 바라는 상입니다.

신학적 관점

사울이 바울로 거듭나는 내적 깨달음이다. 그가 추구하는 것은 '하느님으로부터 인정받는 옳다 함(의, 義)'이었는데 이는 율법을 지키는 행함에 있지 않고, '믿음으로 말미암아 오는 의'(9절)였는데 이는 '그리스도의 부활의 능력을 깨닫고 고난에 동참하여 그의 죽으심을 본받는 것'(10절)이라고 고백한다. 그러기에 그가 살아 숨을 쉬는 한 그는 여전히 완성을 향한 도상의 길에 있을 뿐이다(14절).

문제는 바울이 예수 그리스도의 십자가의 죽음과 부활의 능력에 대해서는 이야기하지만, 십자가의 죽음에 이르는 길, 곧 역사적 예수의 생애에 관한 언급은 전혀 없다는 것이다. 없을 뿐만 아니라 그는 알기를 원치 않았다(고전 2:2). 10절에서 그가 말하는 '그리스도에 관한 앎'이란 단지 하느님의 아들로서의 천상의 그리스도일 따름이다. 네 개의 복음서는 갈릴리의 역사적 예수가 하느님의 의를 추구하는 삶을 보여주는 책인데, 이것이 없다면 바울의 주장하는 '그리스도의 의'는 허공을 맴도는 메아리일 따름이다. 이는 아마도 초대교회에서 역사적 예수에 관해 제자들 간에 서로 다른 의견들로 말미암아 분쟁이 일고 있어

어느 한쪽 편을 들 수 없었던 바울의 고민이 담겨 있는 발언이라고 본다. 그러나 이 주장은 잘못하면 가현설(假現說, docetism)에 빠질 수 있다는 점에서 신학적으로 문제가 된다.

목회적 관점

사울이 바울이 되는 거듭남이란 세계관('그리스도를 알고'), 가치관('부활의 능력을 깨닫고') 그리고 인생관('고난에 동참')의 변화에 있다. 목회자로서의 나의 거듭남은 구체적으로 어떤 변화인가? 바울이 말한 세 가지 관점에서 서술해 보자.

주석적 관점

빌립보 공동체는 여러 문제를 안고 있었는데, 가장 두드러진 문제는 세상 성공 업적(로마 시민권?)을 자랑하는 몇몇 이방인 그리스도인들과 율법에 정통하다고 주장하는 유대인 그리스도인들 때문이었다. 그리하여 바울 또한 세상 자랑거리가 많은 사람임과 동시에 자신 또한 누구보다도 율법에 정통한 사람이었음을 밝히면서, 그럼에도 불구하고 이 모든 것을 그리스도 앞에서 냄새나는 오물(배설물/쓰레기)로 여긴다고 고백한다.

설교적 관점

바울은 신앙인을 결승점을 향해 달리는 운동선수에 비유한다. 항저우 아시안게임 롤러스케이트 계주 3,000m 경주에서 1위로 들어오던 한국인 선수가 결승선을 통과하면서 두 손을 번쩍 들며 승리를 축하하던 순간 뒤따르던 선수가 재빨리 발을 밀어 넣는 바람에 0.01초 차이로 2위가 되었다. 섰다고 하는 순간 넘어지는 경우가 많다.

마태복음 21:33-46

33 "또 다른 비유를 들겠다. 어떤 지주가 포도원을 하나 만들고 울타리를 둘러치고는 그 안에 포도즙을 짜는 큰 확을 파고 망대를 세웠다. 그리고는 그것을 소작인들에게 도지로 주고 멀리 떠나갔다.

34 포도철이 되자 그는 그 도조를 받아오라고 종들을 보냈다.

35 그런데 소작인들은 그 종들을 붙잡아, 하나는 때려주고 하나는 죽이고 하나는 돌로 쳐죽였다.

36 지주는 더 많은 종들을 다시 보냈다. 소작인들은 이번에도 그들에게 똑같은 짓을 했다.

37 주인은 마지막으로 '내 아들이야 알아보겠지.' 하며 자기 아들을 보냈다.

38 그러나 소작인들은 그 아들을 보자 '저자는 상속자다. 자, 저자를 죽이고 그가 차지할 이 포도원을 우리가 가로채자.' 하면서 서로 짜고는

39 그를 잡아 포도원 밖으로 끌어내어 죽였다.

40 그렇게 했으니 포도원 주인이 돌아오면 그 소작인들을 어떻게 하겠느냐?"

41 사람들은 이렇게 대답하였다. "그 악한 자들을 모조리 죽여버리고 제때에 도조를 바칠 다른 소작인들에게 포도원을 맡길 것입니다."

42 그래서 예수께서는 그들에게 이렇게 말씀하셨다. "너희는 성서에서, '집 짓는 사람들이 버린 돌이 모퉁이의 머릿돌이 되었다. 주께서 하시는 일이라, 우리에게는 놀랍게만 보인다.' 한 말을 읽어본 일이 없느냐?

43 잘 들어라. 너희는 하느님의 나라를 빼앗길 것이며 도조를 잘 내는 백성들이 그 나라를 차지할 것이다.

44 (그리고 그 돌 위에 떨어지는 사람은 산산조각이 날 것이며 그 돌 밑에 깔리는 사람은 가루가 되고 말 것이다.")

45 대사제들과 바리사이파 사람들은 이 비유가 자기들을 두고 하신 말씀인 것을 알고

46 예수를 잡으려 하였으나 군중이 두려워서 손을 대지 못하였다. 군중이 예수를 예언자로 알고 있었기 때문이다.

신학적 관점

포도원은 이스라엘 혹은 유대 민족을, 종들은 예언자를, 아들은 예수 그리스도를 상징(알레고리)한다. 주인(하느님)은 소작인들(대제사장과 바리새파)로부터 일정한 소출(율법 준수를 통한 정의와 평화, 생명의 하느님 나라)을 바라지만, 저들은 아들까지 죽이는 불법을 통해 자신들의 것으로 만든다. 이는 당시의 예루살렘 성전 체제에 대한 혹독한 비판이다.

예루살렘 성전은 하느님께 희생 제사를 드리는 거룩한 성소로서, 성전은 또한 사회를 형성하기 위한 도구이기도 했다. 십일조, 봉헌물, 희생 제사를 위한 동물과 새들을 사고 팔기 그리고 성전 의식을 위한 공급들을 통해, 성전은 종교적 지배뿐만 아니라 엘리트들의 정치-경제 지배를 확고히 했다. 로마 세계의 다른 신전들처럼, 예루살렘 성전은 하느님께 희생 제사를 드리기 위한 도살장이었을 뿐만 아니라 정치적 중심이며 은행이었다(요세푸스, War 2.393; Ant. 18.60 재인용; 『제국의 그림자 속에서』, 208).

목회적 관점

성전 숙청 사건 이후 세 개의 비유 중 두 번째 비유로서 오늘날 종교정치 지도자들에 대한 경고다. 오늘의 이사야 본문과 함께 읽으면 더욱 뜻이 분명해진다.

주석적 관점

2절은 시편 118편 22-23절의 인용이고, 44절의 '돌'은 이사야 8장 14-15절에 기반하고 있다. 이사야 8장은 돌을 YHWH로 보는 반면, 초대교회에서는 예수 그리스도로 이해했다(참조. 행 4:11; 롬 9:33; 엡 2:20; 벧전 2:6-8).

44절은 일부 사본에서만 나타나며, 반유대주의를 말한다. 마태 공동체 내부에서 진행된 유대교와의 논쟁을 말한다.

이스라엘의 돌집은 한옥에서와 같이 중앙에 머릿돌이 놓이는 대신, 네 모퉁이에 놓이는 돌이 그 집의 머릿돌이자 주춧돌이 된다. 그런데 '모퉁이의 머릿돌'이란 번역은 문법으로는 맞는 번역이긴 하지만, 우리말에서 '모퉁이'라는 말은 중심에서 벗어난 '하찮다'라는 뜻을 내포하고 있어 문맥상 '머릿돌'과는 어울리지 않는다. 차라리 모퉁이라는 단어를 빼고 그냥 "'버린 돌이 머릿돌'이 되었다"라고 단순하게 번역하는 것이 좋지 않았을까?

설교적 관점

오늘날로 말하면 재벌이 땅을 사들여(대지주, 당시 로마인) 원주민들을 고용하는 시장금융자본주의 체제를 말한다.

하느님이 보낸 예언자들과 상속인을 때리고 죽이는 일은 단순한 알레고리가 아니다. 이는 가까운 세계 역사에서도 얼마든지 볼 수 있는 일이다. 미국은 초기 건국 시절 땅을 빼앗기 위해 천만 명에 가까운 아메리칸 원주민을 학살했으며, 이후 246년 동안 아프리카 흑인을 하나의 예속물로 보아 노예로 삼아 착취를 일삼았고, 그 이후 지금까지 인종차별이 계속되고 있다. 독일은 홀로코스트(유대인 학살)를, 구소련은 집단수용소를 통해 권력의 입맛에 맞지 않는 사람들을 죽였고, 얼마 전까지 남아프리카공화국에서는 백인들에 의한 흑인 차별이 법으로 보장되었으며, 지금도 미국과 호주를 비롯한 몇몇 나라에서 인종차별이 계속되고 있고, 국가 제스라엘(제노사이드+이스라엘)은 조상 대대로 살고 있던 팔레스타인들을 죽음으로 내몰고 있다. 우리나라 또한 동남아시아 이주노동자들에 대한 인종차별이 심하다.

예수께서는 집 짓는 사람(권력자와 부자)이 버린 돌이 머릿돌이 되는 사회 일상(status quo)의 뒤집힘을 말씀하고 있다. 복음은 예수 그리스도를 주님으로 영접하는 사람들이 하늘나라에서 영생을 누린다는 관점에서 기쁜 소식이 되는 것이 아니라 이 땅의 잘못된 정치사회경제 체제를 뒤집는 하느님 나라가 종말론적으로 실현된다는 관점에서 기쁜 소식이 되는 것이다.

특정절 스물셋째 주일(10월 9일~10월 15일)
사 25:1-9; 시 23; 빌 4:1-9; 마 22:1-14

이사야 25:1-9

1 당신은 야훼, 나의 하느님, 내가 당신을 우러러 받드옵니다. 내가 당신의 이름을 기리옵니다. 당신은 예전에 정하신 놀라운 뜻을 이루셨습니다. 신실하게 변함없이 그 뜻을 이루셨습니다.

2 거만한 자들의 도시를 돌무더기로 만드셨습니다. 그 요새화된 도읍은 이제 터만 남았습니다. 그들의 성루는 도시라고 할 수도 없이 허물어져 영원히 재건되지 아니할 것입니다.

3 그리하여 강한 백성이 당신께 영광을 돌리고 포악한 민족들의 도시가 당신을 두려워하게 되었습니다.

4 당신은 영세민에게 도움이 되어주시고 고생하는 빈민에게 힘이 되어주십니다. 소나기를 피할 곳, 더위를 막는 그늘이 되어주십니다. 포악한 자들의 화풀이는 겨울 폭우와 같으나

5 마른 땅을 햇볕이 마구 태우듯이, 그 거만한 자들의 소란을 당신께서는 억누르십니다. 구름이 더위를 가려 스러지게 하듯이, 그 포악한 자들의 노래를 당신께서는 막으십니다.

6 이 산 위에서 만군의 야훼, 모든 민족에게 잔치를 차려주시리라. 살진 고기를 굽고 술을 잘 익히고 연한 살코기를 볶고 술을 맑게 걸러 잔치를 차려주시리라.

7 이 산 위에서 모든 백성들의 얼굴을 가리던 너울을 찢으시리라. 모든 민족들을 덮었던 보자기를 찢으시리라.

8 그리고 죽음을 영원히 없애버리시리라. 야훼, 나의 주께서 모든 사람의 얼굴에서 눈물을 닦아주시고, 당신 백성의 수치를 온 세상에서 벗겨주시리라. 이것은 야훼께서 하신 약속이다.

9 그날 이렇게들 말하리라. "이분이 우리 하느님이시다. 구원해 주시리라 믿고 기다리던 우리 하느님이시다. 이분이 야훼시다. 우리가 믿고 기다리던 야훼시다. 기뻐하고 노래하며 즐거워하자. 그가 우리를 구원하셨다."

신학적 관점

24-26장은 이사야의 작은 묵시록으로 불린다. 본문은 이 가운데 핵심 구절이

다. 시기로 본다면 유배 전에 유배 후의 역사를 종말론적인 신앙에서 바라본 희망의 신학이다. 물론 후기 편집자의 시각이 반영되었지만, 이러한 역사관은 오늘의 고난을 이겨내게 만든다.

제1성서에서 부활 신앙은 매우 약하게 증언된다. 가장 대표적인 구절은 에스겔 37장에서의 바빌론 그발강가에 흩어진 마른 뼈들이 살아나 큰 군대를 이루는 민족 부활이다. 본문 또한 집단 부활, 곧 죽음을 넘어선 민족 부활을 말하고 있다(7절).

목회적 관점

본문은 예루살렘의 멸망을 예견하는 가운데 하느님 나라 실현을 노래하고 있다. 시온산에서의 '풍성한 잔치'가 본문의 핵심이다. 넓은 의미에서 예배의 근본이 여기에서 출발하고, 좁은 의미에서는 성찬식의 뿌리가 여기에 있다. 예수의 살과 피를 먹는다는 교리적 관점을 넘어 정의와 평화, 생명의 하느님 나라 실현이라는 종말론적인 신앙을 되살리도록 하자. 권위와 엄숙보다는 기쁨의 축제 자리가 되도록 하자.

주석적 관점

6절 '살진 고기를 굽고 술을 잘 익히고 연한 살코기를 볶고 술을 맑게 걸러'를 히브리어로 옮기면 'מִשְׁתֵּה שְׁמָנִים מִשְׁתֵּה שְׁמָרִים'으로 어귀 반복과 운율을 통해 풍성한 식탁 장면을 소리로 드러내고 있다. 곧, 시각의 청각화다.

7절 또한 "얼굴을 가리던 너울을 찢으시리라. 모든 민족들을 덮었던 보자기를 찢으시리라"에서 같은 동사를 두 번 사용함으로 죽음이 더 이상 영원토록 존재하지 않음을 선포하고 있다. 가나안 신화는 자연의 변화에 따른 과정을 죽음의 신 Mot가 풍요의 신 Baal을 집어삼키는 것으로 묘사한다(*Feasting*, 151).

설교적 관점

고대 사회에서 신은 하나의 부족 혹은 민족의 수호신이다. 그런데 유대 민족의 신(YHWH)은 포악한 자들의 강탈과 살육을 응징하는 정의의 신이지만, 그렇다고 해서 수호신은 아니다. 자신들을 죽음으로 몰아넣은 원수라고 해서 무조건 멸망을 바라지 않았다. 포악한 자들이 돌아오는(3절), 그래서 결국은 모든 민족이 함께 평화를 이루며 살아가는 이 땅에서의 하느님 나라를 노래하고 있다.

함석헌은 『뜻으로 본 한국역사』(원제목 『성서적 입장에서 본 조선역사』)에서 우리 민족의 역사를 이스라엘 민족과 같은 고난의 역사로 조명하면서, 강대국들의 틈바구니에 끼어있는 한강토(한반도)를 '세계사의 하수구'로 말하며 천대받는 거리의 여인의 몸을 통해 세계를 구원할 아이가 탄생할 것을 예언하였다.

시편 23

1 야훼는 나의 목자, 아쉬울 것 없어라. 푸른 풀밭에 누워 놀게 하시고
2 물가로 이끌어 쉬게 하시니
3 지쳤던 이 몸에 생기가 넘친다. 그 이름 목자이시니 인도하시는 길, 언제나 곧은 길이요,
4 나 비록 음산한 죽음의 골짜기를 지날지라도 내 곁에 주님 계시오니 무서울 것 없어라. 막대기와 지팡이로 인도하시니 걱정할 것 없어라.
5 원수들 보라는 듯 상을 차려 주시고, 기름 부어 내 머리에 발라 주시니, 내 잔이 넘치옵니다.
6 한평생 은총과 복에 겨워 사는 이 몸, 영원히 주님 집에 거하리이다.

빌립보서 4:1-9

1 그러므로 내가 사랑하고 그리워하는 형제 여러분, 나의 기쁨이요 면류관인 사랑하는 교우 여러분, 주님을 믿으며 굳세게 살아가십시오.
2 유오디아와 신디케 두 분에게 나는 간청합니다. 주님을 믿는 사람으로서 한마음이 되십시오.
3 나와 한 멍에를 멘 내 진실한 협력자에게 부탁합니다. 이 여자들을 도와주십시오. 이 여자들은 클레멘스를 비롯하여 다른 협력자들과 더불어 복음을 전하느라고 나와 함께 애쓴 사람들입니다. 그들의 이름은 생명의 책에 올라 있습니다.
4 주님과 함께 항상 기뻐하십시오. 거듭 말합니다. 기뻐하십시오.
5 여러분의 너그러운 마음을 모든 사람에게 보이십시오. 주님께서 오실 날이 얼마 남지 않았습니다.
6 아무 걱정도 하지 마십시오. 언제나 감사하는 마음으로 기도하고 간구하며 여러분의 소원

을 하느님께 아뢰십시오.

7 그러면 사람으로서는 감히 생각할 수도 없는 하느님의 평화가 그리스도 예수를 믿는 여러분의 마음과 생각을 지켜주실 것입니다.

8 형제 여러분, 끝으로 여러분에게 당부합니다. 여러분은 무엇이든지 참된 것과 고상한 것과 옳은 것과 순결한 것과 사랑스러운 것과 영예로운 것과 덕스럽고 칭찬할 만한 것들을 마음속에 품으십시오.

9 그리고 나에게서 배운 것과 받은 것과 들은 것과 본 것을 실행하십시오. 그러면 평화의 하느님께서 여러분과 함께 계실 것입니다.

신학적 관점

빌립보교회가 비록 두 여성 지도자로 인해 불화가 생기긴 했지만, 예수 그리스도 신앙 공동체는 주께서 가까이 오심을 믿고 고백하는 종말론적 가족 공동체임을 바울은 강조한다.

목회적 관점

4절로 8절까지의 바울이 권면하는 신앙의 길은 까마득한 목표로 보인다. 그런데 9절에서 바울은 자신은 이런 부분에서 최선을 다했음을 고백하며 자신을 본받을 것을 권면한다. 결코 쉽지 않은 목표이지만, 모든 목회자가 이러한 자기 고백을 할 수 있도록 최선을 다해야 할 것이다.

주석적 관점

아우구스투스황제는 BCE 27년 악티움해전에서 정적인 안토니우스와 클레오파트라의 연합군을 물리치고 권력을 거머쥐며 *Pax Romana*를 외쳤다. 그리고 자신의 승리를 기념하기 위해 곳곳에 체육 경기장(gymnasion)을 만들었다. 빌립보에도 이러한 경기장이 만들어졌다. 지난주 본문인 3장에서도 바울은 신앙생활을 목표를 향해 달리는 운동 경기에 비유하였지만, 1절의 '면류관(冕旒冠) 또한 왕이 머리에 쓰는 권위의 상징으로 쓰는 왕관(crown)이라기보다는 운동 경기 승리자의 머리에 씌어주는 화관(花冠, wreath)이 더 적절한 번역이다. 그리스어 stephanos는 면류관, 화관 양쪽 다 가능하다.

3절의 '함께 힘쓴'(synathlein) 또한 개인 종목에서 '경쟁하는' 상대가 단체 종목에서 함께 한다는 의미다. 3절에서만도 접두사 syn(함께, together with)이 쓰인 단어가 네 번이나 등장하고 있다(syzyge, 동역자; syllambanou, 돕다; synelthesan, 함께 힘쓴; synergon, 동역자).

두 여성 지도자의 이름 또한 상징적이다. 유오디아(Euodia)는 '선한 길' 혹은 '성공'을 의미하고, 신디케(Syntyche)는 '회합' 혹은 '성공적인 행사'를 의미한다.

설교적 관점

앞으로 한 달간 온 교우가 4절 말씀 하나만이라도 지키려고 노력한다면 어떨까? 짧은 서신인 빌립보서에는 '기쁨'이란 단어가 열 번 이상 나온다. 바울이 감옥에서 보낸 서신인 것을 고려하면 이는 더욱 감동이 된다.

4-6절은 우리가 기도할 때의 마음가짐이 어떠해야 하는지 말한다. '기쁨', '관용', '염려하지 않음', '감사'가 함께할 때 참다운 간구가 일어난다.

보통 교회 표어를 일 년 단위로 정하면서 교회 성장을 생각하는데, 본문에서 열두 개의 월별 표어를 만들면 어떨까?

마태복음 22:1-14

1 예수께서 또 비유를 들어 그들에게 말씀하셨다.
2 "하늘나라는 어느 임금이 자기 아들의 혼인 잔치를 베푼 것에 비길 수 있다.
3 임금이 종들을 보내어 잔치에 초청받은 사람들을 불렀으나 오려 하지 않았다.
4 그래서 다른 종들을 보내면서 '초청을 받은 사람들에게 가서 이제 잔칫상도 차려놓고 소와 살진 짐승도 잡아 모든 준비를 다 갖추었으니 어서 잔치에 오라고 하여라.' 하고 일렀다.
5 그러나 초청받은 사람들은 대수롭지 않게 여기고 어떤 사람은 밭으로 가고 어떤 사람은 장사하러 가고
6 또 어떤 사람들은 그 종들을 붙잡아 때려주기도 하고 죽이기도 했다.
7 그래서 임금은 몹시 노하여 군대를 풀어서 그 살인자들을 잡아죽이고 그들의 동네를 불살라 버렸다.
8 그리고 나서 종들에게 '혼인 잔치는 준비되었지만 전에 초청받은 자들은 그만한 자격이 없

는 자들이었다.

9 그러니 너희는 거리에 나가서 아무나 만나는 대로 잔치에 청해 오너라.' 하고 말하였다.

10 그래서 종들은 거리에 나가 나쁜 사람 좋은 사람 할 것 없이 만나는 대로 다 데려왔다. 그리하여 잔칫집은 손님으로 가득 찼다.

11 임금이 손님들을 보러 들어갔더니 예복을 입지 않은 사람이 하나 있었다. 그를 보고

12 '예복도 입지 않고 어떻게 여기 들어왔소?' 하고 물었다. 그는 할 말이 없었다.

13 그러자 임금이 하인들에게 '이 사람의 손발을 묶어 바깥 어두운 데 내쫓아라. 거기서 가슴을 치며 통곡할 것이다.' 하고 말하였다.

14 부르심을 받은 사람은 많지만 뽑히는 사람은 적다."

신학적 관점

혼인 잔치의 비유는 예루살렘 성전 숙청 이후 예수께서 대사제들과 백성의 원로들과의 적대적인 관계를 보여주는 세 개의 비유 중 마지막 비유다. '두 아들의 비유'를 통해 말이 아닌 실천과 행동이 중요함을 강조함으로 제사장이나 사회의 지도자들이 하느님 나라에 들어가는 것이 아니라 세리와 창녀들이 들어가고 있음을, '포도원 소작인의 비유'를 통해 '집 짓는 사람들이 버린 돌이 머릿돌이 되는', 곧 하느님의 나라는 세상 가치가 뒤집히는 변혁의 세상임을 강조한 바 있다. '혼인 잔치의 비유'는 보다 노골적으로 저들에게 임할 심판을 예고한다. "임금은 몹시 노하여 군대를 풀어서 그 살인자들을 잡아 죽이고 그들의 동네를 불살라 버렸다"는 로마제국에 의한 예루살렘성의 멸망이라는 역사적 사실을 두고 하는 말이다. 하지만 본문은 예수를 적대시하는 자들의 비슷한 말로가 미래에 일어날 것이라고 시제를 바꿔서 말하는데, 이는 잘못하면 청중들의 시선을 현실에서 이상으로 돌릴 수 있다. 혼인 잔치라는 제목을 달고 있지만, 이 잔치는 도시를 불태우고 난 후에 잿더미 속에서 행해진 승전 축하 잔치다. 본문은 로마제국의 전쟁 폭력성을 고발하는 데 그 본래의 목적이 있다.

목회적 관점

왜 사람들은 진리의 말씀을 대수롭지 않게 여기는 것일까? 그건 세상 가치와 판단으로 하느님의 말씀을 대하기 때문이다. 세 복음서는 모두 그 대표적 인물로

상인을 말한다. 상인들은 '이익'이라는 현실 가치에 관심하고 '생명'이라는 미래의 공동체적 가치에는 무관심하다. 부자와 나사로의 비유가 말하듯이 이웃의 불행에는 관심이 없다. 그런데 어느 날 불행한 일이 자신에게 일어난다. 그때 사람들은 "왜 나에게 이런 일이 일어나는가?"라고 반응한다.

주석적 관점

혼인 잔치의 비유는 누가복음 그리고 도마복음에도 나온다. 전체적 기조는 같지만, 각론에 있어 약간의 차이가 있다. 마태복음에는 초청자가 임금으로 되어 있는데, 누가복음과 도마복음은 '어떤 사람'이다. 초청을 거절한 이유는 비슷하다. 다만 누가는 가난한 사람, 불구자, 소경, 절름발이라는 사회적 약자와 소수자를 구체적으로 지적하고, 그래도 자리가 남았다고 하니까 거리에 있는 사람들을 억지로라도 데려와서 내 집을 채우라고 명한다. 그리고 처음에 초대받았던 사람들은 잔치 자리에 참여하지 못할 것이라고 말함으로 유대인들의 구원을 배제한다. 반면 도마는 "장사꾼들과 상인들은 내 아버지 집에 들어가지 못할 것이다"라고 말함으로 유대인들의 일부만을 구원에서 배제한다. 이에 비해 마태는 임금이 군대를 보내 모두를 살해하고, 마을을 불태우고, 대신 선한 자나 악한 자나 거리에 있는 모두를 초청하는 극단적 결론으로 끝을 맺는다.

혼인 예복은 '예수 세례' 혹은 마태 공동체의 공적인 가입 선서(참조. 롬 13:14; 갈 3:27)를 상징한다고 볼 수 있다. 심판과 관련하여 '선행' 혹은 '믿음'을 상징한다고 말하기도 하나, '악한 자'들이 이미 초대를 받았다는 관점에서 그리고 그중에서 한 명만이 제외되었기에 '선행' 혹은 '믿음'으로 해석하기에는 마땅치 않다. 마태 공동체 일원 중 한 사람의 배반 혹은 정탐꾼에 대한 고발일 가능성이 크다.

설교적 관점

"부르심을 받은 사람은 많지만 뽑히는 사람은 적다"라는 구절을 강조하다

보면 마치 설교자 자신에게 그 선택권이 주어져 있는 듯한 착각을 불러일으키게 된다. 설교자의 유혹이 있고, 설교의 위험성이 있다.

비유의 결론은 예수의 하느님 나라가 갖는 근본 정체성, 곧 작금의 사회체제의 전복 혁명성을 인정하고 지금 우리가 불결하다고 여기는 밑바닥 사람들의 친구가 될 것인지, 아니면 여전히 세상 문화와 권력이 지시하는 구태의연한 성공의 길을 계속 걸어갈 것인지에 대한 질문이다. 여기에 "부르심을 받은 자는 많지만, 택함을 받은 사람은 적다"는 말씀의 의미가 숨어 있다.

특정절 스물넷째 주일(10월 16일~10월 22일)

사 45:1-7; 시 96:1-9, (10-13); 살전 1:1-10; 마 22:15-22

이사야 45:1-7

1 야훼께서 당신이 기름 부어 세우신 고레스에게 말씀하신다. "내가 너의 오른손을 잡아주어 만백성을 네 앞에 굴복시키고 제왕들을 무장해제 시키리라. 네 앞에 성문을 활짝 열어 젖혀 다시는 닫히지 않게 하리라.

2 내가 너를 이끌고 앞장서서 언덕을 훤하게 밀고 나가리라. 청동성문을 두드려 부수고 쇠빗장을 부러뜨리리라.

3 내가 감추어두었던 보화, 숨겨두었던 재물을 너에게 주면 너는 알리라, 내가 바로 야훼임을. 내가 바로 너를 지명하여 불러낸 이스라엘의 하느님임을!

4 나의 종 야곱을 도우라고 내가 뽑아 세운 이스라엘을 도우라고 나는 너를 지명하여 불렀다. 나를 알지도 못하는 너에게 이 작위를 내렸다.

5 내가 야훼다. 누가 또 있느냐? 나밖에 다른 신은 없다. 너는 비록 나를 몰랐지만 너를 무장시킨 것은 나다.

6 이는 나밖에 다른 신이 없음을 해 뜨는 곳에서 해 지는 곳에까지 알리려는 것이다. 내가 야훼다. 누가 또 있느냐?

7 빛을 만든 것도 나요, 어둠을 지은 것도 나다. 행복을 주는 것도 나요, 불행을 조장하는 것도 나다. 이 모든 일을 나 야훼가 하였다."

신학적 관점

오늘날 이슬람국가를 제외한 대부분의 선진국은 근대 이성주의 시대 이후 정교분리(政敎分離) 원칙을 갖고 있다. 특히 서구 기독교는 루터의 신앙 개혁 운동 이후 이러한 원칙이 더욱 강화됨으로 인해 신앙이 개인 내면화되는 경향성을 강하게 갖게 되었으며, 신학적으로는 개인 구원이 사회 구원보다 더 중요하게 되었다. 반면 모든 기독교인이 기도하는 '하느님 나라'는 신정(神政) 정치

(theocracy)의 상징적 언어로서 정교일치(政敎一致)다.

제1성서의 역사는 기본적으로 정교일치 정신에서 재해석되었는데, 문제는 YHWH의 존재를 알지 못하는 페르시아 왕 고레스를 그의 도구로 사용하였다는 주장이다. YHWH 신앙에서는 '신앙의 신비' 혹은 '신의 비밀'이라는 관점에서 가능한 주장이지만, 당사자 입장에서 보면 이는 결과(예루살렘 귀환)만 놓고 얘기하는 아전인수(我田引水)식의 해석이다. 고레스는 자신의 왕국을 넓히는 과정에서 신앙의 자율권을 주었을 따름이지 유대왕국의 독립을 허락한 것은 아니다. 과연 고레스를 기름 부어 세우신 '메시아'(히) 혹은 '그리스도'(헬)라고 부르는 것은 신학적으로 타당한가 하는 질문을 낳는다. 이사야는 이를 새로운 출애굽이라고 부르는데, 이는 '모든 백성들의 해방'이라는 첫 번 출애굽의 기본 정신을 '귀족정치의 회복'으로 변형한다(『제국의 그림자 속에서』, 95).

목회적 관점

고레스왕이 예루살렘 성전에 와서 예배를 드렸다는 기록은 없다. 그는 여전히 페르시아의 신을 예배했을 따름이다. 그렇다면 오늘날 이웃 종교 혹은 이방 신을 예배하는 사람이라 하더라도 교회 성장과 기독교 선교에 좋은 영향을 주었다면, 그를 구원받은 '익명의 그리스도인'(Anonymous Christian, Karl Rahner)으로 부를 수 있을 것이다. 그런데 반대로 내가 이웃 종교의 선교에 좋은 영향을 끼쳤을 때, 그들이 나를 자신들의 신이 부른 '익명의 신앙인'으로 부를 때 이를 인정할 수 있을까?

주석적 관점

고레스(Cyrus, BCE 558~530년)왕은 유대 문학과 헬라 문학에서 칭송 받는 인물이다. 헬라 역사가인 크세노폰(Xenophon)은 고레스에 관한 소설적 전기 *Cyropaedia*에서 그를 매우 뛰어난 왕이자 미남자, 자애로운 통치자, 지혜자로 서술한다(*Feasting*, 173).

유대의 유일신 YHWH는 우주를 창조하고 지배하는 신이다. 그리하여 본문에서는 특수강조 대명사 '나('ani)가 네 번 등장한다. 비록 유대 자신들을 침략하는 자라도 '종'이라고 부른다. 이사야 44장 28절에서는 고레스왕을 목자라 부르고, 예레미야 25장 9절과 27장 6절에서는 바빌론의 느부갓네살왕을 '내 종'이라 부른다.

1절 '무장해제'의 문자적 번역은 '허리띠를 풀어놓겠다'이다. 이는 패장의 옷을 발가벗겨 무릎을 꿇게 하는 수치와 모욕을 주는 행위를 의미한다.

설교적 관점

오늘날 평화 신학의 관점에서 보면, 고레스왕은 살육으로 점철되는 전쟁을 통해 자신의 제국을 넓힌 폭군이다. 본문은 고대의 전쟁 신학의 관점에서 기록된 글이다. 그럼에 불구하고 원수를 하느님의 도구로 인식하였다는 점에서 매우 독특하고 독창적이다.

우리나라는 일제에 의해 나라를 빼앗기고 폭압적인 35년의 식민지 지배를 받고 미국에 의해 해방을 받았다. 그러나 미국의 제안에 소련(소련은 본래 일본을 분할 점령하기를 원했다)이 이에 동의함으로 해방과 동시에 분단되었고, 미군은 사령관 맥아더의 포고문에서 보듯이 소련군과 달리 해방군이 아닌 점령군으로 서울에 진입하였으며 조선 사람을 일본 사람과 동일한 적으로 규정했다. 맥아더는 본문에서와 같이 YHWH의 도구로 쓰임을 받았다고 말할 수 있는가?

시편 96:1-13

1 새 노래로 야훼를 노래하여라. 온 세상아, 야훼를 노래하여라.
2 야훼를 노래하고 그 이름을 찬양하여라. 우리를 구원하셨다. 그 기쁜 소식 날마다 전하여라.
3 놀라운 일을 이루시어 이름을 떨치셨으니 뭇 민족, 만백성에게 이를 알리어라.
4 높으신 야훼를 어찌 다 찬양하랴. 신이 많다지만 야훼만큼 두려운 신이 있으랴.
5 뭇 족속이 섬기는 신은 모두 허수아비지만 야훼께서는 하늘을 만드셨다.
6 그 앞에 찬란한 영광이 감돌고 그 계시는 곳에 힘과 아름다움이 있다.
7 힘과 영광을 야훼께 돌려라. 민족들아, 지파마다 야훼께 영광을 돌려라.

8 예물을 들고 하느님 앞에 나아가 그 이름에 어울리는 영광을 야훼께 돌려라.

9 거룩한 광채 입으신 야훼를 경배하여라. 온 땅은 그 앞에서 무서워 떨어라.

10 이 땅을 든든하게 세우신 야훼 앞에서 "야훼가 왕이시다"고 만방에 외쳐라. 만백성을 공정하게 심판하시리라.

11 하늘은 기뻐하고 땅은 즐거워하며 바다도, 거기 가득한 것들도 다 함께 환성을 올려라.

12 들도, 거기 사는 것도 다 함께 기뻐 뛰어라. 숲의 나무들도 환성을 올려라.

13 야훼께서 세상을 다스리러 오셨다. 그 앞에서 즐겁게 외쳐라. 그는 정의로 세상을 재판하시며 진실로써 만백성을 다스리신다.

데살로니가전서 1:1-10

1 나 바울로와 실바노와 디모테오는 아버지 하느님과 주 예수 그리스도를 믿는 데살로니가 교회 여러분에게 이 편지를 씁니다. 주님의 은총과 평화가 여러분에게 깃들기를 빕니다.

2 우리는 언제나 여러분 모두를 생각하면서 하느님께 감사를 드립니다. 그리고 여러분을 위해서 기도할 때마다

3 여러분의 믿음의 활동과 사랑의 수고와 우리 주 예수 그리스도에 대한 꾸준한 희망을 하느님 우리 아버지 앞에서 끊임없이 기억하고 있습니다.

4 하느님의 사랑을 받고 있는 교우 여러분, 우리는 하느님께서 여러분을 택해 주셨다는 것을 알고 있습니다.

5 그것은 우리가 여러분에게 전한 복음이 그저 말만으로 전해진 것이 아니라 능력과 성령과 굳은 확신으로 전해졌기 때문입니다. 우리가 여러분과 함께 있을 때에 여러분을 위해서 어떻게 살았는지 여러분이 잘 알고 있습니다.

6 여러분은 많은 환난 중에서도 성령께서 주시는 기쁨을 가지고 말씀을 받아들여 우리뿐만 아니라 주님까지 본받았습니다.

7 그래서 여러분은 마케도니아와 아카이아에 있는 모든 신도의 모범이 되었습니다.

8 주님의 말씀이 여러분으로부터 마케도니아와 아카이아 지방에 두루 퍼져 나갔을 뿐만 아니라 여러분이 하느님을 잘 믿고 있다는 이야기가 사방에 널리 퍼져 나갔으니 그 이야기는 더 할 필요가 없게 되었습니다.

9 우리가 여러분에게 갔을 때 여러분이 우리를 어떻게 받아들였으며 또 어떻게 우상을 버리고 하느님께로 마음을 돌려서 살아 계신 참 하느님을 섬기게 되었는지는 오히려 그들이 말하고 있습니다.

10 또 죽은 자들 가운데서 다시 살아나신 하느님의 아들 예수께서 하늘로부터 다시 오실 날을 여러분이 고대하게 되었다는 것도 그들이 널리 전하고 있습니다. 그분은 장차 닥쳐올 하느님의 진노에서 우리를 건져내 주실 분입니다.

신학적 관점

본문을 통해 사도 바울이 말하고자 하는 예수 그리스도 구원의 핵심은 무엇인가? 그건 데살로니가 교우들이 보여준 믿음의 모범인데, 이 모범은 많은 환난 가운데서도 우상을 버리고 하느님께로 돌아왔다는 것이다. 여기서 말하는 우상은 하느님 신앙과는 어떻게 구별되는가? 이는 환난과 관련되어 있다. 곧, 로마 황제를 숭배하지 않음으로 받는 환난을 뜻한다. 로마 황제는 돈과 명예, 권력이라는 세상 가치의 최고치를 뜻한다. 로마가 말하는 평화는 군사력에 기초한 소수 로마 시민만이 누리는 평화다. 반면 예수 그리스도를 통한 십자가 구원은 중심에서 밀려난 주변부의 바닥 사람들이 중심이 되는 하느님 나라의 평화다(참조. 고후 4:8-10).

목회적 관점

데살로니가 교우들이 환난에도 불구하고 우상에서 하느님 신앙으로 돌아온 것은 바울과 실루아노와 디모데가 삶으로 보여준 복음의 능력 때문이었다(5절). 이는 (믿음의) 행위와 (사랑의) 수고와 (소망의) 인내였다. 나는 목회자로서 이러한 본을 보이고 있는가?

주석적 관점

'교회'로 번역된 ekklesia는 당시 예수 그리스도를 따르는 사람들만의 모임을 뜻하지 않았다. 이는 헬라/로마 시민들의 공적 모임을 뜻하는 일반 명사였다. 바울은 이 단어를 통해 하느님과 예수 그리스도 안에 있는 사람들을 사적 모임이 아닌 공적 모임으로 승격시키고 있다. 그리고 이 승격의 과정에 '환난'(thlipsis)이 놓여 있다. 이 환난을 이길 수 있는 것은 parousia(내림, 來臨) 임박이라는 종말론적 신앙이다(참조. 4:13 이하). 본래 로마제국에서 paruousia는 로마 황제 혹은 황제가 파송한 고급 관료의 도시 방문을 의미했다.

설교적 관점

바울이 편지 서두에서 강조하는 것은 데살로니가 교우들을 향한 '감사'다. 감사는 상대의 마음 문을 열도록 하고 신앙의 길에 더욱 매진하도록 이끈다. 설교자 또한 설교를 시작할 때는 교우들을 향한 감사의 인사를 잊지 않도록 하자.

마태복음 22:15-22

15 바리사이파 사람들은 물러가서 어떻게 하면 예수의 말씀을 트집 잡아 올가미를 씌울까 하고 궁리한 끝에

16 자기네 제자들을 헤로데 당원 몇 사람과 함께 예수께 보내어 이렇게 묻게 하였다. "선생님, 우리는 선생님이 진실하신 분으로서 사람을 겉모양으로 판단하지 않기 때문에 아무도 꺼리지 않고 하느님의 진리를 참되게 가르치시는 줄을 압니다.

17 그래서 선생님의 의견을 듣고자 합니다. 카이사르에게 세금을 바치는 것이 옳습니까? 옳지 않습니까?"

18 예수께서 그들의 간악한 속셈을 아시고 "이 위선자들아, 어찌하여 나의 속을 떠보느냐?

19 세금으로 바치는 돈을 나에게 보여라." 하셨다. 그들이 데나리온 한 닢을 가져오자

20 "이 초상과 글자는 누구의 것이냐?" 하고 물으셨다.

21 "카이사르의 것입니다." 그들이 이렇게 대답하자 "그러면 카이사르의 것은 카이사르에게 돌리고 하느님의 것은 하느님께 돌려라." 하고 말씀하셨다.

22 그들은 이 말씀을 듣고 경탄하면서 예수를 떠나갔다.

신학적 관점

몰트만은 『희망의 신학』에서 교회의 세 가지 역할을 말한다. 첫째는 개인적(personal): 인격적이고 사적인 차원에 속한 종교로서의 신앙. 억압된 사회에서 신앙은 인간의 고유성과 주체성을 지켜주지만, 개인 차원에 머물기에 정치적 책임이나 경제적 행동에 관련된 사회적 현실을 다룰 수는 없다. 둘째는 공동체적(communal): 사귐의 중재자로서의 신앙. 사적인 고독과 고립을 벗어나 사회가 제공하지 못하는 따뜻하고 진정성 있는 관계성을 만들어 낸다. 그러나 자신이 속한 교회 공동체를 넘어선 인류 공동체의 큰 모습으로 나아가지 못하는 한

새로운 사회와 단절되고 만다. 셋째는 제도적(institutional): 제도화를 통해 급격한 변화가 일어나는 상황 속에서도 균형과 질서를 유지할 수 있고, 교회의 권위를 신뢰함으로 삶의 의미에 대한 불안감을 극복할 수 있다. 그러나 삶 속에서 일어나는 문제의 본질에 접근하기보다는 맹목적으로 교회의 권위에 의존하게 되는 경향성을 갖는다. 결론적으로 몰트만은 이 세 가지 역할을 통해 교회가 사회적 현실에 적응해 왔지만, 결국 교회는 사회가 듣고 싶어 하는 말 외에는 거의 하지 않고 있으며 바빌론 포로와 같이 세상 안에 갇혀 있다고 지적한다. 그리하여 예수 그리스도의 부활을 통한 하느님 나라의 도래를 기다리는 종말론적 공동체, 곧 역사 속에서 혁명적인 공동체로 거듭나야 한다고 주장한다.

본문은 예수와 초대교회의 로마 정부에 대한 신학적 입장이 무엇인지를 말하고 있다. '무엇이 가이사의 것이고, 무엇이 하느님에게 속한 것인지'를 분별하라는 것인가? 그리하여 그리스도인 또한 국가에 대한 책임, 곧 세금을 바치라(롬 13:7)는 얘기인가? 아니면 그 이상을 말하고 있는 것인가?

목회적 관점

교회는 십일조를 강조한다. 때로 교인들이 경제적으로 힘든 상황에서 국가에 대한 세금과 십일조 헌금을 동시에 감당하지 못한 상황이 발생했을 때, 어느 한쪽만을 선택해야 한다면 목회자는 어떻게 가르칠까?

주석적 관점

1세기의 유대에서는 두 유형의 동전이 사용되었다. 하나는 제2계명에 따라 사람이나 어떤 동물의 어떤 상도 새겨지지 않은 동전으로, 이는 성전용이었다. 다른 하나는 로마의 은전 데나리온으로 앞면에는 월계관을 쓴 황제의 모습과 함께 '황제 티베리우스, 하느님 아우구스투스의 존엄한 아들'이라고 쓰여 있고, 뒷면에는 평화를 상징하는 의미로 겉에는 올리브나무 가지가 새겨져 있고, 그 중앙에 티베리우스의 어머니가 앉아 있는 모습과 함께 '최고의 사제'(Pontifex, Maximus)라는 글씨가 새겨져 있었다.

마가복음의 평행 구절과 비교하면 마태는 '위선자들'이라는 비난을 덧붙이고, '데나리온 한 닢'이 '세금으로 바치는 돈'으로 바뀐다. 마가복음보다 긴장감이 더 팽배해진다.

22절의 '경탄하다'라는 헬라어는 '타우마조'(taumazo)로 마태복음에서는 주로 하느님만이 하실 수 있는 기적이 베풀어졌을 때(8:10, 27; 9:8, 33; 15:31; 21:20; 22:22)와 어떤 사안이 너무 특이해서 이해할 수 없을 때(27:14) 쓰였다. 로마의 세금은 가난한 민중들에게는 큰 짐이 되었다. 예수 시대(CE 6~7년)에도 갈릴리 유다에 의해 세금을 거부하는 폭동이 일어난 적이 있었다. 젤롯당은 로마 정부 세금을 거부하였다. 따라서 세금을 바치는 일에 동의하면 친로마가 되고, 이를 거부하면 폭동을 지지하는 모양이 되고 만다. 예수의 답변은 어느 쪽을 선택하든 곤경에 빠질 수밖에 없는 양자택일의 질문 앞에서 대답 대신에 또 다른 질문으로 상대를 곤경에 빠뜨렸다.

이 본문은 마가복음과 누가복음에 다 등장한다. 그런데 마태복음에는 세금 관련하여 또 다른 본문이 나온다. 17장 24-27절이다. 이 본문은 성전세에 관하여 질문을 시작하는데, 예수는 여기에 국가 권력이 물품에 부과하는 관세와 개인 재산에 부과되는 인두세 얘기를 덧붙인다. 종교적 문제로 끝날 얘기를 정치 영역으로 확장하여 상황을 복잡하게 만든다. 그런데 알고 보면 본문의 얘기와 그 기조는 같다. 마태복음이 기록되던 시기는 로마군이 예루살렘과 그 성전을 초토화한 후였다. 이때 거두어들인 성전세는 로마가 제멋대로 썼다. 피식민지 백성을 압박하는 일종의 징벌세였다. 예전에는 예루살렘 성전에 바쳤던 세금을 로마의 플라비아누스 왕조 황제들의 수호신인 주피터 신전을 보수하는 일에 썼다. 이는 유대인들의 유일신 신앙에 대한 모독이었다.

예수는 베드로와 일련의 대화를 나눈 다음 "우리가 그들의 비위를 건드릴 것은 없으니, 바다에 가서 낚시를 던져 맨 먼저 낚인 고기를 낚아 입을 열어보라. 그곳에 한 스타데르짜리 은전이 들어 있을 터이니 그것을 꺼내서 내 몫과 네 몫으로 갖다 내어라"라고 하셨다. 참으로 이해하기 힘든 말씀이다. 위렌 카터는 이를 다음과 같이 설명한다:

입안에 동전이 있는 물고기를 잡으라고 예수가 베드로에게 지시한 것은 세금을 재정의 한다. 이 장면에서, 세금은 땅과 바다에 대한 로마의 주권을 인정하라는 로마의 요구뿐만 아니라 바다와 물고기를 포함하는 모든 피조물에 대한 하느님의 공급과 주권도 관련된다. 세금이 납부될 때, 로마는 단지 고분고분한 납부만을 본다. 하지만 예수의 추종자들은 이제 로마의 통치 한복판에서 하늘과 땅에 대한 하느님의 목적들이 완전히 확립될 것이라 기대 속에, 예수에 의해 부분적으로 표출된 하느님의 탁월한 목적들에 대한 한 증언을 본다. 따라서 세금 납부는 "한 숨겨진 대본" 혹은 로마의 주장들에 대한 자기방어적 도전과 함께 공적인 추종의 얼굴을 가지며, 이로써 반역적으로 하느님의 주권을 표현하고 민족들에 대한 하느님의 정의로운 제국의 확립을 예상한다("마태복음은 로마제국과 타협한다," 리처드 호슬리 엮음/정연복 옮김, 『제국의 그림자 속에서』, 220-224).

설교적 관점

본문은 무엇이 가이사의 것이고, 무엇이 하느님의 것인가 하는 이성적 판단을 묻는 질문이 아니고, 인간의 본질과 삶의 우선시되는 인생관과 세계관을 묻는 질문이다. 모든 유대인은 어려서부터 세상의 모든 것은 다 하느님께 속하였다는 사실을 잘 알고 있었다(시 24:1). 그럴뿐더러 마태는 이미 "하늘과 땅의 주인이신 하느님을 고백하였다"(11:25). 3세기 초 교부 터툴리안은 "사람은 하느님의 형상을 띠고 태어났다. 황제의 초상은 사람들이 사용하는 물건에 새겨져 있다. 모든 물건은 사람에게 종속된다. 따라서 황제의 초상이 새겨진 것이라 하더라도 이는 하느님의 영광을 위해 사용되어야 한다"고 말했다.

크로산은 요세푸스의 글을 인용하면서 이를 확대하여 다음과 같이 해석한다.

요세푸스는 하느님과 카이사르 사이의 문화적 순응을 신적인 선택이요 황제의 협조로 해석하지만, 예수는 그것을 신적인 도전이요 인간적 대결의 문제라고 해석한다. 요세푸스에게는 하느님이 폭력적 통제를 황제에게 양보한 것이고, 예수에게는 하느님이 황제에 대항하는 비폭력적 저항을 명령한 것이다. 곧, '하느님의 것들'은 '가이사의 것들'

과 서로 문화변용(순응)되었는데, 폭력적 지배에 맞서서 비폭력적 대항으로, 분배의 불의를 폭력적으로 고집한 것에 맞서서 분배 정의를 위한 비폭력 저항으로, 계획적 선전 문구(slogan)로 말하면, 무장한 승리를 통한 평화(peace through armed victory)에 맞서서 비무장한 정의를 통한 평화(peace through unarmed victory)로 대항하였다(『카이사르에게 돌려주라』, 319).

특정절 스물 다섯째 주일(10월 23일~10월 29일)

레 19:1-2, 15-18; 시 1; 살전 2:1-8; 마 22:34-46

레위기 19:1-2, 15-18

1 야훼께서 모세에게 말씀하셨다.

2 "너는 이스라엘 백성 온 회중에게 이렇게 일러주어라. '나 야훼 너희 하느님이 거룩하니, 너희도 거룩한 사람이 되어라.

15 공정하지 못한 재판을 하지 마라. 영세민이라고 하여 두둔하지 말고, 세력 있는 사람이라고 하여 봐주지 마라. 이웃을 공정하게 재판해야 한다.

16 너희는 겨레 가운데서 남 잡을 소리를 퍼뜨리지 마라. 이웃을 죽을 죄인으로 고발하지 마라. 나는 야훼이다.

17 형제를 미워하는 마음을 품지 마라. 이웃의 잘못을 서슴지 말고 타일러주어야 한다. 그래야 그 죄에 대한 책임을 벗는다.

18 동족에게 앙심을 품어 원수를 갚지 마라. 네 이웃을 네 몸처럼 아껴라. 나는 야훼이다.'"

신학적 관점

레위기는 본문이 담긴 19장을 제외하면, 동성애를 반대하기 위한 경우 외에는 거의 설교 본문으로 채택되지 않는다. 왜 그런가? 유대교의 '율법과 제사 문서'라는 인식 때문이다. 기독교의 '은혜 구원 교리'에 위배된다고 보기 때문이다. 그러나 데이비드 스튜어트(David Stewart)는 오히려 레위기야말로 히브리성서에서 가장 중요한 책이며 토라의 살아있는 중심(lively center)이라고 말하면서, 19장 18절과 19장 33-34절 "외국 사람이 나그네가 되어 너희의 땅에서 너희와 함께 살 때에, 너희는 그를 억압해서는 안 된다. 너희와 함께 사는 그 외국인 나그네를 너희의 본토인처럼 여기고, 그를 너희의 몸과 같이 사랑하여라. 너희도 애굽 땅에 살 때에는, 외국인 나그네 신세였다. 내가 주 너희의 하느님이다"를 황금률(마 7:12)의 실제 적용 구절 혹은 간추린 토라라고 말한다(*Feasting*, 196).

거룩의 근본은 세속 혹은 더러움으로부터의 차별 혹은 구별이다. 정결법은 거룩을 지켜나가는 생활 규칙(코드)이다. 하느님의 거룩은 인간과의 구별에 기초한다. 그런데 이 '거룩해야 한다'는 말씀(종교 제사적 코드)은 더럽다고 여기는 외국인 나그네를 자신의 몸과 같이 사랑하라는 정의와 평등의 삶의 명령(사회윤리적 코드)으로 전환된다. 곧, 2절의 '하느님 거룩'의 신학(神學)은 '인간 거룩'의 인간학(人間學)으로 치환된다. 복음서는 하느님이 인간이 되셨다는 말씀에 기초한다.

목회적 관점

성서를 읽고, 기도하고, 봉사하는 것은 어찌 말하면 거룩해지기 위함이다. 그런데 본문을 통해 하느님은 개인의 거룩함을 넘어 사회의 거룩함으로 나아가라고 말씀하고 있다. 튀르키예 속담에 이런 말이 있다. "한 시간의 정의는 70시간의 기도와 같다."

이웃 사랑은커녕 16절 말씀 하나라도 교인들이 제대로 실천할 수 있다면 얼마나 좋을까? 대한민국 사람은 태어날 때부터 북의 형제자매를 원수처럼 여기도록 교육받는다. 정권 유지를 위해 간첩 조작을 하고, 하지도 않은 일을 북의 소행으로 몰아가기도 한다.

주석적 관점

레위기 17-26장은 '거룩의 규정'(the Holiness Code)으로 부른다.

19장 전체에서 "나는 YHWH 너희 하느님이다" 혹은 "나는 하느님이다"라는 선언이 스물네 번 나온다!

설교적 관점

인간이 동물과 구별되는 점은 언어와 이성에 기초한 윤리와 도덕에 있으며, 이는 자신의 아픔에도 불구하고 이웃의 아픔을 외면하지 않는다는 것이다.

오늘 교회의 이웃은 구체적으로 누구인가?

이웃은 지리적 이웃이 아니다. 고대 부족 사회에서 지리적 이웃은 모두 가까운 혈연 친족이었다. 그렇지 않더라도 만약 이웃이 세도가나 부자라면 사랑하지 말라고 해도 사랑할 것이다. 이웃을 사랑하라는 말씀에서 '이웃'은 인간 본성으로는 사랑할 수 없는 사람, 곧 사회로부터 버림받는 사람을 지칭한다.

"가난이 죄", "목구멍이 포도청이다"라는 말이 있다. 감옥에 가는 거의 대부분의 사람들은 가난한 이들이다. 유전무죄, 무전유죄의 현실이다. 고대 사회에서는 왕에게 직접 탄원할 수 있는 제도가 있었다. 오늘날 사법 체계는 억울한 일을 당한 경우에도 변호사를 고용하지 않으면 안 된다. 그렇다면 "가난한 사람을 두둔하지 말라"는 말씀을 오늘날 어떻게 이해해야 할까?

팔레스타인-이스라엘 간의 종교 갈등 투쟁 현실에서 강자인 이스라엘이 귀담아들어야 할 말씀이다.

시편 1

1 복되어라. 악을 꾸미는 자리에 가지 아니하고 죄인들의 길을 거닐지 아니하며 조소하는 자들과 어울리지 아니하고,
2 야훼께서 주신 법을 낙으로 삼아 밤낮으로 그 법을 되새기는 사람.
3 그에게 안 될 일이 무엇이랴! 냇가에 심어진 나무 같아서 그 잎사귀가 시들지 아니하고 제 철 따라 열매 맺으리.
4 사악한 자는 그렇지 아니하니 바람에 까불리는 겨와도 같아.
5 야훼께서 심판하실 때에 머리조차 들지 못하고, 죄인이라 의인들 모임에 끼지도 못하리라.
6 악한 자의 길은 멸망에 이르나, 의인의 길은 야훼께서 보살피신다.

데살로니가전서 2:1-8

1 교우 여러분, 아시다시피 우리가 여러분을 찾아간 것은 결코 헛된 일이 아니었습니다.
2 여러분도 아시다시피 우리가 전에 필립비에서 고생을 겪고 모욕을 당했으나 여러분에게 가서는 심한 반대에 부딪히면서도 하느님의 도우심으로 담대하게 하느님의 복음을 전했습니다.
3 우리는 잘못된 생각이나 불순한 동기나 속임수로 여러분을 격려하는 것은 아닙니다.

4 우리는 하느님께 인정을 받아 복음을 전할 사명을 띤 사람으로 말하는 것이며, 사람의 환심을 사려는 것이 아니라 우리의 마음을 살피시는 하느님을 기쁘게 해드리려고 말하는 것입니다.

5 아시다시피 우리는 지금까지 아첨하는 말을 쓴 적도 없고 속임수로써 탐욕을 부린 일도 없습니다. 하느님께서 이 사실을 잘 알고 계십니다.

6 우리는 여러분이나 다른 사람들이나 할 것 없이 사람에게서는 도무지 영광을 구하지 않았습니다.

7 우리는 그리스도의 사도로서 권위를 내세울 수도 있었으나 여러분과 함께 있을 때에는 마치 자기 자녀를 돌보는 어머니처럼 여러분을 부드럽게 대했습니다.

8 이렇게 여러분을 극진히 생각하는 마음에서 하느님의 복음을 나누어줄 뿐만 아니라 우리의 목숨까지도 바칠 생각이었습니다. 우리는 그토록 여러분을 사랑했습니다.

신학적 관점

데살로니가전후서에서 자신을 '사도'라 칭한 유일한 경우다.

본문은 실천신학이 중요하게 다루고 있는 지도력에 대해 말한다. 목회자의 지도력은 흔히 권위와 통솔력을 강조하기 위해 아버지에 비유된다. 그런데 바울은 자신의 사도직을 어머니에 비유한다. 이는 돌봄과 사랑을 강조하기 위함이다. 또한 '부드럽게'라는 표현은 부드러움과 겸손함을 넘어 어머니가 자녀들의 눈에 맞추어 재롱을 떠는 낮아진 태도를 뜻한다. 더 나아가 목숨까지도 내주고자 했다.

목회적 관점

사람의 환심을 사려는 행동은 목회자가 가장 갖기 쉬운 유혹이다. 본문에 포함되지는 않았지만, 9절 "교우 여러분, 여러분은 우리의 수고와 노력을 잘 기억하실 것입니다. 우리는 여러분에게 하느님의 복음을 전하는 동안 누구에게도 폐를 끼치지 않으려고 밤낮으로 노동을 했습니다"는 목사 이중직에 관하여 말한다. 여러분의 생각은 어떠한가?

주석적 관점

데살로니가전서는 바울의 첫 번째 편지로서 초대교회에서 가장 오랜 기간

읽혀 왔다.

사도행전 16-17장은 빌립보와 데살로니가에서 당한 핍박에 대해 말하고 있다. 본문 2절은 빌립보만 언급하였지만, 데살로니가에서도 바울 일행이 떠난 후 야손이 고소를 당하였다. 그 여파로 교회 밖에서는 '황제의 법령을 어기는 자들'(행 17:7)이라는 바울에 대한 비난이 계속되었다. 그래서 자신을 변호하고 있는 것이다.

설교적 관점

개신교의 개혁주일은 모두가 '선택된 민족이고 왕의 사제들이며 거룩한 겨레이고 하느님의 소유가 된 백성'(벧전 2:9)이 되었다는 선포에 기초한다. 본문은 사도직에 관해 설명하고 있다. 이는 단순히 바울과 실바누스에게만 해당되는 것은 아니다. 성도 모두는 사도로 부름을 받았다. 값싼 선물/은혜(cheap gift)란 홀로 구원받은 기쁨에 그친 것을 의미하는 반면, 값비싼 선물/은혜(costly gift)란 이 기쁨을 다른 사람과 나누기 위해 사도로 부름 받았음을 의미한다.

마태복음 22:34-46

34 예수께서 사두가이파 사람들의 말문을 막아버리셨다는 소문을 듣고 바리사이파 사람들이 몰려왔다.

35 그들 중 한 율법교사가 예수의 속을 떠보려고

36 "선생님, 율법서에서 어느 계명이 가장 큰 계명입니까?" 하고 물었다.

37 예수께서 이렇게 대답하셨다. "'네 마음을 다하고 목숨을 다하고 뜻을 다하여 주님이신 너희 하느님을 사랑하여라.'

38 이것이 가장 크고 첫째가는 계명이고,

39 '네 이웃을 네 몸같이 사랑하여라.' 한 둘째 계명도 이에 못지않게 중요하다.

40 이 두 계명이 모든 율법과 예언서의 골자이다."

41 예수께서 바리사이파 사람들이 모여 있는 것을 보시고

42 "너희는 그리스도를 어떻게 생각하느냐? 그는 누구의 자손이겠느냐?" 하고 물으셨다. 그들이 "다윗의 자손입니다." 하고 대답하자

43 예수께서 다시 물으셨다. "그러면 다윗이 성령의 감화를 받아 그를 주님이라고 부른 것은

어떻게 된 일이냐?

44 '주 하느님께서 내 주님께 이르신 말씀, 내가 네 원수를 네 발 아래 굴복시킬 때까지 너는 내 오른편에 앉아 있어라.' 하고 다윗이 읊지 않았느냐?

45 다윗이 그리스도를 주님이라고 불렀는데 그리스도가 어떻게 다윗의 자손이 되겠느냐?"

46 그들은 한마디도 대답하지 못하였다. 그리고 그날부터는 감히 예수께 질문하는 사람이 없었다.

신학적 관점

본문은 성전 숙청 이후 자신들의 명예 회복을 위해 예수를 비난하기 위해 던지는 질문이다. 첫째는 토라의 가장 중요한 계명은 무엇인가, 둘째는 예수는 다윗 혈통의 후손으로서 어떻게 메시아가 될 수 있는가이다. 첫째 질문에 대해서는 토라의 근본 정신은 하느님 신앙에서 출발하지만, 이는 이웃 사랑으로 귀결된다는 결론을 통해 예수의 가르침이 바리새파 사람들과의 가르침과는 구별된다는 점을 강조한다. 둘째 질문은 반대로 예수가 묻는다. 이는 당시 저들 사이에서 논쟁 중인 질문이었다. 시편 110편 1절을 인용하면서 다윗이 메시아를 주로 불렀다는 구절을 통해 저들의 비난을 끝낸다.

목회적 관점

때로 반대자의 질문은 자신의 관점을 더욱 명확하게 만들어 주기도 한다. 따라서 목회자를 비난하는 말을 자기 성찰의 기회로 받아들이도록 하자.

주석적 관점

본문은 예수와 성전 지도자들 간의 갈등을 말하고 있지만, 이는 예수의 직접 말이라기보다는 마태 공동체 내부 질문에 대한 답으로 보인다.

당시 토라에 대한 주석으로 613개의 조항이 있었다. 이 중 248개는 적극적 명령이고, 365개는 금지조항이다. 248은 인간 뼈의 전체 개수이고, 365는 일 년을 말한다. 곧, 매일매일 지켜야 할 하느님의 명령이다.

설교적 관점

　필자는 개신교 개혁주일 복음서 본문을 예수의 성전 숙청의 구절로 대체하곤
했다.

만민성도주일(All Saints)

묵 7:9-17; 시 34:1-10, 22; 요일 3:1-3; 마 5:1-12

요한묵시록 7:9-17

9 그 뒤에 나는 아무도 그 수효를 셀 수 없을 만큼 많은 사람이 모인 군중을 보았습니다. 그들은 모든 나라와 민족과 백성과 언어에서 나온 자들로서 흰 두루마기를 입고 손에 종려나무 가지를 들고서 옥좌와 어린 양 앞에 서 있었습니다.

10 그리고 그들은 큰소리로 "구원을 주시는 분은 옥좌에 앉아 계신 우리 하느님과 어린 양이십니다." 하고 외쳤습니다.

11 그러자 천사들은 모두 옥좌와 원로들과 네 생물을 둘러서 있다가 옥좌 앞에 엎드려 하느님께 경배하며

12 "아멘, 우리 하느님께서 영원무궁토록 찬양과 영광과 지혜와 감사와 영예와 권능과 세력을 누리시기를 빕니다. 아멘." 하고 외쳤습니다.

13 그때 그 원로들 가운데 하나가 "흰 두루마기를 입은 이 사람들은 도대체 누구이며 또 어디에서 왔습니까?" 하고 나에게 물었습니다.

14 "어른께서 잘 알고 계시지 않습니까?" 하고 내가 대답했더니 그는 나에게 다음과 같이 말했습니다. "저 사람들은 큰 환난을 겪어낸 사람들입니다. 그들은 어린 양이 흘리신 피에 자기들의 두루마기를 빨아 희게 만들었습니다.

15 그러므로 그들은 하느님의 옥좌 앞에 있으며 하느님의 성전에서 밤낮으로 그분을 섬기는 것입니다. 그리고 옥좌에 앉으신 분이 그들을 가려주실 것입니다.

16 그들이 다시는 주리지도 목마르지도 않을 것이며 태양이나 어떤 뜨거운 열도 그들을 괴롭히지 못할 것이요,

17 옥좌 한가운데 계신 어린 양이 그들의 목자가 되셔서 그들을 생명의 샘터로 인도하실 것이며 하느님께서는 그들의 눈에서 눈물을 말끔히 씻어주실 것입니다."

신학적 관점

"구원은 보좌에 앉아 계신 우리 황제의 것입니다." 이는 로마 황제를 향한

로마 시민의 공식적인 칭송 구호다. 10절은 황제의 칙어 중 하나인 '복음'(euange-lion)을 예수 그리스도에게 적용하고 있다. 곧, 반제국으로서의 저항과 변혁의 의미를 내포한다.

'그 수효를 셀 수 없을 만큼의 수많은 예수따르미 순교자들이 흰 두루마기를 입고 손에 승리의 상징인 종려나무 가지를 들고 옥좌와 어린 앞에서 찬송하는 모습'은 로마제국의 신앙 핍박으로부터의 현실도피를 위한 환상(fantasy)이 아니라 미래를 보여주는 '소망의 빛'(vision)으로서, 이 땅의 고통 받는 현실을 이겨내는 희망의 원천이 된다. 이는 한강 작가의 과거 국가 폭력으로 인한 죽은 자들이 오늘의 산 자를 살려낸다는 이야기와 그 맥을 같이한다.

목회적 관점

우리는 이 어지러운 세상에서 하느님이 우리와 가족들을 보호해 주실 것이라는 믿음을 갖고 있다. 그러나 오늘 본문은 오히려 그 반대다. 하느님의 보좌 앞에 있는 성도들은 세상에서 환난을 당하고 순교를 당했던 사람들이다. 16절의 '더 이상 주리지도, 목마르지도, 태양의 뜨거움도 당하지 않을 것'이라는 축복 선언은 저들은 이 땅에서 주리고 목마르고 뜨거움의 고통을 겪고 있는 현실을 반영한다. 우리가 이 세상을 이겼다고 하는 선언은 우리가 고통을 당하지 않았다는 말이 아니다. 오히려 고통 속에서 하느님의 음성을 통해 희망을 잃지 않았다는 말이다. 성도들이 입고 있는 하얀 옷은 본래부터가 하얀 색깔이 아닌 순교의 피로 물든 옷을 예수 그리스도 십자가 형틀의 피로 씻어낸 것이다.

주석적 관점

오늘 본문은 지난주 본문(5:11-14)과 흡사하다. 5장 말씀이 어린 양의 계시와 어린 양을 왜 경배하고 찬양해야 하는지 설명하는 것에 반해, 7장은 경배와 찬양을 하는 사람들은 누구인가에 초점이 맞추어져 있다. 본문 앞에 있는 말씀인 7장 1-8절에서 144,000은 12지파×12사도×1,000으로 옛 이스라엘(제1성서)의 수많은 사람과 예수 그리스도로 인한 새 예루살렘(제2성서)의 헤아릴 수 없는 무한대의 숫자를 상징한다. 곧, 9절에서의 '아무도 그 수를 셀 수 없을 만큼 큰 무리'이며, 이는 세상 모든 '민족과 종족과 백성과 언어'를 포함한다. 곧, 만민 구원이다. 일부 열성적인 신생 개신교단에서 숫자 144,000을 문자적으로 해석하는 어리석은 일이 지난 이천 년 교회 역사에서 계속 반복되고 있다. 또한 교회(종교)개혁주일(the Reformation)을 지킨다면서 시대 구분 없이 현재의 가톨릭을 이단으로 규정하는 잘못 또한 범하고 있다.

설교적 관점

오늘날 우리 사회에서 기독교인이 된다는 것은 무엇을 의미하는가? 기독교를 비하하는 '개독교' 그리고 신앙을 떠나지는 않았지만 교회를 떠난 '가나안 성도'라는 말은 왜 생기는 것일까? 과연 우리는 하느님의 보좌 앞에 나아갈 수 있는 자격을 갖추었는가? 나의 십자가의 길은 무엇인가? 나의 교회가 짊어지고 가는 십자가의 길은 무엇인가?

본문이 강조하는 바는 구원받은 사람들은 환난의 고통을 견딘 사람들이라는 것이다. 이는 단순히 과거의 로마제국의 핍박이라는 물리적인 영역뿐만이 아니라 오늘날 정신적인 영역에서 물질 욕망 유혹까지도 포함하는 것임을 깨달아야 한다. 이천 년 전 초대 교인들에게 있어서 로마 황제와 예수 그리스도 두 주인을 한 번에 섬길 수 없었듯이, 오늘날 우리 또한 하느님과 맘몬의 두 주인을 한 번에 섬길 수 없다.

오늘날 성숙한 세계는 복음에 무관심하며 더 이상 복음에 귀를 기울일 수도 없는 비종교적인 세계로 변모했다. 따라서 이제 교회는 교회 자체만을 위한 양적 성장과 광적인 신앙을 멈추어야만 하며 그리스도가 행한 것처럼 고통받는 이웃을 위해 이 세상에 교회의 참모습을 드러내어야 한다. 그렇게 함으로 교회는 고통을 통해 이 세상 안에서, 세상과 더불어, 세상을 위해 존재하게 되는 것이다(본회퍼).

시편 34:1-10

1 나 어떤 일이 있어도 야훼를 찬양하리라. 주를 찬양하는 노래 내 입에서 그칠 날이 없으리라.

2 나의 자랑, 야훼께 있으니 비천한 자들아, 듣고 기뻐하여라.

3 나와 함께 "야훼, 높으시도다." 노래부르자. 모두 소리 맞춰 그 이름을 기리자.

4 야훼 찾아 호소할 때 들어주시고 몸서리쳐지는 곤경에서 건져주셨다.

5 그를 쳐다보는 자, 그 얼굴 빛나고 부끄러운 꼴 당하지 아니하리라.

6 가엾은 자의 부르짖음을 야훼, 들으시고 곤경에서 건져주셨다.

7 야훼의 천사가 그를 경외하는 자들 둘레에 진을 치고 그들을 구해 주셨다.

8 너희는 야훼의 어지심을 맛들이고 깨달아라. 그에게 피신하는 자는 복되다.

9 야훼의 거룩한 백성아, 두려운 마음으로 그를 섬겨라. 두려운 마음으로 그를 섬기면 아쉬울 것 없으리라.

10 맹수들은 먹이 찾아 배고플지 모르나 야훼를 찾는 사람은 온갖 복을 받아 부족함이 없으리라.

요한일서 3:1-3

1 아버지께서 우리에게 베푸신 사랑이 얼마나 큰지 생각해 보십시오. 하느님의 그 큰 사랑으로 우리는 하느님의 자녀라고 불리게 되었습니다. 우리는 과연 하느님의 자녀입니다. 세상 사람들이 우리를 알지 못하는 것은 그들이 하느님을 알지 못하기 때문입니다.

2 사랑하는 여러분, 이제 우리는 하느님의 자녀입니다. 우리가 장차 어떻게 될지는 분명하지 않지만 그리스도께서 나타나시면 우리도 그리스도와 같은 사람이 되리라는 것을 우리는 알고 있습니다. 그때에는 우리가 그리스도의 참모습을 뵙겠기 때문입니다.

3 그리스도께 대하여 이런 희망을 가진 사람은 누구나 그리스도께서 순결하신 것처럼 자기 자신을 순결하게 합니다.

신학적 관점

'하느님의 자녀'라는 용어가 세 번 등장한다. 누가 하느님의 자녀이고, 누가 세상 사람들인가? 하느님을 아버지라 부르면 누구나 다 하느님의 자녀가 되는 것인가? 이렇게 정의 내리는 경우 다종교 사회인 한국 사회에서 이웃 종교인들은 성서가 말하는 하느님과 그의 아들 예수 그리스도를 믿지 않으므로, 도덕과 윤리는 온데간데없이 한국 인구 절반이 넘는 사람들은 모두 하느님을 알지 못하는 '그들'(1절)이 되어 심판을 받고, 반면 교인들은 자동으로 구원을 받게 된다. 다원화된 다종교 사회에서 신앙의 획일성은 신학의 폐쇄성을 가져온다.

목회적 관점

가족은 혈연에 기초하지만, 성서가 말하는 하느님의 자녀는 혈연에 기초하지 않는다. 관계이다. 혈연은 한번 맺어지면 끊어질 수 없지만, 관계는 일종의 계약 관계임으로 유동적이다. 하느님의 자녀는 하느님의 나라를 유업으로 받는 자로서 하느님 어버이의 넓은 사랑의 마음을 품는 사람이다. 참 하느님의 자녀는 유산을 탕진하고 돌아온 둘째 아들이나 이를 거부하는 첫째 아들을 모두 품는 사람이다.

주석적 관점

요한일서 공동체는 요한복음 공동체 정신을 이어가는 공동체로 예수 그리스도 내림(parousia)과 함께 오는 새 시대의 도래를 기다리고 있었다. 그러나 그 모습이 어떠할지에 대해서는 분명한 답을 갖고 있지 않았다(2절). 다만 '그리스도와 같은 사람'이 될 것은 분명했다. 여기서 그리스도와 같은 사람이란 세상을 손가락질하는 사람이 아닌 세상 죄를 지고 가는 어린 양의 모습이다.

설교적 관점

3절은 '하느님의 자녀'의 정의를 다음과 같이 내린다: "그리스도께 대하여 희망을 가진 사람으로서 그리스도와 같이 자기 자신을 순결하게 하는 사람." 순결은 개인 도덕과 사회 윤리가 전제된다. 오늘날 신앙생활에 있어 중요한 관점은 누가 하느님의 자녀인가 하는 자격 논쟁이 아니라 하느님의 나라를 유업으로 이어가는 기독교인들이 사회적 책임을 감당하고 있는가이다.

마태복음 5:1-12

1 예수께서 무리를 보시고 산에 올라가 앉으시자 제자들이 곁으로 다가왔다.
2 예수께서는 비로소 입을 열어 이렇게 가르치셨다.
3 "마음이 가난한 사람은 행복하다. 하늘나라가 그들의 것이다.

4 슬퍼하는 사람은 행복하다. 그들은 위로를 받을 것이다.

5 온유한 사람은 행복하다. 그들은 땅을 차지할 것이다.

6 옳은 일에 주리고 목마른 사람은 행복하다. 그들은 만족할 것이다.

7 자비를 베푸는 사람은 행복하다. 그들은 자비를 입을 것이다.

8 마음이 깨끗한 사람은 행복하다. 그들은 하느님을 뵙게 될 것이다.

9 평화를 위하여 일하는 사람은 행복하다. 그들은 하느님의 아들이 될 것이다.

10 옳은 일을 하다가 박해를 받는 사람은 행복하다. 하늘나라가 그들의 것이다.

11 나 때문에 모욕을 당하고 박해를 받으며 터무니없는 말로 갖은 비난을 다 받게 되면 너희는 행복하다.

12 기뻐하고 즐거워하여라. 너희가 받을 큰 상이 하늘에 마련되어 있다. 옛 예언자들도 너희에 앞서 같은 박해를 받았다."

신학적 관점

예수를 제2의 모세로 설명하는 마태복음에는 토라를 따라 다섯 개의 집합(集合) 말씀으로 구성되어 있다. 본문은 첫 번째 집합 말씀(5-7장)의 머리말에 해당한다. 그런 의미에서 전체 예수 말씀의 핵심이라고 말할 수 있다. 복(makarios)은 우리가 흔히 말하는 마음의 행복 혹은 물질의 풍성함과는 그 개념 자체가 다르다.

전통적으로 이 복들은 실천 가능성이 희박하기에 윤리적 관점에서가 아닌 종말론적 관점에서 읽어야 한다는 것이 대세였다. 그러나 이는 잘못하면 오늘의 인간 실천 책임을 하느님의 일로 떠넘김으로 사회 부조리를 눈감는 모순을 낳게 된다. 따라서 오늘날은 사회학적 관점에 문학적 관점을 덧붙여 이해하려고 한다. 사회학적 관점이란 마태 공동체가 처한 사회적 시각에서 말씀을 읽는 것이다. 곧, 당시 로마와 성전 엘리트 지배 체제하에 이 복의 말씀들은 사회의 바닥 민중이 주체가 된다는 점에서 저항의 관점에서 읽어야 한다는 말이다. 또한 문학적 관점이란 본문을 포함한 전체 맥락에서 말씀을 읽는 방식으로, 곧 제자의 부르심(4:18-22)과 세상을 향한 예수의 선포와 병든 사람들을 고치심(4:23-25)의 이야기와 연계하여 마태 공동체가 미래의 하느님 나라의 대안적 공동체로서 어떤 삶을 살아가야 할 것인가를 가르친다는 통합적 관점이다.

목회적 관점

목회란 하느님의 나라에서 살아갈 백성들을 훈련하는 과정이라고 말할 수 있다. 그렇다면 위의 말씀들은 모두 목회의 기본이 되어야 할 것이다.

주석적 관점

1. 모세와 연계하여 출애굽 해방의 관점에서 읽을 수 있다.
2. 이사야서와 연계하여 바빌론 귀환과 희년 선언의 관점에서 읽을 수 있다. 예수의 공생애 시작을 알리는 누가복음 4장 14-16절은 이사야서의 직접 인용이다. 특히 이사야서 61장 1-3절은 가난한 자에게 복음을, 마음이 상한 자를 고치며, 포로된 자에게 자유를, 갇힌 자에게 놓임을 말함으로 본문과 대동소이하다.
3. 예수 자신이 지향하는 삶의 길이라는 관점이다.

설교적 관점

8복 혹은 9복을 따로따로 하나씩 설교하는 것보다는 전체를 하나로 엮어 설교하는 것이 옳은 방식일 것이다. 복잡한 언어로 개별의 복들을 구분하여 설명하기보다는 있는 그대로 단순하게 읽고 듣는 훈련이 필요하다. 묵상과 나눔을 더불어 진행하는 것은 어떨까? 전체 말씀을 그대로 읽고 3분 묵상을 한 다음 누군가가 일어나서 자기 생각을 나누는 설교 방식은 어떨까?

초기 개신교 개혁가들의 주장

루터를 비롯한 개혁가들의 주장은 대체로 다섯 솔라(Five Solas)로 요약된다.

Sola Scriptura(오직 성서). 진리냐 아니냐의 최종 권위는 교황이 아닌 오직 성서에만 있다.
Solus Christus(오직 그리스도). 인간은 스스로 구원할 수 없고, 오직 예수 그리스도의 십자가 은총을 통해서만이 구원을 얻는다.

Sola Fide(오직 믿음).

Sola Gratia(오직 은혜). 구원은 오직 믿음에 의해서만 가능하고 이 믿음 또한 오직 하느님의 은혜로 오는 것이지 인간의 행위에 기초하지 않는다.

Soli Deo Gloria(오직 주께만 영광).

이 주장들은 여전히 오늘날 개신교회에서도 유효한 주장이다. 그러나 모든 주의와 주장이 그렇듯이, 이는 그 시대에서 유효한 주장이지 모든 시대와 장소를 초월한 절대적 주장은 있을 수 없다. '오직 믿음'의 교리는 중세 가톨릭의 구원 교리를 지적하는 일에 효과가 있었지만, 지금은 성찬식의 강화로 말미암아 단지 예배 의식만 놓고 본다면 '오직 믿음'과 '오직 은혜'의 가르침은 가톨릭이 더 강하다고 말할 수 있다. 그리고 개신교는 한쪽에 치우친 구원 교리로 말미암아 교권이 더욱 강화되고 이로 인한 교회 부패상이 극에 달하고 있다.

루터와 칼뱅이 추구했던 개혁의 핵심은 교황과 사제만이 하느님의 대리인이 아니라 모든 신자가 하느님의 자녀이고, 그래서 모두가 하느님의 대리인이 될 수 있다는 '만인 사제 신앙'에 기초했다. 마르틴 루터 신부가 All Saints Day 전날 저녁에 95개 조에 달하는 질문을 교황을 향해 공개적으로 묻는 일은 예수의 성전 숙청과도 같이 잠든 시대를 깨우는 혁명이었다. 루터의 '은혜만으로'의 주장은 하느님께 직접 나아가지 못하도록 하는 예루살렘 사제들의 대리(브로커) 신앙 체제에 대한 비판과 그 맥을 같이한다.

* All Saints Day는 All Hollows Day라고도 불리는데, 이는 본래 4세기경부터 순교자를 추앙하는 날로 시작했다. 그런데 시간이 흐름에 따라 나라와 민족마다 기리는 숫자가 너무 많아지다 보니 이를 빠트리지 않기 위해 9세기경 All Saints Day를 제정하였다. 현재 서방 가톨릭은 11월 1일로 지키지만, 동방정교회는 성령강림 후 첫 번째 주일에 지키고 있다. 성공회와 루터교를 비롯한 여러 개신교단이 가톨릭 정신에 따라 이를 지키고 있으며 서방의 많은 국가들은 이날을 공휴일로 지정하고 있다. 루터 이후 개신교 신학에서 베드로전서 2장 9절 상반절 말씀, 곧 "여러분은 선택된 민족이고 왕의

사제들이며 거룩한 겨레이고 하느님이 소유가 된 백성입니다"에 근거하여 모든 신자가 사제라는 가르침으로 확대해석하였다. 그러나 이는 믿는 자의 존재 당위성을 말하는 것이 아니라 책임 있는 삶을 강조하기 위한 말씀이다. 이어지는 하반절은 이러하다. "그러므로 여러분은 어두운 데서 여러분을 불러내어 그 놀라운 빛 가운데로 인도해 주신 하느님의 놀라운 능력을 널리 찬양해야 합니다."

특정절 스물여섯째 주일(10월 30일~11월 5일)

미 3:5-12; 시 43; 살전 2:9-13; 마 23:1-12

미가서 3:5-12

5 내 겨레를 그릇된 길로 이끄는 예언자들을 두고 야훼께서는 이렇게 말씀하셨다. "예언자라는 것들, 입에 먹을 것만 물려주면 만사 잘되어 간다고 떠들다가도 입에 아무것도 넣어주지 않으면 트집을 잡는구나!"

6 그래서 너희 백성은 앞을 내다볼 수 없는 밤을 맞았다. 내일을 점칠 수 없는 어둠에 싸였다. 예언자들에게는 태양이 사라져 대낮인데도 눈앞이 깜깜해졌다.

7 앞날을 내다본다던 것들이 창피를 당하고 내일을 점친다던 것들이 쥐구멍을 찾으리라. 하느님께서 대답하지 않으시는데 누가 입을 열겠느냐?

8 그러나 나에게는 거역하기만 하는 야곱의 죄상을 밝히고 못할 짓만 하는 이스라엘의 죄를 당당하게 규탄할 힘과 용기가 차 있다.

9 야곱 가문의 어른들이라는 것들아, 이스라엘 가문의 지도자라는 것들아, 정의를 역겨워하고 곧은 것을 구부러뜨리는 것들아, 이 말을 들어라.

10 너희는 백성의 피를 빨아 시온을 세웠고, 백성의 진액을 짜서 예루살렘을 세웠다.

11 예루살렘의 어른이라는 것들은 돈에 팔려 재판을 하고 사제라는 것들은 삯을 받고 판결을 내리며 예언자라는 것들은 돈을 보고야 점을 친다. 그러면서도 야훼께 의지하여, "야훼께서 우리 가운데 계시는데, 재앙은 무슨 재앙이냐?" 하는구나!

12 시온이 갈아엎은 밭이 되고, 예루살렘이 돌무더기가 되며, 성전 언덕이 잡초로 뒤덮이게 되거든, 그것이 바로 너희 탓인 줄 알아라.

신학적 관점

거짓 예언자와 참 예언자는 '평화'(5절)를 외치는 말로 구별되는 것이 아니라 사회적 정의 실현에 있어서 자기 유익만을 취하는 권력자들의 편에 서는가, 아니면 힘없는 백성들의 편에 서는가에 달려 있다.

2차세계대전이 한창일 때, 기독교윤리를 전공하고 하느님의 말씀에 대한 철저한 순종을 강조하였던 본회퍼 목사는 기도와 성찰 끝에 히틀러의 암살단으로 참여하였다가 발각되어 처형을 당했다. 그의 신학적 결단은 지금도 여전히 신앙의 큰 질문으로 남아 있다. 독일의 신학자 도로테 죌레는 그의 책 *Beyond Mere Obedience*에서 복종의 영성에는 힘이 핵심인 '권위적 영성'(authoritarian spirituality)과 책임 있는 자유가 핵심인 '해방적 영성'(emancipatory spirituality)이 있음을 언급하며 맹목적인 복종이 갖는 위험에 대해 경고한다.

목회적 관점

목회자는 기본적으로 하느님과 백성 사이에서 백성들이 저지른 죄의 용서를 구하고 저들의 간구를 전하는 사제의 역할과 넓은 의미에서 사회와 민족 전체를 바라보면서 하느님의 소리를 대신 전하는 예언자의 역할이 있다. 보통 개인 영혼의 시각에서 사제의 역할에 치중하게 되지만, 보다 거시적인 시각에서의 사회 정의 실현을 위한 예언자의 역할 또한 매우 소중하다. 본문은 정치 · 사회 · 경제 문제에 목회자가 적극 개입해야 함을 역설하고 있다. 교회는 사회와 유리된 외딴섬이 아니다. 사회 부패로 인해 나라가 망한 이후 교회는 그 존재 가치를 상실하고 만다.

주석적 관점

미가는 BCE 720년경 활동했던 예언자다. 당시 유대 사회는 정치 · 사회 · 경제적으로 요동치던 시절이었다. 유대는 농업생산이 많았으며, 그 땅을 통과하는 아라비아 상인들로부터 많은 세금을 거둘 수 있었다. 그러나 이는 귀족들의 독차지가 되었고, 신아시리아제국에 바치는 공물을 거두기 위해 가혹한 세금을 백성들에게 부과함으로 빈부의 격차가 극심하였다(참고. 왕하 15:19-20).

미가서에는 이사야나 예레미야나 에스겔서에서 보이는 소명 얘기가 없다. 그러나 8절은 이에 준한다. 미가는 예루살렘의 멸망을 예고한다. 이는 이사야에게서는 전혀 찾아볼 수 없는 말씀이다. 왜냐하면 이는 하느님이 거하시는 성전이기 때문이다. 성전의 멸망은 곧 하느님의 멸망으로 오해될 수 있기 때문이다.

예언자 미가는 이 점에서 예루살렘 밖 작은 마을인 모레세트(Moresheth) 출신으로서 마치 갈릴리 출신 예수가 예루살렘 멸망을 예언하는 것과 같다(막 14:58). 백 년이 흐른 뒤에 같은 메시지를 예레미야에게서 듣는다(렘 26:16-19).

6절의 '점'은 부정적 이미지가 강하게 담겨 있는 단어다. 영어 성서는 이를 revelation(계시)으로 번역한다.

설교적 관점

교인들이 당하는 일상에서의 여러 아픔과 고통을 바라보면서 설교자는 주로 위로와 희망의 메시지를 전한다. 그러나 이는 잘못하면 잘못을 눈감는 아편과 같은 부작용을 낳게 된다. 때로는 꾸짖는 설교 또한 필요하다(8절). 그러나 이 꾸짖음의 설교 또한 자칫 잘못하면 설교자 자신의 개인 판단이 기준이 될 수 있다. 설교자 스스로를 돌아보는 자기 성찰이 전제되어야 한다. 왜냐하면 거짓 예언자들 또한 언제나 종교와 신앙의 틀 안에서 하느님의 말씀을 인용하면서 평화를 외치기 때문이다. 설교자가 거짓 예언자가 되는 길과 참 예언자가 되는 길은 종이 한 장 차이에 불과하다. 사회를 구조적 비판 시각에서 보는 것 그리고 역사를 길게 바라보는 거시적 시각이 중요하다. 이를 위해 인문학 전반에 걸친 깊은 공부가 필요하다.

시편 43

1 하느님이여, 나의 옳음을 판단하시고 매정하게 나를 무고하는 자들을 거슬러 변호해 주소서. 거짓밖에 모르는 악인들에게서 이 몸을 구하소서.
2 나의 요새이신 하느님, 어찌하여 나를 버리시옵니까? 이 몸이 원수에게 짓눌려 슬픈 날을 보내다니 이것이 어찌 된 일이옵니까?
3 당신의 빛, 당신의 진실을 길잡이로 보내시어 당신 계신 거룩한 산으로 이끌어 주소서.
4 하느님, 당신의 제단으로 나아가리이다. 나의 기쁨이신 하느님께로 나아가리이다. 하느님, 나의 하느님, 수금가락에 맞추어 당신께 감사찬양 올리리이다.
5 어찌하여 내가 이토록 낙심하는가? 어찌하여 이토록 불안해하는가? 하느님을 기다리리라. 나를 구해 주신 분, 나의 하느님 나는 그를 찬양하리라.

데살로니가전서 2:9-13

9 교우 여러분, 여러분은 우리의 수고와 노력을 잘 기억하실 것입니다. 우리는 여러분에게 하느님의 복음을 전하는 동안 누구에게도 폐를 끼치지 않으려고 밤낮으로 노동을 했습니다. 10 또 교우 여러분에게 대한 우리의 행동이 경건하고 올바르고 흠잡힐 데가 없었다는 것은 여러분도 목격해서 잘 아는 일이고 하느님께서도 증명해 주실 것입니다. 11 아시다시피 우리는 자녀를 대하는 아버지처럼 여러분 하나하나가 12 하느님을 기쁘게 해드릴 수 있는 생활을 하도록 권고하고 격려하고 지도했습니다. 하느님은 여러분을 부르셔서 당신의 나라와 영광을 누리게 해주시는 분이십니다. 13 우리가 늘 하느님께 감사하는 것은 우리가 여러분에게 하느님의 말씀을 전했을 때에 여러분이 그것을 사람의 말로 받아들이지 않고 사실 그대로 하느님의 말씀으로 받아들였다는 것입니다. 이 하느님의 말씀은 믿는 여러분의 마음속에서 살아 움직이고 있습니다.

신학적 관점

'하느님의 복음'이라는 말이 세 번 나온다. 이 말은 바울의 후기 전체 편지에서 세 번 밖에 나오지 않는 단어다(롬 1:1; 15:16; 고후 11:7). 신학적 중요성은 무엇인가? '하느님의 복음'의 상대어는 '사람의 복음'이다. 복음(유앙겔리온)이라는 단어는 바울이나 복음서 저자들이 처음 사용한 단어가 아니다. 이는 본래 전쟁에서 승리한 로마 황제가 로마 시민들에게 전하는 기쁨의 소식을 의미했다. 전쟁을 통해 약탈한 보화와 노예들이 선물로 주어질 것이라는 소수 로마 시민만이 누리는 물질적 특혜를 의미했다. 이에 바울은 하느님의 복음이라는 용어를 통해 로마 시민으로서의 특권을 누리지 못하는 바닥 민중들 또한 하느님의 자녀로서 누릴 수 있는 정신적이고 영적인 기쁨을 말한다(12절).

복음서에서 자주 사용되는 하느님의 나라 혹은 왕국으로 번역되는 희랍어 'basileia' 또한 로마 시민이라는 특권 계층만이 아닌 사회적 약자들이 모두 포함되는 해방의 의미에서 사용하고 있다고 신학자 엘리자베스 피오렌자는 말한다. 해방신학자들은 '왕국'이라는 단어가 주는 차별과 배제의 오해를 피하고자 '하느님의 통치'라고 말한다.

목회적 관점

목회자가 갖는 기본 품성에 대해 두 가지를 말한다. 하나는 교인들에게 폐를 끼치지 않고 본이 되는 일이고(9절), 다른 하나는 자녀를 돌보듯이 대하는 부모로서의 자상한 마음이다. 11절에서는 '아버지'라고 말하고 있지만, 이미 7절에서 "어머니처럼 여러분을 부드럽게 대했습니다"라고 말한 바 있다.

주석적 관점

12절에서 '지도'라고 번역한 단어를 표준새번역은 '경고'로 번역했는데, 이는 지나친 번역이다. 헬라어 martyromenoi는 순교적 자세로 증언하는(witness) 것을 말한다.

설교적 관점

설교는 기본적으로 바울이 12절에서 말하는바, '(여러분이) 하느님을 기쁘게 해드리는 생활'을 하도록 인도하는 행위다. 이 행위는 세 가지 관점에서 항상 성찰하고 조명되어야 한다. 곧, '권고', '격려' 그리고 '지도'(증언)다.

마태복음 23:1-12

1 그 때에 예수께서 군중과 제자들에게 이렇게 말씀하셨다.

2 "율법학자들과 바리사이파 사람들은 모세의 자리를 이어 율법을 가르치고 있다.

3 그러니 그들이 말하는 것은 다 실행하고 지켜라. 그러나 그들의 행실은 본받지 마라. 그들은 말만 하고 실행하지는 않는다.

4 그들은 무거운 짐을 꾸려 남의 어깨에 메워주고 자기들은 손가락 하나 까딱하려 하지 않는다.

5 그들이 하는 일은 모두 남에게 보이기 위한 것이다. 그래서 이마나 팔에 성구 넣는 갑을 크게 만들어 매달고 다니며 옷단에는 기다란 술을 달고 다닌다.

6 그리고 잔치에 가면 맨 윗자리에 앉으려 하고 회당에서는 제일 높은 자리를 찾으며

7 길에 나서면 인사받기를 좋아하고 사람들이 스승이라 불러주기를 바란다.

8 그러나 너희는 스승 소리를 듣지 마라. 너희의 스승은 오직 한 분뿐이고 너희는 모두 형제들이다.

9 또 이 세상 누구를 보고도 아버지라 부르지 마라. 너희의 아버지는 하늘에 계신 아버지 한 분뿐이시다.

10 또 너희는 지도자라는 말도 듣지 마라. 너희의 지도자는 그리스도 한 분뿐이시다.

11 너희 중에 으뜸가는 사람은 너희를 섬기는 사람이 되어야 한다.

12 누구든지 자기를 높이는 사람은 낮아지고 자기를 낮추는 사람은 높아진다."

신학적 관점

성전 숙청 사건 이후 예수는 백성의 지도자라 일컫는 대제사장들과 장로, 바리새파, 사두개파, 율법학자, 심지어는 헤롯당원들과 끊임없이 논쟁하고 저들을 비난하신다(21-23장). 본문은 그런 대결의 정점을 찍는 말씀이다. 율법이 잘못된 것이 아니라 율법을 가르치는 저들이 잘못된 것이다. 이는 유대교 지도자들만의 문제가 아니다. 세상 통치자들 또한 갖는 위험이다(20:25). 백성을 강제로 지배하고 권력으로 내리누르는 일이 아닌 오히려 저들을 섬겨야 한다.

마태는 예수를 율법을 폐(廢)하는 사람이 아닌 완성자로 말한다(5:17). 완성한다는 의미는 율법의 본래 정신의 회복을 뜻한다.

목회적 관점

모세의 말씀을 가르치다 보면 자기도 모르게 모세의 자리에 올라가 있다. 율법학자들과 바리새인들은 오늘날 교회 지도자들이다. 하느님의 말씀을 가르치다 보면 자신도 모르는 사이 하느님의 자리에 올라가 있다. 말씀의 권위를 세우는 일과 말씀을 가르치는 자의 권위를 세우는 일은 다르다. 가르치는 자의 권위는 가르치는 말씀에 삶으로 본을 보일 때 주어진다.

예수의 지도력은 제자들의 발을 씻는 '섬김의 지도력'(the Servant Leadership)이다.

주석적 관점

유대인 역사가 요세푸스에 의하면 예수 시대에는 유대교 안에 네 개의 파, 사두개파, 바리새파, 에세네파, 젤롯파가 있었다. 그중 예루살렘 성전 멸망(CE

70년) 이후 살아남은 그룹은 바리새파다. 제사장 계급에 뿌리를 둔 사두개인과는 달리, 바리새인('분리된 자')들은 평민들로서 민중에 뿌리를 두었기 때문이다 (Rabbinic Judaism). 그러나 시간이 지나면서 백성들로부터 존경을 받게 되자 교만이 커져 지배자의 위치에 올라갔다.

설교적 관점

지금도 정통파 보수적 유대교인들은 검은 옷과 모자에 머리를 옆으로 따고, 수염을 기르고, 손에는 경문 곽을 차고 다니고(출 13:16), 옷 술을 길게 늘어뜨리고, 율법의 조항들을 철저히 지키기 위해 노력한다. 종교적 위선에 쉽게 빠질 수 있다. 그런데 이를 비판하기 위해 5절 말씀을 지나치게 강조하다 보면 반유대주의 (anti-semitism)의 위험성에 빠질 수가 있다.

설교는 성서에 있는 말씀을 시대적 상황에 맞게 전파하는 일이다. 비판하되 그 비판의 대상에 언제나 자신을 먼저 앞세우는 자기 성찰이 우선되어야 한다. 필자가 아는 한 선배 목사님은 설교를 작성한 후에 비록 성서 본문에 나온다 하더라도 당신은 행하지 못하면서 교인들에게 요구하는 얘기들은 모두 삭제하였다.

특정절 스물일곱째 주일(11월 6일~11월 12일)

암 5:18-24; 시 70; 살전 4:13-18; 마 25:1-13

아모스 5:18-24

18 저주받아라! 너희 야훼께서 오실 날을 기다리는 자들아. 야훼께서 오시는 날, 무슨 수라도 날 듯싶으냐? 그날은 빛이 꺼져 깜깜하리라.

19 사자를 피하다가 곰을 만나고 집 안으로 피해 들어가 벽을 짚었다가 뱀에게 물리리라.

20 야훼께서 오시는 날, 그날이 밝은 날일 줄 아느냐? 아니다. 그날은 다만 깜깜할 뿐 한 가닥 빛도 없으리라.

21 "너희의 순례절이 싫어 나는 얼굴을 돌린다. 축제 때마다 바치는 분향제 냄새가 역겹구나.

22 너희가 바치는 번제물과 곡식제물이 나는 조금도 달갑지 않다. 친교제물로 바치는 살진 제물은 보기도 싫다. 거들떠보기도 싫다.

23 그 시끄러운 노랫소리를 집어치워라. 거문고 가락도 귀찮다.

24 다만 정의를 강물처럼 흐르게 하여라. 서로 위하는 마음 개울같이 넘쳐 흐르게 하여라."

신학적 관점

기독교와 다른 종교의 분명한 차이점을 들라고 한다면, 한마디로 예언자적 전통이라고 말할 수 있다. 제사 혹은 예배라는 형식을 통해 백성들의 찬양과 기도를 하느님께 올려드리고 개인적인 위로와 축복을 비는 제사장 전통은 어느 종교에나 다 있다. 그러나 민족 전체를 향한 회개의 촉구와 사회 정의에 관한 말씀을 전하고 국가 권력과 박제화된 종교 권력을 비판하고 저항하는 예언자적 전통은 이스라엘 역사에서만 찾아볼 수 있다. 물론 다른 종교나 과거 우리나라에서도 왕권을 비판하는 소수의 바른 소리를 외치는 의인이나 예언자들이 있었다. 그러나 이러한 예언자들이 매우 중요한 신앙 전승으로 이어 내려온 것은 이스라엘 역사에서만 찾아볼 수 있는 독특한 점이다. 고대부터 종교는 권력자들의 편에 서서 그 권력이 신으로부터 온 것임을 옹호하는 국가 종교의 형태로 나아가지만, 제1성서는 애굽제국의 노예의 삶을 탈출하여 가나안 땅에 들어온 히브리족이 국가 종교의 틀을 거부할뿐더러, 심지어는 왕권마저 거부하고 자유와 해방의 평등 공동체라는 하느님의 나라를 향해 끊임없이 나아가려는 몸부림을 보여준다. 이것이 실현되지 않는 한 주의 날은 밝은 구원의 날이 아니라 어두운 심판의 날일 뿐이다(20절).

흔히 우리는 예언(豫言)이라는 단어 때문에 예언자들이 미래를 점치는 사람들이라는 인식을 쉽게 갖게 된다. 예언자를 뜻하는 히브리어에는 '나비', '호제', '로에'라는 단어들이 있다. '나비'는 신으로부터의 계시를 전달하는 사람(預言)이라면, '호제'나 '로에'는 황홀한 경험을 통해 보통 사람이 모르는 신비한 것을 꿰뚫어 보는 예언(豫言)자, 곧 선견자(先見者)를 말한다. 이스라엘 왕정 이전에는 이 두 성격을 다 갖고 있었지만, 왕정이 확립된 이후부터는 환상을 통해 미래를 내다보는 '호제' 기능은 가나안 이방 종교의 것으로 비판받고, 현실과 역사성을 강조하는 '나비'의 비판적 기능이 두드러지게 나타나게 된다. 물론 예언자들이라고 해서 모두가 왕정에 반대하는 체제 비판적인 입장을 취한 것은 아니다. 체제 옹호적인 그룹도 있었다. 예를 들면 다윗 왕 때에 나단 같은 예언자는 다윗왕의 불륜을 비판했지만, 다윗왕과 더불어 왕권을 확립해 간 사람이었다. 심지어는 사울왕 또한 예언자 그룹의 한 사람으로 불린다. 성서는 아브라함이나 모세까지도 예언자라고 부르지만, 신학적으로는 글을 남긴 후기 예언자, 곧 아모스로부터 말라기까지를 말한다.

아모스를 문서 예언자 중 첫 번째 예언자라고 말하는 것은, 비로소 그에게서 예언의 내용이 그대로 보전되어 경전으로 인정받았기 때문이다. 그러면 아모스 이전의 예언자들, 곧 엘리야, 엘리사, 나단과 달리 사람들은 왜 그의 말을 보존하려고 하였을까를 질문하지 않을 수 없다. 그것은 아모스의 말이 이제껏 들어본 것과는 다른, 국가 권력과 종교 체제에 대해 매우 비판적이고 사회의 밑바닥 사람, 곧 민중들의 편에 섰기 때문이다.

아모스는 일명 정의의 예언자라고 불린다. 그는 솔로몬왕 이후 나라가 남왕국 유다와 북왕국 이스라엘로 나뉘어 서로 반목하며 살던 때, 남왕국 출신으로 북왕국에 가서 활동한 매우 특이한 인물이다. 당시 주변 강국인 아시리아의 세력이 약해지면서 북왕국 여로보암 2세 때 나라는 매우 부강하였다. 이때 아모스는 몇 가지의 환상을 보고 하느님의 손에 붙잡히게 된다. 그가 본 환상은 메뚜기 떼가 풀을 모조리 갉아 먹고, 거센 불길로 인해 지하수가 말라버리고, 이스라엘의 산당이 모두 폐허가 되는 모습이다. 이는 곧 왕국의 멸망을 예언하는 것이다.

목회적 관점

제2성서에서도 예수의 메시아 기능 속에 왕과 제사장과 예언자라는 세 가지 기능이 다 있다고 설명하지만, 예수의 생애를 기록한 복음서를 읽어보면 예수에게 분명하게 드러나는 기능은 예루살렘 성전 종교 집단을 대표하는 제사장, 사두개파, 바리새파와 율법학자는 물론, 빌라도 로마 총독과 헤롯왕을 비판하는 예언자의 모습이다.

그런데 이렇게 성서 안에 분명하게 드러나 있는 예언자적 전통에도 불구하고 현재 한국교회에서 가장 소홀히 다루어지고 있는 부분이 바로 예언서이다. 그간 우리나라는 조선시대 말엽 개화 초기에 서양 선교사들로부터 기독교가 전파된 이래 주변의 강대국들에 의해 침략을 당하면서 예언자들의 해방 전통과 사회 비판이 담긴 구원의 말씀은 교회의 주요한 지침이 되어 왔다. 해방이 되고 남과 북에 따로 정권이 서고 한국전쟁과 군사독재 권력을 거쳐 80년대 민주화 시대에 이르기까지, 예언자적 외침은 주류는 아니었을지라도 그 명맥이 끊어지지는 않았다. 그러나 80년대 말 급속한 경제발전과 함께 풍요로운 시대로 들어가면서, 성공과 번영의 복음을 외치던 교회들이 급성장하며 예언자적인 외침은 거의 사라지고 말았다. 이후 교회는 비대해진 몸을 유지하기 위해 더욱더 인간 욕망 충족을 위한 도구로 전락하고 만다. 오늘날 민족 분단의 아픔을 자신의 아픔으로 여기고 사회 정의를 외치는 교회들은 거의 없고, 모두가 개인의 성공과 심령의 평안이라는 값싼 복음만을 외치는 현실이다. 2000년대를 맞이하면서 한국교회는 극심한 교인 감소를 경험하고 있으며 가나안 교인 이백만의 시대를 맞이하고 있다.

주석적 관점

제1성서는 오랜 세월 구전으로 전해져 내려오다 BCE 8세기경 문서화가 시작되었다. 그렇다면 이 시기에 아모스를 비롯한 미가, 호세아, 이사야 등 여러 예언자가 활동했다는 사실은 무엇을 의미하는가? 그것은 제1성서의 기록과 보존에 영향을 준 것은 다름 아닌 예언자 정신임을 말한다. 제1성서는 크게 율법서 역사서 예언서 시문학으로 분류한다. 이 중 예언서는 제1성서에서 가장 많은 부피를 차지하고 있고, 민족이라는 경계를 넘어 가난하고 힘없는 민중들의 편에 서서 하느님의 말씀을 선포한다는 점에서 매우 독특하다. 예언자들은 때로 민중들의 삶이 위태로울 때 "당신의 뜻이 이루어지이다"라고 말하는 대신 "당신의 뜻을 바꾸소서"라고 말한다는 점에서 신의 로봇은 아니었다(7:3).

번제물('olah, 하늘로 올라간다는 뜻으로 가장 오래된 희생제)

곡식제물(minkha, 선물)

친교제물(shelem, 화목제, 신과 인간이 함께 나누는 공동식사)

노랫소리(shir, 시편 제목이다)

물처럼(광야에서 갑자기 쏟아지는 물은 강줄기를 흘러가는 물이 아닌 전 지역을 휩쓸어 버린다)

설교적 관점

21-24절을 오늘날의 용어로 바꿔 말하면 어떻게 될까?

너희가 내 이름으로 모이는 심령부흥회니

40일 금식 새벽기도회니

그런 것이 싫어 나는 얼굴을 돌린다.

너희들이 바치는 십일조 헌금, 선교 헌금, 건축 헌금이 나는 조금도 달갑지 않다.

교회를 크게 지어 바친다 하더라도 나는 보기도 싫다. 거들떠보기도 싫다.

손을 들고 부르는 찬양의 노래를 집어치워라.

파이프 오르간과 피아노 소리도 귀찮다.

다만 너희는, 공의를 홍수처럼 넘치게 하여라.

정의가 마르지 않는 강처럼 흐르게 하여라.

시편 70

1 하느님, 나를 살려 주소서. 야훼여, 빨리 오시어 나를 도와 주소서.

2 이 목숨 빼앗으려고 노리는 자들, 수치와 창피를 당하게 하소서. 내 불행을 즐거워하는 자들, 물러나 망신을 당하게 하소서.

3 나를 보고 깔깔대던 자들, 창피를 당하고 도망치게 하소서.

4 그러나 하느님을 찾던 자들은 모두 당신 안에서 기쁘고 즐거울 것입니다. 당신의 도움을 바라던 자들은 항상 "하느님 높으시어라" 찬양할 것입니다.

5 나는 가난하고 불쌍합니다. 하느님, 빨리 오소서. 야훼여, 더디 마소서. 나의 구원자, 나의 도움이시여.

데살로니가전서 4:13-18

13 교우 여러분, 죽은 사람들에 관해서 여러분이 알아두셔야 할 것이 있습니다. 여러분은 희망을 가지지 못하는 다른 사람들처럼 슬퍼해서는 안 됩니다.

14 우리는 예수께서 죽으셨다가 다시 살아나신 것을 믿습니다. 그래서 우리는 예수를 믿다가 죽은 사람들을 하느님께서 예수와 함께 생명의 나라로 데려가실 것을 믿습니다.

15 우리는 주님의 말씀을 근거로 해서 말합니다. 주님께서 다시 오시는 날 우리가 살아남아 있다 해도 우리는 이미 죽은 사람들보다 결코 먼저 가지는 못할 것입니다.

16 명령이 떨어지고 대천사의 부르는 소리가 들리고 하느님의 나팔 소리가 울리면, 주님께서 친히 하늘로부터 내려오실 것입니다. 그러면 그리스도를 믿다가 죽은 사람들이 먼저 살아날 것이고,

17 다음으로는 그 때에 살아남아 있는 우리가 그들과 함께 구름을 타고 공중으로 들리어 올라가서 주님을 만나게 될 것입니다. 이렇게 해서 우리는 항상 주님과 함께 있게 될 것입니다.

18 그러므로 여러분은 이런 말로 위로하십시오.

신학적 관점

흔히 재림(再臨)으로 번역되는 parousia(내림, 來臨)는 세상 종말에 관한 말씀이다. 그러나 이는 일반적인 말씀이 아닌 데살로니가 교인들이 갖고 있었던 구체적인 질문에 대한 답변으로 주어진다. 저들은 예수께서 자신들이 살아 있는 동안 다시 오실 것으로 믿었는데, 그들 가운데 이미 죽은 자들은 어떻게 되는가 하는 질문이 생겨났다.

지난 이천 년간 종말론에 관한 신학적 논쟁은 계속되고 있다. 대표적인 신학자 몰트만은 *The Coming of God: Christian Eschatology*에서 종말론은 세상 '끝'에 관한 얘기가 아닌 다른 세상의 '시작'에 관한 얘기라고 말한다. 곧, 사도 요한이 말하는 '새 하늘과 새 땅'에 관한 이야기인 것이다. 바울이 본문에서 강조하는 점도 같다(고후 5:17). 새로운 세상을 향해 끝까지 희망을 잃지 말라는 것이지 구름 속으로 끌려 올라간다는 휴거(rupture)에 방점이 있는 것이 아니다. 구름은 새로운 세상의 관문(關門)으로서의 상징 언어일 따름이다.

> 유대인의 종말론적 묵시문학들이 이방 제국에 대항했던 것과 같이, 사도 바울의 복음도 로마 제국주의가 유대를 지배하는 역사적인 압박의 상황 가운데서 기록되었으며, 이 바울의 복음은 로마 제국주의 이데올로기에 대항하였다. 사도 바울은 유대 묵시문학의 세 주제인 하느님 백성의 회복은 물론, 제국주의 통치자들에 의해 죽은 순교자들의 옹호와 변호는 이미 도래했고, 그것은 예수 그리스도의 재림을 통해 곧 완성될 것이라고 주장한다(리차드 홀스리 편/홍성철 옮김, 『바울과 로마제국: 로마제국주의 사회의 종교와 권력』, CLC, 222).

목회적 관점

지난 이천 년 기독교 역사 속에서 본문으로 인해 많은 신자들이 잘못된 지도자를 따라 잘못된 신앙의 길로 빠져들곤 하였다. 지금도 문자에 매여 그러한 휴거 신앙의 유혹이 계속되고 있다. 이천 년 전 삼층적 세계관을 갖고 있었던 고대인을 향한 말씀을 우주 시대를 살아가는 현대인들에게 그대로 적용하는 것은 시대적 착오일 뿐만 아니라 반이성적인 오류일 따름이다. 당시 고린도 교인들은 예수께서 다시 오실 때 믿지 않는 배우자는 구원받지 못할 것이라는 생각을 갖고 있었고, 그래서 바울은 이런 경우에는 이혼해도 좋다고 동의한다(고전 7:15).

주석적 관점

parousia(다시 오심, 15절)와 apantesis(만남/주님을 영접함, 17절)는 로마제국 시대에서 개선장군이나 특별 사신, 특히 황제를 환영할 때 쓰인 전문 용어들이다. 이는 항복에서 유래된 의식으로 도시의 성문을 활짝 열고, 모든 중요 인물은 가장 좋은 하얀 의복을 입고 성 밖으로 나와 오시는 방문자를 환영했다. "따라서 주님의 다시 오심은 환희의 순간이요 성공의 잔치이고 또한 축하의 의식이다." 이는 대림(adventus)이 담고 있는 근본 의미이다.

황제를 만나기 위해 성 밖으로 나가야 하듯이, 데살로니가 교인들도 주님을 만나기 위해서는 저 높은 곳 구름 속으로 자신들의 세상 밖으로 들어 올려져야 할 것이었다. 그리고 당시에는 도시 밖에서 환영 인사를 하고, 도시 안으로 동행하여 들어온다. 마찬가지로 데살로니카 교인들은 공중의 구름 속에서, 세상 밖에서 주님을 만난 뒤, 계속해서 그리스도와 함께 공중으로 솟아올라 하늘나라로 가는 것이 아니라, '뒤로 세계 안의' 변화된 땅으로 그리스도와 함께 아래를 향해 내려오는 것으로 바울은 상상한다(17절). 그리고 성문을 향해 가는 길옆에는 가장 영예롭게 죽은 자들의 무덤이 줄지어 있어, 황제의 공식적 도착에서 첫 환영자들이었다(15절). "황제의 방문과 영접은 단순히 정치적 사건이거나 심지어 종교적 사건만은 아니었다. 그것은 항상 거룩하며 초월적 함의를 지니고 있었다. 방문/재림(Parousia)은 신의 현현(epiphany)을 함축했다"(『카이사르에게 돌려주라』, 67 이하).

15절만 보면 바울 또한 자신이 살아 있는 동안에 주께서 다시 오실 것으로 믿었다. 그러나 고린도전서 6장 14절이나 고린도후서 4장 14절을 보면 자신이 죽은 다음에 부활할 것을 믿고 있기도 했다.

15-17절 말씀을 마치 예수에게서 직접 들은 것처럼 주님의 말씀이라고 말하는데, 바울은 예수를 만난 적은 없다. 얼마나 신빙성이 있는 말씀인지 알 수가 없다. 복음서에 따르면 주님께서 오실 때 죽은 자들이 무덤에서 일어난다는 얘기는 있지만, 살아 있는 사람 또한 그들과 함께 하늘로 들려 올라간다는 얘기는 없다.

설교적 관점

휴거를 다룬 <Left Behind>(2014)라는 우주 공상 스릴 영화가 한때 유행한 적이 있다. 같은 제목의 책 또한 기독교인들 사이에서 베스트셀러가 되기도 했다. 그러나 이런 류(類)의 타계 신앙은 항상 시대적 위기와 개인의 심리 공포에서 벗어나기 위한 하나의 일시적인 방편에 불과하다. 그 인기는 곧 사그라들고 이로 인한 사회적 파장과 반기독교 정서는 더욱 심해지는 결과를 빚곤 한다.

본문은 바울이 본 하늘나라에 기초한 종교 신비 이야기가 아니라 당대 시대적 풍습에 대한 하나의 은유다. 다시 말하면 하느님 나라 안에서의 예수 그리스도의 능력은 로마제국 안에서 신이라 일컬어지는 황제의 능력을 능가한다고 하는 정치적 언술이다.

파루시아에 기반한 기독교의 묵시적 종말 사상(apocalyptic eschatology)은 결코 개인 불안과 사회 공포심을 조장하는 기제로 사용되어서는 안 된다. 죽음은 '잠'에 불과하다고 하는 예수와 바울의 가르침은 단순히 개인 영혼 구원이라는 부활과 영생의 가르침을 넘어 오늘의 불의한 세상 권력에 대해 결코 침묵하거나 굴복하지 말 것을 당부하기 위한 책임(責任) 십자가 말씀인 것이다.

마태복음 25:1-13

1 "하늘나라는 열 처녀가 저마다 등불을 가지고 신랑을 맞으러 나간 것에 비길 수 있다.
2 그 가운데 다섯은 미련하고 다섯은 슬기로웠다.
3 미련한 처녀들은 등잔은 가지고 있었으나 기름은 준비하지 않았다.

4 한편 슬기로운 처녀들은 등잔과 함께 기름도 그릇에 담아 가지고 있었다.

5 신랑이 늦도록 오지 않아 처녀들은 모두 졸다가 잠이 들었다.

6 그런데 한밤중에 '저기 신랑이 온다. 어서들 마중 나가라!' 하는 소리가 크게 들렸다.

7 이 소리에 처녀들은 모두 일어나 제각기 등불을 챙기었다.

8 미련한 처녀들은 그제야 슬기로운 처녀들에게 '우리 등불이 꺼져가니 기름을 좀 나누어다오.' 하고 청하였다.

9 그러나 슬기로운 처녀들은 '우리 것을 나누어주면 우리에게도, 너희에게도 다 모자랄 터이니 너희 쓸 것은 차라리 가게에 가서 사다 쓰는 것이 좋겠다.' 하였다.

10 미련한 처녀들이 기름을 사러 간 사이에 신랑이 왔다. 준비하고 기다리고 있던 처녀들은 신랑과 함께 혼인 잔치에 들어갔고 문은 잠겼다.

11 그 뒤에 미련한 처녀들이 와서 '주님, 주님, 문 좀 열어주세요.' 하고 간청하였으나

12 신랑은 '분명히 들으시오. 나는 당신들이 누구인지 모릅니다.' 하며 외면하였다.

13 그 날과 그 시간은 아무도 모른다. 그러니 항상 깨어 있어라."

신학적 관점

예수의 성전 파괴 예언 말씀에 이어 종말을 대비하는 강론 말씀(24:45-25:46)으로 마태는 네 개의 비유를 말하고 있는데, 본문은 두 번째 비유다. 네 비유의 공통된 신학적 핵심은 "그날과 그 시간은 하느님 외에는 아무도 모른다"로 주어진 현실에 자기 책임을 다하라는 현존(現存) 사상이다.

그리스도인이라고 해서 인간의 한계를 뛰어넘는 사람이 되는 것은 아니다. 열 처녀 모두 피곤을 이기지 못해 잠이 들었다. 중요한 것은 미래를 준비하는 지혜다. 미련한 다섯 처녀 또한 기름을 준비하긴 했지만, 충분하지 못했다. 곧, 종말 지연에 대한 일종의 해명(解明) 비유다.

목회적 관점

목회자의 입장에서 슬기로운 교인과 어리석은 교인을 구분한다면, 그 기준은 무엇이 될까?

주석적 관점

마태는 그의 전체 복음서의 기본 구조를 모세오경을 따라 다섯 개의 설교

묶음(講話, discourse)으로 구분하여 기술한다. 첫 번째 담화인 산상설교와 본문으로 시작하는 다섯 번째 종말 설교는 지리적으로 보면 산 위에서 행해지고 있고, 나머지 셋은 갈릴리 호수 주변에서 행해진다.

열 명의 신부로 번역하는 성서도 있지만, 이는 처녀다. 예수를 신랑으로 상정하였다는 점에서 합동 결혼식일 수는 없다. 신부의 들러리로 보는 것이 옳겠다. 멀리서 며칠을 걸어서 오는 신랑 일행은 도중에 일이 생기면 약속 날짜에 나타나지 못하게 된다. 보통은 보름달에 맞추어 혼인 날짜를 정한다. 그런데 약속 날짜를 지나 그것도 한밤중에 도착한 것이다. 등불을 밝히지 못한 신부의 들러리 친구들은 예식장에 들어갈 자격을 상실한다.

설교적 관점

본문에서 깨어 있다는 것은 여분의 넉넉한 기름을 준비하는 것을 의미한다. 여기서 기름은 무엇을 상징하는가? 약속한 때 오지 않는, 곧 지연된 파루시아에 대한 준비된 신앙 자세를 말한다. 어려움을 참고 견디는 기도 생활과 꺾이지 않는 희망을 의미한다.

특정절 스물여덟째 주일(11월 13일~11월 19일)

습 1:7, 12-18; 시 90:1-12; 살전 5:1-11; 마 25:14-30

스바냐 1:7, 12-18

7 주 야훼 앞에서 입을 다물어라. 야훼께서 오실 날이 다가왔다. 야훼께서는 이미 제물을 마련하시고 손님들을 목욕재계시키셨다.

12 "그때가 되면 나는 불을 켜들고 예루살렘을 뒤지리라. 팔자가 늘어져 스스로 말하기를 '야훼가 무슨 복을 주랴? 무슨 화를 주랴?' 하는 자들을 벌하리라.

13 그들의 재산은 털리고 집은 헐리리니, 일껏 집을 짓고도 거기에서 살지 못하고 일껏 포도 농사를 하고도 술을 빚어 마시지 못하리라."

14 야훼께서 오실 무서운 날이 다가왔다. 득달같이 다가왔다. 야훼께서 오실 날, 역마보다 날쌔게 오는구나. 군인보다도 잽싸게 닥치는구나.

15 그날은 야훼의 분노가 터지는 날, 모두들 죽도록 고생하는 날, 폭풍에 휩쓸려가는 날, 먹구름이 뒤덮이는 어두운 날,

16 나팔 소리 울리며 함성이 터지는 날이다. "저 든든한 성을 쳐라. 귀퉁이에 솟아 있는 망대를 쳐라."

17 "내가 사람들을 몰아치리니, 그들은 소경처럼 더듬거리다가 피를 땅에 뿌리고 배알을 거름덩이처럼 쏟으리라. 그들이 나에게 죄를 지은 탓이다.

18 은과 금이 아무리 많아도 그것으로 그 날을 면하지는 못하리라." 야훼의 분노가 타오르는 날, 온 세상은 활활 타버리리라. 그가 세상 사람을 송두리째 순식간에 멸하시리라.

신학적 관점

열두 명의 소예언자 가운데 바빌론 포로기 직전 유다 사회의 문제를 다룬 예언자는 하박국, 나훔, 스바냐가 있다. 이들 세 사람이 남긴 예언은 우연히 모두 3장으로 구성되어 있다. 나훔과 스바냐는 같은 시대에 활동했으며 내용은 서로 보완적이다. 스바냐가 모국인 유다왕국의 부패와 부정의를 고발하고 예루

살렘의 멸망을 선포하는 반면, 나훔은 당시 유다를 위협하며 근동을 지배하던 아시리아제국의 멸망을 예언한다. 그러나 실제 저들은 포로기 이후에 활동했던 사람들이다. 역사에 대한 추체험(追體驗)으로서의 예언이다.

본문은 YHWH의 날이 구원의 날이 아닌 심판과 멸망의 날임을 선포한다. 다른 예언자들과 달리 스바냐는 회개의 외침이 없다. 왜냐하면 이미 화살이 활시위를 떠났기 때문이다(18절).

그런데 이 심판은 인간에게만 해당하지 않는다. "땅 위에 있는 것은 무엇이건 나 말끔히 쓸어버리리라"(1:2). 생태환경론자들이 외치는 지구 종말의 예언과 흡사하다.

목회적 관점

YHWH의 기본 성품은 "자비와 은총이다. 좀처럼 화를 내지 아니하고 사랑과 진실이 넘치는 하느님이다"(출 34:6). 동시에 목회의 기본은 사랑의 실천이다. 스바냐와 같은 심판의 분노를 드러내면 교인들의 반응은 어떠할까?

주석적 관점

스바냐는 4대에 걸친 조상의 이름을 언급함으로써 출신 배경을 분명하게 말하고 있다. 스바냐는 '아몬의 아들 요시야왕이 유다를 다스릴 때'(1:1) 활동했다. 성서 기록에 의하면 유다 왕들 중 가장 악한 왕이 므낫세이고, 그의 아들 아몬 또한 이에 못지않다. 결국 아몬왕은 즉위 2년 만에 쿠데타로 죽임을 당하고 그의 아들인 요시야가 왕으로 옹립되었는데, 이때 그의 나이는 여덟 살에 불과했다. 이는 개혁 세력에 의한 섭정을 말한다.

어둠의 그 '날'은 짧은 구절(15-16절)에서 무려 여덟 번이나 반복된다. 돌이킬 수 없다는 뜻이다.

설교적 관점

흔히 교회를 구원의 방주라고 말한다. 유대 민족은 예루살렘 성전을 YHWH의 집으로 온 우주의 중심이라 여겼다. 성전에 제물을 꾸준히 드리면 안전할 것이라 믿었다. 그런데 불살라 드려지는 '제물'은 동물이 아닌 바로 유다 자신이 되고 말았다(8절). YHWH 집인 예루살렘 성전 자체가 불살라지는 '제물'이 되었다. 방주가 제물이 되는 것, 이것이 본래 방주의 존재 목적이 아니었던가? 왜냐하면 소금은 제 몸을 녹여 짠맛을 내고, 초는 제 몸을 태워 빛을 발사하기 때문이다.

오늘날 지구환경위기의 관점에서 이는 진리가 될 수도 있다. 멸망을 계속 선포하던 스바냐 또한 그의 마지막 예언(3:18-20)에서 희망을 던진다는 의미에서, 과연 지구는 다가오는 멸망을 피할 수 있을까?

시편 90:1-12

1 주여, 당신은 대대손손 우리의 피난처,
2 산들이 생기기 전, 땅과 세상이 태어나기 전, 한 옛날부터 영원히 당신은 하느님,
3 사람을 먼지로 돌아 가게 하시며 "사람아, 돌아가라" 하시오니
4 당신 앞에서는 천 년도 하루와 같아 지나간 어제 같고 깨어 있는 밤과 같사오니
5 당신께서 휩쓸어 가시면 인생은 한바탕 꿈이요, 아침에 돋아나는 풀잎이옵니다.
6 아침에는 싱싱하게 피었다가도 저녁이면 시들어 마르는 풀잎이옵니다.
7 홧김을 한번 뿜으시면 우리는 없어져 버리고 노기를 한번 띠시면 우리는 소스라칩니다.
8 우리의 잘못을 당신 앞에 놓으시니 우리의 숨은 죄 당신 앞에 날낱이 드러납니다.
9 당신 진노의 열기에 우리의 일생은 사그라지고 우리의 세월은 한숨처럼 스러지고 맙니다.
10 인생은 기껏해야 칠십 년, 근력이 좋아야 팔십 년, 그나마 거의 가 고생과 슬픔에 젖은 것, 날아가듯 덧없이 사라지고 맙니다.
11 누가 당신 분노의 힘을 알 수 있으며, 당신 노기의 그 두려움을 알겠습니까?
12 우리에게 날수를 제대로 헤아릴 줄 알게 하시고 우리의 마음이 지혜에 이르게 하소서.

데살로니가전서 5:1-11

1 교우 여러분, 그 때와 시기에 대해서는 여러분에게 더 쓸 필요가 없습니다.
2 주님의 날이 마치 밤중의 도둑같이 온다는 것을 여러분이 잘 알고 있기 때문입니다.
3 사람들이 태평세월을 노래하고 있을 때에 갑자기 멸망이 그들에게 들이닥칠 것입니다. 그것은 마치 해산할 여자에게 닥치는 진통과 같아서 결코 피할 도리가 없습니다.
4 그러나 교우 여러분, 여러분은 암흑 속에서 살고 있지 않기 때문에 여러분에게는 그 날이

도둑처럼 덮치지는 않을 것입니다.

5 여러분은 모두 빛의 자녀이며 대낮의 자녀입니다. 우리는 밤이나 어둠에 속한 사람이 아닙니다.

6 그러므로 우리는 다른 사람들처럼 잠자고 있을 것이 아니라 정신을 똑바로 차리고 깨어 있읍시다.

7 잠자는 사람들은 밤에 자고 술 마시는 사람들도 밤에 마시고 취합니다.

8 그러나 우리는 대낮에 속한 사람이므로 정신을 똑바로 차리고 믿음과 사랑으로 가슴에 무장을 하고 구원의 희망으로 투구를 씁시다.

9 하느님께서는 우리에게 진노를 내리시기로 작정하신 것이 아니라 우리 주 예수 그리스도를 통해서 구원을 주시기로 작정하셨습니다.

10 그리스도께서 우리가 살아 있든지 죽어 있든지 당신과 함께 살 수 있게 하시려고 우리를 위해서 죽으셨습니다.

11 그러므로 여러분은 이미 하고 있는 그대로 서로 격려하고 서로 도와주십시오.

신학적 관점

종말에 관한 위기의식은 개인에 있어서는 죽음이요, 인류 집단으로 보면 지구 멸망이다. 본문의 파루시아 신앙 또한 이 두 가지 관점을 다 내포하고 있다. 그런데 바울은 이를 희망의 언어로 바꾸면서(9절), 개인의 현존 인식(10절)과 함께 빛과 어둠의 자식이라는 이원론적 관점에서 신앙 공동체 내부의 실천 강령으로 결론짓는다(11절).

인류 공존과 세계평화라는 지구 생태의 관점에서 바울 종말론을 새롭게 신학화할 필요가 있다.

목회적 관점

내가 목회자로서 다른 사람이 잘 때 깨어 있다는 것은 무엇을 의미하는가? 새벽 기도나 철야 기도를 의미하지는 않는다. 칼 바르트에 있어 깨어 있음이란 중단없는 회개(conversion)를 말한다. 여기서 회개는 과거의 잘못에 대한 단순한 뉘우침이 아닌 하느님 나라를 향한 삶의 전폭적인 전향(轉向)을 의미한다.

주석적 관점

1절의 "더 쓸 필요가 없습니다"는 당시 스승이 학생들에게 주체적 사고를 격려하는 차원에서 자주 쓰던 말이다. 이미 바울도 여러 차례 비슷한 말을 했다(4:1, 2, 6, 11; 5:2).

설교적 관점

이천 년 전 초대 교인들이 가졌던 임박한 예수 재림의 신앙, 로마제국 시대의 만연(漫然)된 전쟁 상황에서의 묵시적(apocalyptic) 종말 사고, 그로 인하여 방패나 투구와 같은 전쟁 무기를 신앙의 비유로 사용하던 바울의 이해를 전혀 다른 세계관과 가치관을 가진 현대인들에게 그대로 인용할 수는 없다. 현대인들의 사고에 맞는 언어로 재해석해야 한다. 그렇지 않으면 기독교는 시대에 뒤떨어진 종교가 되어 사회로부터 외면 받을 수밖에 없다.

마태복음 25:14-30

14 "하늘나라는 또 이렇게 비유할 수 있다. 어떤 사람이 먼 길을 떠나면서 자기 종들을 불러 재산을 맡기었다.

15 그는 각자의 능력에 따라 한 사람에게는 돈 다섯 달란트를 주고 한 사람에게는 두 달란트를 주고 또 한 사람에게는 한 달란트를 주고 떠났다.

16 다섯 달란트를 받은 사람은 곧 가서 그 돈을 활용하여 다섯 달란트를 더 벌었다.

17 두 달란트를 받은 사람도 그와 같이하여 두 달란트를 더 벌었다.

18 그러나 한 달란트를 받은 사람은 가서 그 돈을 땅에 묻어두었다.

19 얼마 뒤에 주인이 와서 그 종들과 셈을 하게 되었다.

20 다섯 달란트를 받은 사람은 다섯 달란트를 더 가지고 와서 '주인님, 주인께서 저에게 다섯 달란트를 맡기셨는데 보십시오, 다섯 달란트를 더 벌었습니다.' 하고 말하였다.

21 그러자 주인이 그에게 '잘하였다. 너는 과연 착하고 충성스러운 종이다. 네가 작은 일에 충성을 다하였으니 이제 내가 큰 일을 너에게 맡기겠다. 자, 와서 네 주인과 함께 기쁨을 나누어라.' 하고 말하였다.

22 그 다음 두 달란트를 받은 사람도 와서 '주인님, 두 달란트를 저에게 맡기셨는데 보십시오, 두 달란트를 더 벌었습니다.' 하고 말하였다.

23 그래서 주인은 그에게도 '잘하였다. 너는 과연 착하고 충성스러운 종이다. 네가 작은 일에 충성을 다하였으니 이제 내가 큰 일을 너에게 맡기겠다. 자, 와서 네 주인과 함께 기쁨을 나누어라.' 하고 말하였다.

24 그런데 한 달란트를 받은 사람은 와서 '주인님, 저는 주인께서 심지 않은 데서 거두시고 뿌리지 않은 데서 모으시는 무서운 분이신 줄을 알고 있었습니다.

25 그래서 두려운 나머지 저는 주인님의 돈을 가지고 가서 땅에 묻어두었습니다. 보십시오, 여기 그 돈이 그대로 있습니다.' 하고 말하였다.

26 그러자 주인은 그 종에게 호통을 쳤다. '너야말로 악하고 게으른 종이다. 내가 심지 않은 데서 거두고 뿌리지 않은 데서 모으는 사람인 줄로 알고 있었다면

27 내 돈을 돈 쓸 사람에게 꾸어주었다가 내가 돌아올 때에 그 돈에 이자를 붙여서 돌려주어야 할 것이 아니냐?

28 여봐라, 저자에게서 한 달란트마저 빼앗아 열 달란트 가진 사람에게 주어라.

29 누구든지 있는 사람은 더 받아 넉넉해지고 없는 사람은 있는 것마저 빼앗길 것이다.

30 이 쓸모없는 종을 바깥 어두운 곳에 내쫓아라. 거기에서 가슴을 치며 통곡할 것이다.'"

신학적 관점

오늘날 달란트는 교회 내에서는 '은사'로, 영어에서는 '재능'으로 번역된다. talanta라는 로마의 금화가 영어의 talent로 대체된 것은 훨씬 후대에서 일어난 일이다. 본래는 로마제국의 착취 경제구조에 대한 고발성 비유다. 달란트는 로마제국의 가장 큰 화폐단위로 당시 6천 데나리온에 해당한다. 이는 오늘날의 조(兆)에 해당하는 화폐단위로 개인 간의 거래가 아닌 왕국 사이의 거래를 상정한다.

한 달란트를 금화 24~30kg으로 계산하여 오늘날 20억 원의 가치를 말하기도 하지만, 고대와 현대의 돈의 비교 가치를 단순히 금 무게로 비교할 수는 없다. 왜냐하면 당시 금은 특수 계층만의 고가의 사치품이기 때문이다. 데나리온의 가치 또한 마찬가지다. 당시 노동자 하루 일당의 가치를 갖지만, 이를 10~15만 원으로 계산하는 방식도 마땅치 않다. 왜냐하면 고대에는 오늘날과 같이 집이나 교통비나 교육이나 의료 혹은 의류 구입과 같은 기타 잡비에는 돈이 거의 들어가지 않았기 때문이다. 일당은 거의 대부분 식비에 쓰였다. 식품비만 따진다면 하루 만 원 혹은 2만 원으로 계산하는 것이 보다 타당하다.

복음서 저자들이 세상 종말에 이은 하느님 나라 도래에 관한 비유 이야기를 하면서 자본(돈)의 투자에 대해 이야기한다거나 개인의 재능에 관해 이야기한다고 볼 수는 없다. 본문을 문자 그대로 받아들이면, 땅에 묻어둔 게으른 종에 대해 비난은 당연할뿐더러, 이는 잘못하면 금융 시스템에 기초한 오늘날의 금융자본주의적 가치 체계를 옹호하는 말씀이 되고 만다. 복음서는 기본적으로 로마제국의 부익부 빈익빈의 자본주의적 가치를 비판하는 하느님 나라의 나눔과 평등의 가치 체계를 추구하고 있다. 이 점에서 본문은 달란트라는 단어에서부터 풀기 어려운 신학적 딜레마를 갖고 있다. 당시에 다섯 달란트 혹은 두 달란트를 받은 사람이 배에 해당하는 이익을 남길 수 있는 방식은 제국적인 약탈과 착취 이외에 다른 방식은 없었다. 곧, 로마제국의 폭력적 착취 구조에 대한 고발인 셈이다.

이를 굳이 개인의 관점에서 본다고 하더라도 한 달란트를 받은 사람은 이미 자신의 가진 능력에 대해 주인으로부터 차별(악하고 게으른 종)을 받았으며, 이는 모멸로 받아들여지면서 자기 비하로 이어졌을 것이다. 땅에 묻어두는 행위는 어쩌면 주인으로부터 강요받은(?) 자기 비하의 행위일 수도 있다.

목회적 관점

오늘날도 그렇지만, 전쟁 상황 속에서 한 달란트 금화를 땅에 묻는 행위는 청지기로서 어리석은 일이 아니라 지혜로운 일이 된다.

주석적 관점

okneros는 '게으르다'는 뜻과 '염려와 걱정이 많다'라는 두 뜻이 있다. 게을렀다면 아예 처음부터 한 달란트라는 거금을 맡기지는 않았을 것이다. 염려와 걱정이 많은 종으로 번역하는 것이 타당하다.

누가는 마태와 달리 예루살렘 입성 전 세리장 삭개오의 회개에 이어서 이 비유를 얘기한다(19장). 달란트 대신 보다 작은 금화 화폐인 므나로 바꾸었고, 열 명에게 한 므나씩 '골고루' 준다. 그런데 이 비유는 헤롯왕이 로마 황제를 찾아가 왕위를 받는 일을 연상하게 하는, 한 귀족이 왕위를 받아오려고 길을 떠나는 장면으로 설명하고, 백성들이 그를 미워하고 있다는 얘기를 덧붙인다. 따라서 누가가 마태보다는 Q복음 말씀에 보다 가깝고 사실에 기초하고 있다. 결론 30절을 달란트 비유의 목적으로 본다면, 이는 유대 밖에서 친로마를 공공연하게 밝히고 있는 누가 공동체보다 예루살렘 독립전쟁 시 로마 군단이 거주했던 안디옥의 마태 공동체의 당면한 핍박 상황을 반영한다고 보는 것이 타당하다(워렌 카터, "마태복음은 로마제국과 타협하다," 리처드 호슬리 엮음/정연복 옮김, 『제국의 그림자 속에서』 7장, 200).

설교적 관점

마태는 부자 청년의 비유(19장)에서 비록 그가 가진 재물이 남의 것을 도둑질하지 않았다 하더라도 재물은 가난한 자들과 나누어야 하는 하느님의 소유임을 말하면서, 재물은 하느님 나라에 들어가는 일에 걸림돌(낙타와 바늘귀 비유)이 되는 것임을 이미 선언했다.

인류 문명사에서 차축 시대에 종교가 발전한 것은 제국의 학살과 공포였다기보다는 오히려 화폐경제와 사유재산제도가 정착되고 이자가 제도화함으로써 부채노예가 급증하여 고대 사회의 상부상조하는 전통이 와해되고 경쟁적이며 탐욕적인 사회가 된 것에 대한 포괄적 대응이었다(재인용.『제국의 그림자 속에서』, 17).

어쩌면 달란트라는 일반 사람으로서는 상상도 할 수 없는 엄청난 크기의 화폐를 이야기의 핵심 단어로 사용한다는 점에서 이 비유는 역설적으로 읽어야 하는 것이 옳지 않을까? 곧, 겉옷을 달라는 자에게 속옷을 벗어주라는 예수의 원수 사랑의 역설과 같이 자본주들의 이자 놀이 착취에 대한 사회적 고발로 읽어야 할 것이다.

하늘나라에서 이자 놀이를 하는 것도 마땅하지 않고(27절), '없는 사람의 것을 빼앗아 많이 있는 사람에게' 몰아주는 승자독식의 방식도 마땅하지 않다.

더구나 재림 주님을 돈만 아는 악덕 자본가로 비유할 수는 없지 않은가? 설교자의 고민이다. 그렇다고 말씀의 보화를 땅에 묻어둘 것인가? 귀 없는 자도 다 아는 얘기를 저자 마태가 예루살렘 멸망에 이은 그 엄중한 위기의 시기에 값비싼 양피지에 기록으로 남겼을 리는 만무하지 않겠는가? 그것도 세상 종말에 이은 하늘나라 비유 말씀으로 말이다.

따라서 본문은 전혀 새로운 시각(반상업자본주의적 시각)에서 접근하는 것이 필요하다. 달란트 비유를 로마제국이 갖고 있는 자본주의적 착취 구조에 대한 고발로 보는 것이 마땅하다. '심지 않는 데서 거두고 뿌리지 않는 데서 모으는' 로마제국의 전쟁 약탈 구조에 대한 고발로 그리고 모든 것을 빼앗기는 유대 식민지 상황에서 부익부 빈익빈의 구조를 비웃는 역(逆) 비유로 보는 것이 전체 복음서 맥락에 맞는 해석이다. 복음서는 당시 공개적인 문서가 아니었다. 로마제국의 감시와 눈길을 피해야 하는 은유로 가득 찬 내부자용 비밀 문서였다. 달란트 비유는 그 결론이 너무나 당연한 이익 창출이라는 자본주의 옹호적인 해석보다는 내부 사람들끼리만 통하는 유언비어(流言蜚語) 형식의 (땅의) 체제 전복(顚覆) 비유로 보는 것이 마땅하다. 그러기에 하늘(하느님)나라 비유라는 말을 처음부터 전제(前提)하는 것이다.

특정절 스물아홉째 주일(그리스도통치주일)

겔 34:11-24; 시 95:1-7a; 엡 1:15-23; 마 25:31-46

에스겔 34:11-24

11 주 야훼가 말한다. 보아라. 나의 양떼는 내가 찾아보고 내가 돌보리라.

12 양떼가 마구 흩어지는 날, 목자가 제 양떼를 돌보듯이 나는 내 양떼를 돌보리라. 먹구름이 덮여 어두울지라도 사방 흩어진 곳에서 찾아오리라.

13 뭇 민족 가운데서 데려오고 이 나라 저 나라에서 모아들여 본고장으로 데리고 와서, 이스라엘 이 산 저 산으로 이끌며 시냇가로 인도하고 사람 사는 땅 어디에서나 기를 것이다.

14 좋은 목장을 찾아다니며 기르리라. 이스라엘의 높은 산들이 목장이 되면 그들이 좋은 목장에서 쉬기도 하고 이스라엘의 이 산 저 산에서 기름진 풀을 뜯기도 하리라.

15 내가 몸소 내 양떼를 기를 것이요, 내가 몸소 내 양떼를 쉬게 하리라. 주 야훼가 하는 말이다.

16 헤매는 것은 찾아내고 길 잃은 것은 도로 데려오리라. 상처입은 것은 싸매주고 아픈 것은 힘 나도록 잘 먹여주고 기름지고 튼튼한 것은 지켜주겠다. 이렇게 나는 목자의 구실을 다하리라.

17 주 야훼가 말한다. 너희는 나의 양떼이다. 나는 이제 양과 양 사이, 숫양과 숫염소 사이의 시비를 가려주리라.

18 너희 가운데는 그 좋은 초원에서 풀을 뜯는 것만으로 부족한지 남은 초원들을 짓밟는 것들이 있다. 맑은 물을 마시고 나서는 첨벙첨벙 흐려놓는 것들이 있다.

19 그래서 나의 양떼는 짓밟힌 풀을 뜯어야 하고, 흐려놓은 물을 마시게 되었다.

20 그래서 주 야훼가 말한다. 나 이제 몸소 살진 양과 여윈 양 사이의 시비를 가려주리라.

21 너희들은 약한 양들을 모조리 옆구리와 어깨로 밀쳐내고, 뿔로 받아 우리 바깥으로 쫓아 흩어버리기까지 하였다.

22 그러나 나는 내 양떼를 구해 주어 다시는 노략질당하지 않게 하리라. 내가 양과 양 사이의 시비를 가려주리라.

23 내가 한 목자를 세워주겠다. 그는 나의 종 다윗이다. 그가 내 양떼를 돌보는 목자가 되리라.

24 나 야훼가 몸소 그들의 하느님이 되고, 나의 종 다윗이 그들의 영도자가 되리라. 나 야훼가 말하였다.

신학적 관점

오늘은 대림절을 앞둔 마지막 주일로 교회력에 따르면 송년 주일에 해당한다. 그리하여 신앙적으로는 한해를 돌아보며 우리의 삶을 하느님께 드리며 감사하는 '그리스도통치주일'(Reign of Christ 혹은 Christ the King Sunday)이다. '왕국(王國) 주일'이라고도 부르나, '왕국'이란 단어는 신학적으로도 문제가 되고 구시대의 언어이다.

예루살렘의 멸망이 곧 YHWH의 약함을 뜻하는 것이 아니다. 멸망의 이유는 정치 종교 지도자들의 부패와 패악 때문이다. 그리하여 선한 목자는 단지 아픈 양과 상처 입은 양의 치유와 회복만이 아니라 살진 양과 여윈 양 사이의 시비를 가려주는, 곧 사회의 잘못된 구조를 바로 잡아주는 정의의 목자임을 밝혀 말한다. "너희들은 선한 양들을 모조리 옆구리와 어깨로 밀쳐내고, 뿔로 받아 우리 바깥으로 쫓아 흩어버리기까지 하였다. 나는 다시는 그들이 부당하게 노략질당하지 않게 하겠다."

목회적 관점

목회자 또한 사람인지라 교회 안에서도 힘을 가진 교인들과 가깝게 지내고 저들의 소리에 귀를 기울이는 경향이 생기게 마련이다. 그러나 참 목회자는 목자장인 예수 그리스도를 따라 약자의 음성에 귀를 기울이는 습관을 갖도록 끊임없이 훈련해야 한다.

주석적 관점

본문은 구원 신탁 말씀(34-48장)의 머리말이다.

13절 '내가 여러 민족 속에서 내 양 떼를 데리고 나오고, 그 여러 나라에서 그들을 모아다가'는 디아스포라 백성들을 말한다. 북왕국 이스라엘과 남왕국 유다의 흩어진 백성들을 말한다. 이후 '그들'로 말해진다. 23절은 '하나'의 목자이다. 이후 37장에서 남북 통일 왕국으로 다시금 명확하게 천명된다.

설교적 관점

18-19절은 가진 자들의 횡포에 대해 말한다. 왜 가진 자들은 적게 가진 자들을 돕지 못하고 더 고통을 당하도록 방치하는 것일까? 타고난 인간의 죄성인가? 아니면 가진 자들의 욕심 때문인가? 없는 자들은 그 설움을 알기에 함께 나누려고 하는 데 반해, 가진 자들은 지나친 욕심으로 없는 자들을 더 큰 고통으로 몰아넣는다.

팔레스타인 난민들과 이스라엘 사이의 분쟁과 전쟁이 이어지고 있다. 팔레스타인 사람들은 이천 년을 조상 대대로 살았던 땅을 빼앗기고 가자지구와 서안지구로 분리되었다. '이스라엘' 혹은 '유대'는 성서 안에서 약자와 빼앗긴 자의 상징이다. 오늘날의 국가 '이스라엘'은 성서의 Jews로서의 '유대'와는 직접 관련이 없다. 오히려 오늘날의 국가 이스라엘은 성서의 애굽, 아시리아, 바빌론제국에 해당한다.

시편 95:1-7a

1 어서 와 야훼께 기쁜 노래 부르자 우리 구원의 바위 앞에서 환성을 올리자
2 감사노래 부르며 그 앞에 나아가자 노랫가락에 맞추어 환성을 올리자.
3 야훼는 높으신 하느님, 모든 신들을 거느리시는 높으신 임금님,
4 깊고 깊은 땅속도 그분 수중에, 높고 높은 산들도 그분의 것,
5 바다도 그의 것, 그분이 만드신 것, 굳은 땅도 그분 손이 빚어 내신 것,
6 어서 와 허리 굽혀 경배드리자. 우리를 지으신 야훼께 무릎을 꿇자.
7 그는 우리의 하느님, 우리는 그의 기르시는 백성, 이끄시는 양 떼.

에베소서 1:15-23

15 나는 여러분이 주 예수를 충실히 믿으며 모든 성도들을 사랑한다는 소식을 듣고
16 기도할 때마다 언제나 여러분을 기억하며 하느님께 감사를 드리고 있습니다.
17 나는 우리 주 예수 그리스도의 하느님, 영광스러운 아버지께서 여러분에게 영적인 지혜와 통찰력을 내려주셔서 하느님을 참으로 알게 하시고
18 또 여러분의 마음의 눈을 밝혀 주셔서 하느님의 백성이 된 여러분이 무엇을 바랄 것인지 또 성도들과 함께 여러분이 물려받을 축복이 얼마나 놀랍고 큰 것인지를 알게 하여 주시기

바랍니다.

19 그리고 우리 믿는 사람들 속에서 강한 힘으로 활동하시는 하느님의 능력이 얼마나 위대한 지를 여러분에게 알게 하여주시기를 빕니다.

20 하느님께서는 그 능력을 떨치시어 그리스도를 죽은 자들 가운데서 다시 살려내시고 하늘 나라에 불러올리셔서 당신의 오른편에 앉히시고

21 권세와 세력과 능력과 주권의 여러 천신들을 지배하게 하시고 또 현세와 내세의 모든 권 력자들 위에 올려놓으셨습니다.

22 하느님께서는 만물을 그리스도의 발아래 굴복시키셨으며 그분을 교회의 머리로 삼으셔 서 모든 것을 지배하게 하셨습니다.

23 교회는 그리스도의 몸이며 만물을 완성하시는 분의 계획이 그 안에서 완전히 이루어집니다.

신학적 관점

니케아신조와 사도신조의 핵심 교리인 "장사된 지 사흘 만에 죽은 자 가운데서 다시 살아나시어, 하늘에 오르사 전능하신 하느님 우편에 앉아 계시다가, 거기로 부터 산 자와 죽은 자를 심판하러 오시리라"는 본문 20절과 21절에 기반한다.

그러나 '하느님께서는 만물을 그리스도의 발아래에 굴복시키시고'라는 22절 말씀을 오늘날 다종교의 사회에서 어떻게 해석할 것인가 하는 신학적 과제가 있다. 백인 유럽과 북미 국가에서 기독교는 주류이지만, 기타 국가에서 기독교는 주류가 아니다. '발아래에 굴복'이라는 단어는 승장(勝將)이 패장(敗將)의 머리를 발로 밟는 행위를 묘사하는 전쟁 용어이며 상대를 인정하지 않는 배타적인 용어이다.

신학자 본회퍼는 교회(ekklēsia)에 대해 "부름을 받은 자들이란 종교적 관점 에서 특혜를 받은 우리 자신을 말하는 것이 아니라 전적으로 세상에 속한 자를 말한다. 그리스도는 종교의 대상으로서가 아닌 전혀 다른 의미에서 세상의 주(主)님이 되신다. 화해의 십자가는 인간으로 하여금 자기만 아는 존재가 아니라 '타자를 위한 존재가 되게 한다'(엡 2:16)"고 말했다.

에베소서에서 모두 아홉 번 사용되는 '교회'라는 단어는 오늘날 우리가 생각하 는 지상의 개교회가 아닌 사도신조에서 고백하는 공회(公會)로서의 우주적 교회 의 성격을 더 강하게 말하고 있다.

목회적 관점

1908년 조선예수교장로회('독노회')가 미국 국가가 공휴일로 정한 11월 넷째 목요일(Thanksgiving Day)을 감사의 날로 채택한 이후 한국교회에서는 추수감사절을 미국 교회를 따라 11월 셋째 주일에 지키고 있다. 유럽 교회에서는 (추수)감사주일이라는 것이 따로 없다. 사실 대부분의 도시 교회에서 '추수감사'라는 말은 삶과 동떨어진 단어다. 그리하여 30여 년 전부터 우리 고유의 명절인 한가위 절기에 맞춰 감사주일로 지키는 교회들이 늘고 있다. 신앙적으로 보면 모든 주일이 감사주일이 마땅하나, 굳이 한 주일을 감사주일로 지키고자 한다면 교회력으로 한 해의 마지막 주일이 더 적합할 것이다. 여기에 '그리스도통치주일'의 참 의미가 있다.

주석적 관점

20-23절(혹은 17-23절)은 에베소서 저자의 창작이라기보다는 초대교회의 정형화된 신앙 고백(공동 기도)인 동시에 예배에서의 감사 찬양으로 보는 것이 마땅하다.

"모든 이름 위에 뛰어나게 하셨다"(21절)에서의 뛰어남이란 상대를 누르고 일어선다는 배제의 의미가 아닌 '만물 안에서 만물을 충만케 하시는 분의 충만함'(23절)이라는 상대를 배려하고 인정한다는 의미다.

'충만함'(pleroma)은 (우주의) '완전성'이라는 관점에서 당시 헬라 철학의 핵심 주제 중 하나였다.

설교적 관점

교회력으로 오늘은 송년 주일에 해당한다. 그리스도통치주일이란 갈릴리 민중과 함께 하느님 나라 운동을 펼치시다 로마의 십자가 형틀에 매달려 죽으신 예수의 삶을 통해 우리의 삶 속에 역사하신 하느님의 은혜를 함께 나누는 주일을 말한다. 오늘 우리의 삶의 모습이 어떠하든 하느님의 자녀로서의 기쁨을 나누도록 한다.

마태복음 25:31-46

31 "사람의 아들이 영광을 떨치며 모든 천사들을 거느리고 와서 영광스러운 왕좌에 앉게 되면

32 모든 민족들을 앞에 불러놓고 마치 목자가 양과 염소를 갈라놓듯이 그들을 갈라

33 양은 오른편에, 염소는 왼편에 자리 잡게 할 것이다.

34 그때에 그 임금은 자기 오른편에 있는 사람들에게 이렇게 말할 것이다. '너희는 내 아버지의 복을 받은 사람들이니 와서 세상 창조 때부터 너희를 위하여 준비한 이 나라를 차지하여라.

35 너희는 내가 굶주렸을 때에 먹을 것을 주었고 목말랐을 때에 마실 것을 주었으며 나그네 되었을 때에 따뜻하게 맞이하였다.

36 또 헐벗었을 때에 입을 것을 주었으며 병들었을 때에 돌보아 주었고 감옥에 갇혔을 때에 찾아주었다.'

37 이 말을 듣고 의인들은 이렇게 말할 것이다. '주님, 저희가 언제 주님께서 주리신 것을 보고 잡수실 것을 드렸으며 목마르신 것을 보고 마실 것을 드렸습니까?

38 또 언제 주님께서 나그네 되신 것을 보고 따뜻이 맞아들였으며 헐벗으신 것을 보고 입을 것을 드렸으며,

39 언제 주님께서 병드셨거나 감옥에 갇히신 것을 보고 저희가 찾아가 뵈었습니까?'

40 그러면 임금은 '분명히 말한다. 너희가 여기 있는 형제 중에 가장 보잘것없는 사람 하나에게 해준 것이 바로 나에게 해준 것이다.' 하고 말할 것이다."

41 "그리고 왼편에 있는 사람들에게는 이렇게 말할 것이다. '이 저주받은 자들아, 나에게서 떠나 악마와 그의 졸도들을 가두려고 준비한 영원한 불 속에 들어가라.

42 너희는 내가 주렸을 때에 먹을 것을 주지 않았고, 목말랐을 때에 마실 것을 주지 않았으며

43 나그네 되었을 때에 따뜻하게 맞이하지 않았고, 헐벗었을 때에 입을 것을 주지 않았으며, 또 병들었을 때나 감옥에 갇혔을 때에 돌보아 주지 않았다.'

44 이 말을 듣고 그들도 이렇게 대답할 것이다. '주님, 주님께서 언제 굶주리고 목마르셨으며, 언제 나그네 되시고 헐벗으셨으며, 또 언제 병드시고 감옥에 갇히셨기에 저희가 모른 체하고 돌보아 드리지 않았다는 말씀입니까?'

45 그러면 임금은 '똑똑히 들어라. 여기 있는 형제들 중에 가장 보잘것없는 사람 하나에게 해주지 않은 것이 곧 나에게 해주지 않은 것이다.' 하고 말할 것이다.

46 이리하여 그들은 영원히 벌받는 곳으로 쫓겨날 것이며, 의인들은 영원한 생명의 나라로 들어갈 것이다."

신학적 관점

마지막 때에 관한 네 가지 비유 중 마지막 말씀이다. 모세오경을 대체하는 마태복음의 다섯 개의 예수 강화(講話)의 결론이다. 구원에 관한 신학적 최종 결론이다. 곧, 영원한 생명(구원)을 얻고 못 얻고는 성서 지식이나 기도의 양이나

교회 활동 헌신도에 달려 있지 않고, 주위의 지극히 보잘것없는 사람을 어떻게 대했느냐에 달려 있다.

목회적 관점

올 한 해 보잘것없는 사람에게 예수 사랑을 실천했던 때는 언제인가?

그런데 본문에 의하면, 이를 기억한다면 예수께서 말씀하시는 '의인'의 기준에 미치지 못한다(39절).

주석적 관점

31절 '인자의 오심'은 다니엘 7장 13-14절을 떠올리게 한다.

풀을 뜯는 낮 동안은 양과 염소가 함께 거하지만, 밤이 되면 추위를 더 타는 염소는 양과 분리가 된다. 마태복음 본문은 양은 의인의 상징으로, 염소는 악인의 상징으로 그려지지만, 에스겔 본문은 의인으로서의 양과 악인으로서의 양이 그려진다.

'모든 민족'(panta ta ethnē)이란 유대인이든, 팔레스타인이든, 한국 사람이든, 북조선 사람이든… 때와 장소에 구분 없이 인간 누구에게나 적용되는 구원의 보편 규칙이다.

설교적 관점

"예수님의 이름으로 기도한다"는 뜻은? 염원, 기도, "예수님의 이름으로 기도한다"는 것이 무엇을 뜻하는지 알기까지… 저는 상당한 시간이 걸렸습니다. "예수님의 이름으로 기도한다"는 것은 "예수님이 기도한다"는 것, 즉 주의 기도를 우리들의 기도로 삼는다는 뜻이 되겠지요. 그런데 그 주의 기도가 바로 민중의 기도라는 것을 알게 해주시기 위하여 하느님께서는 1976년 저를 감옥에 집어넣으셨던 것 같습니다. 사실 예수님의 이름으로 기도한다는 말은 민중의 이름으로 기도한다는 말이라고 생각합니다. 그래서 저는 요즘 기도할 때면 "고난받는 당신의 아들, 딸들의 이름으로 기도합니다"라고 하는 것이 좋겠다고 생각합니다. 당신의 아들 예수 때문이 아니라, 하나님께서는 자기의 고난 받는 아들, 딸들이 외치는 소리이기 때문에 그 기도 소리를 거절하실 수가 없는 것입니다. 애굽에서 외치는 노예들의 아우성 소리를 하나님께서는 거절하실 수가 없었습니다. 예수님의 기도는 바로 그런 기도였습니다.

나는 기독교의 대속(代贖)의 교리 같은 것은 잘 믿지 않는 사람입니다. 그런 것이 아니라고 저는 생각합니다. 하나님이 거절하실 수 없는 기도, 그 고난 받는 당신의 아들딸들의 아우성, 그것이 바로 우리들의 염원, 즉 종교적 염원과 민중적 염원을 완전히 일치시키는 길이라고 저는 믿습니다. 우리가 종교적 염원과 민중적 염원을 따로따로 가지고 있는 한 우리가 내려찍는 도끼질은 마냥 헛 도끼질이 되는 것입니다. 그들이 한 초점에 닿아서 내려 찍힐 때에만 그 도끼날에 장작은 빠개져 나가는 것입니다(문익환/통일신학동지회 엮음, 『통일과 민족교회의 신학』, 한울, 13-14).

본문은 구원을 받고 안 받고는 예수 이름으로 기도했느냐 안 했느냐는 전혀 상관이 없고 이 사회의 가장 보잘것없는 사람 한 명, 곧 굶주린 사람, 목마른 사람, 나그네 된 사람, 헐벗은 사람, 병든 사람, 감옥에 갇힌 사람을 돌보아 주었느냐 그렇지 않느냐에 달려 있다고 말한다. 예수는 이들에게 해준 것이 나에게 해준 것이고, 이들에게 해주지 않은 것이 나에게 해주지 않은 것이라고 말씀하신다. 곧, 예수께서는 자신과 민중을 동일시하셨다.

YHWH 하느님이 애굽제국의 노예인 '하비루'를 선택하여 구원의 원형인 히브리 공동체를 만드셨듯이, 예수 그리스도께서 '오홀로스'라는 로마제국의 주변부에 거하던 갈릴리 민중들과 더불어 오늘의 교회 공동체의 원형을 만드셨듯이, 우리는 이 땅의 가장 낮은 자들과 더불어 정의와 자유, 평화와 평등의 나라를 만들어 갈 때, 영원한 생명의 나라에 들어가게 된다.

성서 구절 목록(인덱스)

느헤미야

8:1-3, 5-6, 8-10(C 주현후 3)

에스더

7:1-6, 9-10; 9:20-22(B 특정 21)

욥기

1:1; 2:1-10(B 특정 22) 14:1-14(B 성토요) 23:1-9, 16-17(B 특정 23) 38:1-7, 34-41(B 특정 24) 38:1-11(B 특정 23) 42:1-6, 10-17(B 특정 25)

잠언

1:20-33(B 특정 19) 8:1-4, 22-31(C 삼위) 9:1-6(B 특정 15) 22:1-2, 8-9, 22-23(B 특정 18) 31:10-31(B 특정 20)

아가

2:8-13(B 특정 17)

이사야

1:1, 10-20(C 특정 14) 2:1-5(A 대림 1) 5:1-7(A 특정 22, C 특정 15) 6:1-8(B 삼위) 6:1-13(C 주현후 5) 7:10-16(A 대림 4) 9:1-4(A 주현후 3) 9:2-7(B,C 성탄전야) 11:1-10(A 대림 2) 12:2-6(C 대림 3) 25:1-9(A 특정 23) 25:6-9(B 부활) 35:1-10(A 대림 3) 40:1-11(B 대림 2) 40:21-31(B 주현후 5) 42:1-9(A 주현후 1, ABC 성월요) 43:1-7(C 주현후 1) 43:16-21(C 사순 5) 43:18-25(B 주현후 7) 44:6-8(A 특정 11) 45:1-7(A 특정 24) 49:1-7(A 주현후 2, ABC 성화요) 49:8-16a(A 주현후 8 & 특정 3) 50:4-9a(ABC 사순 6, ABC 성수요) 51:1-6(A 특정 16) 52:7-10(ABC 성탄절) 52:13-53:12(ABC 성금요) 55:1-5(A 특정 13) 55:1-9(C 사순 3) 55:10-13(A 특정 10, C 주현후 8, C 특정 3) 56:1, 6-8(A 특정 15) 58:1-12(A 주현후 5; AC 성회수요) 60:1-6(ABC 주현절) 61:1-4, 8-11(B 대림 3) 61:10-62:3(B 성탄후 1) 62:1-5(C 주현후 2) 63:7-9(A 성탄후 1) 64:1-9(B 대림 1) 65:17-25(C 부활, 특정 28)

예레미야

1:4-10(C 주현후 4, C 특정 16) 2:4-13(C 특정 17) 4:11-12, 22-28(C 특정 19) 8:18-9:1(C 특정 20) 15:15-21(A 특정 17) 17:5-10(C 주현후 6) 18:1-11(C 특정 18) 20:7-13(A 특정 7) 23:1-6(B 특정 11, C 통치) 28:5-9(A 특정 8) 29:1, 4-7(C 특정 23) 31:1-6(A 부활절) 31:7-14(B 성탄후 1) 31:27-34(C 특정 24) 31:31-34(B 사순 5) 32:1-3a, 6-15(C 특정 21) 33:14-16(C 대림 1)

예레미야애가

1:1-6(C 특정 22) 3:1-9, 19-24(AC 성토요) 3:19-26(C 특정 22)

에스겔

2:1-5(B 특정 9) 17:22-24(B 특정 6) 18:1-4, 25-32(A 특정 21) 33:7-11(A 특정 22) 34:11-16, 20-24(A 통치) 37:1-14(A 사순 5)

다니엘

7:1-3, 15-18(C 성도)

호세아

1:2-10(C 특정 12) 2:14-20(B 주현후 8, 성령 3) 5:15-6:6(A 특정 5) 11:1-11(C 특정 13)

요엘

2:1-2, 12-17(B 재의수) 2:23-32(C 특정 25)

아모스

5:18-24(A 특정 27) 7:7-15(B 특정 10) 7:7-17(C 특정 10) 8:1-12(C 특정 11)

요나

3:1-5, 10(B 주현후 3) 3:10-4:11(A 특정 20)

미가

3:5-12(A 특정 26) 5:2-5a(C 대림 4) 6:1-8(A 주현 후 4)

하박국

1:1-4; 2:1-4(C 특정 26)

스바냐

1:7, 12-18(A 특정 28) 3:14-20(C 대림 3)

학개

1:15b-2:9(C 특정 27)

스가랴

9:9-12(A 특정 9)

말라기

3:1-4(C 대림 2)

집회(시락)서

24:1-12(AC 성탄후 2)

지혜서

1:13-15; 2:23-24(B 특정 8) 3:1-9(B 성도) 10:15-21(AC 성탄후 2)

마태복음

1:18-25(A 대림 4) 2:1-12(ABC 주현절) 2:13-23(A 성탄 후 1) 3:1-12(A 대림 2) 3:13-17(A 주현후 1) 4:1-11(A 사순 1) 4:12-23(A 주현후 3) 5:1-12(A 주현후 4 & A 성도) 5:13-20(A 주현후 5) 5:21-37(A 주현후 6) 5:38-48(A 주현후 7) 6:1-6, 16-21(A 재수요, B 재수요) 6:24-34(A 주현후 8 & 특정 3) 7:21-29(A 주현후 9 & 특정 4) 9:9-13, 18-26(A 특정 5) 9:35-10:23(A 특정 6) 10:24-39(A 특정 7) 10:42-42(A 특정 8) 11:2-11(A 대림 3) 11:16-19, 25-30(A 특정 9) 13:1-9; 18-23(A 특정 10) 13:24-30, 36-43(A 특정 11) 13:31-33, 44-52(A 특정 12) 14:13-21(A 특정 13) 14:22-33(A 특정 14) 15:10-28(A 특정 15) 16:13-20(A 특정 16) 16:21-28(A 특정 17) 17:1-9(A 주현후 10/변모) 18:15-20(특정 18) 18:21-35(A 특정 19) 20:1-16(A 특정 20) 21:1-11(A 사순/종려 6) 21:23-32(A 특정 21) 21:33-46(A 특정 22) 22:1-14(A 특정 23) 22:15-22(A 특정 24) 22:34-46(A 특정 25) 23:1-12(A 특정 26) 24:36-44(A 대림 1) 25:1-13(A 특정 27) 25:14-30(A 특정 28) 25:31-46(A 통치) 27:11-54(A 사순/고난 6) 27:57-66(B 성토요) 28:1-10(A 부활철야) 28:16-20(A 삼위일체)

마가복음

1:1-8(B 대림 2) 1:4-11(B 주현후 1) 1:9-15(B 사순 1) 1:14-20(B 주현후 3) 1:21-28(B 주현후 4) 1:29-39(B 주현후 5) 1:39-55(C 대림 4) 1:40-45(B 주현후 6) 2:1-12(B 주현후 7) 2:13-22(B 주현후 8, 성령 3) 2:23-3:6(B 주현후 9, 특정 4) 3:20-35(B 특정 5) 4:26-34(B 특정 6) 4:35-41(B 특정 7) 5:21-43(B 특정 8) 6:1-6, 16-21(C 재수요) 6:1-13(B 특정 9) 6:14-29(B 특정 10) 6:30-34, 53-56(B 특정 11) 7:1-8, 14-15, 21-23(B 특정 17) 7:24-37(B 특정 18) 8:27-38(B 특정 19) 8:31-38(B 사순 2) 9:2-9(B 변모) 9:30-37(B 특정 20) 9:38-50(B 특정 21) 10:2-16(B 특정 22) 10:17-31(B 특정 23) 10:35-45(B 특정 24) 10:46-52(B 특정 25) 11:1-11(B 사순/종려 6) 12:28-34(B 특정 26) 12:38-44(B 특정 27) 13:1-8(B 특정 28) 13:24-37(B 대림 1) 14:1-15:47(B 사순/고난 6) 16:1-8(B 부활철야)

누가복음

1:26-38(B 대림 4) 1:47-55(B 대림 4) 1:68-79(C 대림 2) 2:1-14(B 성탄전야) 2:1-20(C 성탄전야) 2:22-40(B 성탄후 1) 2:41-52(C 성탄후 1) 3:1-6(C 대림 2) 3:7-18(C 대림 3) 3:15-17, 21-22(C 주현후 1) 4:1-13(C 사순 1) 4:14-21(C 주현후 3) 4:21-30(C 주현후 4) 5:1-11(C 주현후 5) 6:17-26(C 주현후 6) 6:20-31(C 성도) 6:27-38(C 주현후 7) 6:39-49(C 주현후 8, C 특정 3) 7:1-10(C 주현후 9, 특정 4) 7:11-17(C 특정 5) 7:36-8:3(C 특정 6) 8:26-39(C 특정 7) 9:28-43(C 변모) 9:51-62(C 특정 8) 10:1-11, 16-20(C 특정

9) 10:25-37(C 특정 10) 10:38-42(C 특정 11) 11:1-13(C 특정 12) 12:13-21(C 특정 13) 12:32-40(C 특정 14) 12:49-56(C 특정 15) 13:1-9(C 사순 3) 13:10-17(C 특정 16) 13:31-35(C 사순 2) 14:1, 7-14(C 특정 17) 14:25-33(C 특정 18) 15:1-10(C 특정 19) 15:1-3, 11b-32(C 사순 4) 16:1-13(C 특정 20) 16:19-31(C 특정 21) 17:5-10(C 특정 22) 17:11-19(C 특정 23) 18:1-8(C 특정 24) 18:9-14(C 특정 25) 19:1-10(C 특정 26) 19:28-40(C 사순/종려 6) 20:27-38(C 특정 27) 21:5-19(C 특정 28) 21:25-36(C 대림 1) 22:14-23:56(C 사순/고난 6) 23:33-43(C 통치) 24:1-12(C 부활철야) 24:13-35(A 부활 3) 24:36b-48(B 부활 3) 24:44-53(ABC 승천)

요한복음

1:1-14(ABC 성탄절) 1:1-18(ABC 성탄후 2) 1:6-8, 19-28(B 대림 3) 1:29-42(A 주현후 2) 1:43-51(B 주현후 2) 2:1-11(C 주현후 2) 2:13-22(B 사순 3) 3:1-17(A 사순 2, B 삼위) 3:14-21(B 사순 4) 4:5-42(A 사순 3) 6:1-21(B 특정 12) 6:24-35(B 특정 13) 6:35, 41-51(B 특정 14) 6:51-58(B 특정 15) 6:56-69(B 특정 16) 7:37-39(A 성령강림) 9:1-41(A 사순 4) 10:1-10(A 부활 4) 10:11-18(B 부활 4) 10:22-30(C 부활 4) 11:1-45(A 사순 5) 11:32-44(B 성도) 12:1-8(C 사순 5) 12:1-11(ABC 성월요) 12:20-33(B 사순 5) 12:20-36(ABC 성화요) 13:1-17, 31b-35(ABC 성목요, C 부활 5) 13:21-32(ABC 성수요) 13:31-35(C 부활 5) 14:1-14(A 부활 5) 14:8-17, 25-27(C 성령) 14:15-21(A 부활 6) 14:23-29(C 부활 6) 15:1-8(B 부활 5) 15:9-17(B 부활 6) 15:26-27; 16:4b-15(B 성령강림) 16:12-15(C 삼위) 17:1-11(A 부활 7) 17:6-19(B 부활 7) 18:1-19:42(ABC 성금요) 18:33-37(B 통치) 19:38-42(AC 성토요) 20:1-18(ABC 부활) 20:19-31(ABC 부활 2) 21:1-19(C 부활 3)

사도행전

1:1-11(ABC 승천) 1:6-14(A 부활 7) 1:15-17, 21-26(B 부활 7) 2:1-21(ABC 성령강림) 2:14a, 22-32(A 부활 2) 2:14a, 36-41(A 부활 3) 2:42-47(A 부활 4) 3:12-19(B 부활 3) 4:5-12(B 부활 4) 4:32-35(B 부활 2) 5:27-32(C 부활 2) 7:55-60(A 부활 5) 8:14-17(주현후 1) 8:26-40(B 부활 5) 9:1-20(C 부활 3) 9:36-43(C 부활 4) 10:34-43(A 주현후 1, BC 부활) 11:1-18(C 부활 5) 16:9-15(C 부활 6) 16:16-34(C 부활 7) 17:22-31(A 부활 6) 19:1-7(B 주현후 1)

로마서

1:1-7(A 대림 4) 1:16-17, 3:22b-31(A 주현후 9, 특정 4) 4:1-5, 13-17(A 사순 2) 4:13-25(A 특정 5, B 사순 2) 5:1-5(C 삼위) 5:1-8(A 특정 6) 5:1-11(A 사순 3) 5:12-19(A 수난 1) 6:1b-11(A 특정 7) 6:3-11(ABC 부활철야) 6:12-23(A 특정 8) 7:15-25a(A 특정

9) 8:1-11(A 특정 10) 8:6-11(A 사순 5) 8:12-17(B 삼위) 8:12-25(A 특정 11) 8:22-27(B 성령강림) 8:26-39(A 특정 12) 9:1-5(A 특정 13) 10:8b-13(C 사순 1) 10:44-48(B 부활 6) 11:1-2a, 29-32(A 특정 15) 12:1-8(A 특정 16) 12:9-21(A 특정 17) 13:8-14(A 특정 18) 13:11-14(A 대림절 1) 14:1-12(A 특정 19) 15:4-13(A 대림 2) 16:25-27(B 대림 4)

고린도전서

1:1-9(A 주현후 2) 1:3-9(B 대림 1) 1:10-18(A 주현후 3) 1:18-25(B 사순 3) 1:18-31(A 주현후 4, ABC 성화요) 2:1-16(A 주현후 5) 3:1-9(A 주현후 6) 3:10-11, 16-23(A 주현후 7) 4:1-5(A 주현후 8 & 특정 3) 5:20b-6:10(A 재수요) 6:12-20(B 주현후2) 7:29-31(B 주현후 3) 8:1-13(B 주현후 4) 9:16-23(B 주현후 5) 9:24-27(B 주현후 6) 10:1-13(C 사순 3) 10:5-15(A 특정 14) 11:23-26(ABC 성목요) 12:1-11(C 주현후 2) 12:12-31a(C 주현후 3) 13:1-13(C 주현후 4) 15:1-11(C 주현후 5) 15:12-20(C 주현후 6) 15:35-38, 42-50(C 주현후 7) 15:51-58(C 주현후 8, C 특정 3)

고린도후서

1:18-22(B 주현후 7) 3:1-6(B 주현후 8, B 특정 3) 3:12-4:2(C 변모) 4:3-6(B 변모) 4:5-12(B 주현후 9, B 특정 4) 4:13-5:1(B 특정 5) 5:6-17(B 특정 6) 5:16-21(C 사순 4) 5:20b-6:10(BC 재의수) 6:1-13(B 특정 7) 8:7-15(B 특정 8) 12:2-10(B 특정 9) 13:11-13(A 삼위일체)

갈라디아서

1:1-12(C 주현후 9, 특정 4) 1:11-24(C 특정 5) 2:15-21(C 특정 6) 3:23-29(C 특정 7) 4:4-7(B 성탄후 1) 5:1, 13-25(C 특정 8) 6:1-16(C 특정 9)

에베소서

1:3-14(ABC 성탄후 2, B 성령 10) 1:11-23(C 성도) 1:15-23(ABC 승천 & A 통치) 2:1-10(B 사순 4) 2:11-22(B 특정 11) 3:1-12(ABC 주현) 3:14-21(B 특정 12) 4:25-5:2(B 특정 14) 5:8-14(A 사순 4) 5:15-20(B 특정 15) 6:10-20(B 특정 16)

빌립보서

1:3-11(C 대림 2) 1:21-30(A 특정 20) 2:1-13(A 특정 21) 2:5-11(ABC 사순 6) 3:4b-14(A 특정 22, C 사순 5) 3:7-4:1(C 사순 2) 4:1-9(A 특정 23) 4:1-16(B 특정 13) 4:4-7(C 대림 3)

골로새서

1:1-14(C 특정 10) 1:11-20(C 통치) 1:15-28(C 특정 11) 2:6-19(C 특정 12) 3:1-4(A 부활 절) 3:1-11(C 특정 13) 3:12-17(C 성탄후 1)

데살로니가전서

1:1-10(A 특정 24) 2:1-8(A 특정 25) 2:9-13(A 특정 26) 3:9-13(C 대림 1) 4:13-18(A

특정 27) 5:1-11(A 특정 28) 5:16-24(B 대림 3)

데살로니가후서

1:1-4, 11-12(C 특정 26) 2:1-5, 13-17(C 특정 27) 3:6-13(C 특정 28)

디모데전서

1:12-17(C 특정 19) 2:1-7(C 특정 20) 6:6-19(C 특정 21)

디모데후서

1:1-14(C 특정 22) 2:8-15(C 특정 23) 3:14-4:5(C 특정 24) 4:6-8, 16-18(C 특정 25)

디도서

2:11-14(B, C 성탄전야)

빌레몬서

1-21(C 특정 18)

히브리서

1:1-4; 2:5-12(B 특정 22) 1:1-12(A, B, C 성탄절) 2:10-18(A 성탄후 1) 4:14-16; 5:1-10(B 특정 24) 5:7-9(A 성금요) 7:23-28(B 특정 25) 9:11-14(B 특정 26) 9:11-15(ABC 성월요) 9:24-28(B 특정 27) 10:5-10(C 대림 4) 10:11-25(B 특정 28) 10:16-25(BC 성금요) 11:1-3, 8-16(C 특정 14) 11:29-12:2(C 특정 15) 12:1-3(ABC 성수요) 12:18-29(C 특정 16) 13:1-8, 15-16(C 특정 17)

야고보서

1:17-27(B 특정 17) 2:1-17(B 특정 18) 3:1-12(B 특정 19) 3:13-4:3, 7-8a(B 특정 20) 4:12-16(B 특정 23) 5:7-10(A 대림 3) 5:13-20(B 특정 21)

베드로전서

1:17-23(A 부활 3) 2:2-10(A 부활 5) 2:3-9(A 부활 2) 2:19-25(A 부활 4) 3:13-22(A 부활 6) 3:18-22(B 사순1) 4:1-8(ABC 성토요) 4:12-14; 5:6-11(A 부활 7) 5:5-10(B 사순 5)

베드로후서

1:16-21(A 주현 10/변모) 3:8-15a(B 대림 2)

요한일서

1:1-2:2(B 부활 2) 3:1-3(A 성도) 3:1-7(B 부활 3) 3:16-24(B 부활 4) 4:7-21(B 부활 5) 5:1-6(B 부활 6) 5:9-13(B 부활 7)

요한묵시록

1:4b-8(B 통치, C 부활 2) 5:11-14(C 부활 3) 7:9-17(A 성도, C 부활 4) 21:1-6a(B 성도, C 부활 5) 21:10; 21:22-22:5(C 부활 6) 22:12-14, 16-17, 20-21(C 부활 7)